SAP ABAP 开发从入门到精通

【韩】金圣俊　编著
张钟淑　译

机 械 工 业 出 版 社

本书以应用实例的形式，讲解了SAP ABAP开发的相关知识点，详细介绍了SAP ABAP开发者必须掌握的包与变更传输系统（CTS）、数据类型、数据库、模块化程序、内表、调试、ABAP数据字典、锁对象、检索帮助、Field Symbol与数据引用、SAP内存与ABAP内存、报表程序、模块池程序、ABAP对象、面向对象ALV、Function ALV、SALV等知识。

本书讲解清晰，可供SAP软件初学者、SAP软件维护人员、SAP软件内部顾问、大专院校计算机专业的师生和企业管理人员阅读参考。

图书在版编目（CIP）数据

SAP ABAP开发从入门到精通 /（韩）金圣俊编著；张钟淑译. —北京：机械工业出版社，2013.3（2023.5重印）
ISBN 978-7-111-41700-2

Ⅰ. ①S… Ⅱ. ①金… ②张… Ⅲ. ①企业管理—应用软件—软件开发
Ⅳ. ①F270.7

中国版本图书馆CIP数据核字（2013）第040440号

机械工业出版社（北京市百万庄大街22号　邮政编码100037）
策划编辑：丁　诚　杨　硕
责任编辑：杨　硕
责任印制：单爱军
北京虎彩文化传播有限公司印刷
2023年5月第1版·第10次印刷
184mm×260mm·33.75印张·839千字
标准书号：ISBN 978-7-111-41700-2
定价：119.00元

电话服务	网络服务
客服电话：010-88361066	机　工　官　网：www.cmpbook.com
010-88379833	机　工　官　博：weibo.com/cmp1952
010-68326294	金　　书　　网：www.golden-book.com
封底无防伪标均为盗版	机工教育服务网：www.cmpedu.com

前　言

企业资源计划系统（Enterprise Resource Planning，ERP），是一种系统化的管理思想，是以信息技术为基础，为企业决策层及员工提供决策运行手段的管理平台。ERP 系统已成为 21 世纪著名的标准化软件，正在逐渐影响着现代企业的运行模式。SAP 作为世界上最优秀的 ERP 管理软件之一，在全球数百家跨国企业中得到应用，受到了各行各业的普遍认可。SAP 公司从 1993 年开始进入中国市场，它在中国的最初用户主要是一些大型企业，如天津顶新、青岛海尔、四川长虹、联想集团等。从 2002 年开始，SAP 公司宣布进入中小型企业市场，并在 2003 年推出了 mySAP All in One 和 SAP Business One 两款针对中型和小型企业的解决方案。SAP 公司在中国内地的推广势头强劲，其业务范围几乎覆盖了所有行业。随着 SAP 公司在中国加快部署其持续增长的计划，中国将有越来越多的企业导入并使用 SAP 软件。

SAP 软件在中国市场的不断扩大，也意味着对 SAP 软件技术人才的需求越来越大。SAP 不同于其他软件类产品，它的所有业务及开发都是集成在 SAP 基础平台系统中实现的，除了一些已实施了 SAP 的企业，一般的个人很难通过自学方式来熟悉 SAP 技术。目前图书市场中关于 SAP 的书籍也寥寥无几，众多渴望快速熟悉 SAP 技术的读者，急需一本从基础入门开始并能够和实际应用相结合的 SAP 工具书。本书正是为了满足读者的这种需求编写的。

本书以介绍 SAP 系统开发工具 ABAP 语言及其开发技术为主，其内容包括理论和实例两部分，第 1 章～第 11 章为理论部分，内容包括包和变更传输系统（CTS）、数据类型、OPEN SQA 和 NATIVE SQL、模块化程序、内表、调试、ABAP 数据字典、锁对象、检索帮助、Field Symbol 和数据引用、SAP 内存和 ABAP 内存等，读者可以从中学习构成 ABAP 基本框架的概念及原理；第 12 章～第 17 章为实际业务部分，包括报表程序、模块池程序、ABAP 对象、面向对象、函数 ALV、SALV 等内容，读者可以从中学到查询数据、修改画面等用户交互技术。

本书各章都很重视理论与实际应用的结合，每章先讲解所涉及的 ABAP 基本语法，然后介绍这个语法所延伸出的其他选项，最后提供相应的实战案例。本书所提供的案例易于理解，可以分阶段完成功能。读者按照本书所设计的步骤学习，可以充分掌握 SAP 开发知识，并开发出自己所需的完整程序。

本书由韩国 LG CNS ABAP 顾问金圣俊编写，由其同事张钟淑翻译成中文。作者在书中归纳了自己在 LG CNS 工作 10 年的项目及运营实际业务经验，可以为读者提供非常丰富的参考资料。ABAP 语言的发展深度与广度都十分庞大，完成原稿后，作者发现要完全掌握这些知识，并能在实际中应用是很难的，建议读者将此书从头到尾反复学习几次，相信可以解决实际业务中的绝大部分 ABAP 开发需求。

由于作者水平有限，书中难免存在错漏或不完善之处，欢迎广大读者批评和指正。

本书主要适合于 SAP 初学者，也可作为 SAP 中高级开发工程师及咨询顾问的参考用书。

编　者

目　　录

绪　论

一、什么是 SAP 和 ABAP ？

1. 什么是 SAP

SAP 是一套 ERP 系统。
- SAP : Systems, Applications and Products in Data Processing。
- R/3 : R = Real time, 3 = 3 tier in Client Server Architecture。

SAP 是 IBM 德国分公司以 Dietmar Hopp 为代表的 5 名 COBOL 程序员开发的系统软件，1972 年这五名程序员创立了自己的公司，并将其命名为 SAP。该公司随即在 1973 年发表了以财务会计为主的 RF 系统，该系统称为 R/1 系统。在 SAP 里经常提起的“R”来源于 Real-time（实时）的首字母。在随后的三年中这个财务会计系统中加入了生产领域模块（即现在的 PP 模块），直到 1979 年上市了 R/2 系统。该系统是正在使用的 R/3 产品的前身，是一个以大型机（主机环境）为基础的系统 。SAP 一词来源于在服务器上处理所有事件的主机环境。1992 年转换为客户端/服务器（即 R/3）结构后，从主机简单画面开始到 C/S 环境的变化给用户提供了便利的图形设备接口（GUI）。

2. 什么是 ABAP?

SAP R/3 是用 ABAP/4 语言开发的 ERP 包。
- ABAP : Advanced Business Application Programming。
- 4 : Fourth generation Language。

SAP 公司刚引进 R/2 系统的时候没有使用 ABAP 语言，直到 1982 年，用报表输出企业软件中保存的数据时才开始用 ABAP 语言。ABAP 来源于德语 Allgemeiner Berichtsauf Bereitungs Prozessor（即 generic report preparation processor），从字面上可以知道它是以开发报表为主的程序。之后转变成现在使用的 Advanced Business Application Programming。之所以使用单词 Advanced（高级），是因为 ABAP 语言不仅能从数据库中取出简单数据，而且首次实现了程序和数据库逻辑清晰结合的上层数据库结构（LDB: Logical Database）。

ABAP/4 中的 4 是指第 4 代，如同 Powerbuilder 和 Visual Basic 一样，是一种易于访问数据库的高级开发语言。本书主要讲述 SAP 的开发工具 ABAP 语言。ABAP 语言主要用于开发符合项目及运维人员要求的 CBO 程序。ERP（企业资源计划系统）特性上存在用户自定义（Customizing）的概念。其功能是对标准程序进行修改，使之符合应用包的站点特性。但是 SAP R/3 实际上是一种非用户自定义（Non-customizing）产品，所以包之外的程序在各个站点都要通过 ABAP 语言进行开发。这些是客户自己追加开发的程序，因此叫 CBO（Customer Bolt On）程序。（当然，可在不破坏流程及确保后台更新的前提下提供用户自定义的范围)。R/2 是二层结构，这两层结构分别是终端和系统（应用层+数据库层)。R/3 是三层结构（会话层、应用层、数据库层)。R/2 和 R/3 不仅是版本上的升级，同时体系结构也从二层变更为三层。

1992 年，基于 ABAP 语言发布了主机上的客户端/服务器环境 R/3 平台。使用 R/3 的用户利用 ABAP 语言开发程序，利用诸如 USER-EXIT 等的增强(Enhancement)追加标准程序的功能。1998 年，举行了面向用户及合作伙伴的 Enjoy Sap 活动，此后开始出现了便于用户使用 SAP 的、 以 N 结尾的事务码。例如，用 CV01N 替代 CV01。随着时间的推移，ABAP 语言不断地追加新的技术及功能。1999 年，运用 C++、Java 等面向对象程序的优点，导入了 ABAP 的面向对象概念。这种类（Class）概念为 Web dynpro for ABAP 的发展方向奠定了深厚的基础。此后，SAP 用户可以不通过 SAP GUI 直接在网页上登录 SAP，使用户便于利用。另外，2003 年 SAP 公司推出了称为集成平台的 Net Weaver。在以前版本的 SAP ERP 中 ERP 和 Extended ERP（PLM、SCM、CRM…）保存在单独的包里，而在对单个包做补丁的时候这种结构存在对其他包有影响的缺点。集成平台的发展减少了每次进行补丁的时候需要的结合测试（分模块进行测试)，给系统运维人员减轻了负担。

2005 年，SAP 公司推出了以 Net Weaver 平台作为基础的 Web dynpro for ABAP 和 Web Dynpro for JAVA（WD4J)，从而可以使用不同语言开发 SAP 应用程序。但是这二个语言实现 SAP ERP 功能时没有太大的差别，而且提供给用户的用户接口也很相似。只要是了解 SAP R/3 并且熟练掌握了 ABAP 编程的程序员就可以使用 Web Dynpro for ABAP, 如果之前接触的是 Java 就可以使用 Web Dynpro for Java。2009 年以后，Composite Application 成为了 SAP 的重要话题，它以 BPM（Business Process Management）作为基础，提供了结合商务模式使用的环境。Composite Application 是通过采用以 Java 为基础的 CE(Composite Environment） 服务组件整合（Composition）方式，既迅速又经济地开发出符合企业固有流程及要求事项的商务应用软件。即使客户导入 Composite Application，ABAP 也不会消失，所以不用担心 ABAP 的实用性。除非开发新的 ERP 核心软件，否则不会打破 SAP = ABAP 公式。2011 年 SAP 公司选定 SAP HANA 作为战略性体系结构，它是在内存里处理数据的，所以大大改善了运行速度。In Memory 计算技术将数据保存到组内存中，而不是硬件中，所以查询或访问数据时比使用一般的数据库要快。如果 Real-time 是 SAP 的首次创新点，则 In memory 技术可以称为是它的第二次飞跃。SAP 在不断地发展，随之也会陆续出现新的技术。从事 SAP 事业的人员一定要敞开学习的窗口，要积极地参与学习新技术的活动 。

二、SAP 界面介绍

在学习 ABAP 语言之前，先简单介绍一下 SAP 界面。通过 SAP GUI 连接到 SAP 系统后，首先会显示如[图 1]所示的 SAP Easy Access 界面。SAP 为用户提供了多种访问程序的方法（导航器)。SAP 界面构成要素的说明请参见[表 1]。

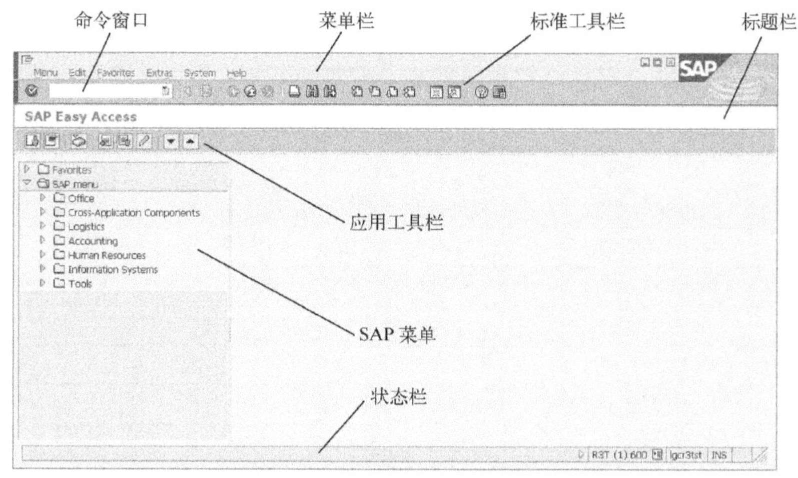

图 1　SAP Easy Access 界面

表 1　SAP Easy Access 画面说明

项　　目	功　　能
命令窗口	直接输入事务码(T-CODE)执行程序
菜单栏	不输入 T-CODE，选择菜单执行程序。分类显示与画面连接的菜单
标准工具栏	所有程序里都带有的工具栏
应用工具栏	开发人员在 ABAP 语言里可以自行调整的工具栏
SAP 菜单	又叫做局部菜单，按照业务领域分层显示菜单，使用户便于访问程序
状态栏	用于提示用户登录 SAP 系统的信息或程序执行结果信息（错误或成功信息等）

开发人员为了实现 ABAP 语言而使用 SAP 菜单下的 ABAP 工作区菜单。菜单中存在很多可以创建 ABAP 程序、函数、数据库表等的工具，如[图 2]所示的 ABAP 工作区开发工具，其中的主要 T-CODE 如[表 2]所示。

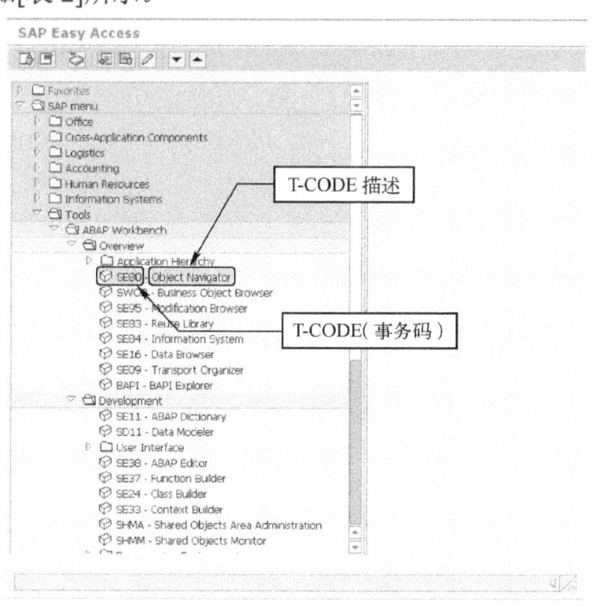

图 2　ABAP 工作区菜单

表2　ABAP工作区的主要T-CODE

T-CODE	描　述	说　明
SE80	对象导航器	集合了所有与ABAP开发相关的工作区
SE38	ABAP编辑器	创建/修改/查询ABAP 程序的开发工具
SE37	函数编辑器	创建/修改/查询函数的开发工具
SE11	ABAP数据字典	创建如数据表，试图，结构体等对象的开发工具
SE16	数据库数据编辑器	创建/修改/查询数据库表数据的开发工具
SE93	维护事务码	创建/修改/查询事务码的开发工具
SE43	维护局部菜单	创建/修改/查询SAP 菜单的开发工具
SE21	包编辑器	创建/修改/查询包的开发工具
SE24	类编辑器	创建/修改/查询类的开发工具
SE09	传输组织	释放/创建/修改CTS(变更传输系统)的开发工具

第1章　包与变更传输系统（CTS）

本章目录	本章介绍
1．概要 2．创建包 3．变更传输系统	本章将介绍用于集中管理开发的程序、数据库表等对象的包。学习重点为创建ZABAP 包，了解包的从属关系及包之间复制对象的方法。包领域是由 BC（Basis Components，文中泛指 SAP 系统管理者）设定的，因此开发人员只要掌握整体流程及传送路径的基本概念即可。另外，在实际业务中 CTS 号起着非常重要的作用，因此建议大家一定要亲自实践 。

1.1　概要

在 ABAP 中，每一个开发对象（如程序和类等）都要隶属于一个包（Package），包一般隶属于某一个模块，作用是对开发对象进行归类，便于管理。除此之外，每一个包还拥有一个 CTS（Changed Transport System）号，CTS 号用于在系统间传输程序。系统间传输程序时是以 CTS 号作为基本单位进行传递的。

1.1.1　包

包（Package）也称做开发类，是为了将程序等对象根据功能划分，进行区分和管理而导入的概念。当创建 ABAP 数据字典的 R/3 存储对象时，一定要把这些对象添加到包里进行管理。包具有以下几个功能。

- 对象（程序等）的结构化（Structure）。
- 对象功能模块化（Encapsulate, Modularize）。
- 对象按照功能区分（Classify）。

在实际业务中，为了根据模块区分程序，用开发类分组进行管理。例如，销售模块为 ZSD, 生产模块为 ZPP, 管理会计模块为 ZCO 等。另外，还可以在模块内部按照业务领域详细划分包的方式进行管理。例如，与销售模块的客户管理业务相关的领域分为 ZSD1 ，与销售订单相关的领域分为 ZSD2 等。

本书中创建的所有程序都保存在如[图 1-1]所示的包 ZABAP 中进行管理。在包中最重要的 2 项为传输层（Transport Layer）和分配软件组件（Software Component）。[图 1-1]里显示的包 ZABAP 的传输层是 “ZIND”，软件组件（Software Component）指定为 HOME。另外，如果选择 Change are recorded 选项，则会生成 CTS 号，用它可以根据版本管理代码。

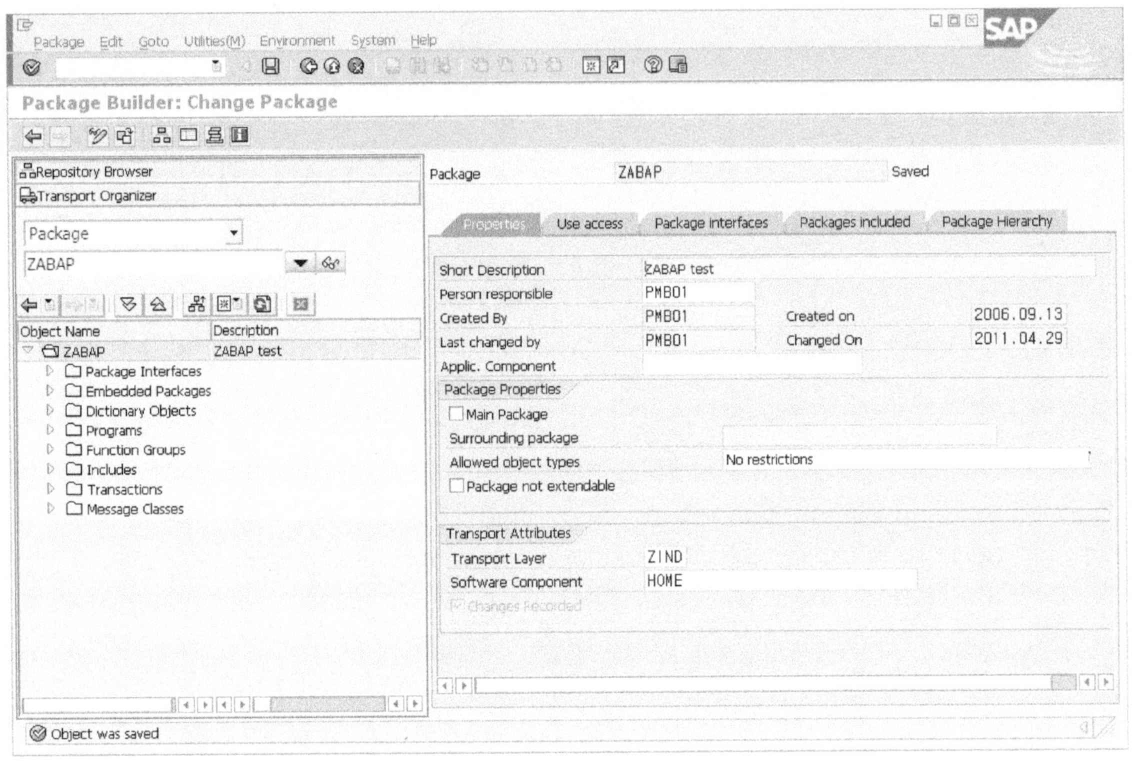

图 1-1　包

1.1.2　软件组件

软件组件（Software Component）是将包集中在一起成套进行管理的上级组织。软件组件根据版本进行管理并且也被应用于 SAP 升级和补丁（通过事务码 SXMB_IFR 创建）。对象保存于包中，包分配给软件组件后发布并移交给用户。应用超级包（Support Package）是 SAP 公司创建后发布给用户的软件组件版本。用户开发的所有包都使用 HOME（客户传输层）软件组件，即使它与 SAP 公司提供的超级包（Support Package）没有直接关系， 但也会受到影响。这种现象称做副作用（Side Effect）。另外，本地组件不使用自动传输功能，因此不会创建 CTS 号。

[图 1-2]展示的是用于保存本地对象的包，即用于开发、测试程序的包，每当追加一个用户 ID 的时候都会自动分配此包给该用户 ID。如下面红框所示，此包的软件组件（Software Component）为 LOCAL，并且没有选择“Changes are recorded”选项，因此不会生成 CTS 号。

[表 1-1]中列出了软件组件的种类。

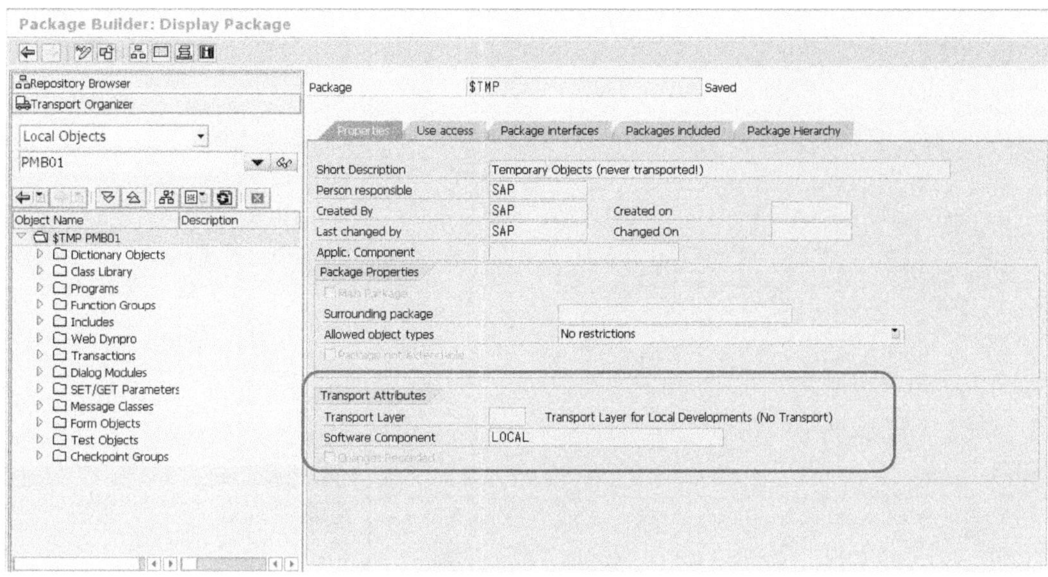

图 1-2　软件组件

表 1-1　软件组件的种类

软 件 组 件	说　　明
SAP_BASIS	SAP 基本组件
SAP_ABA	应用或模块共用的功能及配置组件 Cross-application Components
SAP_HR	人力资源组件
SAP_APPL	物流及会计组件
HOME	这类型包虽然不是 LOCAL 对象，但是可以把客户直接开发的程序传送到其他服务器中
LOCAL	只包含 LOCAL 对象

1.2　创建包

下面介绍创建包的步骤。

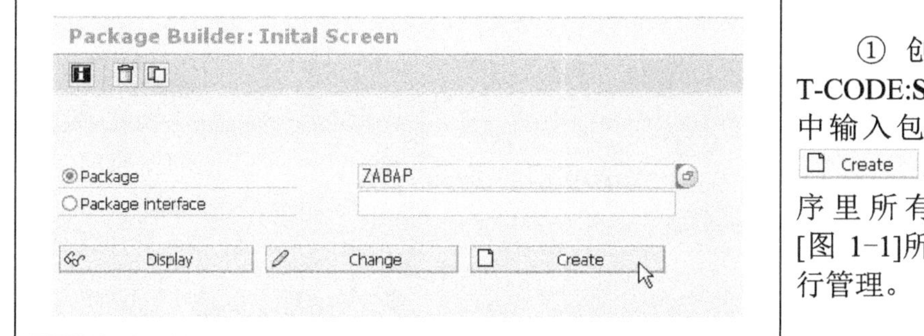

① 创建 ZABAP 包。在 T-CODE:**SE21** 或 **SPACKAGE** 中输入包的名称后单击按钮 Create 。在本书中开发的程序里所有对象都保存在如[图 1-1]所示的 ZABAP 包中进行管理。

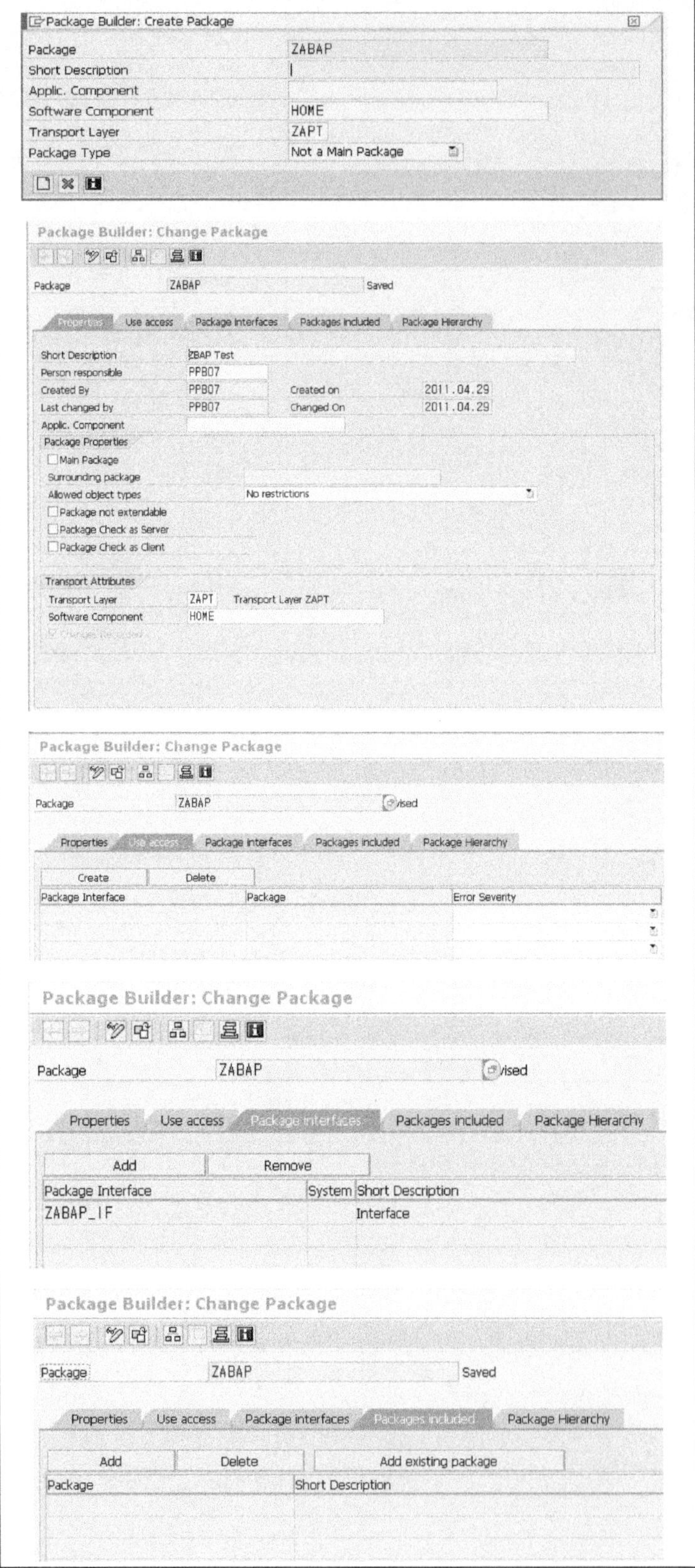

※ 包的名字由 Y、Z 开头并由 30 位以内的字符组成。

A~S、X~U 是 SAP 系统本身使用的字母。

T:私有测试类(Private Test Class)。

$:本地类(Local Class)。

② 指定包的属性。包属性如[表 1-2]所示。

③ 设定包的详细属性。指定包中允许包含的对象类型。如果选择 No restrictions 选项，则对其中的对象类型没有限制。反之，如果选择了 Package not extendable 选项，则不能创建新的对象。主包能包含用户包，此时开发对象分配在子包里。子包也可以包含其他子包。

④ Use access。若要使用其他数据元素（Element），则要设定 Use access 选项卡。在包里创建接口，然后把对象加入到接口里，这样就可以通过 Use access 选项卡把此包加入到其他包中。

⑤ Package Interfaces。可以将包对象（程序、数据库表等）放在包接口里来进行分组管理。

⑥ Package included，追加子包（Sub Package）。单击 Add 按钮创建新包，单击 Add existing package 按钮可以把已经存在的包层次变为下一级别，如可以将原来为主包的程序变更为子包。

表 1-2　包的属性

关 键 字	说 明
短文本描述（Short Description）	包的详细描述
应用程序组件（Appl. Component）	确定包在应用层（Application hierarchy）上的位置。不是必填项所以可以不用输入
软件组件（Software Component）	选择用户自定义（Customizing）提供的 HOME（即客户开发）。其他的组件是 SAP 公司专用的组件
传输层（Transport Layer）	选择传输层。传输层（Transport layer）是根据对象修改的版本进行管理的。如果选择 Local 请求，则只能反映在该系统中，而不能传输到其他系统中。要传输到其他系统应在这里设置传输路径（Routes）。一般选择默认提供的传输路径（Transport Layer）即可
包类型（Package Type）	选择 Not a Main Package 创建主包（Main Package）和子包（Sub Package），主包（Main Package）里可以追加子包（Sub Package）

<Tip.传输层>

传输管理系统（Transport Management System）提供了可以在不同系统分别管理开发和测试系统的环境。开发系统的包可以构成一个传输层（Transport Layer）组。也就是说，传输层能把对象传送到其他系统，并且具有记录对象变更管理功能。通过 T-CODE:STMS 定义传输层和传输路径，[图 1-3]是此 T-CODE 运行后的第一个界面。只有 BC 才有此权限，一般即使有这个权限也不需要开发人员设置，因此只要对整体结构有所了解即可。

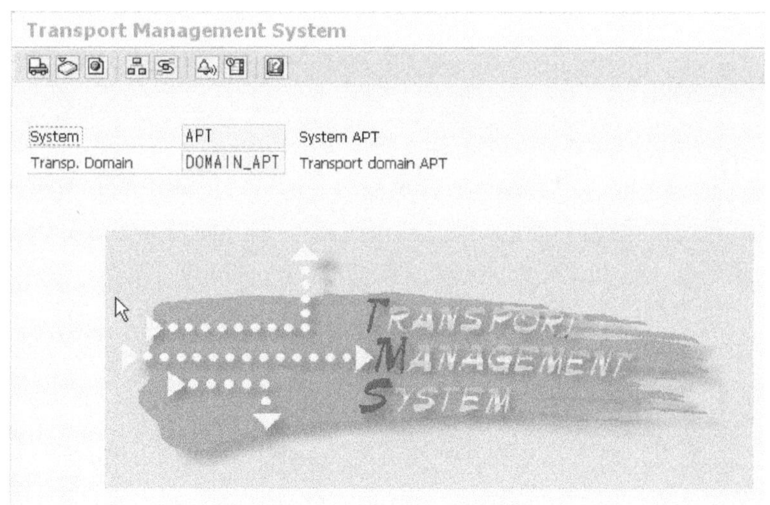

图 1-3　传输管理系统

执行 STMS 系统，单击 [S] 按钮就出现如[图 1-4]所示的界面。从图中可以看出此服务器由 APT（开发）、APQ（测试）、APP（运营）这三个系统构成。APT 开发系统存在 ZAPT、SAP 这两个传输路径。用这些 SAP 传输路径把开发的程序及 IMG 设置传送到其他系统（或者客户端）。

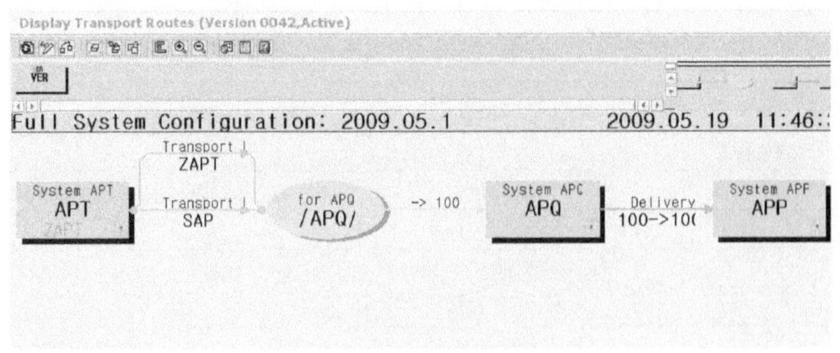

图 1-4　显示传输路径

1.3　变更传输系统

1.3.1　概要

CTS 是将开发系统的变更事项传递给运营系统时或者设置用户自定义时使用的工具。前面已提及，SAP 服务器一般由如[图 1-5]所示的三个独立的系统构成（也有在一个系统中根据客户端区分的情况）。

图 1-5　CTS 传递步骤

DEV 系统是通过 ABAP 工作区生成/变更程序及进行单元测试的开发系统(/Customizing/Sandbox)；QAS 系统是传递给运营系统之前进行最终结合测试的测试系统。PRD 系统是用户正常使用的运营系统，也称做正式系统。CTS 管理 Repository（程序、表等）的版本，还可以当做结构管理工具来使用。CTS 号代表程序代码版本，下面介绍代码版本管理的步骤。

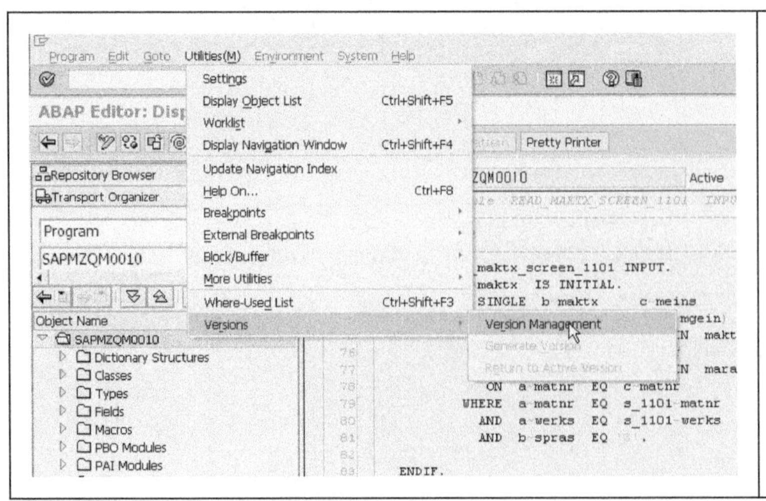	① 选择 ABAP 编辑器上端菜单中的 [Utilities]→[版本]→[版本管理]。

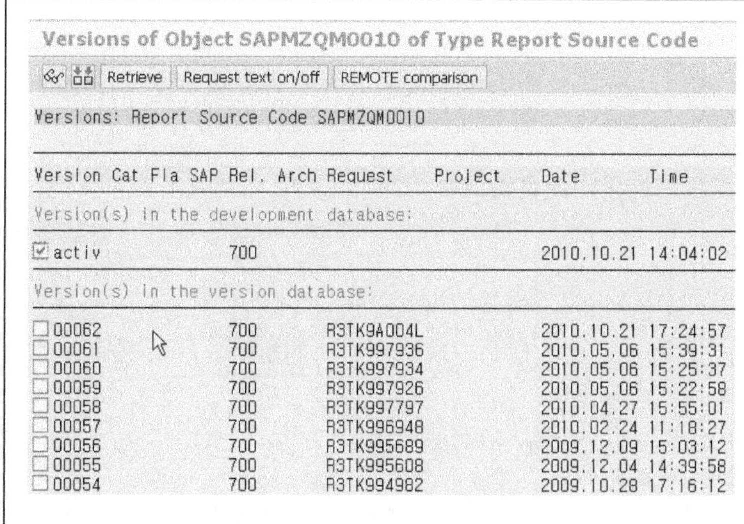

② 过去的程序版本以CTS 号为基准显示。选中CTS 号或者日期，单击Retrieve 按钮，即可恢复到以前的程序版本。在左图中，activ 复选框选中的是现在正在使用的程序，而version database 下面显示的是过去版本的程序。如果想要恢复到过去版本，选中对应的复选框，单击 Retrieve按钮即可

1.3.2 传输组织

传输组织是集合管理 ABAP 工作区与用户自定义请求（Customizing Request）的程序。如[图 1-6]所示，SAP 开发系统中有配置用户主数据的客户端 500、工作区客户端 600。在各个客户端中都可以查询工作区、用户自定义 CTS 号以及下面的传输层信息。在[图 1-6]的左图 Request Status 中可以选择释放前后的 CTS 对象。

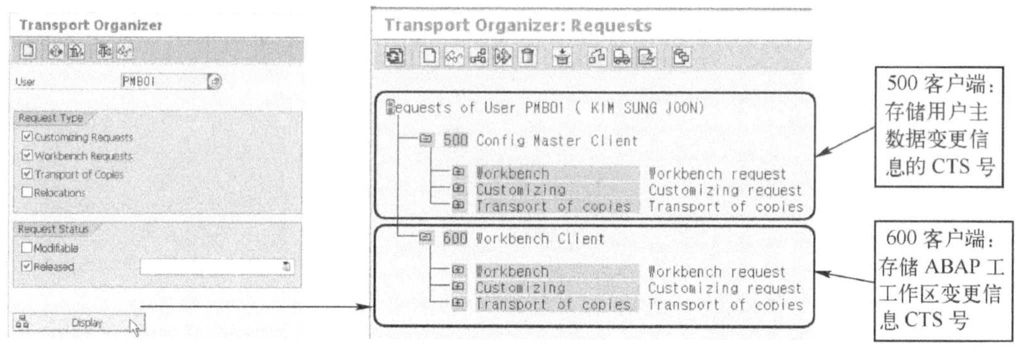

图 1-6　传输组织

1）工作区请求（Workbench Request）

- 独立于客户端属性的对象
- ABAP Repository 对象（程序、表、函数等）
- Cross-client table 的系统变更事项

2）用户自定请求（Customizing Request）

- 依赖于客户端属性的对象
- Client-specific Table 的系统变更信息
- 应用程序的数据库表数据（IMG 也起到修改数据库表数据的作用）

☞ IMG（Implementation Guide，实施指南）

IMG作为用户自定义使用的普遍工具，可以为用户定制符合自身环境的SAP标准程序。例如，可以修改公司编号、工厂、销售组织等主数据与程序中使用的系统变量，T-CODE是SPRO。

可以利用T-CODE:SCC4设置客户端且只允许拥有S_CTS_ADMIN权限的BC进行修改（除此之外严禁使用）。

1.3.3 创建变更请求号

CTS提供一个能把系统的变更内容反映到其他客户端或者系统的机制。在实际业务中变更请求号（Request No）与CTS号视为一种。

- CR（变更请求）可以将变更内容从一个客户端传递给另一个客户端。
- CR（变更请求）可以将变更内容从一个系统传递给另一个系统。

向运营系统传递变更请求号时最好利用中午休息时间或傍晚（即用户不使用系统的时间），以免影响系统的正常运作。这是因为传递成功会发生覆盖原有对象的情况，另外，当导入修改请求结束时，如果该对象正在使用，会发生结果不一致或发生预期外的事务终止现象。其中最坏的情况是会终止运营系统，因此传递CTS号时要谨慎处理。

创建变更请求号的步骤如下。

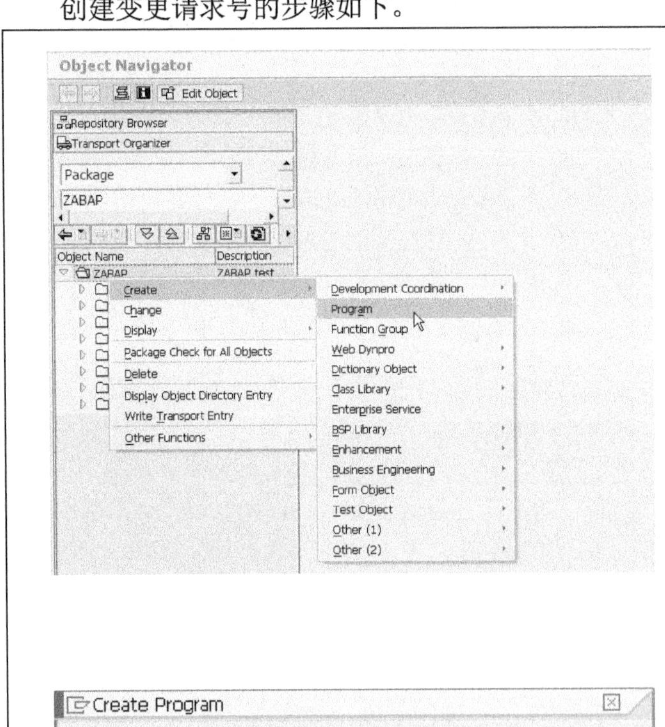	① 首先创建变更请求号。在T-CODE:SE80（对象导航器）中选择ZABAP包，单击鼠标右键。选择菜单Create→Program，为了创建变更请求号，创建临时程序。
Create Program Program ZCTS_TEST With TOP INCL.	② 输入界面中的程序名后单击✔按钮或按〈Enter〉键。

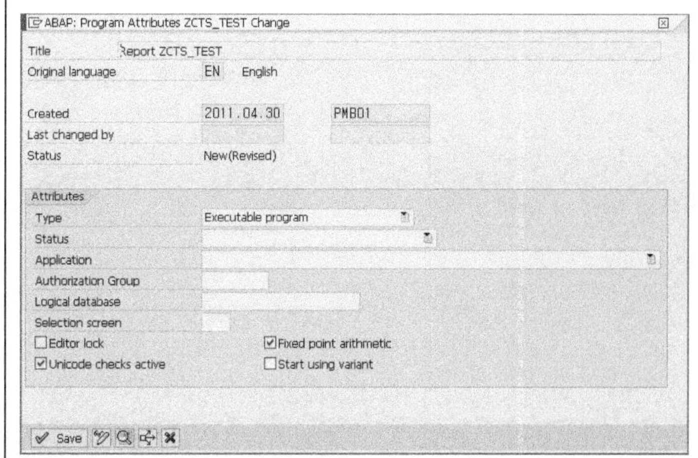

③ 弹出创建程序的属性窗口。程序类型选择 Executable program（可执行程序）。创建程序的方法将在“第 15 章 报表程序”中详细说明。输入标题后单击 Save 按钮。

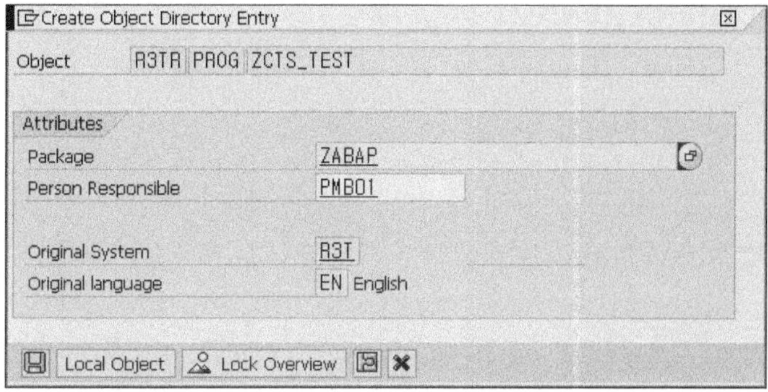

④ 在 Package 字段中输入前面创建的 ZABAP 包后单击按钮。如果单击 Local Object 按钮，程序会创建在$TMP 包下，因此不会生成变更请求号，不能传递给其他系统。

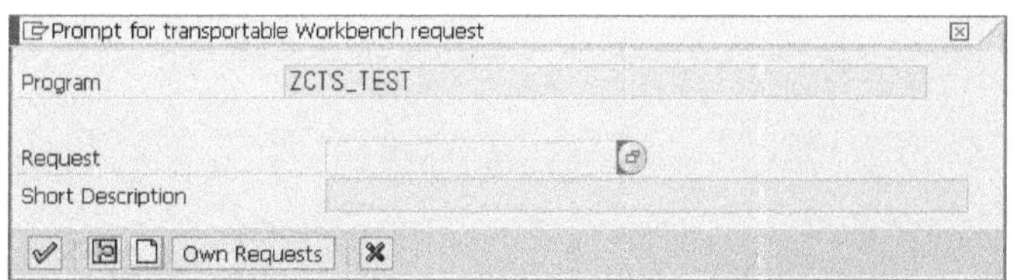

⑤ 单击按钮创建新的变更请求号。单击 Own Requests 按钮则可以查询和选择自身过去创建的变更请求号。

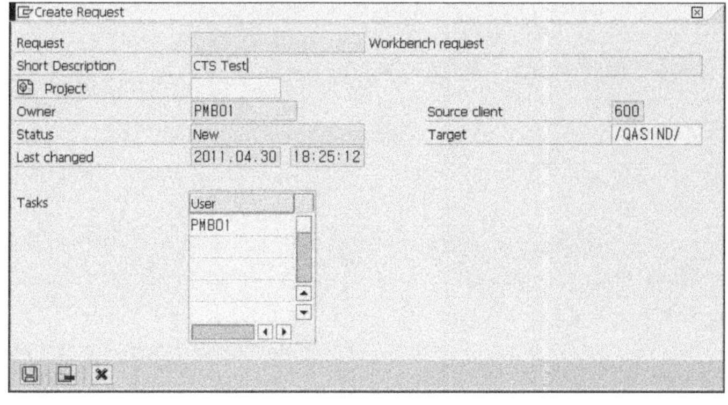

⑥ 输入描述后，单击 Save 按钮。为了便于以后区分输入的描述，公司最好制定自己的命名规则 。

例如：

[HR][ZHR0010]人事考勤信息变更

使用如上所述的[模块名][程序名][描述]这种方法，便于管理和维护。

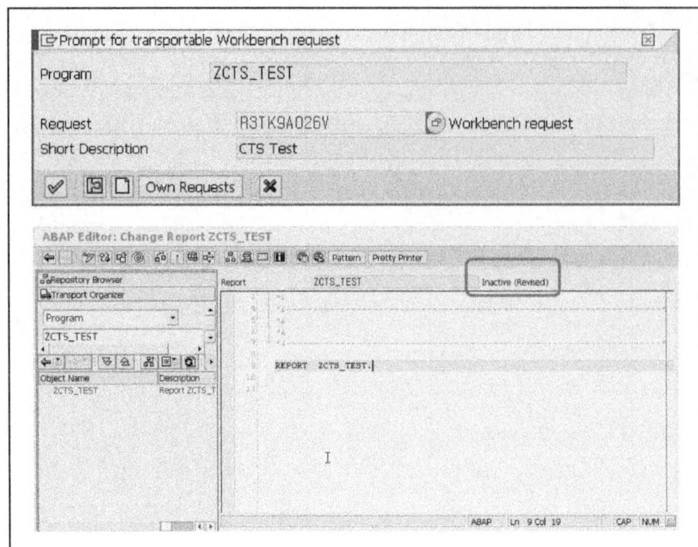	⑦ 单击✅按钮创建新的 CTS 号。 ⑧ 如左图所示创建 ZCTS_TEST 程序。在非激活状态（未编译的状态）下不能释放变更请求号，因此需要单击[图标]按钮激活程序。

1.3.4 释放变更请求号

下面通过传输组织（T-CODE:SE09, SE10），释放前面创建的变更请求号。

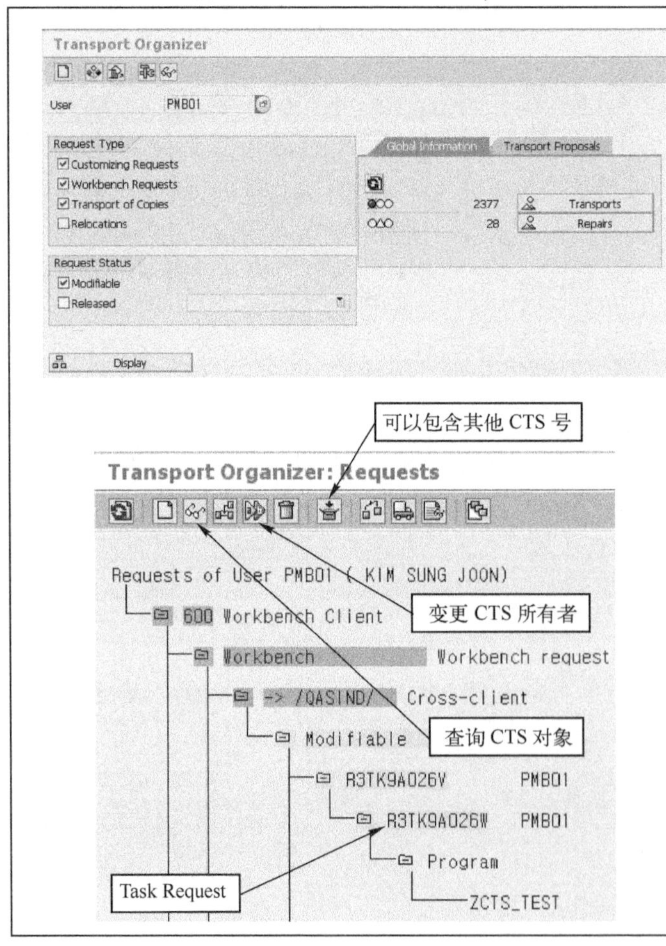	① 在命令输入窗口中输入 T-CODE: SE10。输入 CTS 号所有者用户 ID，若要查询没有释放的 CTS 号，选中 Modifiable 后单击 Display 按钮。 ② 为了释放变更请求号，首先需要释放包含在变更请求号中的任务（R3TK9A026W）。 释放任务以后，在任务后面会出现如下图所示的图标 ✓ 。  然后再释放变更请求号（R3TK9A026V）。最后单击[图标]按钮完成释放变更请求号。

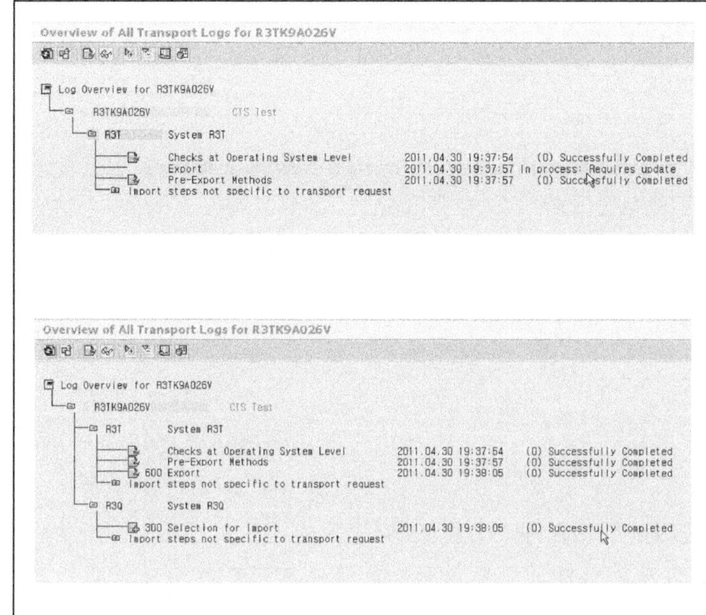	③ 自动跳转到传送日志画面。若显示 In process Requires Update，则说明正在进行导出操作。 ④ 单击刷新按钮会显示向目的地服务器导入成功的信息。若没有成功，则可以通过返回信息确认错误或警告信息。因为传输路径已经设置好，因此释放变更请求号会自动传递给其他系统或客户端。

> ☞ 如果变更请求号不按一定的业务规则导入到运营系统，则会导致发生严重的问题。因此开发 DEV 系统→测试 QAS 系统的传送时间建议以 5 分钟间隔作为标准设定成及时传送，而测试 QAS 系统→运营 PRD 系统传送时间要利用中午或傍晚休息时间。

1.3.5 变更请求号属性

变更请求号的属性如[图 1-7] 所示。

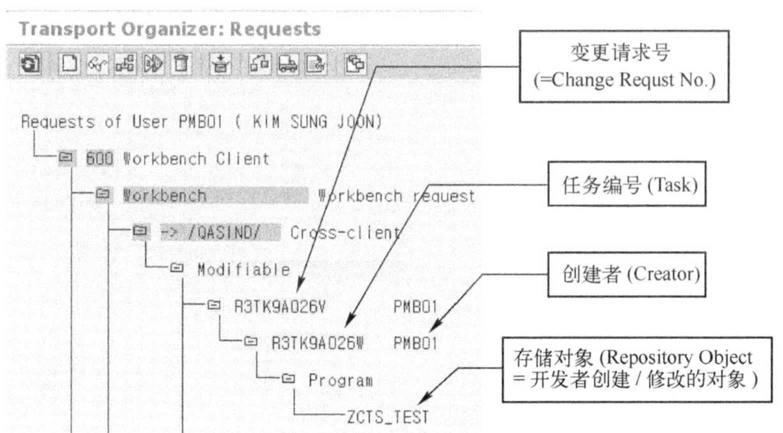

图 1-7　变更请求号属性

在变更请求号中双击存储实际作业信息的任务，可以查看到如[图 1-8] 所示的详细任务列表。可以单击 Delete 按钮删除存储对象（程序等）。删除之前首先需要单击按钮变换成修改模式后，选择将要删除的行单击〈Delete〉按钮即可。

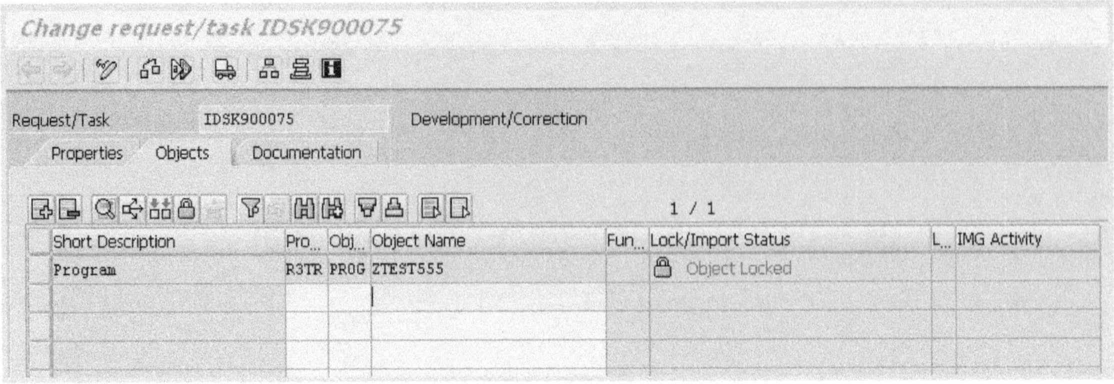

图 1-8 修改任务

<Tip. 将一个包里的全部对象一次性传递给另一个包的方法 >

下面介绍传输包含在包里的全部对象到其他包的方法。

<table>
<tr>
<td>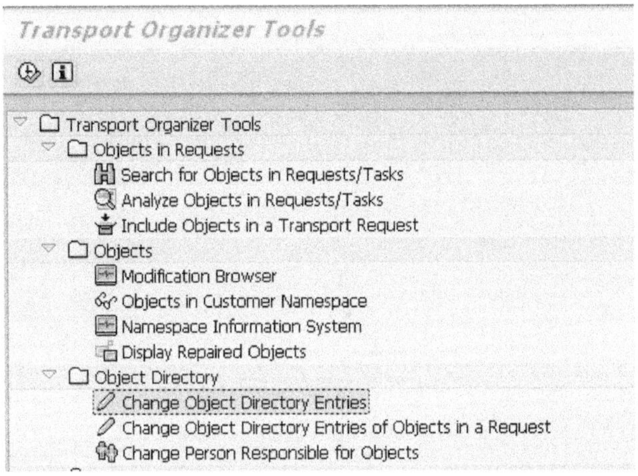
</td>
<td>① 首先执行传输组织工具（T-CODE:SE03），选择 Change Object Directory Entries 菜单。</td>
</tr>
<tr>
<td>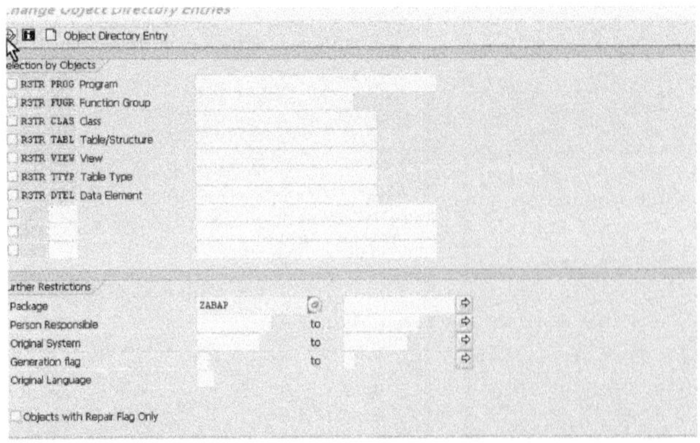
</td>
<td>② 在包字段中，输入相应的包名称后运行程序。</td>
</tr>
</table>

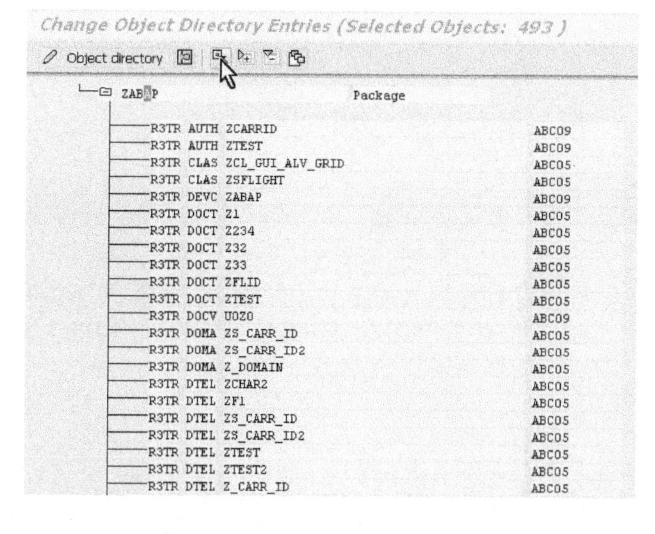

③ 单击指定图标，选中相应的所有对象。若要一次性选择所有对象，只需选中包之后单击左图中鼠标所指的图标即可。选中的对象会变成黄色的块。

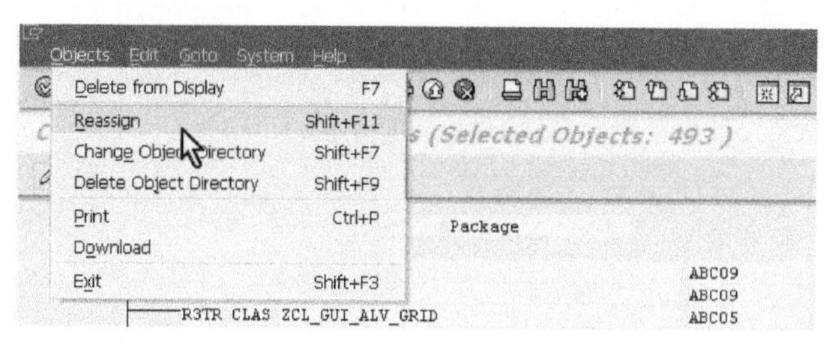

④ 选择菜单：[Objects]→[Reassign]。

⑤ 输入目的地包名后运行，则所有对象将会一次性转移到其他包中。但此方法的前提条件是包中的所有 CTS 号应该都是已经释放的状态。

第2章 数据类型

本章目录	本章介绍
1. 概要 2. ABAP 基本数据类型 3. 局部数据类型 4. ABAP 数据字典数据类型 5. 赋值 6. 定义其他变量	本章将介绍三种数据类型。ABAP 程序可以使用ABAP数据字典定义数据类型的特性。主要学习定义 ABAP 程序中使用的数据类型和用此数据类型定义变量的方法。

2.1 概要

ABAP 程序中有数据类型和数据变量，这两个概念的简要说明如下。

数据类型（Data Type）：定义程序中可以使用的数据类型。

数据变量（Data Variable）：参照数据类型定义的、可以存储值的变量。

数据类型和数据变量的具体定义方法如下。

```
[Data TYPE]
TYPES    dtype [TYPE type | LIKE dobj]
[Data Variable]
DATA     var   [TYPE type | LIKE dobj]
```

☞ 本书的 ABAP 语句中出现的“[]”代表选项，“|” 代表“或”。

2.1.1 数据类型

数据类型在 ABAP 程序中用于定义变量类型。数据类型和数据对象是单独声明的，数据对象则参照数据类型定义。在程序中利用 TYPES 语句声明数据类型，这种数据类型只能在该程序中使用，因此也称为本地数据类型。本地数据类型参照已有的 ABAP 数据类型进行声明。从数据类型层面考虑，ABAP 程序的特点是可以参照 ABAP 数据字典自身的数据类型定义变量，这种特征便于开发者编程。关于 ABAP 数据字典请参见第 7 章。

2.1.2 数据变量

数据变量（Data variable）是在程序中参照数据类型（Data Type）定义的值。从技术角度考虑，ABAP 程序里是通过变量名对此变量进行操作的（首先执行解析数据类型的操作）。在 ABAP 程序中最常用的方法是用 Data 语句定义变量。

> ☞ **数据对象是什么**
>
> 前面所定义的变量实际是指数据对象。所谓的数据对象只有在程序执行期间占用内存物理地址。ABAP 语句首先利用数据对象名称确认地址，然后根据参照数据类型的字段长度及小数位等信息解析内容。数据对象里存在没有固定名称的类型，如(WRITE 'ABCDE'.)、Text Symbol (WRITE text-001) 、Variable (DATA, STATICS, CLASS-DATA, PARAMETERS...), Constants 等类型。本书为了明确概念，将 Data Variable 和 Data Object 视为一种。

2.1.3 数据类型的种类

ABAP 程序包含如[图 2-1]所示的三种数据类型。

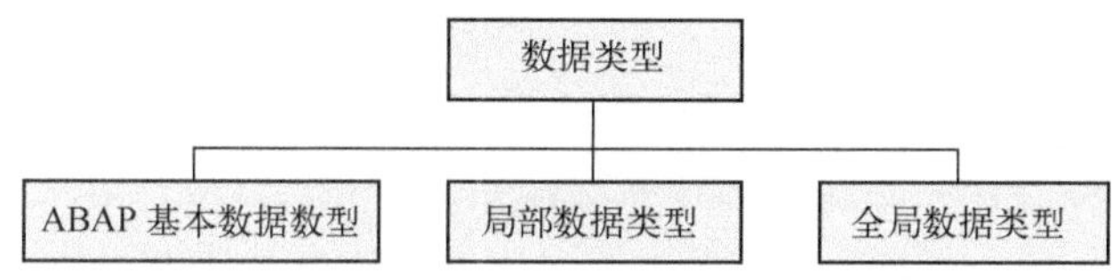

图 2-1 数据类型层次结构

1. ABAP 基本数据类型（Predefined ABAP types）

- ABAP 基本数据类型是系统内部定义的数据类型。
- 同 C、Java 语言中的 c、d、f、i、n 类型一样，是系统内部已定义的数据类型。

另外，ABAP 语言中还存在 p、t、x 类型。

2. 局部数据类型（存在于程序内部）

在 ABAP 程序中用 ABAP 基本数据类型定义局部数据类型。另外，还可以定义包含多个 ABAP 基本数据类型的结构体（Structure）类型。

```
TYPES dtype [TYPE type|LIKE dobj] ...
```

3. 全局数据类型（存在于数据字典中）

- 全局数据类型是指所有程序都可以使用的数据类型。
- 可以用 TYPE 语句参照 ABAP 数据字典里的数据类型定义变量。即 SE11 创建的 ABAP 数据字典的对象都可以用于定义数据变量。详细内容请参见第 7 章 ABAP 数据字典。

表（表字段）、数据类型、数据元素、结构体、 表类型，利用这些 ABAP 数据字典对象可以声明程序内部数据类型及数据变量。

声明方法如下：

```
TYPES : types     TYPE table.
DATA : gv_data    LIKE table-field…
```

声明 Type Group，将多个 TYPE 组合为一组后使用。

声明方法如下：

```
TYPE-POOLS hktst…
```

2.1.4 声明数据类型

首先简单说明利用数据类型定义变量的三种方法，下一章开始详细讲解各类型相关的内容。

1．参照基本数据类型定义变量

利用 ABAP 提供的基本类型定义变量的方法如下。

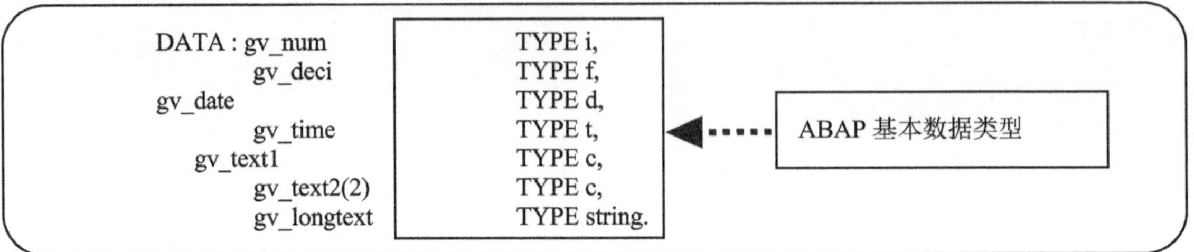

2．参照局部数据类型定义变量

将程序中常用的数据及结构声明为一个数据类型，定义变量时可以参照此数据类型定义，但此数据类型只能在该程序内部使用。

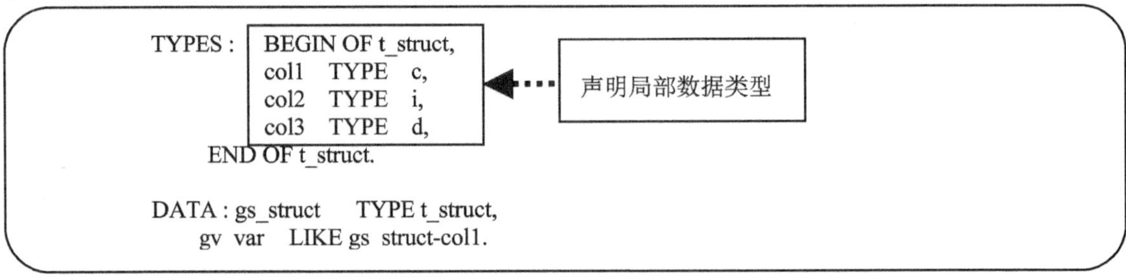

3．参照全局数据类型定义变量

参照全局数据类型定义变量是指利用 ABAP 数据字典（表、结构体、数据元素等）定义变量的方法，此数据类型在所有程序中都可以使用。

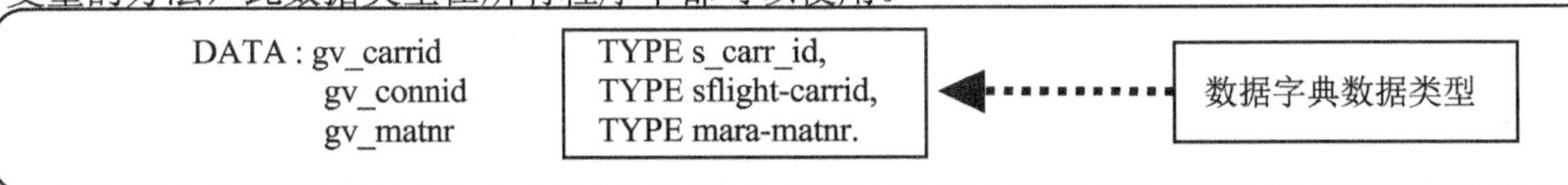

2.1.5 DATA 语句

DATA 语句用于定义数据变量。变量名包括“_”，最长可以定义 30 位。

1．TYPE type

定义变量的数据类型。如[图 2-1]中所示的三种数据类型可以用于 TYPE 语句后。

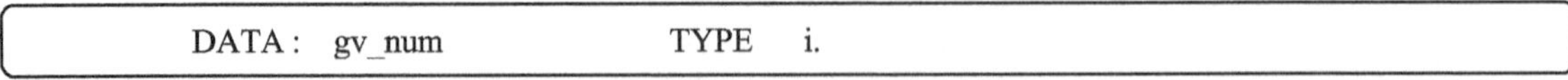

冒号“:”使一个命令从逗号“,”开始执行，遇到句号“.”结束。即多次执行相同命令时使用冒号“:”可以避免反复使用相同命令的现象。如下所示，可以利用冒号“:”同时声明两个变量。

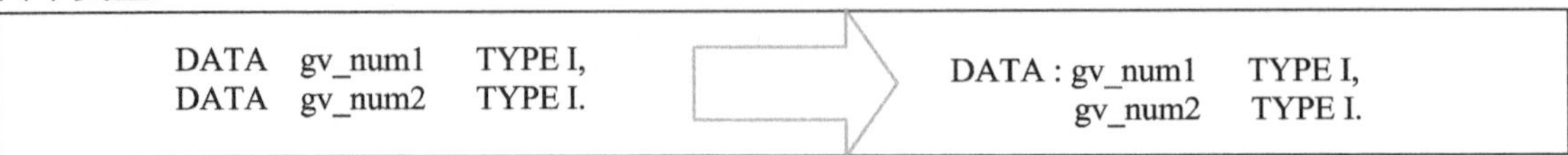

2. LIKE num

定义与前一个变量 gv_num1 相同类型的变量时使用该语句。**num** 可以是任何一种数据类型变量（字段、参数、结构体、系统变量等）。

```
DATA :   gv_num3           LIKE gv_num1.
```

3. VALUE int

所有数据类型都存在初始值。DATA 语句中可以使用 VALUE 选项设置初始值 int。基本数据类型自带的初始值请参照[表 2-2]。如果使用 VALUE IS INITIAL 语句，则变量的初始值为所参照的数据类型的初始值（此语句也可以省略，其结果相同）。 但是定义固定值时一定要使用 VALUE 语句定义其初始值。

```
DATA :   gv_num         TYPE   i           VALUE 123,
         gv_flag                           VALUE 'X',
         gv_val                            VALUE IS INITIAL,
         gv_idx         LIKE sy-tabix      VALUE 45.
```

4. LENGTH n

LENGTH n 用于指定字段长度，但只适用于 **C**、**N**、**P**、**X** 类型。

```
DATA :   gv_num         TYPE   n       LENGTH    2.
```

5. DECIMALS n

DECIMALS n 用于指定 1～14 位小数，只适用于数据类型 P。

```
DATA : gv_num TYPE   p   DECIMALS   3.
```

现在开始学习创建最简单的程序，即声明一个变量，进行赋值，最后输出该变量的程序。

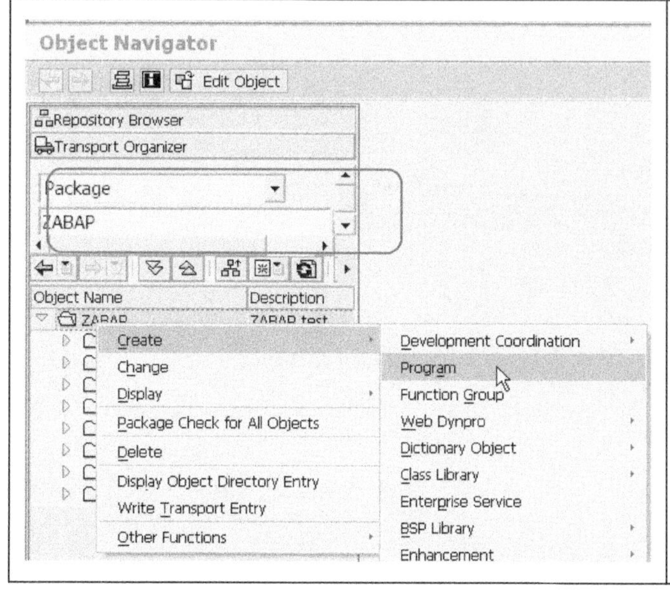	① 移动到 T-CODE:SE80，输入第 1 章中创建的 ZABAP 包名称按〈Enter〉键。选择包名称后单击鼠标右键，然后选择 Create→Program。

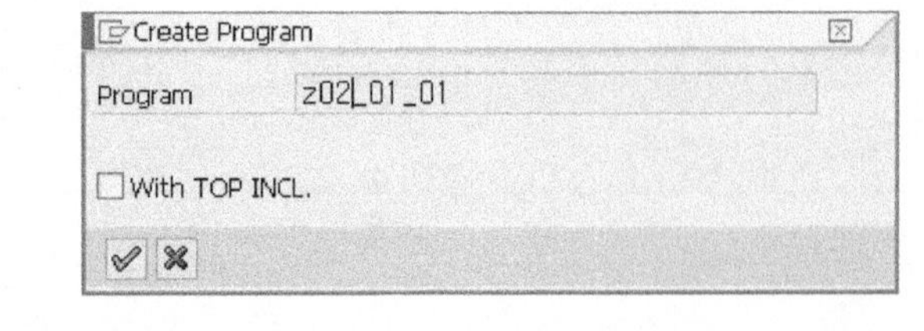

② 输入程序名，单击 ✔ 按钮或者按〈Enter〉键。然后会出现输入 CTS 的窗口（此处省略），请参见第 1 章。

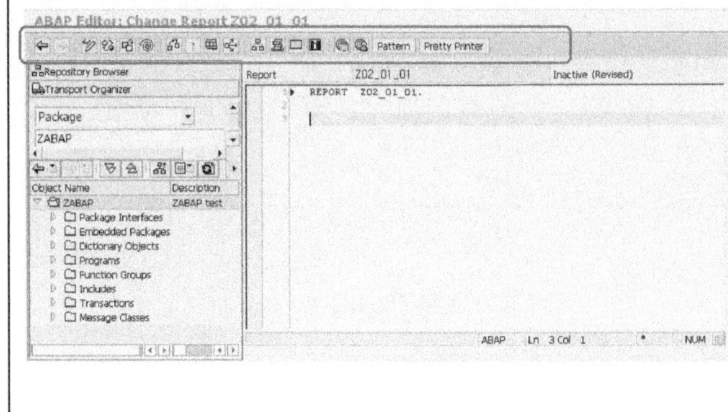

③ 显示 ABAP 编辑窗口。此编辑窗口与使用 T-CODE:SE38 进入的画面相同。编码时常使用到的按钮如下所示。

按　钮	功　能
	查询<->修改 - 查询<->修改相互转换 - 快捷键〈Ctrl + F1〉
	检查 - ABAP 代码错误检查 - 快捷键〈Ctrl + F2〉
	激活 - 激活 ABAP 程序 - 快捷键〈Ctrl + F3〉
	执行程序 - 执行 ABAP 程序 - 快捷键〈F8〉
	包含程序列表 - 检索使用该 ABAP 程序的对象 - 快捷键〈Ctrl + Shift + F3〉
	显示对象列表 - 转移到(SE80) - 快捷键〈Ctrl + Shift + F5〉
	设置/删除断点 - 设置断点调试程序 - 快捷键〈Ctrl + Shift + F12〉
Pattern	模式 - 调用函数等对象时自动生成代码 - 快捷键〈Ctrl + F6〉
Pretty Printer	美化代码 - 整齐排列 ABAP 代码，例如将主键修改成大写字母等 - 快捷键〈Shift + F1〉

练习使用参照程序内部定义的数据类型定义变量，给此变量赋字符串，使用 WRITE 语句输出。

[例 2-1]

```
REPORT z02_01_01.

TYPES t_var TYPE c LENGTH 20.

DATA   gv_var TYPE t_var.

gv_var = 'Hellow ABAP'.

WRITE gv_var.
```

在[例 2-1]中首先定义了 ABAP 程序中使用的 t_var 局部数据类型，然后根据此数据类型定义了 gv_var 变量。如果在 ABAP 程序里经常使用，则定义为局部数据类型可提高效率。不用特意提前定义本地数据类型，定义变量时可以直接指定全局数据类型，例如

```
DATA  gv_var TYPE c LENGTH 20.
```

> ☞ **ABAP 基本语法**
>
> ① ABAP 程序使用句号“.”表示一个语句的结束。
>
> 如 WRITE gv_val.
>
> ② 代码的注释方法分为下列两种。
>
> a）符号“*”为行注释。
>
> 如* *This line is comment*
>
> b）符号““”为右注释。
>
> 如 WRITE gv_val. *“Part of line is comment.*
>
> ③ 字符串使用单引号‘ ‘显示。
>
> 如 gv_val = ‘Enjoy ABAP’.
>
> ④ 命令要使用空格分开。
>
> 如 gv_val=’Enjoy ABAP’. => 错误写法，=与’之间没有写空格
>
> gv_val = ‘Enjoy ABAP’. => 正确写法

2.1.6 ABAP 命名规则

程序开发方法论中最基本的规则是制定存储数据变量名。制定变量名或对象名的规则称为命名规则。为提高代码可读性、减少变量间的冲突、提高结构统一性，任何开发语言都推荐使用命名规则。

SAP 规定创建 ABAP 数据字典的程序及数据对象后命名时，要以 Z 或 Y 开头且不能使用如 INSERT/APPEND 等关键字。此外，每个客户自己制定统一规范并遵守即可。接下来确认一下在 ABAP 程序中要使用的命名规则（不会涉及类似于表、结构体、锁等 ABAP 数据字典）。ABAP 程序中允许定义的变量名最大长度为 30 位，其中包含“_”符号。[图 2-2]充分说明了在实际业务中使用的典型命名规则。变量名的前 2 位表示范围及类型，区分符号“_”和最后单词将省略变量的具体功能。

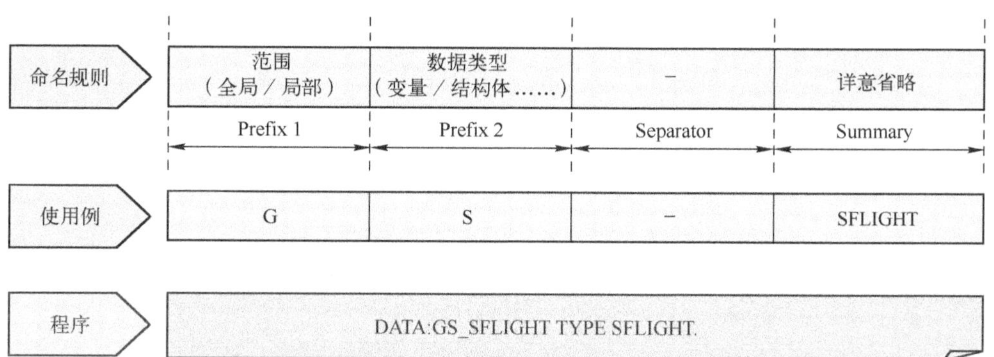

图 2-2　普通变量命名规则及用法实例

1. 定义全局变量

全局变量（Global Variable）是指在一个程序或函数内可以访问的数据类型。在程序内部

的所有领域里都可以参照并修改，因此没有局域性。在程序激活状态下全局变量一直占用着内存地址。定义全局变量时变量名以 G 开头，具体数据类型定义的方法如[表 2-1]所示。

表 2-1 定义全局变量

数据类型	前缀	使用实例	程序
字段	V 或 D	GV_CARRID 或 GD_CARRID	DATA GV_SFLGIHT TYPE S_CARR_ID. 或 DATA GD_SFLGIHT TYPE S_CARR_ID.
结构体	S	GS_SFLIGHT	DATA GS_SFLIGHT TYPE SFLIGHT.
常量	C	GC_RATE	CONSTANTS GC_RATE TYPE I VALUE '3.14'.
内表	T	GT_SFLIGHT	DATA GT_SFLIGHT TYPE TABLE OF SFLIGHT.
类	O	GO_ALVGRID	DATA GO_ALVGIRD TYPE REF TO CL_SALV_TABLE.
RANGE(范围)	R	GR_CARRID	RANGES GR_CARRID FOR SFLIGHT-CARRID.
参照变量(数据对象)	F	GF_OBJ	DATA GF_OBJ TYPE REF TO OBJECT.

如果需要细分命名规则，则可以把前缀（Prefix）长度设为 3 位。

前缀 1→范围， 前缀 2→数据类型， 前缀 3→数据类型

例如，在 GVF_CARRID 变量中前缀代表的意思分别为 G—全局，V—字段，F—浮点型。但是变量名过长不利于编码，因此应尽量避免定义过长。如果一定要显示变量类型，则可以采用类似于 GV_FXX（浮点型），GV_IXX（索引），GV_DXX（日期型）形式，可以用“_”后第一个字母来区分数据类型。只存在于 ABAP 语言中的 PARAMETERS 和 SELECT-OPTIONS 变量分别用 “P”、“S” 作为前缀使用。

```
PARAMETERS : P_CARRID TYPE S_CARR_ID.
SELECT-OPTIONS : S_CARRID FOR SFLIGHT-CARRID.
```

2. 局部变量

局部变量（Local Variable）是指只有在程序模块内部有效的变量。所谓的模块是指函数、子程序等为了实现单位功能集合成块的代码。局部变量定义方法如[表 2-2]所示。

表 2-2 局部变量定义

数据类型	前缀	使用实例	程序
字段	V 或 D	LV_CARRID 或 LD_CARRID	DATA LV_SFLGIHT TYPE S_CARR_ID. 或 DATA LD_SFLGIHT TYPE S_CARR_ID.
结构体	S	LS_SFLIGHT	DATA LS_SFLIGHT TYPE SFLIGHT.
常量	C	LC_RATE	CONSTANTS LC_RATE TYPE I VALUE '3.14'.
内表	T	LT_SFLIGHT	DATA LT_SFLIGHT TYPE TABLE OF SFLIGHT.
类	O	LO_ALVGRID	DATA LO_ALVGIRD TYPE REF TO CL_SALV_TABLE.
RANGE（范围）	R	LR_CARRID	RANGES LR_CARRID FOR SFLIGHT-CARRID.
参照变量 （数据对象）	F	LF_OBJ	DATA LF_OBJ TYPE REF TO OBJECT.

3. 检查命名规则（Code Inspector）

检查命名规则是检查 ABAP 程序是否符合命名规则的工具。执行 T-CODE:SCI 的效果如[图 2-3]所示。

在[图 2-3]中的 Check Variant 区域单击按钮，则该按钮会变成按钮。前者是根据用户设定的、可以使用的 Local Check Variant，后者是所有用户都可以使用的 Global Check Variant。下面创建一个程序说明 Check Variant 执行的功能。如[例 2-2]所示首先定义变量，然后激活程序。

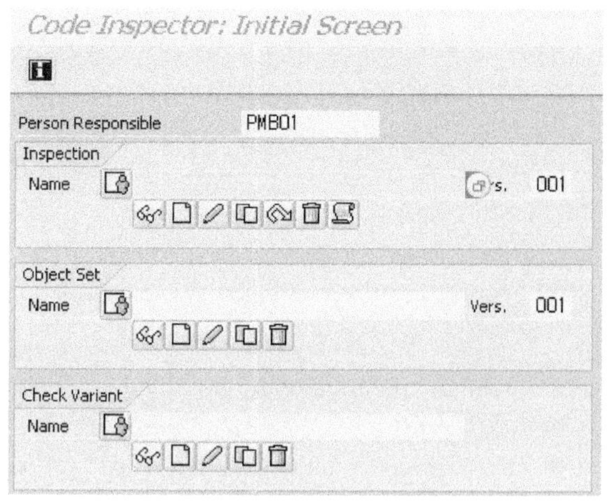

图 2-3　执行 T-CODE：SCI

[例 2-2]

```
REPORT Z02_01_02.

DATA : VAL TYPE C.
```

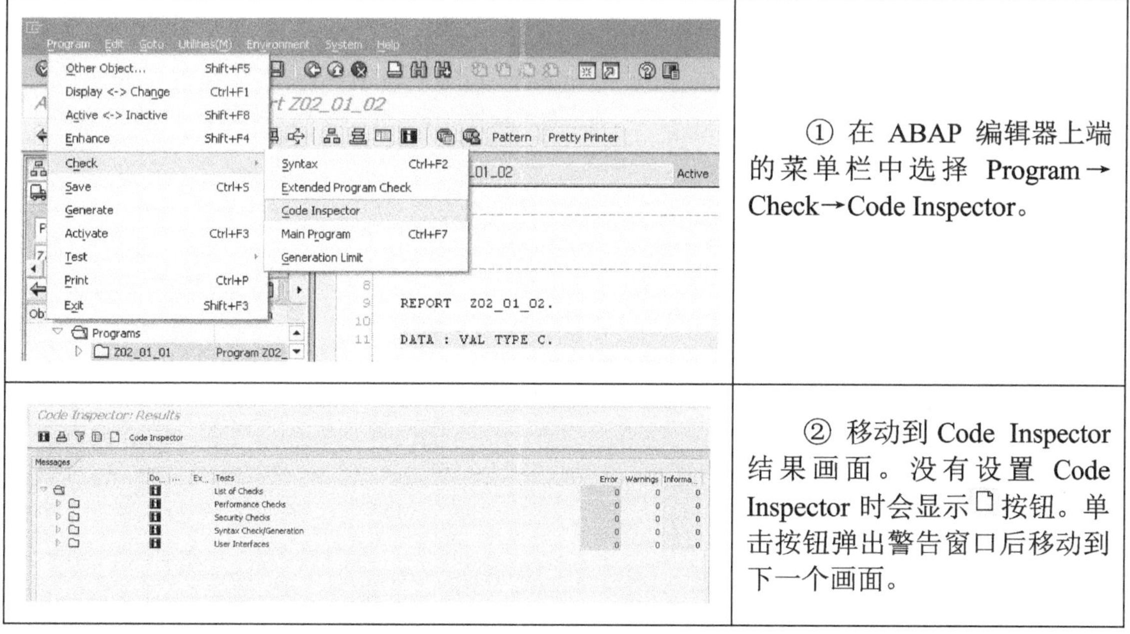

① 在 ABAP 编辑器上端的菜单栏中选择 Program→Check→Code Inspector。

② 移动到 Code Inspector 结果画面。没有设置 Code Inspector 时会显示按钮。单击按钮弹出警告窗口后移动到下一个画面。

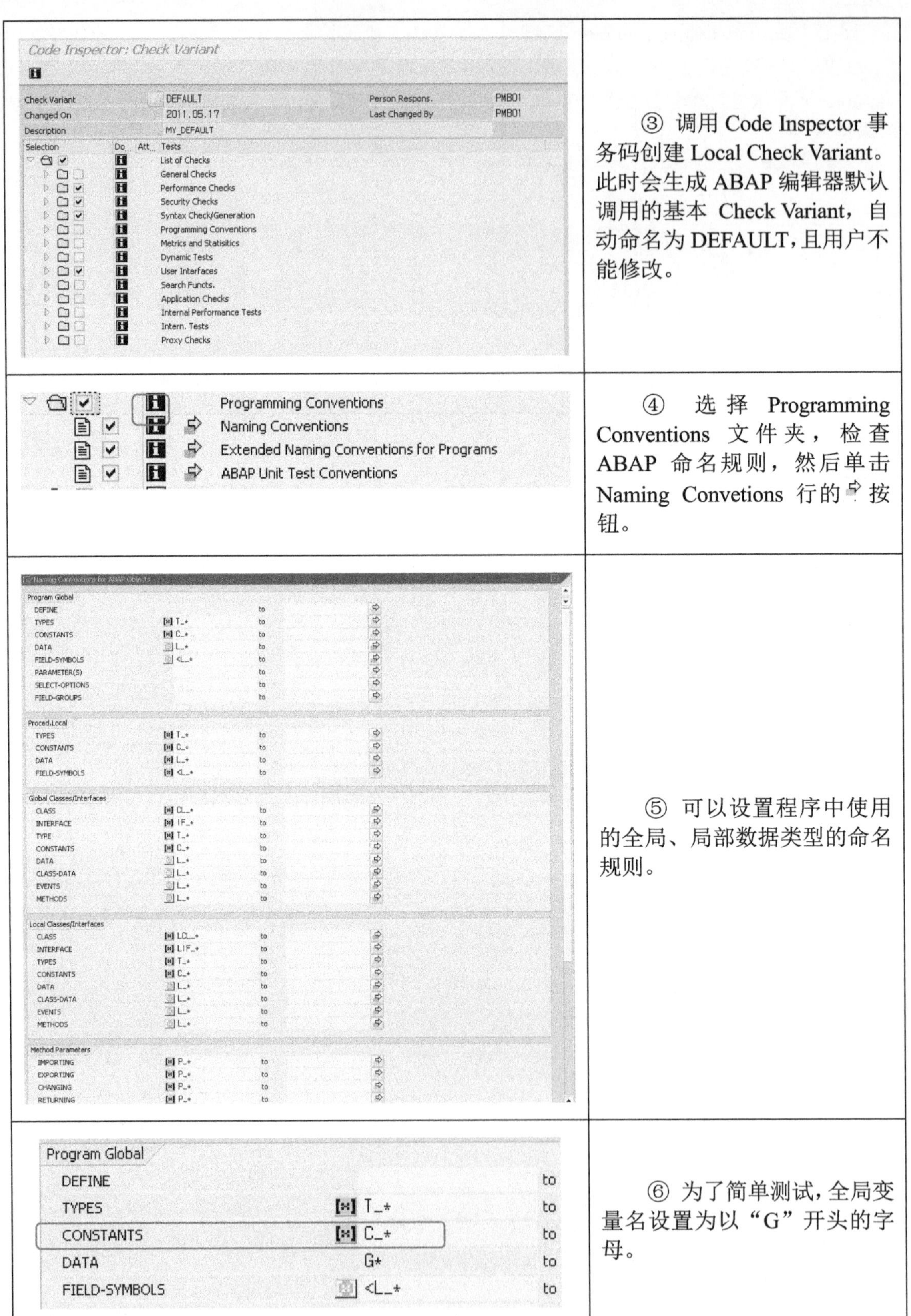

③ 调用 Code Inspector 事务码创建 Local Check Variant。此时会生成 ABAP 编辑器默认调用的基本 Check Variant，自动命名为 DEFAULT，且用户不能修改。

④ 选择 Programming Conventions 文件夹，检查 ABAP 命名规则，然后单击 Naming Convetions 行的 ⇨ 按钮。

⑤ 可以设置程序中使用的全局、局部数据类型的命名规则。

⑥ 为了简单测试，全局变量名设置为以“G”开头的字母。

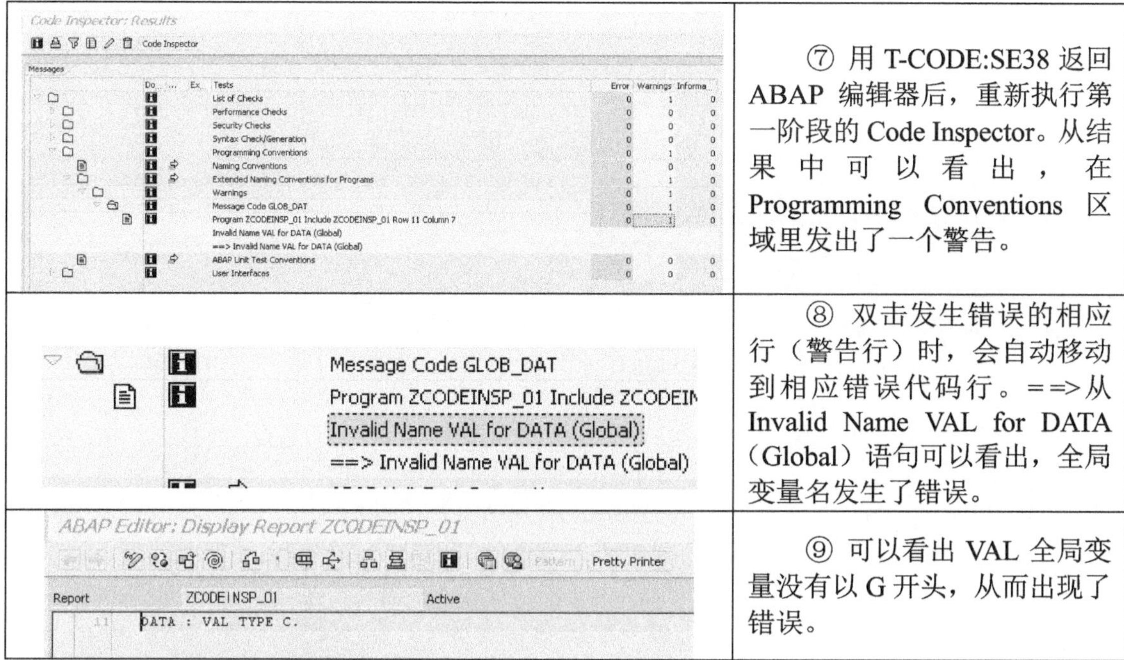

	⑦ 用 T-CODE:SE38 返回 ABAP 编辑器后，重新执行第一阶段的 Code Inspector。从结果中可以看出，在 Programming Conventions 区域里发出了一个警告。
	⑧ 双击发生错误的相应行（警告行）时，会自动移动到相应错误代码行。==>从 Invalid Name VAL for DATA（Global）语句可以看出，全局变量名发生了错误。
	⑨ 可以看出 VAL 全局变量没有以 G 开头，从而出现了错误。

<Tip. 介绍 ABAP 编辑器>

使用 ABAP 编辑器创建和修改 ABAP 程序。

在 ABAP 编辑器里可以维护 SAP 程序（函数、类功能实现、画面逻辑流程、类型组、LDB 等）代码。

ABAP 编辑模式有以下 3 种类型。Back-End Editor 模式不经常使用，因此不举例说明。

- 新版 ABAP 编辑模式：Front-End Editor。
- 旧版 ABAP 编辑模式：Front-End Editor（Plain text mode）。
- Back-End Editor（Line-based mode）。

如[图 2-4]所示，ABAP 编辑类型可以在 T-CODE:SE38 选择菜单：*Utilities→Settings* 进行设置。

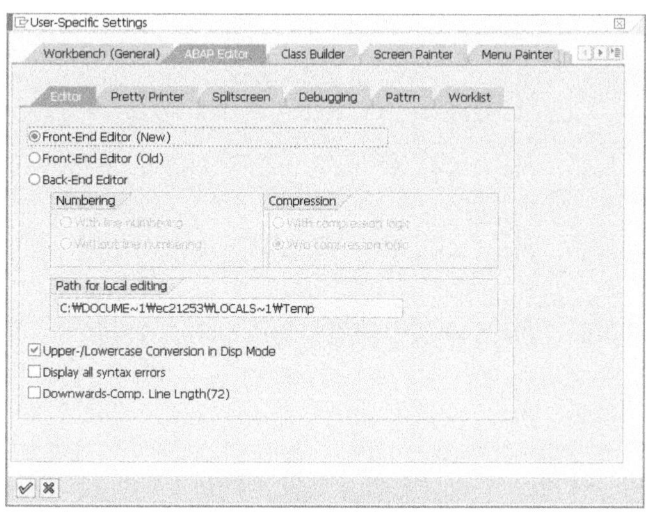

图 2-4　修改 ABAP 编辑器

（1）新版 ABAP 编辑模式：Front-End Editor

这是开发者最常用的 ABAP 编辑模式。从 SAP Netweaver 7.0 版本开始使用了新版 ABAP 编辑模式，SAP Gui 640 补丁升级为 10 版本以上也可以使用。新版 ABAP 编辑模式是代码提示、代码自动生成等 ABAP 新技术的综合编辑器。详细模式可参照[图 2-5]。

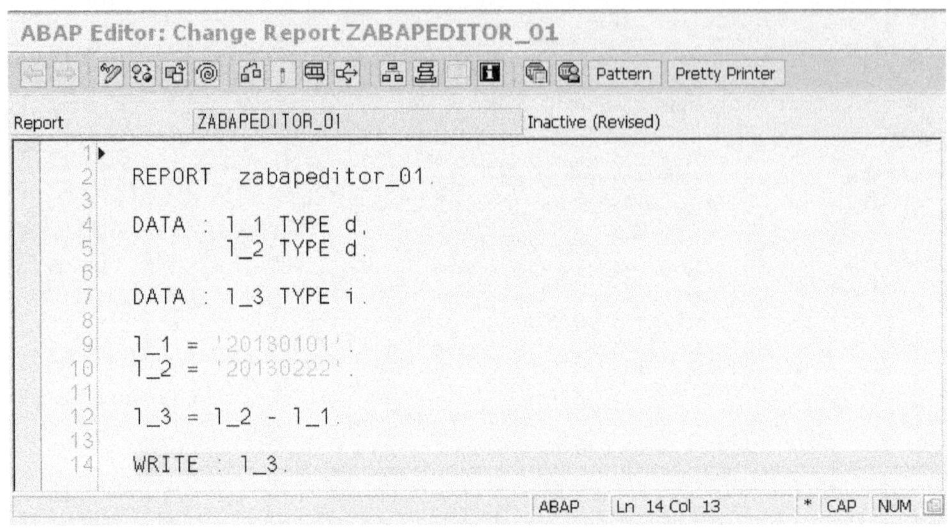

图 2-5　新版 ABAP 编辑模式

下面介绍新版 ABAP 编辑模式的几种新功能。

1）显示行编号及提示修改行

如[图 2-6]所示，用编号显示代码行，用符号“▸”提示正在编辑的代码行。

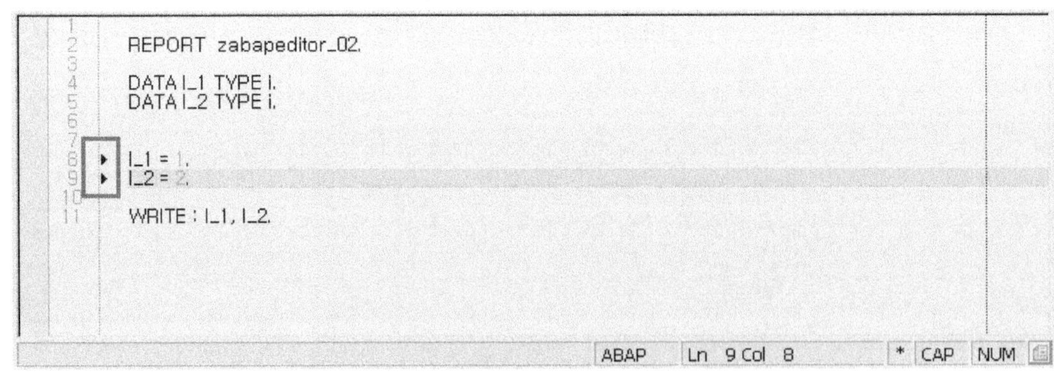

图 2-6　新版 ABAP 编辑模式显示行编号及提示修改行

2）提示关键字功能

输入 ABAP 关键字时会提示关键字，按〈Tab〉键会自动完成代码。

输入关键字 MOVE 时，输入 M 则上端会提示以 M 开头的关键字，并用蓝色区分关键字，如[图 2-7]所示。

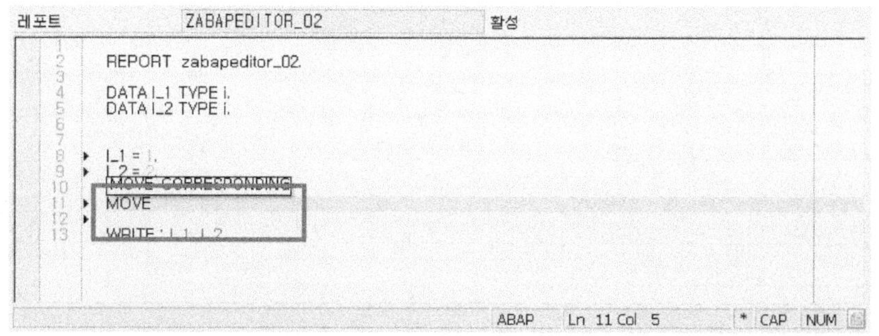

图 2-7 新版 ABAP 编辑模式提示关键字的画面

（2）旧版 ABAP 编辑模式 ：Front-End Editor

旧版编辑模式是新版 ABAP 编辑模式出现之前使用的主要编辑模式，如[图 2-8]所示。

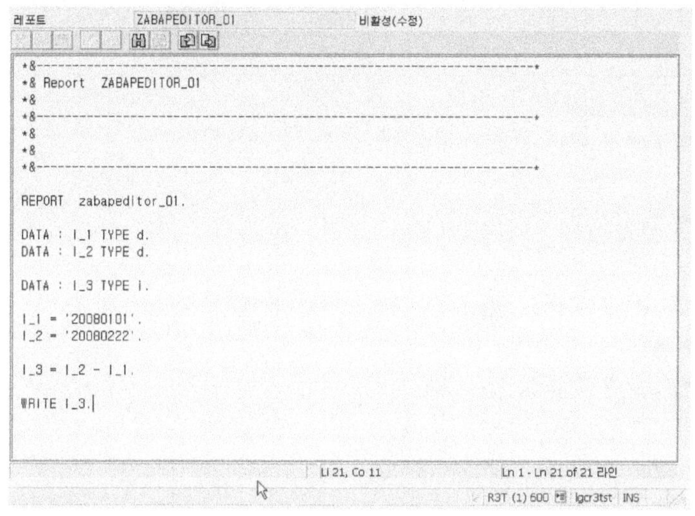

图 2-8 旧版 ABAP 编辑模式

2.2 ABAP 基本数据类型

ABAP 基本数据类型是 ABAP Kernel 层次中定义的数据类型，在所有 ABAP 程序中都可以使用。在程序中定义局部数据类型时可以使用基本数据类型。

2.2.1 固定长度的 ABAP 基本数据类型

ABAP 提供 8 种固定长度的基本数据类型。[表 2-3]说明基本数据类型的长度及初始值。所有字段长度以 B 为计算单位。数据类型 D、F、I 已经定义了技术属性，因此不用在程序中定义即可直接使用。与之相反，使用数据类型 C、N、X 时要指定其长度。另外，类型 P 不指定 DECIMALS 就无法识别小数位。

DATA gv_num TYPE I.	DATA gv_num TYPE p DECIMALS 2.

表 2-3 基本数据类型

	初始长度	可变长度	初始值	意 义
数字型				
I	4	4	0	整型（自然数）
F	8	8	0	浮点型
P	8	1～16	0	Packed number
字符型				
C	1	1～65535	'……'	文本字段（alphanumeric characters）
D	8	8	'00000000'	日期字段（样式: YYYYMMDD）
N	1	1～65535	'0……0'	数字文本字段（数字型字符串）
T	6	6	'000000'	（样式: HHMMSS）
十六进制类型				
X	1	1～65535	X'0……0'	十六进制字段

2.2.2 数字型

ABAP/4 有 3 种数字类型（数字型）。

（1）整数型 I

- 值范围为 $-2^{31}(-2147483648)\sim2^{31}-1(2147483647)$。
- 只支持整数类型。
- 非整数型数据会进行四舍五入(Round)。
- 用于计算行数、条目数、索引值等。

（2）小数型 Packed numbers of Type P

- 允许有小数位。
- 可用长度为 1～16，小数位最大长度为 14 位。
- 程序属性设置如[图 2-9]所示，应选择 Fixed point arithmetic。若不选择，类型 P 就没有意义，与整数类型相同。
- 常使用于精度比较高的数据。

（3）浮点型 F

- 值范围为 $1\times10^{-307}\sim1\times10^{308}$。
- 用于定义指数（exponent），因此需要调用“FLTP_CHAR_CONVERSION”函数把其类型转换成其他数据类型后才可以输出。
- 类型 F 转换成二进制时会发生进位误差。
- 若要显示高精度的数据，则应该使用类型 P。
- 数值较大或者不需要进行四舍五入时可以使用类型 F（因为在取近似值时使用，因此使用时需要注意）。

> ☞ 类型 F、I 更接近于机器代码，因此执行演算时类型 F、I 比 P 速度快（差异不明显）。

创建程序时如果不选择 Fixed point arithmetic，使用 Packed numbers（类型 P、CURR、

QUAN）类型时，则小数位会被忽略。具体参照[图 2-9]。

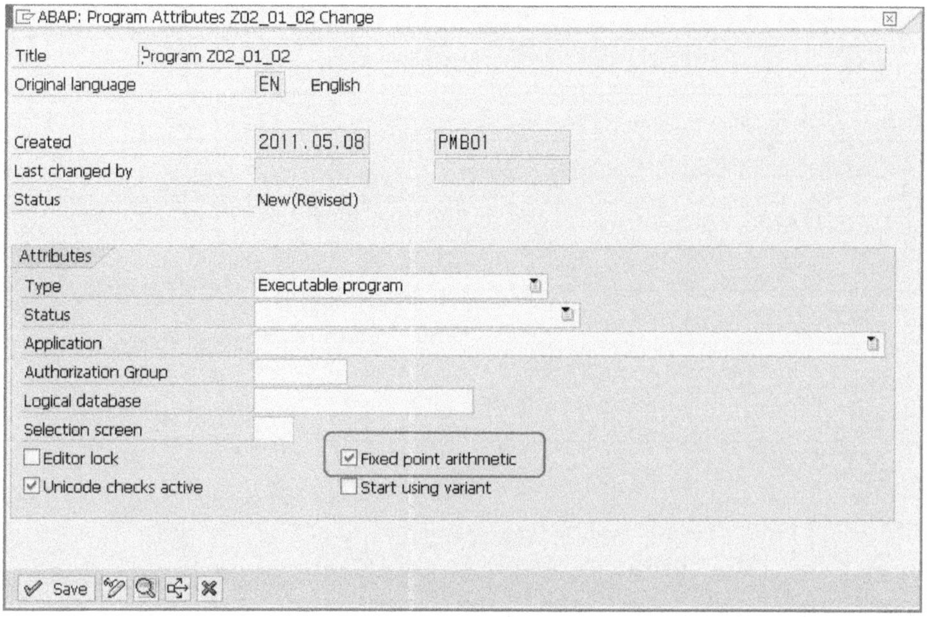

图 2-9　程序属性——选择 Fixed point arithmetic

如果不选择 Fixed point arithmetic 复选框执行下面所示的实例，则结果会显示“231”。

```
DATA gv_1 TYPE p DECIMALS 1 VALUE '1.1'.
DATA gv_2 TYPE p DECIMALS 1 VALUE '2.1'.
DATA gv_3 TYPE p.

l_3 = l_1 * l_2.

WRITE l_3.
```

1．进一步介绍数字类型

ABAP 程序的数字类型，如 [表 2-3]所示一共分为 3 种。此外，还存在显示字符串类型的数字类型 N（Numeric text field），此类型是用 1B 表示一位数字的字符串类型。这是 1 字节表示 1 位数字的字符串类型。

（1）类型 I

定义-2^{31}(-2147483648)～$2^{31}-1$(2147483647) 之间的整数，用单位 bit 计算长度的数据类型。它采用的是二进制方法， 二进制数据是用 0 和 1 两个数码来表示的数。它的基数为 2，进位规则是“逢二进一”，借位规则是“借一当二”。因此此类型可以表示的最大数字为 2^n ，且最多可以表示的数字个数为 2^n-1 个。类型 I 是 4B = 32bit，因此可以显示的最大数字是 2^{32} 。再加上负数可以表示的数字范围是-2^{31}～ $2^{31}-1$。

（2）类型 P

可用长度为 1～16B，一般为 8B。类型 P 只存在于 ABAP 语言且来源于“Two decimal digits are packed into one byte.”中的英语单词 packed。此类型 1 字节由两位数字构成，最后一位是符号位。可用长度为 16B，代表着可以显示 2*16 = 32bit 的数字。计算类型 P 时，由于涉及软件因素，因此比类型 I、F 执行速度要慢。

可变长度是指变量名后可以指定的变量长度（1～16）。

```
DATA gv_p(16) TYPE P.
```

如下所示，如果不指定变量长度，则其默认长度为 8B。

```
DATA gv_p TYPE P.
```

使用 DECIMALS 关键字指定小数位，其小数位最多可以指定 14 位。下面定义的变量 gv_p 占两位小数位。

```
DATA gv_p TYPE P DECIMALS 2.
```

下面通过[例 2-3]学习类型 P 的属性。

[例 2-3]

```
REPORT  z02_02_01

DATA gv_1       TYPE p.
DATA gv_2          TYPE p DECIMALS 14.
DATA gv_3(16)    TYPE p.

gv_1 = '123456789012345'.
gv_2 = '0.12345678901234'.
gv_3 = '1234567890123456789012345678901'.

WRITE :/ gv_1.
WRITE :/ gv_2.
WRITE :/ gv_3.
```

[例 2-3]中的 gv_1 变量没有指定长度，所以字符只能占 15 位，因此默认长度为 8B = 15bit（符号占一位）。如果 gv_1 = '1234567890123456'，超过了类型 P 的可变长度，则会发生 Overflow Dump Error 错误。如 Overflow when converting from 1234567890123456。

（3）类型 F

值范围为 $1\times10^{-307}\sim1\times10^{308}$，以指数（exponent）形式显示，因此要调用函数 FLTP_CHAR_CONVERSION 把类型转换为其他数据类型后才能输出。类型 F 转换成二进制时会发生进位错误，因此这种类型属于所谓的科学计算法，精确度要求高的计算建议使用类型 P 而不是类型 F。浮点型（Floating Point Number）可以移动小数位，因此可以使用有限的位数提高其计算精度。浮点型显示形式为尾数（mantissa）加指数（exponent）。浮点型中“12345”和“12345×10^{0}”的表示是相同的，另外有下列几种表示形式。

1234500×10^{-2}

0.001234×10^{6}

0.12345×10^{5}

上述浮点型数据由如下 4 个部分组成。

+	0.12345	$\times10^{+e}$
1. Sign(符号)	2. Mantissa(尾数)	3. e : Exponent(指数) 4. + : 指数符号

5 位浮点型数据用符号表示，则形式如下。

S	MMMM
Sign(符号)	尾数
实例	+12345 −12345

从下列 5 位数中 2 位转换成指数，则形式如下。

S	EE	MM
Sign(符号)	指数	尾数
实例	$+12345\times10^{0}$ $+123450\times10^{+1}$ $+00.123\times10^{+2}$	

显示“12345”数据时可以用两位指数形式表达。上述第 3 个实例中使用两位指数表示为 $00.12345\times10^{+2}$，后两位“45”被指数所占用。因此浮点类型属于科学计算法，降低了数字的精确度。ABAP 程序使用“IEEE Standard 754”中定义的标准 64 位双精度浮点型。

> 1 位：符号(sign)
> 11 位：指数(exponent)
> 52 位：尾数(mantissa)

2．数字运算符（演算子）

（1）基本运算法则

数字类型 F、I、P 在数据计算中使用的基本符号及关键字如[表 2-4]所示。

表 2-4　基本运算法则

符号	说　明	使　用　例	与符号相同的关键字
+	加法	<p> = <n> + <m>.	ADD <n> TO <m>.
−	减法	<p> = <m> − <n>.	SUBTRACT <n> FROM <m>.
*	乘法	<p> = <m> * <n>.	MULTIPLY <m> BY <n>.
/	除法	<p> = <m> / <n>.	DIVIDE <m> BY <n>.
DIV	取整	<p> = <m> DIV <n>.	
MOD	取余	<p> = <m> MOD <n>.	
**	乘幂	<p> = <m> ** <n>.	

通过[例 2-4]学习数据基本运算法则的使用方法。

[例 2-4]

```
REPORT  z02_04.

DATA: gv_int1    TYPE i VALUE 2.
DATA: gv_int2    TYPE i VALUE 3.
DATA: gv_iresult    TYPE i.

gv_iresult = gv_int1 + gv_int2.
WRITE : / '1 : ', gv_iresult.
```

```
ADD 1 TO gv_iresult.
WRITE : /  '2 : ', gv_iresult.

DATA: gv_pack1    TYPE p DECIMALS 2 VALUE '2.17'.
DATA: gv_pack2    TYPE p DECIMALS 2 VALUE '5.43'.
DATA: gv_presult    TYPE p DECIMALS 2.

gv_presult = gv_pack2 / gv_pack2.
WRITE : / '3 : ', gv_presult.

MULTIPLY gv_presult by gv_pack2.
WRITE : / '4 : ', gv_presult.

DATA: gv_float1   TYPE f VALUE '1.337'.
DATA: gv_float2   TYPE f VALUE '2.7'.
DATA: gv_fresult   TYPE f .
DATA: gv_cresult   TYPE c LENGTH 16.

gv_fresult = gv_float2 * gv_float1.
WRITE : / '5 : ', gv_fresult.

CALL FUNCTION 'FLTP_CHAR_CONVERSION'
 EXPORTING
   DECIM       = 2
   INPUT       = gv_fresult
 IMPORTING
   FLSTR       = gv_cresult.

WRITE : / '6 : ', gv_cresult.
```

使用类型 F 时，需要调用 FLTP_CHAR_CONVERSION 函数把类型转换成字符型后进行输出。调用函数时指定参数 DECIM，则通过四舍五入计算出相应长度的小数位。

（2）数字运算用函数

数字运算用函数如表 2-5 所示。

表 2-5　数字运算用函数

函　数	说　明	使 用 例
ABS	返回绝对值	ABS(-100)返回 100
SIGN	返回符号	负数→-1, 0→0 正数→+
CEIL	返回不小于该值的最小整数.	ceil(1.3), ceil(1.7)返回 2
FLOOR	与 CEIL 相反	floor(1.3), floor(1.7)返回 1
TRUNC	取得整数部分	trunc(1.3), trunc(1.7) 返回 1
FRAC	取得小数部分	frac('2.9') 返回 0.9

（3）Floating-Point 函数

Floating Point 函数如表 2-6 所示。

表 2-6　Floating Point 函数

函　数	功　能
ACOS、ASIN、ATAN; COS、SIN、TAN	三角函数（Trigonometric functions）
COSH、SINH、TANH	双曲线函数（Hyperbolic functions）
EXP	指数函数（Exponential function，e=2.7182818285）.
LOG	自然对数函数（以 e 为底）
LOG10	常用对数函数（以 10 为底）
SQRT	平方根函数（Square root）

2.2.3　字符串类型

字符串类型也称为字符串字段，分为以下 4 种。

- C ：用于定义文字、数字、特殊文字。
- N ：用于显示 C 类型数字，以字符串形式显示整数。
- D ：日期类型。
- T ：时间类型。

定义 C 类型数据时需要指定其字段长度。如果没有指定字段长度或数据类型时，默认为 1 位。指定类型 C 的长度时可以直接在变量后使用符号“（）”（如 Data：G_char(3) type C.）或也可以使用关键字 LENGTH 指定。关键字 LENGTH 只适用于指定类型 C、N、X、P 的长度。下面所示语句虽然写法不同，但是执行结果是相同的。

```
DATA   gv_fd.
DATA   gv_fd     TYPE c.
DATA   gt_fd(1) TYPE c.
DATA   gv_fd     TYPE c LENGTH 1.
```

通过[例 2-5]学习字符串类型中的类型 C。

[例 2-5]

```
REPORT  z02_05.

DATA gv_f0.
DATA gv_f1   TYPE c.
DATA gv_f2(1)   TYPE c.
DATA gv_f3(2)   TYPE c.
DATA gv_f4      TYPE c LENGTH 2.
DATA gv_f5(5).
DATA gv_len     TYPE i.

MOVE : 'CHINA' TO gv_f0,
       'CHINA' TO gv_f1,
       'CHINA' TO gv_f2,
       'CHINA' TO gv_f3,
       'CHINA' TO gv_f4,
       'CHINA' TO gv_f5.
```

[结果 2-5]

```
C
C
C
CH
CH
CHINA
          5
```

WRITE : / gv_f0, / gv_f1, / gv_f2, / gv_f3, / gv_f4. gv_len = STRLEN(gv_f5). WRITE / gv_len.	

MOVE 语句与符号“=”有相同的功能，用于赋值。另外还有 MOVE-CORRESPONDING 语句，两个不同结构的结构体或内表之间相互赋值时使用，此句的特点是赋值时与顺序无关，自动查找相同名字的变量进行赋值。Strlen 语句用于返回字符串长度。WRITE 语句用于输出报表数据。“/”符号代表换行。类型 N 是以字符串形式显示数字的类型。下面通过[例 2-6]确认具体实现形式。

[例 2-6] [结果 2-6]

REPORT z02_06. DATA : gv_num1 TYPE i. DATA : gv_num2 TYPE n LENGTH 4. gv_num1 = 89. WRITE:/ gv_num1. gv_num2 = 89. WRITE:/ gv_num2.	89 0089 定义类型 I，与变量长度无关，输出变量自身值。而定义为类型 N，当变量值长度不足时，加前导零补足位数的形式输出且以字符串形式显示数值。

下面学习日期型 D 和时间型 T。

[例 2-7] [结果 2-7]

REPORT z02_02_05. * 1. 日期型计算 DATA: gv_date TYPE d. gv_date = sy-datum. WRITE: / gv_date. gv_date = gv_date + 3. WRITE: / gv_date. * 2. 时间型计算 DATA: gv_time TYPE t. gv_time = sy-uzeit. WRITE: / gv_time. gv_time = gv_time - 60. WRITE: / gv_time.	20110508 20110511 230519 230419 日期型 定义日期型变量“gv_date”，赋系统变量-“sy-datum”。“sy-datum”是存储当天日期的系统变量 。日期型变量与数字型变量进行计算时可以计算出天数（day）。 时间型 系统变量 sy-uzeit 中包含现在时刻。时间型变量以秒(second)为单位进行运算。

<Tip. 系统变量 sy-datum 和 sy-datlo 的区别>

在 ABAP 程序中输出系统日期时，经常使用系统变量 sy-datum。这种系统变量保存在 syst 结构体中。系统变量 sy-datum 和 sy-datlo 都存储系统日期。那么这两个变量有什么区别呢？当用户登录 SAP 系统后，系统基本信息自动会保存到 SYST 结构体中。同时，用户本地 profile 信息 TIMEZONE 会保存到系统变量 SY-ZONLO 中。当然，存储系统时间的系统变量 sy-uzeit 和 sy-timlo 也是一样的。

SAP 系统的标准时间段在 SPRO（IMG）中设置 TIMEZONE（TTZZ Table）。具体设置方法如[图 2-10]所示，在 T-CODE:SPRO 中选择 General Settings→Time Zones→Maintain System Settings。

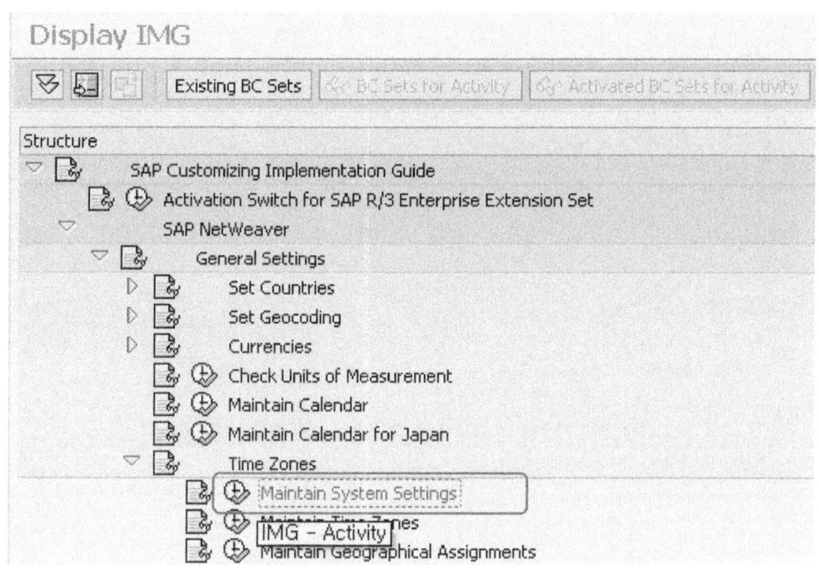

图 2-10　Time Zone IMG 设置

设置 Time Zones 的画面存在两种 Time Zone。第一种 System Time Zone 是应用系统的 Time Zone，第二种是用户自定义的 Time Zone。因为北京时间比格林威治时间早 8 个小时，因此应设置成“UTC+8”形式。结果如[图 2-11]所示。

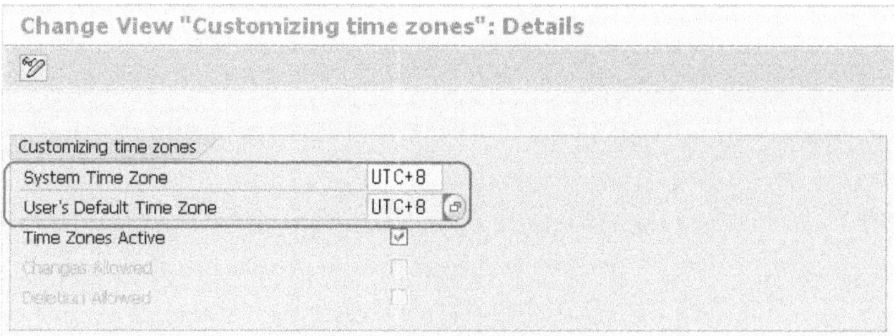

Change View "Customizing time zones": Details

Customizing time zones
System Time Zone UTC+8
User's Default Time Zone UTC+8
Time Zones Active
Changes Allowed
Deletion Allowed

图 2-11　Time Zone 设置画面

默认使用的 Time Zone 与用户 profile 的 Person Time Zone 相关联。如果用户级别里没有 profile Time Zone，则正常使用[图 2-11]IMG 中设置的默认 Time Zone。

如[图 2-12]所示，在 T-CODE:SU3 中设置 Personal Time Zone，则用户使用的时间是这里设定的 Time Zone。综上所述，SY-DATUM 是 IMG 中设置的 System Time Zone，系统变量 SY-DATLO 是 IMG 中默认使用的 Time Zone 或者用户 profile 中设置的 Time Zone。因此用系统时间时需要注意区分使用对应的正确时间。例如，一个公司在中韩两地都设有分公司，当韩国（UTC+9 Time Zone）公司使用中国公司的 SAP 系统时，韩国的用户就需要利用 User Time Zone 获取当前时间。因此需要使用系统变量 SY-DATLO，而不是使用系统变量 sy-datum 获取时间。

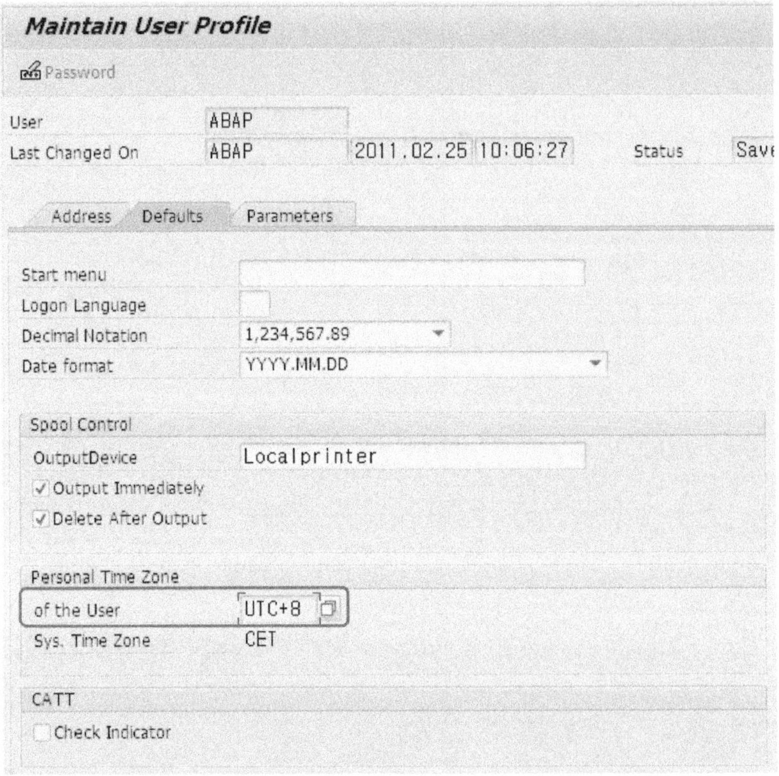

图 2-12　用户 profile Personal Time Zone 设置

2.2.4　不定长 ABAP 基本数据类型

在 ABAP 程序里参照此数据类型定义不定长度的变量，最有代表性的类型是 String 型。此类型与基本数据类型 C 类似，且当定义非常长的字符串时易使用。String 类型与基本数据类型 C 的不同之处在于当程序执行时生成动态内存（Dynamic Memory）。下面介绍 String 类型与 C 类型经常使用的字符串命令，详细请参照[表 2-7]。

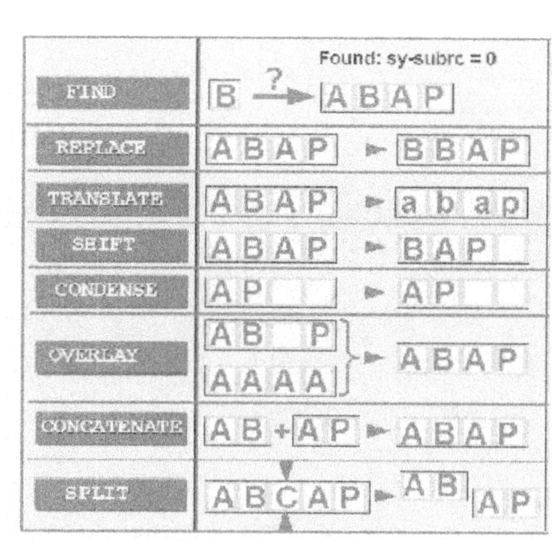

表 2-7　String 相关命令

命令语句	说明
FIND	ABAP 字母中存在字母 B 时，SY-SUBRC 返回值为 0
REPLACE	将 ABAP 变换成 BBAP
TRANSLATE	大小写字母转换 ABAP→abap / abap→ABAP
SHIFT	ABAP 依次向左移动
CONDENSE	去空格并向左对齐，经常与 NO-GAPS 一起使用去掉空格
OVERLAY	填充 Character 的空格,但不覆盖原来字符
CONCATENATE	AB+AP 连接成 ABAP
SPLIT	以字符 C 为中心分为 AB 与 AP

☞ **单引号“'”与 grave“`”的区别**

```
DATA gv_char(32) TYPE c.
gv_char = 'This is a'.
CONCATENATE gv_char 'text     ' INTO gv_char SEPARATED BY space.
* 结果 => "This is a text"
CONCATENATE gv_char `text     ` INTO gv_char SEPARATED BY space.
* 结果 => "This is a text     "
```

若使用 grave(`)，则能够识别字符串中包含的所有空格。

下面通过[例 2-8]学习[表 2-6]所示的相关命令。

[例 2-8]

```
REPORT z02_02_06.

DATA : gv_str  TYPE string,
  gv_chr(4) TYPE c.

gv_str = 'ABAP'.
gv_chr = 'B'.
FIND gv_chr IN gv_str.
IF sy-subrc EQ 0.
 WRITE 'B found'.
ENDIF.

gv_str = 'ABAP'.
gv_chr = 'BBAP'.
REPLACE 'ABAP' IN gv_str WITH gv_chr.
WRITE / gv_str.

gv_str = 'ABAP'.
```

[结果 2-8]

```
B found
BBAP
abap
BAP
ABAP
ABAP
ABAP
```

String 中使用的命令语句如下所示。这些命令的其他参数的使用方法按<F1>键参照帮助文档即可。

1. FIND

FIND p IN text.

2. REPLACE

REPLACE g IN f WITH INTO p.

<table>
<tr>
<td>TRANSLATE gv_str TO LOWER CASE.
WRITE / gv_str.

gv_str = 'ABAP'.
SHIFT gv_str.
WRITE / gv_str.

gv_str = 'AB AP'.
CONDENSE gv_str NO-GAPS.
WRITE / gv_str.

gv_str = ' B P'.
gv_chr = 'AAAA'.
OVERLAY gv_str WITH gv_chr.
WRITE / gv_str.

gv_str = 'AB'.
gv_chr = 'AP'.
CONCATENATE gv_str gv_chr INTO gv_str.
WRITE / gv_str.

gv_str = 'AB,AP'.
SPLIT gv_str AT ',' INTO gv_str gv_chr.</td>
<td>3. TRNSLATE
TRANSLATE c TO LOWER CASE/UPPER CASE.

4. CONDENSE
CONDENSE c.

5. OVERLAY
OVERLAY c1 WITH c2.

6. CONCATENATE
CONCATENATE f1 ... fn INTO g.

7. SPLIT
SPLIT f AT g INTO h1 ... hn.</td>
</tr>
</table>

虽然通过本书不能学到 ABAP 语言的所有知识，但可以学习其基本原理及概念，能够初步理解 ABAP，然后根据实际操作提高编程技术。在本书中不会一一举例说明 ABAP 语法，ABAP 语法具体内容请参考 SAP 提供的 HELP 功能。在 ABAP 编辑模式中，将鼠标拖动到要查询的语法上并按〈F1〉键，则会出现对应语法相关的帮助信息，如[图 2-13] 所示。

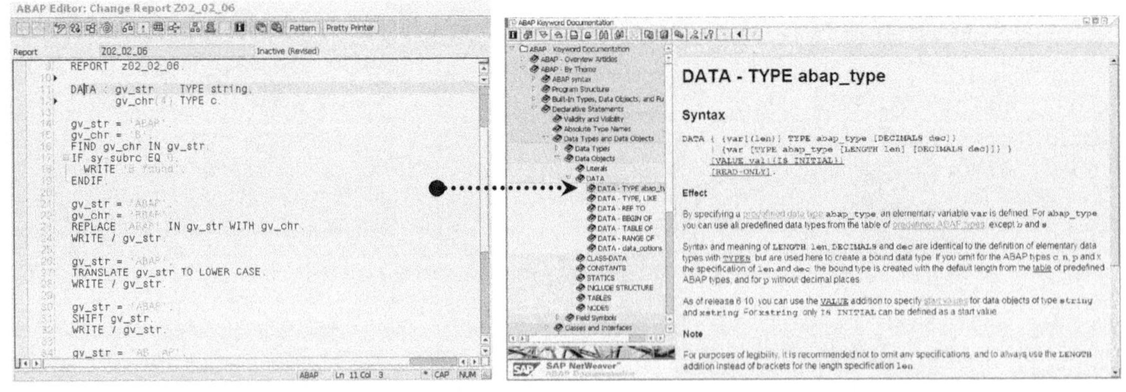

图 2-13　F1 帮助画面

还可以使用 http://help.sap.com 的菜单栏查询。作者也经常访问如[图 2-14]所示的在线帮助网站，利用 Search Documentation 功能。希望大家多查询其他有效网站并充分利用。

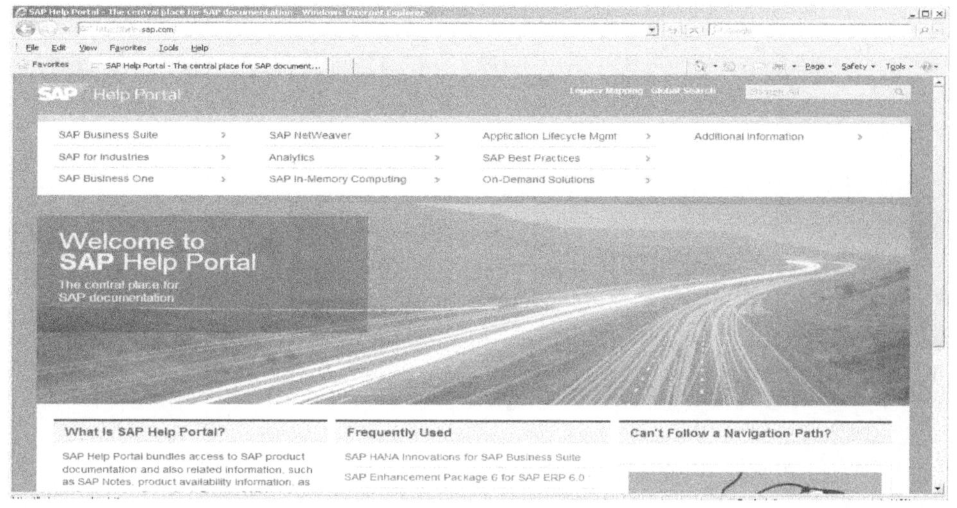

图 2-14　HELP 功能

2.2.5　Hexadecimal 类型

Hexadecimal（十六进制）类型是指将 1B 由 2 个码位显示的类型。[图 2-15] 显示把数字 187 转换成 hex 类型输出。8bit 为 1B 字节，因此十六进制（hex）除了 0～9 还有 10～15，其中 10 到 15 分别由字母 A B C D E F 表示。十六进制是为了满足二进制编码形式无法表现的数字而出现的类型，是低级 PC Assembl 表示方法。C 语言等很多语言都在使用此类型。在 ABAP 程序中十六进制主要用于印刷及图片处理部分。

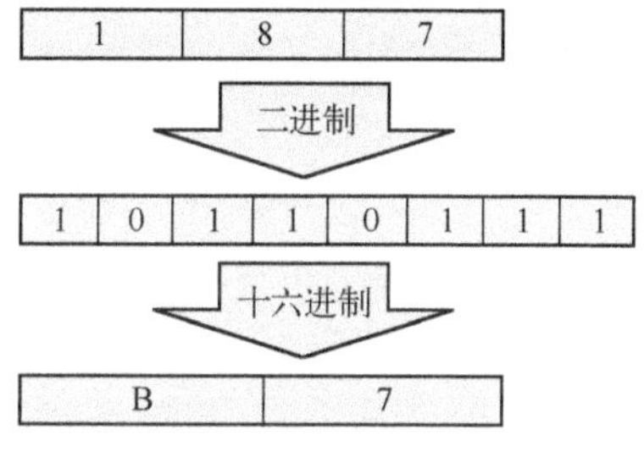

图 2-15　十六进制

<Tip. 唯一性检查及激活选项>

如[图 2-16]所示创建 ABAP 程序时，存在 Unicode checks active 选项，此选项是从 SAP Rel 4.7 开始在 Unicode System 环境下检查程序是否正常运行的功能。

ABAP: Program Attributes Z02_03_01 Change

Title　Program Z02_02_03
Original language　EN　English
Created　2011.05.08　PMB01
Last changed by
Status　New(Revised)

Attributes
Type　Executable program
Status
Application
Authorization Group
Logical database
Selection screen
☐ Editor lock　☑ Fixed point arithmetic
☑ Unicode checks active　☐ Start using variant

Save

图 2-16　Unicode checks active 画面

Unicode checks active 选项有以下功能。即使在 Non Unicode System 环境下创建的程序，只要选择了'Unicode checks active'选项，程序导入到 SAP 升级后系统在“Unicode System”环境下也可以正常执行程序。此时需注意的是“Unicode check”选项被激活后会存在与“Non Unicode System”环境下不同的 ABAP 语法。

2.3 局部数据类型

2.3.1 声明类型

在程序中声明的数据类型视为局部数据类型，利用关键字 TYPES 声明。

```
TYPES dtype [TYPE type|LIKE dobj] ...
```

[例 2-9]是定义 10 位字符串类型 T_CHAR10 在程序中的使用情况。

[例 2-9]

```
REPORT  z02_03_01.

TYPES t_char10(10) TYPE c.              "声明 CHAR50 的新数据类型
DATA  gv_val1   TYPE t_char10.          "参照局部类型定义 VAL2 对象（变量）
DATA  gv_val2   LIKE gv_val1.           "参照数据对象  VAL2 定义 VAL3 对象（变量）

gv_val1 = '1234567890'.
WRITE / gv_val1.

gv_val2 = '1234567890'.
WRITE / gv_val2.
```

[结果 2-9]

```
1234567890
1234567890
```

2.3.2 定义结构体类型

利用下面语法可以定义由多个字段组成的结构体类型。

```
TYPES BEGIN OF struc_type.
      ...
      {TYPES dtype ...} | {INCLUDE      {TYPE|STRUCTURE} ...}.
      ...
TYPES END OF struc_type.
```

下面练习声明复合型结构体类型，并利用此类型定义结构体变量的方法。[例 2-10]中的结构体类型是含有员工信息的结构体，包含员工姓名、国籍，城市等 3 个字段。

[例 2-10]

```
REPORT  z02_03_02.
```

```
* 声明结构体类型
TYPES:BEGIN OF t_ren,
      name    TYPE c LENGTH 20,
      country TYPE c LENGTH 15,
      city    TYPE c LENGTH 10,
        END OF t_ren.

* 定义结构体变量

DATA gs_people TYPE t_ren.

gs_people-name = 'JANG JONG SUK'.
gs_people-country = 'CHINA'.
gs_people-city = 'Beijing'.


WRITE :/ gs_people-name, gs_people-country, gs_people-city.
```

[结果 2-10]

```
JANG JONG SUK          CHINA            Beijing
```

利用 INCLUDE TYPE 语句可以定义嵌套结构体类型。通过[例 2-11]练习定义包含结构体类型 t_ren 的嵌套结构体类型。

[例 2-11]

```
REPORT z02_03_03.

* 声明结构体类型
TYPES:BEGIN OF t_ren,
      name   TYPE c LENGTH 20,
      country  TYPE c LENGTH 15,
      city  TYPE c LENGTH 10,
        END OF t_ren.

* 定义嵌套结构体类型
TYPES:BEGIN OF t_info.
        INCLUDE TYPE t_ren as ren.
TYPES:phone TYPE c LENGTH 10,
        END OF t_info.

* 定义结构体对象

DATA gs_people TYPE t_info.

gs_people-ren-name = 'JANG JONG SUK'.
gs_people-ren-country = 'CHINA'.
gs_people-ren-city = 'Beijing'.
gs_people-phone = '123456789'.

WRITE :/gs_people-ren-name, gs_people-ren-country,
    gs_people-ren-city, gs_people-phone.
```

[结果 2-11]

```
JANG JONG SUK          CHINA          Beijing     123456789
```

结构体类型 t_info 是包含结构体 t_ren 的嵌套结构体类型。使用嵌套结构体中的变量时以结构体—结构体—字段名形式显示。不参照结构体类型，可以直接使用 DATA BEGIN OF～END OF 语句定义结构体。下面练习与[例 2-10]有相同结构的结构体。详细请参照[例 2-12]。

[例 2-12]

```
REPORT  z02_03_04.

DATA:BEGIN OF gs_people,
        name      TYPE c LENGTH 20,
       country   TYPE c LENGTH 15,
  city      TYPE c LENGTH 10,
       END OF gs_people.

gs_people-name = 'JANG JONG SUK'.
gs_people-country = 'CHINA'.
gs_people-city = 'Beijing'.

WRITE :/ gs_people-name, gs_people-country, gs_people-city.
```

[结果 2-12]

```
JANG JONG SUK          CHINA          Beijing
```

利用 INCLUDE STRUCTRER 语句，可以把 DATA 语句定义的结构体或者 ABAP 数据字典存在的结构体包含到嵌套结构体中。

[例 2-13]

```
REPORT  z02_03_05.

DATA:BEGIN OF gs_ren,
         name   TYPE c LENGTH 20,
   country   TYPE c LENGTH 15,
   city   TYPE c LENGTH 10,
       END OF gs_ren.

DATA:BEGIN OF gs_people.
  INCLUDE STRUCTURE gs_ren AS ren.
DATA:phone TYPE c LENGTH 10,
       END OF gs_people.

gs_people-ren-name = 'JANG JONG SUK'.
gs_people-ren-country = 'CHINA'.
gs_people-ren-city = 'Beijing'.
gs_people-phone = '123456789'.

WRITE :/gs_people-ren-name, gs_people-ren-country,
    gs_people-ren-city, gs_people-phone.
```

[结果 2-13]

```
JANG JONG SUK        CHINA        Beijing    123456789
```

如果在[例 2-13]的 INCLUDE STRUCTURE 中不使用 as 语句，而是如[例 2-14]所示，直接包含结构体，则包含后使用各个项目时，要直接用第一级别的结构体名定义字段名。

INCLUDE STRUCTURE gs_ren AS ren.

INCLUDE STRUCTURE gs_ren.

之前使用嵌套结构 gs_people-ren-name 写法，现在改为简单的 gs_people-name 写法。下面通过[例 2-14]进行确认。

[例 2-14]

```
REPORT  z02_03_06.

DATA:BEGIN OF gs_ren,
        name    TYPE c LENGTH 20,
        country   TYPE c LENGTH 15,
        city      TYPE c LENGTH 10,
      END OF gs_ren.
DATA:BEGIN OF gs_people.
   INCLUDE STRUCTURE gs_ren.
DATA:phone TYPE c LENGTH 10,
      END OF gs_people.

gs_people-name = 'JANG JONG SUK'.
gs_people-country = 'CHINA'.
gs_people-city = 'Beijing'.
gs_people-phone = '123456789'.

WRITE :/gs_people-name, gs_people-country,
     gs_people-city, gs_people-phone.
```

[结果 2-14]

```
JANG JONG SUK        CHINA        Beijing    123456789
```

2.4 ABAP 数据字典数据类型

ABAP 数据字典中的数据类型为全局数据类型。ABAP 数据字典（表、结构体、数据元素）是在所有程序中都可以用来声明变量的因素。

ABAP 数据字典类型大致分为下列 3 种形式。

- 表及视图：..TYPE dbtab, ..TYPE dbtab-comp
- 数据类型：数据元素，结构体，表类型
- 类型组（Type Groups）

可以通过 T-CODE:SE11 创建、修改及查询 ABAP 数据字典，如[图 2-17]所示。

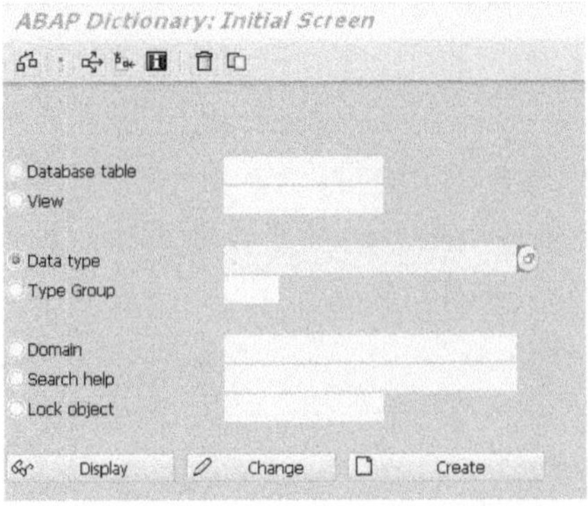

图 2-17　T-CODE:SE11 ABAP 数据字典的查询、修改、创建

2.4.1　参照表、视图声明数据类型

可以参照数据库表和视图定义结构体及内表。另外，还可以直接参照表里的字段定义变量。[例 2-15]是从数据库表 SFLIGHT 中取得航空编号为 AA 的数据输出到画面的程序。SELECT 语句将在第 3 章中详细讲解。

[例 2-15]

```
REPORT z02_04_01.

DATA : gs_sflight TYPE sflight. "ABAP dictionary Table 参照

SELECT SINGLE * FROM sflight INTO gs_sflight
WHERE CARRID = 'AA'.

WRITE : / gs_sflight-CARRID, gs_sflight-CONNID, gs_sflight-FLDATE,
    gs_sflight-PRICE, gs_sflight-CURRENCY, gs_sflight-PLANETYPE.
```

[结果 2-15]

```
AA   0017 2011.05.15                    1.00   USD    America
```

在[例 2-11]中定义的结构体变量 gs_sflight 包含 ABAP 数据库表 SFLIGHT 的所有字段。在 T-CODE:SE11[图 2-18]上输入 SFLIGHT 后选择  Display 按钮。

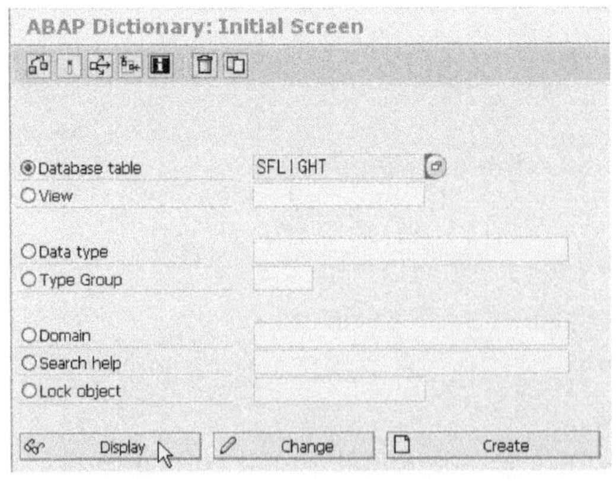

图 2-18　T-CODE:SE11 ABAP 数据字典

数据库表 SFLIGHT 中存在如[图 2-19]所示的字段。即在[例 2-11]中定义的结构体 gs_sflight 包含下列所示的所有字段。

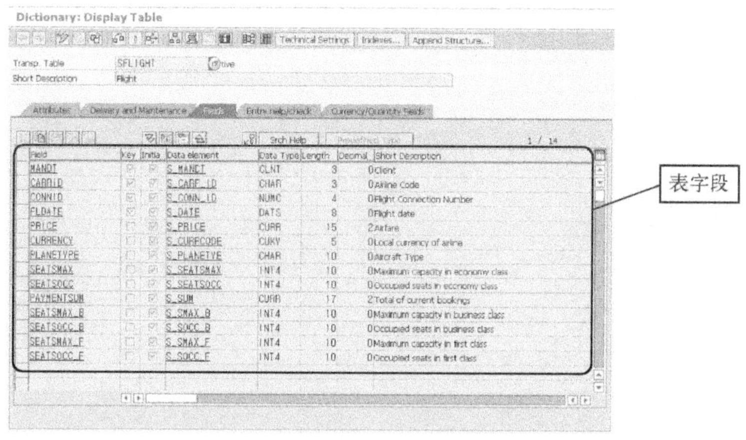

图 2-19　数据库表 SFLIGHT 结构

变量不仅能直接参照数据库表及视图定义，也可以参照数据库表的个别字段定义。

[例 2-16]

```
REPORT  Z02_04_02.

DATA : GV_CARRID   TYPE SFLIGHT-CARRID,
       GV_CONNID   TYPE SFLIGHT-CONNID,
       GV_FLDATE   TYPE SFLIGHT-FLDATE.


GV_CARRID = 'AA'.
GV_CONNID = '0017'.
GV_FLDATE = SY-DATUM.

WRITE : GV_CARRID, GV_CONNID, GV_FLDATE.
```

[结果 2-16]

```
AA    0017 2011.05.09
```

<Tip. 批处理生成学习用 Demo 数据表的数据>

在本书的实例中经常用到的数据库表是 SAP 提供的学习用 DEMO。

> ▶ 主要 Demo 数据库表
> SPFLI　　: Flight Schedule
> SFLIGHT : Flight Information
> SBOOK　　: Flight Booking

为了练习从表中查询数据，首先需学习往 DEMO 中用数据库表追加数据的方法。在 T-CODE:SE38 里输入程序名 SAPBC_DATA_GENERATOR 后单击执行按钮，或直接执行 T-CODE:BC_DATA_GEN，然后在执行画面中选择如[图 2-20]所示的 Standard Data Record 选项，单击按钮即可生成数据。

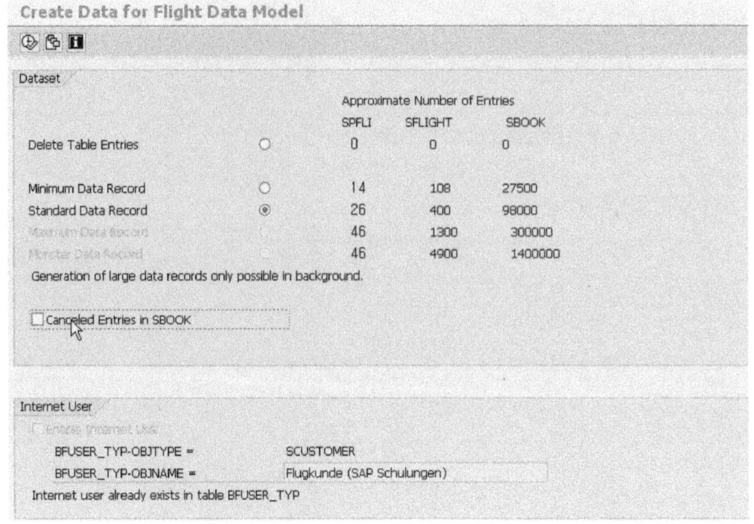

图 2-20　Demo 用数据库表中批量生成数据

2.4.2　参照基本数据类型定义变量

数据类型是定义 ABAP 数据字典的实用性类型。

1．数据元素

ABAP 数据字典中用数据元素（Data Element）定义个别字段。数据元素类型是参照域而定义的，在“第 7 章 ABAP 数据字典”中会详细说明（也可以在数据元素级别上直接定义类型）。一个域可以在多个数据元素中使用，且一个数据元素可以在多个数据表中使用。[图 2-21] 是使用 T-CODE:SE11 查询 sflight 表，显示字段 carrid 的数据元素 s_carr_id 的画面。

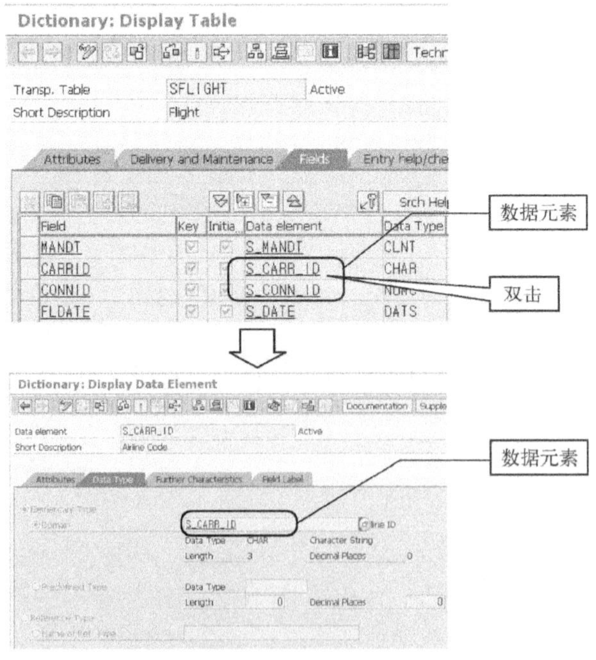

图 2-21　数据元素和域

下面通过[例 2-17]学习参照[图 2-21]上的数据元素定义变量的方法。

[例 2-17]

```
REPORT  Z02_04_03.

* 利用数据元素定义变量
DATA gs_carrid TYPE s_carr_id.

gs_carrid = 'AA '.
WRITE: 'Carrid :', gs_carrid.
```

[结果 2-17]

```
Carrid : AA
```

2. 利用结构体的 TYPE 定义

需要结合多个表里的字段一并使用时，用结构体定义变量。如[图 2-22]所示，可以使用 TYPES 语句定义结构体。

```
TYPES <dtype> TYPE <structure> .
```

创建包含 COL1、COL2、COL3 三个字段的结构体 ZSTRUCTR，然后单击按钮 激活。

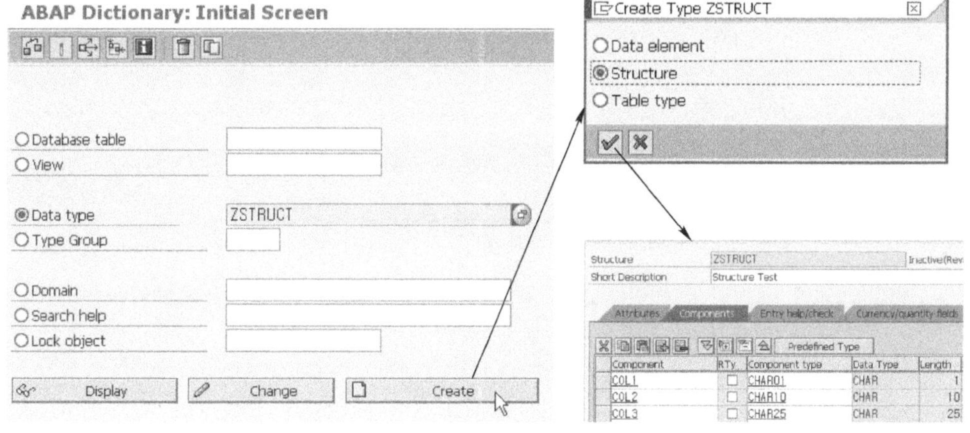

图 2-22　创建结构体

通过［例 2-18］练习利用上面生成的 ABAP 数据字典的结构体创建变量的方法。

[例 2-18]

```
REPORT  z02_04_04.

DATA gs_str TYPE zstruct.

gs_str-col1 = '1'.
gs_str-col2 = 'Structure'.
gs_str-col3 = 'ABAP Dictionary Test'.

WRITE : gs_str-col1, gs_str-col2, gs_str-col3.
```

[结果 2-18]

1 Structure ABAP Dictionary Test

2.4.3 利用类型组的 TYPE 定义

类型组（Type Group）是以 INCLUDE 技术为基础的，因此在 SAP 4.5A 版本以后才开始使用此概念。组合多种数据类型进行声明时使用类型组，它可以在所有程序中使用。每个模块分别使用自身的类型组管理经常使用的数据类型，也是个不错的方法。

```
TYPE-POOLS name.
```

开发时经常出现的 ALV 程序也使用了名为 SLIS 的 TYPE-POOL。TYPE-POOL 在程序中的体现请参照[图 2-23]。详细内容请参见第 15 章 ALV。

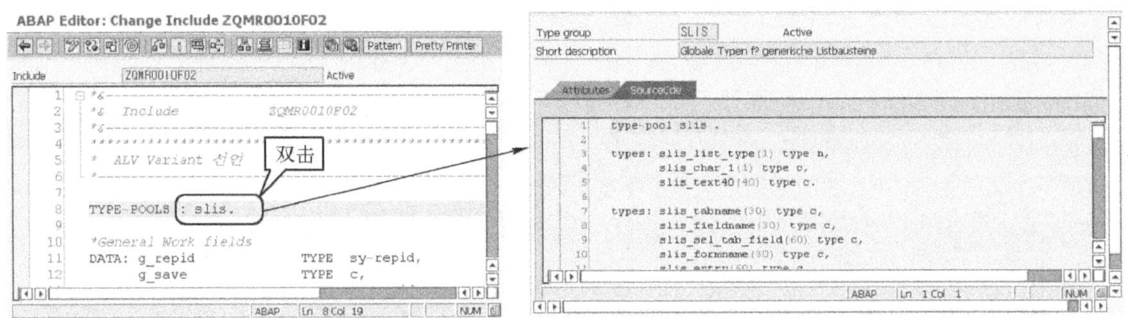

图 2-23 ALV 程序的类型组（SLIS ）

创建一个 TYPE-POOL,学习在 ABAP 程序中的实际应用。

ABAP Dictionary: Initial Screen ○Database table ○View ○Data type ◉Type Group ZTGRP ○Domain ○Search help ○Lock object Display Change Create Type Group ZTGRP: Create Text Short text TEST ☑Unicode checks active Save Change Requests (Organizer)	执行 T-CODE:SE11，在 Type Group 里输入“ZTGRP”单击 Create 按钮。弹出输入说明的窗口，输入便于识别的字符串后单击 Save 按钮。

创建类型组时自动生成第一行，第二行开始可以定义 ZTGRP_开头的类型及常数。如［图 2-24］所示，可将定义类型的代码追加到类型组中。

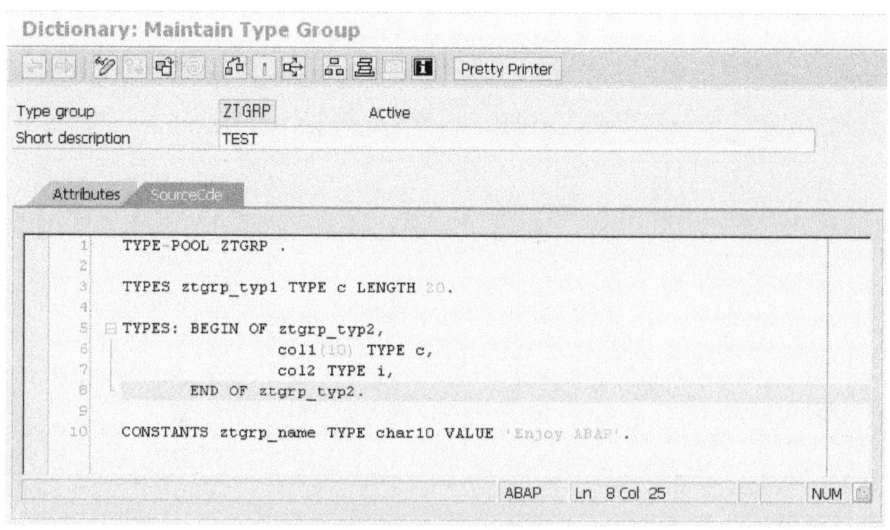

图 2-24　类型组代码

通过[例 2-19]学习创建的类型组在程序中的应用方法。

[例 2-19]

```
REPORT  Z02_04_05.

DATA:gv_tgrp1 TYPE ztgrp_typ1,
   gv_tgrp2 TYPE ztgrp_typ2.

gv_tgrp1 = 'Type Group'.
gv_tgrp2-col1 = 'Test'.
gv_tgrp2-col2 = 7.

WRITE: gv_tgrp1, gv_tgrp2-col1, gv_tgrp2-col2, ztgrp_name.
```

[结果 2-19]

```
Type Group             Test                      7   Enjoy ABAP
```

2.4.4　ABAP 数据字典类型与 ABAP 基本数据类型

ABAP 语言中除了基本数据类型，还存在 ABAP 数据字典类型。所谓 ABAP 数据字典类型是指在 ABAP 数据字典中将经常使用的数据类型事先定义的实例。从开发者的角度而言，其实此类型与基本数据类型没有区别。因为在程序执行（generated）过程中 ABAP 解释程序自动会解析。如下两句语法都是定义长度为 10 的字符类型的代码。

```
DATA gv_f1(10)  TYPE c.
DATA gv_f2      TYPE char10.
```

程序中经常使用的 ABAP 数据字典类型请参见[表 2-8]。

表 2-8　ABAP 数据字典类型与 ABAP 基本数据类型对应表

ABAP 数据字典类型	ABAP 基本数据类型
ACCP	N(6)
CHAR n	C(n)
CLNT	C(3)
CUKY	C(5)
CURR n, m	P((n+1)/2) DECIMAL m
DEC n, m	P((n+1)/2) DECIMAL m
DATS	D(8)
FLTP	F(8)
INT1	X(1)
INT2	X(2)
INT4	X(4)
LANG	C(1)
NUMC n	N(n)
PREC	X(2)
QUAN n, m	P((n+1)/2) DECIMAL m
RAW n	X(n)
TIMS	T(6)
UNIT	C(n)
VARC n	C(n)
LRAW	X(n)
LCHR	C(n)
STRING	STRING

2.5　赋值

2.5.1　给变量赋值

在 ABAP/4 中定义变量或处理实际数据时会给变量赋值。定义变量时可以通过 VALUE 语句赋初始值，实际处理数据的程序中使用 MOVE 或 WRITE TO 语句给变量赋值。

```
<f2> = <f1>.
MOVE <f1> TO <f2>.
MOVE-CORRESPONDING <STRING1> TO <STRING2>.
WRITE <f1> TO <f2> [<option>].
```

MOVE TO 语句与<f2> = <f1>.中的 Equal(=) 语句相同。复制字符串字段值时可以使用 MOVE-CORRESPONDING 语句。这时<string1>和 <string2>的字段名可以不相同。MOVE-CORRESPONDING 语句还经常用于不同结构体之间赋值，其特点是找到名字相同的字段名进行赋值。当字段名及顺序不同的结构体之间相互赋值时，如果用 MOVE 语句，则会按顺序进行赋值，因此要使用 MOVE-CORRESPONDING 语句。MOVE 语句还可以用于类型转换（Type Conversions），即<f1>的数据类型会转换成<f2>类型。在 ABAP 语言中除了类型 D（Date）与类型 T（Time）外都可以互相转换类型，一共有 64 种形态的类型可以相互转换。WRITE 语句主要有两种用法。一种是输出报表（Output to a list），另一种是变量赋值（Output to a field or internal Table）。变量赋值时一般用 WRITE TO 语句，将数据对象<f1>的值转换成类型 C 后赋给<f2>。前提条件是<f1>类型是可以转换成 C 类型的字段，否则会发生 Syntax 或者 runtime error 的错误。后面<option>里可以使用除了 UNDER 和 NO-GAP 以外的所有编辑格式选项。关于 <option>具体参数可以在 HELP 中查询。

[例 2-20]是关于 MOVE-CORRESPONDING 语句的代码，其中结构体 GS_REN 和 GS_INFO 由不同字段构成。将结构体 GS_REN 赋值给结构体 GS_INFO 时，需要多次使用 MOVE 语句才能实现。但是如果使用 MOVE-CORESPONDING 语句，则使用一次即可实现。

[例 2-20]

```
REPORT  z02_05_01.

DATA :  BEGIN OF gs_ren,
        name(20)      VALUE 'Kim Sung Joon',
        country(10)   VALUE 'China',
        city(20)      VALUE 'Beijing',
      END OF gs_ren.

DATA :  BEGIN OF gs_info,
        name(20),
        city(20),
        phone(10) VALUE '1521001234',
      END OF gs_info.

MOVE-CORRESPONDING gs_ren TO gs_info.
WRITE : / gs_info-name, gs_info-city, gs_info-phone.
```

[结果 2-20]

```
Kim Sung Joon           Beijing                 1521001234
```

2.5.2 利用 Offset 进行赋值

利用 Offsets and Lengths 可以给部分字段赋值。

```
MOVE <f1> [+<p1>][(<11>)] TO <f2> [+<p2>][(<12>)].
```

上面语句是从 f1 字段的 p1+1 位开始截取长度为 11 的字符串赋给 f2 字段的从 p2+1 位开始截取长度为 12 的字符串的写法。例如下面所示例子。

```
DATA : f1(8) VALUE 'ABCDEFGH',
f2(8).
MOVE    f1+2(3)    TO    f2.
```

上面语句 f2 值为 CDE 。是从 f1 变量 ABCDEFGH 的第 3 位开始截取了 3 个字符串。详细请参见[例 2-21]。

[例 2-21]

```
REPORT  Z02_05_02.
```

```
DATA :gv_f1(8) VALUE 'ABCDEFGH',
      gv_f2(8).
DATA :gv_start    TYPE i VALUE 2,
      gv_length TYPE i VALUE 4.

MOVE gv_f1 TO gv_f2.
WRITE / gv_f2.

CLEAR : gv_f2.
MOVE gv_f1+2(3) TO gv_f2.
WRITE / gv_f2.

CLEAR : gv_f2.
MOVE gv_f1+gv_start(gv_length) TO gv_f2.
WRITE / gv_f2.
```

[结果 2-21]

```
ABCDEFGH
CDE
CDEF
```

2.5.3 结构体之间的计算操作

结构体之间赋值用 MOVE-CORRESPONDING 语句，利用下面所示语句可以进行结构体之间的计算操作。

```
ADD-CORRESPONDING
SUBTRACT-CORRESPONDING
MULTIPLY-CORRESPONDING
DIVIDE-CORRESPONDING
```

[例 2-22]是利用 MULTIPLY-CORRESPONDING 语句执行结构体 gs_rate 与结构体 gs_ result 乘法运算。这种操作在计算比重时经常使用。

[例 2-22]

```
REPORT z02_05_03.

DATA:BEGIN OF gs_rate, "比重
       peng TYPE f VALUE '0.8',
       Zhou TYPE f VALUE '1.0',
     END OF gs_rate.
DATA:BEGIN OF gs_result,
       Peng TYPE i VALUE 95,
       Zhou TYPE i VALUE 70,
  END OF gs_result.
MULTIPLY-CORRESPONDING gs_result BY gs_rate.
WRITE : 'Test Result', 'Peng:', gs_result-Peng, 'Zhou:', gs_result-Zhou.
```

[结果 2-22]

```
Test Result Peng:          76  Zhou:          70
```

2.6 定义其他变量

2.6.1 常量

程序中经常使用的值可以定义为常量（constant）。定义常量后在程序内不可以进行修改。在程序内会重复多次使用常量，当需要修改常量时只需修改一处即可，这样就可以节省时间。另外为数字起有意义的名字作为常量使用可以提高程序的可读性。常量有一般常量与结构体常量 2 种类型，如[例 2-23]所示。

```
1. CONSTANTS c....                          2. CONSTANTS: BEGIN OF crec,
      VALUE [val | IS INITIAL].                        ...
                                                   END    OF crec
```

[例 2-23]

```
REPORT  z02_06_01.

CONSTANTS: c_company(10)   VALUE 'LG CNS'.

CONSTANTS :BEGIN OF c_people,
                  name(20)       VALUE 'Zhou Wen Woo',
     country(10) VALUE 'China',
                END OF c_people.
WRITE : c_company, c_people-name, c_people-country.
```

[结果 2-23]

```
LG CNS        Zhou Wen Woo              China
```

2.6.2 静态变量

在子程序块（ FORM, FUNCTION ）中要持续保存局部变量值时定义为静态变量（STATICS）。即在 FORM 语句块内用 STATICS 定义的局部变量的值可以保持到程序结束。

```
1.  STATICS f.                 2.  STATICS: BEGIN OF struc,
                                              ...
                                         END     OF struc.
```

在[例 2-24]中 DO n TIMES～ ENDDO 语句是可以指定循环次数的循环语句。子程序块（FORM 语句）中定义的变量 lv_val 在每次调用 PERFORM 语句时都不会初始化，一直保持原有值。而在[例 2-25]中的 FORM 中没有使用 STATIC 语句，而是使用 DATA 语句定义了变量 lv_val，因此每次调用 PERFORM 语句时局部变量 lv_val 都会被初始化，丢失原有值。

[例 2-24]

```
REPORT  z02_06_02.

DO 3 TIMES.
  PERFORM call_subr.
ENDDO.

FORM call_subr.
```

```
  STATICS lv_val TYPE i.

  lv_val = lv_val + 1.

  WRITE : / 'STATIC  Variable :', lv_val.

ENDFORM.               "RANDOM
```

[结果 2-24]

```
STATIC   Variable :          1
STATIC   Variable :          2
STATIC   Variable :          3
```

[例 2-25]

```
REPORT  z02_06_03.

DATA : gv_result TYPE i.

DO 3 TIMES.
 PERFORM call_subr.
ENDDO.

FORM call_subr.
   DATA lv_val TYPE i.
   lv_val = lv_val + 1.
   WRITE : / 'Local  Variable :', lv_val.
ENDFORM.               "RANDOM
```

[结果 2-25]

```
Local   Variable :          1
Local   Variable :          1
Local   Variable :          1
```

2.6.3 TABLES

使用 TABLES 语句定义 ABAP 数据字典中的数据表、视图、结构体，会生成与 ABAP 数据字典具有相同结构的数据对象。这种表工作区，在程序中与结构体的用法相同。

```
TABLES <dbtab>.
```

[例 2-26]

```
REPORT  z02_06_04

TABLES: scarr.

SELECT * FROM scarr.
 WRITE: / scarr-carrid, scarr-carrname.
ENDSELECT.
```

[结果 2-26]

```
AA    American Airlines
AB    Air Berlin
AC    Air Canada
AF    Air France
AZ    Alitalia
```

在[例 2-26]中的查询语句 SELECT * FROM SCARR INTO SCARR 中表与结构体名称相同，因此可以省略 INTO SCARR 语句。

第 3 章 OPEN SQL 与 NATIVE SQL

本章目录	本章介绍
1. 概要 2. OPEN SQL——读取数据 3. OPEN SQL——修改数据 4. NATIVE SQL	本章开始学习关于数据库的内容，与 SAP R/3 系统性能关系最密切的莫过于数据库了。本章主要侧重于 OPEN SQL 与 NATIVE SQL 的应用，希望读者能通过学习此章内容，写出提高性能的 SQL 语句。

3.1 概要

3.1.1 R/3 体系结构

学习 SQL 之前先了解一下 R/3 体系结构。

如[图 3-1]所示，SAP R/3 一共分为三层结构。其中应用层和数据库层由单独的系统构成。

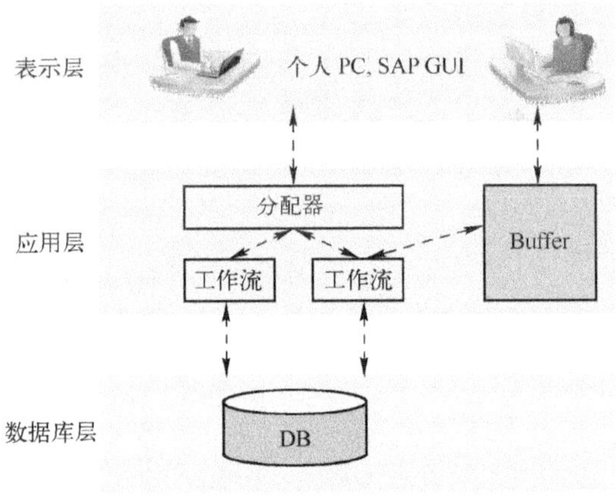

图 3-1 R/3 体系结构

1. 表示层

表示层（Presentation Layer）简单来讲其实就是指个人 PC，是保存构成 SAP GUI（Graphical User Interface）的软件组件（Software Component）的机器。在这个层次提供 R/3 系统与用户之间的接口。SAP GUI 是指安装在个人 PC 上的终端设备，用户就通过此设备输入或者查询数据。

2. 应用层

SAP 的所有程序都在应用层（Application Layer）上执行，SAP GUI 只是起着终端作用。运营服务器的应用层由一个或多个应用服务器与一个文档服务器（Message Server）组成。通过文档服务器与应用服务器相互连接，使用户自动选择符合小的服务器登录。其中可以使用多个应用服务器分散系统的负荷。SAP 中的应用层上存在本地缓冲器，若在 ABAP 数据字典中的数据库表上设置缓冲器，则不访问数据库层而直接在本地缓冲器中读取数据。这种设置可以提高 SAP 性能，但只适用于 OPEN SQL。分配器（Dispatcher）用于适当地分配工作流（Work Process）。

3. 数据库层

数据库层（Database Layer）与本章要学习的 SQL 语句密切关系，SAP 中的所有数据都存储在这一层即数据库存储主数据，事务码以及 R/3 系统的所有数据。例如，存储代表 R/3 系统执行环境的系统变量，所有程序的代码及事务码数据等。ABAP 程序由代码、画面、函数、数据库表等项目组成，这些项目储存在 R/3 存储器中，用户在 ABAP 工作区中管理（创建/修改/查询）这些对象。如[图 3-2]所示，JAVA、ASP、JSP 等大部分程序语言的应用层与数据库层都是互相分离的。在应用层上创建用户与画面相互作用（Dialog）的 GUI，它主要负责查询/维护数据库层的数据。在数据库层通过 DBMS 可以创建和管理如数据库表/视图/结构体等数据库对象。在这种环境下，开发者通过应用程序的 GUI 画面修改数据或者直接连接到数据库执行 SQL。

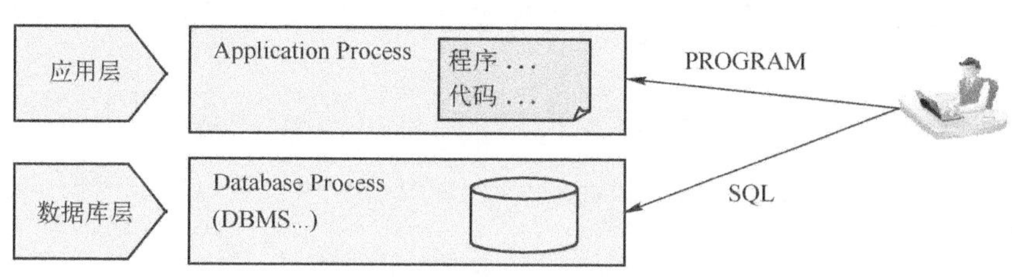

图 3-2　一般程序的体系结构

SAP 禁止一般用户直接连接数据库修改数据，甚至有时还限制查询数据的权限。这种设置是为了保障数据的完整性、一贯性、安全性及透明性。当然，如果公开数据库的系统信息、ID 及密码就无法完全切断直接访问数据库的渠道。如[图 3-3]所示，ABAP 开发者通过 ABAP 数据字典管理数据库结构。

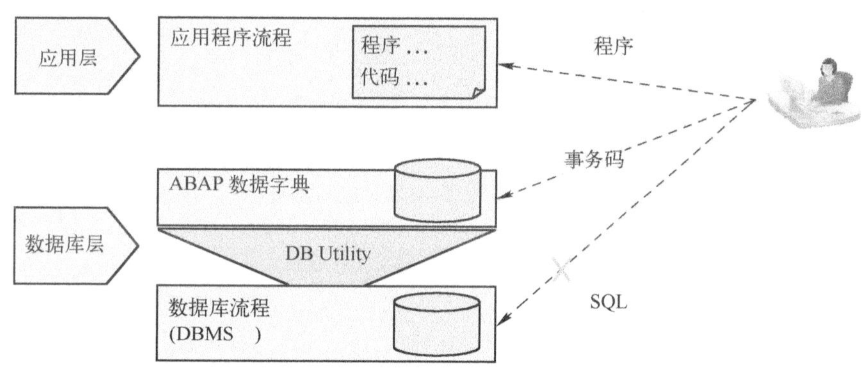

图 3-3　ABAP 程序的体系结构

ABAP 程序中使用的对象（数据表、视图、结构体、类型等）统称为 ABAP 数据字典。这些对象的信息叫 Metadata、Data Definition 或者 Schema，另外，通过这些 ABAP 数据字典来定义及管理数据结构。

3.1.2　SQL 定义

SQL 是 Structured Query Language 的缩写，是在关系数据库中常使用的标准语言。它共分为以下 3 种类型，在此 3 种类型中，ABAP 程序的 OPEN SQL 里只允许使用 DML 语言。

> Data Manipulation Language (DML): 处理数据的语言
> - 是用于查询，插入，删除，更新数据库数据的语言。
>
> Data Definition Language (DDL): 定义数据的语言
> - 是应用程序与数据库管理系统之间传递数据的接口，一般用于创建数据库。

Data Control Language (DCL): 控制数据的语言
- 是为了确保数据完整性、安全性及权限控制、恢复而使用的语言，一般用于保护数据。

3.1.3 SQL 的种类

SQL 语言包含 OPEN SQL 和 NATIVE SQL 两种。OPEN SQL 只有在 ABAP 语言中使用，通过数据库接口解析成 NATIVE SQL 后才能连接到数据库中。因此数据库中使用的 SQL 语言是 NATIVE SQL。

3.1.4 OPEN SQL 与 NATIVE SQL

应用程序-数据库服务器的 SQL 流程器如图 3-4 所示。

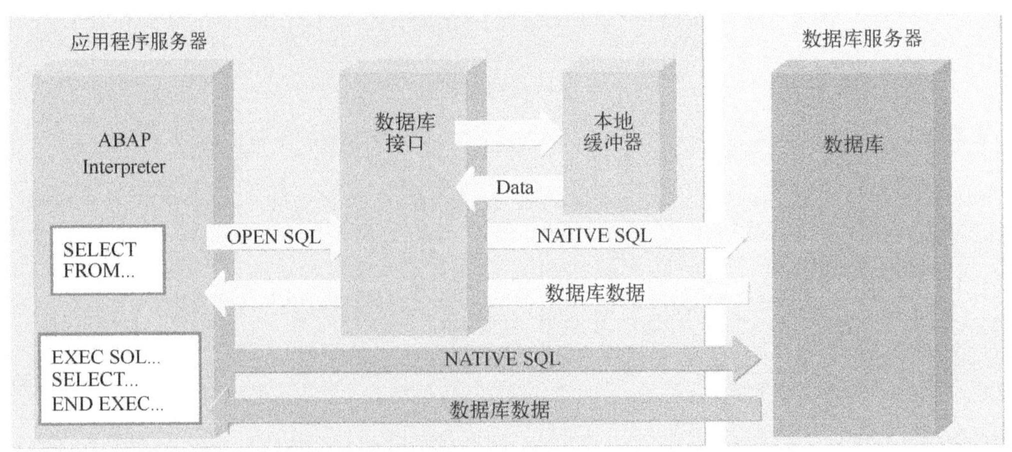

图 3-4 应用程序-数据库服务器的 SQL 流程图

1. OPEN SQL

OPEN SQL 是由创建数据库数据的 ABAP 命令构成的，在不同的 DBMS（数据库管理系统）环境下其语法相同。OPEN SQL 不能使用 DDL、DCL，只能使用类似于 SELECT 语句的 DML 语言。另外，还可以使用本地缓冲器，并且比 NATIVE SQL 的使用方法简单。ABAP 程序有激活时自动执行 Syntax Check 的特点。

2. NATIVE SQL

NATIVE SQL 语言可以直接连接到数据库使用 DML、DDL 语言。

DDL 语言可以直接创建/修改数据库表。还可以使用 OPEN SQL 的命令语句（SELECT、UPDATE、DELETE 等），并且无法用 OPEN SQL 解决的问题可以通过 NATIVE SQL 解决。

☞ SAP 一般使用 Oracle 数据库。用 OPEN SQL 无法实现的复杂 SQL 语句，可以通过 Oracle 的 NATIVE SQL 实现精确的数据查询。NATIVE SQL 不经过数据库接口而是直接将数据传送到数据库服务器中。

3.1.5 SQL 与本地缓冲器

SAP 本地缓冲器是 R/3 体系结构支持的技术，它主要负责减小数据库负荷。但是得在数据库表的技术设定里设置使用缓冲器。缓冲器的设置方法请参考“第 7 章 ABAP 数据字典”。

```
SELECT * FROM marc WHERE    werks = '1101'
      IF SY-SUBRC EQ 0.
              WRITE marc.
EXIT.
      ENDIF.
ENDSELECT.
```

上面所示的 SQL 语句运行顺序如[图 3-5]所示。

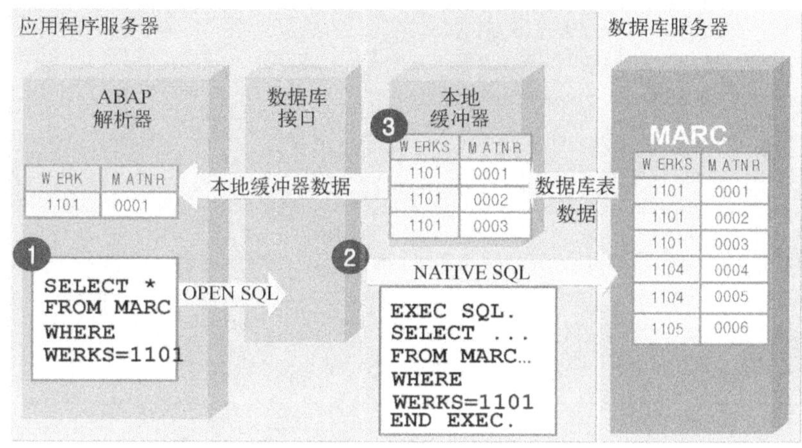

图 3-5 SQL 执行步骤

下面分析[图 3-5]所示的 SQL 执行顺序。

① 执行从数据库表 MARC 中查询 WERKS = '1101'数据的 SQL 语句。

② 在数据库接口 OPEN SQL 被解析成 NATIVE SQL，再从数据库表 MARC 中查询 WERKS 字段值为‘1101’的数据。

③ 数据库表 MARC 中存在 3 件 WERKS = '1101'的数据，这 3 件数据保存在本地缓冲器中。

④ SQL 语句 SY-SUBRC EQ '0'.即是指从数据库中取得数据的语句执行成功，然后执行 EXIT 语句跳出 IF 语句，显示第一个值为'1101'的数据。

⑤ 重新执行 SQL 语句时由于本地缓冲器中已经存在 WERKS = '1101'的数据，因此不用再次访问数据库，直接在本地缓冲器中就可以取得数据。

3.1.6 OPEN SQL 概要

OPEN SQL 是 R/3 系统使用的语言，有查询/修改数据库数据的功能。它与使用的数据库系统(Oracle、MSSQL、Max DB 等)无关，SQL 执行结果都一样。它适用于 ABAP 数据字典中创建的数据库表、视图，只能执行第 7 章中要学习的 Cluster 以及 Pooled 数据库表中限制的功能。OPEN SQL 普遍依赖于客户（Client）。

在[图 3-6]中可以看出 R/3 系统是由多个独立的客户（例如一个集团所属的个别法人）组成的。数据库表是依赖于客户独立存在（Client-independent）的对象，因此即使在 100 客户中创建的数据库表，200、300 客户中也同样存在，但是 100 客户的数据库表中生成的数据只存在于 100 客户中。若在 ABAP 数据表中不存在 MANDT 字段，则数据库表数据就有依存于客户的属性。若表里不存在 MANDT 字段，则表就拥有 Client-independent 属性。如[图 3-6]所示，实际数据库表都将客户信息保存在字段 MANDT 中。

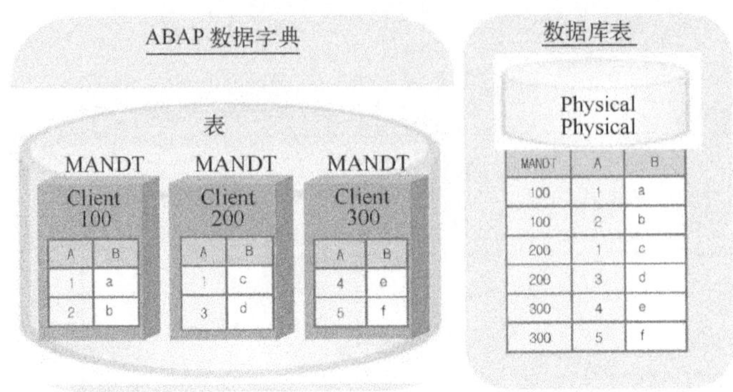

图 3-6　ABAP 数据字典表与数据库表

OPEN SQL 里经常使用的命令如[表 3-1]所示。所有 OPEN SQL 执行成功都会返回系统变量 SY-SUBRC 为 0 (失败则返回 0 以外的值)，系统变量 SY-DBCNT 返回数据的个数。

表 3-1　OPEN SQL 命令语句

关 键 字	功　　能
SELECT	从数据库表中读取数据
INSERT	往数据库表中追加数据
UPDATE	修改数据库表的数据
MODIFY	执行 INSERT + UPDATE 功能 UPDATE: 数据库表中已存在此数据时（以 key 值区分是否存在） INSERT: 数据库表中不存在此数据时（以 key 值区分是否存在）
DELETE	删除数据库表数据

3.2　OPEN SQL——读取数据

从数据库表中读取数据的语句如[表 3-2]所示。首先学习各个语句的功能定义，再通过练习掌握其具体使用方法 。

表 3-2　读取数据的命令

语　　句	功　　能
SELECT <result>	SELECT 语句可以罗列数据库表字段，读取一件或多件数据
INTO <target>	INTO 语句用来指定查询出来的数据存储地即变量，然后在程序中使用此变量
FROM <source>	FROM 语句用来指定要查询的数据库表。可以写在 INTO 语句前后
WHERE <cond>	可以限制要查询数据的条件
GROUP BY <fields>	用于分组查询数据。例如，分组求合计时经常使用 GROUP BY 语句
HAVING <cond>	HAVING 是用于限制 GROUP BY 条件的语句。类似于 SELECT 的 WHERE 语句
ORDER BY <fields>	用于排序(sort)查询的数据

3.2.1 SELECT 语句

SELECT 语句从数据库表中读取必要的数据。

1. SELECT

SELECT 语句分为俩个部分。一部分为<lines>，用于指定查询数据的件数，当查询一件时用 SINGLE 语句。另一部分是<columns>，用于指定要查询的数据库表字段。

```
SELECT <lines> <columns> ...
```

2. 一条数据

从数据库中取得一条数据时使用 SINGLE 语句。使用此语句只会取得一条数据，因此要正确给出要查询数据的条件。即在 WHERE 条件里追加所有 key 值，当没有指出所有 key 值时，会返回多件中的任意一件，会导致读取的数据与预期结果不同。读取数据库表所有字段时使用*。

```
SELECT SINGLE <cols> ...WHERE
```

3. Several Line

当取得多条数据时 SELECT 结果会保存到内部定义的表中。这种表在 ABAP 语言里称为内表(Internal Table)。内表会在第 5 章中详细说明（内表是 ABAP 内存中生成的存储数据的虚拟表）。DISTINCT 语句用于删除重复值。

```
SELECT [DISTINCT] <cols> ...WHERE
```

INTO 语句的结果不是保存到内表，而是字段或者结构体 (Work Area..)时，最后要加 ENDSELECT 语句。这种语句相当于在 LOOP 循环中执行 SELECT 语句，每取出一条数据，就把它追加到结构体中，一直到读取全部符合条件的数据为止。

```
SELECT [DISTINCT] <cols> ... WHERE ...
    ...
ENDSELECT.
```

[例 3-1]的左边使用了结构体，因此使用了 SELECT ~ ENDSELECT 语句；右使用了内表一次保存所有值，因此不存在 ENDSELECT。

[例 3-1]

REPORT Z03_01. DATA:gt_itab TYPE STANDARD TABLE OF sflight, gs_wa TYPE sflight. SELECT * **INTO gs_wa** FROM sflight WHERE carrid EQ 'AA'. WRITE:/gs_wa-carrid, gs_wa-connid. ENDSELECT.	REPORT z03_01. DATA: gt_itab TYPE STANDARD TABLE OF sflight, gs_wa TYPE sflight. SELECT * **INTO TABLE gt_itab** FROM sflight WHERE carrid EQ 'AA'. LOOP AT gt_itab INTO gs_wa. WRITE: / gs_wa-carrid, gs_wa-connid. ENDLOOP.

4. AS (别名)

利用 AS 语句可以给字段指定别名。

```
SELECT <cols> [AS <alias>]..
```

5. 动态 SELECT 语句

可以动态定义 SELECT 语句的字段。保存动态语句的结构体 GS_LINE 最多可以容纳 72 位 CHAR 类型。结构体 GS_LINE 为 null 时与*语句相同。

```
SELECT <lines> (<itab>) ...
```

[例 3-2]

```
REPORT  z03_02.
DATA:gt_itab TYPE STANDARD TABLE OF   sflight,
   gs_wa LIKE LINE OF gt_itab.

DATA:gs_line(72) TYPE c,

gt_list LIKE TABLE OF gs_line(72).
gs_line = 'CARRID CONNID'.

SELECT DISTINCT (gs_line) INTO   TABLE gt_itab
FROM sflight.
IF sy-subrc EQ 0.
  LOOP AT gt_itab INTO gs_wa.
    WRITE: / gs_wa-carrid, gs_wa-connid.
  ENDLOOP.
ENDIF.
```

gt_itab 是保存 SELECT 语句结果值的内表。gs_line 是 72 位 CHAR 类型。gs_line 变量里写出字段名，查询 SFLIGHT 表的字段 carrid connid 值输出到画面上。如果需要 72 位以上时，定义 72 位内表的内表使用即可，详细请参照[例 3-3] 。

[例 3-3]

```
REPORT  z03_03.
-----中间省略-----
DATA  gs_line(72) TYPE c.
DATA  gt_list   LIKE TABLE OF gs_line(72).

gs_line = 'CARRID CONNID'.
APPEND gs_line TO gt_list.

SELECT DISTINCT (gt_list) INTO   TABLE gt_itab
FROM sflight.
-----中间省略-----
```

3.2.2 INTO 语句

用此语句指定存储 SELECT 语句查询的结果值的目的地。

1. 结构体

当查询一条数据时使用结构体(Work Area，变量，结构体)，使用星号*能取得所有字段的值。此时使用 CORRESPONDING FIELDS OF 语句会自动找到相同字段名匹配赋值。

```
SELECT ...INTO [CORRESPONDING FIELDS OF] <wa>。
```

2. 内表(Internal Table)

当查询多条数据时使用内表。往内表插入数据时使用 APPENDING，不能使用 INTO，INTO 是删除内表数据后插入数据时使用的。

```
SELECT ...INTO|APPENDING [CORRESPONDING FIELDS OF]
                    TABLE <itab>
                    [PACKAGE SIZE <n>] ...
```

用 PACKAGE SIZE 语句可以指定每次追加到内表里的数据件数。当 PACKAGE SIZE 设置为 5 时，则每次只读取 5 条数据添加到内表中，此时要注意，需要使用 ENDSELECT 语句。

```
SELECT INTO CORRESPONDING FIELDS OF TABLE ITAB
      PACAKAGE SIZE 5
      FROM SPFLI.
ENDSELECT.
```

[例 3-4]

```
REPORT  z03_04.
DATA:gs_wa   TYPE sflight,
       gt_itab   TYPE TABLE OF sflight.

SELECT carrid connid
 FROM spfli
INTO CORRESPONDING FIELDS OF TABLE gt_itab
 PACKAGE SIZE 5.
  LOOP AT gt_itab INTO  gs_wa.
    WRITE: / gs_wa-carrid, gs_wa-connid.
  ENDLOOP.
ENDSELECT.
```

由于 PACKAGE SIZE 指定为 5，因此 SELECT 语句每次只读取 5 条值执行 LOOP 循环后再重新执行 SELECT 语句。[例 3-4]中的内表 gt_itab 参照了数据库表 sflight，而 FROM 语句参照了数据库表 spfli。这两个表是两个不同的结构，因此使用了 CORRESPONDING FIELDS OF 选项使两个表找到相同字段进行赋值。

3. Single Field

查询数据库表的个别字段或者使用 Aggregate 函数时使用如下所示的语句。INTO 语句后面列出两个以上目标地时需要用括号分别指定变量名。若存在空白，则会发生语法错误。

```
SELECT ... INTO (f1、f2、...) ...
```

在 SELECT 语句里查询两个字段的语句如下所示。

```
SELECT carrid connid INTO (gv_carrid, gv_connid) FROM SFLIGHT.
```

3.2.3 FROM 语句

用 FROM 语句指定要查询数据的相应数据库表（或者视图）。FROM 语句后面可以指定一个数据库表或者多个数据库表的连接。不仅可以使用 AS 语句添加别名，还可以动态地定义数据库表名。FROM 语句有两个选项，一个是定义表的选项，另一个是控制访问数据库表的选项。

```
SELECT ... FROM table option ...
```

在 FROM 语句中控制访问数据库表的选项语法如表 3-3 所示。

表 3-3 FROM 语句的选项

语　句	说　明
CLIENT SPECIFIED	解除自动 client 设置
BYPASSING BUFFER	不会从 SAP 本地缓冲器中读取数据。即使数据库表中设置了 Buffering 也会直接访问数据库读取数据
UP TO n ROWS	限制查询数据的个数。可以预防由于用户使用问题而导致的降低数据库性能问题。例如，由于在选择条件中没有指定日期而导致查询大批量数据的情况

1. 选择静态表

可以定义静态表查询数据。这时可以使用别名，但是表名不能在 SELECT 语句中使用。

```
SELECT ... FROM <dbtab> [AS <alias>] <options>
```

2. 选择动态表

可以定义动态表查询数据。这时表名一定要用大写字母指定并且必须是 ABAP 数据字典中存在的名字。

```
SELECT ... FROM (dbtab).
```

从画面上用户输入的数据库表中查询数据的语句如[例 3-5]所示。

[例 3-5]

```
REPORT  Z03_05.

PARAMETERS  p_tname TYPE char10.
DATA GS_WA TYPE SFLIGHT.

SELECT  SINGLE *  INTO  gs_wa
  FROM  (p_tname)
  WHERE carrid = 'AA'.
```

[结果 3-5]

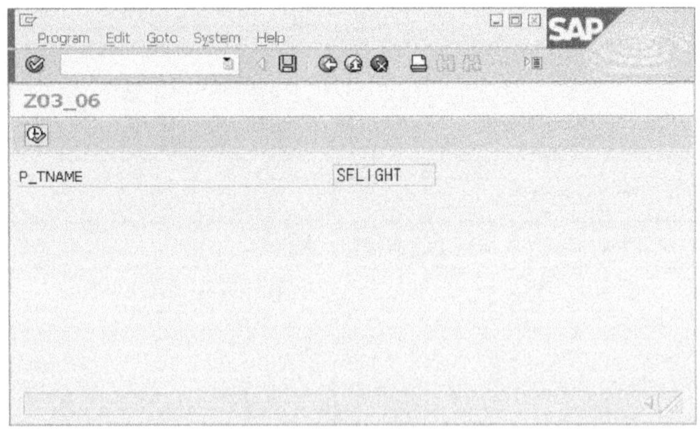

执行[例 3-5]会显示如[结果 3-5]所示的选择画面，在此画面上用户可以输入要查询数据的数据库表名，用 PARAMETERS 语句会自动生成此画面。在此画面上，输入数据库表名 SFLIGHT 后单击 执行按钮，则在 FROM(p_tname)语句中使用的变量 p_tname 中，会动态

地赋上用户输入的数据库表名 SFLIGHT。

3. JOIN 语句

在关系数据库中同时取得多个数据库表值时使用 JOIN 语句连接表。一般使用 Primary Key(此后用缩写 PK 来替代)和 Foreign Key(此后用缩写 FK 来替代)来连接数据库表，但是偶尔也会用符合逻辑的相关值进行连接，用 ON 语句指定两个表连接条件 。

```
SELECT ...FROM <tab> [INNER] JOIN <dbtab> [AS <alias>]
                                ON <cond> <options> …
```

[例 3-6]是说明 INNER JOIN 语句的实例。可以发现，存储航空信息的数据库表 SFLIGHT 中不存在航空公司名字，但是数据库表 SCARR 中存在航空公司 ID 所对应的航空公司名字。因此用 JOIN 语句连接这两个表就可以读取航空公司的名字。使用 JOIN 语句时若不指定 JOIN 类型，则默认为是 INNER JOIN。

[例 3-6]

```
REPORT  z03_06.

TYPES: BEGIN OF t_str,
   carrid     TYPE sflight-carrid,
   carrname TYPE scarr-carrname,
 END OF t_str.

DATA:  gs_str TYPE t_str.

SELECT  SINGLE a~carrid b~carrname
 INTO  CORRESPONDING FIELDS OF gs_str
 FROM   sflight AS a
 INNER JOIN scarr AS b
 ON a~carrid EQ b~carrid
 WHERE a~carrid = 'AA'.

WRITE : gs_str-carrid, gs_str-carrname.
```

[结果 3-6]

```
AA    American Airlines
```

[例 3-6]中的 JOIN 语句中 AS 语句用于指定别名即 sflight AS a 语句中 a 作为数据库表 sflight 别名使用。使用别名能简化程序代码，从[例 3-6]中可以看出，sflight~carrid 语句可以用 a~carrid 语句替代。

4. INNER JOIN 与 OUTER JOIN

数据库表连接类型有 INNER JOIN 与 OUTER JOIN 这两种。其中 OUTER JOIN 的方法如下所示。

```
SELECT...FROM <tab> LEFT [OUTER] JOIN <dbtab>
                         [AS <alias>]
                         ON <cond>
     <options>
```

假设有如[图 3-7]所示的两个人事信息数据库表。数据库表 INSA 存储员工基本信息，数据库表 CERT 存储员工取得的证书信息。员工 ZHOU 与 KIM 有证书，而员工 ZHONG 却没有证书。当以员工编号字段为基准执行 INNER JOIN，则从查询对象中应该排除员工 ZHONG。

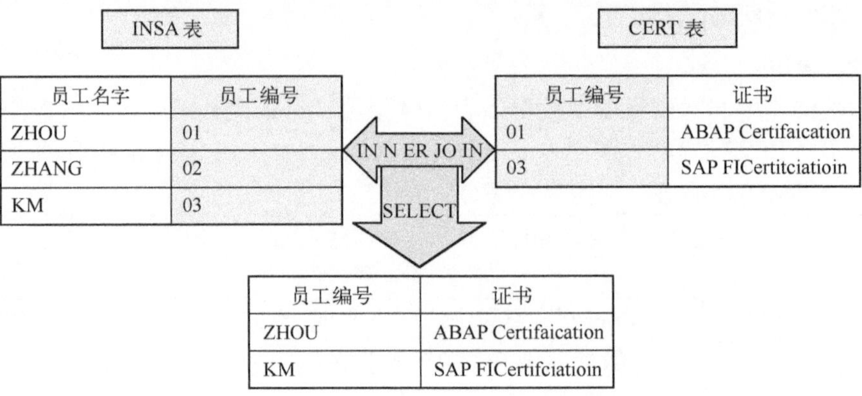

图 3-7　INSA 表与 CERT 表的 INNER JOIN

假设要显示所有员工的基本信息并且还要追加显示证书信息时要使用 OUTER JOIN。在 ABAP OPEN SQL 中只能使用 LEFT OUTER JOIN。此语句是将左边的表作为基准表读取数据。其连接结果如图 3-8 所示。

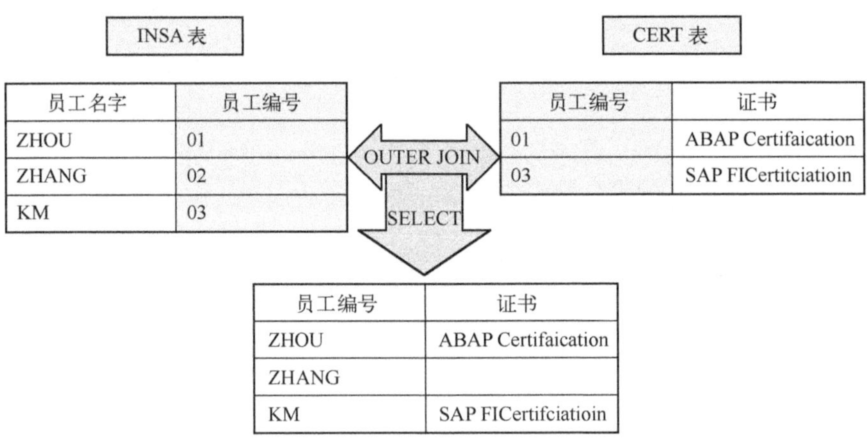

图 3-8　INSA 表与 CERT 表的 OUTER JOIN

[例 3-7]说明 OUTER JOIN 的方法。假设数据库表 SCARR 中所有航空公司的名字都不存在，因此航空公司为了避免遗漏航空公司的航空器信息要 LEFT OUTER JOIN 数据库表 SFLIGHT 与数据库表 SCARR。

[例 3-7]

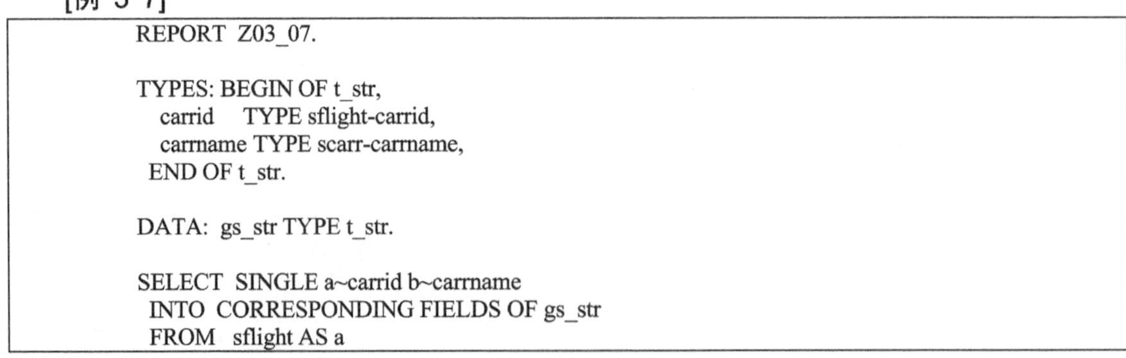

```
REPORT  Z03_07.

TYPES: BEGIN OF t_str,
   carrid     TYPE sflight-carrid,
   carrname TYPE scarr-carrname,
 END OF t_str.

DATA:  gs_str TYPE t_str.

SELECT  SINGLE a~carrid b~carrname
 INTO  CORRESPONDING FIELDS OF gs_str
 FROM   sflight AS a
```

```
        LEFT OUTER JOIN scarr AS b
        ON a~carrid EQ b~carrid
        WHERE a~carrid = 'AA'.

    WRITE : gs_str-carrid, gs_str-carrname.
```

5. 限制查询个数

利用下列语句可以限制要查询的数据个数。

```
SELECT ...FROM <tab> UP TO <n> ROWS...
```

此语句相当于[图 3-9]的程序查询条件 SELECTIOIN SCREEN 中的最大取得数。当用户不输入查询条件而直接执行程序时会查询数据库表中的所有值，这样会增加系统负荷。此时可以指定最大取得数而限制取得数据的个数。

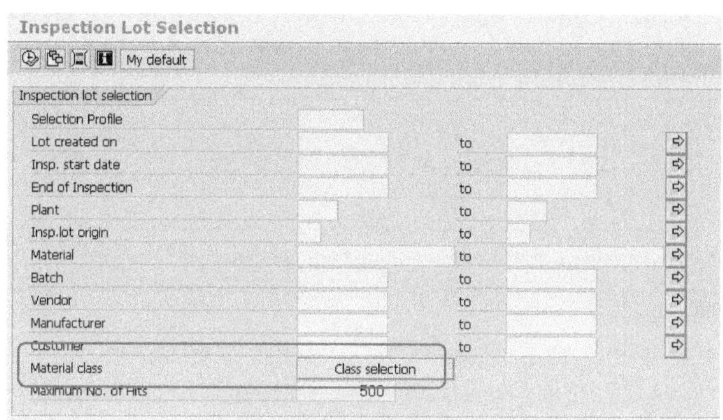

图 3-9　最大取得数

3.2.4　WHERE 语句

WHERE 语句可以指定查询条件使用户正确地取得自己所需数据，此语句还适用于 UPDATE、DELETE 等命令。

1. WHERE 条件语句

```
SELECT ... WHERE <s> <operator> <f> ...
```

[表 3-4]说明在 WHERE 语句中使用的运算符类型。

表 3-4　WHERE 语句中使用的运算符类型

运　算　符	意　　义	运　算　符	意　　义
EQ	等于	LE	小于或等于
=	等于	<=	小于或等于
NE	不等于	GT	大于
<>	不等于	>	大于
><	不等于	GE	大于或等于
LT	小于	>=	大于或等于
<	小于		

2. Interval 条件

需要在条件中追加范围值时使用此语句。

```
SELECT... WHERE <s> [NOT ] BETWEEN <f 1> AND <f 2>
```

例如，取得字段 COL 为 1~10 的数据时可以写成 WHERE COL BETWEEN 1 AND 10。

3. 字符串比较

比较字符串时使用 LIKE 语句。若要取得以 ABC 开头的数据，则可以追加如下条件。

```
COL2 ='ABCDEFGHIGJ'.
SELECT ~ WHERE COL2 LIKE 'ABC%'.
```

若要取得以 ABC 开头的 4 位长字符串时，例如，在 ABCD、ABCE、AFCF、ABCG 等数据中只比较一位时可以使用符号'_' 。

```
WHERE COL2 LIKE 'ABC '
```

4. LIST VALUE

利用 IN 语句可以取得符合多种情况的数据。例如，读取居住在'北京'、'上海'的人时条件可以为“WHERE 地址 IN ('北京', '上海')”。

```
SELECT... WHERE <s> [NOT] IN (<f 1>, ..., <f n>) ...
```

5. SELECTION TABLE

利用 IN 语句可以查询存储在 Selection Table, Range 变量里的数据。Selection Table, Range 变量类似于内表，可以存储多条数据。

```
SELECT... WHERE <s> [NOT ] IN <seltab> ...
```

6. 动态条件

可以动态地写 SELECT 语句的 WHERE 条件。下列语句中的 itab 可以定义成最大为 72 位的内表。

```
SELECT... WHERE (<itab>) ...
```

参照[例 3-8]、[例 3-9]学习动态给出查询条件的程序。

[例 3-8]

```
REPORT  z03_08.

DATA gs_where    TYPE c LENGTH 72.
DATA gv_carrname TYPE scarr-carrname.
DATA gv_carrid     TYPE scarr-carrid VALUE 'AC'.
CONCATENATE 'CARRID = ''' gv_carrid '''' INTO gs_where.
SELECT SINGLE carrname
INTO   gv_carrname
FROM   scarr
WHERE  (gs_where).
WRITE / gv_carrname.
```

[结果 3-8]

```
Air Canada
```

[例 3-8]是在数据库表 SCARR 中读取字段值 CARRID 等于 AC 的 SELECT 语句，在这里动态地给出了 WHERE 条件。当需要给出两个以上查询条件时要把查询条件追加到内表中

使用，如[例 3-9]所示。

[例 3-9]

```
REPORT  z03_09.

DATA gs_where            TYPE c LENGTH 72.
DATA gt_where    LIKE TABLE OF gs_where.
DATA gv_carrname  TYPE scarr-carrname.
DATA gv_carrid1    TYPE scarr-carrid VALUE 'AC'.
DATA gv_carrid2      TYPE scarr-carrid VALUE 'AF'.
CONCATENATE 'CARRID = ''' gv_carrid1 '''' INTO gs_where.
APPEND gs_where TO gt_where.
gs_where = 'OR'.
APPEND gs_where TO gt_where.
CONCATENATE 'CARRID = ''' gv_carrid2 '''' INTO gs_where.
APPEND gs_where TO gt_where.
SELECT carrname
  INTO   gv_carrname
  FROM   scarr
  WHERE  (gt_where).
  WRITE / gv_carrname.
ENDSELECT.
```

[结果 3-9]

```
Air Canada
Air France
```

7. FOR ALL ENTRIES 语句

```
SELECT... FOR ALL ENTRIES IN <itab> WHERE <cond>
```

FOR ALL ENTRY 语句与嵌套 SELECT 语句或 Subquery 的功能相似。使用 FOR ALL ENTRY 语句时，WHERE 语句中使用的条件必须是 itab 中存在的字段。

> ☞ 注意
>
> - itab 的字段要与比较对象的表字段类型一致。
> - 不能使用类似 LIKE、BETWEEN、IN 等比较语句。
> - itab 中自动删除重复数据(Unique Key 为基准)。
> - itab 为空则取得所有数据。
> - itab 中数据多时会增加 LOOP 循环次数，因此会降低选择速度。例如 itab 中数据为 3 条，则会执行 3 次“SELECT ~ ENDSELECT”。

[例 3-10]是先查询存储航班时刻表的数据库表 spfli 的所有数据后用 FOR ALL ENTRIES 语句从日期别航班运行信息数据库表中查询相关数据的程序。

[例 3-10]

```
REPORT  z03_10.

DATA gt_spfli  TYPE TABLE OF spfli.
DATA gt_sflight TYPE TABLE OF sflight.
DATA gs_sflight TYPE sflight.

SELECT * FROM spfli
INTO TABLE gt_spfli.

SELECT * FROM sflight
  INTO TABLE gt_sflight
  FOR ALL ENTRIES IN gt_spfli
```

```
    WHERE carrid = gt_spfli-carrid
    AND connid = gt_spfli-connid.

  LOOP AT gt_sflight INTO gs_sflight.
    WRITE : / gs_sflight-carrid, gs_sflight-connid.
  ENDLOOP.
```

3.2.5 GROUPING 语句

使用 Aggregate 函数之前，选择数据时需要用 GROUP BY 语句进行分组。GROUP BY 语句是当表的特定字段中存在相同值时其值就显示在一行中。

```
SELECT <f1>   <f2>   <agg>...
     GROUP BY <f1> <f2> ....
```

GROUP BY 语句后使用的字段一定要在 SELECT 语句中查询出来。

在 SELECT 语句中可以使用字段及函数。Aggregate 函数请参照[表 3-5]。

表 3-5　AGGREGATE 函数种类

函　数	功　能
AVG	取平均值
COUNT	取个数
MAX	取最大值
MIN	取最小值
STDDEV	取标准偏差
SUM	取合计

也可以动态地指定 GROUP BY 语句。

```
GROUP BY (itab)...
```

下面练习一下分别取得每个航班 ID 的平均预约占有率。

[例 3-11]

```
REPORT  z03_11.

DATA:gv_carrid        TYPE sflight-carrid,
       gv_connid        TYPE sflight-connid,
    gv_paymentsum   TYPE i.


SELECT carrid connid AVG( paymentsum )
 INTO (gv_carrid, gv_connid, gv_paymentsum)
  FROM sflight GROUP BY carrid connid.
WRITE: / gv_carrid, gv_connid, gv_paymentsum.
ENDSELECT.
```

[结果 3-11]

```
AA   0017      136,905
AA   0064       90,139
AZ   0555       33,741
AZ   0788      320,638
```

☞ 在 OPEN SQL 中利用 SUM 函数时使用 INTO CORRESPONDING FIELDS OF TABLE 语句会取不到预期的结果。此时要利用 AS 语句为合计的字段起个别名，具体使用方法如下面代码所示。

```
SELECT CARRID
      SUM( PRICE ) AS PRICE
FROM SFLIGHT
      INTO CORRESPONDING FIELDS OF TABLE GT_GLT
WHERE CARRID = 'AA'.
```

3.2.6 GROUPING 条件语句——HAVING

HAVING 是用 GROUP BY 语句分组查询数据时使用的条件语句。类似于 WHERE 条件语句可以动态地定义其条件。

```
SELECT <f1>   <cf2> <agg>...
      ...
      GROUP BY <f1> <f 2>
      HAVING <cond>.
```

要取得[例 3-11]中的平均占有率大于 100,000 件的数据时实现方法如下所示。

```
SELECT carrid connid AVG( paymentsum )
 INTO (gv_carrid, gv_connid, gv_paymentsum)
FROM   sflight GROUP BY carrid connid
HAVING AVG( paymentsum ) > 100000.
```

3.2.7 SORT 语句

在查询数据时使用 ORDER BY 语句，则查询出来的结果会按照 ORDER BY 指定的字段进行排序。若不使用 ORDER BY 就会任意地显示排序结果。

ORDER BY PRIMARY KEY

- 根据表的 KEY 值进行排序。
- 只适用于 SELECT *语句。
- 在 JOIN 语句和视图中无法使用。

```
SELECT    <lines> *
...
ORDER BY PRIMARY KEY.
```

ORDER BY 中可以使用所有字段。用 ASCENDING，DESCENDING 语句可以指定排序类型，如升，降序。

```
SELECT ...
...
ORDER BY <f1> [ASCENDING|DESCENDING]
<f2> [ASCENDING|DESCENDING] ...
```

也可以动态地定义 ORDER BY 语句。使用的内表类型应为 char 且长度不能超过 72 位。

```
SELECT ...
...
ORDER BY (itab)
```

通过[例 3-12]练习做一个以预约座位为基准升序排序的程序。

[例 3-12]

```
REPORT  Z03_12.

DATA:gv_carrid        TYPE sflight-carrid,
       gv_connid       TYPE sflight-connid,
       gv_paymentsum TYPE i.

SELECT carrid connid AVG( paymentsum ) as paymentsum
 INTO (gv_carrid, gv_connid, gv_paymentsum)
 FROM sflight
 GROUP BY carrid connid
 ORDER BY paymentsum.
 WRITE: / gv_carrid, gv_connid, gv_paymentsum.

ENDSELECT.
```

[结果 3-12]

```
AZ  0555     33,741
LH  2407     38,371
LH  2402     79,572
DL  1699     80,025
```

由于在 ORDER BY 语句中无法使用 AVG(paymentsum)等 Aggregate 函数，因此查询数据时要用 AS 语句起别名“paymentsum”。

3.2.8 Subquery

Subquery 在 SELECT 语句中嵌套 SELECT 语句时使用。

1. Scalar Subquery

利用 Subquery 可以在 WHERE 语句中追加特殊条件。Subquery 的 SELECT 语句中只能指定一个字段。

> ☞ Scalar Subquery 的定义
>
> Scalar Subquery 是指 SELECT 语句里面嵌套使用的 SELECT 语句。
>
> 返回一列值中的一个字段值 (或者 Aggregate 函数执行结果值)，因此执行结果与 JOIN 语句相似。
>
> ☞ Scalar subquery 的理解
>
> 1）Scalar subquery 只能返回一个字段值。
>
> 2）Scalar subquery 以嵌套循环方式执行。
>
> 3）Scalar subquery 执行的次数是 row 数。
>
> 4）当查询重复的编号及主数据表时使用此语句就可以大大提高效率。

下面通过[例 3-13]学习 Scalar Subquery 的使用方法。

[例 3-13]

```
REPORT  z03_13.

DATA:gv_carrid        TYPE sflight-carrid,
       gv_connid       TYPE sflight-connid,
       gv_paymentsum TYPE sflight-paymentsum.

SELECT SINGLE carrid connid paymentsum
  INTO (gv_carrid , gv_connid, gv_paymentsum)
  FROM  sflight AS a
  WHERE carrid IN ( SELECT  carrid
```

```
      FROM  spfli
      WHERE carrid = a~carrid
      AND  connid = a~connid  )
    AND a~carrid = 'AA'.

WRITE: gv_carrid, gv_connid, gv_paymentsum.
```

2. Non-scalar Subquery

当存在 Subquery 查询的数据时返回 TRUE，不存在时返回 FALSE。使用 EXISTS 语句实现，具体方法请参照[例 3-14]。

[例 3-14]

```
REPORT  Z03_14.

DATA:gv_carrid      TYPE sflight-carrid,
       gv_connid      TYPE sflight-connid,
   gv_paymentsum TYPE sflight-paymentsum.

SELECT SINGLE carrid connid paymentsum
  INTO (gv_carrid , gv_connid, gv_paymentsum)
  FROM  sflight AS a
  WHERE EXISTS ( SELECT *
    FROM  spfli
    WHERE carrid = a~carrid
    AND  connid = a~connid  )
  AND a~carrid = 'AA'.

WRITE:gv_carrid, gv_connid, gv_paymentsum.
```

3.3　OPEN SQL——数据修改

这节学习在 OPEN SQL 中修改数据时使用的命令。

3.3.1　INSERT 语句

往数据库表追加一个或多个数据的语句。<target>是指数据库表名，使用时可以动态地定义。

```
INSERT INTO <target> <lines>.
<f2> [ASCENDING|DESCENDING] ...
```

可以指定客户（Client）,此时可以静态/动态地定义表名。

```
INSERT INTO dbtab [CLIENT SPECIFIED] <lines>.
INSERT INTO <name> [CLIENT SPECIFIED] <lines>.
```

1. 一条数据

往数据库表中追加一行数据时使用的语句。<wa>结构要与查询的数据库表结构相同。

```
INSERT INTO <target> VALUES <wa> .
INSERT <target> FROM <wa>.
```

若想使用 INSERT <dbtab>语句，要事先以 TABLES : <dbtab>形式定义结构体。

```
INSERT <dbtab>.
```

往存储航空公司信息的 scar 数据库表中追加 Air china 数据。

[例 3-15]

```
REPORT  z03_15.
DATA : gs_scarr TYPE scarr.
```

```
gs_scarr-carrid = 'CN'.
gs_scarr-carrname = 'Air china'.
gs_scarr-url = 'http://www.airchina.kr/'.
INSERT INTO SCARR VALUES GS_SCARR.
*INSERT SCARR FROM GS_SCARR.
```

2. 多条数据

往数据库表一次性插入内表的所有值。插入相同主键的数据时会发生 dump error，为了避免发生这种错误要使用 ACCEPTING DUPLICATE KEYS 语句。INSERT 语句执行失败系统变量 SY-SUBRC 会返回 4。

```
INSERT <target> FROM TABLE <itab>
                [ACCEPTING DUPLICATE KEYS] .
```

往存储航空公司运行日程的数据库表 spfli 中追加数据。

[例 3-16]

```
REPORT  z03_16.

DATA:gt_spfli  TYPE TABLE OF spfli,
        gs_spfli   TYPE spfli.

gs_spfli-carrid = 'CN'.
gs_spfli-connid = '0001'.
gs_spfli-cityfrom = 'Beijing'.
gs_spfli-cityto = 'Seoul'.
APPEND gs_spfli TO gt_spfli.

gs_spfli-carrid = 'CN'.
gs_spfli-connid = '0002'.
gs_spfli-cityfrom = 'Beijing'.
gs_spfli-cityto = 'Busan'.
APPEND gs_spfli TO gt_spfli.

INSERT spfli FROM TABLE gt_spfli ACCEPTING DUPLICATE KEYS.
```

<Tip. 确认数据库表数据>

确认数据库表的数据方法有以下两种。

- T-CODE:SE11(ABAP Dictionary) 用于查询/修改/创建如表等对象。
- T-CODE:SE16(Data Browser) 用于查询表中数据。

在 T-CODE:SE11 中单击数据查询按钮就会显示 T-CODE:SE16 画面。因此两个方法都一样，确认数据时挑选个人熟悉的事务码即可。下面执行 T-CODE:SE16 来确认数据库中是否成功追加了数据。

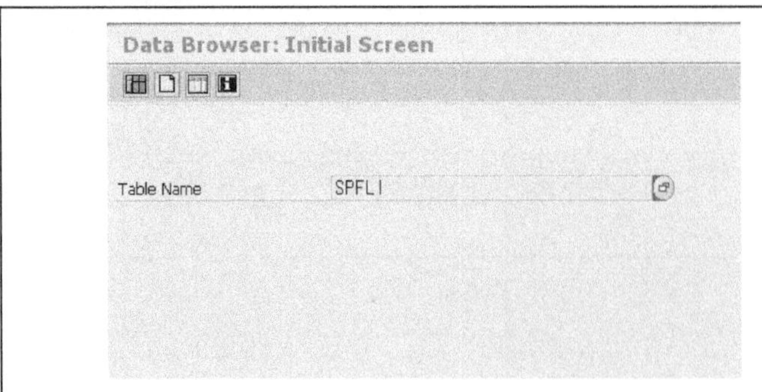	① 输入数据库表名，单击应用工具栏中的 ▦ 按钮。

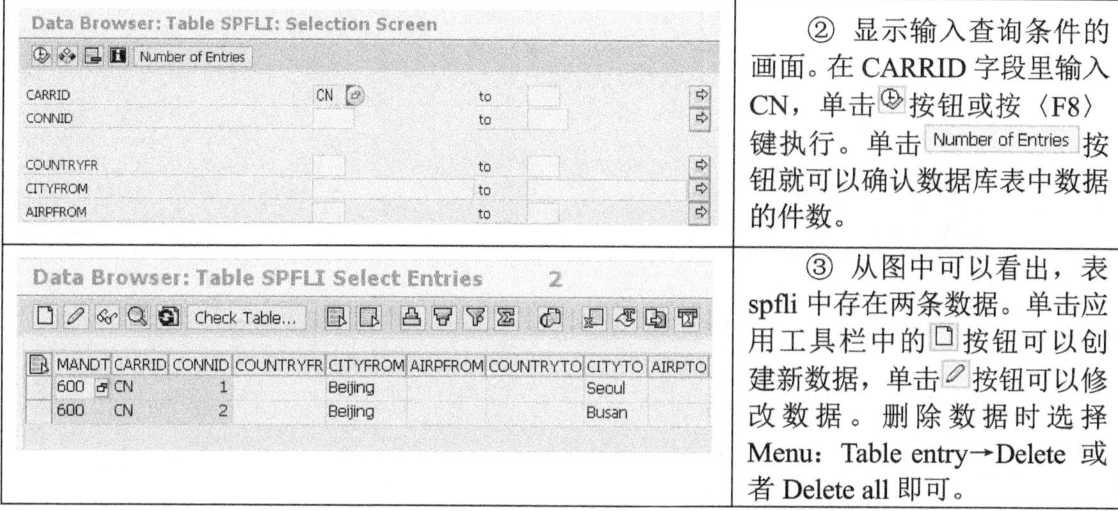

② 显示输入查询条件的画面。在 CARRID 字段里输入 CN，单击按钮或按〈F8〉键执行。单击 Number of Entries 按钮就可以确认数据库表中数据的件数。

③ 从图中可以看出，表 spfli 中存在两条数据。单击应用工具栏中的按钮可以创建新数据，单击按钮可以修改数据。删除数据时选择 Menu：Table entry→Delete 或者 Delete all 即可。

3.3.2 UPDATE 语句

UPDATE 语句用于修改数据库表中的一条或多条数据。<target>用于指定数据库表名，使用时还可以动态地定义。

```
UPDATE INTO <target> <lines>.
```

可以指定客户，此时可以静态/动态地定义表名。

```
UPDATE <dbtab> [CLIENT SPECIFIED] <lines>.
```

1. 一条数据

下面介绍修改一条数据的语句，其中工作区<wa>要与表<target>结构相同。

```
UPDATE <target> FROM <wa>.
```

若想使用 UPDATE <dbtab>语句，事先要以 TABLES : <dbtab>形式定义结构体。

```
UPDATE <dbtab>.
```

2. 多条数据

可以一次性将内表的多条数据反映到数据库表中。使用的语句如下所示。

```
UPDATE <target> FROM TABLE <itab>
```

另外，还可以修改指定字段，用 UPDATE SET 字段 1 字段 2 的方式，此时可以使用在 SELECT 语句中使用的 WHERE 语句。利用此种方法比直接指定工作区的方法性能要高。

```
UPDATE <target> SET <set1> <set 2> WHERE <cond>.
```

通过[例 3-17]练习 UPDATE 语句的使用方法。

[例 3-17]

```
REPORT  Z03_17.

DATA gs_spfli TYPE spfli.

MOVE 'CN'        TO gs_spfli-carrid.
MOVE '0001'      TO gs_spfli-connid.
MOVE 'Shanghai'  TO gs_spfli-cityfrom.
```

```
UPDATE spfli FROM gs_spfli.


UPDATE spfli
set CITYTO = 'Beijing'
where carrid = 'CN'
AND CONNID = '0001'.

IF SY-SUBRC eq 0.
  WRITE 'Update is success!!'.
ENDIF.
```

3.3.3 DELETE 语句

DELETE 语句用于删除数据库表中一条或多条数据。<target>用于指定数据库表，使用时还可以动态地定义。

```
DELETE <target> <lines>.
```

可以指定客户（Client），此时可以静态/动态地定义表名。

```
DELETE [FROM] (<name>) [CLIENT SPECIFIED] <lines>.
DELETE <dbtab> [CLIENT SPECIFIED] <lines>.
```

1. 删除一条数据

下面介绍删除一条数据的语句，其中工作区<wa>要与表<target>结构相同。

```
DELETE <target> FROM <wa>.
```

若想使用 DELETE <dbtab>语句，则事先要以 TABLES : <dbtab>形式定义好结构体。

```
DELETE <dbtab>.
```

2. 删除多条数据

可以一次性删除内表中符合 WHERE 条件的所用值，使用方法如下。

```
DELETE FROM <target> WHERE <cond>.
```

通过[例 3-18]练习 DELETE 语句的使用方法。

[例 3-18]

```
REPORT  Z03_18.

DATA gs_spfli TYPE spfli.

MOVE 'CN'    TO gs_spfli-carrid.
MOVE '0001'   TO gs_spfli-connid.

DELETE spfli FROM gs_spfli.

DELETE FROM spfli
  WHERE carrid = 'CN'.

IF SY-SUBRC eq 0.
  WRITE 'Delete Succes!!'.
ENDIF.
```

3.3.4 MODIFY 语句

如[图 3-10]所示，MODIFY 既有 UPDATE 功能也有 INSERT 功能。当数据库表中存在该值时会以主键为基准更新此数据，若不存在则会插入此数据。可以插入/更新一条或多条数据，<target>用于指定数据库表名字，使用时还可以动态地定义。

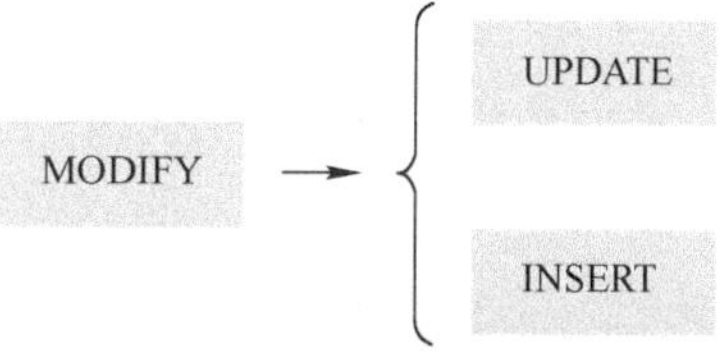

图 3-10 MODIFY 语句

```
MODIFY <target> <lines>.
```

可以指定客户，此时可以静态/动态地定义表名。

```
MODIFY <dbtab> [CLIENT SPECIFIED] <lines>.
MODIFY <name> [CLIENT SPECIFIED] <lines>.
```

1. 一条数据

下面介绍插入/更新一条数据的语句，其中工作区<wa>要与表<target>结构相同。

```
MODIFY <target> FROM <wa>.
```

若想使用 MODIFY <dbtab>语句，则事先要以 TABLES : <dbtab>形式定义好结构体。

```
MODIFY <dbtab>.
```

2. 多条数据

可以一次性修改或追加内表的所有值，使用方法如下。

```
MODIFY <target> FROM TABLE <itab>
```

[例 3-19]

```
REPORT Z03_19.

DATA:gt_spfli  TYPE TABLE OF spfli,
         gs_spfli  TYPE spfli.

gs_spfli-carrid = 'CN'.
gs_spfli-connid = '0001'.
gs_spfli-cityfrom = 'Beijing'.
MODIFY spfli FROM gs_spfli.

gs_spfli-carrid = 'CN'.
gs_spfli-connid = '0001'.
gs_spfli-cityfrom = 'Shanghai'.
APPEND gs_spfli TO gt_spfli.

gs_spfli-carrid = 'CN'.
gs_spfli-connid = '0003'.
gs_spfli-cityfrom = 'Shanghai'.
APPEND gs_spfli TO gt_spfli.

MODIFY spfli FROM TABLE gt_spfli.
```

数据库表 spfli 的主键是 carrid 和 connid。在[例 3-19]的第一个 MODIFY spfli FROM gs_spfli. 语句是利用工作区往数据库表 spfli 追加数据，而第二个 MODIFY 语句是利用了有两条数据的内表往数据库表 spfli 追加数据。其中在第一个 MODIFY 语句中已经追加了 carrid = “CN” connid = “0001”的数据，因此执行第二个 MODIFY 语句时，第一条数据执行 UPDATE

功能，而表中不存在第二条 carrid = “CN” connid = “0003”数据，因此执行 INSERT 功能。

数据库表的主键可以在 T-CODE:SE11 中确认。

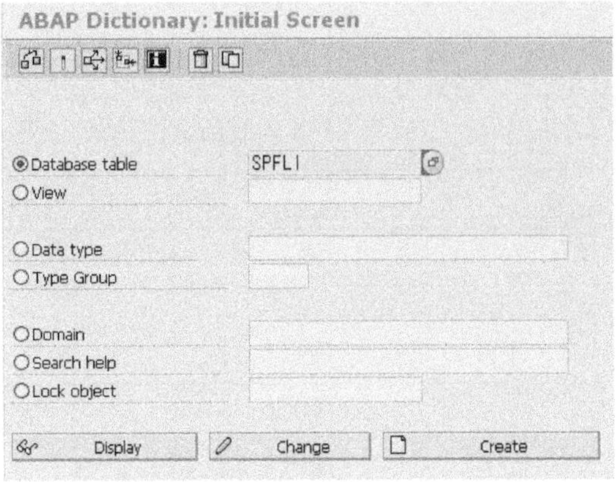 ABAP Dictionary: Initial Screen Database table SPFLI View Data type Type Group Domain Search help Lock object Display Change Create	① 在左图所示的 Database table 中输入数据库表名单击 Display 按钮。
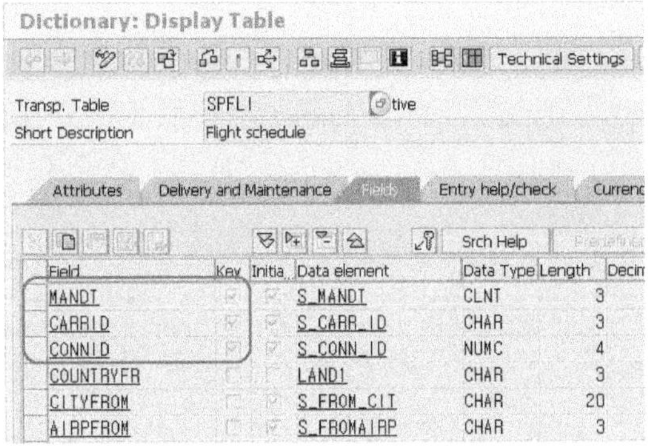 Dictionary: Display Table Technical Settings Transp. Table SPFLI Active Short Description Flight schedule Attributes / Delivery and Maintenance / Fields / Entry help/check / Currenc Srch Help Field / Key / Initia / Data element / Data Type / Length / Decim MANDT ✓ ✓ S_MANDT CLNT 3 CARRID ✓ ✓ S_CARR_ID CHAR 3 CONNID ✓ ✓ S_CONN_ID NUMC 4 COUNTRYFR LAND1 CHAR 3 CITYFROM ✓ S_FROM_CIT CHAR 20 AIRPFROM ✓ S_FROMAIRP CHAR 3	② 显示数据库表结构。图中选择了 Key 属性的字段是主键。MANDT 字段存储着客户信息，此字段一般设置为主键。选择上面的▦按钮，与执行 T-CODE:SE16 的功能一样，可以查询数据。

<Tip. 执行 OPEN SQL 程序>

下面[例 3-20]是用画面输入的 DML 语句执行 SQL 语句的程序。首先参照 SQL 相关的类定义变量 go_sql 和要存储 SQL 语句的变量 gv_sql，然后调用 execute_update 函数即可。

[例 3-20]

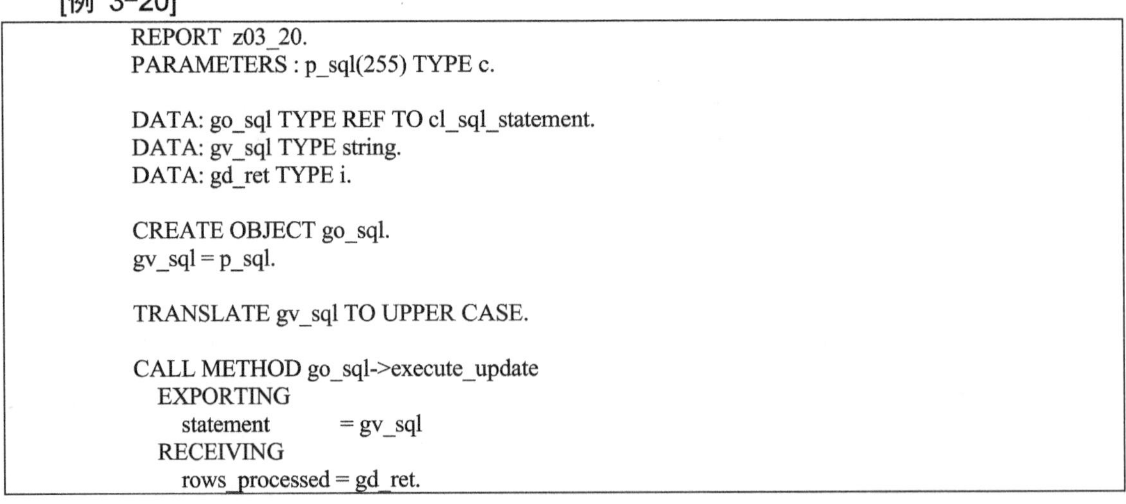

```
REPORT z03_20.
PARAMETERS : p_sql(255) TYPE c.

DATA: go_sql TYPE REF TO cl_sql_statement.
DATA: gv_sql TYPE string.
DATA: gd_ret TYPE i.

CREATE OBJECT go_sql.
gv_sql = p_sql.

TRANSLATE gv_sql TO UPPER CASE.

CALL METHOD go_sql->execute_update
  EXPORTING
    statement      = gv_sql
  RECEIVING
    rows_processed = gd_ret.
```

执行程序后，在画面上输入如[结果 3-20]所示的 SQL 语句 UPDATE sflight SET connid = '10' WHERE carrid = 'AA'。

[结果 3-20]

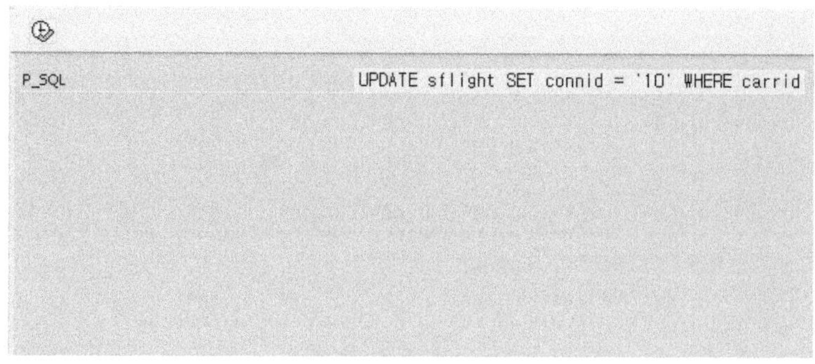

3.4 NATIVE SQL

OPEN SQL 不管使用任何数据库类型(Oracle、Informix、DB2 等)，其语法都相同，而 NATIVE SQL 随着数据库类型的不同其相应的 SQL 语句也有所差异。在本书中介绍的 NATIVE SQL 是适用于 Oracle 数据库的，因此若设置了 MS SQL 等其他数据库的话就不能正常执行。在 ABAP 程序中 NATIVE SQL 虽然没有 OPEN SQL 使用频繁，但是可以实现使用 OPEN SQL 无法实现的复杂的 SQL 语句，因此也是必须要掌握的知识。

1．优点

可以访问 ABAP 数据库中没有的数据库表(Oracle 系统数据库表等)。是依赖于数据库的 SQL 语句，因此可以实现在 OPEN SQL 中无法实现的 SQL。

2．缺点

无法鉴定(Syntax Check)EXEC ~ ENDEXEC 之间的语法，因此常会发生 Dump Error。在使用不同数据库的系统中无法使用含有 NATIVE SQL 的 ABAP 程序。在 SQL 语句中一定要追加用于区分客户的 mandt 字段。

3．基本语句

NATIVE SQL 随着使用不同的数据库类型其 SQL 语句也有所差异。基本语句以 EXEC SQL.开头、以 ENDEXEC.结束。使用变量时要在变量名前追加冒号“:”，另外，NATIVE SQL 中一定要追加区分客户的 MANDT 字段。

```
EXEC SQL .
    <NATIVE SQL statement>
ENDEXEC.
```

下面练习利用 NATIVE SQL 语句读取数据库表 SFLIGHT 中数据的程序。

[例 3-21]

```
REPORT z03_21.

DATA:gv_carrid  LIKE sflight-carrid VALUE 'AA',
       gv_connid  LIKE sflight-connid.

EXEC SQL.
```

```
SELECT A.CONNID
 INTO :GV_CONNID
 FROM SFLIGHT A
  WHERE A.MANDT = :SY-MANDT
   AND A.CARRID = :GV_CARRID
ENDEXEC.

WRITE gv_connid.
```

4. NATIVE SQL 与内表

使用 PERFORMING 语句可以一次性往内表插入多条数据。当每次执行 SELECT 语句读取一条数据时，PERFORMING 语句都会执行 Subroutine。Subroutine 会在第 4 章中学习。

```
EXEC SQL PERFORMING <form>.
      <NATIVE SQL statement>
ENDEXEC.
```

[例 3-22]

```
REPORT  z03_22.

TYPES:BEGIN OF t_str,
    carrid LIKE sflight-carrid,
    connid LIKE sflight-connid,
         END OF t_str.

DATA gt_itab      TYPE TABLE OF t_str.
DATA gs_wa          TYPE t_str.
DATA gv_carrid   LIKE sflight-carrid VALUE 'AA'.

EXEC SQL PERFORMING APPEND_ITAB.
  SELECT A.CARRID, A.CONNID
  INTO :GS_WA-CARRID, :GS_WA-CONNID
  FROM SFLIGHT A
   WHERE    A.MANDT = :SY-MANDT
    AND    A.CARRID = :GV_CARRID
ENDEXEC.

FORM append_itab.
  WRITE : / gs_wa-carrid, gs_wa-connid.
  APPEND gs_wa TO gt_itab.
  CLEAR  gt_itab.
ENDFORM.                    "APPEND_ITAB
```

[结果 3-22]

```
AA   0017
AA   0017
AA   0064
AA   0064
```

在[例 3-22]的 INTO 语句中虽然单独指定了某些字段，但是也可以使用工作区一次性保存所有值。其具体实现方法如下所示。

```
EXEC SQL PERFORMING APPEND_ITAB.
 SELECT A.CARRID, A.CONNID
   INTO :GS_WA
   FROM SFLIGHT A
    WHERE A.MANDT = :SY-MANDT
    AND A.CARRID = :GV_CARRID
ENDEXEC.
```

5. NATIVE SQL 与 表连接

在 NATIVE SQL 中也可以连接多个表读取所需数据，具体方法如[例 3-23]所示。

[例 3-23]

```
REPORT  z03_23.

TYPES:BEGIN OF t_str,
   carrid  LIKE sflight-carrid,
   connid  LIKE sflight-connid,
   carrname    LIKE scarr-carrname,
        END  OF t_str.

DATA  gs_wa    TYPE t_str.

DATA : gv_carrid LIKE sflight-carrid VALUE 'AA'.

EXEC SQL PERFORMING WRITE_DATA.
  SELECT A.CARRID, B.CARRNAME
   INTO :GS_WA-CARRID, :GS_WA-CARRNAME
   FROM SFLIGHT A, SCARR B
    WHERE A.MANDT = B.MANDT
     AND A.CARRID = B.CARRID
     AND A.MANDT = :SY-MANDT
     AND A.CARRID = :GV_CARRID
ENDEXEC.

FORM write_data.
  WRITE : / gs_wa-carrid, gs_wa-carrname.
ENDFORM.                    "WRITE_DATA
```

[结果 3-23]

```
AA    American Airlines
AA    American Airlines
```

在上面例题中，若想进行外连接，则写法如下所示。

```
WHERE A.MANDT(+) = B.MANDT
            AND A.CARRID(+) = B.CARRID
            AND A.MANDT = :SY-MANDT
            AND A.CARRID = :GV_CARRID
```

6. NATIVE SQL 与子字符串

只要是使用过 Oracle 数据库的开发者，肯定会明白在 SQL 语句中 SUBSTR 的重要性。实际上，在 OPEN SQL 中已经揭示了很多关于 SUBSTRING 语句的使用方法。

举例说明读取字符串‘ABCDE’中的字符串‘CD’的方法如下所示。

```
DATA : LV_CHAR TYPE C(10).
LV_CHAR = ABCDE.
```

第 2 章中已经学习在 ABAP 中利用 Offset&lenth 语句截取字符串的方法，如下所示，其中开始位是从零开始计数。

LV_CHAR+2(2) =〉 变量+开始位(长度)

Oracle SQL 的 SUBSTR 实现与上语句相同的功能，其使用方法如下所示，其中开始位是从开始计数。

SUBSTR(LV_CHAR, 3, 2) =〉 SUBSTR(变量, 开始位, 长度)

读取飞机名前 8 位的逻辑如[例 3-24]所示。

[例 3-24]

```
REPORT  z03_24.

----- 中间 省略 -----

EXEC SQL PERFORMING WRITE_DATA.
 SELECT A.CARRID, SUBSTR(B.CARRNAME, 1, 8)
  INTO :GS_WA-CARRID, :GS_WA-CARRNAME
  FROM SFLIGHT A, SCARR B
   WHERE A.MANDT = B.MANDT
    AND A.CARRID = B.CARRID
    AND A.MANDT = :SY-MANDT
    AND A.CARRID = :GV_CARRID
ENDEXEC.
```

[结果 3-24]

```
AA   American
AA   American
```

读取 CARRID 以 'A'开头的数据的 SQL 语句如下所示。但是在字段名中使用 SUBSTR 语句会造成数据库负荷，因此使用时要注意。SUBSTR 语句一般用于条件变量，而不是字段名。

```
EXEC SQL.
SELECT A.CARRID, SUBSTR(B.CARRNAME, 1, 8)
  INTO :GS_WA-CARRID, :GS_WA-CARRNAME
  FROM SFLIGHT A, SCARR B
 WHERE A.MANDT = B.MANDT
  AND A.CARRID = B.CARRID
  AND A.MANDT = :SY-MANDT
AND   SUBSTR(A.CARRID, 1, 1) = 'A'
ENDEXEC.
```

7. NATIVE SQL 与 DB LINK

所谓的 DB LINK 就是指数据库连接，利用 DB LINK 可以连接远程数据库。即可以轻松访问远程数据库的数据（不同版本之间无法实现连接）。

下面是访问远程数据库表的语句。

```
数据库表名@ 数据库连接名
```

远程 SAP 系统之间的数据库连接经常使用调用 RFC 实现的方法。但是，如果在 Oracle 中使用数据库连接，则可以直接读取远程数据库中的数据。当然，只有 NATIVE SQL 才可以实现此功能。下面是将远程数据库连接名命名为 SERVER2，然后在远程数据库表 MARA 中读取数据的语句。

```
EXEC SQL.
    SELECT matnr
FROM MARA@SERVER2
ENDEXEC.
```

DB LINK 设置要向 BC(Basis Consultant)申请，然后用下列语句连接 Oracle。

```
CREATE [public | private] DATABASE LINK (名字)
CONNECT TO (账号) IDENTIFIED BY (密码) using '(连接字符串)';
```

8. 执行 NATIVE SQL 的工具

执行 T-CODE:ST04 会显示 SAP 使用的数据库性能分析工具。

[图 3-11]是设置了 Oracle 时执行的工具，而[图 3-12]是设置了 MS SQL Server 时的结果。

图 3-11　Oracle 性能分析概要

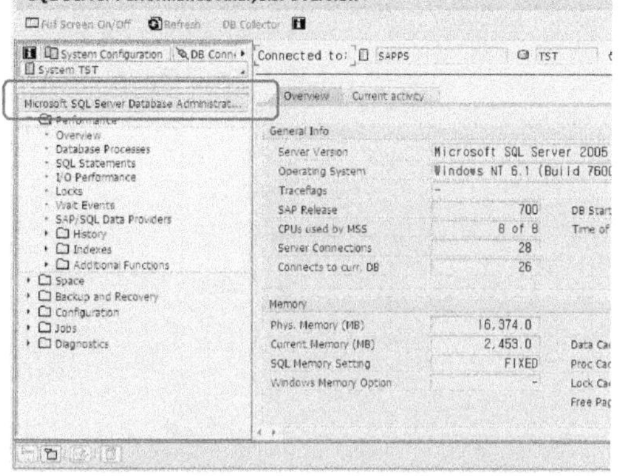

图 3-12　MS SQL 性能分析概要

Oracle 的 NATIVE SQL 提供 OPEN SQL 中没有的多种功能。

在 T-code：ST04 或者在 DBACOCKPIT 画面中使用 Performance→Additional Functions→SQL Command Editor 菜单（图 3-13）可以确认 Oracle Natvie SQL 的结果。输入连接数据库表 sflight 与数据库表 scarr 读取字段 carrid 与 carrname 值的 Native SQL。

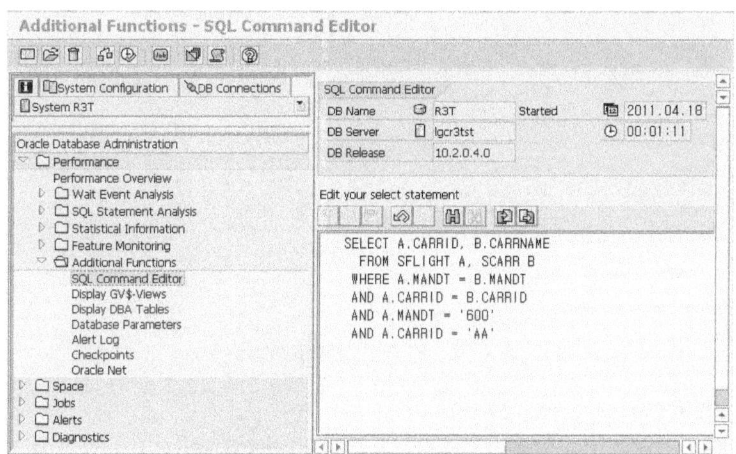

图 3-13　ST04 SQL 命令编辑器

创建 Nataive SQL 后单击按钮或者按〈F8〉键确认其执行结果。结果画面参见图 3-14。

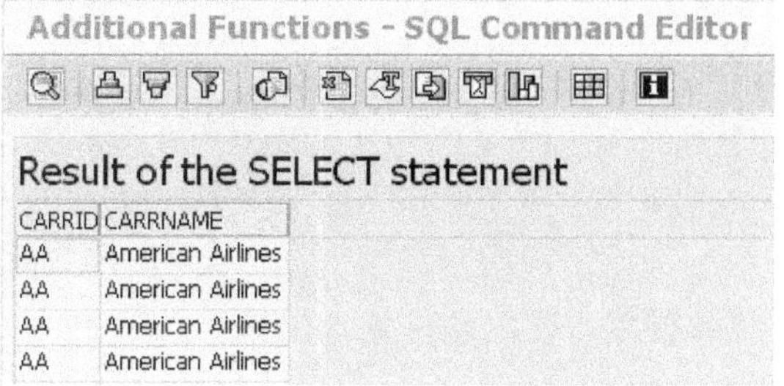
Additional Functions - SQL Command Editor

Result of the SELECT statement

CARRID	CARRNAME
AA	American Airlines
AA	American Airlines
AA	American Airlines
AA	American Airlines

图 3-14　Native SQL 结果画面

SQL 命令编辑器是 SAP Basis 7.0 (SAP NetWeaver 7.0 Support Stack 12)追加的新功能。

在此之前版本里只需复制“RSORADJV”程序创建新程序也会有与 SQL 命令编辑一样的功能，如图 3-15 所示。

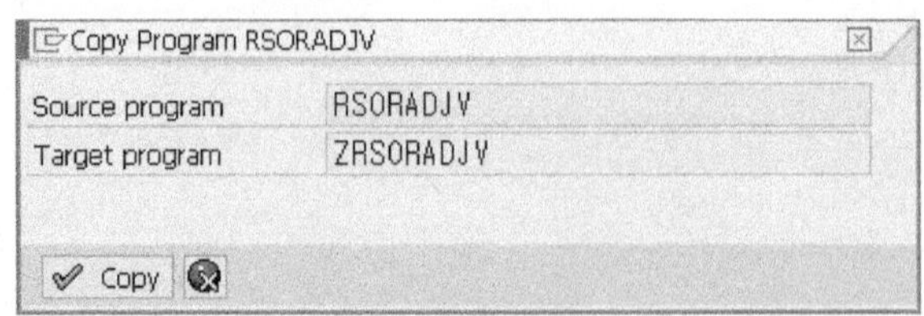

图 3-15　复制创建程序

创建新程序以后，注释如[图 3-16]所示的程序代码即可使用 NATIVE SQL 语句。激活程序后执行，则显示可以输入 SQL 语句的程序。

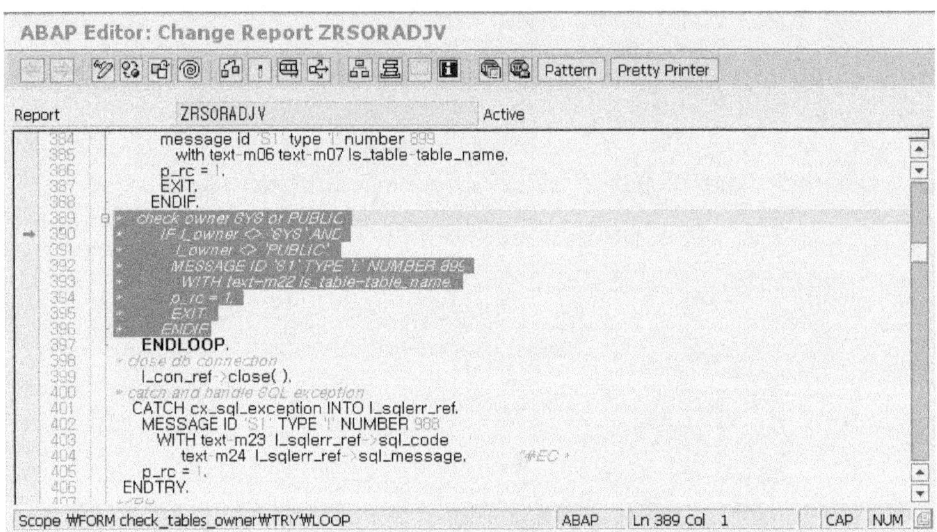

图 3-16　注释检查权限的代码

<Tip. Fetch Size>

创建 SQL 语句时尽量要实现减少从数据库系统传递到应用程序的数据。

不推荐使用	推荐使用
SELECT * FROM sflight INTO wa WHERE carrid = 'LH'. WRITE : / wa-carrid. ENDSELECT.	SELECT **carrid** FROM sflight INTO wa-carrid WHERE carrid = 'LH'. WRITE:/ wa-carrid. ENDSELECT.

下面介绍使用取个别字段的 SELECT 语句比使用*语句效率高的原因。

Fetch Size 是在 Oracle 数据库中使用的技术，是指从数据库表中取得数据保存到 Buffer Cache 中后每次以 Fetch Size 为单位读取数据的方法。类似于 Java 等应用程序中，是可以设置 Fetch Row 大小来限制从数据库中读取的件数。但是在 ABAP 程序中不能设置 Fetch Size，因此基本使用 Oracle 中设置的 Fetch Size。

如[图 3-17]所示，SAP 应用程序系统是通过网络连接到数据库系统的。其中 SGA(System Global Area 或 Shared Global Area)是临时保存用户执行的 SQL 语句且是根据 SQL 语句查询或者修改数据的数据库(Oracle)内存领域。DB Buffer Cache 是从数据库文件中读取用户执行的 SQL 语句后保存最近使用用的数据的临时内存。Oracle 系统中邀请的 SQL 语句首先检查 DB Buffer Cache，若存在符合的数据则立即返还，反之从数据库文件中读取。当出现 SQL 语句的性能问题，从图中可以看出，可以怀疑是否发生了以下两种错误。

第一：两个系统间的网络通信。第二：是否是因为 I/O(Input/Output) 次数太多，超过了 Fetch Size(row 数) 。网络通信问题极少发生，一般还是没有按照 Fetch Size 分步读取数据导致的问题。

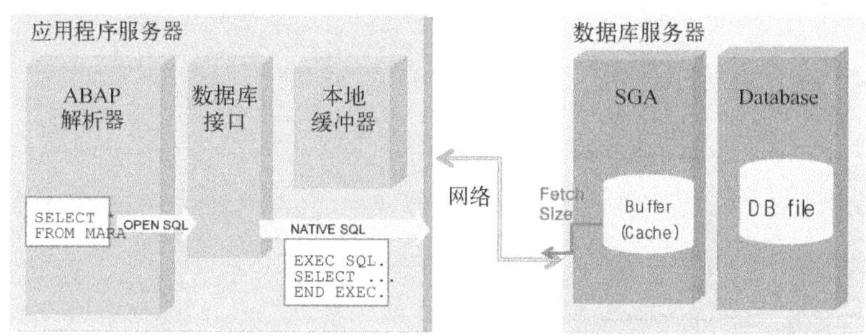

图 3-17　SAP 应用程序服务器与数据库服务器结构

如[例 3-25]所示为从数据库表 MARA 中取得 100 件数据时使用的 SELECT 语句。

[例 3-25]

```
REPORT  z03_25.
DATA gt_tab TYPE TABLE OF mara.
SELECT * INTO TABLE gt_tab
  FROM mara
  UP TO 100 ROWS.
```

执行 T-CODE:ST05(Performance Analysis)以后选择[Active Trace]按钮执行[例 3-25]的程序。然后再选择[Deactivate Trace]按钮，最后选择[Display Trace]按钮分析一下 SQL 语句。

根据[图 3-18]性能分析结果，从得出的结果[图 3-19]可以看出，SQL 跟踪列表每次从数据库表 MARA 中取得 14 件数据。这意味着每次取得的数量是在 Oracle 数据库中设置的缓冲器内存数量。

Performance Analysis

Select Trace
☑SQL Trace
☐Enqueue Trace
☐RFC Trace
☐Table Buffer Trace

Select Trace Function
Activate Trace
Activate Trace with Filter
Deactivate Trace
Display Trace
Enter SQL Statement

Trace Status
Last Changed on 2011.05.29 22:11:34 by use PMB01
SQL trace　　is For User PMB01 Activated

图 3-18　性能分析

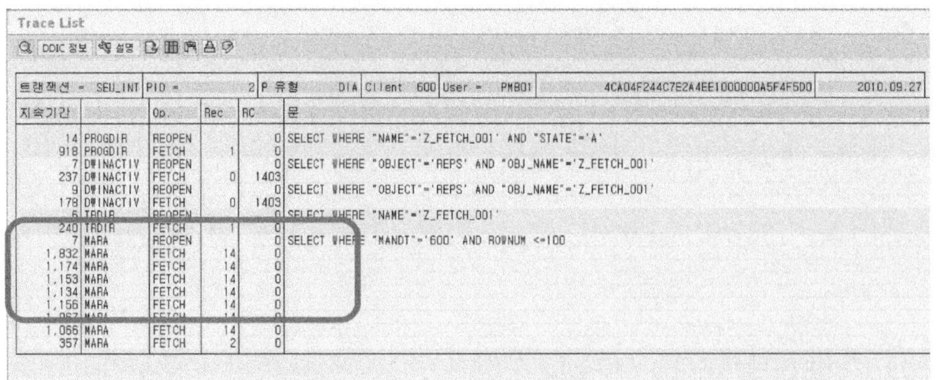

图 3-19　SQL 跟踪列表

如[例 3-26 所示]，这次改成从 MARA 数据库表中只取得一个字段 MATNR 的逻辑进行测试。

[例 3-26]

```
REPORT  z03_26.
DATA gt_tab TYPE TABLE OF mara.
SELECT matnr INTO CORRESPONDING FIELDS OF TABLE gt_tab
  FROM mara
  UP TO 100 ROWS.
```

SQL 跟踪结果可以确认一次只取得 100 件数据。在[例 3-25]中，为了取得 100 件数据经过了 8 次缓冲器，而在[例 3-26]中仅访问了一次就取得了 100 件数据，从[图 3-20]中可以看出指定个别字段读取数据的方法明显能提高性能。

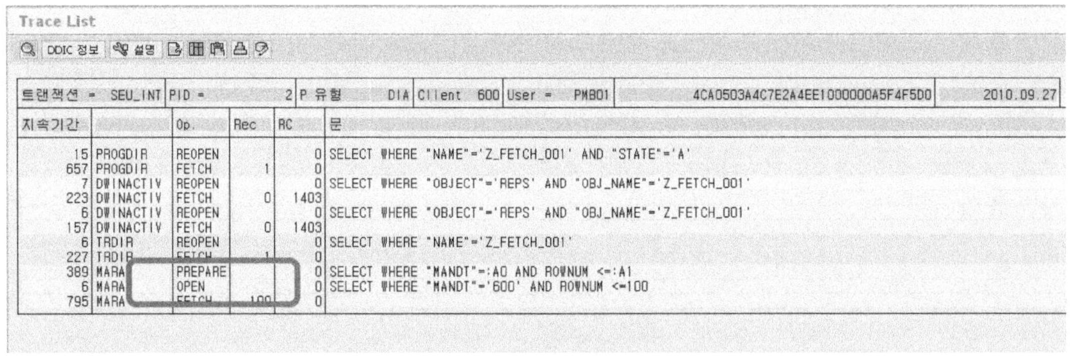

图 3-20　SQL 跟踪列表

第 4 章　模块化程序

本章目录	本章介绍
1．概要——子程序 2．子程序定义 3．子程序参数 4．调用子程序 5．结束子程序 6．临时子程序 7．PERFORM ON COMMIT 8．概要——Function 9．创建函数组 10．函数 11．RFC	本章介绍用于结构化及模块化 ABAP 程序代码的子程序和函数。

子程序从 FORM 语句开始执行直到遇 END FORM 结束，使用子程序的主要目的在于代码模块化、结构化及重复利用。在 ABAP 程序中使用 PERFORM 语句调用子程序，此外，还存在与 PERFORM 语句有相似功能的函数（Function Module），此函数用传入/传出参数（变量、结构体、内表、例外处理等）传递数据。本章第 1~6 节中将讲述 PERFORM 语句(Internal、External Subroutine)，在 7~10 节中将讲述函数(Function Module)。

4.1　概要——子程序

在 C 语言中是使用函数，在 JAVA 中是使用方法(METHOD)来实现代码模块化及重复使用。代表此类语言程序开始的MAIN()在C语言中称之为函数，而在JAVA中却称为方法(ABAP 语言也支持以类为基础的方法，此内容在第 12 章详细讲解)。所谓的模块化是把有具体功能的代码集合在一起的程序块，有可以重复使用的特性。代码过长不利于维护，因此即使代码不能重复使用，也可以使用此方法。从事 SAP 行业的人事特别是 ABAP 程序员经常会遇到运营维护项目，此时会发现有的代码中存在以 IF 语句组成的复杂代码。开发程序时也要考虑以后的运营维护，因此按照具体功能进行模块化的编程习惯，比任何技术都更为重要。有的人会担心反复调用 PERFORM 语句是否会影响运行速度。一般降低运行速度原因是使用了不恰当的 SQL 语句和内表导致的结果，因此不用担心。

4.2　子程序定义

```
PERFORM .
   ↓
FORM .
  ~~~
ENDFORM.
```

子程序是以 FORM 开始，以 END FORM 结束的语句。如上面所示用 PERFORM 语句调用子程序，将子程序视为 FORM 语句即可。FORM 语句在程序内部/外部都可以调用。

[例 4-1]

```
REPORT z04_01.

PERFORM write_data.

FORM write_data .
  WRITE 'Subroutine Test'.
ENDFORM.                    " WRITE_DATA
```

[结果 4-1]

```
Subroutine Test
```

通过[例 4-1]学习创建子程序的方法。

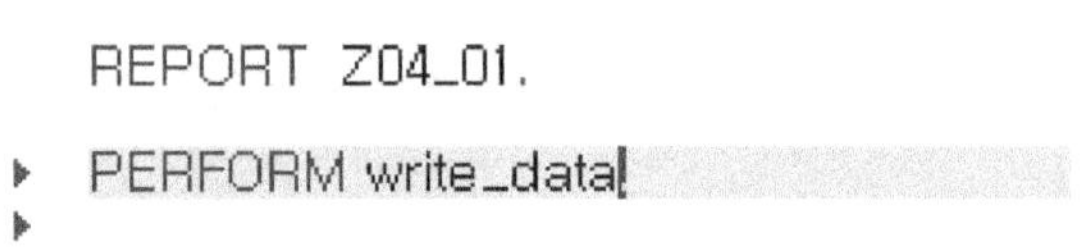 REPORT Z04_01. PERFORM write_data	① 创建新程序以后输入如左图所示的代码。为了生成子程序双击 write_data 语句。为了便于识别子程序的功能建议以动词+宾语的形式命名。
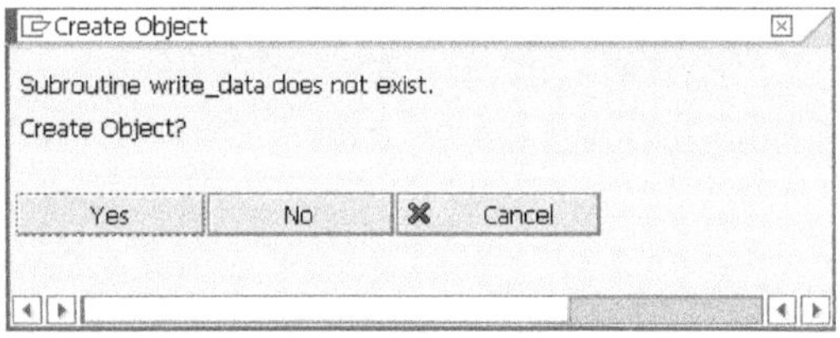 Create Object Subroutine write_data does not exist. Create Object? Yes No Cancel	② 弹出“该子程序不存在，要生成吗？”的窗口，选择 Yes 按钮。
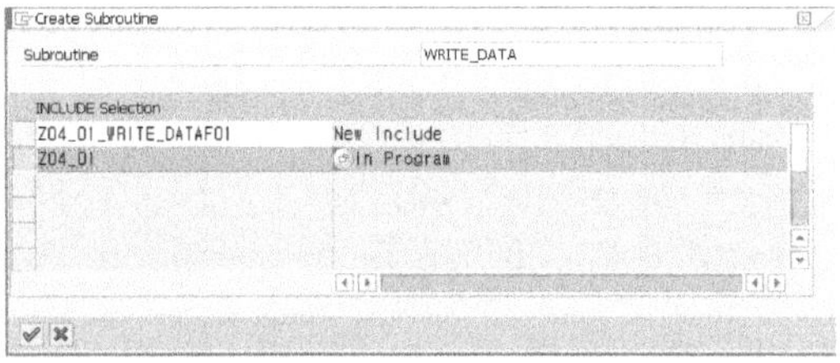 Create Subroutine Subroutine WRITE_DATA INCLUDE Selection Z04_01_WRITE_DATAF01 New Include Z04_01 in Program	③ 弹出选择 INCLUDE 程序的窗口。选择包含子程序的主程序。
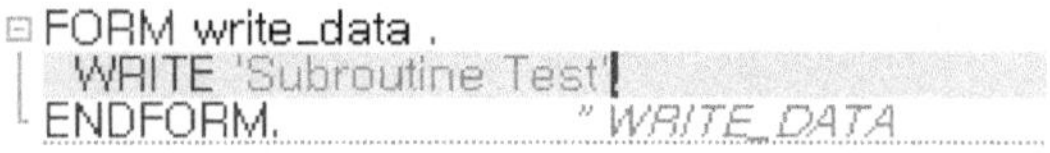 FORM write_data . WRITE 'Subroutine Test'. ENDFORM. " WRITE_DATA	④ 在 FROM ~ ENDFORM. 语句之间追加代码就完成了一个子程序。其实在第一步中不用双击创建子程序，也可以直接输入 FORM~ENDFORM 语句追加代码。
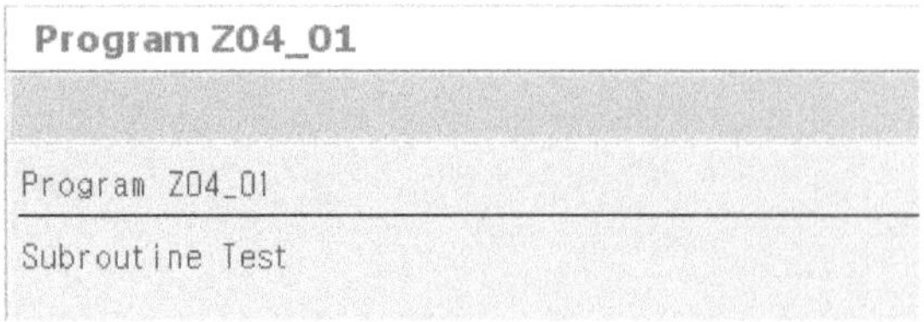 Program Z04_01 Program Z04_01 Subroutine Test	⑤ 激活程序后单击执行，此时会调用子程序 write_data，结果在画面上输出字符串。

<Tip. SAP 快捷键整理>

下面介绍使用 SAP 时经常用到的快捷键。在 SAP 中也可以使用操作系统提供的类似于〈Ctrl + C〉,〈Ctrl + V〉等快捷键。使用快捷键能提高程序的效率及使用 SAP 的效率。

快捷键	功能	快捷键	功能
〈F1〉	：帮助(Help)	〈Ctrl + L〉	：转换成小写字母
〈F3〉	：返回(Back)	〈Ctrl + Page up〉	：首页
〈Shift + F3〉	：结束程序	〈Ctrl + Page down〉	：最后一页
〈F4〉	：Possible Entry	〈Ctrl + /〉	：移动到输入命令栏
〈F8〉	：执行	〈Ctrl + Shift + [+]〉	：打开新窗口
〈F11〉	：保存	〈Ctrl + F1〉	：查询 <->修改
〈F12〉	：取消	〈Ctrl + F2〉	：检查
〈Ctrl + A〉	：全选	〈Ctrl + F3〉	：激活
〈Ctrl + D〉	：复制行 Line	〈Ctrl + F7〉	：检查语法
〈Ctrl + P〉	：打印	〈Ctrl + <〉	：注释
〈Ctrl + F〉	：查找/替换	〈Ctrl + >〉	：解除注释
〈Ctrl + G〉	：查找下一个	〈Shift + F1〉	：规范化打印机
〈Ctrl + J〉	：块内首字母替换成大写	〈Shift + F5〉	：其他对象
〈Ctrl + K〉	：转换成大写字母	〈Shift + F12〉	：解除全屏设置
〈Ctrl + I〉	：记录行位置( )	〈Ctrl + Shift + V〉	：选择以前复制的目录
(在指定行单击快捷键，鼠标移动后再次按快捷键〈Ctrl + I〉时会移动到指定行)		〈Page up〉	：上一页
		〈Page down〉	：下一页

4.3 子程序参数

参数(Parameter)是指调用子程序时用于传入、传出的值。子程序中的参数与一般用 DATA 语句定义的局部变量相同。调用子程序时使用的参数叫实参(Actual Parameter)，在子程序中使用的参数叫虚参(Formal Parameter)。PERFORM 利用 USING、CHAING 定义参数，且使用时要与子程序的顺序一致。参数可以使用 ABAP 的所有对象，即基本数据类型、Field Symbol、内表等。

下列语句给出了子程序中可以使用的多种选项。

```
FORM subr   USING      p1 TYPE type
                       VALUE(p2) TYPE type
                       ...
        CHANGING          p3 TYPE type
                VALUE(p4) TYPE type
```

4.3.1 传递参数的方法

子程序用 Using 和 Changing 语句传递参数，其方法共分为三种。

Call by Value

传入参数即实参(Actual Parameter)与传出参数即虚参(Formal Parameter)有不同的物理内存。

Call by Reference

共有相同的物理内存并且互相传递地址。

Call by Value and Result

传入传出变量语句执行成功时返回变更后的值。拥有不同的物理地址。

1. Call by Value

Call by Value 是指使用 USING 关键字传递参数时与 VALUE 语句一起搭配使用的情况。

```
FORM subr  USING  .. VALUE(pi) [TYPE <t>|LIKE <f>] .
```

VALUE 语句中虚参（Formal Parameter）占用自己的单独内存。调用子程序时，实参（Actual Parameter）值复制到虚参中，即使改变虚参的值也不会影响实参值。下面练习 Call by Value。

[例 4-2]

```
REPORT z04_02.

DATA : gv_val TYPE c LENGTH 20 VALUE 'Call by value test'.

PERFORM call_byvalue USING gv_val.

FORM call_byvalue USING VALUE(p_val).

  WRITE p_val.

ENDFORM.            "call_value
```

[结果 4-2]

```
Call by value   test
```

在 FORM 语句中当 USING 与关键字 VALUE 搭配使用时会将传入值存储到新的内存地址中，并且 FORM 语句内使用的 p_val 变量是局部变量(Local)。

2. Call by Reference

Call by Reference 是指使用 CHANGING 关键字传递参数时的情况，此时会修改传递到子程序的参数值。

```
FORM  subr  USING     ...   pi [TYPE <t>|LIKE <f>] ...
```

```
FORM  subr  CHANGING ...  pi [TYPE <t>|LIKE <f>] ...
```

子程序的虚参没有自己的内存空间。只是在调用子程序期间占用实参的地址。即在调用 Subroutine 的程序的内存地址（相同名字的变量）中进行工作。

[例 4-3]

```
REPORT z04_03.

DATA : gv_val TYPE c LENGTH 30 VALUE 'Call by reference Test'.

WRITE / gv_val.

PERFORM call_byvref CHANGING gv_val.

WRITE / gv_val.

FORM call_byvref CHANGING p_val.
```

```
  p_val = 'Value is changed'.

ENDFORM.                "call_value
```

[结果 4-3]

```
Call by reference Test
Value is changed
```

[例 4-3]的第一个 WRITE 语句输出定义变量 gv_val 时指定的 VALUE 值，第二个 WRITE 语句则输出在调用 FORM 语句后被修改的变量值。若不使用 VALUE 语句，则 USING 语句与 CHANGING 语句都属于 Call By Reference。即把[例 4-3]中的 CHANGING 修改为 USING 其结果相同。

```
PERFORM call_byvref USING gv_val.

FORM call_byvref USING p_val.
  p_val = 'Value is changed'.
ENDFORM.                "call_value
```

另外，即使在 PERFORM 语句中使用 USING，在 FORM 中使用 CHANGING 也不会发生错误。

```
PERFORM call_byvref USING gv_val.

FORM call_byvref CHANGING p_val.
  p_val = 'Value is changed'.
ENDFORM.                "call_value
```

综上所述，若在 FORM 语句中不使用 VALUE 语句，则 USING 与 CHANGING 语句功能是相同的，但出于代码可读性区分为“使用”、“变更”。USING 代表传递数据，CHAING 代表传递数据后变更其值。为了避免发生实参值在调用子程序后不被修改的情况，当使用 USING 时要与 VALUE 语句一起搭配使用。

3. Call by Value and Result

介绍使用 CHANGING 语句传递参数时与 VALUE 语句搭配使用的情况。

```
FORM subr CHANGING..VALUE(pi) [TYPE <t>|LIKE <f>] .
```

USING 语句与 VALUE 语句一起搭配使用，则无法修改子程序中的实参值(Call by value)，但是 CHANGING 语句与 VALUE 语句一起配套使用时，当正常结束子程序时会修改实参值。练习做一个定义整数类型的 3 个变量后，在 FORM 语句内执行加法的程序。

[例 4-4]

```
REPORT  z04_04.

DATA : gv_val1   TYPE i VALUE 2.
DATA : gv_val2   TYPE i VALUE 3.
DATA : gv_sum    TYPE i.

PERFORM sum_data USING gv_val1 gv_val2
              CHANGING gv_sum.

WRITE : / 'Result is :',  GV_SUM.
```

```
FORM sum_data  USING      value(p_val1)
                          value(p_val2)
               CHANGING value(p_sum).

  p_sum = p_val1 + p_val2.

ENDFORM.                 " SUM_DATA
```

[结果 4-4]

```
Result is :                5
```

4.3.2 定义参数类型

FORM 语句内的虚参(Formal Parameter)可以利用 TYPE 与 LIKE 语句定义所有 ABAP 数据类型。若不明确指定类型，则被定义成 Generic 类型，会继承实参(Actual Parameter)的技术属性。此时实参应为可以用于类型转换的数据类型。前面举的实例中都没有指定虚参(Formal Parameter)的数据类型，因此直接继承了实参(Actual Parameter)的数据类型。下面练习在 FORM 语句内指定虚参数据类型。

[例 4-5]

```
REPORT  z04_05.

DATA : gv_val TYPE c .

PERFORM call_byvref CHANGING gv_val.

FORM call_byvref CHANGING p_val TYPE i.
  p_val = 'Value is changed'.
ENDFORM.                 "call_value
```

[结果 4-5]

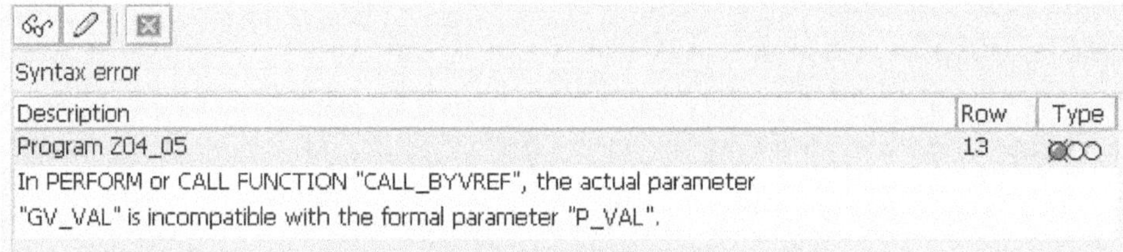

如[例 4-5]所示，在 PEFORM 语句中传递类型 C 的变量 gv_val，而在 FORM 语句内指定参数类型为 I，则会发生语法错误。PERFORM 中使用了什么数据类型，在 FORM 语句内也要指定相同类型的变量。

```
DATA gv_val TYPE d.

PERFROM subr CHANGING gv_val.
```

如上面语句，若传递了类型 d 的参数，则虚参的定义方法有下列 3 种形式。

1. 使用 Generic Type

```
FORM subr CHANGING p_val .
```

2. 使用与实参(Actual Parameter)相同的数据类型

```
FORM subr CHANGING p_val TYPE d.
```

3. 使用与实参(Actual Parameter)有相同类型的变量

```
FORM subr CHANGING p_val LIKE gv_VAL.
```

4.3.3 参数与结构体

虚参可以使用所有 ABAP 数据类型，结构体也不例外。

当结构体作为参数使用时，不仅能使用 TYPE、LIKE 语句定义，还可以使用 STRUCTURE 语句定义结构体类型。

```
FORM   subr  USING   p_str   STRUCTURE str...
FORM   subr  USING   p_str   TYPE t_str...
FORM   subr  USING   p_str   LIKE str...
```

[例 4-6]

```
REPORT  z04_06.

DATA: BEGIN OF gs_str,
        col1 VALUE 'A',
        col2 VALUE 'B',
      END OF gs_str.

PERFORM write_data USING gs_str.

FORM write_data  USING ps_str STRUCTURE gs_str.
  WRITE: ps_str-col1, ps_str-col2.
ENDFORM.                    "WRITE_DATA
```

[结果 4-6]

```
A B
```

如[例 4-6]，当结构体作为参数传递时，若不明确指定参数类型会怎么样呢？

```
FORM write_data  USING ps_str .
  WRITE: ps_str-col1, ps_str-col2.
ENDFORM.                    "WRITE_DATA
```

单击语法检查按钮，则会发生结构体中没有字段 col1 的语法错误。如[图 4-1]所示，传递结构体时没有明确指定参数类型的情况下 WRITE 或者识别结构体内字段时要使用 FIELD-SYMBOLS（参照下面所示例题）。FIELD-SYMBOLS 会在第 8 章详细讲解。

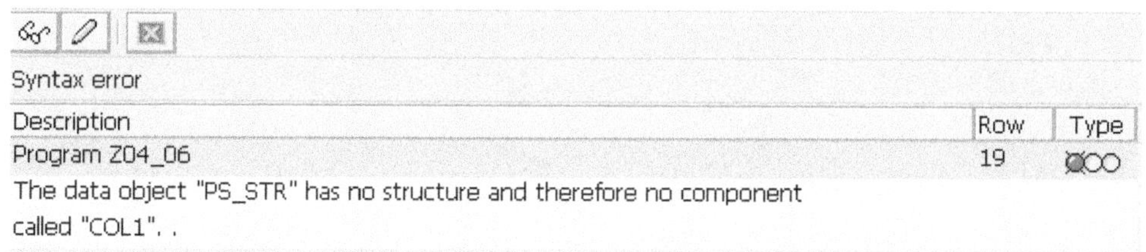

图 4-1　无法识别结构体字段的错误

```
FIELD-SYMBOLS <fs>.

FORM write_data  USING ps_str .

  ASSIGN COMPONENT 1 OF STRUCTURE ps_str TO <fs>.
  WRITE <fs>.
```

```
    ASSIGN COMPONENT 2 OF STRUCTURE ps_str TO <fs>.
    WRITE <fs>.

  ENDFORM.              "WRITE_DATA
```

4.3.4 参数与内表

1. USING, CHANGING 语句

当子程序参数为内表时也可以使用关键字 USING、CHANGING。

```
FORM subr CHAGING ... <itab_i> [TYPE <t>|LIKE <f>] ...
```

[例 4-7]

```
REPORT  z04_07.

TYPES: BEGIN OF t_str,
   col1 TYPE c,
   col2  TYPE i,
 END OF t_str.

TYPES : t_itab TYPE TABLE OF t_str.

DATA: gs_str TYPE t_str,
         gt_itab TYPE t_itab.

gs_str-col1 = 'A'.
gs_str-col2 = 1.
APPEND gs_str TO gt_itab.

gs_str-col1 = 'B'.
gs_str-col2 = 2.
APPEND gs_str TO gt_itab.

PERFORM test_itab USING gt_itab .

FORM test_itab  USING pt_itab TYPE t_itab.

  READ TABLE pt_itab WITH KEY col1 = 'A' INTO gs_str.
  IF sy-subrc EQ 0.
    WRITE : gs_str-col1, gs_str-col2.
  ENDIF.
ENDFORM.                "test_itab
```

[结果 4-7]

```
A           1
```

[例 4-7]中利用内表指定了子程序的参数类型，内表是以 pt_itab TYPE t_itab 形式定义的。下面把此语句修改成 TYPE ANY TABLE 后使用。

```
FORM test_itab  USING pt_itab TYPE ANY TABLE.
  READ TABLE pt_itab WITH KEY col1 = 'A' INTO gs_str.
ENDFORM.                "test_itab
```

单击 ABAP 编辑器的 语法检查按钮，则在 READ 行发生了如 [图 4-2]所示的错误。这是因为在 FORM 语句中以 TYPE ANY TABLE 的形式定义了参数，因此是无法识别 pt_itab

内表的结构而发生的错误，即无法识别内表中是否存在 col1 字段引起的。

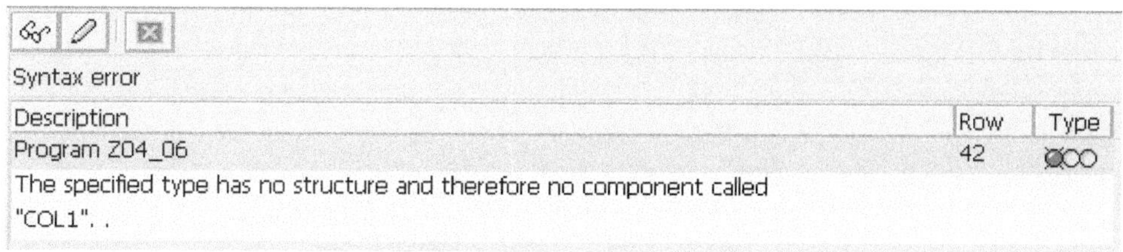

图 4-2　子程序类型不一致错误

若用 TYPE ANY TABLE 指定了参数，则要把 READ 语句改成动态形式，其具体写法如下所示。

```
DATA gv_name TYPE char10 VALUE 'COL1'.

FORM test_itab  USING pt_itab TYPE ANY TABLE.
READ TABLE pt_itab WITH KEY (gv_name) = 'A' INTO gs_str.
ENDFORM.                "test_itab
```

使用内表指定参数时也有下列三种方法，内表类型会在第 5 章中仔细讲解。

1. 使用 Generic Type

```
FORM subr CHANGING pt_itab TYPE TABLE.
FORM subr CHANGING pt_itab TYPE ANY TABLE.
FORM subr CHANGING pt_itab TYPE INDEX TABLE.
FORM subr CHANGING pt_itab TYPE STANDARD TABLE.
FORM subr CHANGING pt_itab TYPE SORTED TABLE.
FORM subr CHANGING pt_itab TYPE HASHED TABLE.
```

2. 使用与实参(Actual Parameter)相同的内表类型

```
FORM subr CHANGING pt_val TYPE t_itab.
```

3. 使用与实参(Actual Parameter)有相同类型的内表

```
FORM subr CHANGING pt_val LIKE gt_itab.
```

2. TABLES 语句

在 Rel 3.0 版本以前使用过 TABLES 语句，可以替代 USING 与 CHANGING 语句。以前开发的程序中使用了 TABLES 语句，因此出于互换性问题现在也经常使用此语句。

```
FORM subr TABLES    ... <itabi> [TYPE <t>|LIKE <f>] ...
```

利用 TABLES 语句定义虚参(Formal Parameter),则不支持 Call by reference。

[例 4-8]介绍了利用 TABLES 语句传递内表到子程序的过程。

[例 4-8]

```
REPORT  z04_08.

TYPES: BEGIN OF t_str,
         col1 TYPE c,
         col2  TYPE i,
         END OF t_str.

TYPES : t_itab TYPE TABLE OF t_str.

DATA: gt_itab TYPE t_itab.
```

```
PERFORM test_itab TABLES gt_itab .
PERFORM write_data TABLES gt_itab.

FORM test_itab  TABLES pt_itab TYPE t_itab.
 DATA ls_str TYPE t_str.

 ls_str-col1 = 'A'.
 ls_str-col2 = 1.
 APPEND ls_str TO pt_itab.

 ls_str-col1 = 'B'.
 ls_str-col2 = 2.
 APPEND ls_str TO pt_itab.

ENDFORM.                "test_itab

FORM write_data TABLES pt_itab LIKE gt_itab.
 DATA ls_str TYPE t_str.

 LOOP AT pt_itab INTO  ls_str.
   WRITE : / ls_str-col1, ls_str-col2.
 ENDLOOP.
ENDFORM.                "write_data
```

[结果 4-8]

```
A        1
B        2
```

在[例 4-8]中第一个子程序 test_itab 利用 TYPE 语句传递了内表，而第二个 write_data 利用了 LIKE 语句传递了内表。

4.4 调用子程序

调用子程序的方法有 Internal、External 两种。通过 PERFORM 语句不仅能调用 ABAP 程序内部子程序，还可以调用其他程序的子程序。下面第二个语句就是调用外部程序子程序的情况，称之为 External Call，子程序名字后面要明确指定该子程序所属程序名（用括号）。可以根据条件动态地显示子程序的名字 。

```
PERFORM    subr .
PERFORM    subr (prog) [IF FOUND].
```

4.4.1 调用程序内部子程序

如上所述，调用 ABAP 程序内部定义的子程序时，只要用 PERFORM 语句指定 FORM 名就可以实现。下面练习做传递 2 个字符串到子程序以后，连接这 2 个字符串的程序。

[例 4-9]

```
REPORT  z04_09.

DATA: gv_val1(10)  TYPE c VALUE 'Enjoy',
      gv_val2(10)  TYPE c VALUE 'ABAP',
      gv_val3(20)  TYPE c.


PERFORM concate_string USING gv_val1 gv_val2
```

```
                    CHANGING gv_val3.

FORM concate_string USING value(p_val1) value(p_val2)
            CHANGING  value(p_val3).

 CONCATENATE p_val1 p_val2 INTO p_val3 SEPARATED BY space.

 PERFORM write_data USING p_val3.

ENDFORM.                " addit

FORM write_data USING value(p_val).
 WRITE : / p_val.
ENDFORM.                "out
```

[结果 4-9]

```
Enjoy ABAP
```

4.4.2 调用程序外部子程序

ABAP 语言可以调用其他程序的子程序。调用外部程序的子程序时首先要利用 [IF FOUND]语句检查是否存在该子程序。若不做检查，当该子程序不存在时会发生错误。

```
PERFORM subr(prog) [USING          p1 p2... ]
                   [CHANGING      p1 p2... ] [IF FOUND].
```

[例 4-10]是调用[例 4-9]中创建的子程序 concate_string 的代码。

[例 4-10]

```
REPORT  z04_10.

DATA:gv_first(10)   TYPE c VALUE 'External',
     gv_second(10)   TYPE c  VALUE 'CALL',
     gv_result(20) TYPE c.
PERFORM concate_string(z04_09) IF FOUND
 USING gv_first gv_second
CHANGING gv_result.
```

[结果 4-10]

```
External CALL
```

4.4.3 动态调用子程序

1. 动态地指定子程序名字

调用外部程序的子程序时可以动态地指定名字（在内部程序里也可以使用此方法）。

```
PERFORM (fsubr)[IN PROGRAM (fprog)][USING       p1 p2... ]
                                   [CHANGING p1 p2... ]
                                   [IF FOUND].
```

通过练习[例 4-11]学习怎样动态地调用子程序。

[例 4-11]

```
REPORT  z04_11.

DATA: gv_first(10)   TYPE c VALUE 'Dynamic',
```

```
gv_second(10) TYPE c VALUE 'CALL',
  gv_result(20) TYPE c.

DATA: gv_pname(8)      TYPE c VALUE 'Z04_09',
      gv_subname(20) TYPE c VALUE 'CONCATE_STRING'.

TRANSLATE GV_PNAME TO UPPER CASE.

PERFORM (gv_subname) IN PROGRAM (gv_pname) IF FOUND
              USING gv_first gv_second
              CHANGING gv_result.
```

[结果 4-11]

```
Dynamic CALL
```

[例 4-11]是动态地调用 [例 4-9]程序中子程序的实例。动态调用子程序时程序名与子程序名都要用大写字母指定，在此实例中也利用 TRANSLATE 语句已转换成大写字母。

2. 利用 LIST 调用 子程序

如下所示，可以利用 LIST 按顺序依次调用子程序。

```
PERFORM idx OF subr1 subr2 ... subrn.
```

系统根据 idx 的顺序调用列出的子程序。但是他只能调用内部子程序时使用，并且有不能指定参数的缺点。

[例 4-12]

```
REPORT Z04_12.

DO 2 TIMES.
  PERFORM SY-INDEX OF subr1 subr2 .
ENDDO.

FORM subr1.
  WRITE / '1 subroutine is called.'.
ENDFORM.

FORM subr2.
  WRITE / '2 subroutine is called.'.
ENDFORM.
```

[结果 4-12]

```
1 subroutine is called.
2 subroutine is called.
```

可以在 ABAP 程序里使用的循环语句有三种。在循环语句内遇到 EXIT 命令就会跳出此循环语句、而遇到 CONTINUE 命令时不执行下面代码跳到下一条循环。CHECK 命令是当结果值为真时执行下面代码，反之则跳到下一条循环。

1. DO ~ ENDDO 循环语句

- 是可以指定循环次数的语句，若不指定次数，则会无限执行循环。
- 当前循环次数保存在系统变量 SY-INDEX 中。

例)

```
DO 3 TIEMS.
  ~~~
ENDODO.
```

2. WHILE ~ ENDWHILE 循环语句

- 当 WHILE 语句的表达式结果为真时反复持续循环。
- 当前循环次数保存在系统变量 SY-INDEX 中。

例)

```
WHILE gv_flag = 'X'.
   ~~~
ENDWHILE.
```

3. LOOP ~ ENDLOOP 循环语句

- 按顺序依次循环内表，将读取内表行数据保存到工作区或者表头的循环语句。
- 当前循环次数保存在系统变量 SY-INDEX 中。SY-TABIX 表示内表的当前行数。

例)

```
LOOP AT gt_itab TO gs_wa.
~~~
ENDLOOP.
```

4.5 结束子程序

子程序遇到 END FORM. 语句就正常结束。此外，还可以利用 EXIT、CHECK 语句强制在执行过程中结束此子程序。遇到 EXIT 语句会直接跳出子程序，遇到 CHECK 语句时，判断其值结果为假时不执行后续操作会跳出子程序。

[例 4-13]

```
REPORT  Z04_13.

PARAMETERS : P_VAL TYPE CHAR10.
PERFORM END_SUBR USING P_VAL.
FORM END_SUBR USING VALUE(P_VAL).
  CASE P_VAL.
    WHEN 'EXIT'.
      WRITE 'Subroutine EXIT'.
      EXIT.
    WHEN 'CHECK'.
      WRITE 'Value CHECK'.
      CHECK P_VAL NE 'CHECK'.
    WHEN OTHERS.
      ENDCASE.
    WRITE 'Subroutine is normally ended'.
ENDFORM.
```

[结果 4-13]

```
Subroutine EXIT
```

[例 4-13]是利用变量 PARAMETERS，接收用户输入的值后用 CASE 语句控制子程序的实例。当用户输入 EXIT 时首先执行 WRITE 语句，然后遇到 EXIT 命令跳出此子程序。

ABAP 程序中有两种条件分歧语句。整个程序的基本逻辑可以说是由分歧语句贯穿着。

1. IF ~ ENDIF 分歧语句

- 比较条件语句中的逻辑值，当值为真时执行里面语句并跳出此语句块。

例)

```
IF 条件语句 .
  ~~~
```

```
    ELSEIF 条件语句.
  ~~~
    ELSE.
      ~~~
    ENDIF.
```

2．CASE ~ ENDCASE 分歧语句

- 一个变量有多个值时，根据每个值执行不同操作时使用的语句。

例)

```
  CASE 变量
    WHEN '值 1'.
     ~~~
     WHEN '值 2'.
      ~~~
     WHEN OTHERS.
      ~~~
 ENDCASE.
```

4.6 临时子程序

可以定义在主内存中执行的动态子程序。

```
GENERATE Subroutine POOL <itab> NAME <prog> .
```

上面语句有在执行中程序的主内存里创建子程序池的功能。将子程序池的代码插入到内表<itab>中，创建 8 位类型为 C 的子程序名<prog> 。即当需要使用动态的子程序时利用子程序池（程序），动态定义内表时经常使用此语句。例如，假设做一本根据用户指定的期间查询该期间销售额的程序。此时用户每次指定的日期是不一样的，因此无法事先预测内表的字段个数。这时用 GENERATE 语句就可以根据日期数动态地定义内表，此外还有很多动态定义内表的方法，在此不一一列举。子程序池只存在于程序执行过程中，在一个程序中可以创建 36 个子程序池。发生错误时 SY-SUBRC 返回 8。

[例 4-14]

```
REPORT  Z04_14.

DATA:gt_code(72) OCCURS 10,
       gv_prog(8),
   gv_msg(120).
APPEND 'PROGRAM SUBPOOL.'  TO gt_code.
APPEND 'FORM dynamic_subr.'  TO gt_code.
APPEND 'WRITE / "Dynamic Subroutine is called".'   TO gt_code.
APPEND 'ENDFORM.'   TO gt_code.
GENERATE SUBROUTINE POOL gt_code NAME gv_prog
MESSAGE gv_msg.
IF sy-subrc <> 0.
  WRITE: / 'Subroutine POOL is failed'.
ELSE.
  WRITE: / 'Subroutine POOL name : ', gv_prog.
  SKIP 1.
  PERFORM dynamic_subr IN PROGRAM (gv_prog).
ENDIF.
```

[结果 4-14]

```
Subroutine POOL name :   %_T002S0
Dynamic Subroutine is called
```

4.7 PERFORM ON COMMIT

当调用子程序时使用 ON COMMIT/ROLLBACK 选项，则每当遇到 COMMIT WORK 或者 ROLLBACK WORK 语句时才执行此 FORM。

- Using PERFORM ON COMMIT：遇到 COMMIT WORK 时调用子程序。
- Using PERFORM ON ROLLBACK: 遇到 ROLLBACK WORK 时调用子程序。

[例 4-15]

```
REPORT  z04_15.

DATA : gs_scarr  LIKE scarr,
       gv_flg       TYPE c.

SELECT SINGLE * FROM scarr INTO gs_scarr
  WHERE carrid = 'AA'.

PERFORM delete_data USING gs_scarr.

PERFORM insert_data ON COMMIT.

IF gv_flg = 'X'.
  COMMIT WORK.
ENDIF.

FORM delete_data USING value(ps_scarr) TYPE scarr.

  DELETE scarr FROM ps_scarr.
  IF sy-subrc EQ 0.
    gv_flg = 'X'.
  ENDIF.
ENDFORM.                "insert_data

FORM insert_data.
  INSERT scarr
  FROM gs_scarr.
ENDFORM.                "insert_data
```

当 FORM delete_data 执行成功时会执行 gv_flg = ‘X’语句, gv_flg = ‘X’时执行 COMMIT WORK，即执行 PERFROM insert_data 语句。设定断点来确认执行步骤。

< Tip. Macro>

1．局部 Macro

在程序中重复使用的语句，最好定义成 Macro 后使用。当在程序中使用时，先以 DEFINE～END-OF-DEFINITION 形式定义后用 Macro 名字和参数调用即可。如果 PERFORM 语句只是逻辑中包含的重复利用模块，Macro 功能只是为了减少代码重复。为了易于理解，练习下面所示实例[例 4-16]。

```
DEFINE macro.
       ~~~
END-OF-DEFINITION.
```

[例 4-16]中的 con Macro 接收三个参数以后执行 CONCATENATE 命令。在这里&1 &2 &3 &4 是从 Macro 接收变量值的参数，这些参数最多能定义九个。另外 Macro 不能调用自己本身，在此实例中 MACRO con 里又调用了其他 MACRO dis 将结果输出到画面上。

[例 4-16]

```
REPORT  z04_16.

DATA: gv_val1 TYPE c VALUE 'A',
      gv_val2 TYPE c VALUE 'B',
      gv_val3 TYPE char3.

DEFINE con.
  CONCATENATE &1 &2 INTO &3 SEPARATED BY space.
  dis &3.
END-OF-DEFINITION.

DEFINE dis.
  WRITE &1.
END-OF-DEFINITION.

con gv_val1 gv_val2 gv_val3.
```

2. 全局 MACRO

在程序中一般以 DEFINE … END-OF-DEFINITION 形式调用 Macro。用此方法定义的 Macro 称之为局部 Macro，这种不能在其他程序中调用，但是全局 Macro 就可以从其他程序调用。全局 Macro 在数据库表 TRMAC 中进行维护。经常使用的全局 Macro 中包含指定断点时用的 BREAK 语句。从[图 4-3]中显示的数据库表 TRMAC 的数据中可以看出，在程序中输入 BREAK 会调用此 Macro，从而可以实现设定断点的功能。

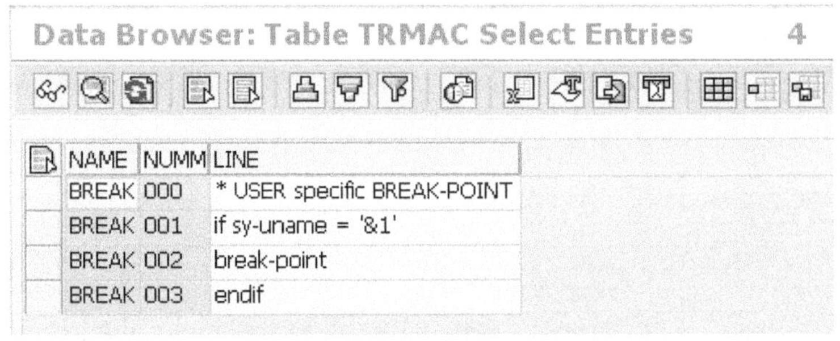

NAME	NUMM	LINE
BREAK	000	* USER specific BREAK-POINT
BREAK	001	if sy-uname = '&1'
BREAK	002	break-point
BREAK	003	endif

图 4-3　查询数据库表 TRMAC

下面利用 Macro 创建连接 2 个字符串变量的 CONCATENATE 语句。

①在 T-CODE:SM30 中输入数据库表 TRMAC 以后选择 Maintain 按钮。

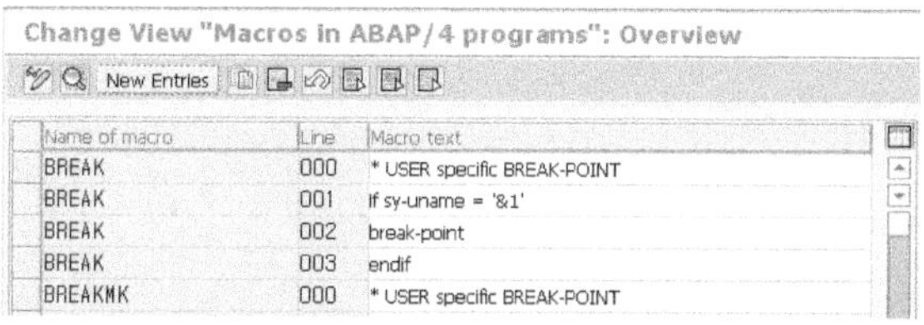 Change View "Macros in ABAP/4 programs": Overview New Entries Name of macro | Line | Macro text BREAK | 000 | * USER specific BREAK-POINT BREAK | 001 | if sy-uname = '&1' BREAK | 002 | break-point BREAK | 003 | endif BREAKMK | 000 | * USER specific BREAK-POINT	② 选择按钮 New Entries 创建一个全局 Macro。
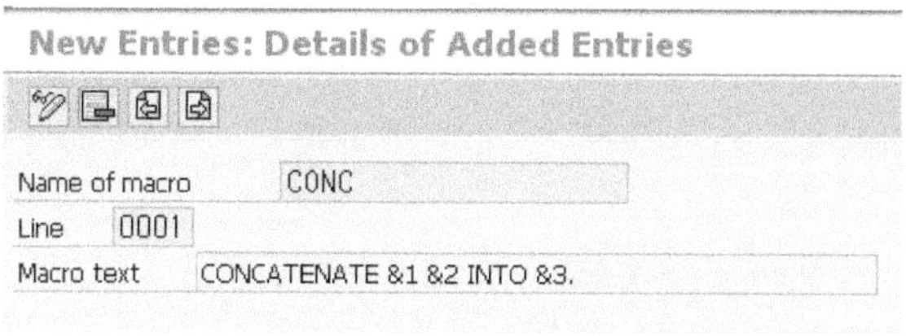 New Entries: Details of Added Entries Name of macro CONC Line 0001 Macro text CONCATENATE &1 &2 INTO &3.	③ 输入Macro名字及行编号以后指定要执行的命令。这样就创建了所有程序中都可以使用的全局 Macro。
DATA :gv_val1 TYPE c VALUE 'A', gv_val2 TYPE c VALUE 'B', gv_val3 TYPE char3. **CONC** gv_val1 gv_val2 gv_val3.	④ 如左图所示，在 ABAP 程序中调用此全局 Macro，则变量 gv_val3 中会保存 'AB'值。

若遇到比较陌生的 ABAP 命令可以推测有可能是全局 Macro，可以试着双击该命令，若出现下列所示信息，就意味着是全局 Macro。

"BREAK is a predefined macro from table TRMAC"

4.8 概要——Function

Function（函数）与子程序一样也支持按照具体功能进行模块化及代码重复利用的功能。

若子程序是局部 Modularization，则函数可称之为全局 Modularization。子程序与函数不同点如下所示。

- 函数包含在称为函数组的一个池中。
- 函数提供例外处理功能，因此当发生错误时调用设定例外处理的程序。
- 函数与调用的程序无关可以单独在 Stand-alone 模式下进行测试。

调用函数时用 Input 参数传入值后用 Output 参数接收执行结果。函数包含于函数组(类型 F 程序)中运行。函数组类似于开发包，是一个集合功能相似的函数 Container。下面开始学习创建函数组，然后往此函数组中追加函数，最后在 ABAP 程序中调用此函数的方法。

4.8.1 函数

函数（Function Module）是储存在中央库 (R/3 Repository)中的特殊全局子程序。在一个程序中多次使用相同功能的语句会增加代码量，另外有修改需求时要修改多处，因此效率低。此时使用函数将代码模块化就可以实现代码重复利用，从而减少代码量。

R/3 系统中已经存在很多 ABAP 程序中可以直接调用的函数。当然，其他所需功能也可以创建新的函数来实现。函数的接口有传入参数(Import Parameters)、传出参数(Export Parameters)、传入/传出参数(Changing Parameters)、例外处理 (Exception)等。

- **传入参数**

往函数里传入值的参数，是可选项。

● **传出参数**

从函数往 ABAP 程序里传递值的参数，也是可选项。

● **传入/传出参数**

可以往函数里传值并且改变其值再传出。

● **表(Tables)**

可以往函数传入/传出内表。

● **例外处理**

提供错误信息。

4.8.2 函数组

函数组（Function Group）可以看成是集合多个函数的集装箱。函数组不能直接运行，调用函数时，系统负载所有函数组到正在执行的程序内部会话中。这是指在一个函数组内的函数可以互相共享所有数据，还可以共享创建的屏幕，子程序等。

函数组名字最多可以指定成 26 个字母。通过函数编辑器创建函数和函数组，则系统会自动生成主程序及共享程序(Include Program)。此时主程序名字自动由 SAPL 后面加函数组名字的形式构成。例如，若函数组的名字为 fgrp，则主程序名字为 SAPLFGRP。另外，生成的主程序 SAPL<fgrp>包含下列 INCLUDE 程序。

● **L<fgrp>TOP.**

包含着 FUNCTION-POOL 语句。在这里定义此函数组中都可以使用的全局变量。

● **L<fgrp>UXX.**

Include 程序还有 L<frgrp>U01, L<frgrp>U02。这个包含着实际的函数。

4.9 创建函数组

函数组可以在 T-CODE:SE37 函数编辑器或者在 T-CODE:SE80 中创建。

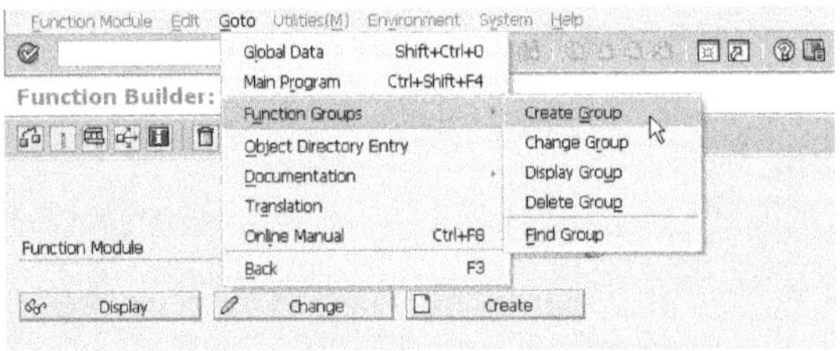

① 在 T-CODE:SE37 中选择 Menu：Goto→Function Groups→Create Group。另外，还可以在 T-CODE:SE80 中单击鼠标右键创建，如下图所示。

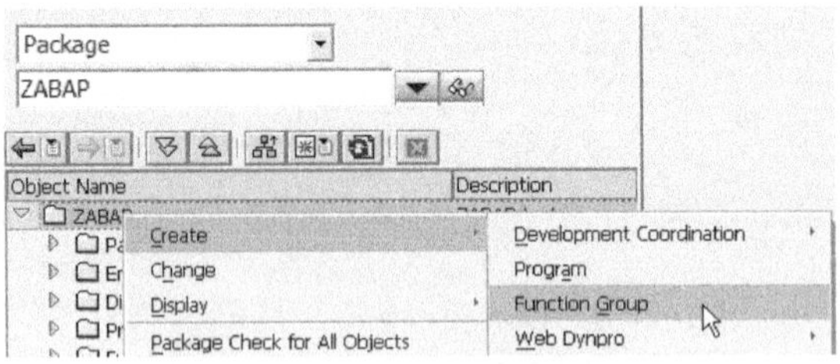

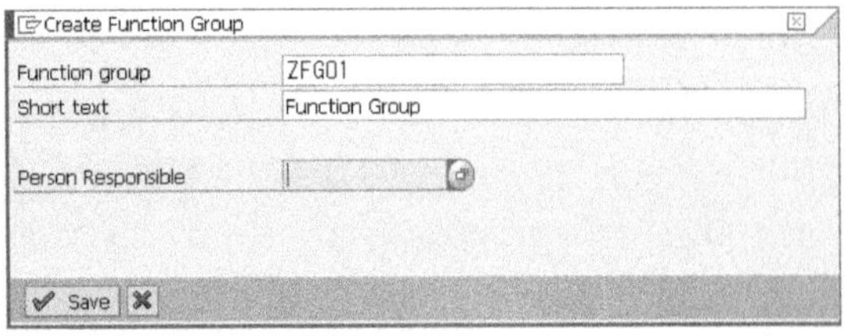

② 输入以 Z 开头的函数组名字。包含英文字母和数字最多可以使用 26 个字母。一般以模块名加上编号的方式为函数组命名。例如：

Z HR 01

Z+模块名 + 编号

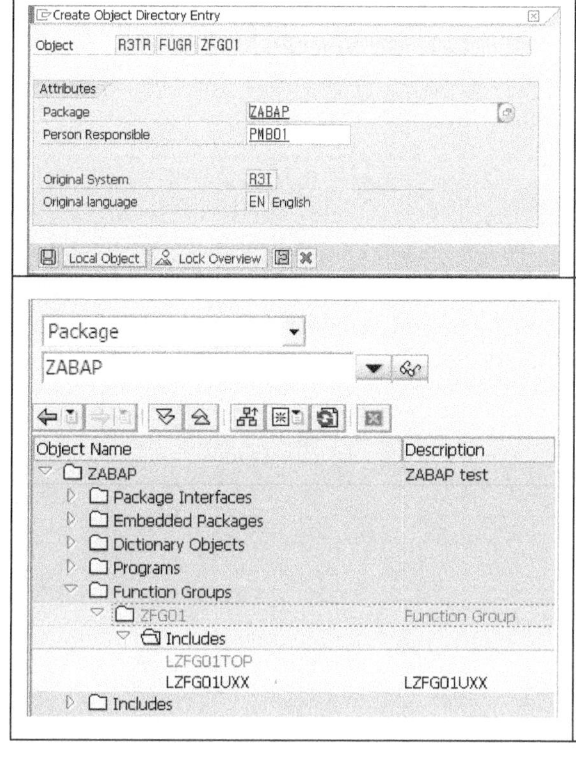

③ 输入包名 ZABAP 以后，单击保存按钮。下一个画面中的请求番号可以使用已存在的，也可以创建新的。

④ 在 T-CODE:SE80 中查询 ZABAP 包，则可以查询出刚创建的函数组 ZFG01。此时需要记住的是，创建函数组的同时会自动生成包含 L<　　>TOP, L<　　>UXX 2 个 Include 的主程序。如左图所示，创建 ZFG01 函数组的同时创建 LZFG01TOP 和 LZFG01UXX Include 程序。在 LZF01TOP Include 中定义 ZFG01 函数组内的所有函数都可以使用的全局变量。当函数组内创建新的函数时 LZF01UXX Include 中会自动生成代码。

4.10　函数

4.10.1　检索函数列表

创建函数之前首先要确认此函数是否存在。在 T-CODE:SE37 (函数编辑器)中检索是否存在拆分字符串的函数。

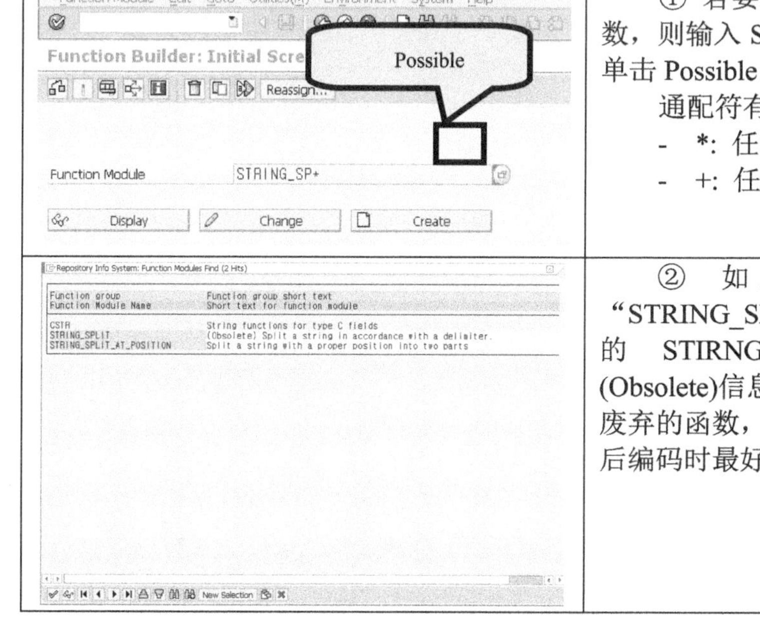

① 若要检索以 STRING_SP 开头的函数，则输入 STRING_SP*后按〈F4〉键或者单击 Possible Entry 键。

通配符有下列两种。

- *: 任意字符串
- +: 任意一个字母

② 如左图所示可以检索出以"STRING_SP"开头的函数列表。在列表中的 STIRNG_SPLIT 函数说明中包含(Obsolete)信息。此信息意味着这个是已经被废弃的函数，SAP 公司不再维护此函数。以后编码时最好不要使用此类函数。

Input Help Personal Value List Last Object Selected Function Module Name / Short Description RP_LAST_DAY_OF_MONTHS / HR-D: Determine last day of month ENQUEUE_READ / Read lock entries from lock table POPUP_GET_VALUES / Dialog box for the display and request of values, without check Information System / SAP Applications	③ 在第一阶段不输入值后按〈F4〉键，则可以利用 Information System 输入检索条件后进行查询。在弹出窗口中选择 Information System 按钮。
Repository Info System: Find Function Modules Standard Selections Function Module Short Description Function Group Package: ZABAP Application Component Take into Account Generated Funct.Modules Settings Maximum No. of Hits: 200	④ 还可以限制所属包来检索函数。

4.10.2 函数的详细内容

T-Code:SE37 中输入选择 STRING_SPLIT_AT_POSITION 函数后单击 Display 按钮。则显示如[图 4-4]所示的函数属性。

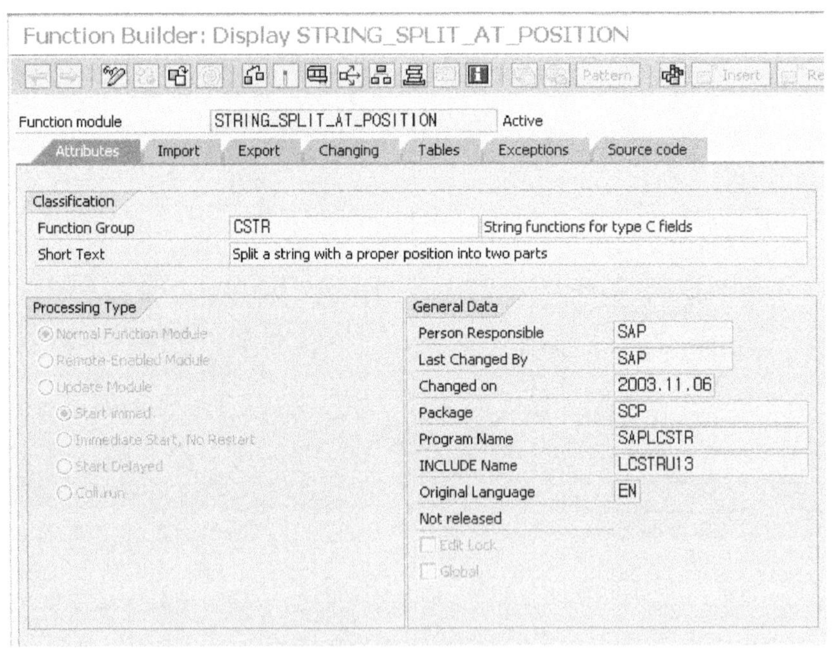

图 4-4 函数的属性

1. 属性

在[Attributes]栏中显示函数所属的函数组，创建人员，创建日期、包等一般管理信息和处理类型（Processing type）信息。

1. 处理类型

- Normal function module: 一般使用的函数形式。

- Remote-enabled module:在同一系统中异步调用（例：并行处理）或者在其他系统调用（不一定是 R/系统）时使用的形式，这种类型的函数叫 RFC。

- Update Module: 为了批量修改数据库而包含追加函数的形式。是 SAP Bundling 技术的一种。

2. 一般数据(General Data)

- 编辑锁(Edit Lock): Edit Lock 标记用于防止其他开发者修改函数。只有设定 Edit Lock 的开发者才能修改该函数。

- 全局(Global): 选择 Global 标记，则该函数内的变量会变成函数组内的全局变量。

2. 传入参数

传入参数从调用函数的 ABAP 程序把值传递到函数中。如[图 4-5]所示，传入参数在 Input 标签页中。

Function Builder: Display STRING_SPLIT_AT_POSITION

Pattern Insert Replace

Function module STRING_SPLIT_AT_POSITION Active

Attributes Import Export Changing Tables Exceptions Source code

Parameter Name	Typing	Associated Type	Default value	Opti...	Pass...	Short text
STRING	TYPE	C		☐	☑	Character string to be demounted
POS	TYPE	I		☐	☑	Position
LANGU	LIKE	SY-LANGU	SY-LANGU	☑	☑	Language of the text of STRING

图 4-5　传入参数

在传入参数中要输入的项目如[表 4-1]所示。

表 4-1　Import 参数中使用的项目

字　段	说　明
Typing	指定参数类型，如 TYPE, LIKE, TYPE REF TO
Associated Type	指定数据类型或者要参照的特定表字段
Default Value	设定参数的初始值
Optional	将参数设定为可选项
Passing Value	接收参数时，将值保存到新的内存中

3. 传出参数

传出参数将函数中的值传出到 ABAP 程序的参数中，如[图 4-6]所示，在 Export 标签页中。

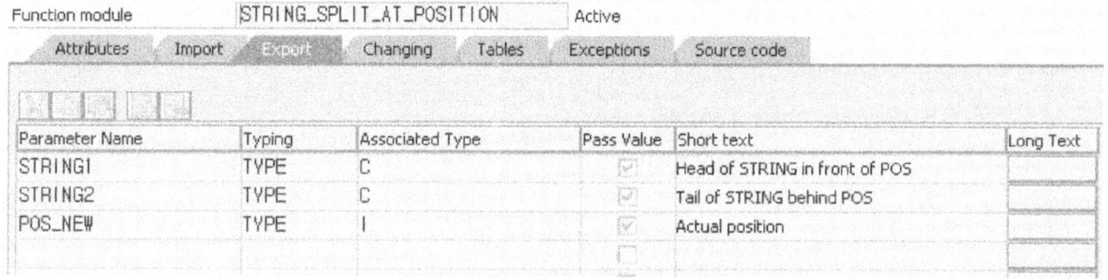

图 4-6　传出参数

4．传入/传出参数

传入/传出参数与调用此函数的 ABAP 程序可以同时传入/传出参数，如[图 4-7 所示]，在 Changing 标签页中。

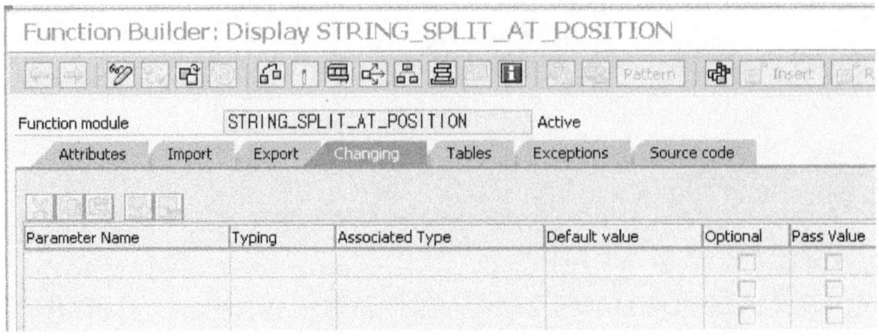

图 4-7　传入/传出参数

5．表参数

表参数可以传递复数值，即可以传递内表，如[图 4-8]所示，在 Tables 标签页中。

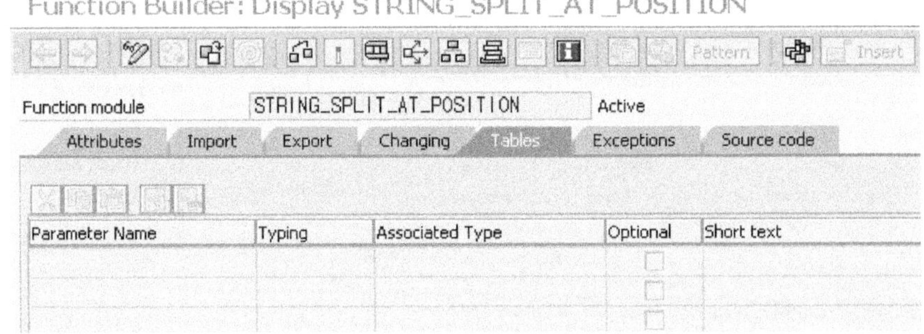

图 4-8　Tables 参数

6．例外处理

使用 Exception 参数，则可以执行函数期间发生的例外处理，如[图 4-9]所示，在 Exceptions 标签页中。

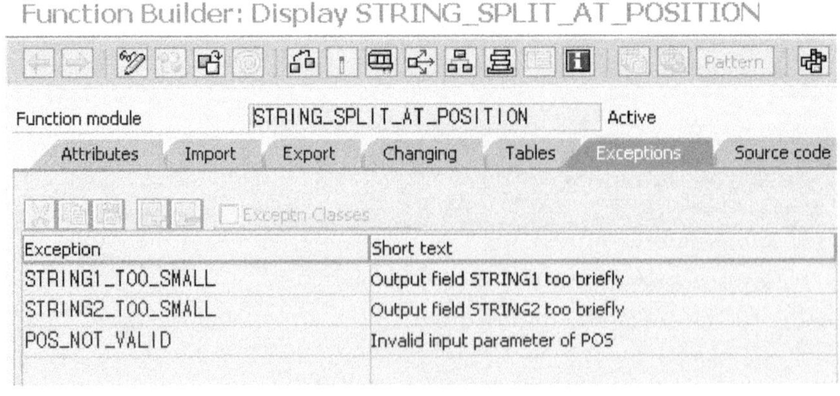

图 4-9　例外处理

4.10.3 创建函数

下面练习创建一个接收两个参数执行除法运算后传出其结果的函数。

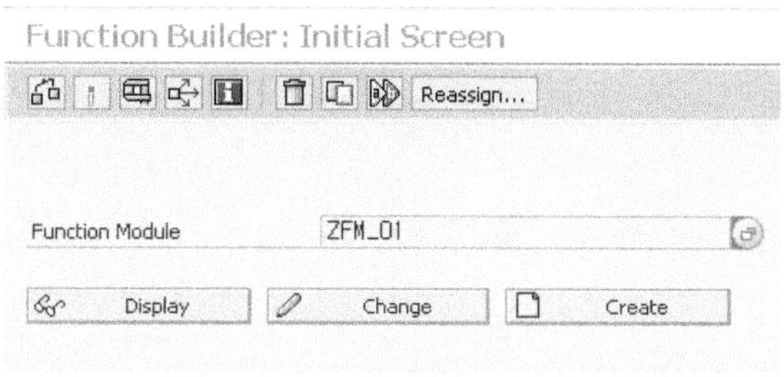

① 执行 T-CODE:SE37，输入函数名后选择 Create 按钮。

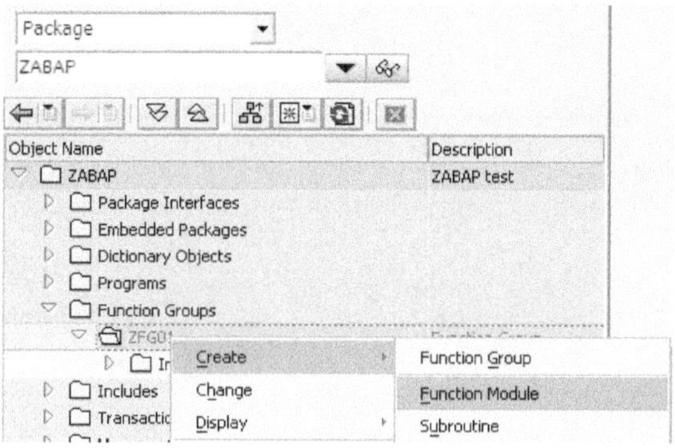

② 在 T-CODE：SE80 中输入函数组名后，在上面单击鼠标右键也可以创建函数。

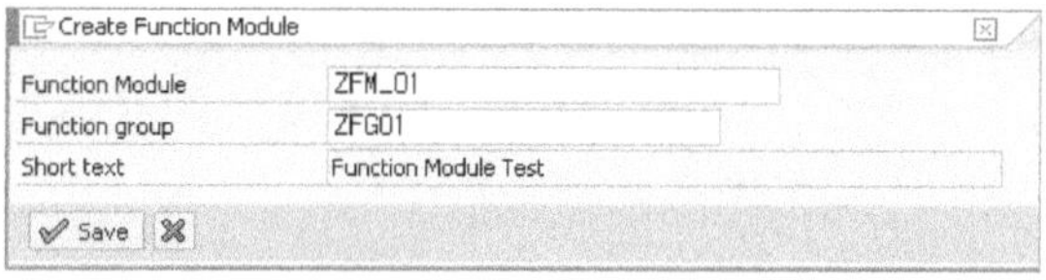

③ Function Module 名中输入 ZFM_01，在函数组名中输入前面创建的 ZFG01。下面省略指定包的画面。

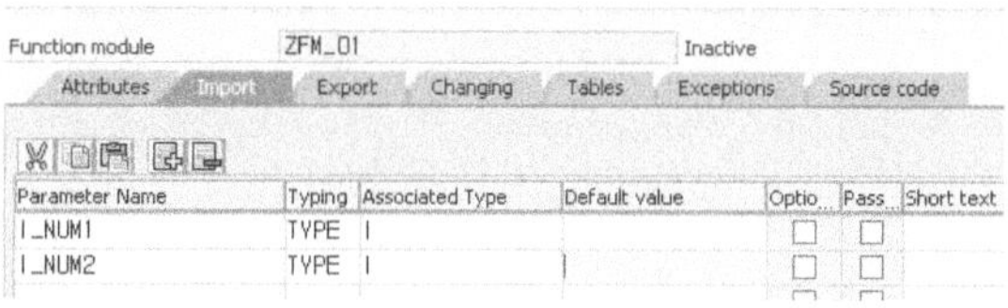

④ 在 Attributes 栏使用默认设置，在[Import]栏上定义要接收的两个参数。

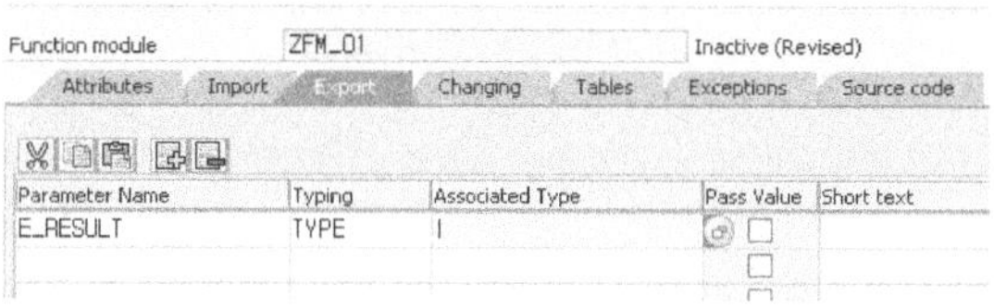

⑤ 在 Export 栏上定义要传递结果到 ABAP 程序的数据类型为 I 的参数 E_RESULT。

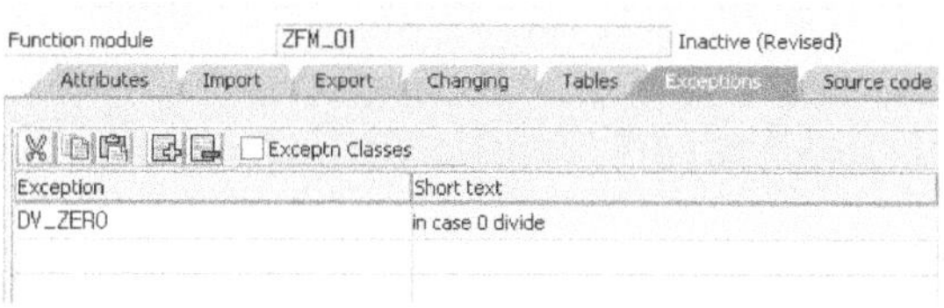

⑥ 为了防止除数为 0 时发生 Dump 错误，在 Exception 栏定义 DV_ZERO。

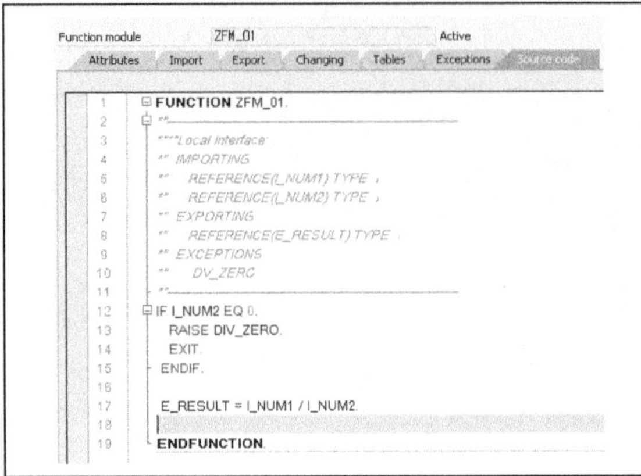


```
FUNCTION ZFM_01.
*"----------------------------------------------------------------------
*"*"Local interface:
*"  IMPORTING
*"     REFERENCE(I_NUM1) TYPE
*"     REFERENCE(I_NUM2) TYPE
*"  EXPORTING
*"     REFERENCE(E_RESULT) TYPE
*"  EXCEPTIONS
*"      DV_ZERO
*"----------------------------------------------------------------------
  IF I_NUM2 EQ 0.
    RAISE DIV_ZERO.
    EXIT.
  ENDIF.

  E_RESULT = I_NUM1 / I_NUM2.

ENDFUNCTION.
```

⑦ 完成如左图所示的代码。单击检查按钮及激活按钮就创建了一个新的除法运算函数。

4.10.4 测试函数

下面测试一下刚才创建的函数。

Function Builder: Change ZFM_01
Function module ZFM_01
Attributes Import Export Changing
1 FUNCTION ZFM_01.

① 单击执行按钮或按〈F8〉键。

Test Function Module: Initial Screen
Debugging Test data directory
Test for function group ZFG01
Function module ZFM_01
Uppercase/Lowercase

Import parameters	Value
I_NUM1	10
I_NUM2	2

② 在 Import Parameter 中分别输入“10”和“2”，单击保存按钮，则可以保存输入的测试数据。当测试传入参数多的函数时保存测试数据可以节省时间。单击 Test data directory 按钮选择保存的测试数据。

Test Data Directory: Single Tests
Regression test Show test result

Data record number	Date	Time
1	2011.06.09	19:23:16

Test Function Module: Result Screen
Test for function group ZFG01
Function module ZFM_01
Uppercase/Lowercase
Runtime: 27 Microseconds

Import parameters	Value
I_NUM1	10
I_NUM2	2

Export parameters	Value
E_RESULT	5

③ 单击按钮显示函数执行结果并输出结果值。

Test Function Module: Initial Screen
Debugging Test data directory
Test for function group ZFG01
Function module ZFM_01
Uppercase/Lowercase

Import parameters	Value
I_NUM1	10
I_NUM2	0

④ 重新返回第一步骤，在 I_NUM2 参数中输入 0，则会调用 Exception。当除数为 0 时，不进行例外处理会发生 Dump 错误。

4.10.5 调用函数

下面练习创建一个调用刚才创建的函数的程序。

<table>
<tr>
<td>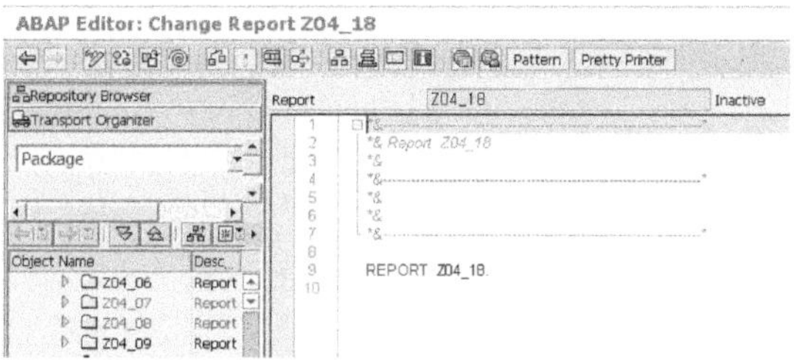
</td>
<td>① 创建一个 TYPE-1 程序，单击应用工具兰上的 Pattern 按钮。</td>
</tr>
<tr>
<td>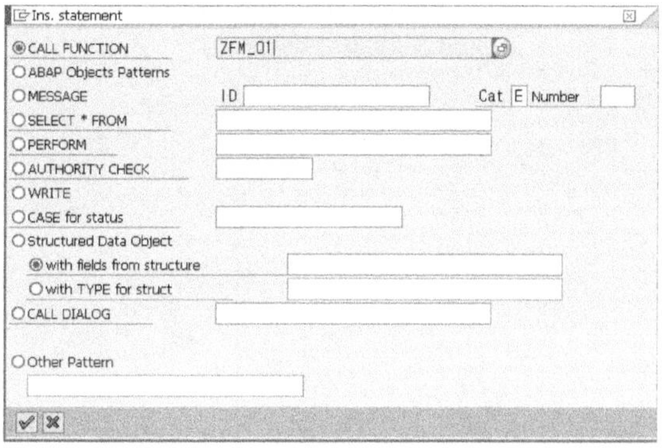
</td>
<td>② 在 CALL FUNCTION 字段中输入函数“ZFM_01”后单击 按钮。Pattern 按钮除了调用函数以外，还可以用于按照一定的格式自动生成 ABAP 对象、SELECT 语句、权限检查等语句的代码。</td>
</tr>
<tr>
<td>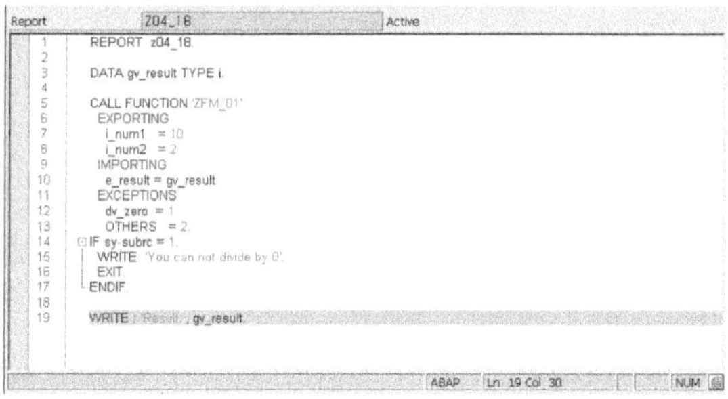
</td>
<td>③ 如图所示，会自动生成该函数的代码。从图中可以看出，创建函数时定义的传入参数变为 ABAP 程序中的 EXPORTING 参数，函数中的传出参数变为程序中的 IMPORTING 参数。IF sy-subrc = 1. 即当调用函数时传入的除数为 0，则执行 Exception 处理，因此系统变量被赋值为 1。

☞ **注意**

在 ABAP 程序中调用函数时参数的数据类型要与函数中定义的参数类型一致。否则会发生 Dump 错误。</td>
</tr>
<tr>
<td>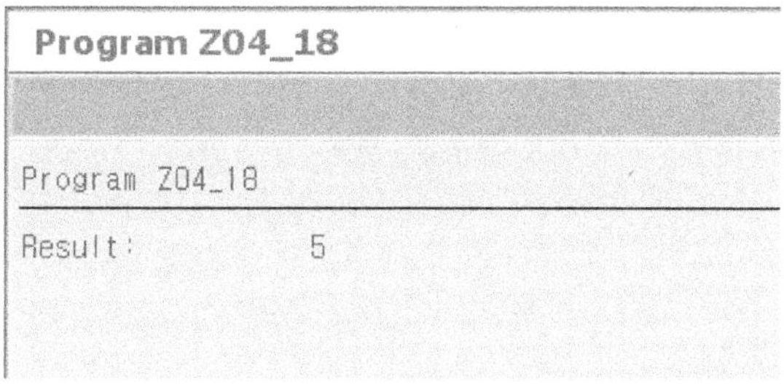
</td>
<td>④ 如左图所示，可以得出 Result : 5 结果值。如果在该报表程序中输入的 i_num2 参数值为 0，则函数执行时会调用 Exception，发生 SY-SUBRC = 1 错误。输出无法除于 0 的错误信息，这是因为 4.10.3 节中的⑥、⑦中 Exception 的第一个例外处被设置了，I_NUM2=0 时退出。</td>
</tr>
</table>

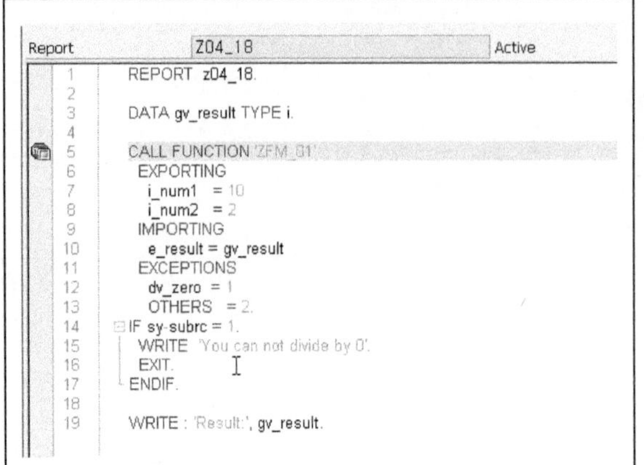

⑤ 下面进一步了解怎样在 ABAP 程序调用函数时的值保存为测试数据的方法。找到调用函数的行设置断点。一般标准函数都有很多参数，利用此方法可以更有效地测试函数。

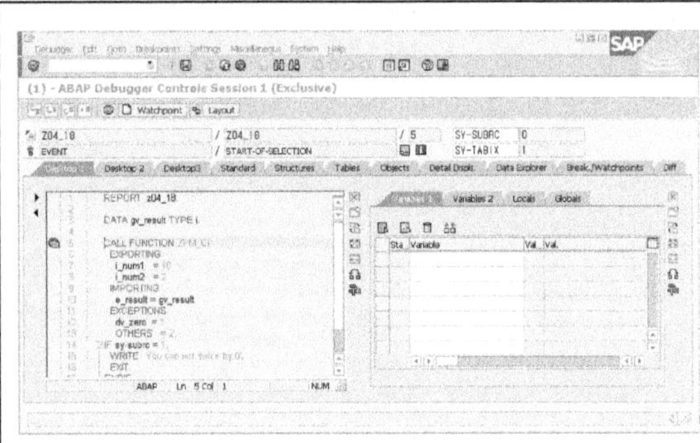

⑥ 运行 ABAP 程序执行到刚才设置断点的地方即到调试程序的画面，单击按钮或按〈F5〉键会跳到函数代码中。

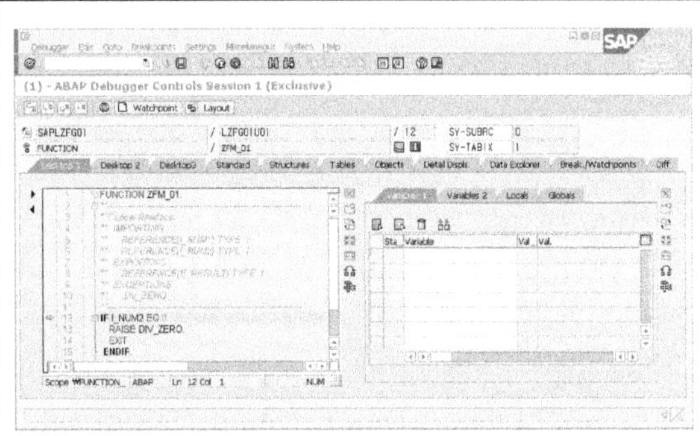

⑦ 单击按钮，则会弹出从函数传入的参数保存为测试数据的窗口。

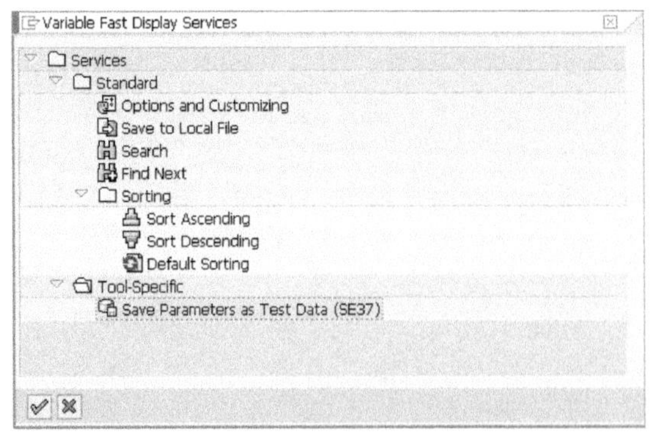

⑧ 选择 Save Parameters as Test Data(SE37)按钮输入题目后保存。

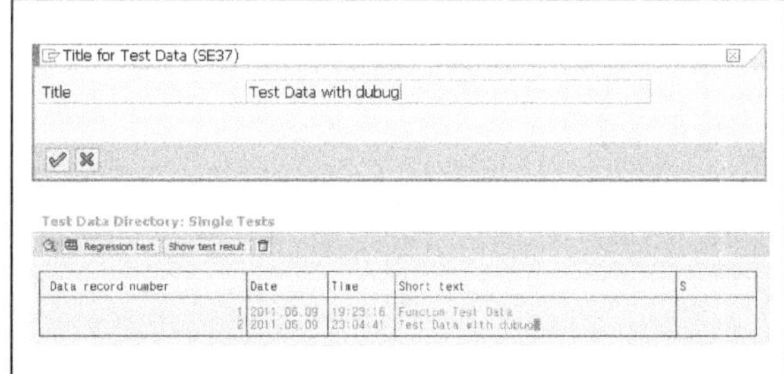	⑨ 然后移动到 T-CODE:SE37 确认 Test Data with dubug，则会显示在调试画面保存的测试数据。

4.11 RFC

为了充当源系统和 R/3 系统的数据接口，要把 R/3 的函数定义为 RFC 函数。导入 SAP ERP 之前，很多企业一般都是分别用各个不同的语言如 C、JAVA、power build 等语言来构筑财务、人事、生产等系统的。当导入 SAP 后，这种源系统一般会被废弃，但也存在与其并行执行的系统。此时，难免会遇到将源系统的数据传递到 SAP 或者 SAP 数据要在源系统上进行查询的情况，这种工作就需要通过 SAP RFC 来完成。而有时只用 RFC 无法实现 SAP 与多种语言开发的源系统的连接。为了解决此类问题，通常会创建 METHODS 来充当交换设备，SAP 系统担当者利用 RFC 函数来传出数据，然后 WEBMETHODS 接收此数据后传递到源系统。同样，也可以从源系统接收数据后传递到 SAP 系统。

前面也有所提到，在函数属性中选择 Remote-enabled Module，则可以从其他系统或者其他应用程序中调用此 SAP 函数。RFC 的确切的解释，则是基于 CPI-C 的担当系统间的交流作用的 SAP 接口协议。R/3 系统中 CALL FUNCTION 语句在调用本系统内的函数时使用。REMOTE FUNCTION CALL(RFC)可以在分散环境下执行其他系统的函数(分散环境是指运营系统集合运营 CO/FI/PP/HR/MM 模块服务器，APO 服务器，CRM 服务器，还有源系统等独立服务器的环境)。此时，各个服务器之间为了互相接收数据要使用 RFC。首先，系统之间要设定 RFC 目标文件，然后通过目标文件进行连接，为了调用其他系统的 RFC，要在 CALL FUNCTION 语句中追加目标文件。目标文件的参数在 T-CODE:SM59 中创建并且要存在于数据库表 RFCDES 中。

```
CALL FUNCTION 'ABC' DESTINATION 'dest'
```

使用 RFC 可以与 APO 和 CRM 等 Extended ERP 系统共享画面。R/3 与 Extended ERP 系统由各自不同的服务器构成，因此不仅要传递数据，画面也需传递才可以共享，为了要共享画面要在函数组内创建画面，然后从 RFC 调用此画面就可以共享远程系统的画面。

<Tip. 维修函数组>

在开发系统中创建的函数反映到运营系统时会发生不知原因的错误（不是开发者引起的错误），如[图 4-10]所示。

此时试着维修函数组也是个不错的方法，如[图 4-11]所示。若没有权限可以向 BC 担当者（SAP Basis）申请。

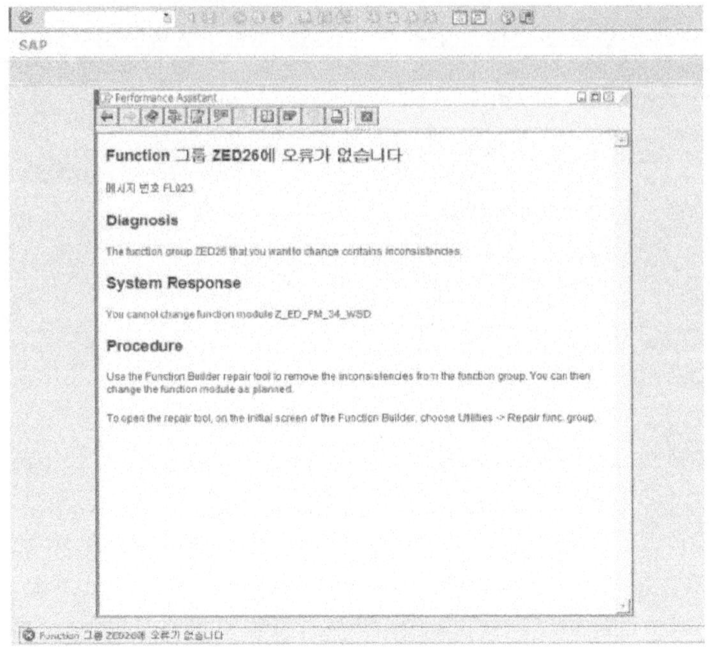

图 4-10　函数组错误

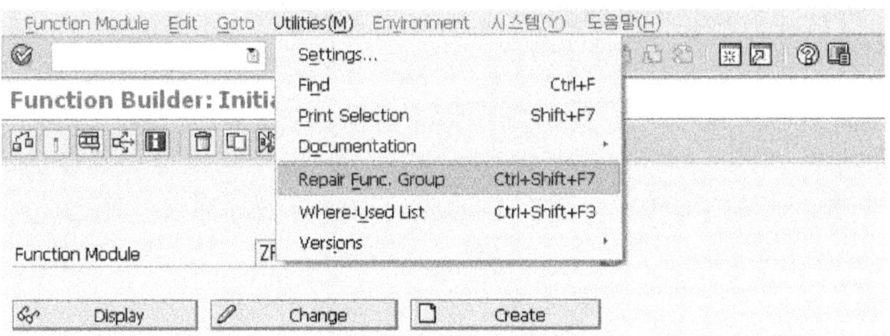

图 4-11　维修函数组

第5章　内　　表

本章目录

1. 概要
2. 内表与表头
3. 内表的类型
4. 比较内表速度
5. 内表命令
6. 追加内表数据
7. 修改内表数据
8. 删除内表数据
9. 读取内表数据

本章介绍

本章学习的内表既是 ABAP 程序的优点，也是最有特点的。内表不仅用于 ABAP 面向对象程序，在 Web Dynpro for ABAP 中也起着核心作用。内表是在单个程序中使用的内部表。内表的出现为开发新程序及系统维护带来了很大的便利。

5.1　概要

任何编程语言都有不断发展的生命周期。ABAP 语言也是从 COBOL 语言衍生而来，到现在为止又导入了很多新的技术。过程式编程→面向对象编程→适用 BSP(JAVA Script 与 ABAP 组合)→Web Dynpro→BPP……谁都无法预测将来会导入哪种新的技术。因为这种趋势，若只关心学习新技术，也许所有的精力全都花费在了追逐新技术上。

本书的主要目的不在于学习高级技术。那些高级技术通过 SAP 提供的范例模板可以充分理解。当然，在用户立场上考虑，掌握 ALV 等技术非常重要。但是任何语言最重要的莫过于基础，要着重理解何为 ABAP 语言，即理解其基本原理和基础概念。比起在前端显示华丽的画面，更为重要的是在后端正确设计出用户要求的数据模型。另外，还要学会正确定义数据类型相对应的内表类型，及学会实现既正确又快速的读取数据库表数据的 SQL 语句。

5.1.1　内表

[图 5-1]显示了在程序内使用的内表（Internal Table）结构。

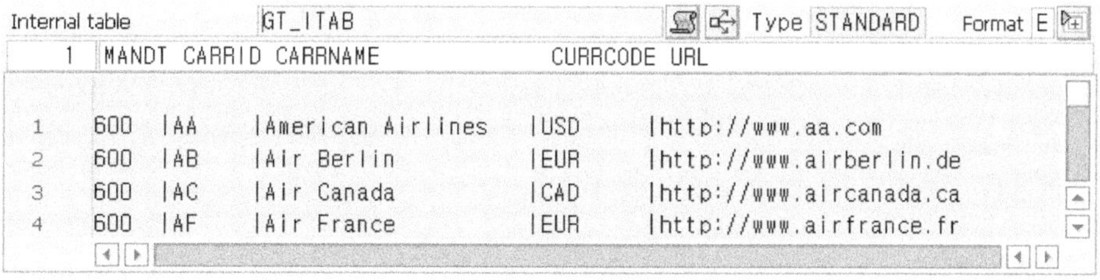

Internal table　GT_ITAB　Type STANDARD　Format E

1	MANDT	CARRID	CARRNAME	CURRCODE	URL
1	600	AA	American Airlines	USD	http://www.aa.com
2	600	AB	Air Berlin	EUR	http://www.airberlin.de
3	600	AC	Air Canada	CAD	http://www.aircanada.ca
4	600	AF	Air France	EUR	http://www.airfrance.fr

图 5-1　调试内表画面

用一句话定义内表如下。

内表是可以在程序内部定义且使用的表，属于本地表。

如果让作者在 ABAP 程序中选出最有影响力且最重要的功能，作者会毫不犹豫地选内表和调试（第 6 章）这两个。特别是内表，其功能在 ABAP 程序中起着核心作用。只要学会这两种功能，单凭复制、粘贴功能就可以新建一个 ABAP 程序（只要是会用其他语言编程的人）。但是，通过系统学习后开发的程序，与单纯用复制、粘贴创建的程序之间的质量是无法比较的。请读者投入时间系统学习 ABAP 语言吧，这样的话，以前要花费 4 个小时才能解决的问题，以后可以只花费 1 个小时就能解决，另外还能提供性能高、质量高、错误率低的程序。

现在进入主题，开始学习内表。首先，理解 ABAP 语言与 C 语言的结构体。人事信息里包含员工编号、姓名、所属部门等信息。如[图 5-2]、[图 5-3]所示，在 C 语言和 ABAP 语言中定义一个包含员工信息的结构体。C 语言除了用 STRUCT 语句定义结构体以外，其他内容与 ABAP 语言没有太大差别，使用方法也很相似。详情请参考[表 5-1]。

```
STRUCT s_type
  {
    CHAR no[6];
    CHAR name[10]
    CHAR part[16];
  };
  STRUCT s_type sawon.
```

图 5-2 在 C 语言中定义结构体的方法

```
TYPES: BEGIN OF s_type,
  NO(6)      TYPE C,
  NAME(10)   TYPE C,
  PART(16) TYPE C,
END OF s_type.

DATA sawon TYPE s_type.
```

图 5-3 在 ABAP 语言中定义结构体的方法

表 5-1 C 语言与 ABAP 语言的比较

语　句	C 语言	ABAP 语言
定义	STRUCT 结构体 { };	1. DATA 结构体 TYPE 结构体类型 2. DATA 结构体 LIKE OBJ. 3. DATA BEGIN OF 结构体~ END OF.
赋值	sawon.name = 'Zhouwenwoo';	sawon-name = ' Zhouwenwoo'.
使用值	PRINTF('%s', sawon.name)	WRITE sawon-name.

5.1.2 结构体比较

从上面实例可以看到，所有语言定义结构体的方法都很相似。首先要定义结构体类型，再定义结构体变量。只是为了将机器语言编译成编程人员易理解的语言，在编译过程中使用不同的语法而已。结构体只能存储一个员工的信息。如不存在只有一个员工的公司一样，可以使用数组管理多个员工。那么，用于管理多个员工信息的 ABAP 内表（C 语言中的数组）结构是什么样的呢？

5.1.3 数组与内表

首先用[图 5-4]、[图 5-5]中相同的功能比较一下两种语言的不同语法，然后通过[表 5-2]可以直观地对比两者的区别。

```
STRUCT sawon
{
  char NO[6];
  char NAME[10]
  char part[16];
};
STRUCT s_type sawon[100]
```

图 5-4　定义 C 语言中的数组

```
TYPES: BEGIN OF s_type,
  no(6)     TYPE c,
  name(10)  TYPE c,
  part(16) TYPE c,
END OF s_type.
TYPES t_type TYPE STANDARD
    TABLE OF s_type INITIAL SI
ZE 100.
DATA sawon TYPE t_type.
```

图 5-5　定义 ABAP 语言中的内表

表 5-2　C 语言与 ABAP 语言的比较

语　句	C 语言	ABAP 语言
定义	STRUCT 结构体[件数] { };	DATA 表名 TYPE 表类型. INITIAL SIZE 件数.
赋值	sawon[1].name = ' Zhouwenwoo'; sawon[2].name = 'Zhangzongsuk';	sawon-name = ' Zhouwenwoo'. APPEND sawon. sawon-name = ' Zhangzongsuk '. APPEND sawon.
使用值	PRINTF(sawon[1].name) PRINTF(sawon[2].name)	LOOP AT sawon. WRITE sawon-name. ENDLOOP.

与定义结构体的方法一样，这两种语言定义内表（数组）的方法也没有太大差异。但是赋值和使用值时有所区别。C 语言给数组赋值时要指定数组序列号，相反， ABAP 语言的内表支持数组中所有的概念，另外其表现形式与实际数据库表相似。在 C 语言中，利用数组执行程序，数组结构会负载 100 件员工信息，自动生成相应空间。由于生成类似于 sawon-name[1]号空间、[2]号空间、[3]号空间的内存，因此只要赋值到相应的空间内即可。类似于 C 语言，ABAP 语言可以通过在调试模式下指定序列号的方法查看相应的值。[图 5-6]是显示[图 5-5]中存储于内表[1]号空间的 name 值的画面。

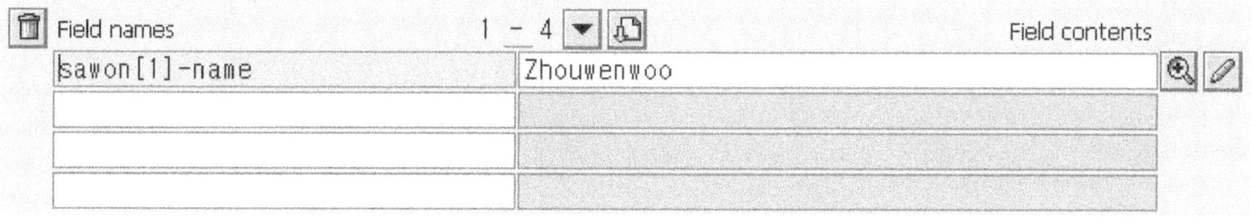

图 5-6　数组式查询内表值的方法

与 C 语言数组相反，内表刚定义时不会事先指定占用实际内存的大小，只使用 INITIAL SIZE 语句指定内表可以占用的实际内存大小。当使用 INSERT 或 APPEND 语句时，追加行数的同时占用实际内存空间。从此层面上考虑，内表可以理解为动态数组 (Dynamic Data Object) 。

- 内表是动态数组(Dynamic Data Object)。
- INITIAL SIZE 语句并非实际占用内存空间，而只是预约(RESERVE)内存空间。

刚接触 ABAP 语言的人，至少都会遇到一次费解的错误，比如明明已经为变量赋值(sawon-name = ' Zhouwenwoo')，但是实际输出时却没有输出。其原因在于只为结构体赋了值而没有往内表里赋值。在 ABAP 编程语言中，读者要铭记：为内表赋值时，需与追加(APPEND)语句一起使用，即给结构体或表头赋值后务必执行 APPEND 语句，向内表插入值。内表可以包含的数据件数为内存大小所限制，因此安装 SAP 时，将内表可占用的内存空间设置为 2 千兆。

5.1.4 创建内表

一般先定义结构体类型，然后再参考此类型创建内表。

可以利用下面两种方法定义内表。

参照局部表类型创建内表；

参照全局数据库表创建内表。

1. 参照局部表类型创建内表

一般用于创建个别 ABAP 程序所使用的内表。如下所示，首先定义结构体类型，然后参照此结构体类型定义内表类型，最后再参照此内表的类型定义内表。

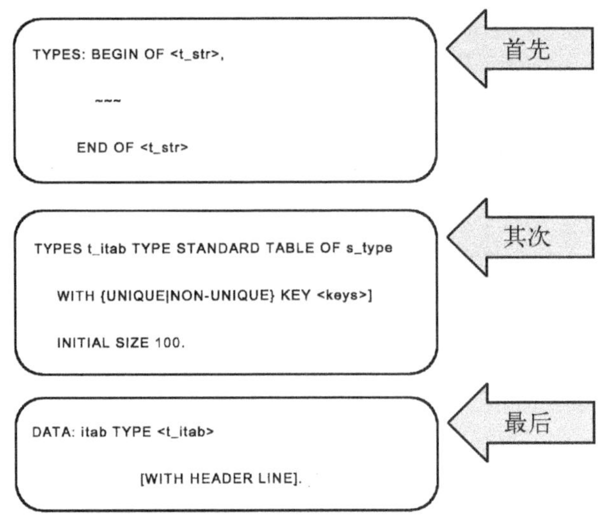

如[例 5-1]，在实际业务中一般使用定义结构体类型后直接参照此类型定义内表的方法。即将通过 3 个阶段定义内表的方法改为略去第 2 个阶段，采用直接参照结构体类型定义内表的方法。

[例 5-1]

```
REPORT  z05_01.

TYPES: BEGIN OF s_type,
          no(6)       TYPE c,
          name(10)  TYPE c,
          part(16)      TYPE c,
        END OF s_type.

DATA gt_itab TYPE STANDARD TABLE OF s_type WITH NON-UNIQUE KEY no
                                                 WITH HEADER LINE.


gt_itab-no = '0001'.
gt_itab-name = 'Enjoy ABAP'.
gt_itab-part = 'SAP Team'.
```

```
APPEND gt_itab.

LOOP AT gt_itab.
  WRITE : gt_itab-no, gt_itab-name, gt_itab-part.
ENDLOOP.
```

[结果 5-1]

```
0001    Enjoy ABAP SAP Team
```

如[例 5-1]，还可以在定义结构体后直接参照此结构体定义内表。此时不能用 TYPE 语句，需使用 LIKE 语句。

```
DATA: BEGIN OF s_type,
        no(6)       TYPE c,
        name(10)  TYPE c,
        part(16)    TYPE c,
      END OF s_type.

DATA gt_itab LIKE STANDARD TABLE OF s_type WITH NON-UNIQUE KEY no
                                            WITH HEADER LINE.
```

2. 参照全局表定义内表

```
DATA: itab TYPE <t_itab>    WITH {UNIQUE|NON-UNIQUE} KEY <keys>]
                [INITIAL SIZE <n>] [WITH HEADER LINE].
```

[例 5-2]定义了与 SCARR 表有相同结构的内表。

[例 5-2]

```
REPORT  Z05_02.

DATA  gt_itab TYPE SORTED TABLE OF scarr WITH UNIQUE KEY carrid.
DATA  gs_str   LIKE LINE OF gt_itab.

SELECT * INTO TABLE gt_itab
  FROM scarr.

LOOP AT gt_itab INTO gs_str.
  WRITE :/ gs_str-carrid, gs_str-carrname.
ENDLOOP.
```

[结果 5-2]

```
AA    American Airlines
AB    Air Berlin
AC    Air Canada
```

除了使用以上两种方法外，还可以采用参照全局表类型定义内表的方法。这会在第 7 章一数据字典中学习。

5.2 内表与表头

在[图 5-7]中显示帽子的一行指的是表头，也叫作工作区(Work Area)。定义内表时追加 WITH HEADER LINE 语句会自动生成表头。当使用带表头的内表时，明确表头的数据后再使用。

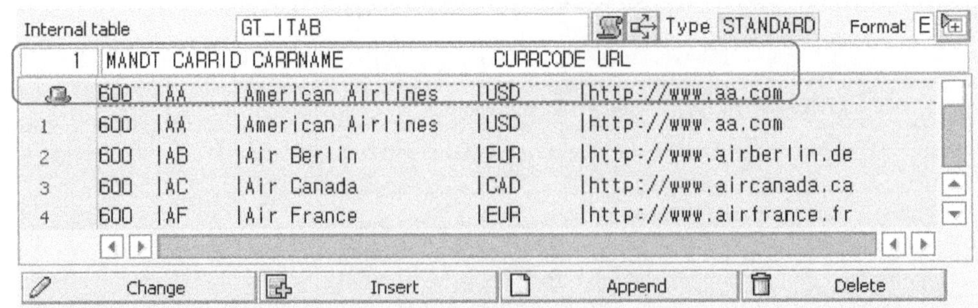

图 5-7　调试内表的画面

```
DATA itab TYPE Type|LIKE obj [WITH HEADER LINE].
```

[图 5-8]说明了循环内表时将每行数据传递至表头的过程。

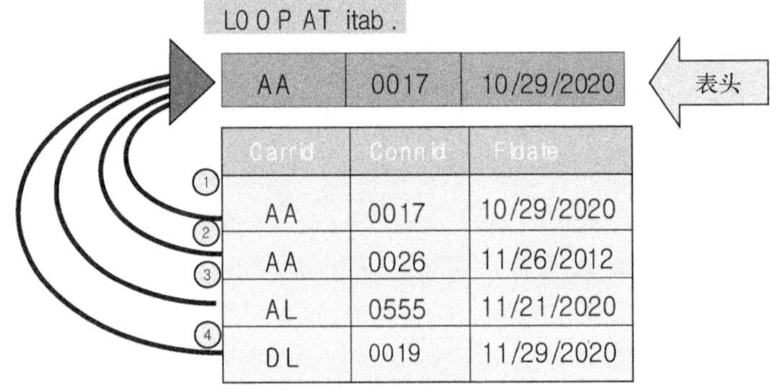

图 5-8　内表的表头

用如下语句定义带表头的内表，可以直接使用表头里的信息。

DATA itab TYPE type WITH HEADER LINE.

比较内表循环语句中带表头的内表与不带表头的内表的使用方法。使用不带表头的内表时，需通过工作区 (Work Area)编辑内表中的数据，而使用带表头的内表时，则可以直接用表的名字编辑内表值。

不带表头的情况	带表头的情况
LOOP AT itab INTO work_area. WRITE work_area-carrid. ENDLOOP.	LOOP AT itab. WRITE : itab-rcepno. ENDLOOP.

用 MODIFY 语句编辑内表时，比较带表头与不带表头的内表间的差异如下。

不带表头的情况	带表头的情况
MODIFY TABLE itab FROM wa.	MODIFY TABLE itab

使用 MODIFY 语句时，带表头的内表会省略 FROM 之后的语句。

MODIFY TABLE itab.

重新分析此语句，如下所示。

MODIFY TABLE itab FROM 表头

实际上等同于下面的语句。

MODIFY TABLE itab FROM itab.

READ 语句也一样。如果用了带表头的内表执行 READ TABLE ITAB INDEX 2 语句，则内表的第二行数据会传至表头，而用了不带表头的内表，则需先定义一个结构体，将读取的数据传至结构体后才能使用，如 READ TABLE itab INDEX 2 INTO work_area。带表头与不带表头的内表使用 READ 语句的方法如下。

不带表头的情况	带表头的情况
READ TABLE itab... INTO wa.	READ TABLE itab...

[表 5-3]整理了带表头与不带表头的内表使用的相关语句。

表 5-3

不带表头时使用的语句	带表头时使用的语句
所有内表(Standard, Sorted, Hashed Type)	
INSERT wa INTO TABLE itab.	INSERT TABLE itab.
COLLECT wa INTO itab.	COLLECT itab.
READ TABLE itab... INTO wa.	READ TABLE itab...
MODIFY TABLE itab FROM wa...	MODIFY TABLE itab...
MODIFY itab FROM wa...WHERE...	MODIFY itab... WHERE...
DELETE TABLE itab FROM wa.	DELETE TABLE itab.
LOOP AT ITAB INTO wa...	LOOP AT itab...
Index 表(Standard, Sorted Type)	
APPEND wa TO itab.	APPEND itab.
INSERT wa INTO itab...	INSERT itab...
MODIFY itab FROM wa...	MODIFY itab...

前面也有所提及，带表头的相关语句省略了不带表头的内表所使用的语句中的工作区部分。之所以省略掉，是因为表头与内表的名字相同，为了简化代码。即给带表头的内表追加数据时，下面两个 INSERT 语句是相同的。

```
INSERT TABLE itab.
INSERT itab INTO TABLE itab.
```

通过[例 5-3]学习带表头与不带表头的内表。

[例 5-3]

```
REPORT z05_03.

TYPES: BEGIN OF t_str,
   col1 TYPE i,
   col2 TYPE i,
 END OF t_str.

DATA gt_itab TYPE TABLE OF t_str WITH HEADER LINE.

DO 3 TIMES.
 gt_itab-col1 = sy-index.
 gt_itab-col2 = sy-index ** 2.
 APPEND gt_itab.
```

```
ENDDO.

LOOP AT gt_itab.
  WRITE: / gt_itab-col1, gt_itab-col2.
ENDLOOP.
```

[结果 5-3]

```
1          1
2          4
3          9
```

[例 5-3]说明了带表头的内表使用表头而不用结构体的事实。带表头的内表使用 APPEND 语句，方法如下，其结果与省略了表头的语句一样。

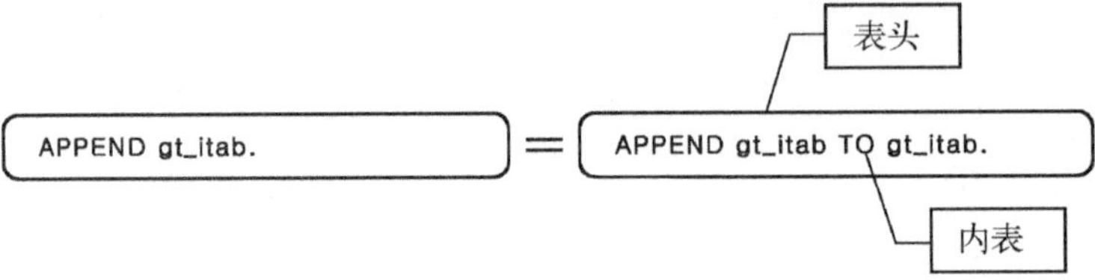

即将[例 5-3]的 APPEND 语句改成下面语句，也不会发生错误。

```
DO 3 TIMES.
  gt_itab-col1 = sy-index.
  gt_itab -col2 = sy-index * 2.
  APPEND gt_itab to gt_itab.
ENDDO.
```

[例 5-4]则与此相反，向结构体传数据后实现了与[例 5-3]相同的功能。当内表中不存在表头时，使用结构体才能读取或修改数据。

[例 5-4]

```
REPORT  z05_04.

TYPES:BEGIN OF t_str,
        col1 TYPE i,
        col2 TYPE i,
        END OF t_str.

DATA gt_itab TYPE TABLE OF t_str .
DATA gs_str  LIKE LINE OF gt_itab.

DO 3 TIMES.
  gs_str-col1 = sy-index.
  gs_str-col2 = sy-index * 2.
  APPEND gs_str TO gt_itab.
ENDDO.

LOOP AT gt_itab INTO gs_str.
  WRITE: / gs_str-col1, gs_str-col2.
ENDLOOP.
```

[结果 5-4]

```
1          2
2          4
3          6
```

自 ABAP 语言中导入了面向对象(Object-oriented)概念后，类内部不再支持表头，因此不推荐使用 OCCURS 语句定义的带表头的内表。但现有程序中，出现了很多这种内表，另外带表头的内表使用起来较为方便，因此也一直沿用至今。

5.3 内表的类型

内表的类型决定了访问内表行数据的方法，分为以下 3 种类型，如[图 5-9]所示。

内表类型
标准表
排序表
哈希表
索引表

图 5-9 内表类型

5.3.1 标准表

标准表是有顺次索引的树型结构内表，是利用索引查找内表行数据时易于使用的内表类型。使用 READ、MODIFY 及 DELETE 语句时也会使用索引。标准表的关键字并非唯一，即标准表中不能使用 WITH UNIQUE 语句。

```
DATA: itab TYPE STANDARD TABLE OF <t_str>
        WITH NON-UNIQUE KEY <keys> [INITIAL SIZE <n>] [WITH HEADER LINE].
```

下面练习创建一个定义标准表后输出内表数据的程序。

[例 5-5]

```
REPORT  z05_05.

**1. 定义结构体类型
TYPES: BEGIN OF  t_line,
  field1  TYPE c LENGTH 5,
  field2  TYPE c LENGTH 4,
  field3  TYPE i,
END OF t_line.

**2. 定义标准表类型
TYPES t_tab TYPE STANDARD TABLE OF t_line WITH NON-UNIQUE DEFAULT KEY.
**3. 定义内表
DATA  gt_itab TYPE t_tab WITH HEADER LINE.
gt_itab-field1 = 'Enjoy'.
gt_itab-field2 = 'ABAP'.
gt_itab-field3 = 1.
APPEND gt_itab.
READ TABLE gt_itab INDEX 1.
WRITE : / gt_itab-field1, gt_itab-field2, gt_itab-field3.
```

[结果 5-5]

```
Enjoy ABAP                 1
```

[例 5-5]通过 3 个阶段创建了内表。在第 2 个阶段使用 TYPE STANDARD TABLE OF 语句定义了标准内表类型。此处 DEFAULT KEY 语句将内表中以 CHAR 类型定义的前几个字段定义成关键字。即使不写出 WITH DEFAULT KEY.语句，默认为存在此语句，这种关键字称为标准关键字。即下面两个语句是相同的。

```
DATA   gt_itab TYPE STANDARD TABLE OF t_line WITH  DEFAULT KEY.
DATA   gt_itab TYPE STANDARD TABLE OF t_line .
```

定义内表关键字也可由开发者直接定义，这种关键字叫做用户自定义关键字（User Define Key）。下面语句反映了只把内表的字段 field1 定义成关键字的情况。

```
DATA  gt_itab TYPE STANDARD TABLE OF t_line WITH  KEY field1.
```

[例 5-5]中 READ TABLE 语句用于查询内表单行，与从 ABAP 数据库表中读取数据时使用的 SELECT 语句有相同的功能。READ TABLE ~ INDEX 1 语句用于读取内表的第 1 行的数据。读取第 2 行数据的表示方法如下。

```
READ TABLE gt_itab INDEX 2.
```

由于标准表采用索引检索数据，因此随着行数的增加，其检索速度随之降低。不采用内表的索引（Index），而以字段值为基准，读取数据使用方法如下。

使用 WITH TABLE KEY 语句时，要指定定义内表时指定的所有关键字。

```
READ TABLE gt_itab WITH TABLE KEY field1 = 'Enjoy' field2 = 'ABAP'.
```

使用 WITH KEY 语句时，读取关键字以外的字段值即可。

```
READ TABLE gt_itab WITH KEY field3 = 1.
```

综上所述，读取标准表类型的内表数据的方法有两种，即利用索引和关键字。将在后面更为详细地学习 READ 语句。

5.3.2 排序表

标准表与排序表是索引表。其中排序表是已经按关键字排序好的内表类型。即当程序员需要保存一直以关键字排序好的结果时使用此类型。与标准表相同，其拥有索引，可以用索引或关键字查询对应的行。排序表与标准表的另一个不同点为 Uniqueness。排序表定义关键字时，可使用 WITH UNIQUE 语句，而标准表只能使用 WITH NON-UNIQUE 语句。排序表自带 BINARY SEARCH 功能，因此表行数据与检索速度成反比。定义排序表时，务必明确指定 Unique/Non-unique。表已经排序，因此使用 Sort 命令会发生错误。

[例 5-6]

```
REPORT  z05_06.

**1. 定义结构体类型
TYPES: BEGIN OF  t_line,
  col  TYPE c,
  seq  TYPE i,
END OF t_line.

**2. 定义标准表类型
TYPES t_tab TYPE SORTED TABLE OF t_line WITH UNIQUE KEY col.

**3. 定义内表类型
DATA  gt_itab TYPE t_tab WITH HEADER LINE.

gt_itab-col = 'B'.
```

```
gt_itab-seq = '1'.
INSERT TABLE gt_itab.

gt_itab-col = 'A'.
gt_itab-seq = '2'.
INSERT TABLE gt_itab.

CLEAR gt_itab.
READ TABLE gt_itab INDEX 2.

WRITE : / gt_itab-col, gt_itab-seq.
```

[结果 5-6]

```
A          2
```

[例 5-6]是定义排序表后追加 2 条数据的情况。从[图 5-10]可以看到，先追加 B 值，再追加 A 值，因此 A 值在 B 值前面。这是因为此内表是以 col 为关键字的排序表，因此以 col 字段为基准插入数据。

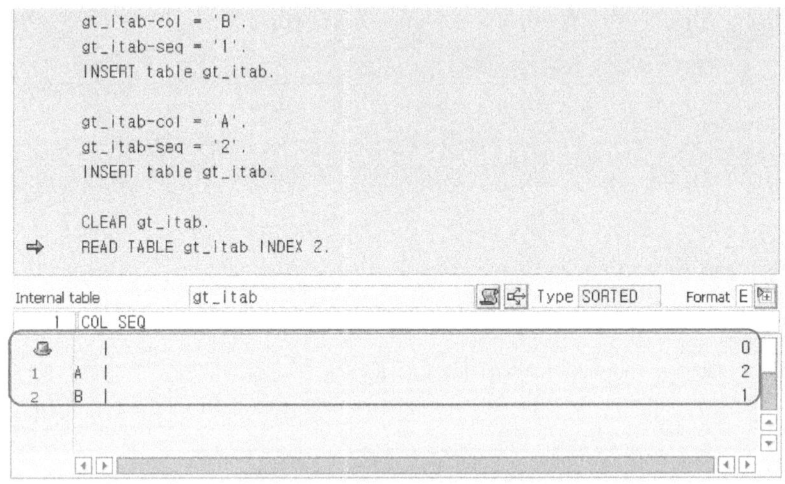

图 5-10　排序表的调试画面

在[例 5-6]中，若不用 INSERT 而使用 APPEND 语句，则会发生关于排序问题的 Dump Error 如下。

"the sorting sequence - determined by the table key - was destroyed."

另外，在[例 5-6]中用 WITH NON-UNIQUE KEY 语句重复指定了关键字，即使 COL 字段为 A 的重复值存在，也可以执行 INSERT，如[图 5-11]所示。

图 5-11　排序表设置成 NON-UNIQUE 以后的调试画面

5.3.3 哈希表

哈希表没有顺次索引，只能用哈希值计算出的 Key 值进行检索。检索速度与内表的数据无关，始终是相同的。哈希值用于直接读取哈希算法算出的内存地址中存储的数据。哈希表一定要设定为 Unique 形式。

[例 5-7]

```
REPORT z05_07.

**1. STRUCTURE Type 定义
TYPES: BEGIN OF t_line,
  col TYPE c,
  seq TYPE i,
END OF t_line.

**2. 定义标准表类型
TYPES t_tab TYPE HASHED TABLE OF t_line WITH UNIQUE KEY col.

**3. 定义内表
DATA gt_itab TYPE t_tab WITH HEADER LINE.

gt_itab-col = 'B'.
gt_itab-seq = '1'.
INSERT TABLE gt_itab.

gt_itab-col = 'A'.
gt_itab-seq = '2'.
INSERT TABLE gt_itab.

CLEAR gt_itab.
READ TABLE gt_itab WITH TABLE KEY col = 'A'.

WRITE : / gt_itab-col, gt_itab-seq.
```

[结果 5-7]

```
A            2
```

哈希表的内表不存在索引，因此不能使用 READ TABLE ~ INDEX 语句。即如 [例 5-7]，需使用 READ TABLE ~ WITH TABLE KEY 或 WITH KEY 语句，才能访问内表数据。

<Tip. 内表的旧式定义法>

Rel 3.x 之前的版本一直使用的是带表头的内表定义方式，考虑到互换性问题，之后版本也一直在使用，具体定义方法如下。

```
DATA: BEGIN OF <itab> OCCURS <n>,
  f1,
  f2...
END OF <itab>.
```

之所以在本书中提及 OUCCCRS 0 语句的实例，是因为现存的很多程序都使用了此方法。 OCCURS 语句与 INITIAL SIZE 具有相同的功能。 从 Rel 4.0 之后的版本才开始使用 INITIAL SIZE 语句。这两种语句随着定义内表的方法不同，其使用形式也不同，且以类为基础的程序不支持 OCCURS 语句。OCCURS 在系统环境下为内表分配内存(Memory

Allocation，或数据条数)，0 指的是内存大小没有限制，即默认分配最小内存容量。可以使用 0 以外的数字，但当所分配的内存不足时，系统会自动调节大小，因此没有实际意义。自 Rel 3.0 版本开始，可以利用表对象创建内表。利用 OCCURS 语句创建的内表与标准表形式相同，此外不能使用前面讲述的排序及哈希表类型。但是在下面的 linetype 中可以使用所有数据类型。

```
TYPES <t> TYPE|LIKE <linetype> OCCURS <n>.
DATA <itab> TYPE|LIKE <linetype> OCCURS <n> [WITH HEADER LINE].
```

第二个语句执行与下面语句相同的功能。即以旧式方法定义的内表只支持标准表。

```
TYPES|DATA <itab> TYPE|LIKE STANDARD TABLE OF <linetype>
WITH NON-UNIQUE DEFALUT KEY INITIAL SIZE <n> [WITH HEADER LINE].
```

[例 5-8]

```
REPORT  Z05_08.

TYPES: BEGIN OF  t_line,
  col  TYPE c,
  seq  TYPE i,
END OF t_line.

DATA gt_itab TYPE t_line OCCURS 0 WITH HEADER LINE.

gt_itab-col = 'A'.
gt_itab-seq = '1'.
INSERT table gt_itab.

CLEAR gt_itab.
READ TABLE gt_itab INDEX 1.

WRITE : / gt_itab-col, gt_itab-seq.
```

[结果 5-8]

```
A              1
```

[例 5-8]利用 OCCURS 0 定义了内表。如下所示，定义与此相同内表可以不参照 TYPE 定义。这种方法定义的内表，即使没有 WITH HEADER LINE 语句，默认也包含表头。

```
DATA : BEGIN OF gt_itab OCCURS  0,
        col  TYPE c,
        seq  TYPE i,
      END OF gt_itab.
```

5.4 比较内表速度

在 ABAP 程序中正确利用内表是提高性能的重要因素之一。

5.4.1 标准表与排序表

标准表与排序表都属于索引表。用在程序中经常使用的(改善检索速度的) BINARY SEARCH 语句比较这两种类型的表。比较表类型如[图 5-12]所示。

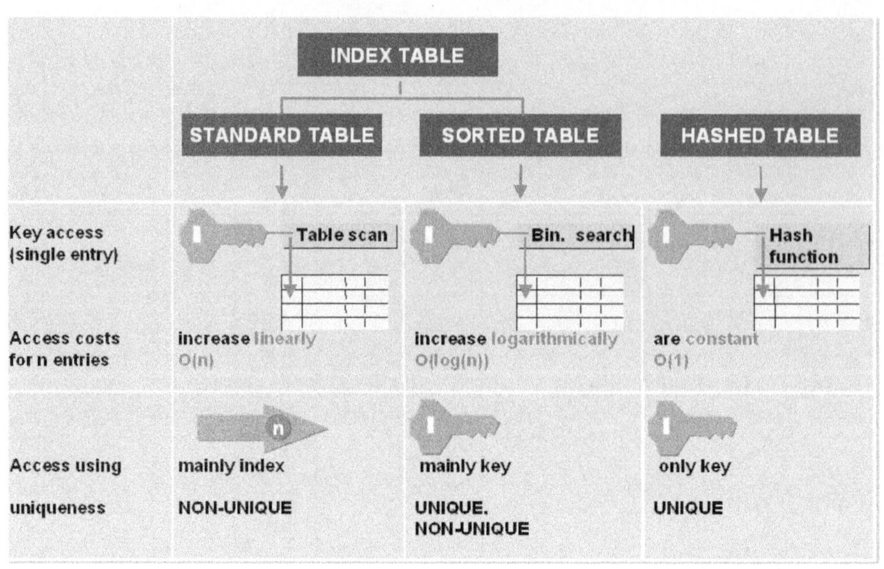

图 5-12　比较表类型

从[图 5-12]可以看到，标准表访问关键字的速度随着内表数据件数增加以线型速度增加，而排序表以指数函数(Logarithmically)形式增加。即随着内表件数增加，明显可以看到排序表的检索速度比标准表快。下面通过[例 5-9]与[例 5-10]比较标准表与排序表的性能差异。

[例 5-9]

```
REPORT  z05_09.

TYPES: BEGIN OF  t_line,
     col1 TYPE i,
     col2 TYPE i,
     Col3 TYPE i,
END OF t_line.

DATA gt_itab TYPE STANDARD TABLE OF t_line WITH HEADER LINE.

DO 10000000 TIMES.
  gt_itab-col1 = sy-index.
  gt_itab-col2 = sy-index.
  gt_itab-col3 = sy-index.
  INSERT table gt_itab.
ENDDO.

READ TABLE gt_itab WITH KEY col1 = 99999.
```

复制[例 5-9]程序创建一个新程序，然后将定义内表的形式修改成如下所示形式。

[例 5-10]

```
REPORT  z05_10.

DATA gt_itab TYPE SORTED TABLE OF t_line WITH NON-UNIQUE KEY COL1
            WITH HEADER LINE.
```

[表 5-4]是在 IDES(培训用系统)中分别往这两种类型的内表(标准表、排序表)中创建 1000 件数据后测试的结果。在不受其他程序影响的环境下，分别测试了 3 次。

表 5-4　测试内表结果

语　句	标准表	排序表
APPEND 速度	6203ms 6219ms 6172ms	14761ms 14797ms 14782ms
READ 速度	609ms 734ms 574ms	94ms 62ms 62ms
结论	APPEND 速度快 READ 速度慢	APPEND 速度慢 READ 速度快

从测试结果可以看到，排序表的 READ 速度虽然非常快，但是每当增加数据时都要进行排序，因此 APPEND 速度却非常慢。当处理大量数据时，一定要区分清楚后再使用这两种类型。例如，在处理 100 万件客户信息的程序中，用客户编号、身份证、姓名等字段进行检索时使用排序表能提高效率。

5.4.2　二分法查找

二分法查找（BINARY SEARCH）是利用二进制式检索数据的方法，使用此方法之前，首先要按照关键字（字段）排序内表数据。

```
READ TABLE <itab> WITH KEY col1 BINARY SEARCH.
```

例如 BINARY SEARCH 在无序的数据（2，1，5，6，3，7，9，4，8，10）中取出 9 的方法如下。首先，用 SORT 命令以（1, 2, 3～10）形式排列。刚开始从二进树中取中间值 5，与 9 进行比较，9 比中间值 5 大，因此在（6～10）的区间中取得中间值 8，再次与 9 进行比较，9 比 8 大，因此就在比 8 大的 9、10 中进行一次比较后，找到了 9。利用 BINARY SEARCH，3 次就找到了值，但是如果一个一个进行检索，则只能在第 7 次才能找到值。如此，在 ABAP 中提供了用 BINARY SEARCH 检索数据的方法。排序表已经按照关键字进行了排序，因此不能使用 SORT 命令，且默认包含了 BINARY SEARCH 的功能，无需再加 BINARY SEARCH 语句。标准表使用二分法时，一定要先使用 SORT 命令将内表排序。通过[例 5-11]与[例 5-12]比较标准表使用二分法（BINARY SEARCH）与不使用此方法的性能差异。

[例 5-11]

```
REPORT z05_11.

TYPES: BEGIN OF line,
   col1 TYPE i,
   col2 TYPE i,
   col3 TYPE i,
 END OF line.

DATA itab TYPE STANDARD TABLE OF line WITH KEY col1 WITH HEADER LINE.

DO 10000000 TIMES.
 itab-col1 = sy-index.
 itab-col2 = sy-index.
 itab-col3 = sy-index.
 INSERT table itab.
```

```
ENDDO.

SORT itab BY col1 col2 col3.
* 一般查询
READ TABLE itab WITH KEY col1 = 5000 col2 = 100 col3 = 999999.
```

复制[例 5-11]的程序，创建新程序后将读取内表的行修改如下。

[例 5-12]

```
REPORT z05_12.

* BINARY SEARCH
READ TABLE itab WITH KEY col1 = 5000 col2 = 100 col3 = 999999 BINARY SEARCH.
```

[表 5-5]显示了使用二分法(BINARY SEARCH)的查询与一般查询的性能比较。

表 5-5 标准表测试结果

语　句	一般查询	二分法查询
READ 速度	16469ms 16547ms 16688ms	16047ms 15719ms 16094ms
结论	READ 速度慢	READ 速度快

使用标准表类型的内表时，数据越多，排序时间越长，因此 SORT 消耗的时间比使用 BINARY SEARCH 而提高的时间还要长。因此未必都要使用 BINARY SEARCH 语句，要根据表类型、表数据件数等条件明智地选择方法。例如，当有 10，000 件数据的内表循环时，在循环之前先进行排序，然后使用 BINARY SEARCH 的方法查询数据，明显能提高效率（根据表数据的件数有不同的效果）。做系统改善项目时，经常指明要使用 BINARY SEARCH。

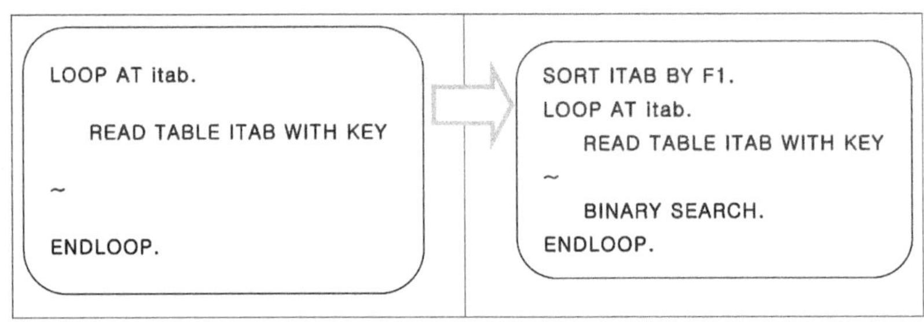

5.4.3 BINARY SEARCH 和排序

通过[例 5-13]比较标准表的 BINARY SEARCH 与排序表的性能差异。

[例 5-13]

```
REPORT z05_13.

TYPES: BEGIN OF line,
   col1 TYPE i,
   col2 TYPE i,
   col3 TYPE i,
  END OF line.

DATA itab TYPE SORTED TABLE OF line WITH UNIQUE KEY col1
                                   WITH HEADER LINE.
```

```
DO 10000000 TIMES.
  itab-col1 = sy-index.
  itab-col2 = sy-index.
  itab-col3 = sy-index.
  INSERT table itab.
ENDDO.

READ TABLE itab WITH KEY col1 = 5000 col2 = 100 col3 = 999999.
```

排序表内数据已经是有序数据，因此不需要 SORT 命令，也不需使用 BINARY SEARCH（若使用会发生错误）。[表 5-6]的结果说明，READ 一次时数据时，即使标准表用 BINARY SEARCH 方法读取数据也比不上排序表的速度。一般程序中 READ 一次内表的情况极少，大部分都会执行多次 READ 语句。使用了 5 次以上 READ 语句的程序中就可以看出使用排序表后性能上的明显提高。

表 5-6　排序表测试结果

语　　句	BINARY SEARCH (标准表)	READ (排序表)
Read 速度	16047ms 15719ms 16094ms	10891ms 10718ms 10593ms
结论	READ 速度慢	READ 速度快

5.4.4　测定哈希表速度

哈希表读取数据时使用哈希算法，因此始终以相同的速度访问表。但是使用 INSERT 时速度会下降。另外，关键字一定要定义成 Unique 形式。

[例 5-14]

```
REPORT  z05_14.

TYPES: BEGIN OF line,
    col1 TYPE i,
    col2 TYPE i,
    col3 TYPE i,
  END OF line.
*DATA itab TYPE STANDARD TABLE OF line WITH KEY col1
*                                   WITH HEADER LINE.

*DATA itab TYPE SORTED TABLE OF line WITH UNIQUE KEY col1
*                                   WITH HEADER LINE.

DATA itab TYPE HASHED TABLE OF line WITH UNIQUE KEY col1
                                   WITH HEADER LINE.

DO 1500000 TIMES.
  itab-col1 = sy-index.
  itab-col2 = sy-index.
  itab-col3 = sy-index.
  INSERT table itab.
ENDDO.

READ TABLE itab WITH KEY col1 = 999999.
```

在[例 5-14]中依次解除带注释的代码，分别比较 3 种类型的内表执行速度，测试结果如表 5-7 所示。

表 5-7　内表测试结果（包含 150 万件数据）

语　句	标 准 表	排 序 表	哈 希 表
APPEND 速度	422ms 438ms 438ms	1438ms 1454ms 1459ms	1313ms 1328ms 1297ms
READ 速度	125ms 110ms 109ms	78ms 948ms 93ms	63ms 46ms 47ms
结论	APPEND 速度快 READ 速度慢	APPEND 速度最慢 READ 速度快	APPEND 速度慢 READ 速度最快

可以指定唯一的关键字，并且拥有大量数据，另外还常使用 READ 语句，建议使用哈希表。出于性能考虑，设计程序时就要习惯定义拥有唯一关键字的内表。[表 5-8]根据内表类型整理了访问方法。

表 5-8　比较表

	标 准 表	排 序 表	哈 希 表
用索引访问(Index Access)	是	是	不是
用关键字访问(Key Access)	是	是	是
关键字(Key Values)	不唯一	唯一或者 不唯一	唯一
建议使用的访问方法	建议使用 索引	建议使用关键字	只能使用关键字

[图 5-13]是 SAP 公司根据内表的类型测定用关键字访问的速度的资料。从图中可以看到，随着数据件数增加排序表，哈希表的读取速度没有太大区别，但是标准表却随着数据的增加，其读取速度明显下降。

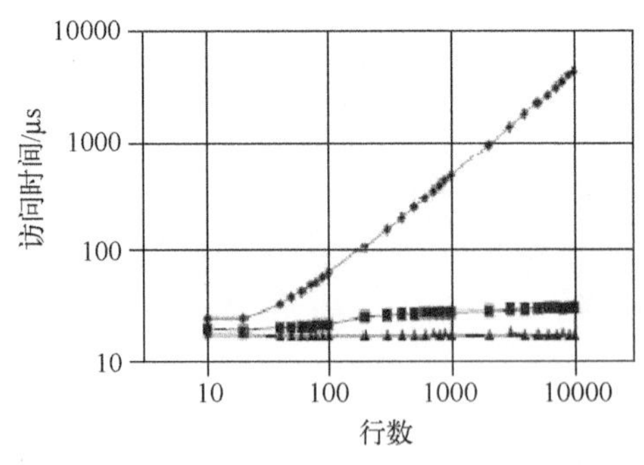

	10	100	1000	10000	
标准表	20 μs	64 μs	530 μs	5300 μs	◆
排序表	10 μs	21 μs	20 μs	31 μs	■
哈希表	17 μs	17 μs	17 μs	17 μs	▲

图 5-13　比较表

5.5 内表命令

5.5.1 内表赋值

内表与其他变量一样，也可用 MOVE 语句进行赋值。要注意的是带表头的内表以下面的的方法赋值时只会复制表头中的数据。

```
MOVE itab1 TO itab2.    "与 itab2 = itab1. 语句相同
```

若要复制表体的数据，写法如下。

```
MOVE itab1[] TO itab2[].    "与 itab2[] = itab1[]. 语句相同
```

上面语句中，两个内表类型需一致，因为依次按照字段顺序进行赋值，若使用了不同类型的内表，则会导致错误的结果。当内表类型不同时，若程序属性中选择了 Unicode check active 选项，则字符串类型与数字类型之间会生成 Alignment Gap，从而导致错误。类型不同时，可以使用如[表 6-1]所示的语句，则不管字段顺序如何，只要有相同名字的字段都可以赋值。

```
MOVE-CORRESPONDING itab1 TO itab2.
```

[例 5-15]

```
REPORT z05_15.

TYPES: BEGIN OF t_line,
   col1   TYPE i,
   col2   TYPE i,
  END OF t_line.

DATA: gt_itab1 TYPE STANDARD TABLE OF t_line WITH HEADER LINE,
      gt_itab2 TYPE STANDARD TABLE OF t_line,
      gs_wa   LIKE LINE OF gt_itab2.


DO 5 TIMES.
  gt_itab1-col1 = sy-index.
  gt_itab1-col2 = sy-index * 2.
  INSERT table gt_itab1.
ENDDO.

MOVE gt_itab1[] TO gt_itab2.

LOOP AT gt_itab2 INTO gs_wa.
  WRITE: / gs_wa-col1, gs_wa-col2.
ENDLOOP.
```

[结果 5-15]

```
1         2
2         4
3         6
4         8
5        10
```

带表头的内表表头与内表的名字相同。使用符号“[]”区分表头与表体。在[例 5-15]中，中括号“[]”指的是带表头内表的表体。即带表头的内表名字指表头，不带表头的内表名字指表体。因此，在例题中根据是否带表头的情况，分别使用了 MOVE gt_itab1[] TO gt_itab2 语句。

5.5.2 内表初始化

与其他变量一样，内表也可以清空，初始化内表的语句有 CLEAR、 REFRESH、FREE 这 3 种。[图 5-14]说明了带表头与不带表头的内表使用 CLEAR、REFRESH 及 FREE 语句时的不同点。如[图 5-15]所示，不带表头的内表这 3 个命令都能删除内表的表体。

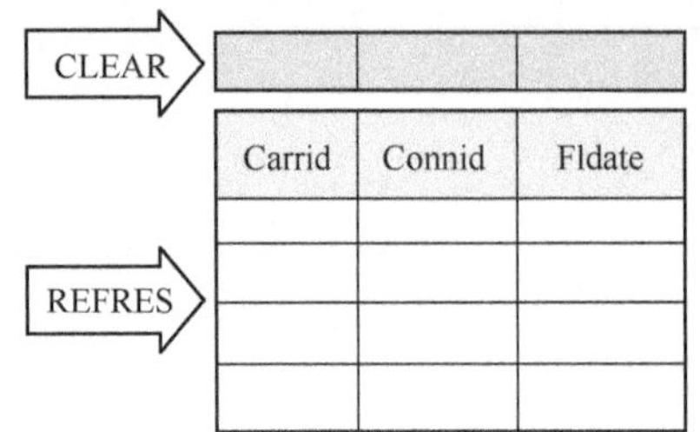

图 5-14 带表头内表的 CLEAR、REFRESH、FREE 语句

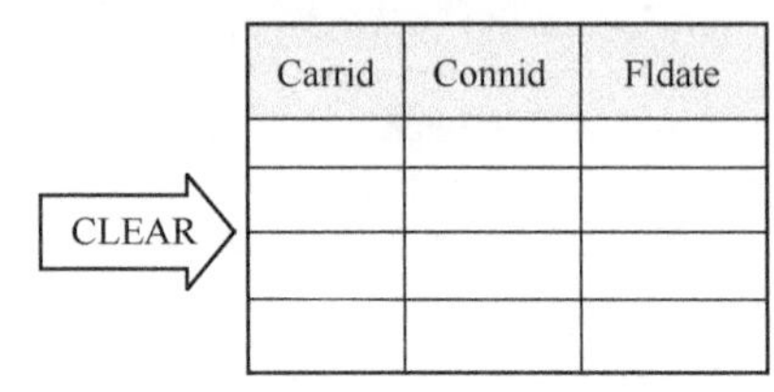

图 5-15 不带表头内表的 CLEAR、REFRESH、FREE 语句

下面继续讲解这 3 种语句。

CLEAR 语句返回(Release)内存空间。但不删除刚开始要求的内存容量信息。如果是带表头的内表，则下面语句只删除内表的表头。而不带表头的内表删除的是表体。

```
CLEAR itab.
```

为了删除带表头的表体，一定要追加中括号“[]”。具体写法如下。

```
CLEAR ITAB[].
```

如果读者认为 CLEAR 语句写法麻烦，可以使用如下语句，即 REFRESH。

```
REFRESH itab.
```

REFRESH 语句只删除表内数据，无法删除内存空间，若想释放内存空间需使用 FREE 语句。

综上所述，CLEAR 语句删除内表数据的同时释放了内存空间，相反 REFRESH 语句只能删除内表数据。若使用了 REFRESH 语句，则有必要使用 FREE 语句释放内存。

```
FREE itab.
```

下面通过[例 5-16]了解初始化内表及释放内存空间的方法。

[例 5-16]

```
REPORT  z05_16.

DATA: BEGIN OF gs_line,
  col1    TYPE i,
  col2(1) TYPE c,
 END OF gs_line.

DATA: gt_itab LIKE STANDARD TABLE OF gs_line.
```

```
gs_line-col1 = 1.
gs_line-col2 = 'A'.
INSERT gs_line INTO TABLE gt_itab.

REFRESH gt_itab.
* FREE itab.
* CLEAR itab.

IF  gt_itab IS INITIAL.
  WRITE : 'Internal Table have no data.'.
  FREE  gt_itab.
ENDIF.
```

[结果 5-16]

```
Internal Table have no data.
```

在此例题中使用了 REFRESH 语句初始化内表。初始化内表后满足 IF 语句，因此执行 WRITE 语句。结束程序前要使用 FREE itab 语句释放内存空间。将定义内表的代码修改成下列所示，然后请读者自己练习一下带表头的情况。

```
DATA gt_itab LIKE TABLE OF gs_line WITH HEDER LINE.
```

5.5.3 内表排序

1. SORT

用此语句可以排序标准表及哈希表。用内表自带的关键字进行排序时语句写法如下。

```
SORT    ITAB [ASCENDING|DESCENDING]
```

对没有设置关键字的内表进行排序时，将组合字符串类型的字段作为关键字进行排序，默认的排序方法为 ASCENDING。排序表的自身数据是已经排好的，因此使用 SORT 命令会发生 Syntax Error。

2. 指定排序字段

任意指定需要排序的字段方法如下。

```
SORT ITAB [ASCENDING|DESCENDING]
          BY f1 [ASCENDING|DESCENDING]
          ...
             fn [ASCENDING|DESCENDING].
```

利用此语句就不会按照表自带的关键字排序，而是按照 BY 后面指定的 f1~ fn 字段（限 250 个）进行排序。f1 字段的值中若存在 null 值，则会排除此列。

3. Stable SORT

每次使用 SORT 命令时排序序列号一直在变化。此时使用 Stable Sort 语句就能保留排序序列号，但是也存在消耗更多排序时间的弊端。

```
SORT Itab... STABLE.
```

存在相同数据时，重新排序后 STABLE 选项仍能保持原先顺序。例如，存在如下几个数据，其中第一位与第四位都是 5。

```
5   4   3   5   2
```

为便于说明，在每个数据后面都标明了各自目前的顺序编号。

```
5(1)  4(2)  3(3)  5(4)  2(5)
```

对这些数据进行排序后，原先在前面的 5 的顺序没有变，仍保持在前面，这就是使用了 STATBLE SORT 语句的效果。

```
2(5)  3(3)  4(2)  5(1)  5(4)
```

通过[例 5-17]练习 SORT 语句的功能。

[例 5-17]

```
REPORT  z05_18.

DATA: BEGIN OF gs_line,
    col1  TYPE c,
    col2  TYPE i,
  END OF gs_line.

DATA gt_itab LIKE STANDARD TABLE OF gs_line WITH NON-UNIQUE KEY col1.

gs_line-col1 = 'B'.
gs_line-col2 = 3.
APPEND gs_line TO gt_itab.

gs_line-col1 = 'C'.
gs_line-col2 = 4.
APPEND gs_line TO gt_itab.

gs_line-col1 = 'A'.
gs_line-col2 = 2.
APPEND gs_line TO gt_itab.

gs_line-col1 = 'A'.
gs_line-col2 = 1.
APPEND gs_line TO gt_itab.

SORT gt_itab.
PERFORM write_data.

SORT gt_itaB BY col1 col2.
PERFORM write_data.

SORT gt_itab  BY col1 DESCENDING col2 ASCENDING.
PERFORM write_data.

FORM write_data.
  LOOP AT gt_itab INTO gs_line.
    WRITE: / gs_line-col1, gs_line-col2.
  ENDLOOP.
  ULINE.
ENDFORM.                "WRITE_DATA
```

[结果 5-17]

```
A          2
A          1
B          3
C          4
```

```
A            1
A            2
B            3
C            4

C            4
B            3
A            1
A            2
```

[例 5-17]中，第一个 SORT gt_itab.语句以内表的关键字 col1 字段为基准进行排序。然后第二个 SORT gt_itaB BY col1 col2.语句以 col1、col2 这 2 个字段按顺序升序排序。最后 SORT gt_itab BY col1 DESCENDING col2 ASCENDING. 语句表示每个字段的排序方式均不同，一个按降序，一个按升序。

5.5.4 内表属性

可利用 DESCRIBE 语句确认内表属性。

```
DESCRIBE TABLE itab [LINES gv_ line] [OCCURS gv_init] [KIND gv_kind].
```

LINES 返回内表包含的数据件数，OCCURS 返回内表的初始大小。另外，KIND 返回内表的类型，其中 T 代表标准表，S 代表排序表，H 代表哈希表。在这几种内表属性选项中最常用的是 LINES。通过[例 5-18]练习 DESCRIBE 语句的功能。

[例 5-18]

```
REPORT  z05_19.

DATA: BEGIN OF gs_line,
    col1  TYPE c,
    col2  TYPE i,
  END OF gs_line.

DATA gt_itab LIKE STANDARD TABLE OF gs_line INITIAL SIZE 10.

DATA: gv_line    TYPE i.

DO 20 TIMES.
  gs_line-col1 = sy-index.
  gs_line-col2 = sy-index * 2.
  INSERT gs_line INTO TABLE gt_itab.
ENDDO.

DESCRIBE TABLE gt_itab LINES gv_line.
WRITE: / 'Internal Table Line is :', gv_line.
```

[结果 5-18]

```
Internal Table Line is :              20
```

5.6 追加内表数据

插入内表行的命令有 INSERT、APPEND、COLLECT 这 3 种。INSERT 与 APPEND 都将数据插入到内表的最后一行，但是 INSERT 语句根据内表类型不同，其执行结果也有所不同。COLLECT 语句用于合计关键字相同的数字类型的字段，关键字不同的直接追加数据。

5.6.1 INSERT 语句

1. 利用表关键字追加一条数据

追加一条数据时，可以利用如下语句，即利用关键字向内表追加一条数据，如[图 5-16]所示。

```
INSERT line INTO TABLE itab
```

INSERT 执行成功时，系统变量 SY-SUBRC 返回 0。若内表存在唯一性（UNIQUE KEY），当执行 INSERT 语句时，若表中已存在相同关键字的数据，则系统变量 SY-SUBRC 会返回 4，但不发生 Dump Error。

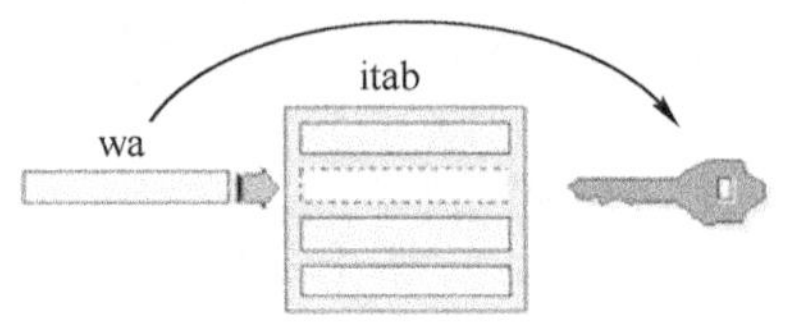

图 5-16 向内表追加一条数据

2. 利用关键字追加多条数据

可利用 INSERT 语句追加多条数据，但是 Itab1 与 Itab2 表类型要相同。如[图 5-17]所示，通过[例 5-19]练习追加多条数据的语句。

```
INSERT lines OF itab1 [FROM n1] [TO n2] INTO TABLE itab2.
```

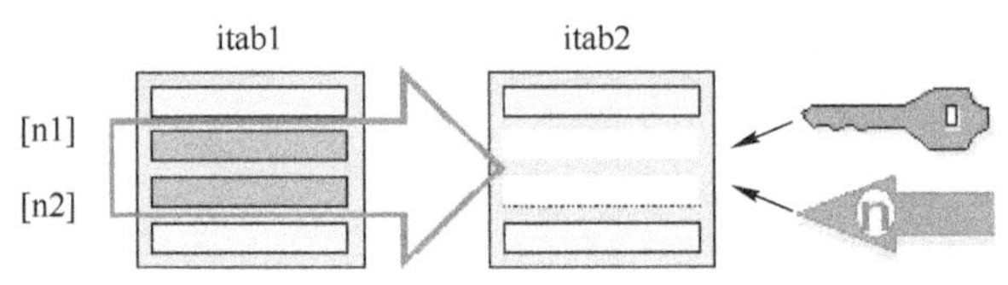

图 5-17 追加多条数据

[例 5-19]

```
REPORT z05_20.

DATA: BEGIN OF gs_line,
   col1 TYPE c,
   col2 TYPE i,
  END OF gs_line.

DATA gt_itab1 LIKE STANDARD TABLE OF gs_line WITH NON-UNIQUE KEY col1.
DATA gt_itab2 LIKE SORTED TABLE OF gs_line WITH NON-UNIQUE KEY col1.

gs_line-col1 = 'B'.
gs_line-col2 = 1.
INSERT gs_line INTO TABLE gt_itab1.

gs_line-col1 = 'A'.
gs_line-col2 = 2.
INSERT gs_line INTO TABLE gt_itab1.

gs_line-col1 = 'C'.
gs_line-col2 = 3.
```

```
INSERT gs_line INTO TABLE gt_itab1.

INSERT LINES OF gt_itab1 INTO TABLE gt_itab2.
*INSERT LINES OF gt_itab1 FROM 1 TO 2 INTO TABLE gt_itab2.

LOOP AT gt_itab2 INTO gs_line.
  WRITE: / gs_line-col1, gs_line-col2.
ENDLOOP.
```

[结果 5-19]

```
A        2
B        1
C        3
```

从[结果 5-19]中可以看到，按照关键字字段 col1 进行排序后输出，这是因为内表 gt_itab2 是排序表，因此 INSERT LINES OF 语句是在有序的数据中执行了追加数据的功能。

3. 利用索引追加一条数据

利用 Index 语句可以在 Index 指定的位置追加一条数据，如[图 5-18]所示。此方法不适用于哈希表。语句执行成功，系统变量 SY-SUBRC 返回 0，同时系统变量 SY-TABIX 返回索引值。

```
INSERT line INTO itab [Index idx].
```

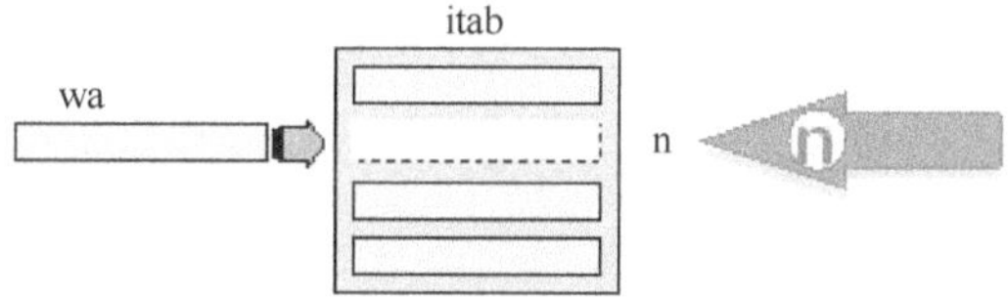

图 5-18　利用索引追加一条数据

利用索引还可以追加多条数据。

```
INSERT lines OF itab1 INTO itab2 [Index idx].
```

4. 不同的内表类型具有各自不同的 INSERT 效果

标准表
- 追加数据到内表最后一行。
-与 APPEND 语句有相同的效果。
排序表
-按照内表排序好的顺序追加数据。
-若是关键字并非唯一(Non-UNIQUE KEY)的类型，重复的数据会追加到相同数据的上一行中。
-哈希表
-按照表关键字的哈希索引顺序追加数据。

依次解除[例 5-20]中定义 3 种类型内表的注释，比较此 3 种类型各自的 INSERT 效果。

[例 5-20]

```
REPORT z05_21.
```

```
DATA: BEGIN OF gs_line,
   col1 TYPE c,
   col2 TYPE n,
 END OF gs_line.

DATA gt_itab LIKE STANDARD TABLE OF gs_line WITH NON-UNIQUE KEY col1.
*DATA gt_itab LIKE SORTED TABLE OF gs_line WITH UNIQUE KEY col1.
*DATA gt_itab LIKE HASHED TABLE OF gs_line WITH UNIQUE KEY col1.

gs_line-col1 = 'B'.
gs_line-col2 = 1.
INSERT gs_line INTO TABLE gt_itab.

gs_line-col1 = 'A'.
gs_line-col2 = 2.
INSERT gs_line INTO TABLE gt_itab.

gs_line-col1 = 'A'.
gs_line-col2 = 3.
INSERT gs_line INTO TABLE gt_itab.

gs_line-col1 = 'C'.
gs_line-col2 = 4.
INSERT gs_line INTO TABLE gt_itab.
BREAK-POINT.
```

根据[例 5-20]的表类型，在调试画面上确认内表中包含的数据。标准表关键字不是唯一的，因此存在关键字重复的数据。

[标准表]

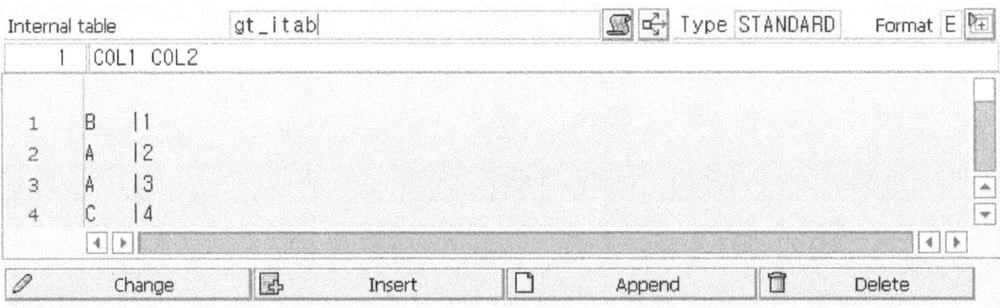

[排序表]

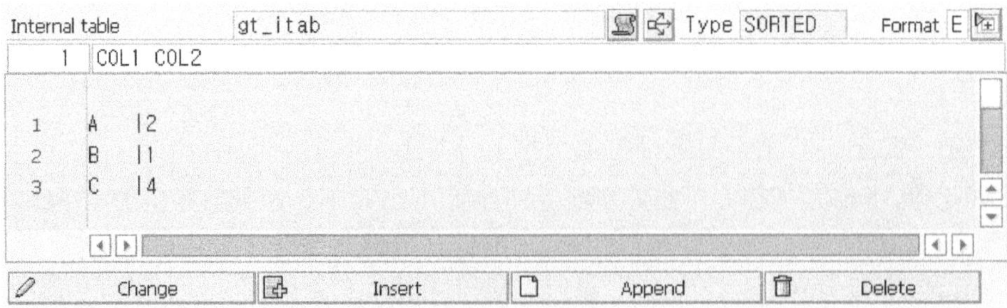

[哈希表]

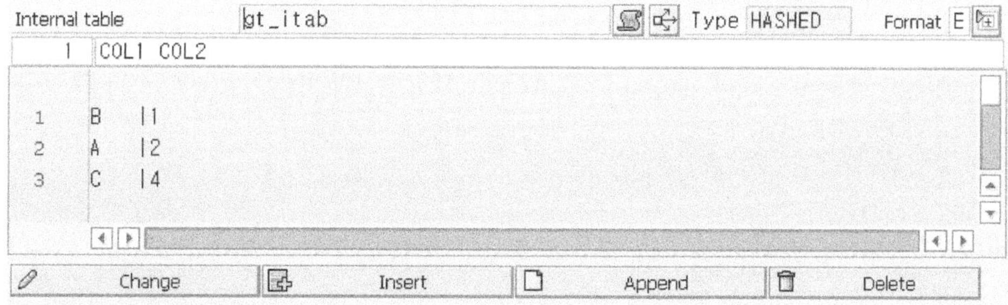

5.6.2 APPEND 语句

INSRET 语句可以利用关键字及索引追加数据，但是 APPEND 语句只能利用索引。即哈希表不能使用此语句。

1. 追加一条数据

追加一条数据时可以利用如下语句。

```
APPEND Line TO itab.
```

执行 APPEND 语句后，系统变量 SY-TABIX 中保存追加数据的内表行，即索引编号。

2. 追加多条数据

与 INSERT 语句一样，可以一次性追加内表数据到另一个内表中。

```
APPEND lines OF itab1 TO itab2.
```

利用如下语句，可以将内表 itab1 的索引 n1～n2 之间的数据追加到内表 itab2 中。

```
APPEND Lines OF itab1 [FROM n1] [TO n2] TO itab2.
```

通过[例 5-21]练习关于内表中追加数据功能。

[例 5-21]

```
REPORT z05_22.

DATA: BEGIN OF gs_line,
   col1 TYPE c,
   col2 TYPE n,
 END OF gs_line.

DATA gt_itab LIKE STANDARD TABLE OF gs_line WITH NON-UNIQUE KEY col1.
*DATA gt_itab LIKE SORTED TABLE OF gs_line WITH UNIQUE KEY col1.
*DATA gt_itab LIKE HASHED TABLE OF gs_line WITH UNIQUE KEY col1.

gs_line-col1 = 'B'.
gs_line-col2 = 1.
APPEND gs_line TO gt_itab.

gs_line-col1 = 'A'.
gs_line-col2 = 2.
APPEND gs_line TO gt_itab.
```

```
gs_line-col1 = 'A'.
gs_line-col2 = 3.
APPEND gs_line TO gt_itab.

gs_line-col1 = 'C'.
gs_line-col2 = 4.
APPEND gs_line TO gt_itab.

BREAK-POINT.
```

在[例 5-21]的内表定义部分，将排序类型内表注释解除后执行程序，由于违背了排序顺序，发生 Dump Error，另外把哈希类型内表注释解除后执行，则会输出无法使用 Index 相关命令的错误信息，如[图 5-19]所示。

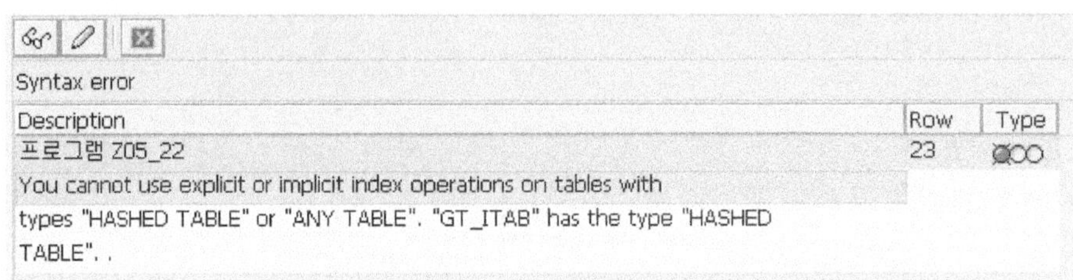

图 5-19 哈希类型内表无法使用 APPEND 语句的错误信息

3. 内表类型不同，有各自不同的 APPEND 效果

标准表
-将数据追加到内表最后一行。
-可以利用 SORTED BY 选项，以关键字为基准按照降序(DESCENDING)进行排序。
排序表
-排序表是有序表，需按照排好的顺序追加数据，否则会发生 Dump Error。
哈希表
-不能使用 APPEND 语句。

4. APPEND INITIAL LINE.

创建一个空内表后可以追加新数据。

```
APPEND INITIAL LINE TO itab
~
APPEND wa TO itab.
```

使用 SORTED BY 语句，会自动以字段 f 为基准降序(DESCENDING)排序后追加数据。此语句只适用于标准表，另外还需用 INITIAL SIZE 语句指定大小。

```
APPEND wa TO itab SORTED BY f.
```

通过[例 5-22]确认 SORTED BY 语句的效果。

[例 5-22]

```
REPORT z05_23.

DATA: BEGIN OF gs_line,
  col1  TYPE c,
  col2  TYPE i,
```

```
    END OF gs_line.

DATA gt_itab LIKE TABLE OF gs_line INITIAL SIZE 2.

gs_line-col1 = 'C'.
gs_line-col2 = 1.
APPEND gs_line TO gt_itab SORTED BY col1.

gs_line-col1 = 'A'.
gs_line-col2 = 2.
APPEND gs_line TO gt_itab SORTED BY col1.

gs_line-col1 = 'B'.
gs_line-col2 = 3.
APPEND gs_line TO gt_itab SORTED BY col1.

LOOP AT gt_itab INTO gs_line.
  WRITE: / gs_line-col1, gs_line-col2.
ENDLOOP.
```

[结果 5-22]

```
C        1
B        3
```

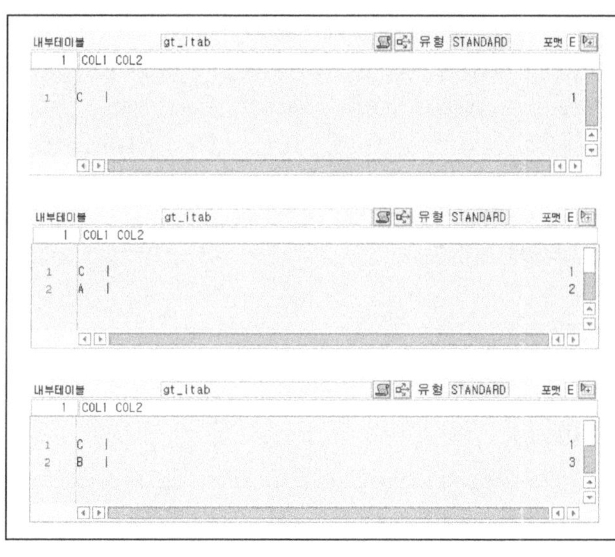

在[结果 5-22]中，A 值被删除，是因为内表的初始大小是 2，因此执行 DESCENDING SORT APPEND 语句就删除了 COL1 = A 的数据。左图说明了每次执行 APPEND 语句时内表的数据会有变化。定义内表时，用 INITIAL SIZE 语句指定大小后，与 SORTED BY 语句配套使用，则内表大小即为 INITIAL SIZE 指定的大小。

5.6.3 COLLECT 语句

使用 COLLECT 语句可以合计内表中数字类型的字段。

```
COLLECT wa INTO itab.
```

除了关键字以外的数据都需要是数字类型(f、i、p)。执行 COLLECT 语句，当存在相同关键字的数据时，合计数字类型的字段，不存在相同关键字的数据时，直接追加数据。不存在关键字的内表，则会把 CHAR 类型的字段作为关键字执行相同的操作。[图 5-20]显示了内表执行 COLLECT 语句前后的数据变化状态。内表中若存在以 CHAR 类型的 carrid 与 connid 为基准的相同数据，则会以关键字作为基准合计数字类型的字段 seatsmax 值。

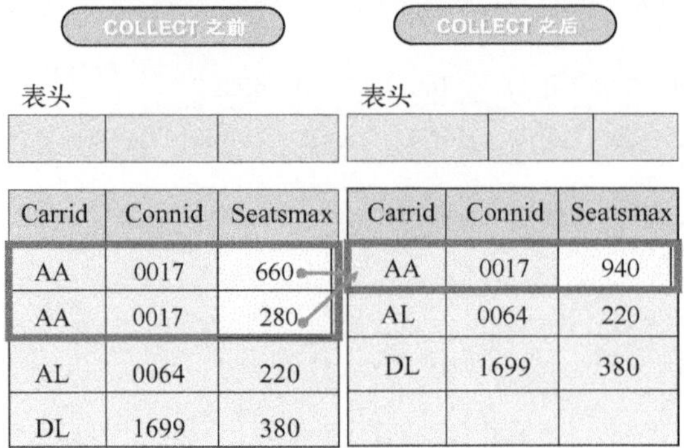

图 5-20　执行 COLLECT 语句

通过[例 5-23]实例证明 [图 5-20]说明的内容。

[例 5-23]

```
REPORT  z05_24.

DATA: BEGIN OF gs_line,
    col1(3) TYPE c,
    col2(2) TYPE n,
    col3    TYPE i,
  END OF gs_line.

DATA gt_itab LIKE STANDARD TABLE OF gs_line WITH NON-UNIQUE KEY col1 col2.

gs_line-col1 = 'AA'. gs_line-col2 = '17'. gs_line-col3 = 660.
COLLECT gs_line INTO gt_itab.

gs_line-col1 = 'AL'. gs_line-col2 = '34'. gs_line-col3 = 220.
COLLECT gs_line INTO gt_itab.

gs_line-col1 = 'AA'. gs_line-col2 = '17'. gs_line-col3 = 280.
COLLECT gs_line INTO gt_itab.

LOOP AT gt_itab INTO gs_line.
  WRITE: / gs_line-col1, gs_line-col2, gs_line-col3.
ENDLOOP.
```

[结果 5-23]

```
AA   17            940
AL   34            220
```

下面练习从数据库读取数据后使用 COLLECT 语句合计数据的程序。

[例 5-24]从 sflight 表中按照现有航运 ID 读取预约总费用。当然也可利用 GROUP BY 语句，但一般使用 COLLECT 语句。

[例 5-24]

```
REPORT  z05_25.

DATA: BEGIN OF gs_line,
    carrid     TYPE sflight-carrid,
    connid     TYPE sflight-connid,
    paymentsum TYPE sflight-paymentsum,
  END OF gs_line.
```

```
DATA gt_itab LIKE TABLE OF gs_line WITH NON-UNIQUE KEY carrid connid
WITH HEADER LINE.

DATA gt_sum LIKE TABLE OF gs_line WITH NON-UNIQUE KEY carrid connid
WITH HEADER LINE.

SELECT carrid connid paymentsum
INTO CORRESPONDING FIELDS OF TABLE gt_itab FROM sflight.

LOOP AT gt_itab.
  COLLECT gt_itab INTO gt_sum.
ENDLOOP.

LOOP AT gt_sum.
  WRITE : / gt_sum-carrid, gt_sum-connid, gt_sum-paymentsum.
ENDLOOP.
```

[结果 5-24]

```
AA  0017      2,053,578.82
AA  0064      1,352,089.93
AZ  0555        506,124.85
AZ  0788      4,809,574.70
AZ  0789      4,988,238.50
AZ  0790      4,911,643.62
DL  0106      2,040,495.04
DL  1699      1,200,376.49
```

[例 5-24]中，先定义两个内表，在第一个内表 gt_itab 中保存数据，再根据航空公司与航运 ID 合计 paymentsum 值，放到第二个内表 gt_sum 里。

5.7 修改内表数据

使用 MODIFY 语句可以修改内表内的一条数据。可以用关键字或索引修改相应行数据。

5.7.1 利用表关键字修改一条数据

利用如下语句，即以关键字为基准修改内表行数据。内表关键字并非唯一，即存在重复数据时，执行 MODIFY 语句会修改第一条数据。如[图 5-21]、[图 5-22]所示，当修改带表头的内表数据时，可以省略 FROM wa 语句。

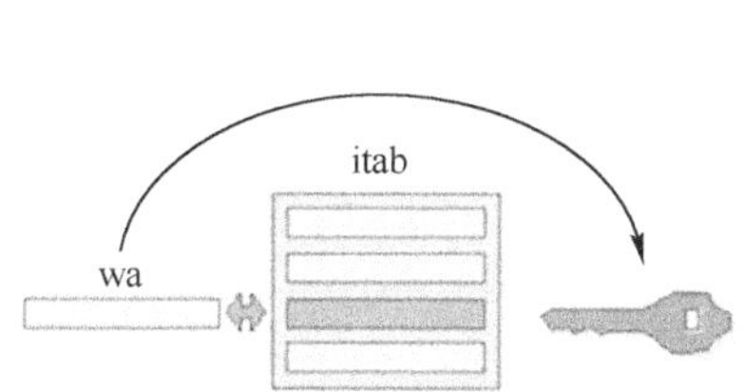

图 5-21 MODIFY with Work Area

表头

AA	0050	10/29/2020

MODIFY

Carrid	Connid	Fldate
AA	0050	10/29/2020
AA	0026	11/26/2020
AL	0555	11/21/2020
DL	1699	11/29/2020

图 5-22 MODIFY 结构

```
MODIFY TABLE itab FROM wa [TRANSPORTING f1 f2 ..].
```

可利用 TRANSPORTING 语句修改指定字段的值。只修改指定字段，肯定比修改整个字段性能优异，但是影响不大。

通过[例 5-25]实例证明 [图 5-22]中说明的内容。

[例 5-25]

```
REPORT  z05_26.

DATA: BEGIN OF gs_line,
    col1(2) TYPE c,
    col2 TYPE i,
    col3 TYPE sy-datum,
  END OF gs_line.

DATA gt_itab LIKE STANDARD TABLE OF gs_line WITH NON-UNIQUE KEY col1 col2.

gs_line-col1 = 'AA'.
gs_line-col2 = 50.
INSERT gs_line INTO TABLE gt_itab.

gs_line-col1 = 'AA'.
gs_line-col2 = 26.
INSERT gs_line INTO TABLE gt_itab.

gs_line-col1 = 'AA'.
gs_line-col2 = 50.
gs_line-col3 = '20201029'.

MODIFY TABLE gt_itab FROM gs_line.

LOOP AT gt_itab INTO gs_line.
 WRITE: / gs_line-col1, gs_line-col2, gs_line-col3.
ENDLOOP.
```

[结果 5-25]

```
AA          50   2020.10.29
AA          26   0000.00.00
```

[例 5-25]首先根据关键字字段追加 col1 = ‘A’, col2 = ‘50’的数据，然后用 MODIFY 语句修改日期字段 col3 的值。

5.7.2 利用 WHERE 条件修改多条数据

修改一条以上的数据时使用 WHERE 语句。

```
MODIFY itab FROM wa TRANSPORTING f1 f2 ... WHERE cond.
```

利用 WHERE 语句可以限制多个字段的检索条件。[例 5-26]首先从 sflight 表中读取数据，再从 scarr 表读取航空公司名字，最后用名字将原表更新。

[例 5-26]

```
REPORT  z05_27.
```

```
DATA: BEGIN OF gs_line,
  carrid     TYPE sflight-carrid,
  carrname   TYPE scarr-carrname,
  fldate     TYPE sflight-fldate,
 END OF gs_line.

DATA gt_itab LIKE TABLE OF gs_line.

SELECT carrid connid INTO CORRESPONDING FIELDS OF TABLE gt_itab
 FROM sflight.

 LOOP AT gt_itab INTO gs_line.

  AT NEW carrid.

   SELECT SINGLE carrname INTO gs_line-carrname
    FROM scarr WHERE carrid = gs_line-carrid.


MODIFY gt_itab FROM gs_line INDEX sy-tabix TRANSPORTING carrname.
ENDAT.
WRITE : / gs_line-carrid, gs_line-carrname.

ENDLOOP.
```

[结果 5-26]

```
AA   American Airlines
AA
AA
AZ   Alitalia
AZ
AZ
DL   Delta Airlines
DL
DL
```

[例 5-26]中，AT NEW 语句是 LOOP 内表时，与上一条数据比较有值的变化的字段存在时执行的命令。如 AA、AZ、DL 值，当航空公司 ID 值有变化时，执行此命令且在 MODIFY 语句中根据 WHERE 条件修改对应的名字。

内表执行 LOOP 命令时，可以使用以下 4 种语句。

```
AT FIRST.
- 是内表第一条数据时执行。
AT NEW f1.
- 字段 f1 值与上一条数据比较有变化时执行。
AT END OF f1
- 字段 f1 值与下一条数据比较有变化时执行。
AT LAST.
- 是内表的最后一条数据时执行。
```

5.7.3 利用索引修改一条数据

利用索引可以修改对应行的值。因为使用索引，所以只能用于标准表与排序表。在 LOOP 语句中可以省略 INDEX 选项，此时会修改内表当前索引行数据，如[图 5-23]所示。

```
MODIFY itab FROM wa [INDEX idx] [TRANSPORTING f1 f2... ].
```

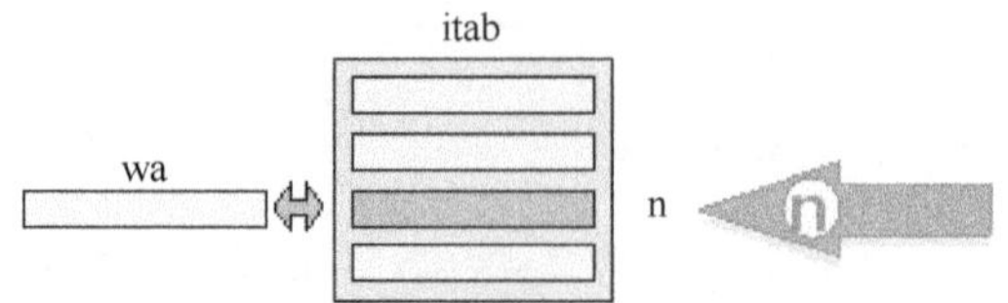

图 5-23　通过 INDEX 选项更新数据

[例 5-27]

```
REPORT  z05_28.

DATA: BEGIN OF gs_line,
    carrid     TYPE sflight-carrid,
    carrname   TYPE scarr-carrname,
    fldate     TYPE sflight-fldate,
  END OF gs_line.

DATA gt_itab LIKE TABLE OF gs_line.


SELECT carrid fldate INTO CORRESPONDING FIELDS OF TABLE gt_itab
  FROM sflight.


  LOOP AT gt_itab INTO gs_line.

    SELECT SINGLE carrname INTO gs_line-carrname
      FROM scarr WHERE carrid = gs_line-carrid.

    MODIFY gt_itab FROM gs_line.

    WRITE : / gs_line-carrid, gs_line-carrname.

ENDLOOP.
```

[结果 5-27]

```
AA   American Airlines
AA   American Airlines
AZ   Alitalia
AZ   Alitalia
DL   Delta Airlines
DL   Delta Airlines
```

在[例 5-27]中，MODIFY 语句省略了索引，其详细语法如下。

```
MODIFY gt_itab FROM gs_line INDEX sy-tabix.
```

5.8　删除内表数据

可以利用 DELETE 语句删除内表的一条数据。对应行数据还可以把关键字和索引作为查询条件查询后删除。

5.8.1 利用表关键字删除一条数据

利用以下语句，以关键字为基准删除内表的一条数据。在关键字不唯一的标准表中使用 WITH TABLE KEY 语句删除重复数据中的一条数据，如[图 5-24]、[图 5-25]所示。

```
DELETE TABLE itab [FROM wa].

DELETE TABLE itab WITH TABLE KEY k1 = f1 ... kn = fn.
```

表头

AA	0017	10/29/2020

Carrid	Connid	Fldate
AA	0026	11/26/2020
AL	0555	11/21/2020
DL	1699	11/29/2020

图 5-24 DELETE 结构

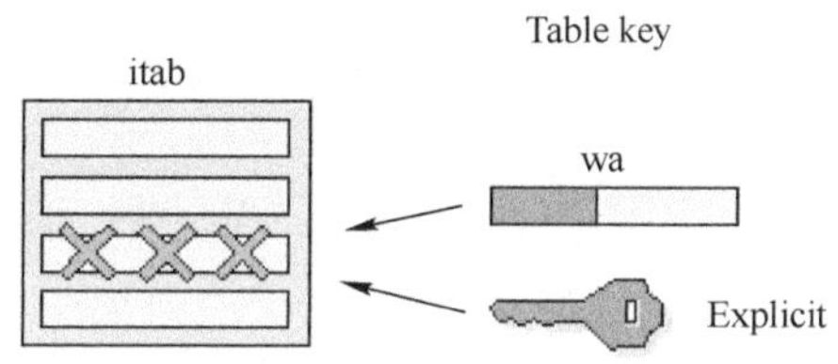

图 5-25 利用关键字删除内表数据

5.8.2 利用 WHERE 条件删除多条数据

删除多条数据时利用 WHERE 语句。

```
DELETE itab WHERE cond.
```

用 WHERE 语句可以限制条件，删除相应数据。

通过[例 5-28]练习删除内表数据用 DELETE 语句的 WHERE 条件。

[例 5-28]

```
REPORT  z05_29.

DATA: BEGIN OF gs_line,
    carrid    TYPE sflight-carrid,
    connid   TYPE sflight-connid,
  END OF gs_line.

DATA gt_itab LIKE TABLE OF gs_line WITH NON-UNIQUE KEY carrid.

SELECT carrid connid  fldate
INTO CORRESPONDING FIELDS OF TABLE gt_itab FROM sflight.

DELETE  gt_itab WHERE carrid = 'AA' AND connid = '0017'.

LOOP AT gt_itab INTO gs_line.

  WRITE : / gs_line-carrid, gs_line-connid.

ENDLOOP.
```

[结果 5-28]

```
AA   0064
AA   0064
AZ   0555
AZ   0555
```

5.8.3 利用索引删除内表数据

利用索引可以删除该行所对应的数据，如[图 5-26]所示。

```
DELETE itab [INDEX idx].
```

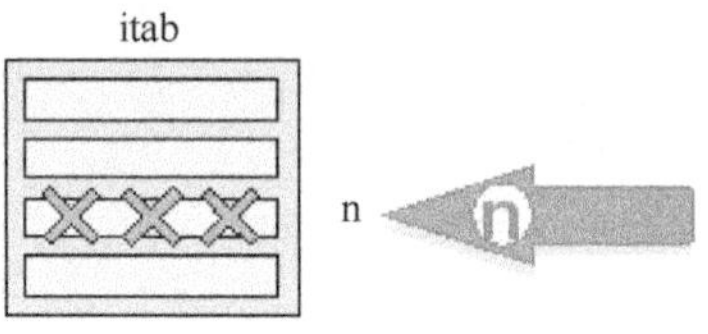

图 5-26　利用索引删除内表数据

利用索引也可一次性删除多条数据，当然，在哈希表中无法使用此方法。下列语句能删除 Index n1～n2 之间行的数据。只使用 FROM n1 语句会删除 n1 后面的所有数据，与此相反，如果只使用 TO n2 语句，会删除从开始到 n2 之间的所有数据。

```
DELETE itab FROM n1 TO n2.
DELETE itab FROM n1.
DELETE itab TO n2.
```

[例 5-29]

```
REPORT  z05_30.

DATA: BEGIN OF gs_line,
    col1 TYPE i,
    col2 TYPE i,
  END OF gs_line.

DATA gt_itab LIKE TABLE OF gs_line.

DO 3 TIMES.
  gs_line-col1 = sy-index.
  gs_line-col2 = sy-index * 2.
  APPEND gs_line TO gt_itab.
ENDDO.

DELETE gt_itab INDEX 2.

LOOP AT gt_itab INTO gs_line.
  WRITE: / gs_line-col1, gs_line-col2.
ENDLOOP.
```

[结果 5-29]

```
1          2
3          6
```

在[例 5-29]中删除了第 2 行数据，因此结果中没有输出 col1=2, col2=4 数据。

5.8.4 利用 ADJACENT DUPLICATE 语句删除重复行

利用 ADJACENT DUPLICATE 语句可以删除重复行。执行此语句前要先用 SORT 语句排序内表，才能得到预想的结果。

```
DELETE ADJACENT DUPLICATE ENTRIES FROM itab
          [COMPARING f1 f2 ... |ALL FIELDS].
```

不使用 COMPARING 语句会删除关键字重复的数据。在前面已经提到过，在没有定义关键字的情况下，前几个字符串类型的字段将成为关键字。

[例 5-30]是从 carrid, connid 重复的数据中只留一条，删除其他所有数据的实例。

[例 5-30]

```
REPORT z05_31.

DATA: BEGIN OF gs_line,
  carrid    TYPE sflight-carrid,
  connid    type sflight-connid,
 END OF gs_line.

DATA gt_itab LIKE TABLE OF gs_line WITH HEADER LINE.

SELECT carrid connid INTO CORRESPONDING FIELDS OF TABLE gt_itab
 FROM sflight.
 DELETE ADJACENT DUPLICATES FROM gt_itab.

 LOOP at gt_itab.

  WRITE : / gt_itab-carrid, gt_itab-connid.

 ENDLOOP.
```

[结果 5-30]

```
AA  0017
AA  0064
AZ  0555
AZ  0788
AZ  0789
AZ  0790
DL  0106
DL  1699
```

5.9 读取内表数据

利用 READ 语句读取内表数据。当存在表头时，对应的数据会保存到表头中，如[图 5-27]所示，否则保存到工作区中。

5.9.1 利用关键字读取内表数据

利用关键字可以读取数据。RESULT 是存储 Read 结果的工作区。存在表头的内表可以省略 Into~之后的语句，即直接把内表当做工作区使用。(=表头). 执行成功，系统变量 SY-SUBRC

返回 0，失败则返回 4。系统变量 SY-TABIX 返回内表行索引。

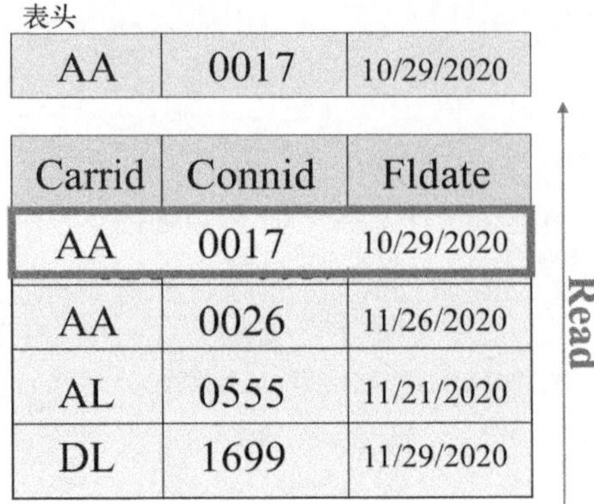

图 5-27　READ 结构

```
READ TABLE itab FROM wa INTO result.
READ TABLE itab WITH TABLE KEY k1 = f1 . kn = fn INTO result
```

使用第二条语句时，不能多次使用相同字段。

[图 5-28]说明了利用索引和关键字读取数据的方法。利用索引的方法将在第 9.3 节中学习。

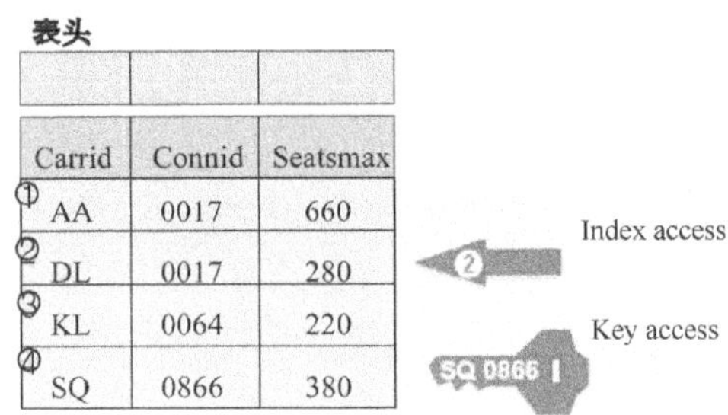

图 5-28　利用索引与关键字读取数据的方法

通过[例 5-31]练习利用内表关键字 READ 数据的方法。

[例 5-31]

```
REPORT  z05_32.
DATA: BEGIN OF gs_line,
   carrid    TYPE scarr-carrid,
   carrname   TYPE scarr-carrname,
  END OF gs_line.

DATA gt_itab LIKE TABLE OF gs_line WITH NON-UNIQUE KEY carrid.

SELECT carrid carrname
INTO CORRESPONDING FIELDS OF TABLE gt_itab FROM scarr.

gs_line-carrid = 'AA'.
READ TABLE gt_itab FROM gs_line INTO gs_line.
WRITE : / gs_line-carrid, gs_line-carrname.
```

```
CLEAR : gs_line.
READ TABLE gt_itab WITH TABLE KEY carrid = 'AB' INTO gs_line.
WRITE : / gs_line-carrid, gs_line-carrname.
```

[结果 5-31]

```
AA   American Airlines
AB   Air Berlin
```

5.9.2 利用索引读取内表数据

利用索引可以读取相应行的数据。因为使用索引，所以哈希表中无法使用此方法。执行成功时，系统变量 SY-SUBRC 返回 0，失败则返回 4。另外，系统变量 SY-TABIX 保存内表的 Index 序号。

```
READ TABLE itab INDEX idx INTO result.
```

[例 5-32]

```
REPORT  Z05_35.

DATA: BEGIN OF gs_line,
    col1 TYPE c,
    col2(7) TYPE c,
  END OF gs_line.

DATA gt_itab LIKE SORTED TABLE OF gs_line WITH UNIQUE KEY col1.

gs_line-col1 = 'A'.  gs_line-col2 = 'First'.
INSERT gs_line INTO TABLE gt_itab.

CLEAR gs_line.
gs_line-col1 = 'B'.  gs_line-col2 =  'Second'.
INSERT gs_line INTO TABLE gt_itab.

CLEAR gs_line.

READ TABLE gt_itab INTO  gs_line INDEX 1.
WRITE: / 'Col1 is :',  gs_line-col1, 'Col2 is :',  gs_line-col2.
```

[结果 5-32]

```
Col1 is : A Col2 is : First
```

第6章　调　　试

本章目录	本章介绍
1．概要——旧版调试模式 2．旧版调试模式的断点 3．旧版调试模式下的观察点 4．概要——新版调试模式 5．新版调试模式的断点 6．新版调试模式下的观察点 7．保存及加载内部断点 8．接口 RFC 断点——SRDEBUG	本章将学习 GUI 环境自带的易于查找程序错误的调试功能。ABAP 程序提供了两种调试方法，即旧版调试模式与新版调试模式。要 100%理解调试所使用的断点和观察点的使用方法。学好调试会获得比 ABAP 提供的更有效的帮助。

6.1　概要——旧版调试模式

6.1.1　调试

调试（Debugging），英文单词中 bug 的意思是虫子，debug 指的是“捉害虫”。在此将程序错误比做了虫子，意思是查找程序中发生的错误。

ABAP Debugger 是包含于 ABAP 工作区的工具。

ABAP 由 COBOL 语言衍生而来，以节奏性结构为基础，因此调试功能的作用显得尤为重要（面向对象编程及 Web Dynpro for ABAP 也使用 ABAP Debugger）。另外，大部分语言要进行调试，需单独执行程序，但 ABAP 可以结合环境，自由切换使用 ABAP 编辑器和调试画面。

6.1.2　执行旧版调试画面

ABAP Debugger 分为 Rel 6.40 版本之前的旧版调试模式与 Rel 7.0 以后的新版调试模式。新版调试模式带有其独有的调试模式，相对于旧版调试模式能提供更多的功能。

> 旧版调试模式
> - 执行 ABAP 程序时，在同一个会话中打开调试画面。
> - 如出现 Conversion Exit 相似的部分，ABAP 程序无法进行调试。

> 新版调试模式
> - 在 ABAP 程序的不同会话中打开调试画面。
> - 任何 ABAP 程序均可进行调试。

新版调试只是在功能上有所补充，因此只要充分理解了旧版调试，也很容易理解新版调试。在第 1～3 节首先学习旧版调试，从第 4 节开始学习新版调试。

在 T-CODE:SE38（ABAP 编辑器）中选择菜单 Utilities→Settings。可以设置旧版调试和新版调试。首先，选择旧版调试，如[图 6-1]所示。

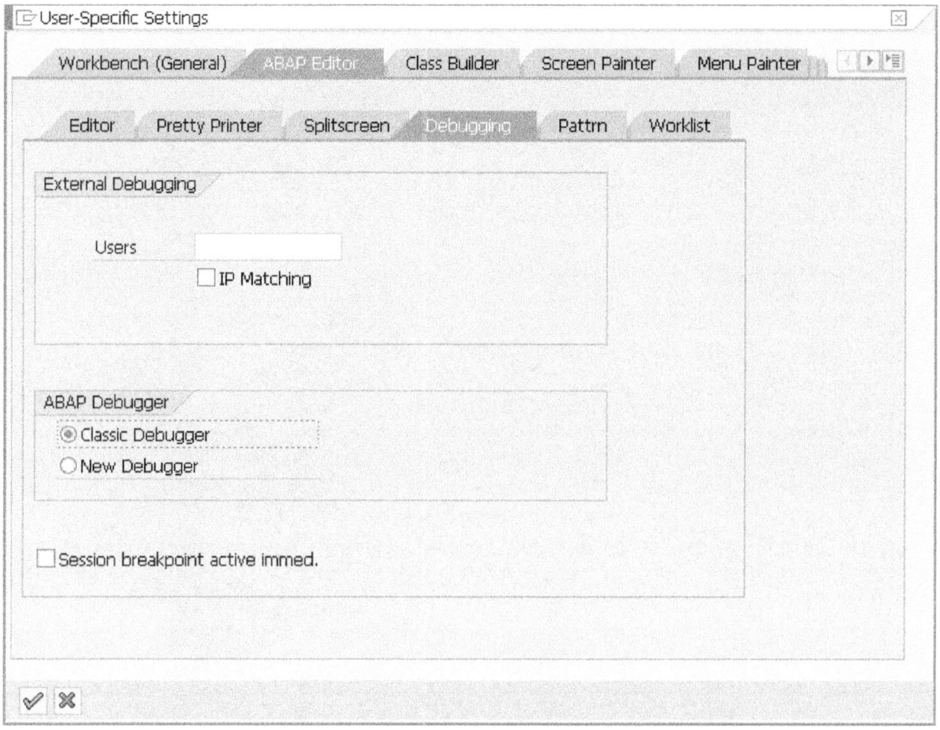

图 6-1　ABAP 编辑器用户环境设置—Debugging

转换成调试模式的方法有 4 种。

表 6-1　调试方法

关 键 字	内 容
任何画面	在命令窗口上输入“/h”后继续往下执行即可。这是最常用的调试方法
任何画面	在画面上选择菜单 *System→Utilities→Debug ABAP*
对象导航栏(SE80)	打开程序或者事务码后使用菜单 *Program→Test→Debugging*
ABAP 编辑器(SE38)	输入程序名，单击调试按钮 查询代码后使用菜单 *Program→Test→Debugging*

以上方法是程序开始运行就指定的，因此除了分析标准程序外不常使用。一般使用直接在程序代码中设定断点的方法。

[图 6-2]是设置旧版调试模式后，在调试模式下运行程序的画面。

在实际业务中，最常用的功能键是〈F5〉、〈F6〉、〈F7〉、〈F8〉键。这几个功能键分别对应[图 6-2]左上角的 4 个图标，具体功能在[表 6-2]中进行说明。

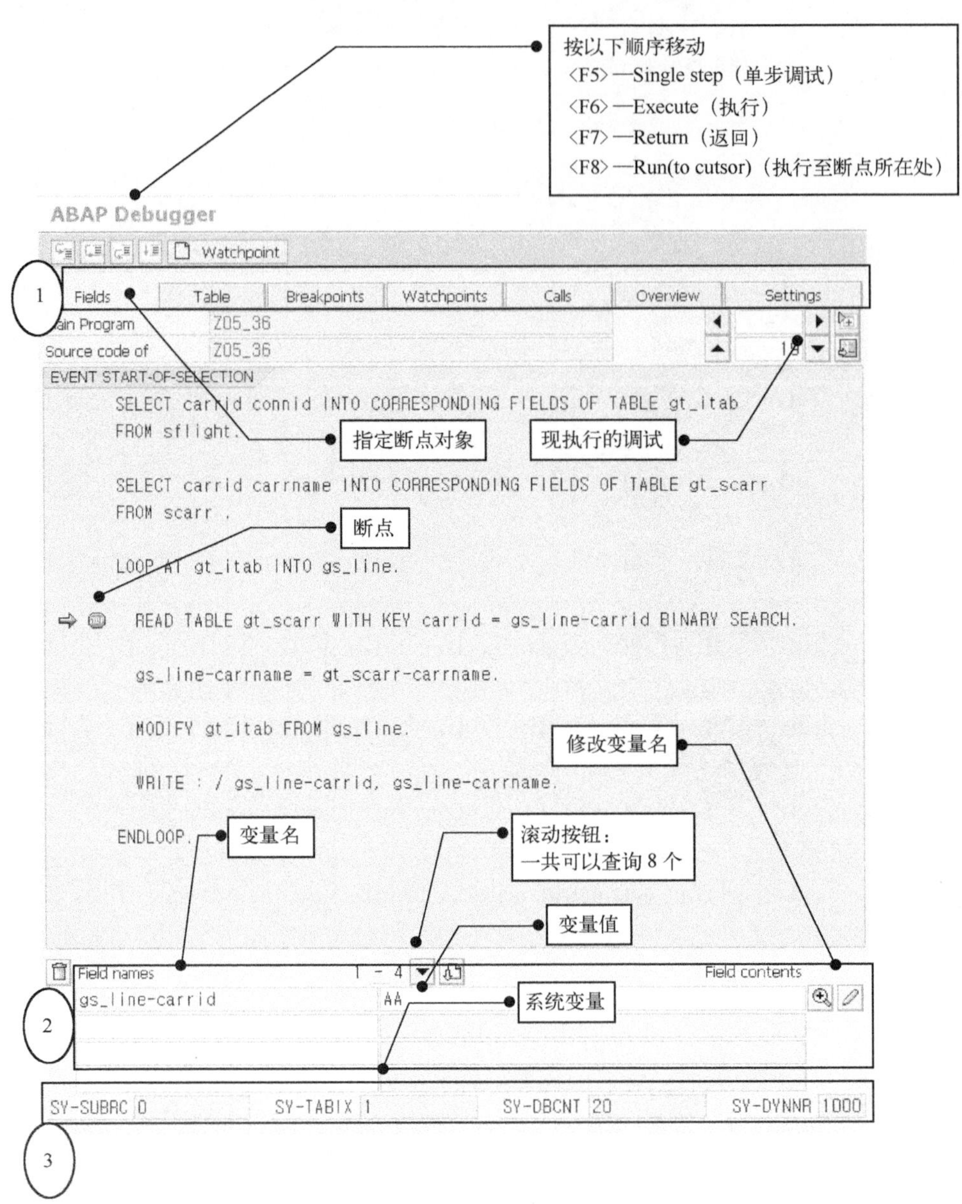

图 6-2 调试画面

表 6-2 调试过程中功能键的作用

关 键 字	内 容
〈F5〉	单步执行，包括函数及子程序中代码
〈F6〉	单步执行，但不包括函数及子程序中的代码。即在 PERFROM 语句中按〈F6〉键，直接跳过 FORM 程序块，不执行 FORM 中的代码。若不按 〈F6〉键，按〈F5〉键则进入 FORM 程序块中执行里面的代码
〈F7〉	退出当前执行的子程序块(FORM 语句)，跳到下一阶段
〈F8〉	执行程序。运行至下一个断点(或观测点)处

调试提供便于查询字段、表、断点、观测点等信息的GUI环境。在[图 6-2]的 1号区域中，单击 Table 等功能键，会自动调整2号区域的画面字段，如[表 6-3 所示]。

表 6-3　调试画面的上端区域按钮功能

关键字	内容
字段 (Fields)	可以利用滚动按钮设置，共8个按钮 [图 5-2]的3个区域始终能查询以下4个重要的系统字段 - SY-SUBRC: 命令执行成功与否，0表示成功，其他表示失败 - SY-TABIX: 内表的当前行编号 - SY-DBCNT: 用SELECT语句从数据库中读取的行数 - SY-DYNNR: 当前的画面编号
表 (Tables)	显示内表中包含的所有数据。提供可以查询及修改数据的功能
断点 (Breakpoints)	可以查询30个断点 可以双击删除查询出来的断点
观察点 (Watchpoints)	提供字段值变更时中止程序的功能 可以查询观测点的列表。这在第3节中再详细学习
调用 (Calls)	显示现行事件的断点顺序 这里的事件指的是类似START-OF-SELCTION等语句 在上端显示最后调用的断点
概要 (Overview)	显示程序结构。事件，子程序，函数，双击时移动到相应语句中
设置 (Settings)	可以设置当前的调试模式

在调试模式下选择 menu: *Goto→Display Data Object*，可以设置查询样式。在[图 6-2]的第2区域中显示，其功能如[表 6-4]所示。

表 6-4　调试画面的下端区域按钮的功能

关键字	内容
单个字段 Single field	显示字段的技术属性和值
结构体字段 Structured field	显示结构体项目及属性。双击项目可以查询详细信息
字符串 Strings	可以查看字符串的长度及值
内表 Internal table	可以查看内表的行数、项目、属性等信息 作为带表头的内表时，以帽子图标显示的那一行代表表头
对象 Object	可以查询ABAP对象的结构

ABAP 调试画面中还存在如[表 6-5]所示的以下按钮。

表 6-5　其他按钮的功能

按钮	功能
	返回至现调试执行位置
	全屏形式显示代码 关闭[图 6-2]下端显示的2，3号领域

（续）

按　钮	功　能
Watchpoint	生成观察点的图标
◀ ▶ ▲ 10 ▼	指定代码行/列，移动代码位置

6.2　旧版调试模式的断点

6.2.1　断点的概念及类型

程序不用直接在调试模式下执行，可以在程序中设定断点（Breakpoint），当程序执行至断点所在行时，再激活调试模式。在指定位置中断程序的意思，其命名为 Breakpoint。[表 6-6]说明了设定断点的方法。

表 6-6　断点类型

关 键 字	内　容
Static	在代码中直接输入断点的方法 适用于所有用户。但是输入 BREAK username 时，只适用于指定用户
Directly set dynamic Breakpoint	可以利用 ABAP 编辑器中按钮设置断点，还可以在调试画面上双击指定行，设置断点。但这种断点只适用于指定断点的用户，且注销系统时会自动删除
Breakpoint at statement	执行特定语句时，断点将中止程序
Breakpoint at subroutine	执行特定子程序时，断点将中止程序
Breakpoint at function Module	当调用特定函数时，断点将中止程序
Breakpoint at method	当调用特定方法时，断点将中止程序
Breakpoint at exception and system exception	发生系统例外现象时，断点将中止程序

6.2.2　静态断点

静态断点是代码中直接输入断点的方法。在 ABAP 代码里需要调试的位置处追加 REAK-POINT 代码。在实际业务中不常用，且适用于所有用户，因此使用时要注意。使用时用 BREAK-POINT 1、BREAK-POINT 2、BREAK-POINT 3 的形式注明编号使其便于区分。使用 BREAK 语句指定用户，只适用于指定用户 ID。设置断点的代码若反映到运营系统会发生致命性错误，因此测试完毕后，切记要删除设置断点的代码。

```
BREAK-POINT.
BREAK-POINT 1. BREAK-POINT 2.
BREAK user01.
```

6.2.3　动态断点

动态断点不是追加代码设置断点的调试方法，而是在 ABAP 编辑器中利用设置断点的按钮进行调试的方法。在 ABAP 编辑器和调试画面上设置，或单击 Stop 按钮在指定位置设置断点。还可利用菜单：*Utilities→Breakpoints→Set/delete* 选项设置断点，且可以查询程序内所有断点并删除。在 ABAP 编辑器上设置的断点，在同一个会话中始终起作用。在同一个会话中，用相同 ID 追加登录时，在新的会话中不起作用。在第 5 章的 [例 5-36]程序的 READ 语句中设置断点。要设置断点，首先要激活程序。按〈Ctrl+F3〉快捷键或单击激活按钮激活程序。

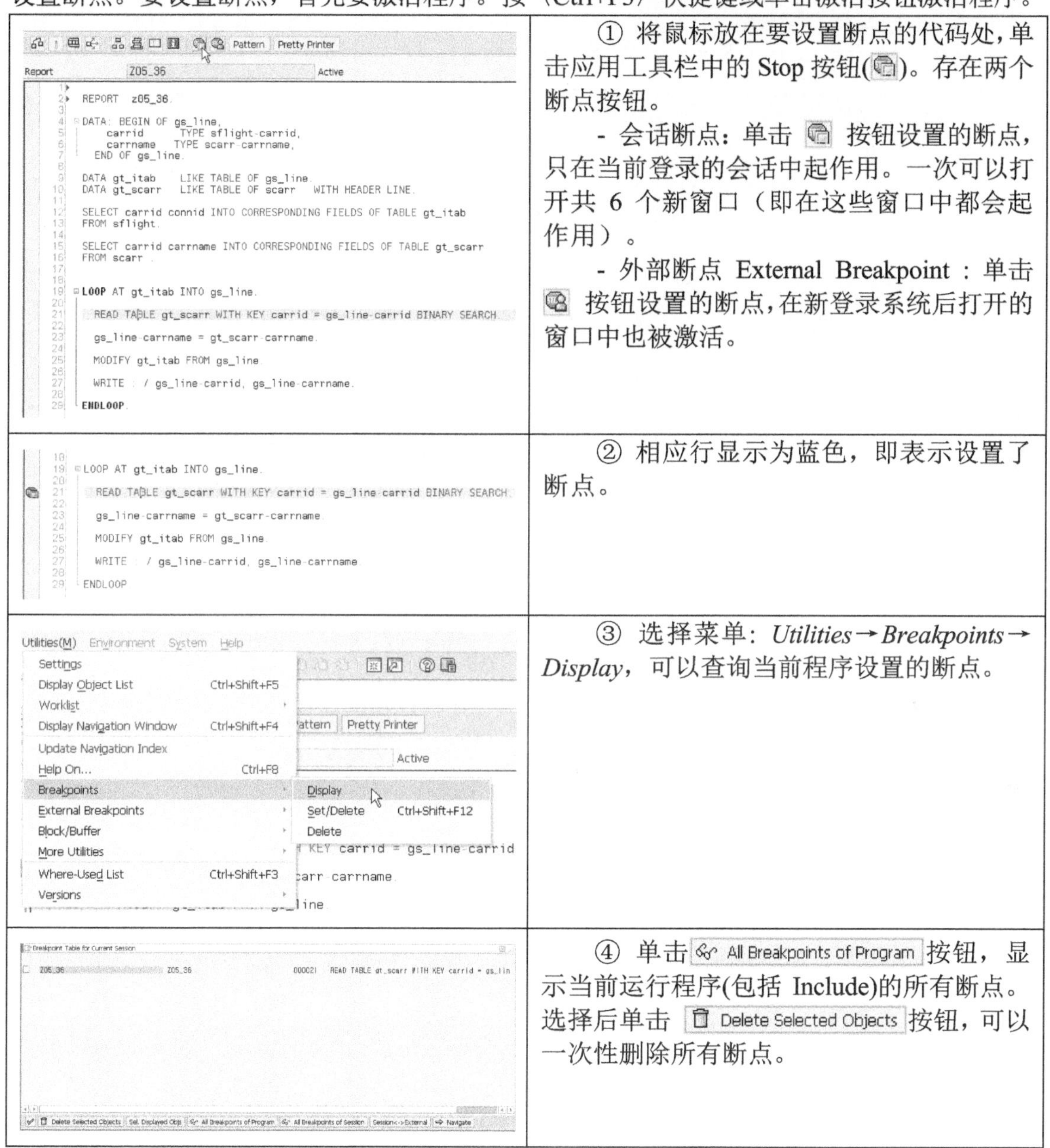

① 将鼠标放在要设置断点的代码处，单击应用工具栏中的 Stop 按钮()。存在两个断点按钮。

- 会话断点：单击 按钮设置的断点，只在当前登录的会话中起作用。一次可以打开共 6 个新窗口（即在这些窗口中都会起作用）。

- 外部断点 External Breakpoint：单击 按钮设置的断点，在新登录系统后打开的窗口中也被激活。

② 相应行显示为蓝色，即表示设置了断点。

③ 选择菜单：*Utilities→Breakpoints→Display*，可以查询当前程序设置的断点。

④ 单击 All Breakpoints of Program 按钮，显示当前运行程序(包括 Include)的所有断点。选择后单击 Delete Selected Objects 按钮，可以一次性删除所有断点。

6.2.4 在调试画面设置断点

在 ABAP 调试画面上双击代码行，相应行的前面显示 Stop 图标，同时设置了断点。双击字段，则显示字段名(变量名)和值。若双击内表，则激活内表图标，单击该图标可确认内表值。

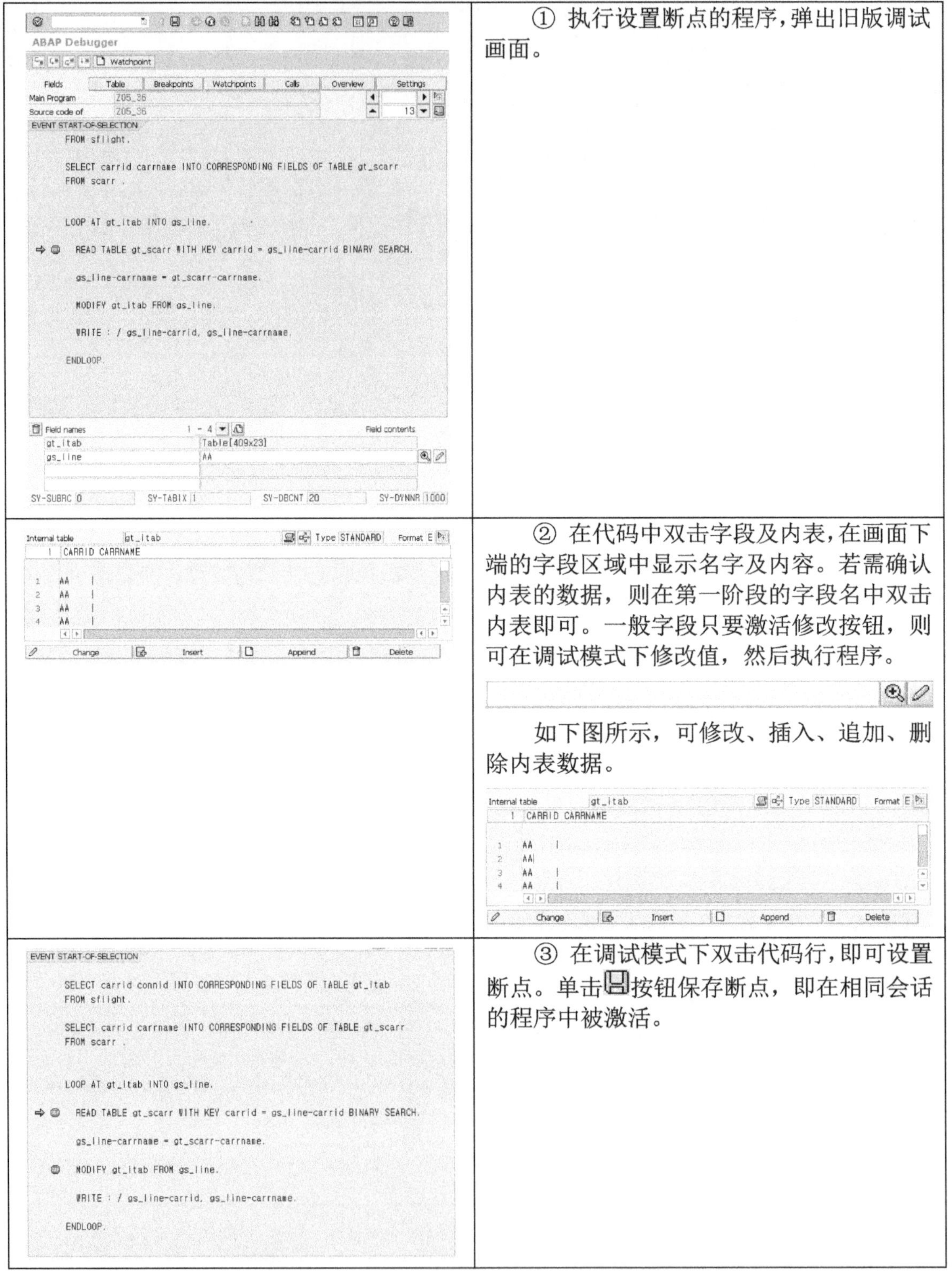

① 执行设置断点的程序，弹出旧版调试画面。

② 在代码中双击字段及内表，在画面下端的字段区域中显示名字及内容。若需确认内表的数据，则在第一阶段的字段名中双击内表即可。一般字段只要激活修改按钮，则可在调试模式下修改值，然后执行程序。

如下图所示，可修改、插入、追加、删除内表数据。

③ 在调试模式下双击代码行，即可设置断点。单击按钮保存断点，即在相同会话的程序中被激活。

6.2.5 为指定语句设置断点

在 ABAP 调试模式下，可以为指定的 ABAP 语句设置断点。即输入 SELECT，在程序的所有 SELECT 语句中被设置断点。

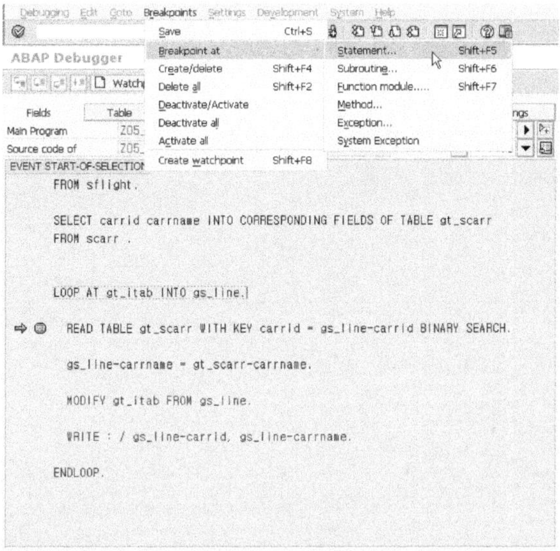

Debugging Edit Goto Breakpoints Settings Development System Help Save Ctrl+S Breakpoint at ▸ Statement... Shift+F5 Create/delete Shift+F4 · Subroutine... Shift+F6 Delete all Shift+F2 · Function module..... Shift+F7 Deactivate/Activate · Method... Deactivate all · Exception... Activate all · System Exception Create watchpoint Shift+F8 ABAP Debugger Fields Table Main Program Z05_ Source code of Z05_ EVENT START-OF-SELECTION FROM sflight. SELECT carrid carrname INTO CORRESPONDING FIELDS OF TABLE gt_scarr FROM scarr . LOOP AT gt_itab INTO gs_line. READ TABLE gt_scarr WITH KEY carrid = gs_line-carrid BINARY SEARCH. gs_line-carrname = gt_scarr-carrname. MODIFY gt_itab FROM gs_line. WRITE : / gs_line-carrid, gs_line-carrname. ENDLOOP.	① 选择菜单：*Breakpoints→Breakpoint at→Statement...*。
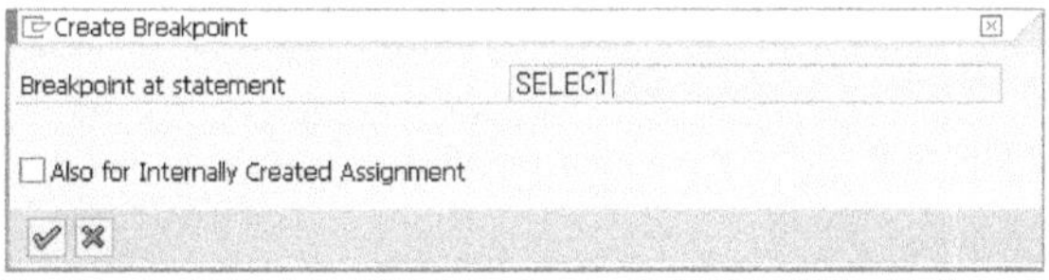 Create Breakpoint Breakpoint at statement SELECT Also for Internally Created Assignment	② 输入 SELECT。只能输入 ABAP 程序的基本命令语句。
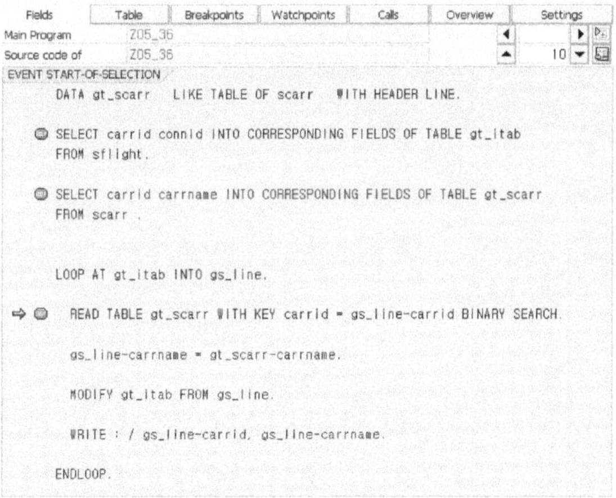 Fields Table Breakpoints Watchpoints Calls Overview Settings Main Program Z05_36 Source code of Z05_36 10 EVENT START-OF-SELECTION DATA gt_scarr LIKE TABLE OF scarr WITH HEADER LINE. SELECT carrid connid INTO CORRESPONDING FIELDS OF TABLE gt_itab FROM sflight. SELECT carrid carrname INTO CORRESPONDING FIELDS OF TABLE gt_scarr FROM scarr . LOOP AT gt_itab INTO gs_line. READ TABLE gt_scarr WITH KEY carrid = gs_line-carrid BINARY SEARCH. gs_line-carrname = gt_scarr-carrname. MODIFY gt_itab FROM gs_line. WRITE : / gs_line-carrid, gs_line-carrname. ENDLOOP.	③ 可以确认在 ABAP 程序的所有 SELECT 语句中设置了断点。

6.2.6 在子程序中设置断点

输入子程序/函数/方法名字，即可设置断点。

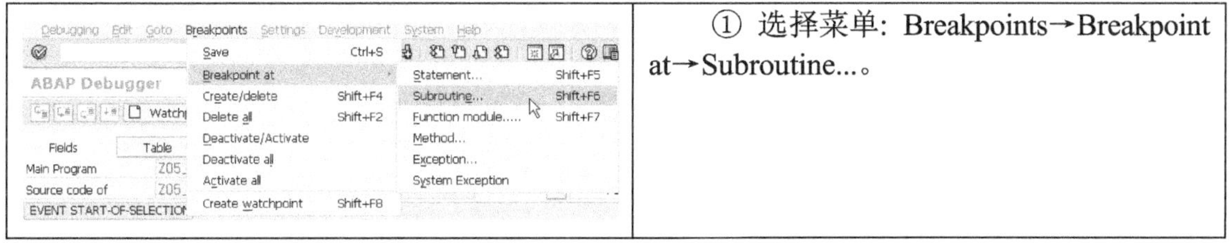	① 选择菜单：Breakpoints→Breakpoint at→Subroutine...。

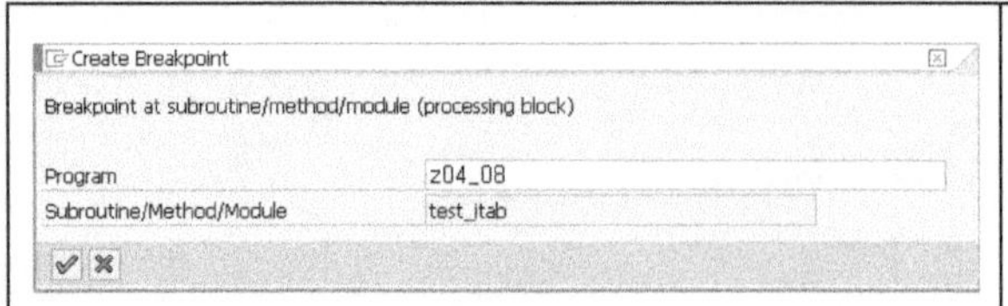

② 输入程序名与子程序/函数/方法名。尝试在第 4 章子程序的实例中设置断点。

6.2.7 在函数中设置断点

可在函数中设置断点。单击 Breakpoints 按钮，可以确认追加的相应断点。执行包含此函数的程序时，在设置的断点处会中止程序。

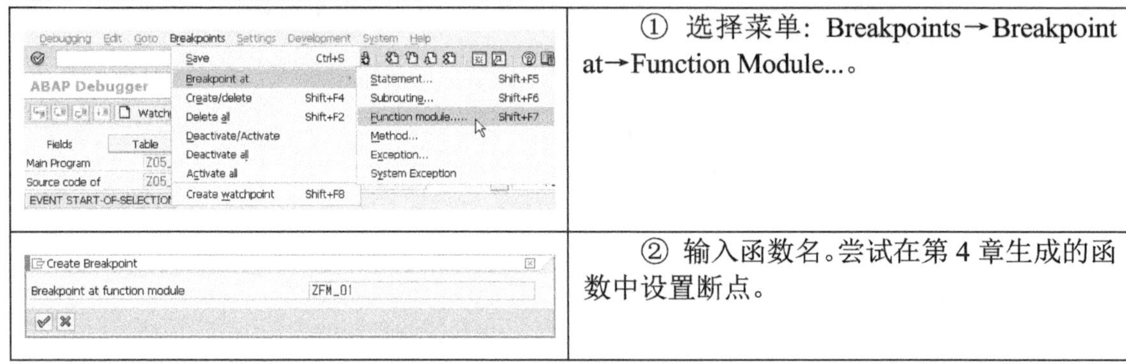

① 选择菜单：Breakpoints→Breakpoint at→Function Module...。

② 输入函数名。尝试在第 4 章生成的函数中设置断点。

此外，在第 14 章要介绍的类方法也可以设置断点。

6.2.8 控制断点

在调试模式下可以查询所有的断点信息。输入程序名和相应代码行数，程序执行到所设行数时才被激活。

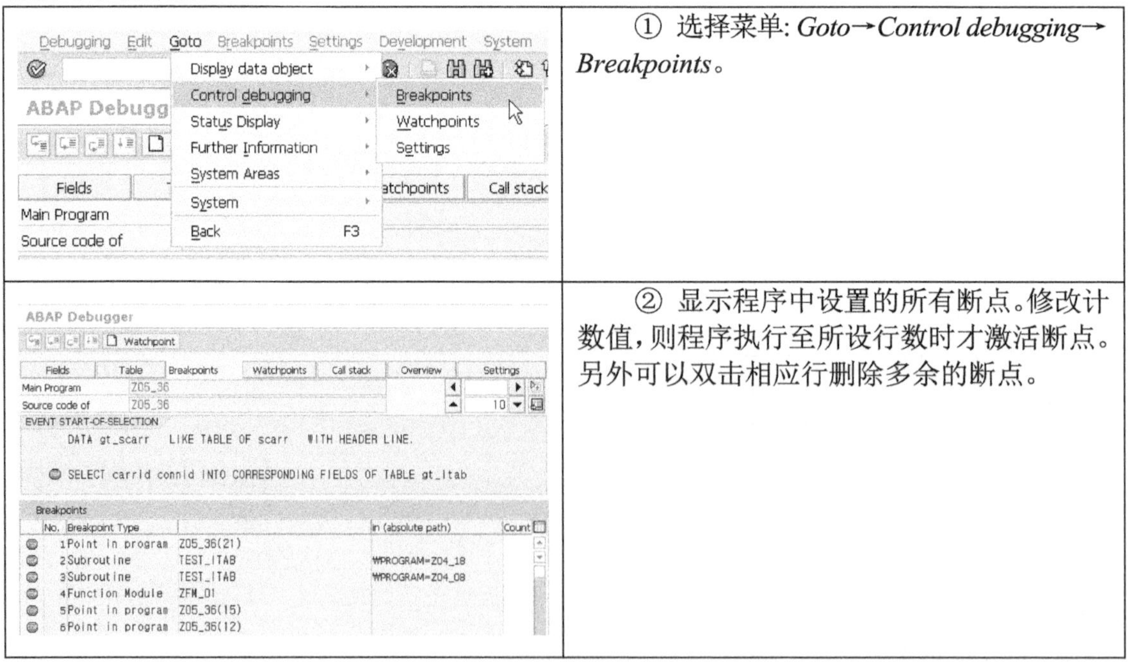

① 选择菜单：*Goto→Control debugging→Breakpoints*。

② 显示程序中设置的所有断点。修改计数值，则程序执行至所设行数时才激活断点。另外可以双击相应行删除多余的断点。

6.3 旧版调试模式下的观察点

开发程序时，会经常遇到显示的是与预期结果值不一样的情况。或者已经用 CLEAR 语句初始化了变量，却没有效果。不知道到底是在哪一步变量值发生了变化。此时使用观察点(Watchpoint)则很容易找到原因。另外，在修改其他开发者开发的程序，或者在标准程序中追踪变量值的变化过程时，也非常有效。即观察点提供在程序执行过程中变为指定条件值时中止程序的功能。不过，观察点在程序内的结构、内表、字段值发生变化时才被激活。这是与断点最大的不同之处。

使用观察点创建按钮或者在菜单: *Breakpoints→Create Watchpoint* 中创建观察点。指定运算式，当满足此运算式时才激活观察点，同时在指定位置中止程序。在程序 z05_36 中，设置结构体 gs_line 的字段 carrid 的值变为“AZ”时激活断点的观察点。

① 在调试画面下单击创建观察点的按钮。

② 输入程序名、字段名、关系运算符、比较值。运算符类型如下所示。

③ 确认已经创建了观察点的信息。

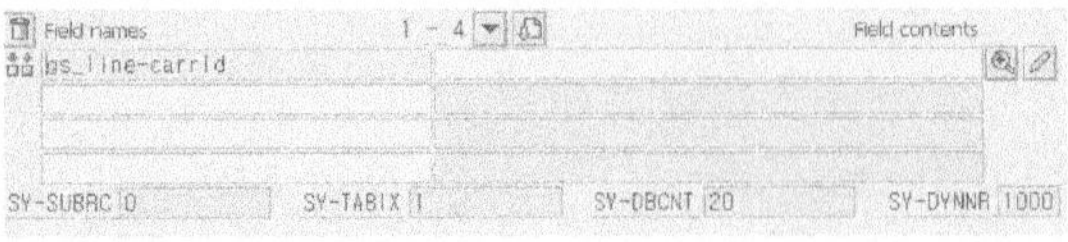 Field names 1 - 4 gs_line-carrid Field contents SY-SUBRC 0 SY-TABIX 1 SY-DBCNT 20 SY-DYNNR 1000	④ 输入设置观察点的字段，显示指示者图标 。
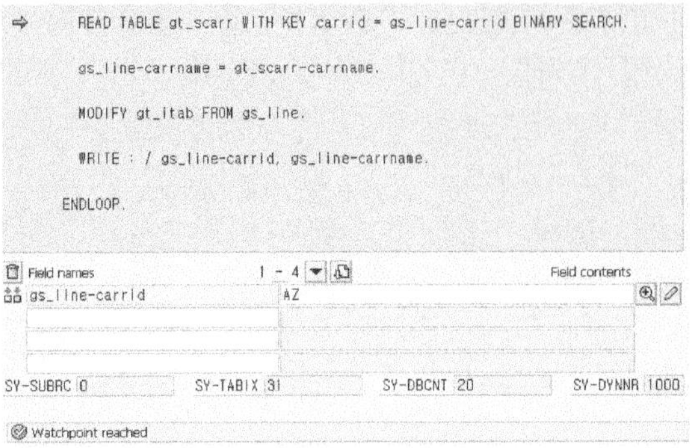 READ TABLE gt_scarr WITH KEY carrid = gs_line-carrid BINARY SEARCH. gs_line-carrname = gt_scarr-carrname. MODIFY gt_itab FROM gs_line. WRITE : / gs_line-carrid, gs_line-carrname. ENDLOOP. Field names 1 - 4 Field contents gs_line-carrid AZ SY-SUBRC 0 SY-TABIX 31 SY-DBCNT 20 SY-DYNNR 1000 Watchpoint reached	⑤ 按〈F8〉键，或单击执行按钮，当gs_line-carrid 字段值变为 AZ 时会中止程序，并会遇到 Watchpoint reached 信息。
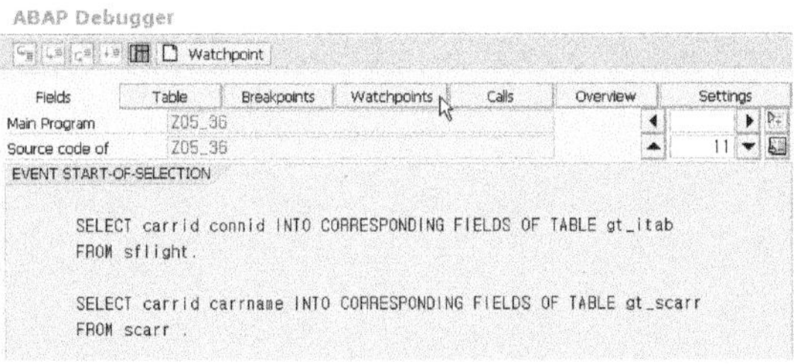 ABAP Debugger Watchpoint Fields Table Breakpoints Watchpoints Calls Overview Settings Main Program Z05_36 Source code of Z05_36 EVENT START-OF-SELECTION SELECT carrid connid INTO CORRESPONDING FIELDS OF TABLE gt_itab FROM sflight. SELECT carrid carrname INTO CORRESPONDING FIELDS OF TABLE gt_scarr FROM scarr .	⑥ 单击 Watchpoints 按钮，可查询当前程序中设置的所有观察点列表。或者可以利用菜单: *Control debugging→Watchpoints*。
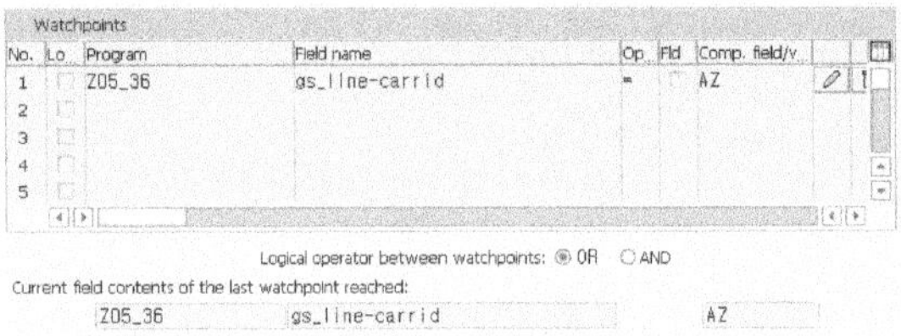 Watchpoints No. Lo Program Field name Op Fld Comp. field/v. 1 Z05_36 gs_line-carrid = AZ 2 3 4 5 Logical operator between watchpoints: OR AND Current field contents of the last watchpoint reached: Z05_36 gs_line-carrid AZ	⑦ 可以修改已设置的观察点的配置与值。可以设置观察点间的逻辑运算式。当存在多个观察点时，设置 And 条件，满足所有观察点条件时断点才被激活。默认值为 Or。

<Tip.为运行中程序设置断点>

已经运行或者正在后台中运行的程序可以查询相应的 process 进行调试。

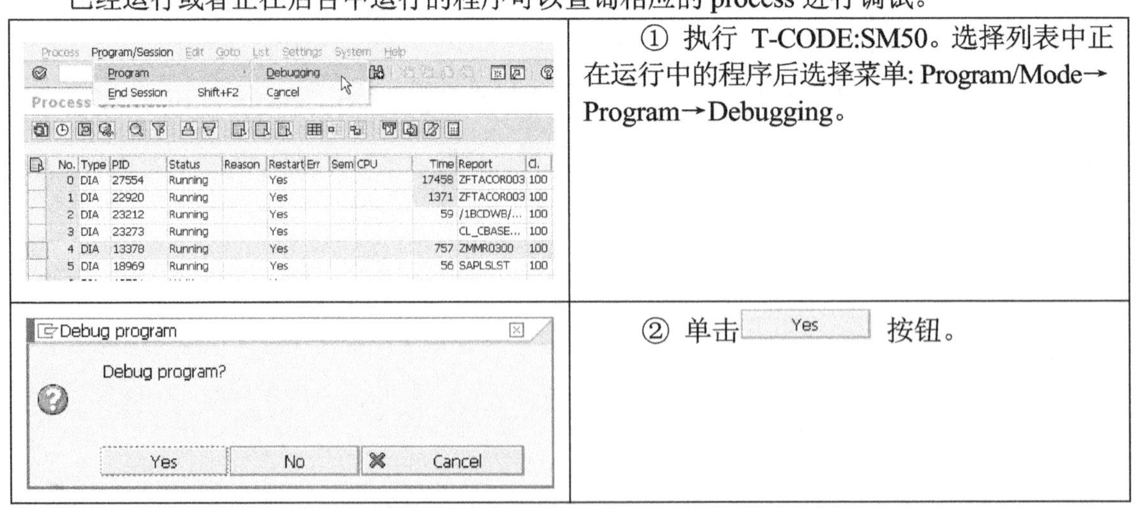

① 执行 T-CODE:SM50。选择列表中正在运行中的程序后选择菜单: Program/Mode→Program→Debugging。

② 单击 Yes 按钮。

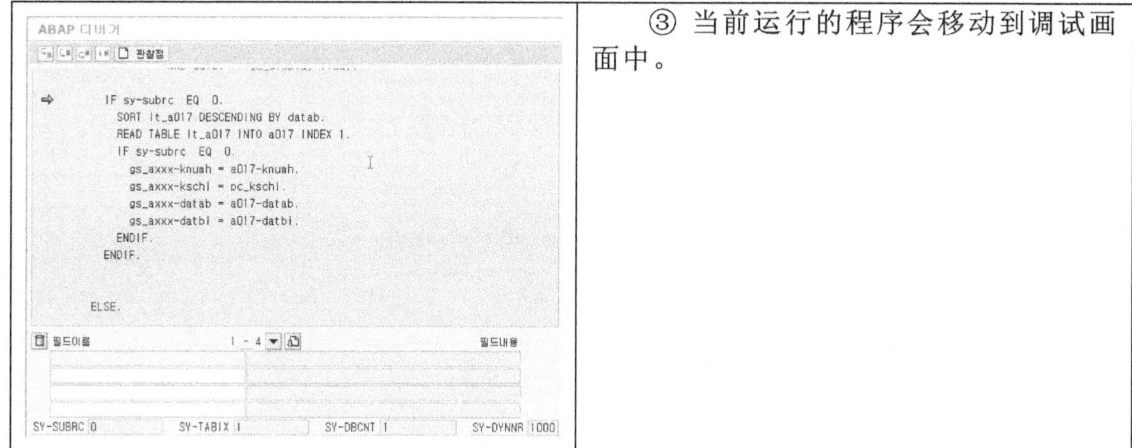

③ 当前运行的程序会移动到调试画面中。

6.4 概要——新版调试模式

新版调试模式由崭新的 GUI 与菜单构成，在旧版调试模式的基础上追加了许多新的功能。自 Rel 6.40 版本后，调试类型分为旧版调试模式与新版调试模式两种，如[图 6-3]所示。在 T-CODE:SE38(ABAP 编辑器)中选择菜单: Utilities→Settings。自 Rel 7.00 版本开始，调试模式默认设置为新版调试模式。

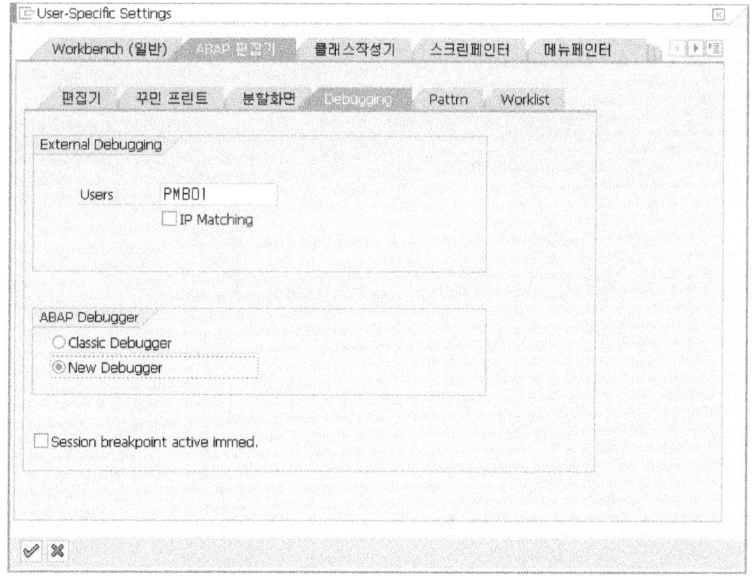

图 6-3　选择 ABAP 调试模式类型

当开发者设置断点，或在程序命令窗口中输入“/h”时执行新版调试模式。

如[图 6-4]所示，ABAP 程序调用调试模式会生成两个外部会话。激活调试模式时，ABAP 程序将变成不可编辑状态，调试结束时，ABAP 程序重新恢复为可编辑状态，同时调试模式变为不可编辑状态。这里提到的不可编辑状态，指的是用户不能输入值或不能单击按钮的行为。

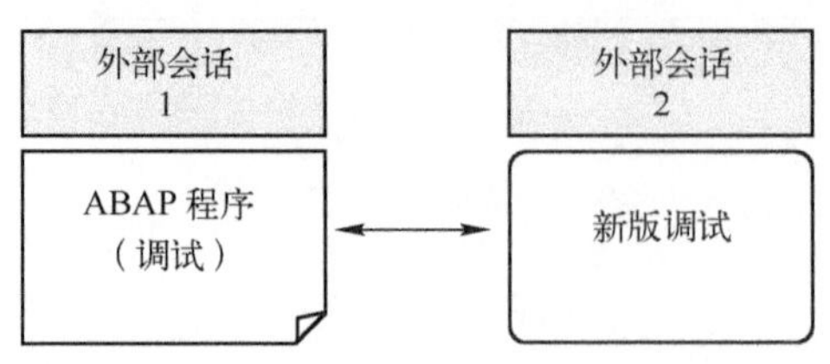

图 6-4　应用程序与调试之间的关系

旧版调试指的是每个程序都使用一个 Roll Area，因此只要脱离了 Roll Area(遇到 SUBMIT 语句或 CALL TRANSACTION 语句)，调试中列出的变量信息等都被删除。例如，为了确认系统变量 SY-UCOMM 值 如[图 6-5]所示输入了 SY-UCOMM，但是遇到 CALL TRANSACTION 语句而调用其他程序时，之前列出的变量信息都会消失。

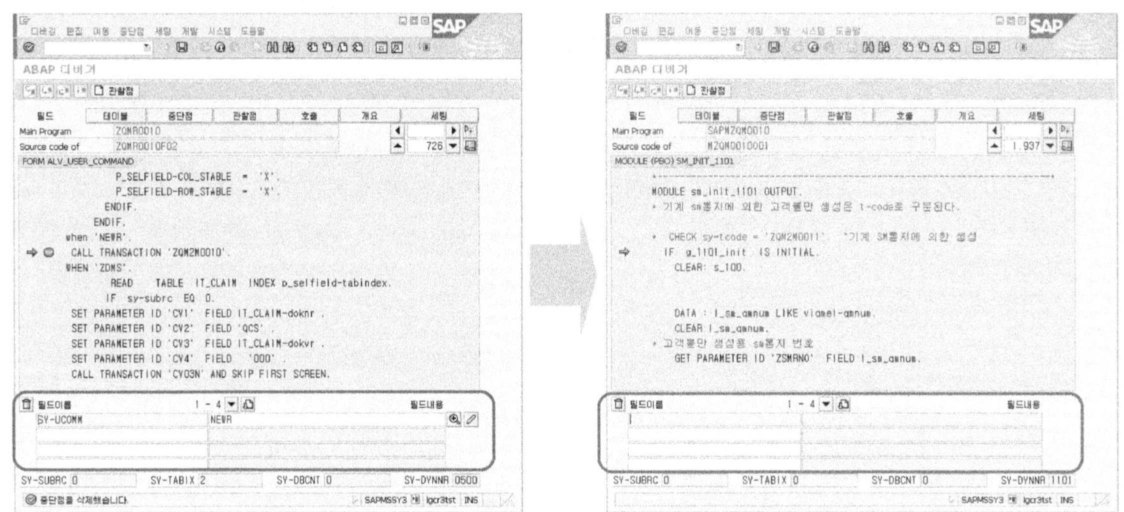

图 6-5　旧版调试与 Roll Area 的关系

但是新版调试是在外部会话中执行的，因此仍能保存之前查询的变量信息，如[图 6-6]所示。

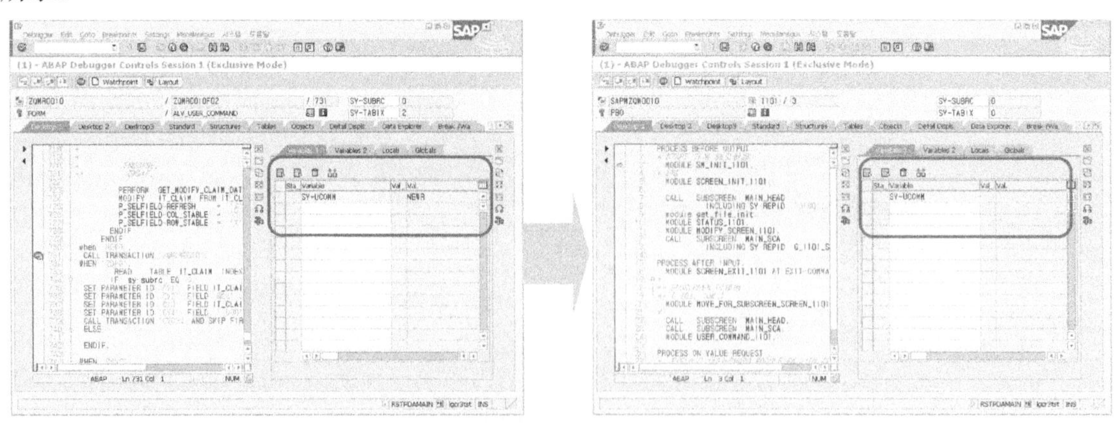

图 6-6　新版调试与 Roll Area 关系

由于新版调试使用新的外部会话，因此当用户将 6 个会话全部占用时，会显示如下所示信息，同时无法进行调试。

No further external mode is available for the new ABAP Debugger

此时，关闭一个不需要的窗口，重新调用调试即可。另外，觉得不需要新版调试窗口的话，在 ABAP 程序的命令窗口中输入/hx，即能关闭调试会话窗口。调试画面维持 600 秒，超过这个时间会自动终止调试，这是因为在 profile 参数 rdisp/max_debug_lazy_time 里设置了执行时间。执行 T-CODE: RZ11，则可查询参数值及输入新值，但是一般开发者没有权限，必要时需要向 BC(Basis Consultant)申请。

6.5 新版调试模式的断点

新版调试的断点与旧版模式相似。在新版模式中可以同时设置多个断点。选择菜单: *Breakpoint→Create Breakpoint*，弹出如[图 6-7]所示画面。

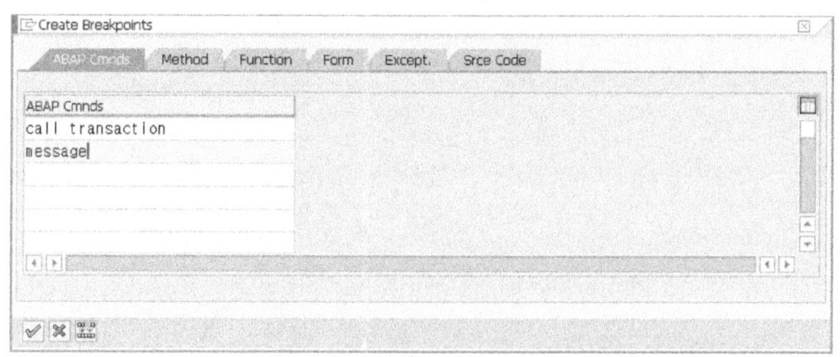

图 6-7 新版调试的新功能-同时设置多个断点

此画面的上端标签页- ABAP cmnds、Method、Function、Form、Exception.srce code 选择指定位置设置断点。[图 6-7]是在程序的所有 CALL TRANSACTION、MESSAGE 命令上设置了断点。即可在[图 6-8]中确认所设置的断点效果。

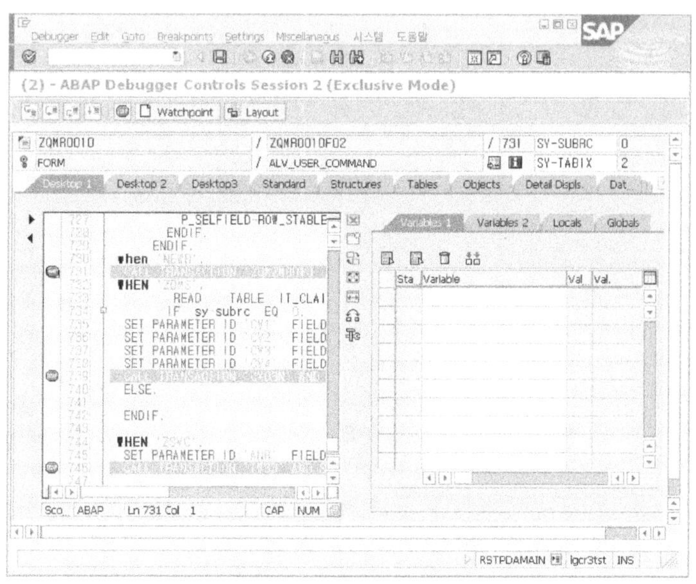

图 6-8 被设置断点的画面

新版调试的断点类型分类如下，见[表 6-7]。

表 6-7　断点的类型

图　标	关 键 字	内　容
	静态断点 Static Breakpoint	在代码中直接输入 BREAK-POINT 命令的方法。适用于所有用户。输入 BREAK usernam 命令，只适用于所指定的用户
	外部断点 External Breakpoint	在 ABAP 编辑器中选择 按钮设置的断点。为设置断点的用户维持 2 个小时，即使重新登录系统仍然维持的断点
	内部断点 Session Breakpoint	在 ABAP 编辑器中选择 按钮设置的断点。即在外部会话中设置的断点，在用户能打开的 6 个窗口中都有效
	动态断点 Dynamic Breakpoint	在新版调试画面上设置断点的方法，此时单击保存按钮，即变为内部断点

6.6　新版调试模式下的观察点

与旧版模式相同，在新版模式画面的工具栏上选择 Watchpoint 按钮可以创建观察点。

在[图 6-9]所示的 Variable 字段中输入变量，单击 确认按钮，即生成观察点。执行程序时指定变量值发生变化，显示 Watchpoint reached 信息的同时激活调试模式。 在新版模式下不仅能输入关系运算符，还可输入命令语句追加到条件中。单击 按钮，显示输入观察点条件的字段。如[图 6-10]所示，设置追加变量值变化条件的观察点。

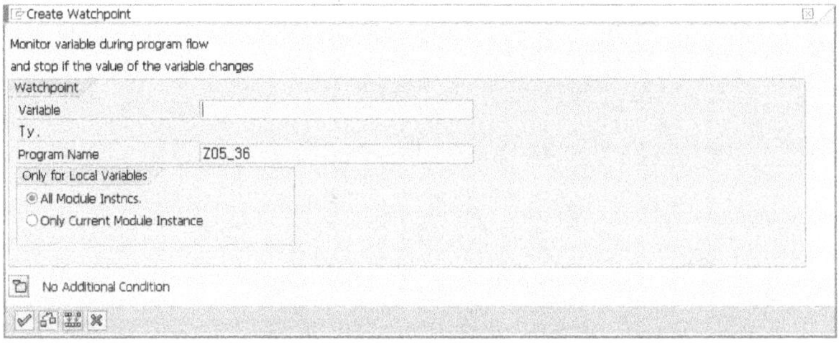

Create Watchpoint

Monitor variable during program flow
and stop if the value of the variable changes

Watchpoint

Variable

Ty.

Program Name　Z05_36

Only for Local Variables

All Module Instncs.

Only Current Module Instance

No Additional Condition

图 6-9　创建观察点画面

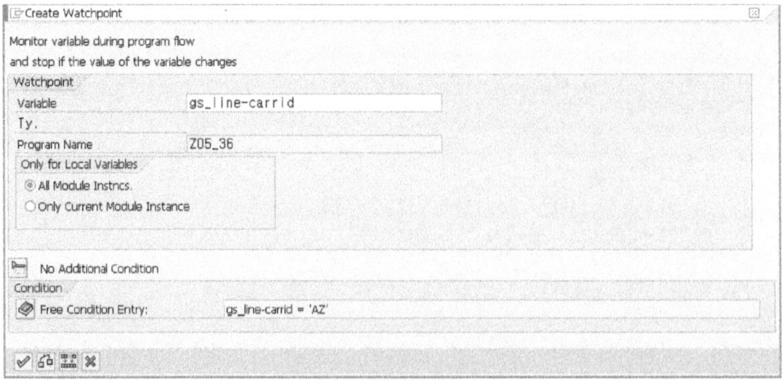

Create Watchpoint

Monitor variable during program flow
and stop if the value of the variable changes

Watchpoint

Variable　gs_line-carrid

Ty.

Program Name　Z05_36

Only for Local Variables

All Module Instncs.

Only Current Module Instance

No Additional Condition

Condition

Free Condition Entry:　gs_line-carrid = 'AZ'

图 6-10　新版模式下追加观察点的变化条件

在 Free Condition Entry(观察点追加条件)中使用的条件语法要遵守以下规则。

<Function(Variable) or Variable> Operator <Function(Variable) or Variable or Constant>

例如，当字符串变量 l_1 与 l_2 的长度变为一样时，设置为观察点，利用 strlen 函数给出如下所示的条件即可设置观察点。

strlen(l_1) = strlen(l_2)

再举一例，当生成内表 itab 第 5 行时，设置为观察点，追加条件如下。

Lines(itab) = 5

选择按钮初始化画面后重新追加观察点。执行设置观察点的程序，到达设置观察点处时，在新版调试画面上的 Break/Watchpoint 标签页→Watchpoint 标签页上选择按钮，可以比较变量变更前/后的值。

另外利用[图 6-11]的 Watchpoint 标签页的上端按钮可以创建、修改、删除、激活断点及观察点。

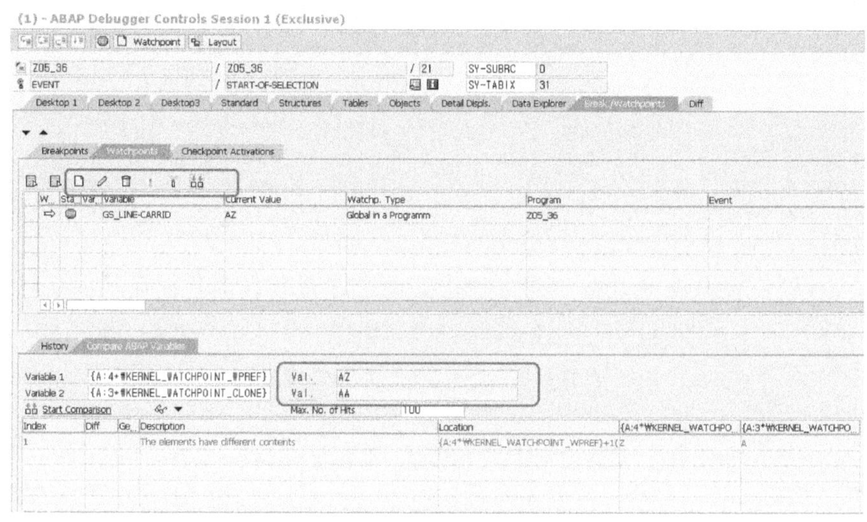

图 6-11　变量变更前/后的值比较

<Tip. 在所需次数时设置断点的方法 >

在类似于 DO、LOOP 等循环语句中设置断点，会遇到每次执行程序时都停止的问题。此时可以在所需的第 n 次处设置断点。当然也可以利用观察点，当 sy-index 或 sy-tabix 的值变为所需次数时，设置断点。下面学习在第 5 章练习的[例 5-36] 中 LOOP 语句的第 100 次处设置断点的方法。执行程序，显示新版调试画面后移动到 Break/Watchpoints 标签页。如[图 6-12]所示然后在 SKIP 字段中输入“99”，则会跳过 99 次断点直接激活第 100 次断点。

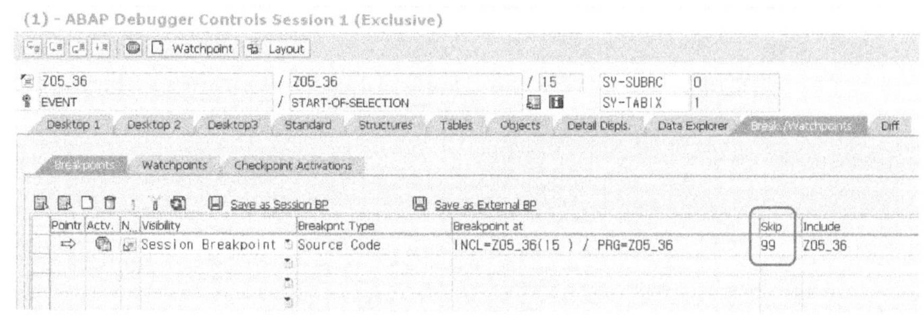

图 6-12　指定断点跳过次数

移动到 Deskotp1 标签页，选择 按钮，可以确认跳过 99 次断点后激活第 100 次断点的过程。系统变量 sy-tabix 存储内表的当前所在行数。从[图 6-13]中可以确认。

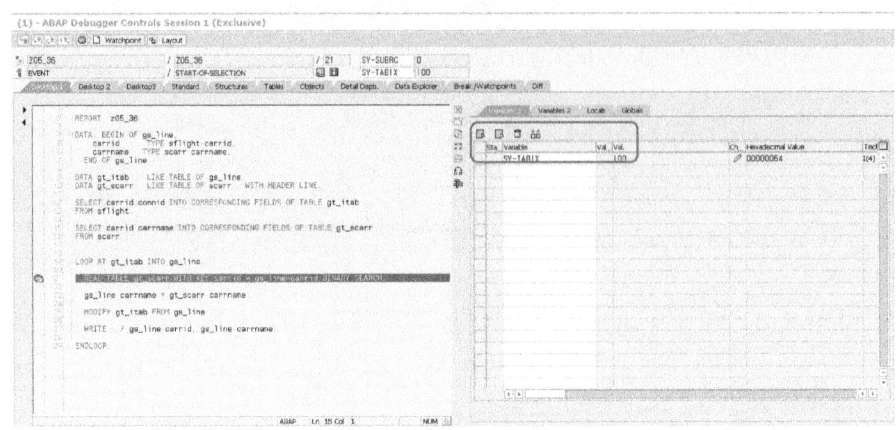

图 6-13　断点激活确认画面

6.7　保存及加载内部断点

分析标准程序或复杂的开发程序时，在重要地点设置断点也会耗费不少工时。此时利用保存调试会话的功能，即使 TIME OUT 后重新登录系统，断点也不会消失。如[图 6-14]所示，执行 ABAP 调试，选择菜单: *Debugger→Debugger Session→Save*。

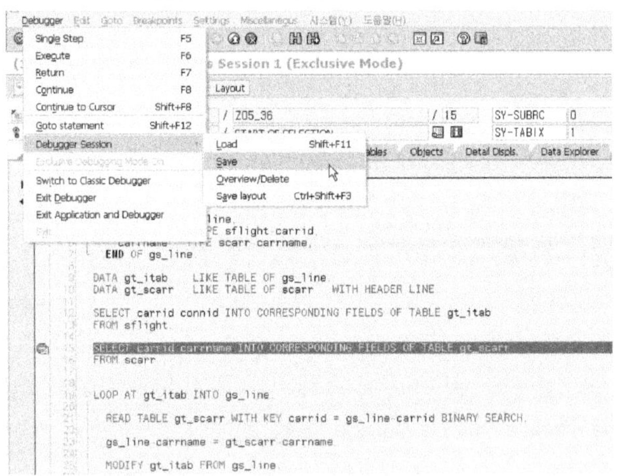

图 6-14　保存调试会话

如[图 6-15]、[图 6-17]所示，弹出维护调试会话窗口，选择文件。然后输入会话及文件名字，选择 Breakpoints 选项后单击保存按钮。

在旧版调试模式下选择菜单：Debugging→Sessions ，如[图 6-16]、[图 6-18]所示，弹出保存断点会话的画面。Name 指的是断点保存画面的名字，Expiration Date 指的是断点保存画面的有效日。输入恰当的值后保存。在命令窗口中输入“ /nex”命令，结束登录的所有 SAP GUI。然后重新登录系统后，在调试模式下运行程序，选择菜单：*Debugger→Debugger Session*

→*Load*。选择文件，输入文件名字后单击按钮，显示之前设置的所有断点。

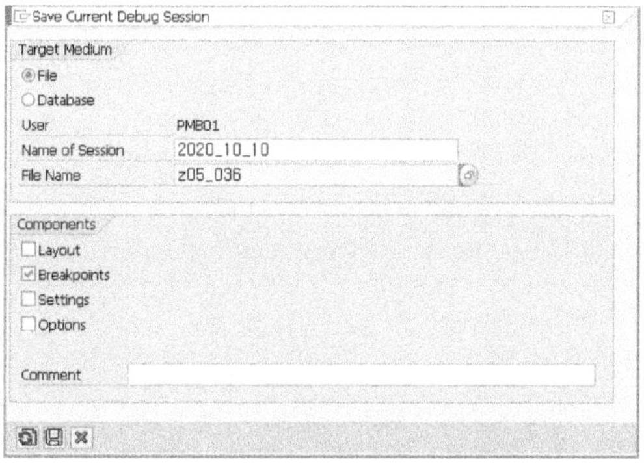

图 6-15　新版调试保存断点的画面

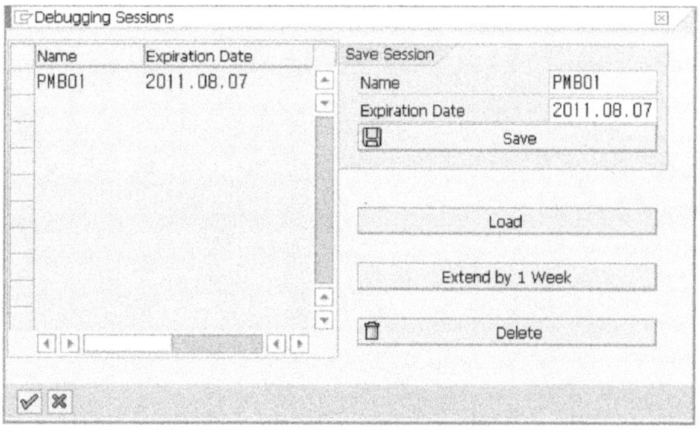

图 6-16　旧版调试保存断点的画面

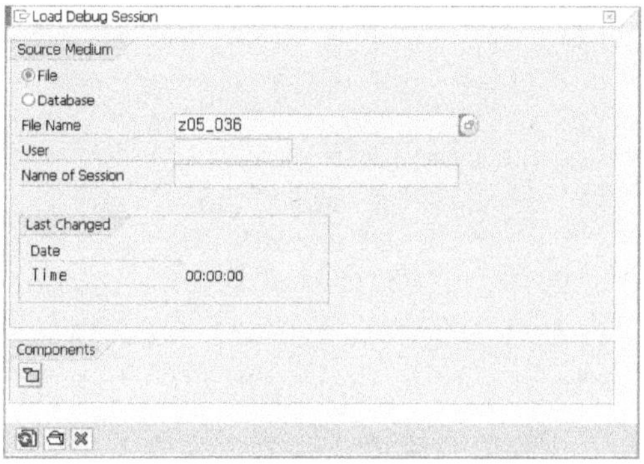

图 6-17　新版调试负载断点画面

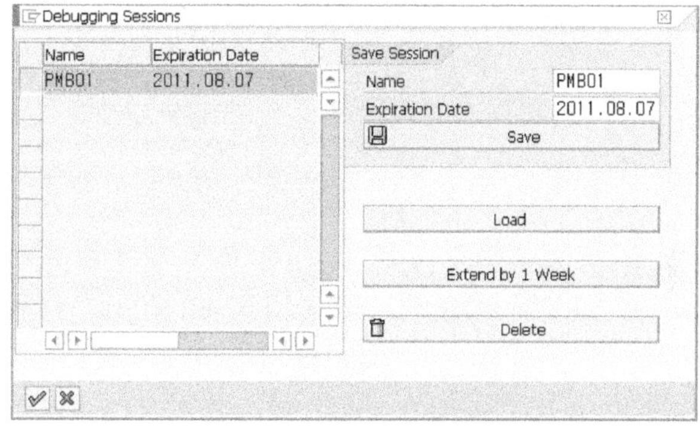

图 6-18　旧版调试负载断点画面

在旧版调试画面上执行菜单 Menu：Debugging→Sessions 。在左边列表中选择 Session breakpoint 后单击 Load 按钮，恢复之前设置的所有断点。

6.8　接口 RFC 调试——SRDEBUG

从外部环境(JAVA, C 等开发的程序)中调用 SAP RFC 时，需确认是否正常地传递了数据。此时利用 SRDEBUG，当外部环境调用 RFC 时，可以在 ABAP 调试画面上进行操作。首先，将从外部环境连接 SAP 的用户 ID 类型修改为 A：dialog。一般连接外部环境时所使用的 ID 类型为 C:Commnuicationts Data，因此要注意。[图 6-19]是在 T-CODE:SU01 中修改用户信息的画面，根据 SAP 版本不同，其修改方法也有所差别。

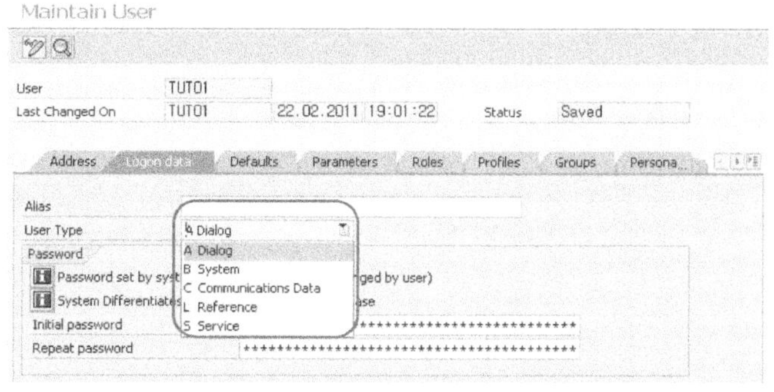

图 6-19　用户信息维护-修改用户类型为 dialog

然后用 T-CODE:SE37 移动到 RFC 函数中设置外部断点。在应用工具栏中选择按钮设置即可。如[图 6-20]所示。

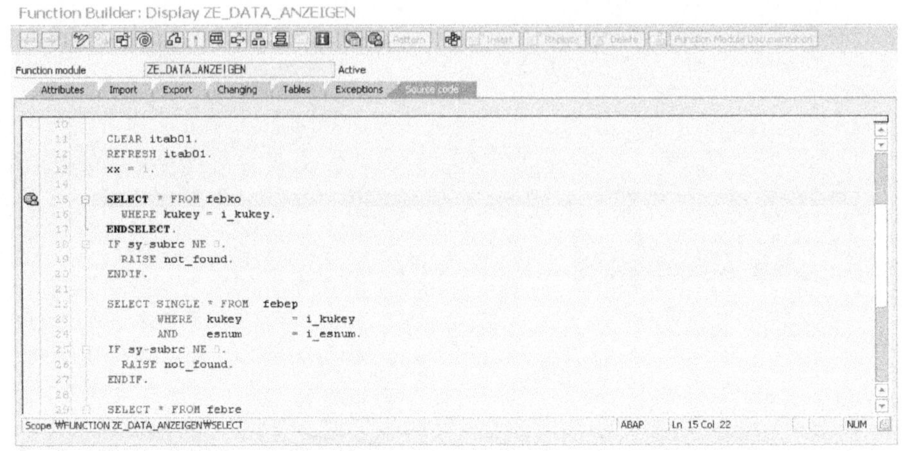

图 6-20　在函数中设置断点

用户类型修改为 dialog，在 RFC 中设置完断点后，执行 T-CODE:SRDEBUG。

执行 SRDEBUG，弹出窗口如[图 6-21]所示。在默认初始画面上选择确认按钮。此时弹出 Remote ABAP Debugging 信息，同时激活如图 6-22 所示的远程调试功能。在外部环境中调用相应 RFC 时，移动到调试画面上。想终止调试的话，选择 Yes 按钮即可。

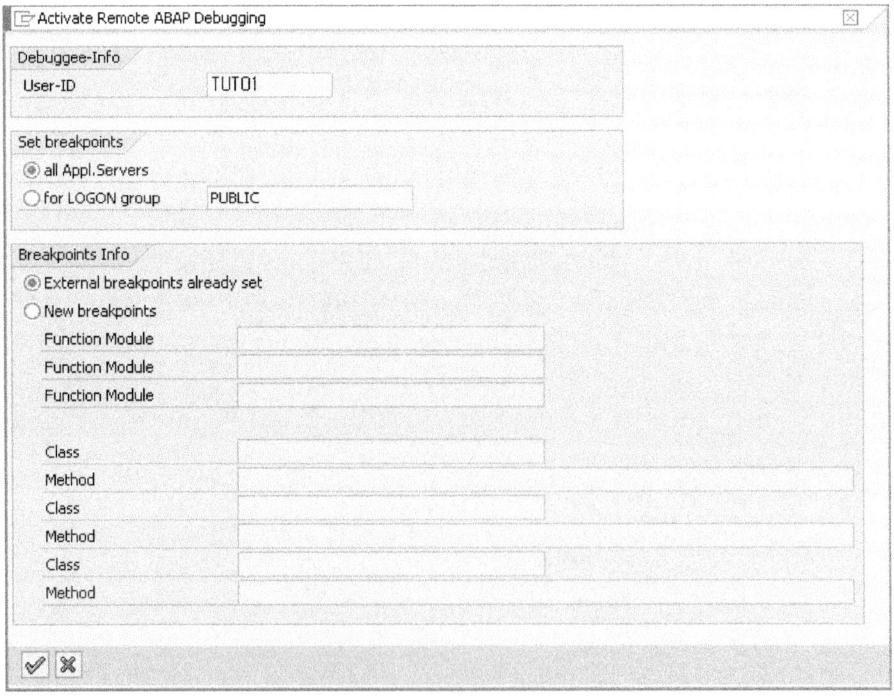

Activate Remote ABAP Debugging

Debuggee-Info

User-ID　TUT01

Set breakpoints

all Appl.Servers

for LOGON group　PUBLIC

Breakpoints Info

External breakpoints already set

New breakpoints

Function Module

Function Module

Function Module

Class

Method

Class

Method

Class

Method

图 6-21　激活 SRDEBUG

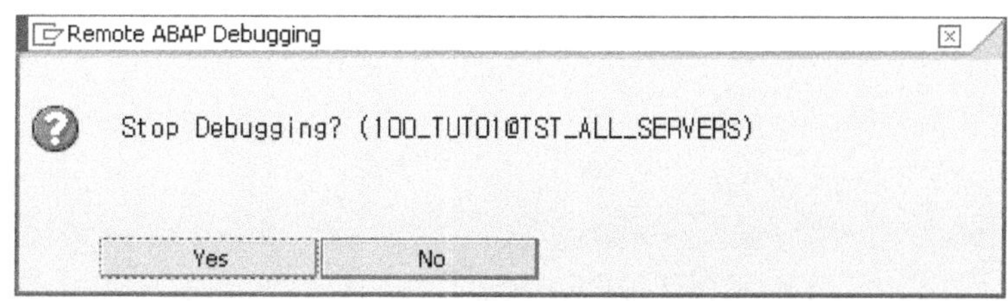

图 6-22　终止 SRDEBUG 的选择窗口

<Tip. 在调试模式下载内表>

在调试模式下不便于确认内表个别字段值。尤其是字段个数多的内表，在旧版模式下需要用按钮移动才可确认，因此需要很大的耐性。此时可以直接在调试模式下下载内表信息到 excel 文件中进行确认。如[图 6-23]所示，在旧版模式下单击应用工具栏中的按钮，可以指定行下载内表字段值。

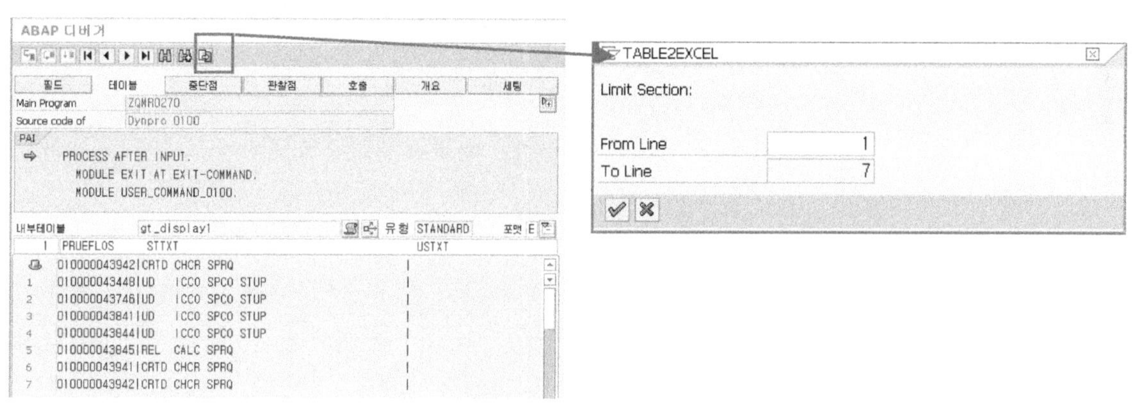

图 6-23　调试模式

在新版模式下单击按钮下载到 excel 文档中，如[图 6-24 所示]。

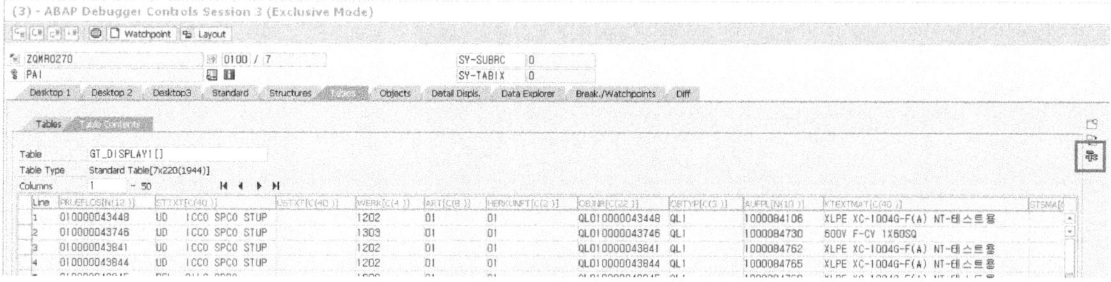

图 6-24　新版模式

弹出服务窗口后，选择[Save to Local File] 菜单，然后指定数据样式及行下载内表字段值。详情参见[图 6-25]、[图 6-26]。

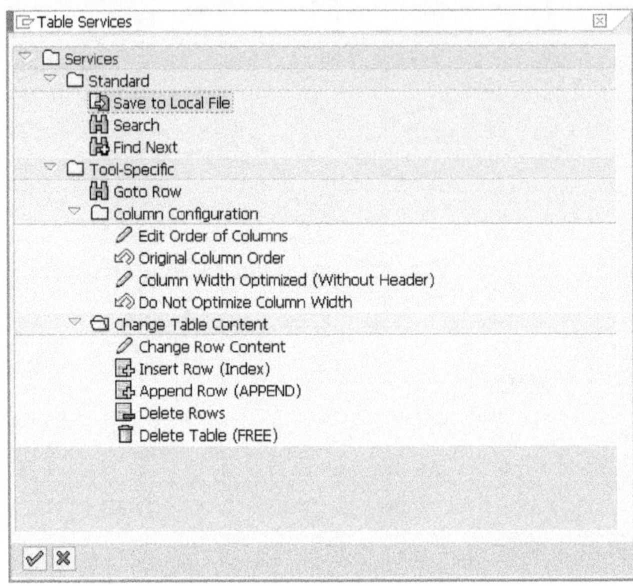

图 6-25　新版调试内表服务

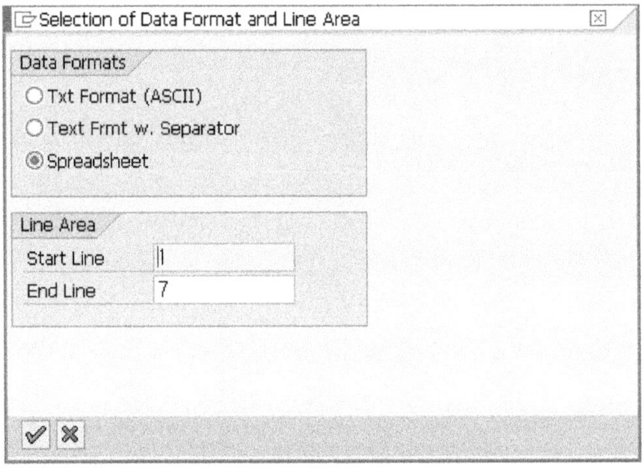

图 6-26　指定样式及行

第7章　ABAP数据字典

<table>
<tr><td>本章目录
1．概要
2．表
3．结构体
4．视图
5．表类型
6．域
7．数据元素</td><td>本章介绍
本章学习数据字典中最重要的表、视图、数据类型（数据元素、结构体、表类型、域）。首先要明确 ABAP 数据字典与数据库对象分别存在于不同的地方。即 ABAP 数据字典与数据库对象是不同的两个概念，接触过其他语言的人可能会容易混淆，在此时先进行说明。SAP 公司不像 Orcle 公司是提供数据库软件的公司，因此 ABAP 数据字典需要通过 SAP DB UTILITY 与数据库进行通信。ABAP 数据字典有中央集中式管理数据的特点。</td></tr>
</table>

7.1　概要

7.1.1　ABAP数据字典

在 ABAP 程序里使用的所有对象（表、视图、结构体、类型等）统称为 ABAP 数据字典。这些对象的信息叫 Metadata 或者 Data Definition，另外，ABAP 数据字典有定义和管理数据结构，集中管理系统中使用的对象的功能。新建或者变更的 Metadata 信息在所有系统对象中共享，即 ABAP 数据字典与 ABAP 工作区动态地连接在一起，因此变更数据对象会直接影响 ABAP 程序与画面。并且中央集中式管理系统中使用的所有数据，这种管理方式有确保数据完整性、一贯性、稳定性的特点。ABAP 数据字典不仅是普遍认识的数据库对象（即数据库表），他主要分为如[图 7-1]所示的类型定义、数据库对象、ABAP 工具这三个领域。

7.1.2　ABAP数据字典类型

学习表等个别对象之前首先简单地了解一下 ABAP 数据字典的三个类型的概念，下面将结合[图 7-1]数据字典整体图仔细介绍。

1．数据库对象

数据库对象会在后续章节进行详细说明。此前先说明一下最常用的两个对象-表、视图。

- **表：**存储系统中生成的数据实际物理内存，是数据库的主干。
- **视图：**由一个以上的表逻辑性结合在一起的结构，因此没有实际存储的数据，只是结合表中的数据，主要用于查询符合条件的数据。

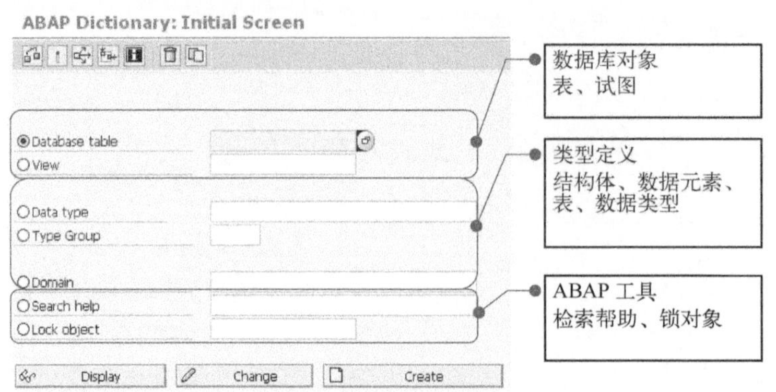

图 7-1　ABAP 数据字典

2．类型定义

ABAP 数据字典支持用户自定义类型（数据元素、结构体、表类型）。在个别程序里使用的类型由 TYPES 生成，但在所有 ABAP 程序使用的类型就需要在 ABAP 数据字典中定义。因为它属于中央集中式管理，因此修改个别类型对象会影响所有程序，他存在下列三种类型。

- **数据元素**（基本类型与参照类型）：包含字段的描述且可以参照域生成。域是定义表字段的技术属性的对象，在 ABAP 程序中不能直接参照域定义变量。
- **结构体**（结构体类型）：由拥有类型的组件构成。
- **表类型**：用于定义内表的技能属性，其中存在特殊结构的 Range 表类型。

3．ABAP 工具

ABAP 数据字典工具是除了管理及定义数据的功能以外程序中其他必要的附加功能的统称。例如，在画面字段上按〈F4〉键时以 Possible Entry 形式显示的检索帮助（第 8 章中介绍）等，另外还有第 9 章要学习的锁对象。

7.2　表

表包含实际数据库中的物理表与 ABAP 数据字典的表这两种，参见[图 7-2]。在 T-CODE：SE11 创建表后激活就会在数据库中生成物理表。（数据库种类很多，但很多公司都在使用 Oracle 数据）。在 ABAP 数据字典创建的表通过 SAP DB Utility 转换成数据库表如[图 7-2 所示]。本章讲解的表不是实际数据库中存在的表，而是 ABAP 数据字典中的表，因此要注意区分。例如，ABAP 数据字典的表字段与数据库中的表字段顺序有可能不同。SAP 公司一般不提供开发者直接登录 DBMS 修改表、删除数据及查询的权限。因为在实际数据库中没有 ABAP 数据字典中存在的外部键（Foreign Key），因此会破坏数据完整性。即使不了解数据库物理性领域也不会影响 ABAP 程序的开发，因此不必担心。当激活 ABAP 数据字典发生奇怪的错误时，则最好向 BC 担当者寻求帮助。

如[图 7-3]所示，表由二维结构模型（Matrix）构成。列中显示各自的名字及属性，这些称之为字段（Field）。字段是固定的，拥有不重复的唯一的名字及属性。表可以指定一个或多个字段作为主键，并且通过这些主键控制重复数据的产生。除了主键以外的字段叫一般字段（General Field）或者叫功能字段（Functional Field）。另外，表的行坐标用行（Line）、元组（Tuple）、记录（Record）、数据（Data）等术语表达。

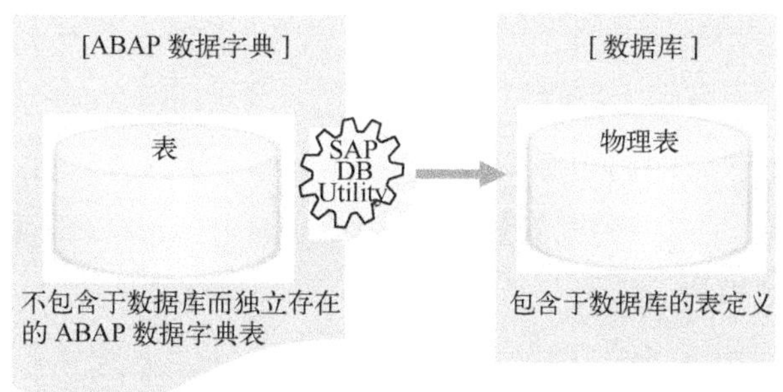

图 7-2　ABAP 数据字典表与数据库表

主键　一般字段　行、元组、记录、数据　字段

MANDT	CARRID	CARRNAME	CURRCODE	URL
600	AA	American Airlines	USD	http://www.aa.com
600	AB	Air Berlin	EUR	http://www.airberlin.de
600	AC	Air Canada	CAD	http://www.aircanada.ca
600	AF	Air France	EUR	http://www.airfrance.fr
600	AZ	Alitalia	EUR	http://www.alitalia.it
600	BA	British Airways	GBP	http://www.british-airways.com
600	CN	Air china		http://www.airchina.kr/
600	CO	Continental Airlines	USD	http://www.continental.com
600	DL	Delta Airlines	USD	http://www.delta-air.com
600	FJ	Air Pacific	USD	http://www.airpacific.com
600	JL	Japan Airlines	JPY	http://www.jal.co.jp
600	LH	Lufthansa	EUR	http://www.lufthansa.com
600	NG	Lauda Air	EUR	http://www.laudaair.com
600	NW	Northwest Airlines	USD	http://www.nwa.com
600	QF	Qantas Airways	AUD	http://www.qantas.com.au
600	SA	South African Air.	ZAR	http://www.saa.co.za

图 7-3　表的构成要素

ABAP 表有三种类型，分别为透明表、簇表、池表。池表、簇表是把多个表组合成一个的 ABAP 数据字典对象，在此书中只讲述经常使用的透明表。表的基本属性存储在表 DD02L 中，而关于表字段的信息存储在表 DD03L 中，表有下列四种属性。

- 表字段

有字段名及属性。存在主键。

- 外部键

定义该表与其他表之间的关系。

- 技术属性

设置表数据的总件数、缓冲设定等表属性。

- 索引

可以提高查询数据的速度，在表中创建索引。若表中已经追加了索引，则每当往表中追加数据时索引中也要一起追加，因此读取速度提高的同时插入数据的速度反而下降。

7.2.1 表字段

表字段是显示表属性的个别构成要素。假设存在员工信息表，则可以定义如员工编号/出生地/电话等员工基本信息。这种个别属性叫表字段。下面在 T-CODE: SE11 下查询表 SCARR，观察其表结构，参见[图 7-4]。

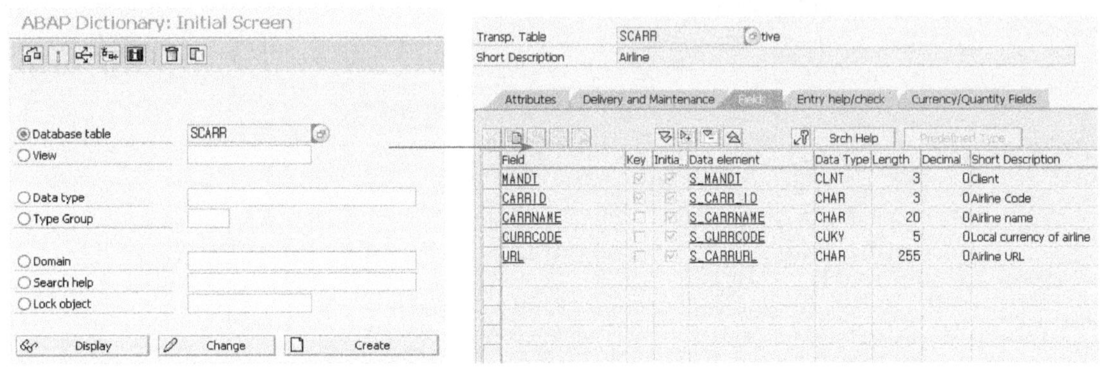

图 7-4　查询表结构

使用 T-CODE：SE11 可以创建/修改/查询/删除所有 ABAP 数据字典对象。应用工具栏上的按钮功能，请参照[表 7-1]。

表 7-1　ABAP 数据字典按钮的功能

按钮	功　　能	按钮	功　　能
	检查程序		检索此对象内使用的对象
	激活程序		删除对象
	检索使用此对象的程序及对象（Where Used List）		复制对象

[图 7-4]表结构要素中的字段包含下列几种属性。

- 字段名

最大长度为 16 位，要以字母开头，允许使用下画线（_）。

- 主键选项

定义表主键。

- 初始值

用于设置字段的初始值。

- 字段类型

定义如字符型，数字型等数据类型。

- 字段长度

定义字段可容纳的数据长度。

● 小数位

指定小数位。

● 描述

记述字段意义的内容。

1．字段属性定义（数据类型、字段长度、描述）

表字段中要指定数据类型、长度、描述。字段属性可以利用数据元素和 Predefined Type 两种方式指定。数据元素是用户可以创建的对象，若输入已存在的数据元素，则会自动指定数据类型长度。这是因为在创建数据元素时已经输入了必要的信息。若选择 Predefined Type 方式，则可以直接输入数据类型、字段长度及描述。

2．引用字段与引用表

定义代表数量的数据类型 QUAN 与代表金额的数据类型 CURR 的字段时要指定引用（参照）字段。例如，有显示物料数量的数字 1000，但是此数量会随着单位 kg、g、ton 等表达的数量会不同。通货也有 KRW，USD，JPY 等多种单位，因此这两种类型一定要参照单位。前者要指定 Unit of measure（数据类型 UNIT），后者要指定 Currency Key（数据类型 CUKY）。用 BDC 执行含有 QUAN 或者 CURR 类型的标准程序时，若不参照单位会发生错误。为了解决此类问题，显示数量金额的字段时要指定单位。

```
WRITE  原数量  TO  转换数量  UNIT 'KG'.
```

CURR 类型也一样。

```
WRITE  原价格  TO  转换后价格  CURRENCY  'KRW' .
```

下面再仔细讲述关于通货单位的知识。SAP 是全球都在使用的系统，因此各国的通货都存储在表里进行价格管理。[图 7-5]是存储 SD 模块的销售文档明细的 VBAP 表结构。选择块内的字段 NETWR 是销售文档明细中的物料单价其类型为 CURR 类型。另外此字段下面的 WAERK 是用来指定 NETWR 字段的通货单位。双击字段 NETWR 就可以查看字段之间的关联信息。

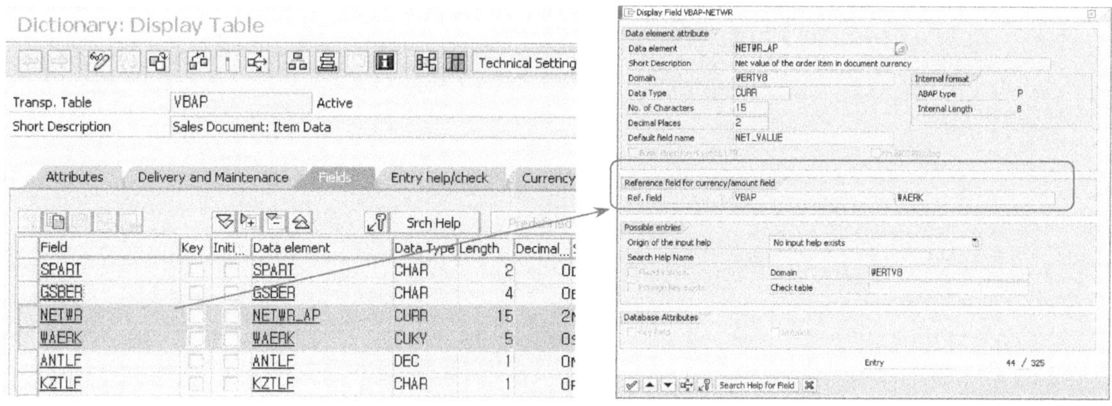

图 7-5　VBAP 表的通货字段

运营 SAP 系统时至少一两次会遇到画面上显示的价格因完全没有预想到的问题发生变化的现象。这是因为价格会根据表中存储的通货单位小数位会发生变化。假设[图 7-6]价格表中有分别参照 KRW、USD、KWD 三个通货单位的三条数据 10.00。这些价格在 ABAP 程序的画面（包含 ALV）上查询，则会按照参照的各国通货单位指定的小数位显示数据。通货单位的小数位信息存储在表 TCURX（在 T-CODE：OY04 中设置）中。

[图 7-6]中可以看出在韩国使用的通货单位 KRW 在表 TCURX 中小数位是 0。这代表着存储在价格表中的金额 10.00 不使用小数位，即要去掉两个小数位返回金额 1000。而在中国使用的通货单位 RMB 使用 2 位小数位，因此不改变其值直接返回 10。如 RMB，USD 一样使用 2 位小数位的国家通货在表 TCURX 中不存在相应数据。即该表中不存在的通货意味着使用 2 位小数位。另外，在科威特使用的通货单位 KWD 使用 3 个小数位，因此 10.00 会转换成 1 显示到画面上。下面直接查看表中设定的价格与通货单位。

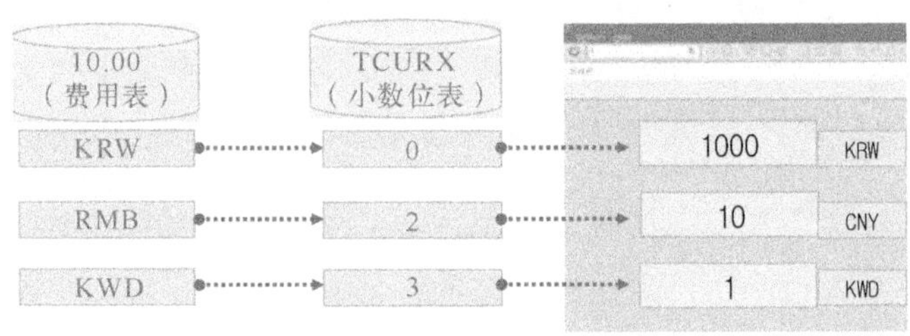

图 7-6　各个通货单位的小数位结构

<table>
<tr><td> 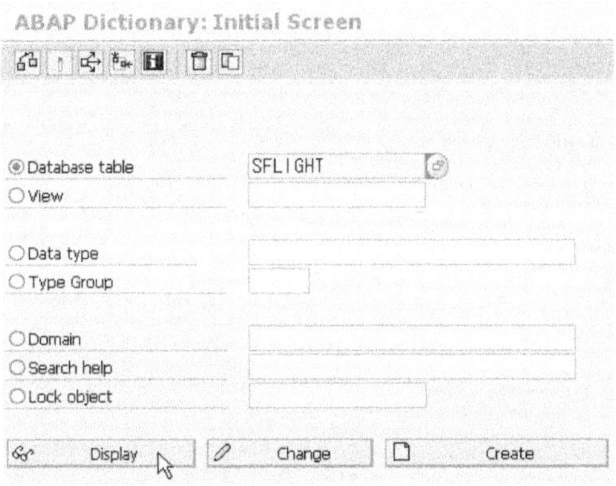ABAP Dictionary: Initial Screen
Database table SFLIGHT
View
Data type
Type Group
Domain
Search help
Lock object
Display　Change　Create</td><td>① 执行 T-CODE：SE11，在 Database table 中输入 SFLIGHT 后单击查询按钮。</td></tr>
<tr><td> 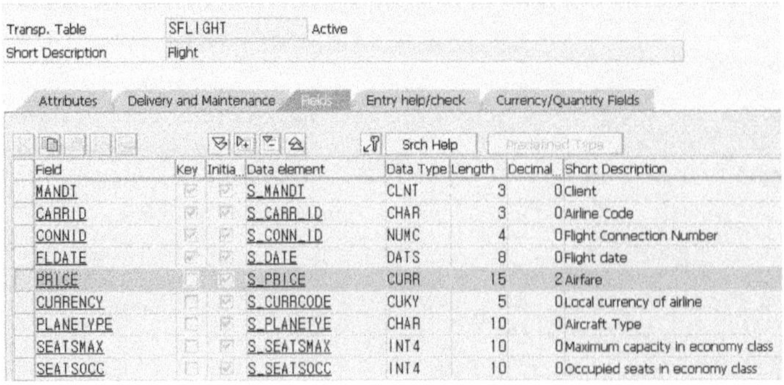Transp. Table SFLIGHT Active
Short Description Flight
Attributes / Delivery and Maintenance / Fields / Entry help/check / Currency/Quantity Fields
Field / Key / Initia / Data element / Data Type / Length / Decimal / Short Description
MANDT / S_MANDT / CLNT / 3 / 0 / Client
CARRID / S_CARR_ID / CHAR / 3 / 0 / Airline Code
CONNID / S_CONN_ID / NUMC / 4 / 0 / Flight Connection Number
FLDATE / S_DATE / DATS / 8 / 0 / Flight date
PRICE / S_PRICE / CURR / 15 / 2 / Airfare
CURRENCY / S_CURRCODE / CUKY / 5 / 0 / Local currency of airline
PLANETYPE / S_PLANETYE / CHAR / 10 / 0 / Aircraft Type
SEATSMAX / S_SEATSMAX / INT4 / 10 / 0 / Maximum capacity in economy class
SEATSOCC / S_SEATSOCC / INT4 / 10 / 0 / Occupied seats in economy class</td><td>② 双击表 SFLIGHT 的飞机座位单价字段 PRICE。</td></tr>
</table>

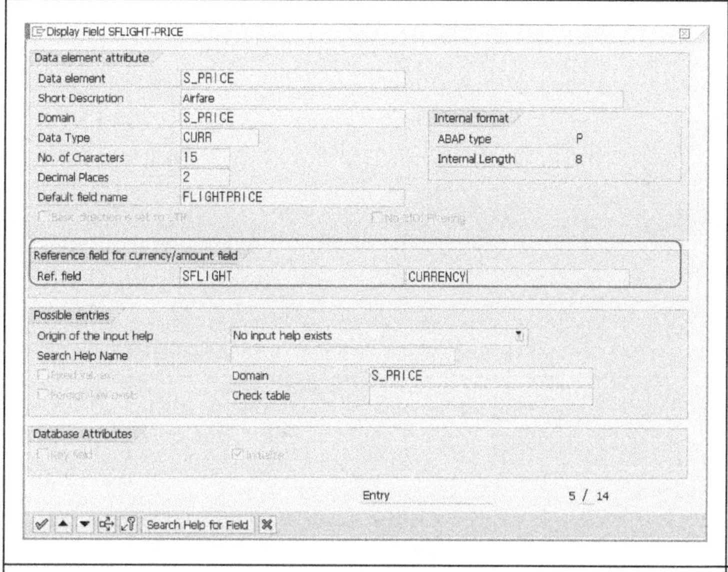

③ 然后会弹出字段属性窗口，在此画面上可以确认“通货/金额”字段中设置的各国通货单位字段 SFLIGHT-CURRENCY。

Data Browser: Table SFLIGHT Select Entries 20

MANDT	CARRID	CONNID	FLDATE	PRICE	CURRENCY	PLANETYPE
600	AA	64	2011.10.21	422.94	USD	A310-300
600	AA	64	2011.11.18	422.94	USD	A310-300
600	AA	64	2011.12.16	422.94	USD	A310-300
600	AZ	555	2010.11.17	185.00	EUR	A319
600	AZ	555	2010.12.15	185.00	EUR	A319
600	AZ	555	2011.01.12	185.00	EUR	A319
600	AZ	555	2011.02.09	185.00	EUR	A319

④ 查看表数据可以看出，CURRENCY 字段中存储着通货单位美元 USD 与英镑 EUR，并且根据这些通货，PRICE 字段中显示着对应的金额。

如果 WRITE 语句中无法使用 CURRENCY 选项，就要在程序中单独追加根据通货单位转换金额的逻辑，如[例 7-1]所示。

[例 7-1]

```
REPORT  z07_01.
PARAMETERS p_cost TYPE p DECIMALS 2.
PARAMETERS p_cuky TYPE c LENGTH 3.

DATA lv_dec TYPE tcurx-currdec.

SELECT SINGLE currdec INTO lv_dec
FROM tcurx WHERE currkey = p_cuky.
IF sy-subrc EQ 0.
  IF lv_dec > 0.
    p_cost  =   p_cost  * ( 100 / 10 ** lv_dec ) .
  ELSE.
    p_cost =  p_cost * 100.
  ENDIF.
ELSE.
  p_cost =  p_cost.
ENDIF.

WRITE p_cost.
```

在[结果 7-1]的价格字段 cost 中输入 1000，然后分别输入通货单位 RMB 与 KRW 后运行程序。从右图中可以看出，虽然是相同的价格，但根据通货单位不同，分别显示了 1,000 和 100,0.00 两种不同的结果。

[结果 7-1]

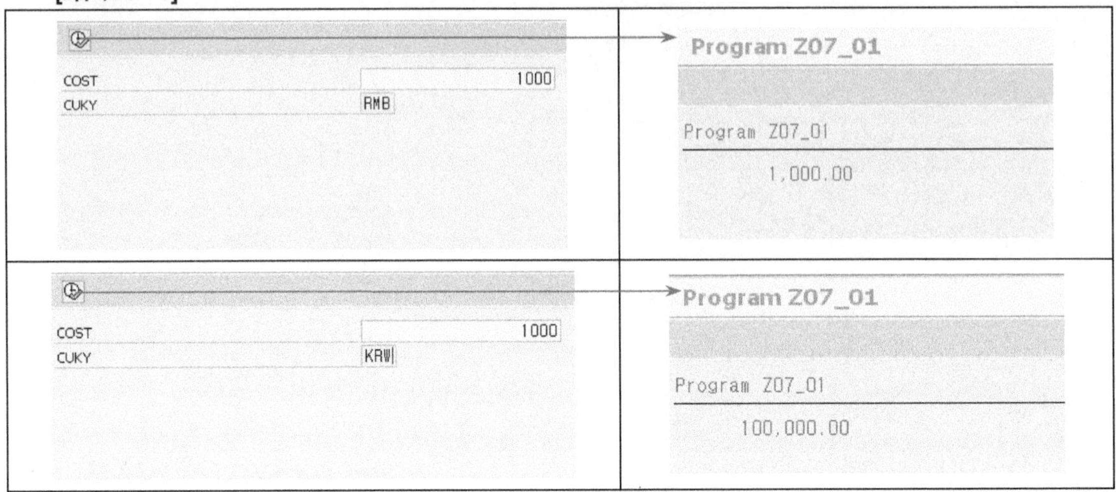

7.2.2 创建表

下面创建如[图 7-7]所示的员工表、员工取得的证书表、证书名称表三个表。

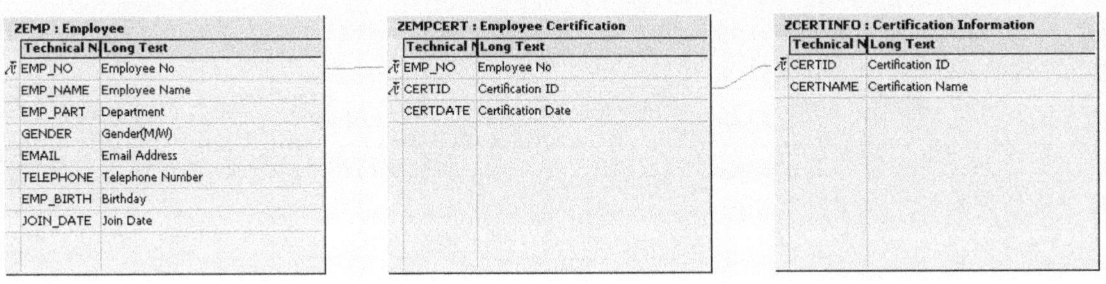

图 7-7　三个存储员工信息的表

① ABAP 数据字典：在初始画面的 Database Table 中输入名字后单击下面的 Create 按钮。表名要以 Y 或者 Z 开头，且包括“_”，最多可定义成 16 位。一般的命名规则如下所示。

CBO 区分符号 Z + 模块区分名 + 对象区分符号(T:Table) + 编号。根据不同用户其命名规则都有所差异。

Z HR T 0001

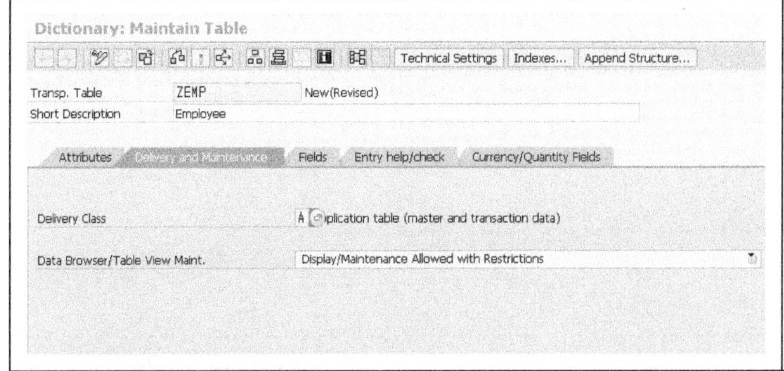

② 输入表的描述，最好输入可以代表表特性的描述以便以后易查询表。

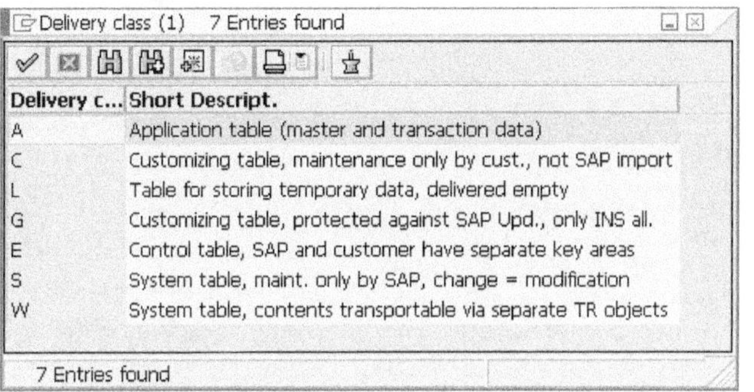

③ 输入 Delivery Class。Delivery Class 请参照[表 7-2]。

表 7-2 Delivery Class

Deliver Class	描　　述
A	一般使用的类型 主数据或者事务处理数据
C	由用户维护及管理
L	临时
G	无法修改已经存在的数据，只能追加数据
E	SAP 公司与用户各自拥有自己的关键字的表
S	系统表，状态信息
W	系统表，传送时使用自己的传送对象

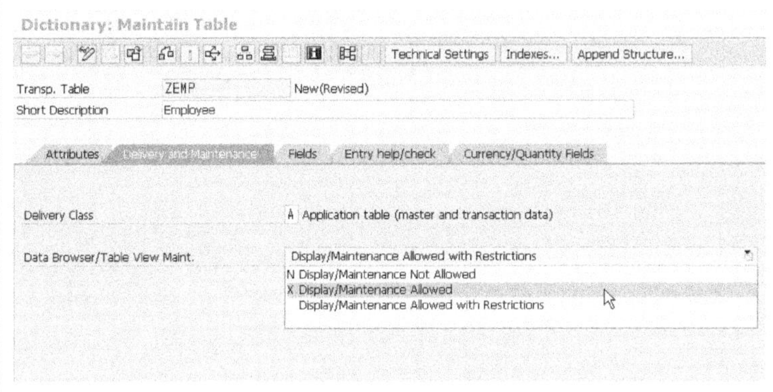

④ 在 Data Browser/Table View Maintenance 字段中选择'X Display/ Maintenance Allowed'。使拥有 T-CODE: SE16 表查询权限的用户可以创建/修改数据。另外在 T-CODE:SM30 中可以维护表。事务码 SM30 可以通过表维护视图管理表数据。后面会讲解。

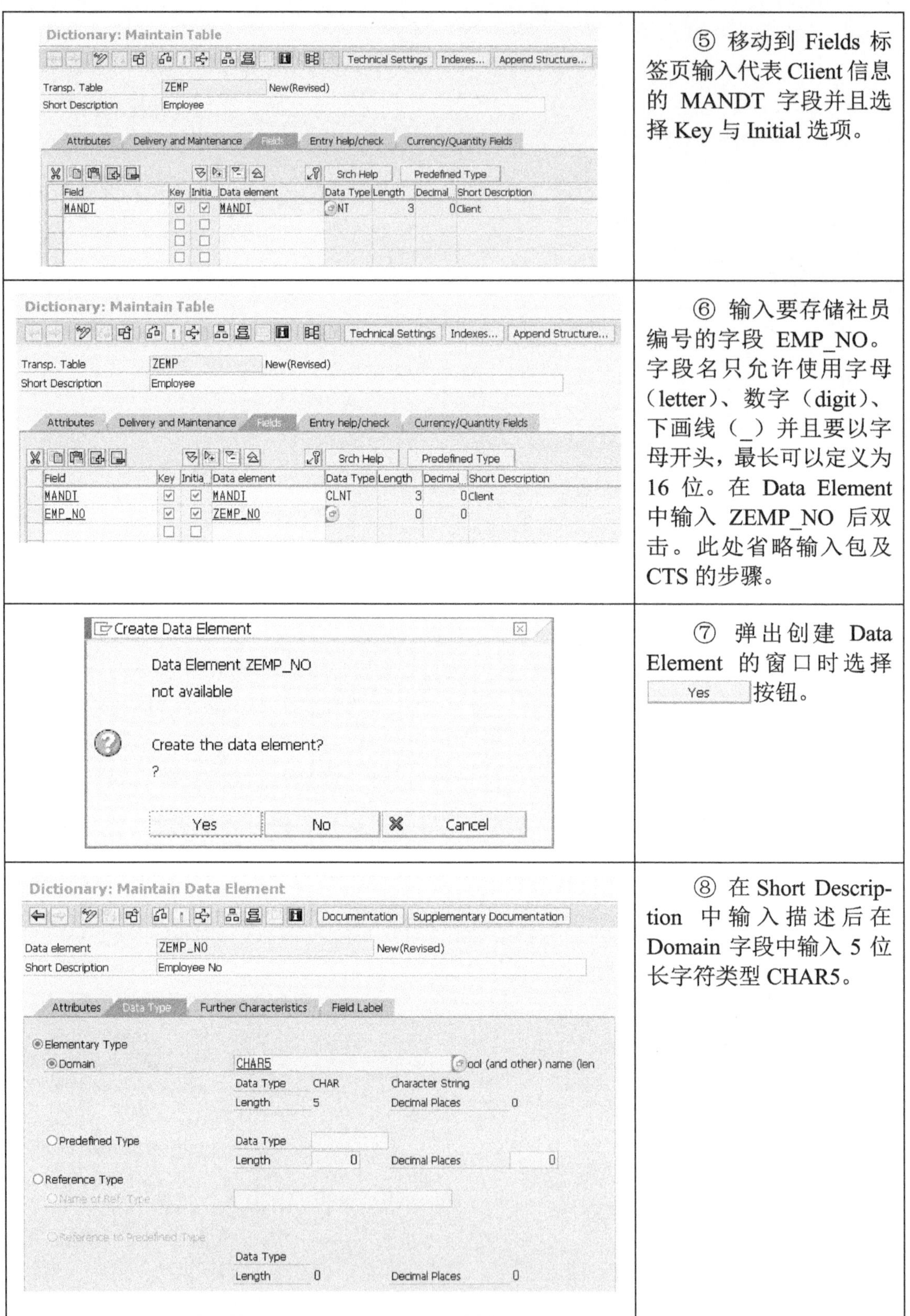

⑤ 移动到 Fields 标签页输入代表 Client 信息的 MANDT 字段并且选择 Key 与 Initial 选项。

⑥ 输入要存储社员编号的字段 EMP_NO。字段名只允许使用字母（letter）、数字（digit）、下画线（_）并且要以字母开头，最长可以定义为 16 位。在 Data Element 中输入 ZEMP_NO 后双击。此处省略输入包及 CTS 的步骤。

⑦ 弹出创建 Data Element 的窗口时选择 Yes 按钮。

⑧ 在 Short Description 中输入描述后在 Domain 字段中输入 5 位长字符类型 CHAR5。

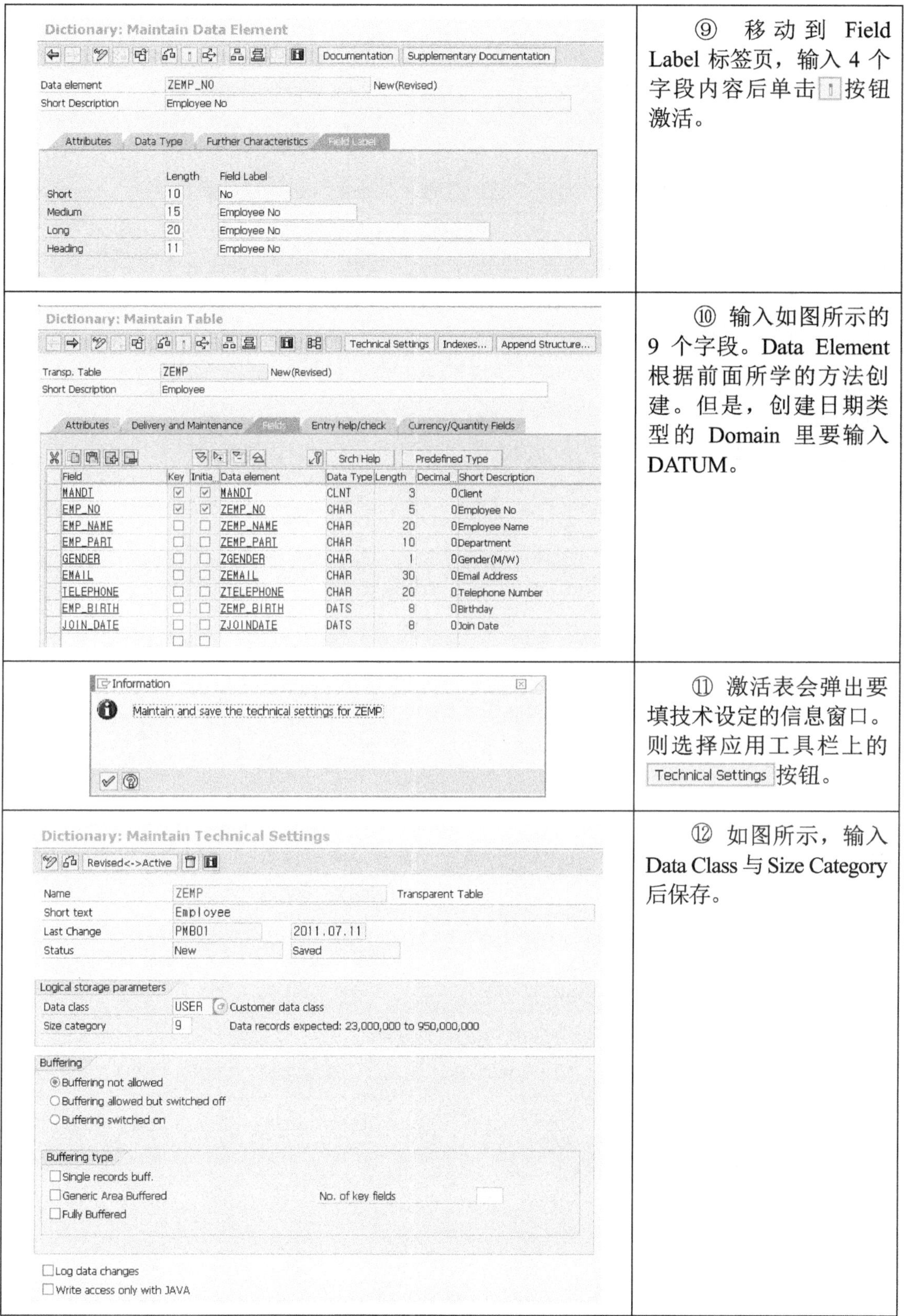

⑨ 移动到 Field Label 标签页，输入 4 个字段内容后单击按钮激活。

⑩ 输入如图所示的 9 个字段。Data Element 根据前面所学的方法创建。但是，创建日期类型的 Domain 里要输入 DATUM。

⑪ 激活表会弹出要填技术设定的信息窗口。则选择应用工具栏上的 Technical Settings 按钮。

⑫ 如图所示，输入 Data Class 与 Size Category 后保存。

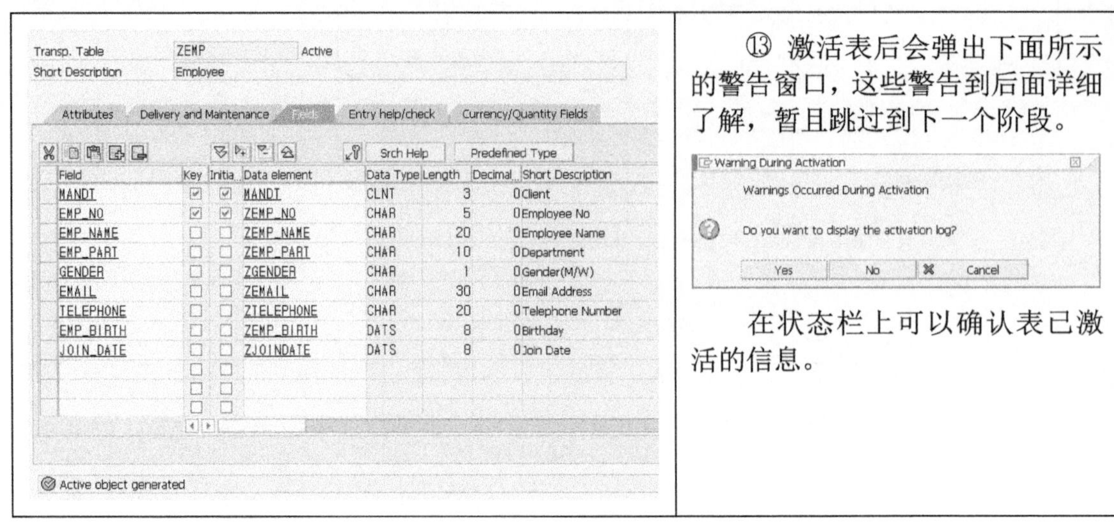

⑬ 激活表后会弹出下面所示的警告窗口，这些警告到后面详细了解，暂且跳过到下一个阶段。

在状态栏上可以确认表已激活的信息。

下面再创建拥有如[图 7-8]所示结构的存储社员证书的表。创建步骤如上所述。

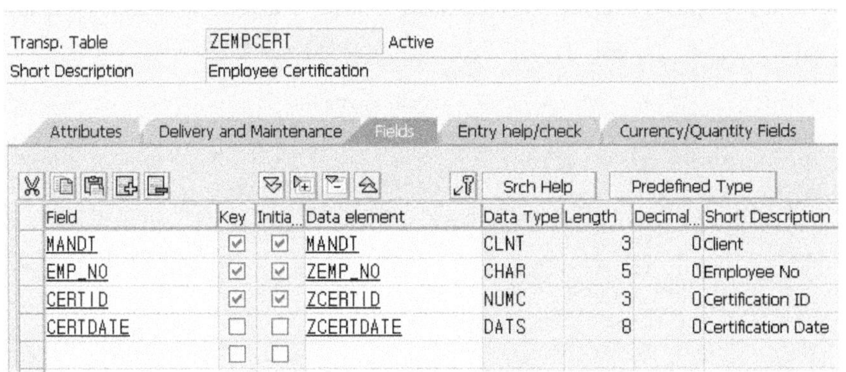

图 7-8　社员取得的证书表

另外，再创建一个存储证书 ID 与名称的表，表结构请参照[图 7-9]。

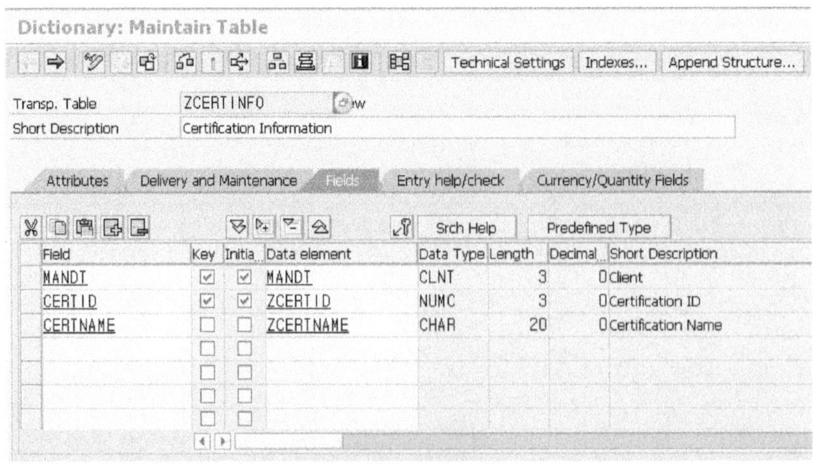

图 7-9　证书名表

7.2.3 修改表

做开发或修改程序的业务时经常会遇到需要修改表的情况。在 T-CODE:SE11 中利用 Change 按钮可以修改表，当有数据的表上删除主键时无法在 SE11 上激活，此时在 T-CODE:SE14 上选择 Save data 后单击 Activate and adjust database 按钮即可解决。若没有权限，则需要向 BC 担当者提出申请。

下面语句中的 gs_str 是参照 ABAP 数据字典（如[图 7-10]所示）表类型定义的结构体（Structure）。这种结构体的数据类型与字段长度都从表 ZTABLE 复制而来。当激活程序时从表 ZTABLE 中获取信息来确定结构体的结构。

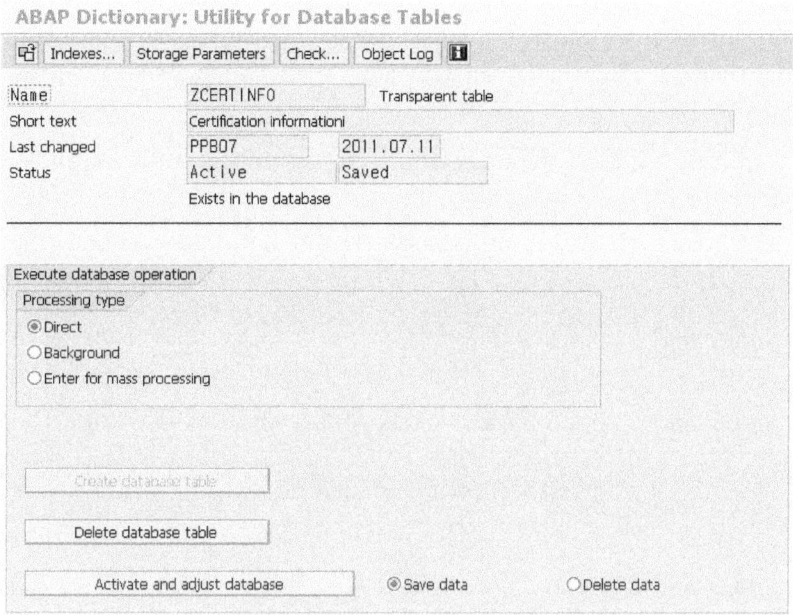

图 7-10　ABAP 数据字典：Utility for Database Table.

这代表着即使修改表 SCARR 的内容，也不必修改代码其修改的内容会自动反映到结构体上，即可以明显地减短修改程序的时间。

```
DATA: gs_str TYPE ztable.

SELECT * INTO gs_str FROM table.
WRITE: / gs_str-carrid, gs_str-carrname.
ENDSELECT.
```

当表中存在数据时修改字段属性，则数据库中自动会执行修改表的操作。此时被修改的对象同时存在激活、未激活的两个版本。激活版本的数据字典对象在执行环境中使用，而未激活版本当修改激活版本时才生成且不执行语法检查，另外不会影响正在执行中的程序。为了适用修改内容单击激活按钮，则会修改 TIMESTAMP，执行与变更对象相关程序时会确认 TIMESTAMP，从而调用最新版本。实际上，Conversion 先为临时表复制生成数据后再重新复制数据到新修改的表中，其步骤如下所示。

① 给表加锁（Lock）。

② 删除索引后修改表名（QCM<tab_name>）。

③ 将未激活版本改成激活版本后在数据库中重新生成表。

④ 将临时表的数据复制到重新生成的表中。

⑤ 重新生成索引。

⑥ 删除临时表。

⑦ 给表解锁（Lock）。

7.2.4 表字段属性

下面了解一下关于表的主键及初始值属性，参照[图 7-11]。

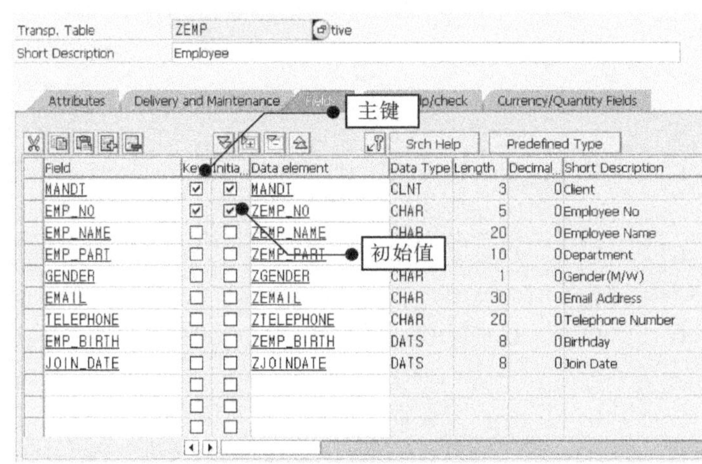

图 7-11 查询主键与初始值属性

1. 主键

字段要指定为主键时选择 Key 选项。一般把唯一可以区分数据的字段设置为主键。即在员工信息表中不存在重复的员工编号，则可以只指定社员编号作为主键。若员工编号有可能重复，则名字也可以指定为主键。

- 一个表最多可以指定 16 个主键。
- 主键字段长度合计长度可达 120。
- 主键基本上都选择 Initial Value 选项。
- 创建表时自动创建以主键构成的主索引。

2. 初始值

首先明确定义 NULL 与初始值（Initial Value）的概念。

> NULL 是指“无”。
>
> - NULL 是指不存在值。不占用内存空间。
> - NULL 不可能是下列值。
>
>   : 0, ‘’,SPACE, 空
> - NULL 不能作为分配、运算、比较用对象。
>
> 在 ABAP 语言中类似于 IS NULL, IS NOT NULL 的比较运算符可以用在 SQL 语句中。

Initial Value 是指“有”。
- Initial Value 是指存在值。因此占用内存空间。
- Initial Value 可能会是下列值。
: 0, ‘’,SPACE, 空
- Initial Value 可以作为分配、运算、比较用对象。
在 ABAP 语言中可以使用类似于 IS INITIAL, IS NOT INITIAL 比较运算符。

Initial Value 不是指 Null 值，而是指初始值。每个数据类型都有不同的初始值，如[表 7-3]所示。

表 7-3 各个数据类型的初始值

类 型	初 始 值	类 型	初 始 值
I	0	D	‘00000000'
F	0	N	‘0 … 0'
P	0	T	‘000000'
C	‘ ', space	X	X ‘0 … 0'

主键不允许是 Null 值，因此选择了 Key 选项，即使没有选择 Initial Value 选项也会自动赋初始值。Initial Value 选项只有在生成追加字段时才有重要意义。即保存现存数据时决定以初始值形式还是 null 值形式保存数据的设定。在[图 7-11]中出生地 home 字符类型的字段若不选择 Initial Value 选项后进行追加，则现存数据中的 home 字段中会存储 null 值，而追加完 home 字段后，即使刚入职的员工 home 字段中不输入值也会自动赋初始值（Initial Value）。Home 字段追加后的新入职员工的 home 字段里即使不输入值也会自动存储初始值（space）。最终此表的这个字段中会同时存在 null 值与初始值。此时，想查询 home 字段中不存在值的数据时使用下列语句，则无法查询到以 null 值保存的数据。

```
SELECT * FROM zemp WHERE home <> SPACE
```

即若想查询所有空数据（包含 null 值），则要改成下列所示语句。

```
SELECT * FROM zemp WHERE home is not null
```

能识别 Null 值的语句只有 IS NULL 与 IS NOT NULL。经常会遇到正在使用的 CBO 表中要加入新字段的情况。在实际运营系统环境中会遇到因没有设置 Initial Value 选项而发生此种错误，因此需要正确理解概念后再使用。在前面也已经提过，即使没有选择 Initial Value 选项，刚创建的表中追加数据时会自动保存初始值。在表中追加新字段时数据库中会执行下列语句。

```
ALTER TABLE table name ADD FIELD field name.
```

另外，在新追加的字段中选择 Initial Value 后激活表，则新追加的字段的所有记录会执行下列所示语句。

```
UPDATE table name    SET 字段 = Initial value.
```

在新追加的字段中没有选择 Initial Value 选项就不会执行 UPDATE 语句。因此，新追加字段之前的数据会以 NULL 值存在，之后数据就开始以初始值存在。

7.2.5 创建数据的方法

第 3 章中已经介绍在 T-CODE:SE16 下创建数据的方法，本章就讲述在 T-CODE:SE16N

下编辑大量数据的方法。

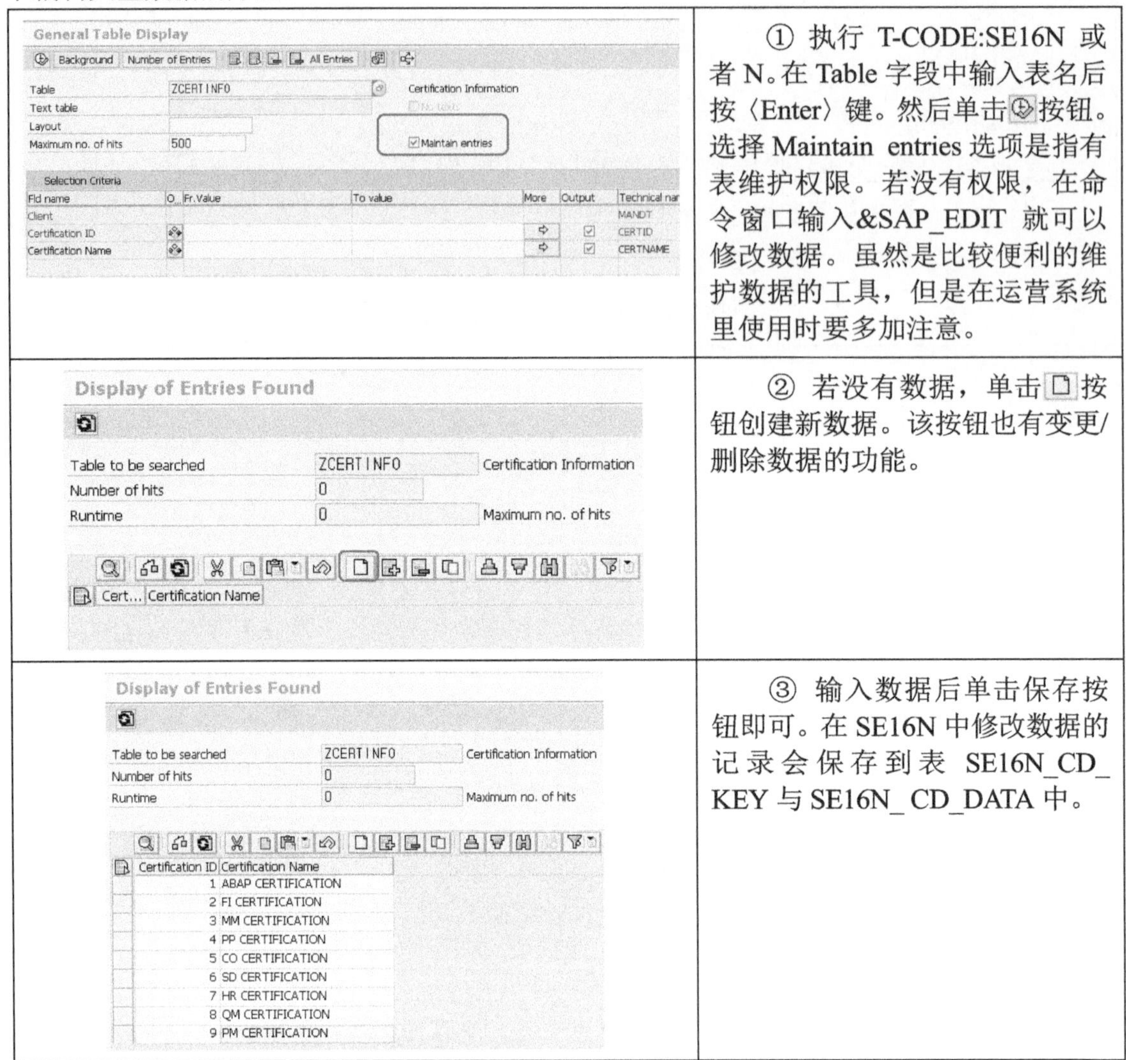

① 执行 T-CODE:SE16N 或者 N。在 Table 字段中输入表名后按〈Enter〉键。然后单击按钮。选择 Maintain entries 选项是指有表维护权限。若没有权限，在命令窗口输入&SAP_EDIT 就可以修改数据。虽然是比较便利的维护数据的工具，但是在运营系统里使用时要多加注意。

② 若没有数据，单击按钮创建新数据。该按钮也有变更/删除数据的功能。

③ 输入数据后单击保存按钮即可。在 SE16N 中修改数据的记录会保存到表 SE16N_CD_KEY 与 SE16N_ CD_DATA 中。

7.2.6 外部键

1．概要

外部键（Foreign Key）在关系数据库中是用来定义表连接的，另外外部键还可以确保数据完整性及数据一贯性。举例说明，则当用户输入类似于北京 = ‘010’、上海 = ‘021’等地区编号时可以排除输入不存在的数据的情况。在本章开头也提到，ABAP 领域里的外部键只存在于 ABAP 数据字典中，而在实际数据库中是不存在的。因此，要禁止直接在数据库中追加数据的操作。利用前面创建的员工证书信息表与证书名表说明外部键关系。详情参见[图 7-12]。

外部键显示两个表之间的关系，此时外部表字段参照检查表的主键值。在[图 7-12]中的表 ZEMPCERT 的字段 CERTID 与表 ZCERINFO 的主键连接在一起。其中，表 ZEMPCERT 叫外部表（从属表），表 ZCERINFO 叫检查表（引用表）。外部表的字段是检查表的主键。以外部键连接的字段，在两个表中字段名可以不同，但是数据类型与长度一定要相等。当然，也可以是使用相同域的字段。

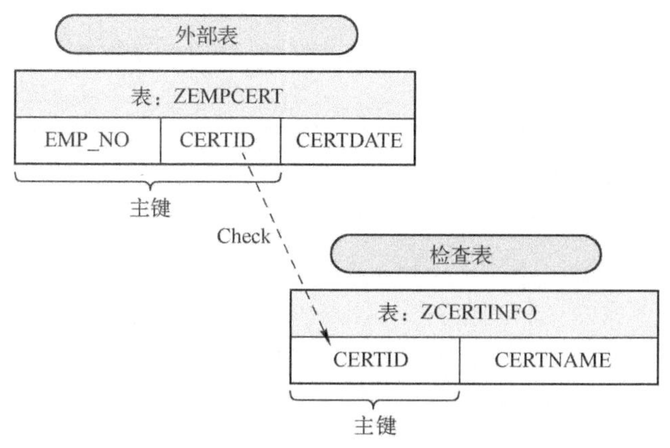

图 7-12　外部键关系

2. Check Field 与 Value Check

外部键与 Check Field 连接在一起意味着输入作为外部键的字段值时要检查次数据是否存在于检查表中。若检查表中不存在值，则外部键字段中就无法输入该值。如[图 7-13]所示，在外部表中创建数据时首先检查该值是否在检查表中存在后才能保存该值，若不存在会发生错误。例如，当表 ZEMPCERT 中插入 CERID = '7'的值时，因为 ZCERTINFO 表中不存在该值而无法保存。定义外部键时在内部自动会生成 SELECT 语句。若检查表中存在符合条件的数据，则就是有效数据，否则就认为是不正确的数据。在[图 7-13]中创建外部表的 SELECT 语句如下所示。

```
SELECT * FROM zcertinfo where zempcert-certid = zcertinfo-certid.
```

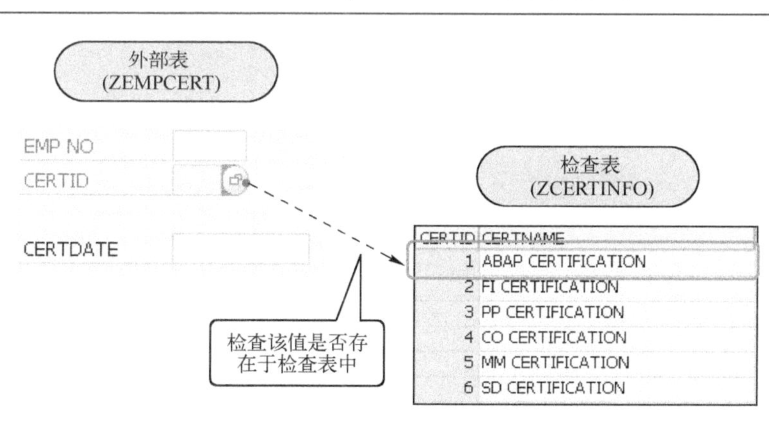

图 7-13　Check Field 与 Value Check 关系

3. 一般外部键与静态外部键

没有必要用外部键检查 Check 表中的所有主键。若不想检查 check 表中所有主键时，则将不作为检查对象的主键定义成一般外部键或者静态外部键即可。

（1）一般外部键

当检查表中存在多个主键时没有必要检查的字段定义为 Generic Key，则在检查表中会忽视此字段检查。即执行 SELECT 语句时在条件中会删除 Generic 字段。

假设在证书信息表 ZCERTINFO 中将发放证书的公司字段追加设定成主键。在[图 7-14]中只将检查表的一部分主键定义成了外部键。此时，在外部表中追加数据，则只会检查设定为外部键的字段是否存在。这种情况叫一般外部键定义。在实际 T-CODE:SE11 上设置外部键，则可以确认在 company 字段上选择了 Generic 选项，如[图 7-15]所示。

（2）静态外部键

外部键中可以指定常量。当该字段的值和常量一致时才能输入值，否则就无法输入值。如[图 7-16]所示，表 ZCERTINFO 的字段 COMPANY 中可以设置静态外部键‘SAP’。

在[图 7-17]中 ZEMPCERT 与 ZCERTINFO 根据静态外部键连接在一起，表 ZEMPCERT 中只能追加检查表字段 company 的值为 SAP 的数据。

（3）创建外部键

为了有助于理解，下面试着创建社员取得的证书表（ZEMPCERT）与证书信息表（ZCERTINFO）之间的外部键。详情参见[图 7-14]～[图 7-17]。

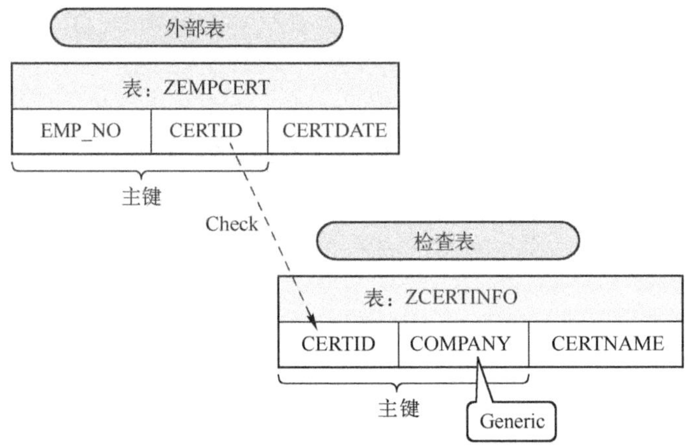

图 7-14　一般外部键关系

Change Foreign Key ZEMPCERT-CERTID

Short text

Check table　ZCERTINFO　Generate proposal

Foreign Key Fields

Check table	ChkTablFld	For.key table	Foreign Key Field	Generic	Constant
ZCERTINFO	MANDT	ZEMPCERT	MANDT	☐	
ZCERTINFO	CERTID	ZEMPCERT	CERTID		
ZCERTINFO	COMPAYNY			☑	

Screen check

☑ Check required　Error message　MsgNo　AArea

Semantic attributes

Foreign key field type　◉ Not Specified　○ Non-key-fields/candidates　○ Key fields/candidates　○ Key fields of a text table

Cardinality　:

Copy

图 7-15　一般外部键属性

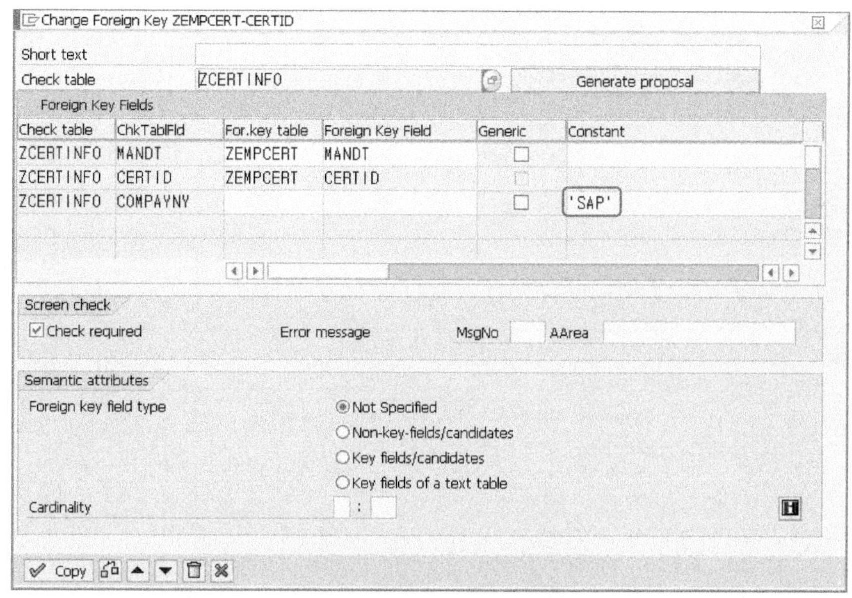

图 7-16　静态外部键属性

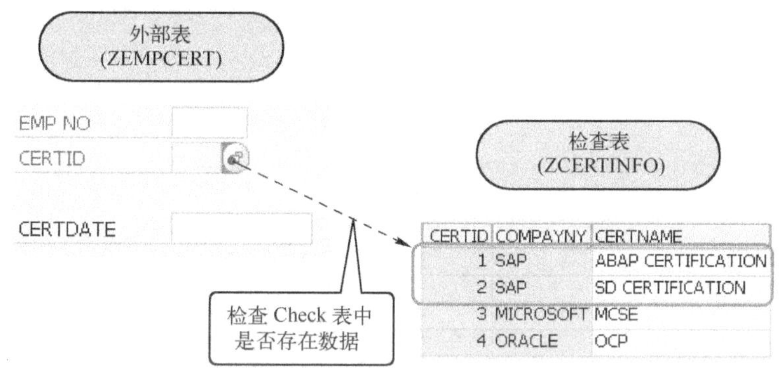

图 7-17　静态外部键关系

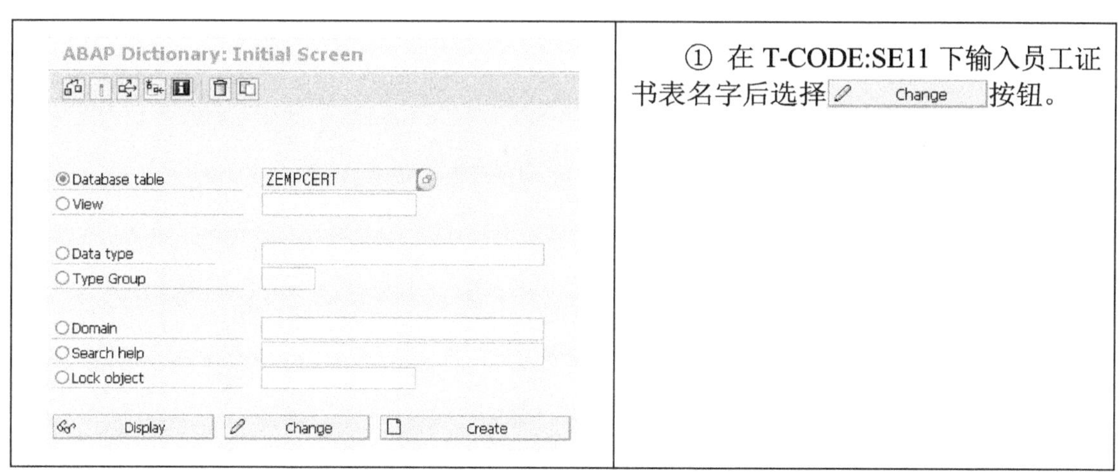

① 在 T-CODE:SE11 下输入员工证书表名字后选择 Change 按钮。

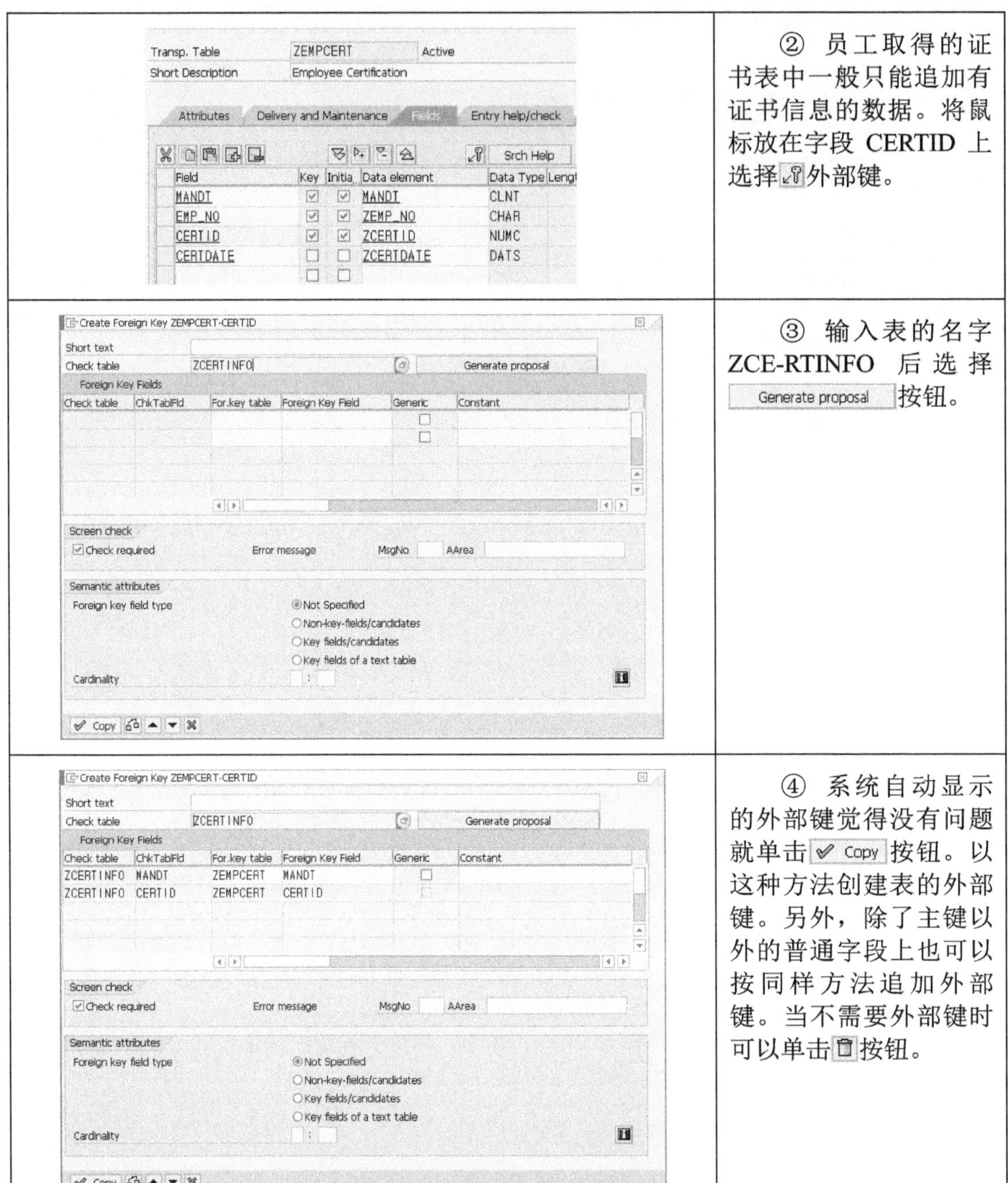

② 员工取得的证书表中一般只能追加有证书信息的数据。将鼠标放在字段 CERTID 上选择[icon]外部键。

③ 输入表的名字 ZCE-RTINFO 后选择[Generate proposal]按钮。

④ 系统自动显示的外部键觉得没有问题就单击[Copy]按钮。以这种方法创建表的外部键。另外，除了主键以外的普通字段上也可以按同样方法追加外部键。当不需要外部键时可以单击[icon]按钮。

7.2.7 表增强

1. Include 结构体

前面已经讲述，可以将个别字段组合在一起构成一个表。除了这种基本方法以外还可以直接将一个结构体追加到表（或者结构体）中。另外还可以组合这两种方法构成表。当多个表使用相同结构的字段时使用追加/修改个别字段的方法会影响工作效率。此时可以创建一个公用的结构体，当很多表重复使用相同的字段时，可直接将此结构体包含到表中。一般经常使用的有表的创建者、创建时间、修改者、修改时间等。以便往表里包含时使用。表可以包含结构体或表。[图 7-18]是往表 ZEMP 中追加证书信息表 ZCERTINFO 的方法。结构体字段中可以输入结构体或者表。

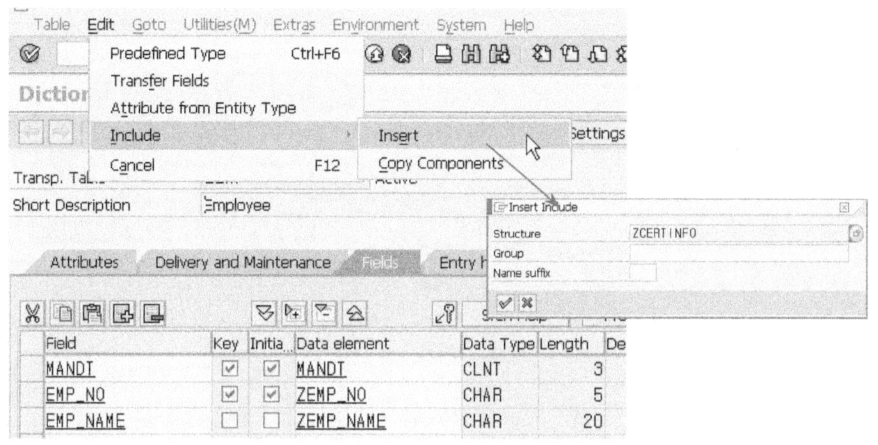

图 7-18 表中 Include 结构体的方法

2. Append 结构体

在实际业务中使用的 Append 结构体是指把一个结构体追加到一个表(或结构体)的方法，换句话说，就是不用直接修改表而可以追加字段的方法。SAP 公司将这些字段称之为客户用字段（Customer Filed，用此方法在标准表中可以追加所需的字段，即使升级 SAP 也不会受影响)。一个 Append 结构体只能用在一个表中，在一个表中可以使用多个 Append 结构体。池表与簇表不能使用 Append 结构体。另外包含类似于 LCHR 与 LRAW 等 Long 类型字段的表也不能使用。

Append 结构体有下列几种功能。

- 在标准或者 CBO 表中追加新字段。
- 在现存表中追加及定义外部键。
- 在现存表中追加检索帮助。

表中追加 Append 结构体后激活，数据库表中生成包含 Append 结构体的所有字段的表。利用 Append 结构体功能在标准表 SCARR 中尝试追加新客户字段。不以 Y 或者 Z 开头的表都是标准表。

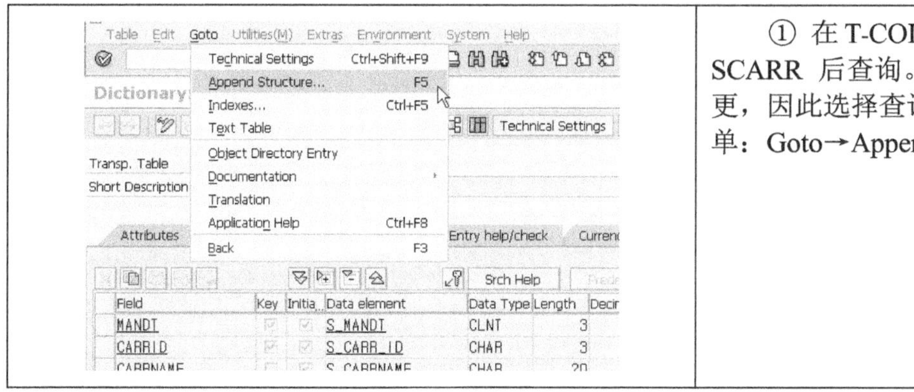

① 在 T-CODE:SE11 中输入 SCARR 后查询。标准表不能变更，因此选择查询模式。选择菜单：Goto→Append Structure。

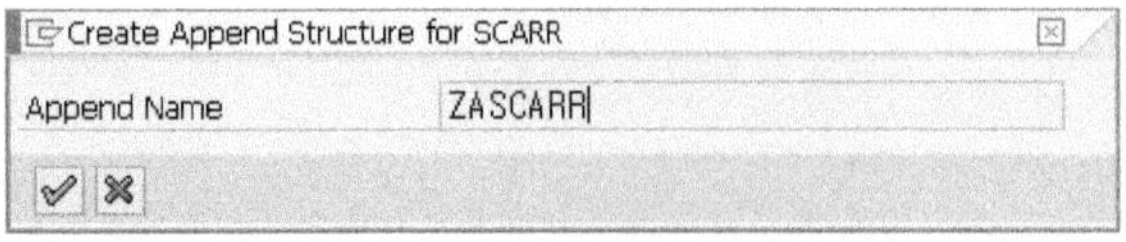 Create Append Structure for SCARR Append Name ZASCARR	② 执行 Append 结构体时会自动生成 'ZA+TABLE'名字。需要变更时按各自的命名规则输入后按〈Enter〉键。
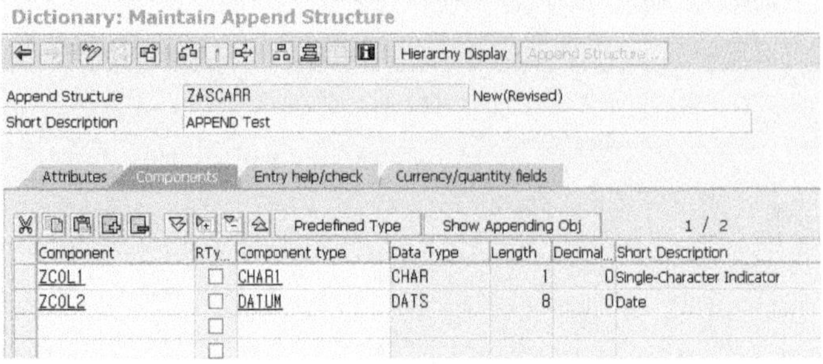 Dictionary: Maintain Append Structure Hierarchy Display Append Structure ZASCARR New(Revised) Short Description APPEND Test Attributes / Components / Entry help/check / Currency/quantity fields Predefined Type / Show Appending Obj 1 / 2 Component / RTy / Component type / Data Type / Length / Decimal / Short Description ZCOL1 / CHAR1 / CHAR / 1 / 0 / Single-Character Indicator ZCOL2 / DATUM / DATS / 8 / 0 / Date	③ 追加的结构体中输入所需字段与数据类型后单击激活结构体。
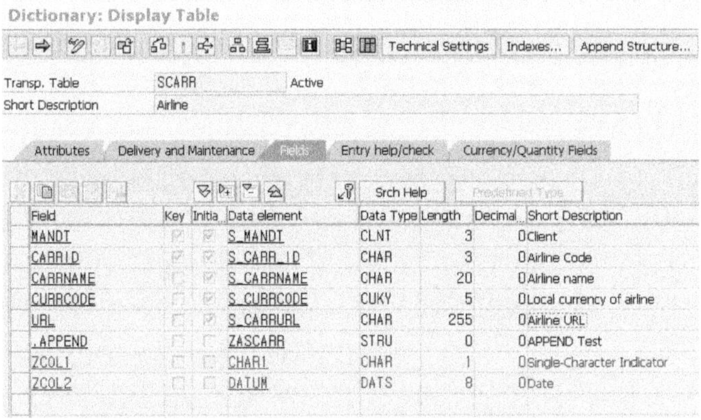 Dictionary: Display Table Technical Settings / Indexes... / Append Structure... Transp. Table SCARR Active Short Description Airline Attributes / Delivery and Maintenance / Fields / Entry help/check / Currency/Quantity Fields Srch Help / Predefined Type Field / Key / Initia / Data element / Data Type / Length / Decimal / Short Description MANDT / S_MANDT / CLNT / 3 / 0 / Client CARRID / S_CARR_ID / CHAR / 3 / 0 / Airline Code CARRNAME / S_CARRNAME / CHAR / 20 / 0 / Airline name CURRCODE / S_CURRCODE / CUKY / 5 / 0 / Local currency of airline URL / S_CARRURL / CHAR / 255 / 0 / Airline URL .APPEND / ZASCARR / STRU / 0 / 0 / APPEND Test ZCOL1 / CHAR1 / CHAR / 1 / 0 / Single-Character Indicator ZCOL2 / DATUM / DATS / 8 / 0 / Date	④ 查询表 SCARR 可以确认即使表被修改，但表仍保持激活状态。Append 结构体不影响标准表。即在标准表中追加客户字段时，使用 Append 结构体，则以后升级补丁时也不会受影响。

3. 表增强目录

ECC 6.0 版本以后在 T-CODE:SE11 中生成表后激活就会弹出下列所示的警告窗口。每次激活时都会弹出[图 7-19]所示的窗口。

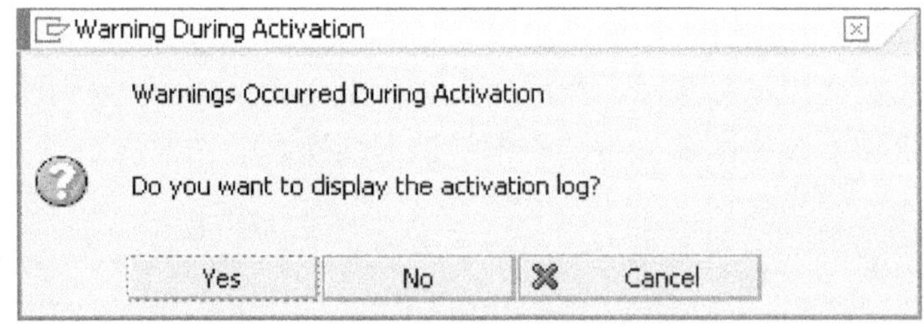

图 7-19 激活表时弹出警告窗口

为了确认其含义，在警告窗口中单击 Yes 按钮确认信息。上面会出现 Enhancement category for table missing 内容，如[图 7-20]所示，这是提示大家需要指定使用 APPEND、INCLUDE 功能时所需的增强目录类型。

为了解决此问题，在生成表后要执行下列操作。选择菜单：*Extras→Enhancement Category*，如[图 7-21]所示。

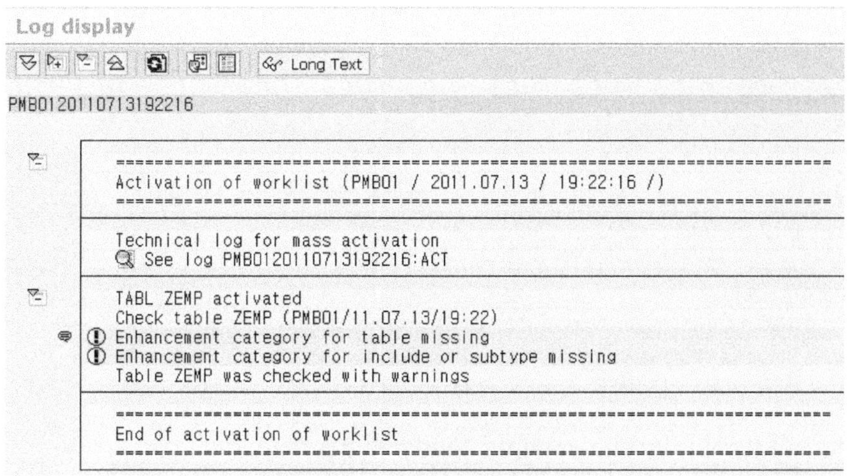

图 7-20　警告信息查询

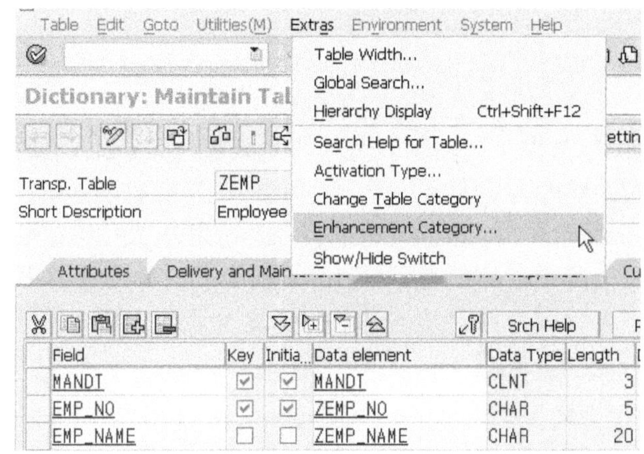

图 7-21　设置表增强目录

弹出设置表增强目录的窗口，如[图 7-22]所示，共四种类型。

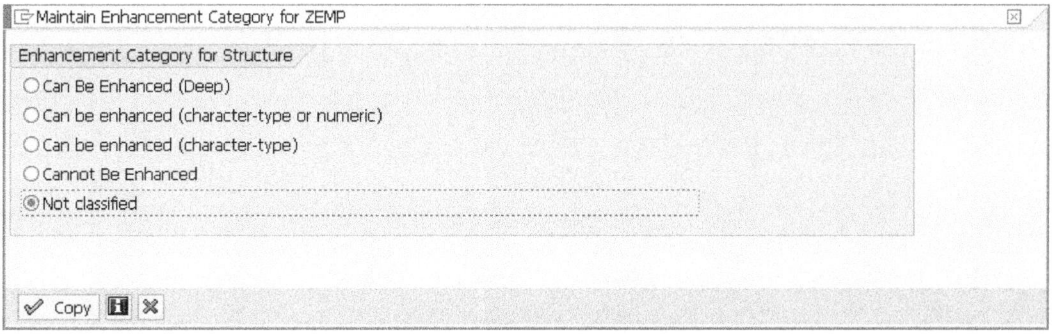

Maintain Enhancement Category for ZEMP

Enhancement Category for Structure

○ Can Be Enhanced (Deep)

○ Can be enhanced (character-type or numeric)

○ Can be enhanced (character-type)

○ Cannot Be Enhanced

◉ Not classified

Copy

图 7-22　增强目录维护画面

7.2.8 索引

1. 什么是索引

讲述索引（Index）之前，首先看一下索引相关的问题及解答。

<提问>

在下面 SQL 中 HINTS 语句代表什么？

```
SELECT *
INTO CORRESPONDING FIELDS OF TABLE gt_emp
FROM zemp
%_HINTS ORACLE 'INDEX(ZEMP, "ZEMP~Z01")'
```

<解答>

例如，让 optimizer 从北京的东直门出发到永安里站。

通常都会想乘坐一号线，而 optimizer 会考虑所有换乘线路而最终导出最佳线路。即 HINTS 提示 optimizer“乘坐一号线最快”的信息，使之能够选择捷径。

类似于地铁线路的这种实例，使用索引还可以加快访问数据库表的速度。开发程序时用 SQL 来访问数据库。执行 SQL 时为了提高相应 SQL 性能会使用索引。使用索引的 SQL 语句有 SELECT、UPDATE、DELETE。为了提高访问数据的速度，索引会在与存储数据的不同物理空间里生成索引目录。换句话说，就是复制原表生成新的有序表，有序数据可以节省数据访问时间。物理上 ABAP 数据字典的表中追加的索引会在 Oracle 等数据库中生成，即 SAP 内部不存在索引。在 T-CODE:SE11（ABAP 数据字典）上激活 ZEMP 表的同时以主键为基准自动生成 0 的索引，在数据库中也会生成索引表。索引表与 ZEMP 表中都有代表各自表数据位置的 ROWID 信息（表的 ROWID 是以 pseudo-假设字段存在），索引表是通过 ROWID 取表数据。另外，利用索引访问数据库并且以索引字段为基准已经排好数据，因此 SELECT 会输出有序数据，如[图 7-23]所示。

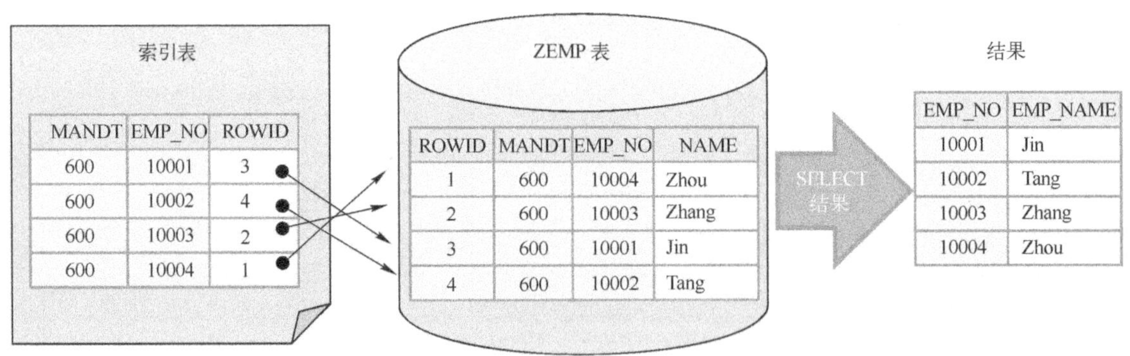

图 7-23 索引表结构

在[图 7-23]中是为了便于读者理解将 ROWID 以 1、2 等整数来代替，但实际上是以六十四进制（a～z，A～Z，+，/，0～0）显示，且它还代表着存储在数据库中的位置。

2. 创建索引

下面介绍在标准表直接创建 Secondary 索引的过程。

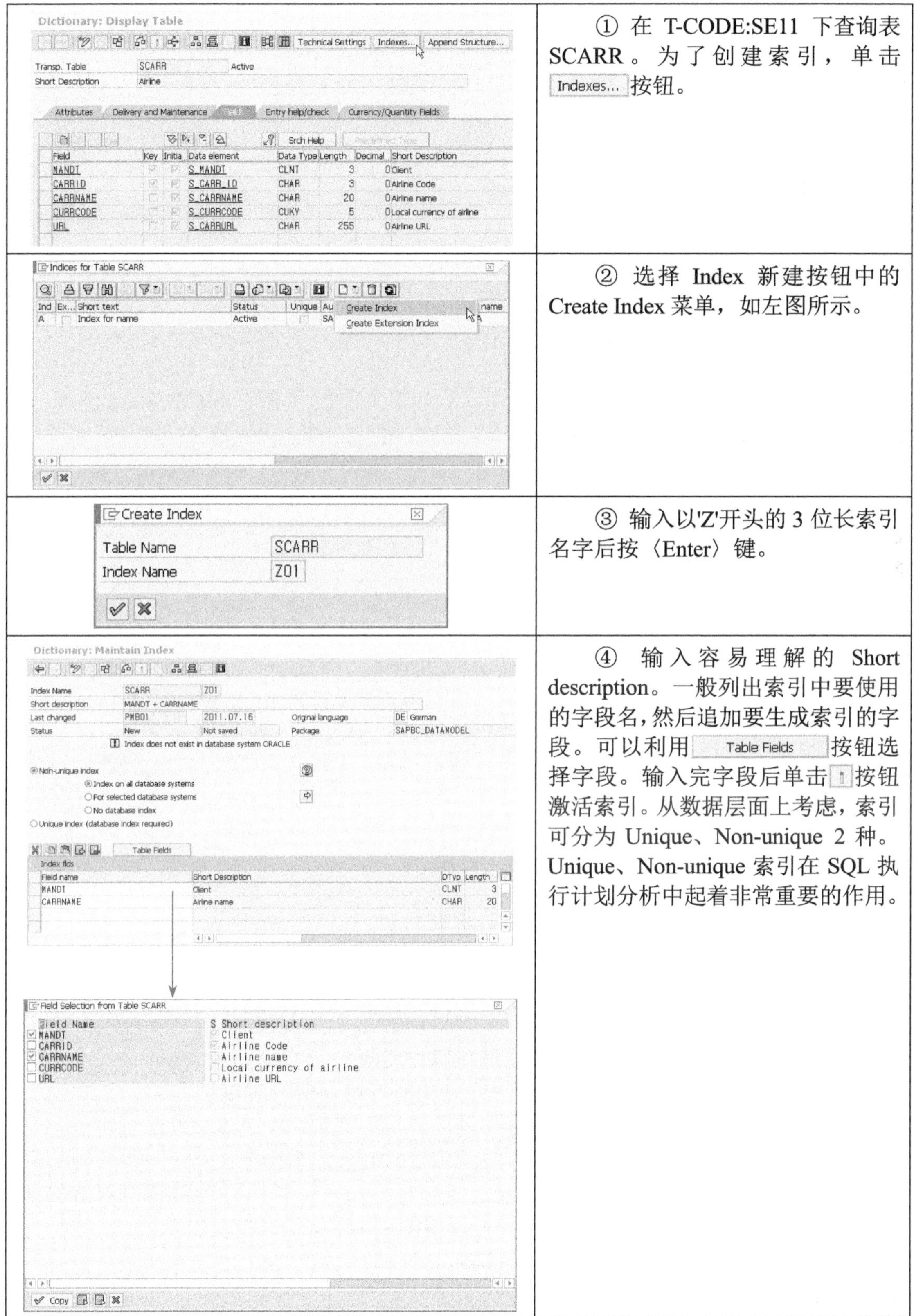

① 在 T-CODE:SE11 下查询表 SCARR。为了创建索引，单击 Indexes... 按钮。

② 选择 Index 新建按钮中的 Create Index 菜单，如左图所示。

③ 输入以'Z'开头的 3 位长索引名字后按〈Enter〉键。

④ 输入容易理解的 Short description。一般列出索引中要使用的字段名，然后追加要生成索引的字段。可以利用 Table Fields 按钮选择字段。输入完字段后单击 按钮激活索引。从数据层面上考虑，索引可分为 Unique、Non-unique 2 种。Unique、Non-unique 索引在 SQL 执行计划分析中起着非常重要的作用。

7.2.9 技术设定

在数据库中创建表时（在 SE11 中激活表时）要定义技术设定（Technical Setting）。表大小、是否使用缓冲、是否记载运行记录等信息可在技术设定里设置。虽然技术设定工具与 ABAP 工作区集成在一起，但也可以通过个别事务码（T-CODE:SE13）来执行。设置画面如图[7-24]所示。

Dictionary: Maintain Technical Settings

Revised<->Active

Name	ZEMP		Transparent Table
Short text	Employee		
Last Change	PMB01	2011.07.13	
Status	Active	Saved	

Logical storage parameters

Data class	USER	Customer data class
Size category	9	Data records expected: 23,000,000 to 950,000,000

Buffering

- (●) Buffering not allowed
- ( ) Buffering allowed but switched off
- ( ) Buffering switched on

Buffering type

- [ ] Single records buff.
- [ ] Generic Area Buffered   No. of key fields
- [ ] Fully Buffered

- [ ] Log data changes
- [ ] Write access only with JAVA

图 7-24 技术设定

1．逻辑存储参数（Logical storage parameters）

逻辑存储参数在技术设定里最重要的一项。

（1）数据等级（Data Class）

数据等级用于指定表存在的即实际存储数据的数据库物理领域。（Oracle 中称之为 TABLSESPACE，INFORMIX 中称之为 DBSPACE）。[图 7-25]显示的是 ABAP 数据字典的表与数据库的表结构。数据库中生成表时会在物理空间 TABLESPACE 中生成。

数据等级种类有主数据、事务码数据、组织数据、系统数据及客户数据，如[图 7-26]所示。主数据是不经常发生变化的数据，因此类似于组织代码属于主数据。事务码数据属于经常发生变化的数据，因此类似于发票发行每当执行事务码时都会生成数据。组织数据是指当设置系统后几乎没有变化的数据，可以把国家为主键的表作为代表实例。系统数据是指系统自身所需的数据，即存储程序代码的表可作为代表实例。客户数据是用户所需而追加的数据。

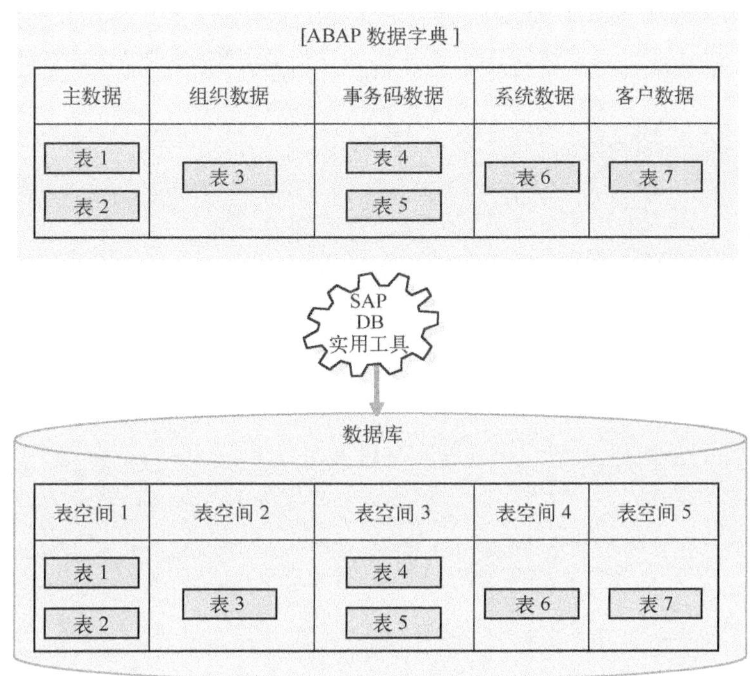

图 7-25　ABAP 数据字典表 & 数据库表

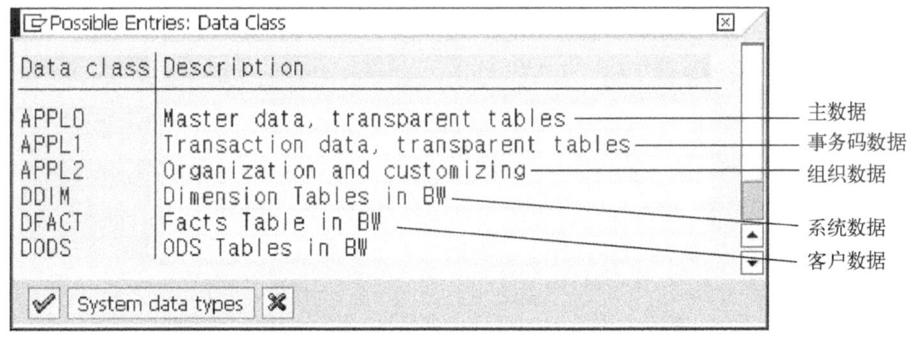

图 7-26　数据等级种类

（2）大小目录（Size Category）

大小目录定义表中可以生成的记录数可以根据客户需求设置。

缓冲（Buffering）

设置 Buffering，如[图 7-27]所示，不会直接从数据库读取数据而是在应用层服务器的缓冲器中查询数据。缓冲设置特别在客户端/服务器模式下发挥很大作用，且可以有效减少访问时间。但是缓冲器中若不存在所需的数据时就要直接访问数据库进行查询。这种情况下需要先从缓冲器中读取数据，当不存在数据时再访问数据库，将数据保存到缓冲器后才返回数据，因此比直接访问数据库更加耗费资源。因此经常发生操作的表中不设置缓冲器才是明智的选择。

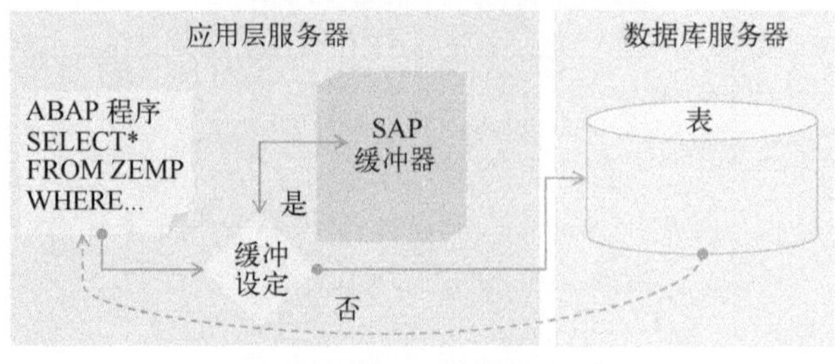

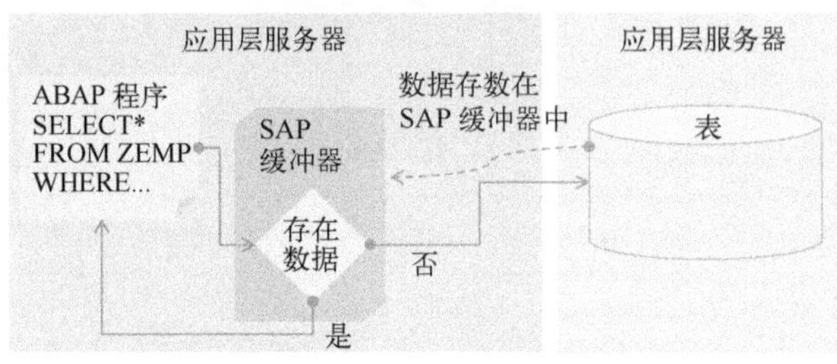

图 7-27　缓冲器

7.3　结构体

7.3.1　什么是结构体

结构体（Structure）和表一样由字段构成，但不能存储数据，只是拥有结构。在实际数据库中不存在，而只存在于 ABAP 数据字典中，是一个类型。结构体在 ABAP 程序中是以参照类型或表及结构体的从属结构（INCLUDE、APPEND）形式使用的。类似于表用 TABLES 语句定义结构体，可以当个别程序的工作区使用。另外，结构体可以用于定义模块池画面（Screen）的接口及函数的参数类型。结构体可以包含其他结构体且可以无限包含。在程序开发中多个程序需要使用相同结构的内表时一般使用结构体。但是使用结构体会无法找到实际存储数据的表。在很多标准程序中都是利用结构体定义了内表，因此一般很难找到实际存储数据的表。[图 7-28]中的 PERSON 结构体是嵌套结构体。PERSON 结构体的构成项目 NAME 是拥有 FIRSTNAME、LASTNAME 的结构体，ADDRESS 是包含结构体 STREET、TOWN 的结构体。即证实了已包含结构体的结构体还可以包含其他结构体。嵌套结构体形式如图[7-28]所示。

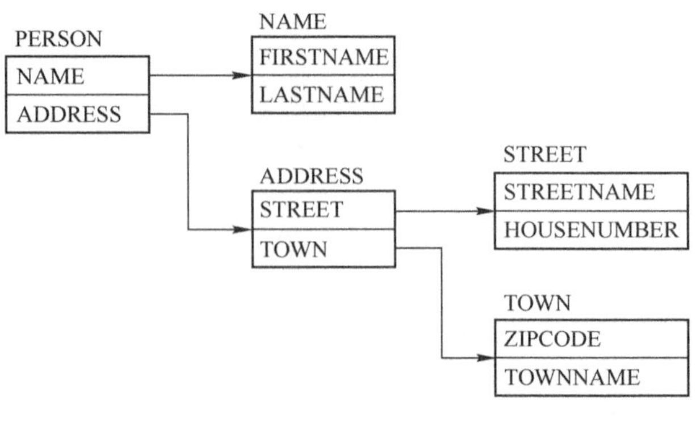

图 7-28　嵌套结构体

7.3.2 创建结构体

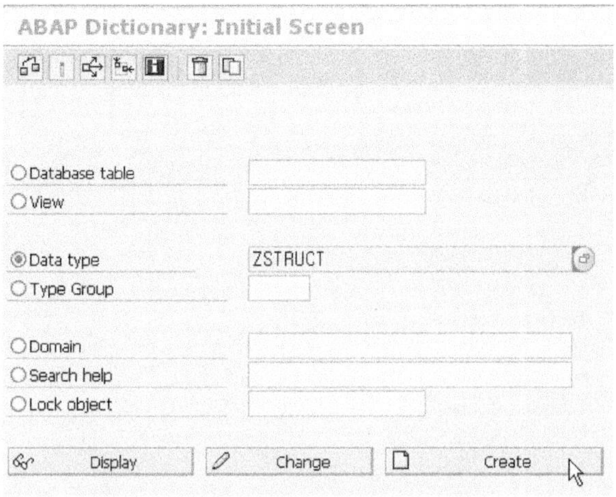 ABAP Dictionary: Initial Screen Database table View Data type ZSTRUCT Type Group Domain Search help Lock object Display Change Create	① 执行 SE11，在 Data Type 字段中输入以 Z 或 Y 开头的结构体名字后单击〈Create〉按钮。一般遵守下列所示命名规则。 CBO 区分符号 Z + 模块区分名 + 对象区分符号(S:Structure) + 顺序。命名规则根据用户不同会有所差异。 Z HR T 0001
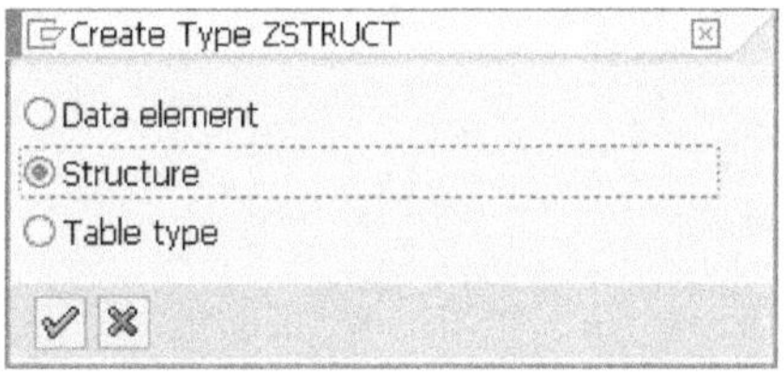 Create Type ZSTRUCT Data element Structure Table type	② 选择结构体后按〈Enter〉键。
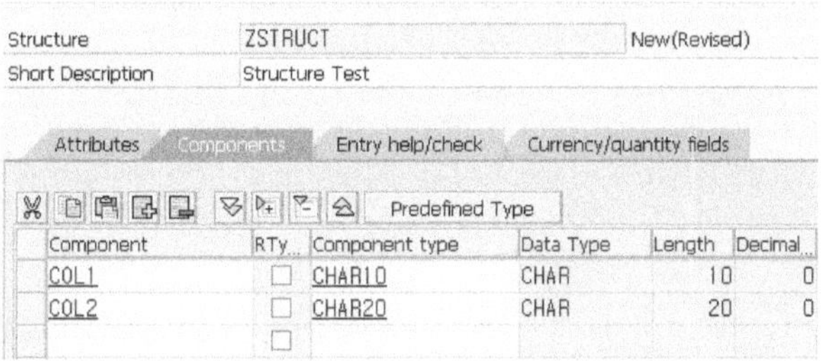 Structure ZSTRUCT New(Revised) Short Description Structure Test Attributes Components Entry help/check Currency/quantity fields Predefined Type Component RTy.. Component type Data Type Length Decimal.. COL1 CHAR10 CHAR 10 0 COL2 CHAR20 CHAR 20 0	③ 记述结构体内容后输入构成组件（这里的构成组件是指表字段）。在 Component Type 字段里可以指定数据类型及长度。另外还支持 Reference Type。还可以使用类、接口或者 Generic Reference。若使用 Reference Type，则 RType 字段会自动被选择。双击 Component 字段可以生成外部键。这个与表的外部键有相同功能。结构体的 Append 功能与表的 Append 功能相同。

7.4 视图

7.4.1 什么是视图

关系型数据库中存在多个表，且这些表中的数据很多情况下都是分散存在的。在这种情况下需要一次查询所有数据时就要使用视图。视图结构请参照如图[7-29]所示。

视图支持集合查询一个或多个表里存在的数据的功能。在 ABAP 数据字典中激活视图会在数据库中生成此视图，访问此数据库视图需要用数据库接口进行访问。只是查询必要的表和字段不需要查询没必要的字段，因此可以最小化接口。视图与表一样，可以在 ABAP 程序的 SELECT 语句中使用。数据库视图在 ABAP 数据字典中定义后激活，则会自动在数据库中生成。但在 ABAP 数据字典中变更数据库视图，则这些变更事项不会直接影响数据库中的视图。视图不是拥有数据的对象，因此要删除之前的视图后重新生成 ABAP 数据字典中定义的新视图。利用视图访问数据库表资料时可以使用 OPEN SQL 或者 NATIVE SQL 两种方法。OPEN SQL 通过数据库接口被译成数据库依存的 NATIVE SQL。

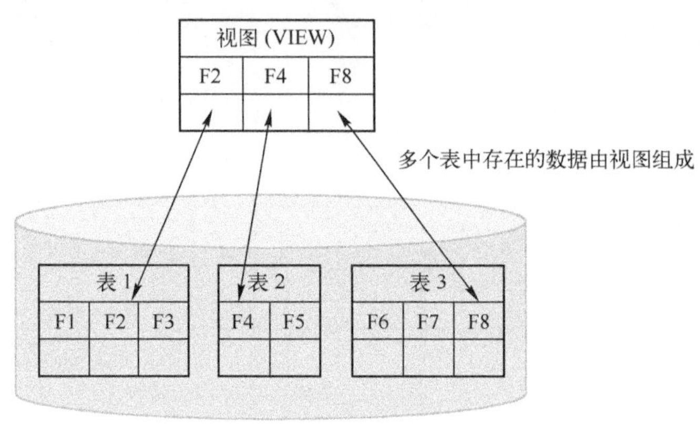

图 7-29　视图的结构

Maintenance status 是定义视图只读属性或者读/写属性的功能。若数据库视图由两个以上的表构成，则此视图只能实现读取功能。

7.4.2　视图的类型

视图有下列四种类型。在本书中只详细介绍数据库视图与维护视图。

- 数据库视图（Database View）。
- 投影视图（Projection View）。
- 帮助视图（Help View）。
- 维护视图（Maintenance View）。

1．数据库视图

数据库视图是在多个表中提取必要的数据的视图。激活视图后在 ABAP 数据字典中可以使用，它是通过 ABAP 数据字典定义的，因此和一般 ABAP 数据字典表一样可以用 OPEN SQL，NATIVE SQL 从程序中读取数据。若只使用一个表定义视图，则可以利用'MAINTENANCE STATUS'来定义读/写属性。数据库视图只适用于透明表。[图 7-30]显示应用程序利用数据库接口访问由多个表构成的视图数据的过程。

2．维护视图

可以同时维护多个表中的数据的对象叫维护视图，此时表之间是由外部键连接在一起的。SAP R/3 是逻辑性单位，因此很多情况下数据都存在于多个表中。此种情况下利用维护表可以一次性查询/变更/创建所有数据。即集合外部键连接在一起的字段生成维护视图，在视图中输入、删除、变更数据则实际表中的数据也被修改。另外，在维护表中使用的所有表由外部键连接在一起且不能在 ABAP 程序中的 SELECT 语句中使用。

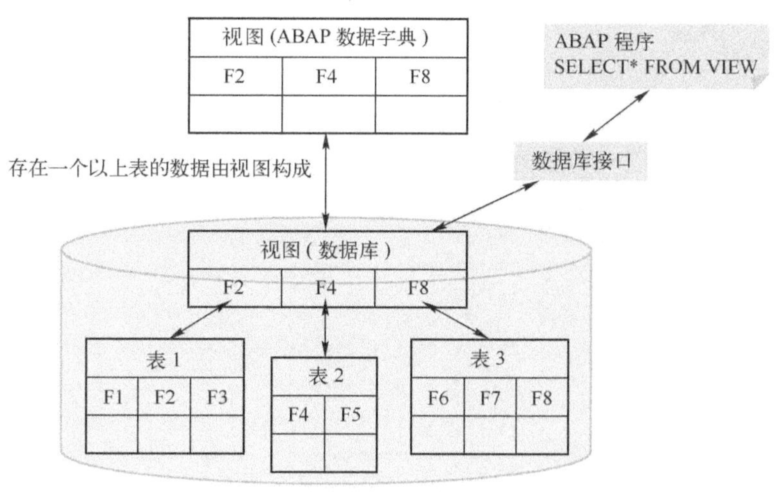

图 7-30　数据库视图的结构

7.4.3　创建视图

1．创建数据库视图

这四种类型的视图都通过 T-CODE:SE11 创建。首先利用材料主数据表 MARA 和 MARC 生成数据库视图。

ABAP Dictionary: Initial Screen ○Database table ◉View　ZVMARA ○Data type ○Type Group ○Domain ○Search help ○Lock object Display　Change　Create	① 执行事务码 SE11，在 View 字段上输入以 Z 或者 Y 开头的视图名后单击 Create 按钮。名字由 16 位以内字母组成。一般命名规则如下所示。 CBO 区分符号 Z + 模块区分名 + 对象区分符号(V:View) + 顺序。命名规则根据用户不同都有所差异。 Z HR T 0001
Choose View Type ◉Database view ○Projection view ○Maintenance view ○Help view Copy	② 选择 Database View 后按〈Enter〉键。

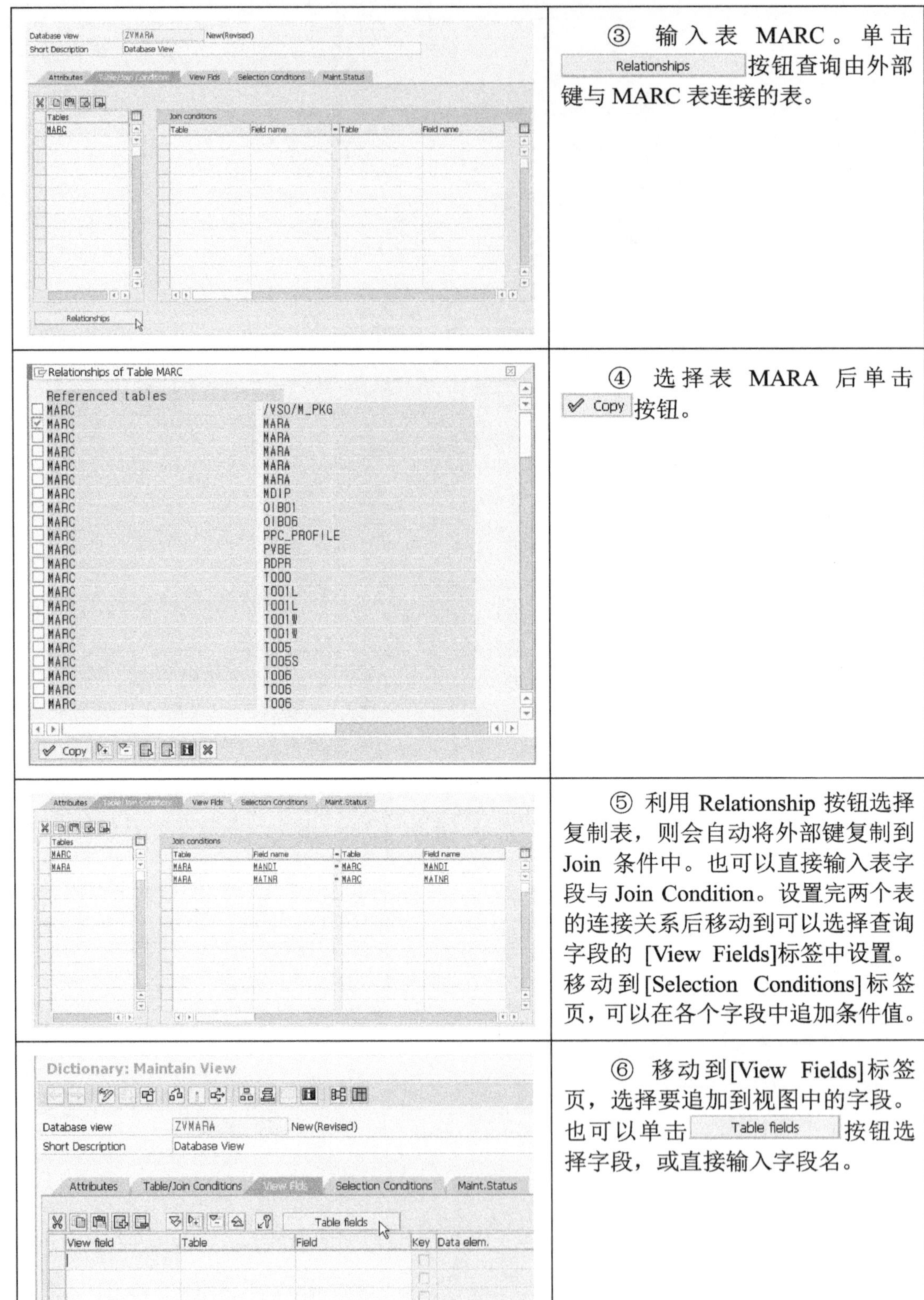

③ 输入表 MARC。单击 Relationships 按钮查询由外部键与 MARC 表连接的表。

④ 选择表 MARA 后单击 Copy 按钮。

⑤ 利用 Relationship 按钮选择复制表，则会自动将外部键复制到 Join 条件中。也可以直接输入表字段与 Join Condition。设置完两个表的连接关系后移动到可以选择查询字段的 [View Fields]标签中设置。移动到[Selection Conditions]标签页，可以在各个字段中追加条件值。

⑥ 移动到[View Fields]标签页，选择要追加到视图中的字段。也可以单击 Table fields 按钮选择字段，或直接输入字段名。

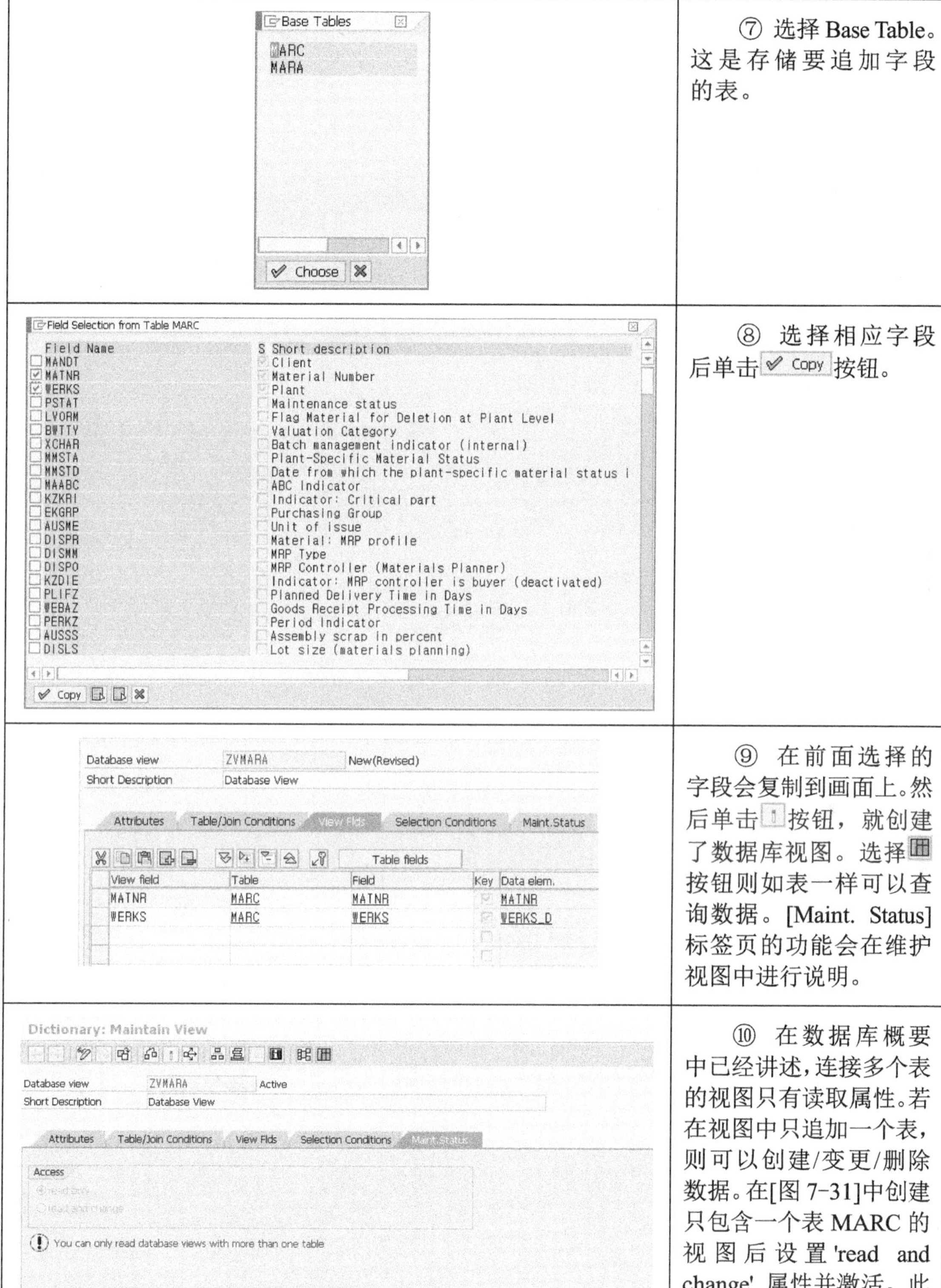

⑦ 选择 Base Table。这是存储要追加字段的表。

⑧ 选择相应字段后单击 Copy 按钮。

⑨ 在前面选择的字段会复制到画面上。然后单击按钮，就创建了数据库视图。选择按钮则如表一样可以查询数据。[Maint. Status]标签页的功能会在维护视图中进行说明。

⑩ 在数据库概要中已经讲述，连接多个表的视图只有读取属性。若在视图中只追加一个表，则可以创建/变更/删除数据。在[图 7-31]中创建只包含一个表 MARC 的视图后设置 'read and change' 属性并激活。此时要包含表的所有主键。

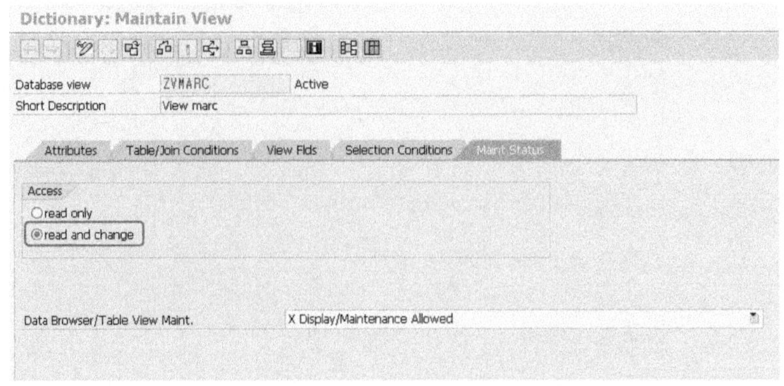

图 7-31　数据库视图的创建/变更/删除选项

2. 创建维护视图

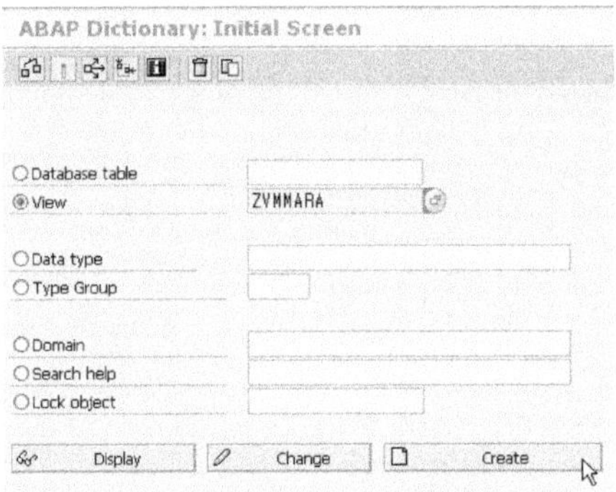

	① 在 SE11 中的 View 字段中输入以 Z 或 Y 开头的视图名后单击创建按钮。名字最多能指定为 16 位长度。
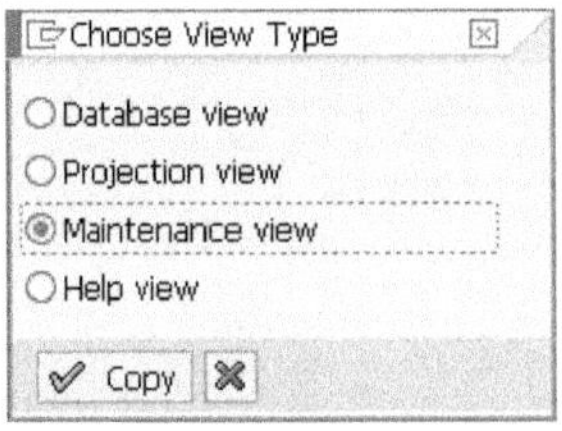	② 选择 Maintenance View 后按〈Enter〉键。
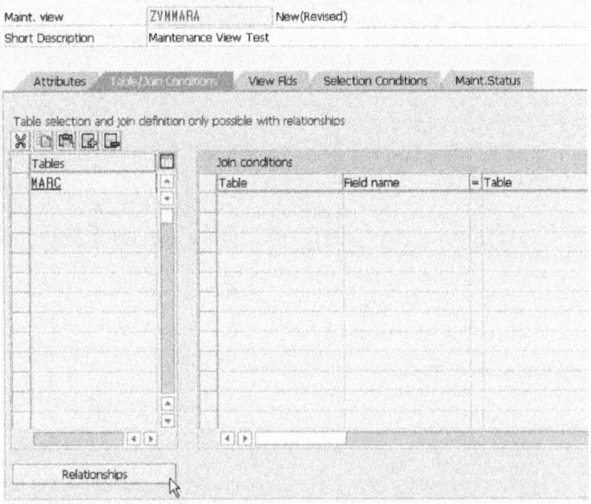	③ 输入主表 MARC，单击 Relationships 按钮后选择与主表由外部键连接的 Secondary Table。 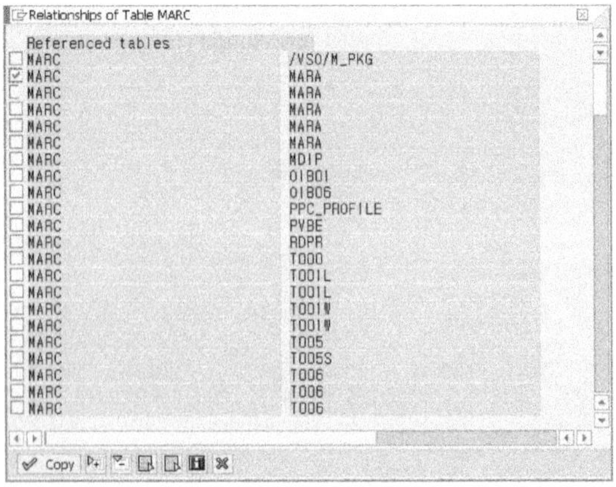

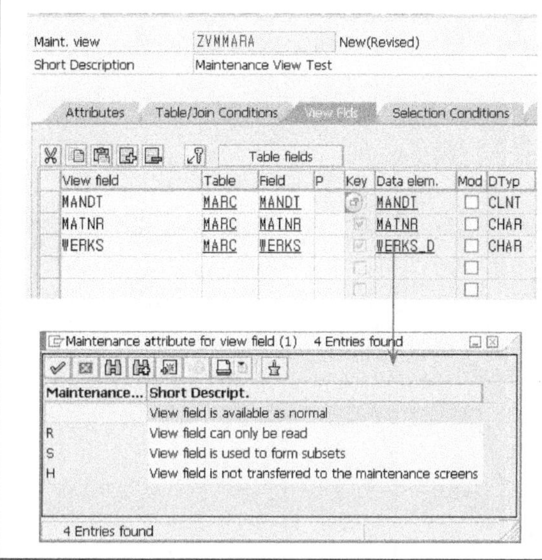

④ 移动到[View Flds]标签页，默认地会显示主表上的主键。要删除已经指定的字段就选择相应行后单击按钮。需要再追加字段时，可以单击 Table fields 按钮复制或者还可以直接输入。再追加一个 MTART 字段，P 选项功能如[表 7-4]所示。

表 7-4　视图字段选项

主　键	功　能
R	只能读取视图字段
S	由 subset 设置视图字段
H	隐藏视图字段，不显示在画面上

⑤ 移动到[Maint. Status]标签页指定如[表 7-6]所示的访问视图的类型。[表 7-5]前两个条件在数据库视图中也可以设置。Deliver class 与 Data Brower/table view 字段的功能与表中的功能相同。

表 7-5　访问选项

条　件	功　能
Read only	只能读取视图数据
Read,change, delete and insert	可以读取/变更/删除/追加视图数据
Read and change	可以变更已经存在的数据，但不能删除或追加数据
Read and change (time-specific views)	在设置了 Non-time-dependent Key 的视图中，若只能追加与设置成此主键的字段有相同值的数据

7.4.4 表维护

表维护器提供管理维护视图和透明表数据的功能。表与视图的生成方法相同，因此维护视图的创建过程也适用于表。创建表维护器的方法如下。

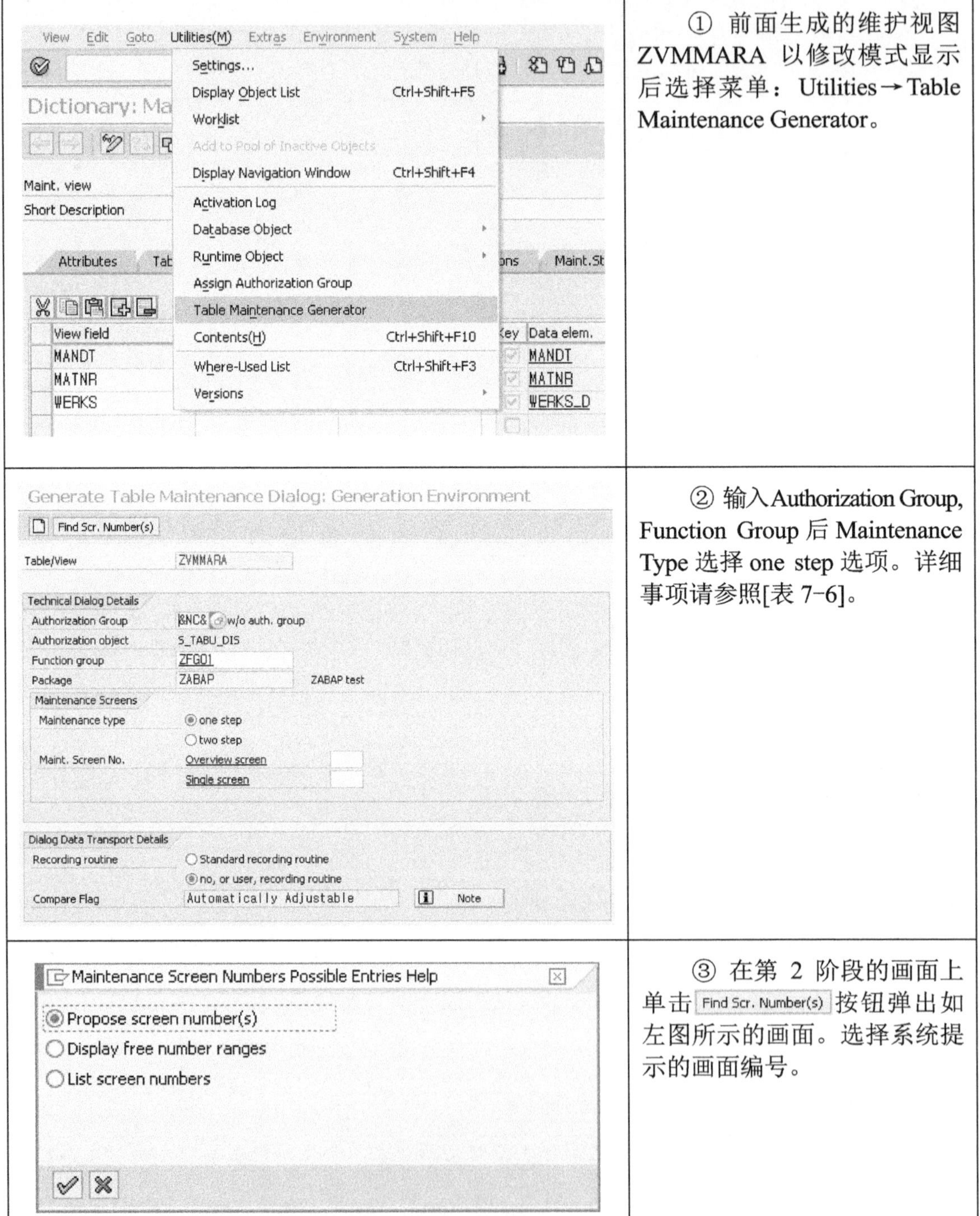

① 前面生成的维护视图ZVMMARA 以修改模式显示后选择菜单：Utilities→Table Maintenance Generator。

② 输入Authorization Group, Function Group 后 Maintenance Type 选择 one step 选项。详细事项请参照[表 7-6]。

③ 在第 2 阶段的画面上单击 Find Scr. Number(s) 按钮弹出如左图所示的画面。选择系统提示的画面编号。

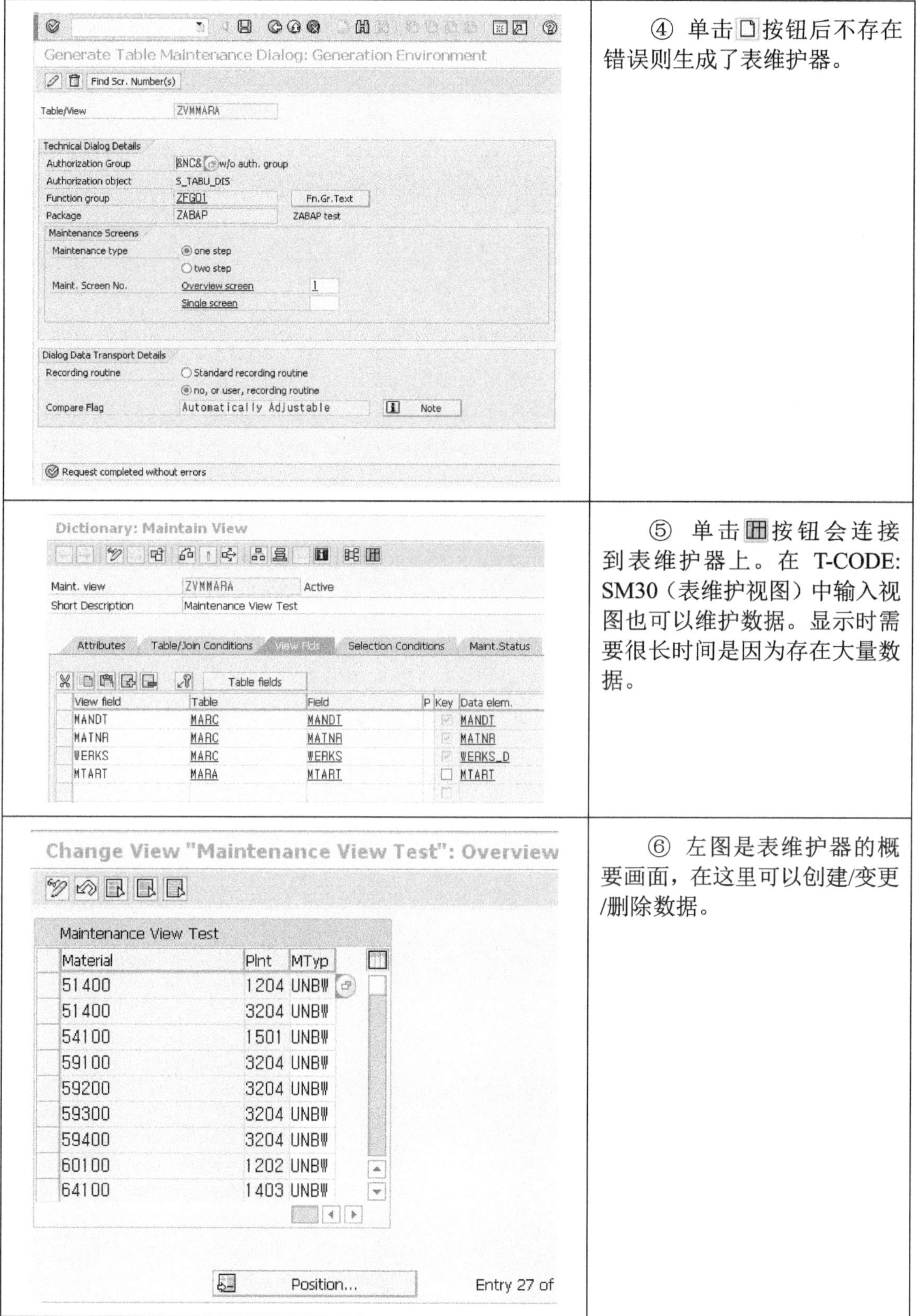

	④ 单击按钮后不存在错误则生成了表维护器。
	⑤ 单击按钮会连接到表维护器上。在 T-CODE: SM30（表维护视图）中输入视图也可以维护数据。显示时需要很长时间是因为存在大量数据。
	⑥ 左图是表维护器的概要画面，在这里可以创建/变更/删除数据。

表 7-6　表维护器选项

选　项	内　容
Authorization Group	可以管理：Table/View 数据的权限组，若不需要权限检查就可以选择&NC&
Function Group	选择表维护视图所属的函数组
Maintenance Type	选择第 1 阶段或者第 2 阶段的画面。第 1 阶段显示包含所有字段的概要画面。第 2 阶段显示主键与字符类型的字段，在详细画面上提供所有字段
Maintenance screens	维护画面的内部编号。一般利用 Find Scr. Number(s) 按钮选择系统提示的编号
Recording routine	选择在维护视图中修改的数据是否要包含在传送请求中传送

7.5　表类型

表类型存在于 ABAP 数据字典中，是用于定义内表属性的对象。在 ABAP 数据字典中生成表类型时要定义行类型（Line Type）、访问类型（Access Type）、主键（Key）。行类型可以使用 ABAP 数据字典中的所有类型。即可以使用数据元素、结构体、表类型或者数据库表类型。在 ABAP 程序中参照表类型 T_TYPE 时使用如下所示的 TYPE 语句。

```
DATA    gt_itab    TYPE T_TYPEP
```

表类型的特性如下所示。

- 为了定义内表行数据类型属性与结构体的行类型。
- 为了访问及内表数据的选项（Access Mode）。
- 内表的主键（主键定义与主键范畴）。

7.5.1　创建表类型

执行 T-CODE:SE11，在 Data Type 字段中输入以 Z 或者 Y 开头的表类型名字后创建表类型。名字最长可以定义成 30 位。下面生成参照 ZEMP 表结构的表类型。

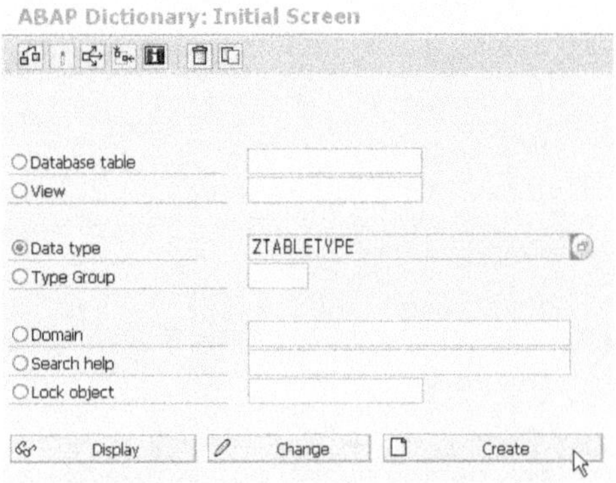

ABAP Dictionary: Initial Screen Database table View Data type: ZTABLETYPE Type Group Domain Search help Lock object Display　Change　Create	① 在 Data Type 字段中输入表类型名字后单击 Create 按钮。
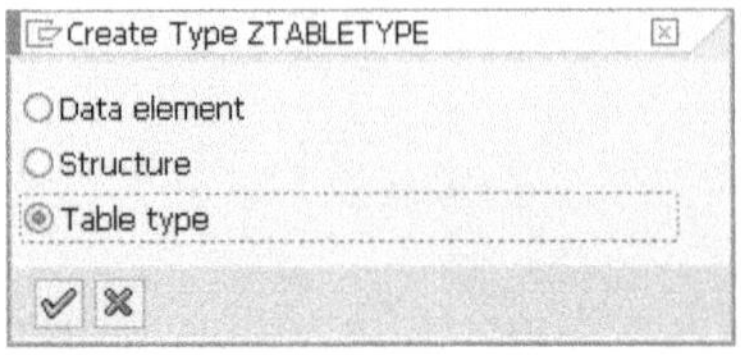 Create Type ZTABLETYPE Data element Structure Table type	② 选择 Table Type 后单击 ✔ 按钮。

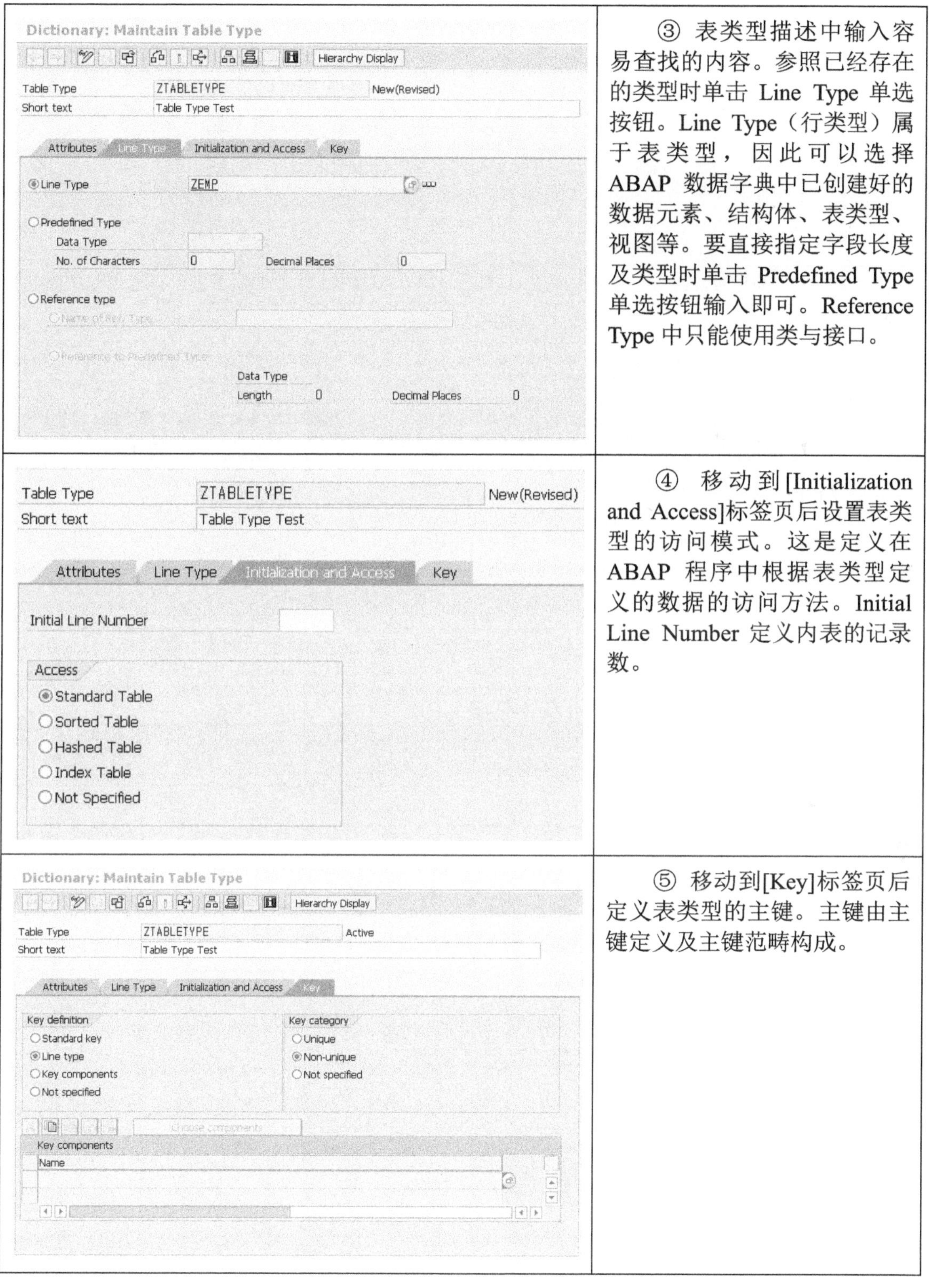

③ 表类型描述中输入容易查找的内容。参照已经存在的类型时单击 Line Type 单选按钮。Line Type（行类型）属于表类型，因此可以选择 ABAP 数据字典中已创建好的数据元素、结构体、表类型、视图等。要直接指定字段长度及类型时单击 Predefined Type 单选按钮输入即可。Reference Type 中只能使用类与接口。

④ 移动到[Initialization and Access]标签页后设置表类型的访问模式。这是定义在 ABAP 程序中根据表类型定义的数据的访问方法。Initial Line Number 定义内表的记录数。

⑤ 移动到[Key]标签页后定义表类型的主键。主键由主键定义及主键范畴构成。

第 4 阶段的访问模式分为两大类，存在如[表 7-7]所示的 5 种形式。

表 7-7　访问模式

访问模式	描述
Specified table type	
Standard Table	一般使用索引访问，如果使用主键就会按顺序依次访问内表。访问速度会根据内表数据的增加依次成正比
Sorted Table	以主键为基准依次排好序的表。用主键访问时会使用二分法查询。根据内表数据的增加速度将按照指数函数形式增加
Hash Table	根据哈希算法管理的表。所有内表记录拥有唯一的主键。访问速度都相同。不能通过索引访问表
Generic table type	
Index Table	可能会是 Standard Table 或者 Sorted Table。即是指可以使用索引访问内表的类型。只能在 Filed Symbol 或者子程序的实参中使用
Not specified	可能是 Standard Table, Sorted Table 或者 Hash Table。只能在 Filed Symbol 或者子程序的实参中使用。不能使用索引访问内表，且要使用符合各个表类型的选项

第 5 阶段的主键定义在[表 7-8]中进行说明，共分为 4 种类型。

表 7-8　主键定义

主键定义 (Key Definition)	描述
Standard Key	根据行类型的种类定义主键类型。若行类型是结构体则所有字符型字段就是 Standard Key。行类型是数据元素、Reference Type 则整个行就成为主键。如果行类型是表类型则就不存在主键
Line Type	行类型的所有字段将成为主键
Key components	明确指定行类型的字段作为主键使用且只能在结构体、表、视图中使用。选择相应功能，会激活下端的 Choose components 按钮，则还可以追加字段定义主键
Key not specified	在不能具体定义主键的Generic table type中使用

主键范畴决定根据表类型定义的内表是否拥有唯一主键。根据访问模式主键范畴可以设置为如[表 7-9]所示的几种类型。

表 7-9　访问模式与主键范畴

访问模式	主键范畴
Not specified	Not specified
Index Table	Not specified
Standard Table	Non-unique
Sorted Table	Unique, non-unique or not specified
Hash Table	Unique

7.5.2　RANGE 表类型

RANGE 表类型是特殊表类型，在 ABAP 程序中当 RANGE 变量使用。RANGE 变量在 SELECT 语句中可以使用 IN 命令限制条件（IN 语句请参照第 3 章 OPEN SQL & NATIVE

SQL）。[图 7-32]的 RANGE 表类型如将在第 12 章介绍的 SELECT-OPTION 一样，拥有 4 个（SIGN，OPTION，LOW，HIGH）固定字段。

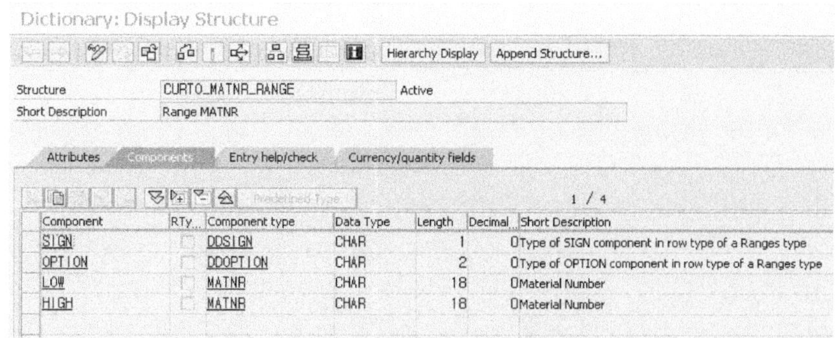

图 7-32　RANGE 表类型结构

1. 创建 RANGE 表类型

下面创建一个包含员工编号 ZEMP_NO 字段的 RANGE 表类型。

ABAP Dictionary: Initial Screen Database table View Data type ZRTABLETYPE Type Group Domain Search help Lock object Display / Change / Create	① 输入 RANGE 表类型后单击 Create 按钮。名字由以 Z，Y 开头的最长为 30 位字母组成。
Create Type ZRTABLETYPE Data element Structure Table type	② 选择 Table Type 后单击✔按钮。
Dictionary: Maintain Table Type Hierarchy Display Ranges table type ZRTABLETYPE Inactive Short text Range Table Type Test Attributes / Line type / Initialization and Access / Key Associated type for LOW/HIGH components Data Element ZEMP_NO Predefined Type Data Type No. of Characters 0 Decimal Places 0 Structured Row Type ZEMP_NO_RANGE Create	③ 选择菜单：EDIT→Define as ranges Table Type。在 Data Element 里输入 ZEMP_NO 后保存。且在下面的 Structured Row Type 中输入结构体名字后选择 Create 按钮。还可以使用已经存在的类似于 CURTO_MATNR_RANGE 的 Range 类型。

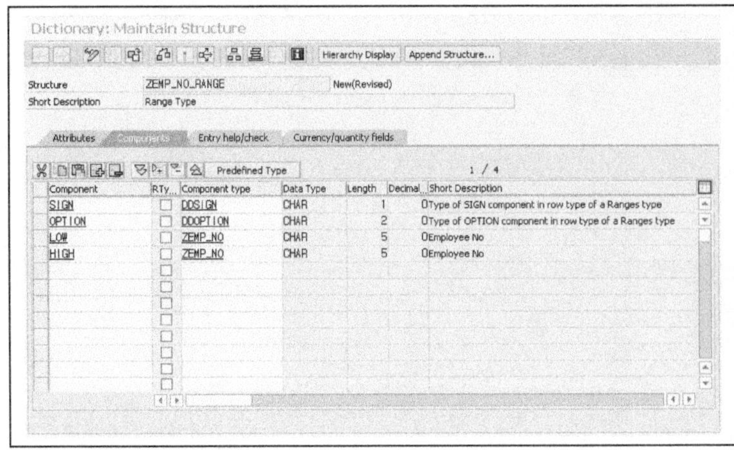

④ 移动到构成 Range 类型的 4 个字段的结构体生成画面。输入内容后激活。

2. RANGE 变量

RNAGE 表类型是 ABAP 数据字典，因此是在所有程序中都可以使用的对象。与此相反，RANGE 变量是在个别程序中用 RANGES 语句定义而使用的对象。RANGES 变量的结构与带表头的 SELECT-OPTIONS 的结构相同。若从外部传入值为目的的对象是 SELECT-OPTIONS，则 RANGES 变量主要用于内部变量。本地 RANGE 变量使用下列语句定义。

```
RANGES : R_CARR FOR SFLIGHT-CARRID.
SELECT-OPTIONS : SO_CARR FOR SFLIGT-CARRID.
```

前面已经说明 RANGE 变量由 4 个结构构成。

- **SIGN**：I(Inclusive), E(Exclusive)。
- **OPTION**：EQ（等于），BT（区间值），GE（大于等于），LE（小于等于），GT（大于），LT（小于），NE（不等于），CP（包含）。
- **LOW**：FROM 值。

7.6 域

7.6.1 什么是域

域（DOMAIN）是定义字段的技术属性，是分配到数据元素中使用的对象。另外表字段根据数据元素定义属性。如[图 7-32]所示说明一样，叫 Two-level Domain Concept。定义表字段类型、长度等技术属性的对象叫域，而记述字段内容等信息的对象叫数据元素。所有表与结构体可以使用分配了域的数据元素定义字段。

字段与域的关系如[图 7-33]所示，是根据数据元素确定的。参照相同域的表字段，当变更域时自动会反映到参照此域的所有表字段中。域的值范围根据数据类型与长度决定，此外还可以用固定值限制域值。固定值以单值或者范围值可以直接输入到域中。域是在 ABAP 数据字典上没有参照对象的最小单位。

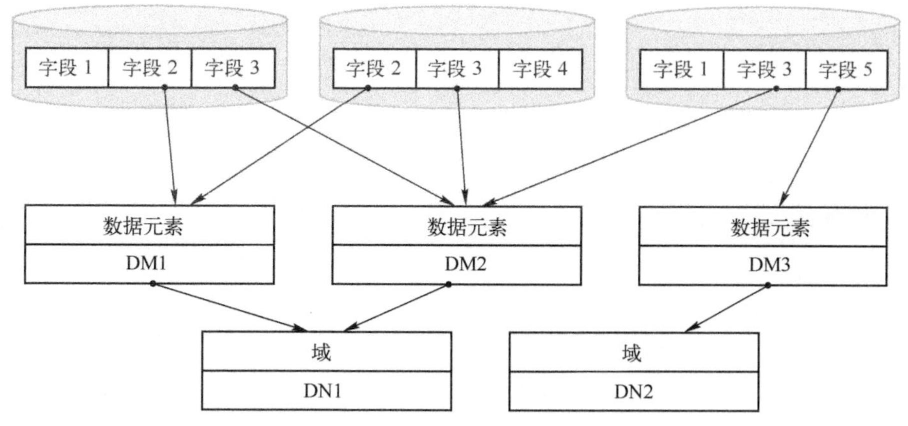

图 7-32　域的关系

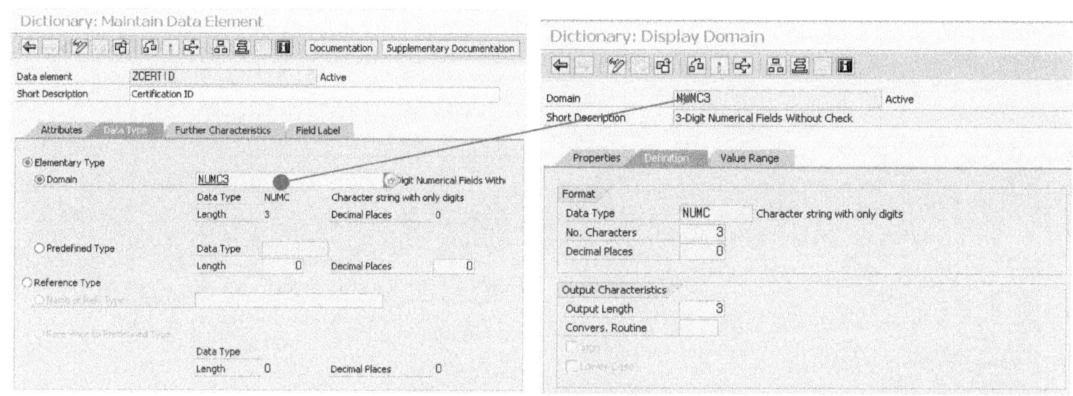

图 7-33　数据元素和域

7.6.2　创建域

下面练习创建域的实例帮助理解概念。创建域之前要习惯利用 Possible Entry 判断此域是否已经存在。

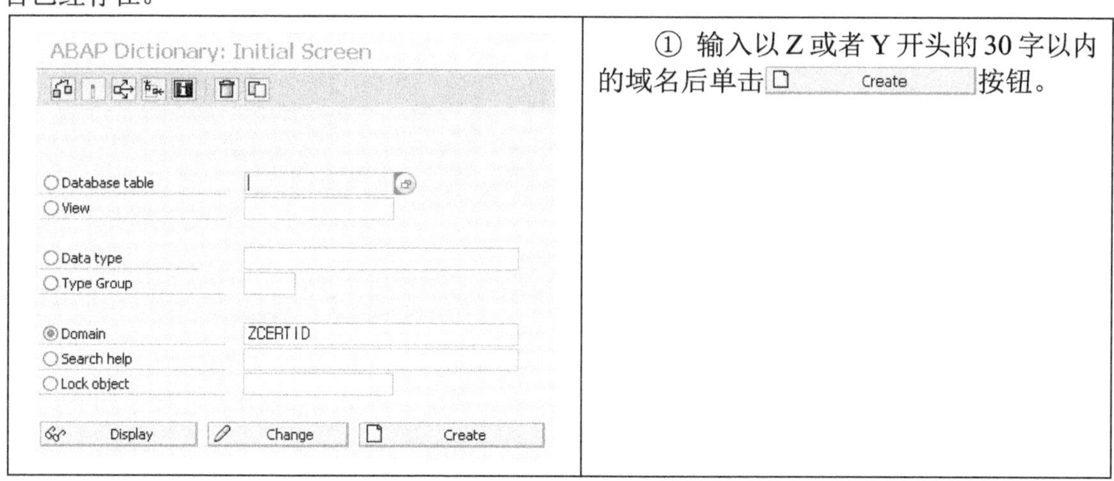

① 输入以 Z 或者 Y 开头的 30 字以内的域名后单击 Create 按钮。

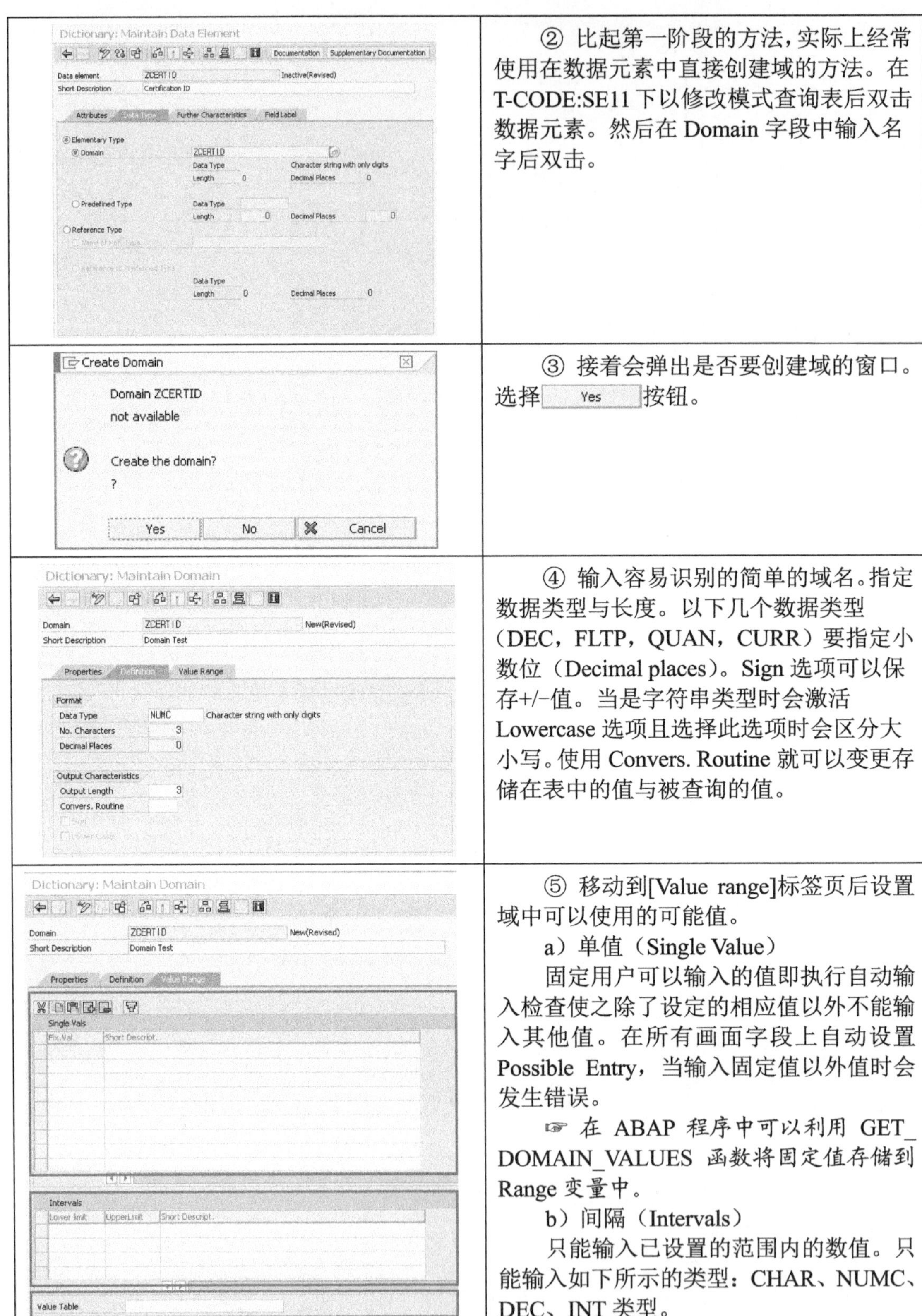

② 比起第一阶段的方法，实际上经常使用在数据元素中直接创建域的方法。在 T-CODE:SE11 下以修改模式查询表后双击数据元素。然后在 Domain 字段中输入名字后双击。

③ 接着会弹出是否要创建域的窗口。选择 Yes 按钮。

④ 输入容易识别的简单的域名。指定数据类型与长度。以下几个数据类型（DEC，FLTP，QUAN，CURR）要指定小数位（Decimal places）。Sign 选项可以保存+/–值。当是字符串类型时会激活 Lowercase 选项且选择此选项时会区分大小写。使用 Convers. Routine 就可以变更存储在表中的值与被查询的值。

⑤ 移动到[Value range]标签页后设置域中可以使用的可能值。

a）单值（Single Value）

固定用户可以输入的值即执行自动输入检查使之除了设定的相应值以外不能输入其他值。在所有画面字段上自动设置 Possible Entry，当输入固定值以外值时会发生错误。

☞ 在 ABAP 程序中可以利用 GET_DOMAIN_VALUES 函数将固定值存储到 Range 变量中。

b）间隔（Intervals）

只能输入已设置的范围内的数值。只能输入如下所示的类型：CHAR、NUMC、DEC、INT 类型。

c）Value Table

<table>
<tr>
<td>
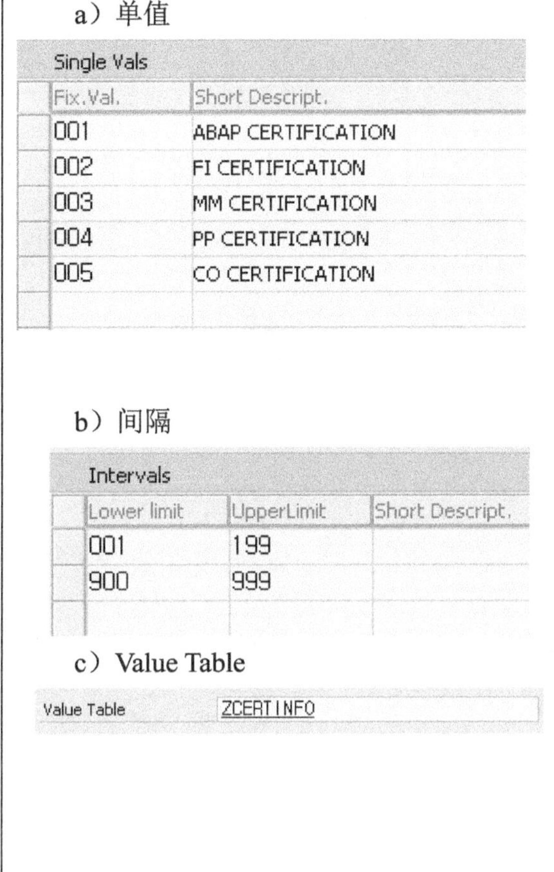

</td>
<td>
使用存在 Value Table 的域的字段当定义外部键时系统会自动检查表。在前面所学的 Check Table 与 Value Table 是不同的概念，要区分好再使用。Value Table 是在域级别上被定义的，没有 Possible Entry 功能与 Input Check 功能。设置了 Value Table 字段只有设置外部键的表中才执行 Check Table 的功能。域中存在 Value Table，则不容易找到存储标准表数据的表。标准表的主键中大部分都设置了 Value Table。下图是存储采购订单表头信息的表 EKKO 的主键 EBELN 的域。
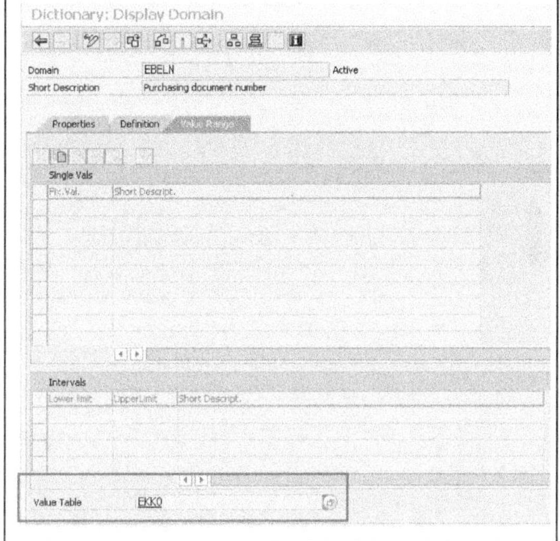

</td>
</tr>
</table>

7.7 数据元素

7.7.1 什么是数据元素

说明域时简单介绍过数据元素（Data Element）。用一句话概述，数据元素就是拥有表字段的所有信息的 ABAP 数据字典对象。[图 7-34]显示在多个表中使用数据元素 ZEMP_NO，并参照域 ZEMP_NO 的画面。

创建数据元素，则可以用做所有表的字段属性。还可以成为在 ABAP 程序中定义变量时使用的 TYPE 语句的对象。

```
DATA L_CONNID TYPE S_CONN_ID.
```

另外，如[图 7-35]所示，在画面属性上也可以使用数据元素属性。

如[图 7-35]所示，数据元素还与画面属性连接在一起且选择 From dict 选项时画面字段会直接继承数据元素的属性。创建数据元素的方法与域相同，不再细讲。

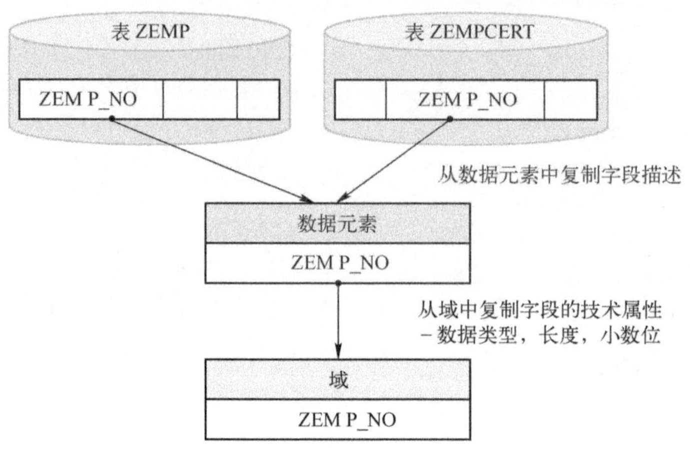

图 7-34　数据元素的使用

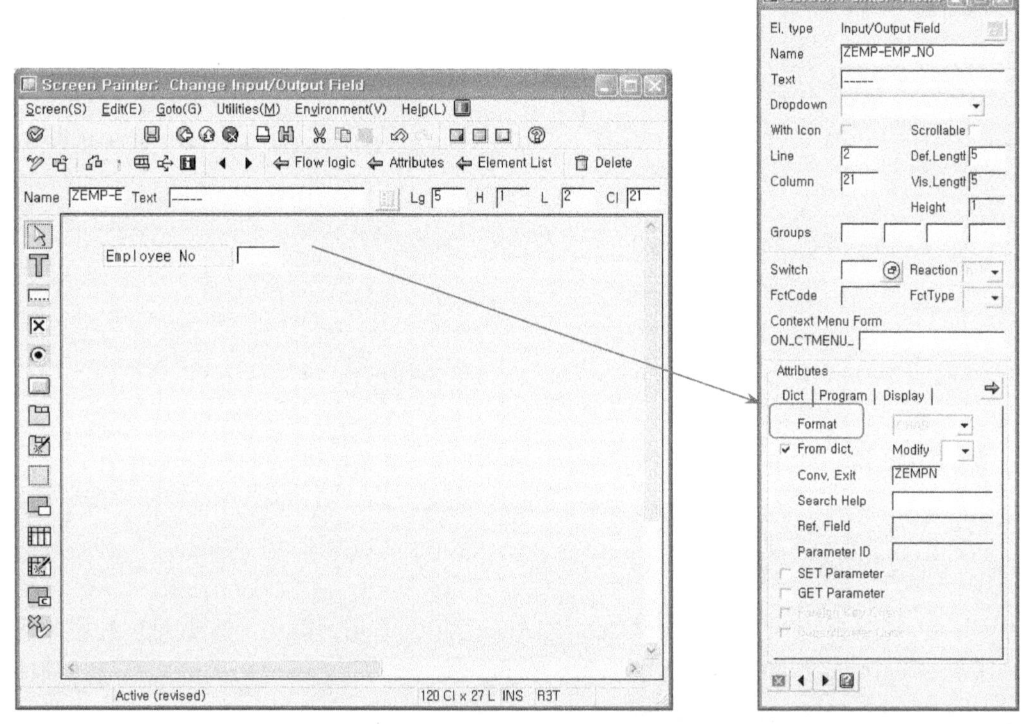

图 7-35　画面字段与数据元素的使用

7.7.2　数据元素与基本类型

[图 7-36]、[图 7-37]的 Elementary Type 用于定义 ABAP 数据字段的字段属性。定义数据元素的技术属性 Elementary Type 方法有下列两种。

第一，使用域。在前面已经介绍，域是 ABAP 数据字典中独立存在的存储对象，是定义数据元素的技术属性的对象。一个域可以在多个数据元素中使用。

第二，直接使用数据类型。数据类型（Data Type）是事先定义在 ABAP 数据字典中的经常使用的数据类型，和基本数据类型一样可以在程序内参照使用。在第 2 章介绍的基本数据类型叫 ABAP 数据类型，Data Type 称为 ABAP 数据字典类型。在[表 7-10]、[表 7-11]中看出这两种类型是怎么关联。

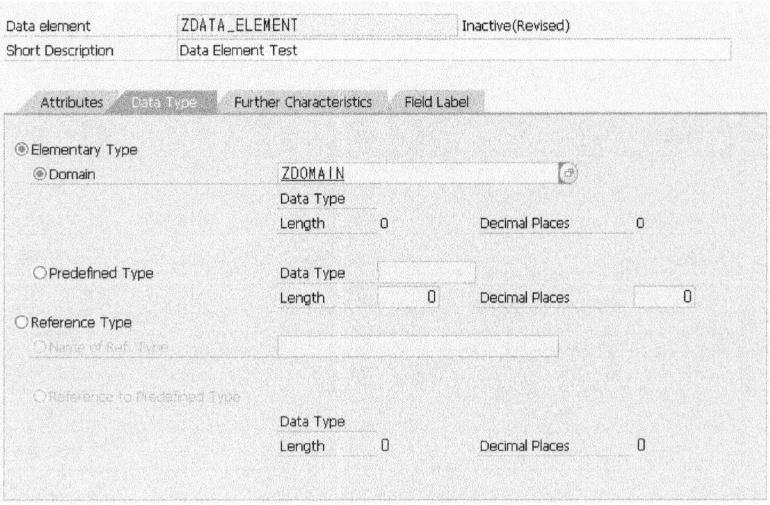

图 7-36　域的使用了域

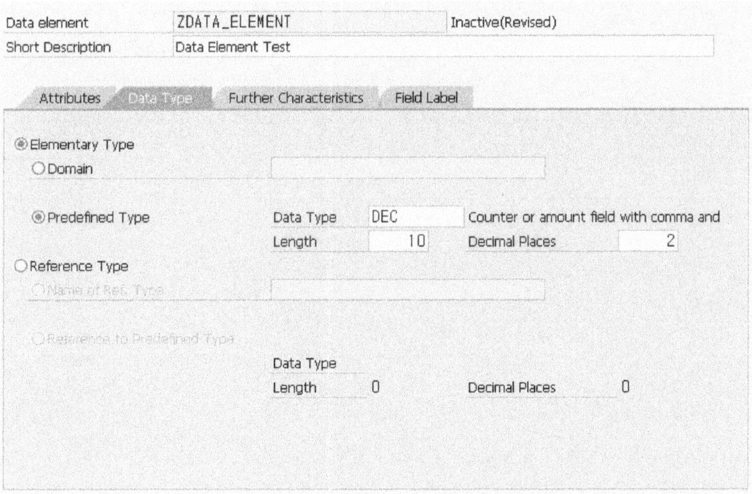

图 7-37　使用了数据类型

表 7-10　ABAP 数据字典类型与 ABAP 基本数据类型的关联信息

ABAP 数据字典类型	ABAP 基本数据类型
NUMC n	N(n)
DATS	D(8)
CHAR n	C(n)

数据元素的 Predefined Type 中可以输入的类型种类如[表 7-11]所示。

表 7-11　ABAP 数据字典类型种类

数据字典数据类型	意　义	最大长度 n	ABAP 基本数据类型
DEC	计算/金额字段	1-17	P((n+1)/2)
INT1	一位整数	3	Internal only
INT2	两位整数	5	Internal only
INT4	四位整数	10	I
CURR	通货字段	1-17	P((n+1)/2)
CUKY	通货单位	5	C(5)
QUAN	重量	1-17	P((n+1)/2)
UNIT	重量单位	2-3	C(n)
PREC	精度	16	Internal only
FLTP	浮点型	16	F(8)
NUMC	数字文本	1-255	N(n)
CHAR	文本	1-255	C(n)
LCHR	长文本	256-max	C(n)
STRING	可变长字符串	1-max	STRING
RAWSTRING	可变长字节	1-max	XSTRING
DATS	日期	8	D
ACCP	会计期间 YYYYMM	6	N(6)
TIMS	时间 HHMMSS	6	T
RAW	字节序列	1-255	X(n)
LRAW	长字节序列	256-max	X(n)
CLNT	Client	3	C(3)
LANG	语言	internal 1, external 2	C(1)

第8章　锁　对　象

本章目录	本章介绍
1．概要 2．创建锁对象 3．锁程序实例 4．确认锁对象 5．锁整个表 6．T-CODE 锁设置 7．其他	在系统中修改数据时锁对象可以防止数据不一致现象发生。下面通过介绍锁对象的概念、锁对象的创建及锁对象在程序中的运用，正确理解 SAP 系统的锁机构。

8.1　概要

数据库管理系统（DBMS）如[图 8-1]所示，当有数据变更邀请时会为表数据设置锁对象。再次访问此数据的用户要等到这个锁被解为止。另外，到 DB COMMIT 执行的 DB LUW 的最后阶段 DBMS 会解开设置的锁对象。

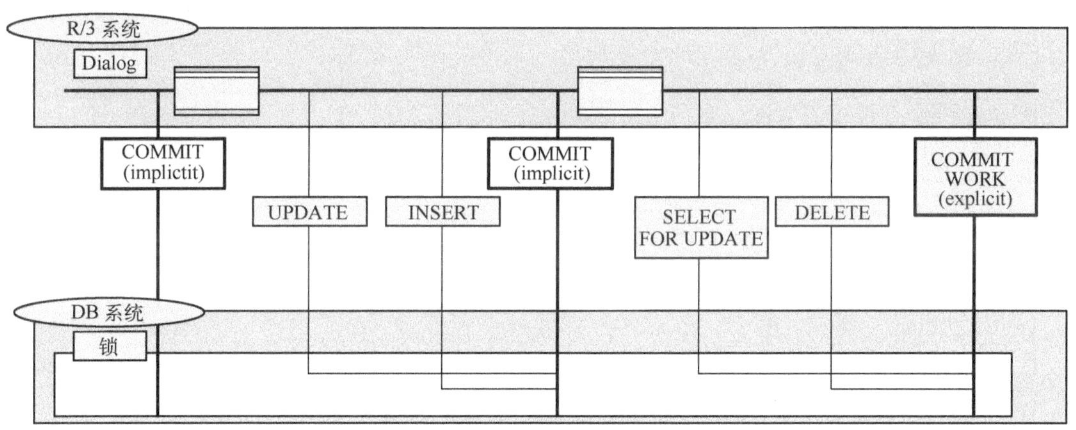

图 8-1　数据库锁

在 SAP R/3 系统中，每当结束一个画面时内部自动会执行 DB COMMIT，因此每个画面都需要设置锁与解锁的操作。因为自动执行 COMMIT，因此叫 Implicit COMMIT。数据库级别的锁对象无法提供给需要修改多个画面数据的工作的 SAP 充分的机制。数据库级别上的 Lock 设置无法为在多个屏幕修改数据的 SAP 提供充分的机制。因此在这种背景下导入了 SAP 锁对象。在 DBMS 里设置锁，则执行 UPDATE 等对数据库进行操作时自动执行。但是 SAP 锁对象只有在每个程序都设置解除锁对象语句时才会有效。另外，当用户执行程序访问数据时要添加判断是否设置了锁对象的代码。

锁对象是在 T-CODE:SE11 中可以创建/变更/查询的 ABAP 对象，起着同期化数据的作用，使多个程序同时访问数据。如[图 8-2]所示，当“程序 1”修改数据时使“程序 2”不能访问数据。这时“程序 1”会给相应数据加锁。

锁运行机构提供如下所示的两个主要功能。

- 当程序读取数据变更后向其他程序传达已经结束的消息。
- 防止程序读取正在被别的程序修改中的数据。

要设置锁的前提是在 ABAP 数据字典中应该存在此锁对象。当激活锁对象时自动生成加锁/解锁用的下列两个函数。

```
ENQUEUE_<LockObjectname>
DEQUEUE_<LockObjectname>
```

如[图 8-3]所示，按下列步骤给表加锁。

（1）要求锁

在程序中邀请给数据加锁。被锁的表记录根据逻辑性条件（logical condition）进行管理。

（2）进入锁

要加锁的数据加锁条件输入到锁表中。

（3）设置锁

当程序要求时才给表加锁。加锁状态会保持到程序中遇到解锁或者程序结束。所有锁都在程序内部进行加锁，因此应该都在程序内部进行解锁。当程序访问已经加锁的数据时该邀请信息会存储到锁表中。为了正确设置要操作的数据，锁对象最好选择根据表主键区分的方式。[图 8-3]说明当调用加锁函数时会加到符合条件的所有数据中。

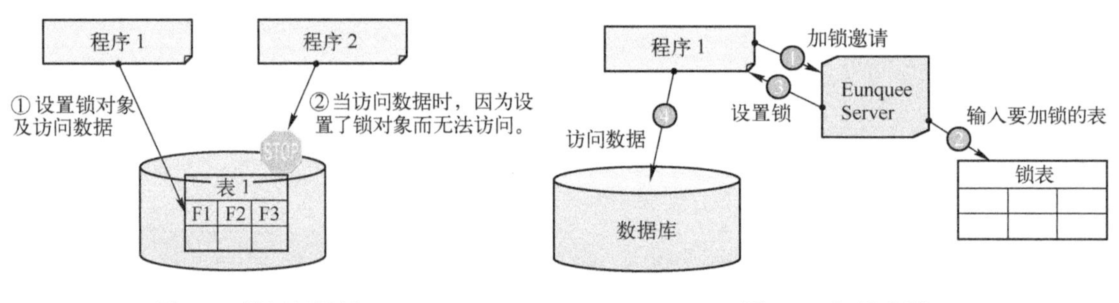

图 8-2　锁运行机制　　　　图 8-3　加锁步骤

（4）访问数据

只有在设置了锁的程序中才能访问该数据。

在[图 8-4]中，给表 ZEMPCERT 创建锁对象，则自动生成加/解锁此表的函数。另外，在程序中调用此函数，则 EMP_NO 字段等于 0001 的数据被加锁。这样，为了要使这种设置有效就需要每个程序的配合。没有设置锁的状态下，若修改数据会发生数据不一致现象。还有当设置锁的情况下，若其他程序要访问此数据时就要申请解锁请求。根据锁定模式可以接收或者拒绝其他系统的解锁请求。

锁定模式的解释如下。

E-独占锁：只允许一个用户访问表。对其他程序的独占锁及共享锁不起作用。 S-共享锁：多个用户可以同时读取数据。但是，倘若有个用户在修改数据，则其他用

户就无法再访问数据了。另外，对其他用户使用的共享锁起作用，但是对独占锁是不起作用的。

X-独占锁但不是累计锁（Exclusive but not cumulative lock）：独占锁可以在多个不同事务码内申请锁。但是在相应事务码中只能申请一次，此外不接收其他任何锁申请。

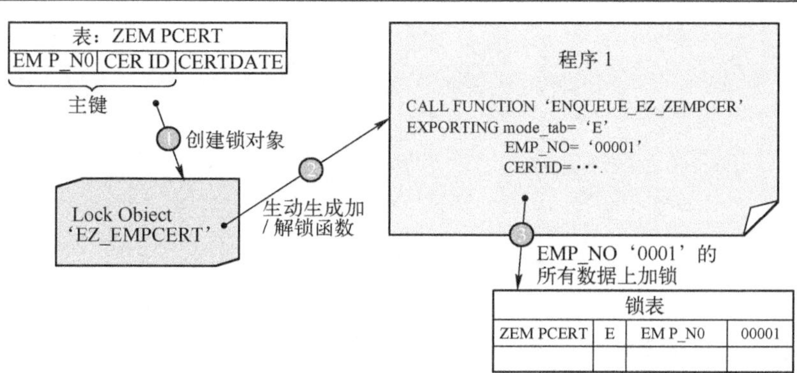

图 8-4　逻辑数据库结构

8.2　创建锁对象

8.2.1　创建锁对象的方法

下面创建由表 ZEMP 的主键构成的锁对象。

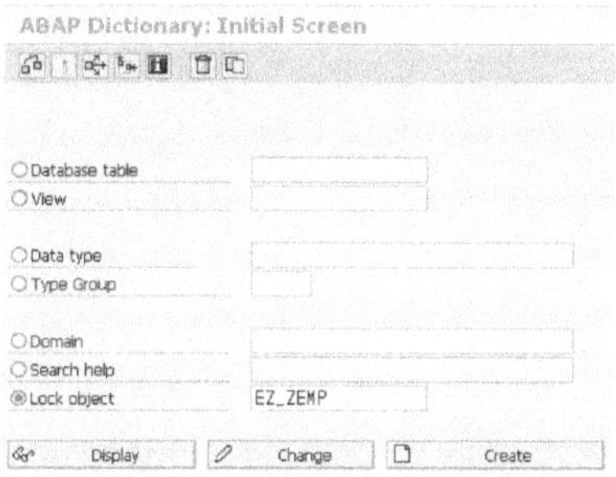	① 在 T-CODE:SE11 ABAP 数据字典中输入锁对象名后单击 Create 按钮。锁对象的名字一定要以 E 开头。后面追加 Z 或 Y 即要指定以 EZ 或者 EY 开头的 16 位以内的名字。
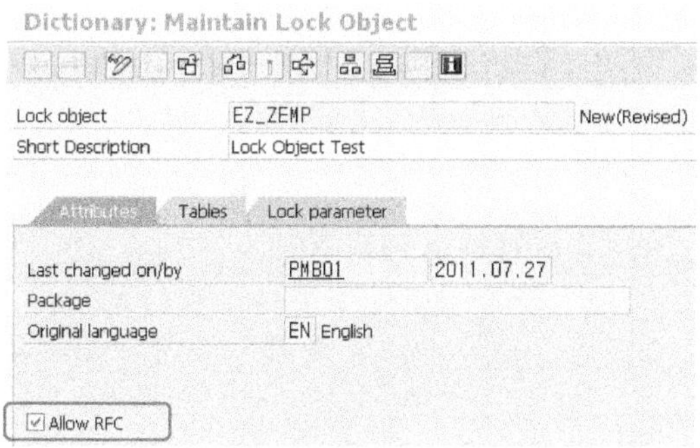	② 然后输入有助于查询的描述。选择 Allow RFC 选项，则可以从其他系统调用。然后激活锁对象生成的函数属性被设置成 RFC，如下图所示即可以从其他系统调用。 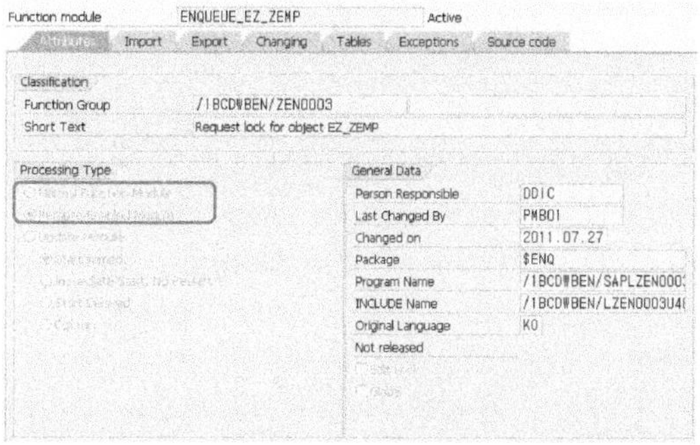

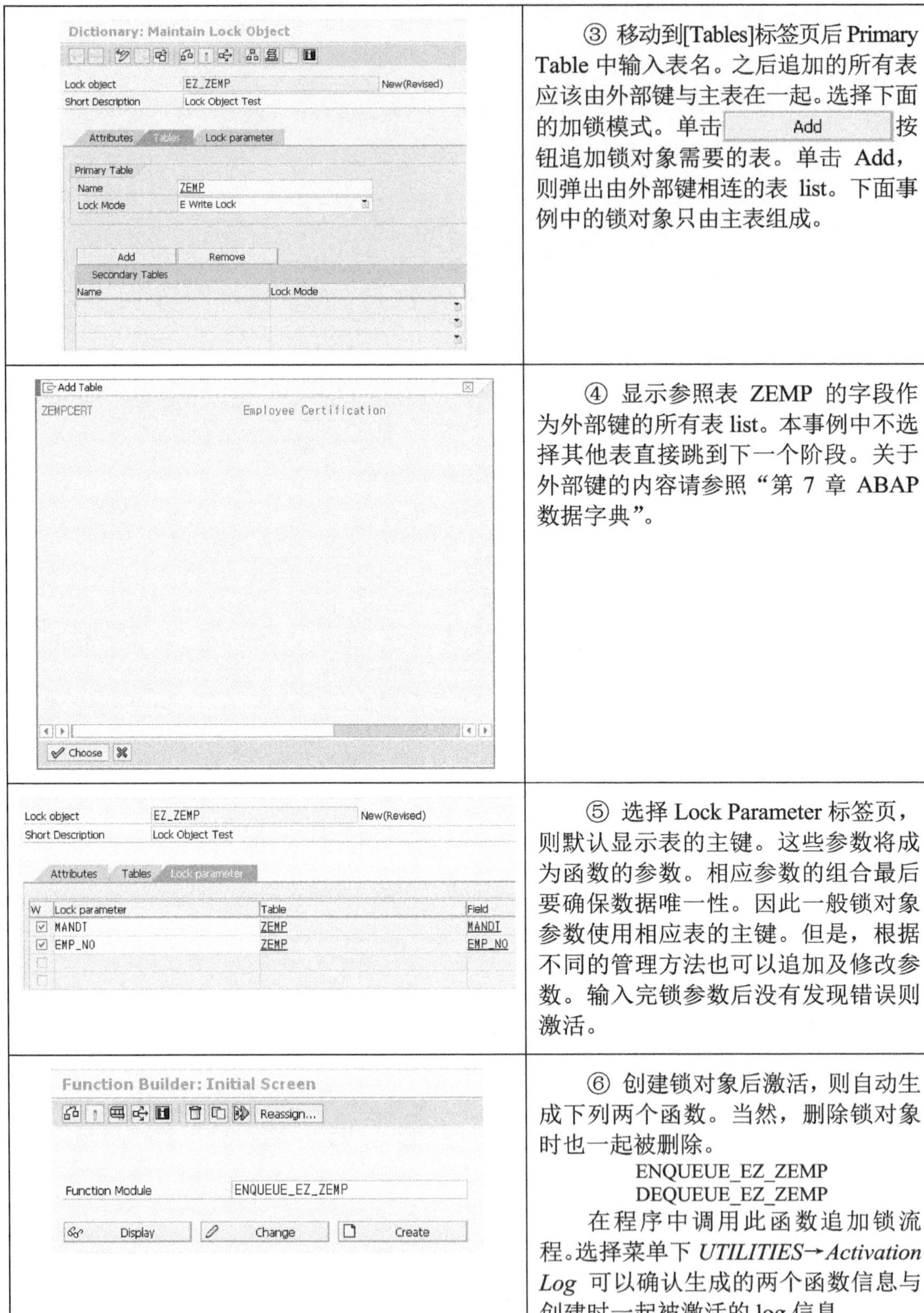

	③ 移动到[Tables]标签页后 Primary Table 中输入表名。之后追加的所有表应该由外部键与主表在一起。选择下面的加锁模式。单击 Add 按钮追加锁对象需要的表。单击 Add，则弹出由外部键相连的表 list。下面事例中的锁对象只由主表组成。
	④ 显示参照表 ZEMP 的字段作为外部键的所有表 list。本事例中不选择其他表直接跳到下一个阶段。关于外部键的内容请参照"第 7 章 ABAP 数据字典"。
	⑤ 选择 Lock Parameter 标签页，则默认显示表的主键。这些参数将成为函数的参数。相应参数的组合最后要确保数据唯一性。因此一般锁对象参数使用相应表的主键。但是，根据不同的管理方法也可以追加及修改参数。输入完锁参数后没有发现错误则激活。
	⑥ 创建锁对象后激活，则自动生成下列两个函数。当然，删除锁对象时也一起被删除。 ENQUEUE_EZ_ZEMP DEQUEUE_EZ_ZEMP 在程序中调用此函数追加锁流程。选择菜单下 *UTILITIES→Activation Log* 可以确认生成的两个函数信息与创建时一起被激活的 log 信息。

Lock object EZ_ZEMP Inactive(Revised) Short Description Lock Object Test Attributes / Tables / Lock parameter Primary Table Name ZEMP Lock Mode E Write Lock Add Remove Secondary Tables Name: ZEMPCERT, Lock Mode: E Write Lock	⑦ 这次在生成锁对象的第四阶段追加一下由外部键连接的表ZEMPCERT。
Lock object EZ_ZEMP Inactive(Revised) Short Description Lock Object Test Attributes / Tables / Lock parameter W / Lock parameter / Table / Field ☑ MANDT ZEMP MANDT ☑ EMP_NO ZEMP EMP_NO ☑ CERTID ZEMPCERT CERTID	⑧ 选择 Lock Parameter 标签页，可发现多出了 CERTID 字段。

[图 8-5]中的表 ZEMP，ZEMPCERT，ZCERTLEVEL 由外部键连接在一起且已经被设置了锁对象。此时锁函数的参数设置成表 ZERPCERT 的字段 EMP_NO = '00002', CERTID = '2' 后调用，则由外部键连接在一起的所有数据会被加锁。

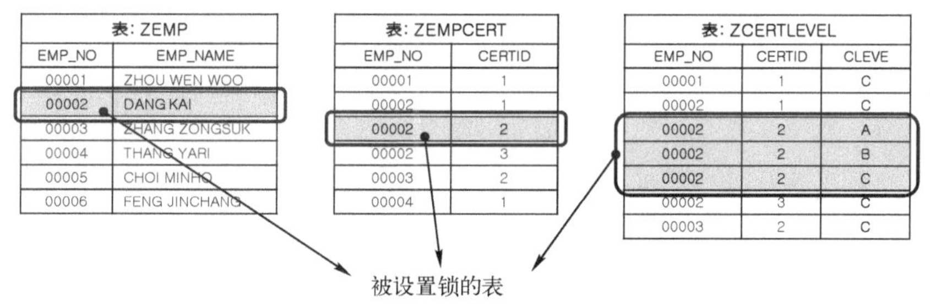

图 8-5　被加锁的数据

8.2.2　函数的参数属性

在前面已经提到，激活锁对象会自动生成函数。被创建的函数不能修改且包含此函数的函数组也不能修改。每次修改锁对象后被激活时也自动重新激活相应函数，因此不需要直接修改函数代码。用 CTS 传送锁对象到其他系统时，包含函数的函数组有可能有变动。

下面了解一下[图 8-6]中除了表字段以外的参数属性。

1. Initial Value 参数

以'X_<field>'开始的参数会设置字段的初始值（Initial Value）。若设置成 X_EMP_NO = 'X'，则当遇到与 EMP_NO 的初始值（Initial Value）相同值时才会设置锁对象。EMP_NO 的初始值只需要在表字段中选择 Initial Value 选项。当没有设置 X 时，则会用 Default Value 指定初始值。在[图 8-6]中，X_EMP_NO 被设置为 Default Value = SPACE。这意味着参数 EMP_NO 中没有指定值时会当成 SAPCE 来设置锁对象。关于 Initial Value 内容请参照“第 7 章 ABAP 数据字典”。

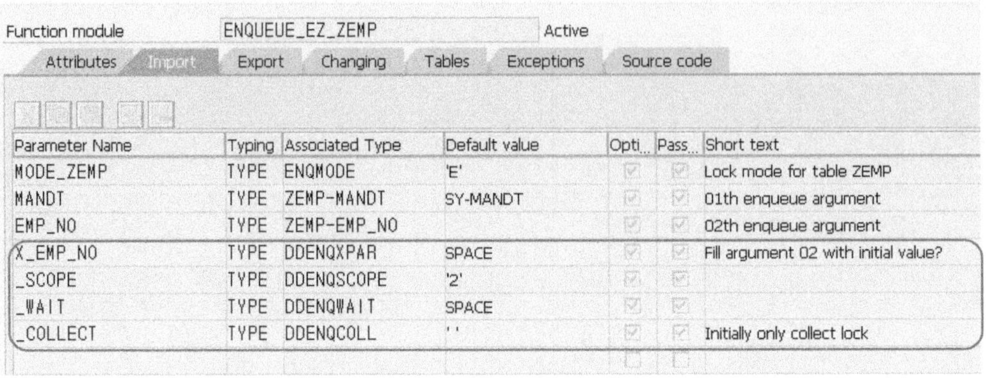

Function module ENQUEUE_EZ_ZEMP Active

Attributes | Import | Export | Changing | Tables | Exceptions | Source code

Parameter Name	Typing	Associated Type	Default value	Opti...	Pass...	Short text
MODE_ZEMP	TYPE	ENQMODE	'E'	☑	☑	Lock mode for table ZEMP
MANDT	TYPE	ZEMP-MANDT	SY-MANDT	☑	☑	01th enqueue argument
EMP_NO	TYPE	ZEMP-EMP_NO		☑	☑	02th enqueue argument
X_EMP_NO	TYPE	DDENQXPAR	SPACE	☑	☑	Fill argument 02 with initial value?
_SCOPE	TYPE	DDENQSCOPE	'2'	☑	☑	
_WAIT	TYPE	DDENQWAIT	SPACE	☑	☑	
_COLLECT	TYPE	DDENQCOLL	' '	☑	☑	Initially only collect lock

图 8-6　ENQUEUE_EZ_SFLIGHT 函数的 IMPORT 参数

2. Passing Lock 参数

用户在画面上调用活动执行 Dialog 事务码，则生成两个锁所有者。一个是 Dialog 所有者_1，另一个是 Update 所有者_2。执行事务码期间所有者_1 会邀请锁，另外，在程序内用 COMMIT WORK 语句调用 Update 操作，则会继承所有者_2 拥有的锁功能。参数_SCOPE 起着 Passing Lock 的功能。_SCOPE 选项只有执行 CALL FUNCTION 'FM' IN UPDATE TASK 语句时才发挥作用。

正在运行的锁是当调用解锁函数 DEQUEUE 或者程序结束时（LEAVE PROGRAM 或者 LEAVE TO TRANSACTION）才被解除。遇到信息类型 A 和 X 时或用户在命令窗口中输入了“/n”时也被解除。但是，当事务码正在执行 UPDATE 时结果就不一样了。在这种情况下就要检查_SCOPE 判断是否可以解除锁。

- **_SCOPE = 1**：在 UPDATE 程序中无法连接锁。当结束事务码时锁也一起结束。即当执行 V1 Update 工作流程时锁记录就被删除。
- **_SCOPE = 2**：在 UPDATE 程序中可以连接锁。在 UPDATE 程序中负责解锁。是函数 ENQUEUE 的标准设置。往 V1 Update 作业流程中传达信息，当结束 V2 工作流程时删除锁。
- **_SCOPE = 3**：UPDATE 程序可以连接锁。调用程序与 UPDATE 程序通过相互交流进行解锁。是函数 DEQUEUE 的标准设置。当执行 V1 Update 作业流程时才会设置锁。当结束 V2 工作流程时也会删除锁。

要理解_SCOPE 选项，则要知道 Asynchronous Update 步骤。

在 SAP 系统中，Asynchronous Update 操作根据优先顺序分为 V1 与 V2。V1 与 V2 的执行步骤如[图 8-7]所示，下面观察一下分阶段发生的各个作业。

① 第一阶段-首先在 Dialog 程序中有了更新请求，然后把更新信息保存到 Log 表中。

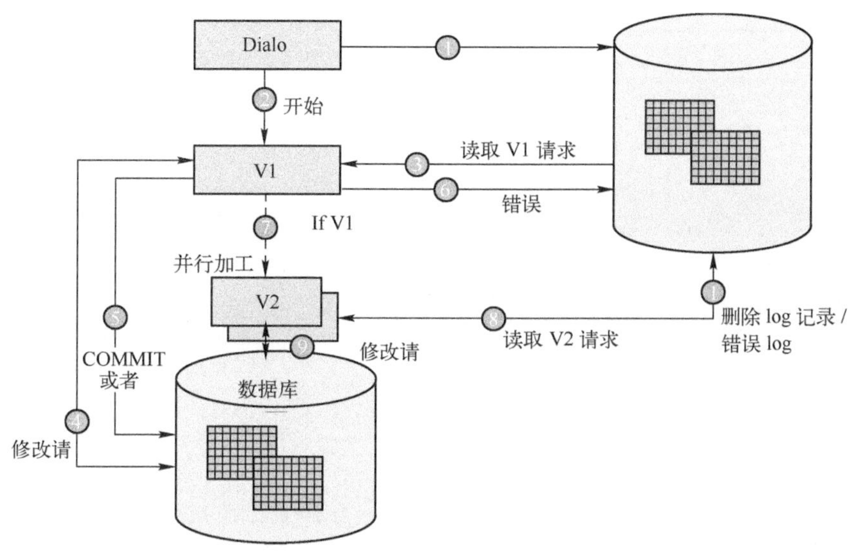

图 8-7　Asynchronous Update 步骤

② 第二阶段-在程序内遇到 COMMIT WORK 语句就会执行 Update 操作。

③ 第三阶段-从 Log 表中读取 V1 Update 信息。

④ 第四阶段-往数据库申请 Update 请求，则分析 Update 执行结果值。

⑤ 第五阶段-成功执行 V1 操作后向数据库提出 COMMIT 请求会删除 Log 表的信息。后续执行 V2 操作，则当成功执行 V2 后一并删除 Log 表的信息。

⑥ 第六阶段-当发生错误，则执行 ROLLBACK 显示错误信息的同时保留 Log 表的信息。

⑦ 第七阶段-当成功结束 V1 Update 操作后执行优先度低的 V2 Update 操作。

⑧ 第八阶段-以 V1 Update 信息为基础从 Log 表中读取 V2 Update 信息。

⑨ 第九阶段-会往数据库请求 V2 Update 操作。然后接收结果进行分析。

⑩ 第十阶段-当发生错误则执行 ROLLBACK 并保存在 Log 表中。V2 Update 执行成功则向数据库提出 COMMIT 请求并删除 Log 表所有信息。

另外，在 T-CODE:SM13 中可以确认 Update 请求信息。

3．控制锁参数

_COLLECT 参数决定是直接执行加/解锁还是通过 Lock Container 执行。

- Initial Value：加/解锁请求信息直接发送到锁服务器上。
- X：加/解锁请求首先会存储到本地 Lock Container 中。锁记录信息会累积在控制器中，控制器会成组与锁服务器进行通信。（调用 FLUSH_ENQUEUE 函数）。

如[图 8-8]所示，加/解锁请求通过调用 FLUSH_ENQUEUE 函数会累积在控制器中，然后锁控制器会成组与锁服务器进行通信。这种方法有下列两种优点。

- 锁请求信息成组后进行发送，则可以减少锁服务器的通信负荷。
- 锁请求信息成组进行管理，因此个别请求会一次性保存到表中。

内部绘画结束后本地锁控制器的数据会自动被删除。或者调用 RESET_ENQUEUE 函数，则所有本地锁控制器中的加/解锁请求都被删除。

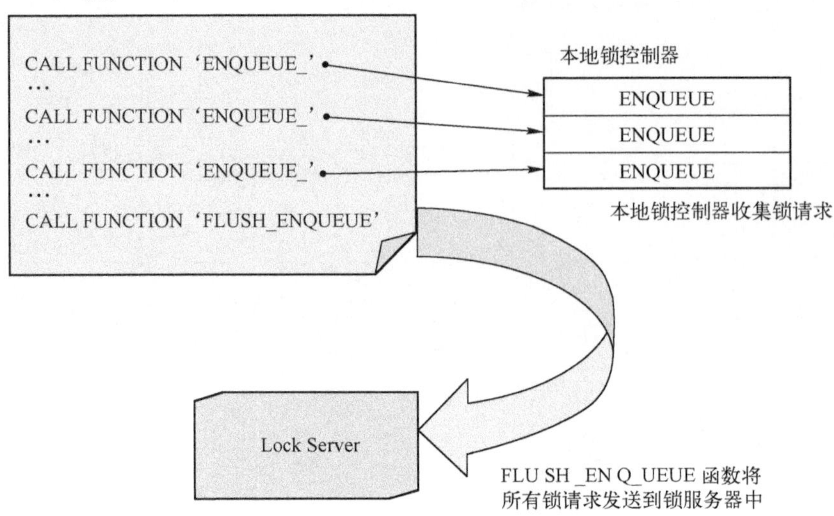

图 8-8　锁控制器概念

8.3　锁程序实例

下面练习在程序中调用前面生成的锁函数'ENQUEUE_EZ_ZEMP'的程序。

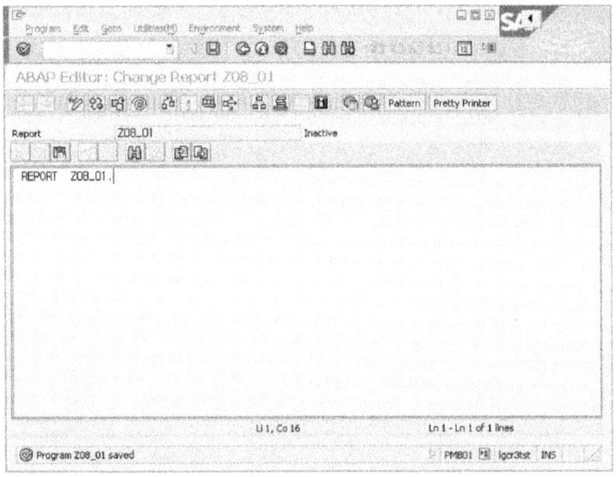	① 创建程序后单击 Pattern 按钮。Pattern 根据对象类型可以自动生成代码。
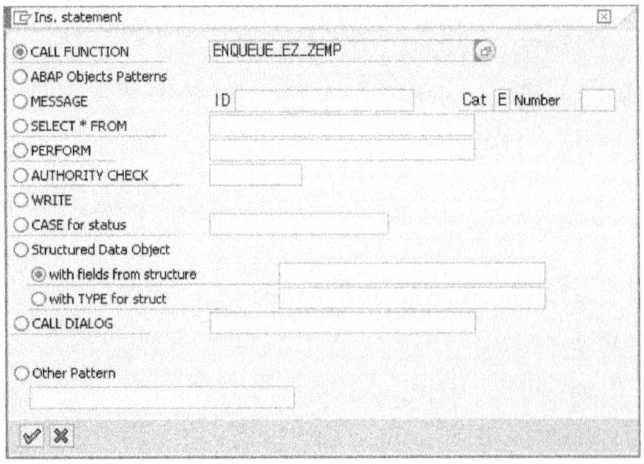	② 在 CALL FUNCTION 字段中输入锁设置函数后移动到下一个画面。自动生成函数的输入/输出/表参数显示到画面上。如[例 8-1]所示输入代码。执行此程序后，为了确认是否锁定数据，打开新窗口后重新执行相同程序。

[例 8-1]

```
REPORT   Z08_01.

CALL FUNCTION 'ENQUEUE_EZ_ZEMP'
 EXPORTING
   MODE_ZEMP                  = 'E'
   MANDT                      = SY-MANDT
   EMP_NO                     = '0001'
   X_EMP_NO                   = ' '
   _SCOPE                     = '2'
   _WAIT                      = ' '
   _COLLECT                   = ' '   .

IF sy-subrc eq 0.
 WRITE 'Data is Locked'.
ENDIF.
```

执行[例 8-1]，则会显示数据被锁的信息。若在新程序中没有使用 ENQUEUE_EZ_ZEMP 函数后直接执行 UPDATE ZEMP 语句，则会更新表数据。即表示若要使 SAP 锁机构有效运行就需要在所有程序中都要设置加/解锁函数。

在设置锁的状态下，从别的程序对相同数据提出锁请求。为了确认是否正确设置了锁，重新创建了一个执行锁的程序[例 8-2]。

[例 8-2]

```
REPORT   z08_02.

CALL FUNCTION 'DEQUEUE_EZ_ZEMP'
  EXPORTING
    mode_zemp = 'E'
    mandt       = sy-mandt
    emp_no       = '0001'
    x_emp_no    = ' '
    _scope       = '3'
    _synchron = ' '
    _collect    = ' '.

CALL FUNCTION 'ENQUEUE_EZ_ZEMP'
  EXPORTING
    mode_zemp = 'E'
    mandt       = sy-mandt
    emp_no       = '0001'
    x_emp_no    = ' '
    _scope       = '2'
    _wait        = ' '
    _collect    = ' '.
```

```
IF sy-subrc NE 0.
   WRITE 'Data is Locked'.
ENDIF.
```

锁只有在相同程序中进行加/解锁，因此在 A 程序中设置的锁不能在 B 程序中解锁。即在[例 8-1]中已经设置了锁，因此在[例 8-2]中无法重新设置锁且也无法用 DEQUEUE_EZ_SFLIGHT 函数解别的程序的锁。DEQUEUE 函数执行后不返回系统变量，因此无法确认成功与否。换句话说，如 ENQUEUE_EZ_SFLIGHT 函数一样无法用系统变量 SY-SUBRC 进行检查。因此在一个程序中始终要同时使用 ENQUEUE、DEQUEUE 函数。调用 ENQUEUE 函数后再调用 DEQUEU_ALL 函数也是个不错的方法。DEQUEU_ALL 函数一次性释放多个锁对象。[例 8-3]是设置锁以后，当程序结束前解除所有锁的功能。

[例 8-3]

```
REPORT   z08_03.

CALL FUNCTION 'ENQUEUE_EZ_ZEMP'

～ 中间省略 ～
CALL FUNCTION 'DEQUEUE_ALL'
      EXPORTING
          _SYNCHRON          =''
```

8.4 确认锁对象

设置锁后不解锁，则即使结束程序还是会维持加锁状态。发生这种现象时要到下列路径进行解锁。

也可以使用 T-CODE:SM12 或者[Tools]→[Administration]→[Monitor]→[Lock entries]。

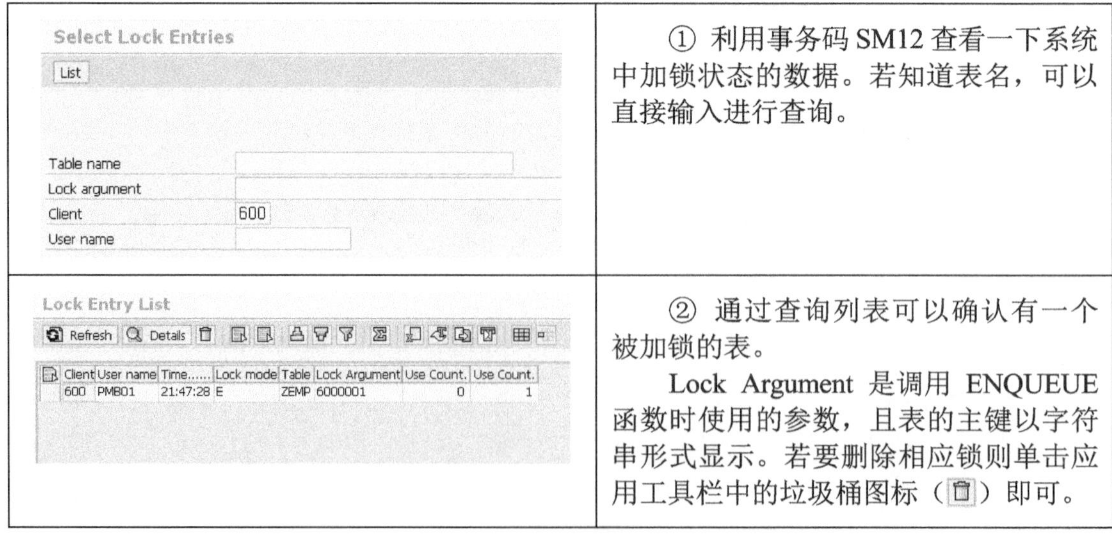

① 利用事务码 SM12 查看一下系统中加锁状态的数据。若知道表名，可以直接输入进行查询。

② 通过查询列表可以确认有一个被加锁的表。

Lock Argument 是调用 ENQUEUE 函数时使用的参数，且表的主键以字符串形式显示。若要删除相应锁则单击应用工具栏中的垃圾桶图标（🗑）即可。

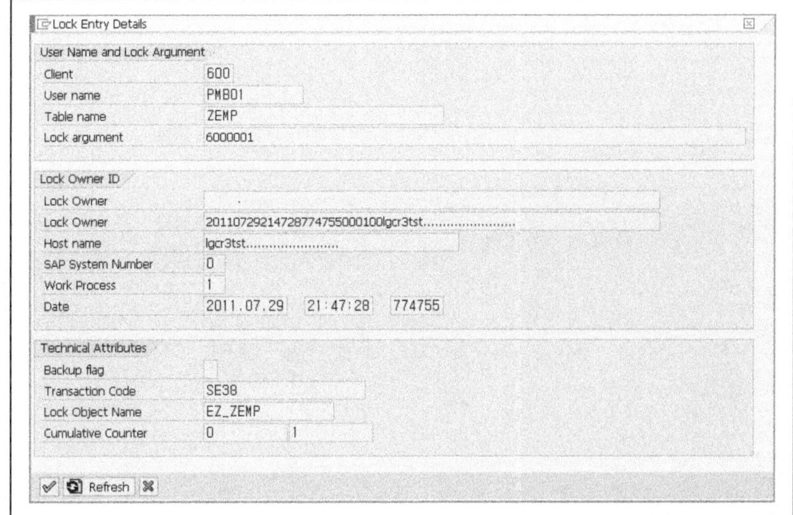

③ 双击显示的结果或者单击 Details 按钮则会显示详细信息。

> ☞ 锁机制目的不在于阻止 INSERT UPDATE DELETE MODIFY TALBE 语句，而是在于同期化表数据。即使已经设置了锁，也可以直接执行 SQL 语句来更新数据，需要明确这一点。

8.5 锁整个表

为了完成 Migration、表更新等操作，有时有必要为整个表进行加锁。这时可以使用如下所示的 ENQUEUE_E_TABLE，DEQUEUE_E_TABLE 函数。

```
CALL FUNCTION 'ENQUEUE_E_TABLE'
  EXPORTING
    MODE_RSTABLE          = 'E'
    TABNAME               = 'ZEMP'
```

```
CALL FUNCTION 'DEQUEUE_E_TABLE'
  EXPORTING
    MODE_RSTABLE          = 'E'
    TABNAME               = 'ZEMP'
```

即使使用此函数也无法阻止程序内用 UPDATE、MODIFY 等语句更新数据。只是如[图 8-9]一样禁止通过数据游览器变更表数据操作。

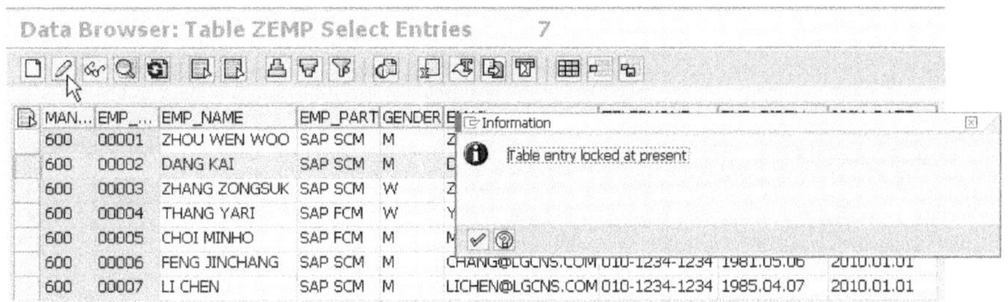

图 8-9　通过数据游览器修改被加锁的数据

8.6 T-CODE 锁设置

可以通过事务码 SM01 为 T-CODE 加锁。

① 执行事务码 SM01。在最下面字段上输入要加锁的 TCODE 名。

☞ 除了 BC 担当一般不赋予 SM01 事务码。没有权限时可以向 BC 担当者提出申请。

② 双击显示的 T-CODE 或者单击 Lock/Unlock 按钮就设置了锁对象。

③ 执行 T-CODE:MIGO 就显示如左图所示的信息，即可以发现 T-CODE 被加锁。

8.7 其他

8.7.1 ENQUEUE_READ 函数

如多个用户同时修改一个订单，在 SAP 系统中经常会发生修改同一个数据的情况。在开发程序中利用 ENQUEUE_READ 函数可以检查该数据是否被加锁。标准程序修改数据时始终会加锁，因此要习惯用 ENQUEUE_READ 函数对锁设置状态进行检查。

```
CALL FUNCTION 'ENQUEUE_READ'
     EXPORTING
          GCLIENT               = SY-MANDT
*    GNAME                 =''
*    GARG                  =''
*    GUNAME                = SY-UNAME
*    LOCAL                 =''
* IMPORTING
*    NUMBER                =
*    SUBRC                 =
     TABLES
          enq                   =  lt_eng
```

ENQUEUE_READ 函数返回被加锁的表数据列表。即使不使用锁对象，只要用 ENQUEUE_READ 函数就可以查询被加锁状态的所有列表对象。ENQUEUE_READ 函数的参数请参照[表 8-1]。

表 8-1　ENQUEUE_READ 函数的参数

参　数	描　述
GCLINET	Client 名
GNAME	对象名 * 表名，程序名。
GARG	返回各表的关键字 * cbo 表：返回表名 + 主键 标准表：返回 Client(3) + 主键 例如生产订单返回 600000010020878 值。意味着 600 是 Client， 000010020878 是生产订单
GUNAME	返回 SY-UNAME
LOCAL	不使用
NUMBER	Lock 件数
SUBRC	返回系统变量 SY-SUBRC
ENG	返回被加锁对象的详细信息

ENQUEUE_READ 在 T-CODE:SE37 中执行，则显示现在被加锁的对象列表。

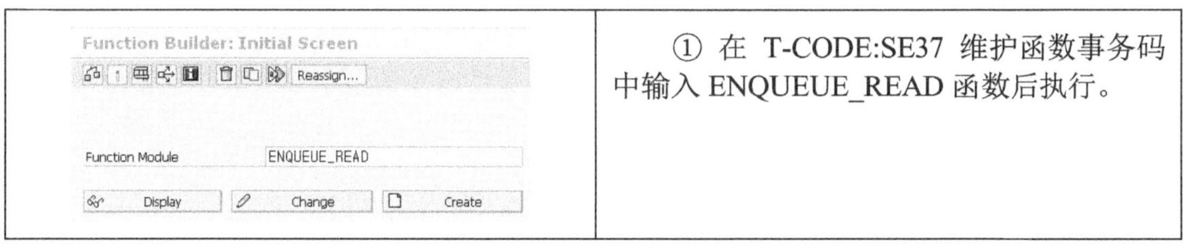

① 在 T-CODE:SE37 维护函数事务码中输入 ENQUEUE_READ 函数后执行。

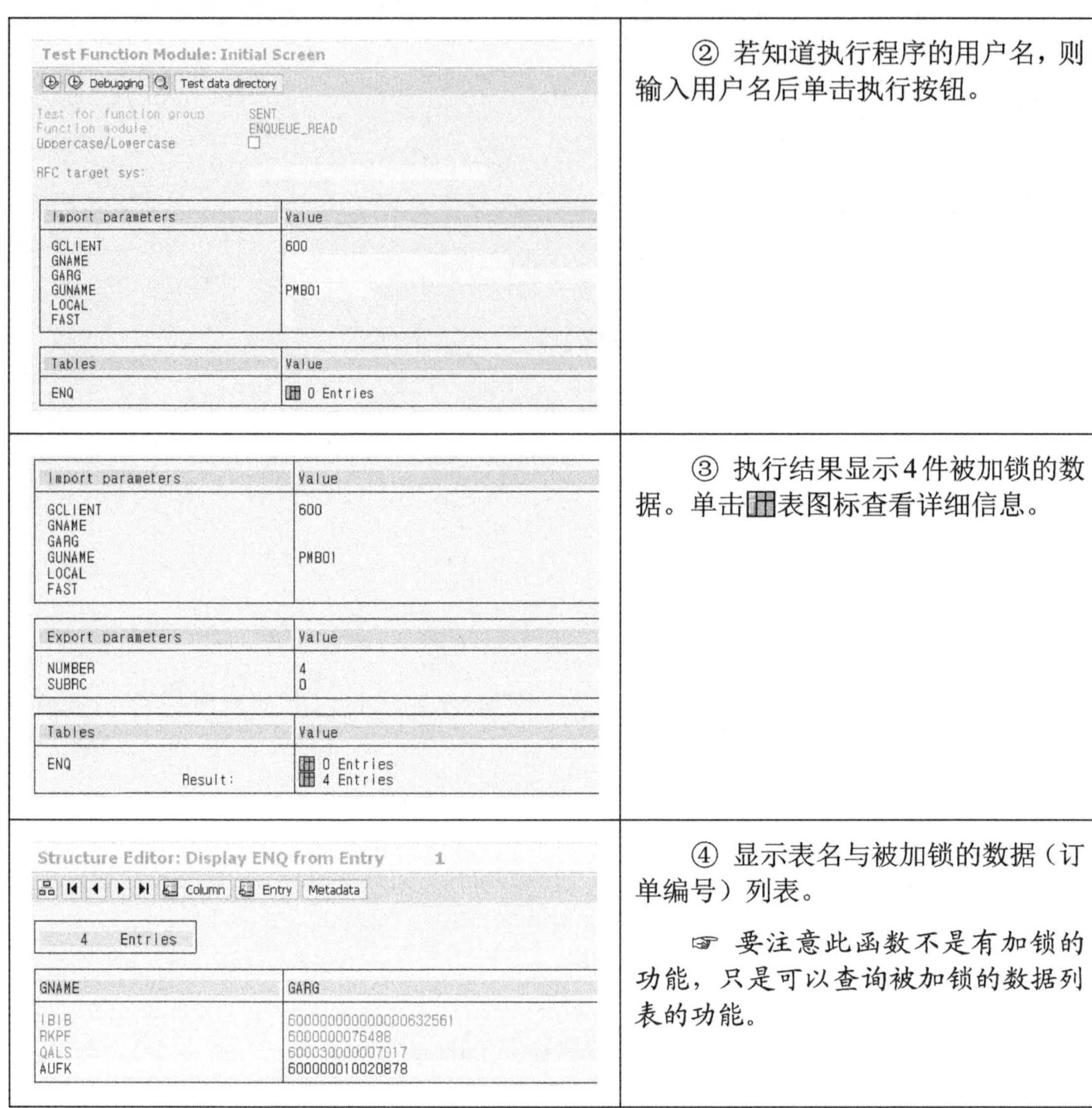

② 若知道执行程序的用户名，则输入用户名后单击执行按钮。

③ 执行结果显示4件被加锁的数据。单击▦表图标查看详细信息。

④ 显示表名与被加锁的数据（订单编号）列表。

☞ 要注意此函数不是有加锁的功能，只是可以查询被加锁的数据列表的功能。

[例 8-4]是从生产订单表'AUFK'中读取被加锁的对象后检查 lt_seqg 内表中是否存在相应生产订单的实例。若存在被加锁的订单，则等待 1 秒后执行 5 次循环。

[例 8-4]

```
REPORT   z08_04.

DATA lt_seqg   LIKE seqg3 OCCURS 0 WITH HEADER LINE.
DATA lv_aufnr TYPE aufnr VALUE '0000123456'.

DO 5 TIMES.
  CALL FUNCTION 'ENQUEUE_READ'
       EXPORTING
            gname = 'AUFK'
          guname = space
```

```
        TABLES
              enq = lt_seqg
        EXCEPTIONS
            communication_failure = 1
        OTHERS = 2.
    IF NOT lt_seqg[] IS INITIAL.
      READ TABLE lt_seqg WITH KEY garg+3(12) = lv_aufnr.
      IF sy-subrc EQ 0.
          WAIT UP TO 1 SECONDS.
      ELSE.
          EXIT.
      ENDIF.
    ELSE.
      EXIT.
    ENDIF.
  ENDDO.
```

8.7.2 Editor Lock 解除

在 ABAP 编辑器中修改程序时，Editor Lock 可以防止其他人对此表进行修改。即，与本章的锁对象是不同的两个概念。

当其他开发者修改程序时，该程序会被加锁。将程序放到修改状态下，到 T-CODE:SM12 中查询就可以显示相应程序的列表。

若在公休日需要紧急修改程序时要解除 Editor Lock 状态。这种情况下可以执行下列例子程序来解除锁。TRDIR 表是存储程序名、创建日期、修改日期、Editor Lock 设置与否信息的视图。

[例 8-5]

```
REPORT   z08_05.

TABLES : trdir.

PARAMETERS: p_prog LIKE trdir-name OBLIGATORY.

START-OF-SELECTION.
  SELECT SINGLE * FROM trdir WHERE name = p_prog.
  IF sy-subrc = 0.
     IF trdir-edtx = 'X'.
        MOVE ' ' TO trdir-edtx.
        MODIFY trdir.
        WRITE: /'Editor Lock was removed from', p_prog.
     ELSE.
         WRITE: /'Program', p_prog, 'does not have an Editor Lock'.
     ENDIF.
  ELSE.
```

```
    WRITE: /'No match found for program', p_prog.
ENDIF.
```

<table>
<tr>
<td>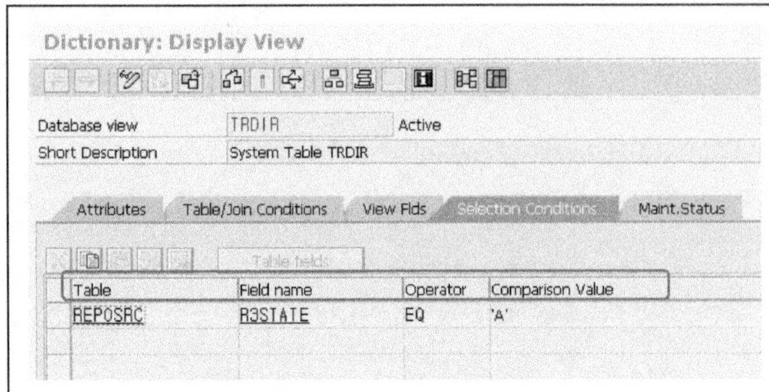
</td>
<td>TRDIR 是在 REPOSRC 表中只查询 R3STATE 等于 A 值的视图。即只查询被激活状态程序的视图。</td>
</tr>
</table>

第9章 检索帮助

本章目录	本章介绍
1. 概要 2. 创建检索帮助 3. 检索帮助应用 4. 检索帮助扩展 5. 集合检索帮助 6. 模块池程序中的输入帮助	在画面上输入字段值时，检索帮助为用户提供可以输入的值列表（Hit List）。若要完全理解本章介绍的检索帮助内容，需事先了解“第 13 章 模块池程序”的知识。

9.1 概要

输入帮助（Input Help）是在画面上为用户提供查询输入值（Possible Value）的 SAP 标准功能。创建及查询输入字段的方法有三种。

1. 利用 ABAP 数据字典的输入帮助

在 T-CODE:SE11 中创建检索帮助后分配给表字段。另外，画面字段可以参照表字段生成，即可以继承输入帮助的功能。若表字段中不存在检索帮助，则 Check Table 的数据与域的固定值会连接到输入帮助里。另外，DATS 与 TIMS 类型称做静态输入帮助，其分别使用的是以日历与时间结构定义的输入帮助。

2. 利用画面的输入帮助

在屏幕制作器中，给个别字段直接分配输入帮助的值，或者在画面的 PAI 事件上限制可输入的值。下面的语句限制了 empno 字段中只允许输入“00001”，“00002”。

```
FIELD empno VALUES ('00001', '00002').
```

下面语句利用了表数据限制可输入的值。详细内容请参照“第 13 章 模块池程序”。

```
FIELD <f> SELECT * FROM <dbtab>
```

3. Dialog 程序中的输入帮助

用户在画面字段中按〈F4〉键时，在 POV（PROCESS ON VALUE-REQUEST）事件中调用 Dialog 模块将输入帮助显示到画面上。大家也许已经认识到输入帮助与检索帮助不是一个概念。输入帮助中经常使用的就是本章要重点讲解的检索帮助对象，如[图 9-1]所示。目前，定义 TYPE-1 程序的 PARAMETERS 变量时也使用 MATCHCODE 命令来追加检索帮助。一般用下列语句将检索帮助连接到 PARAMETERS 上。

```
PARAMETERS <param>    MATCHCODE OBJECT <search help>
```

画面上需要输入值时，检索帮助为用户提供可以使用的值列表。提供可以查找 Possible Value 的多个字段的选择条件，并参照用户输入的条件显示结果值。此时，按〈F4〉键就会在下拉列表中显示可以输入的值，如[图 9-1]所示。

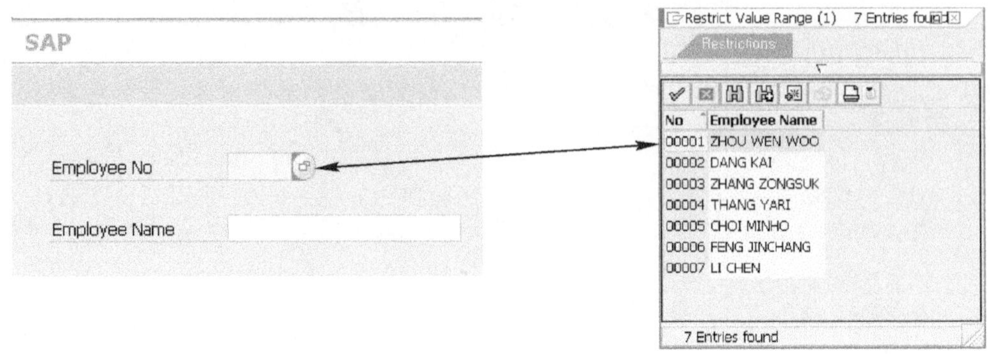

图 9-1　检索帮助

检索帮助分为以下两种类型。

基本检索帮助	集合检索帮助
基本检索帮助由一个 Tab 标签页构成 利用选择方法（Selection Method）的数据	集合检索帮助由多个 Tab 标签页构成 由基本检索帮助组成

在画面字段上追加检索帮助的方法大体分为三种。在下面会详细讲解。

数据元素中追加检索帮助
表字段中追加检索帮助
画面字段中追加检索帮助

一般用户是按照以下顺序调用检索帮助的。

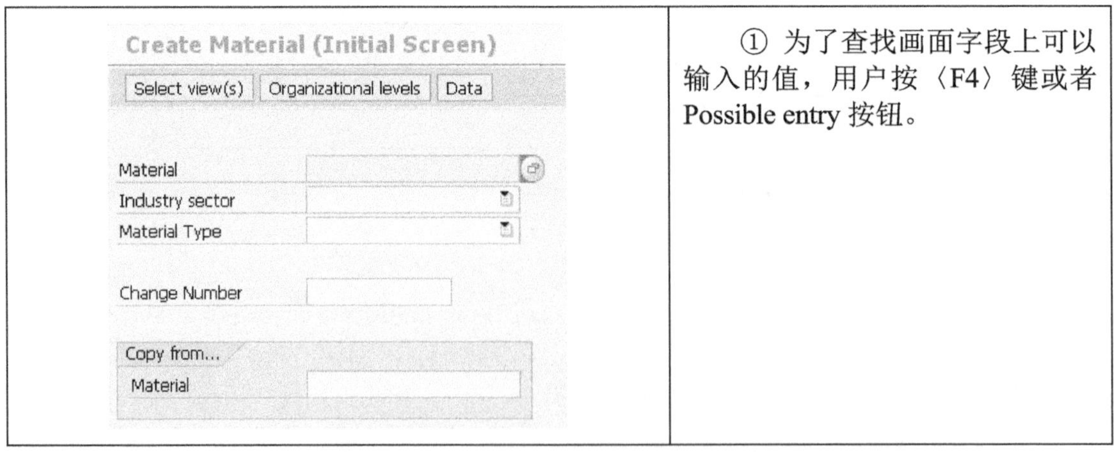

① 为了查找画面字段上可以输入的值，用户按〈F4〉键或者 Possible entry 按钮。

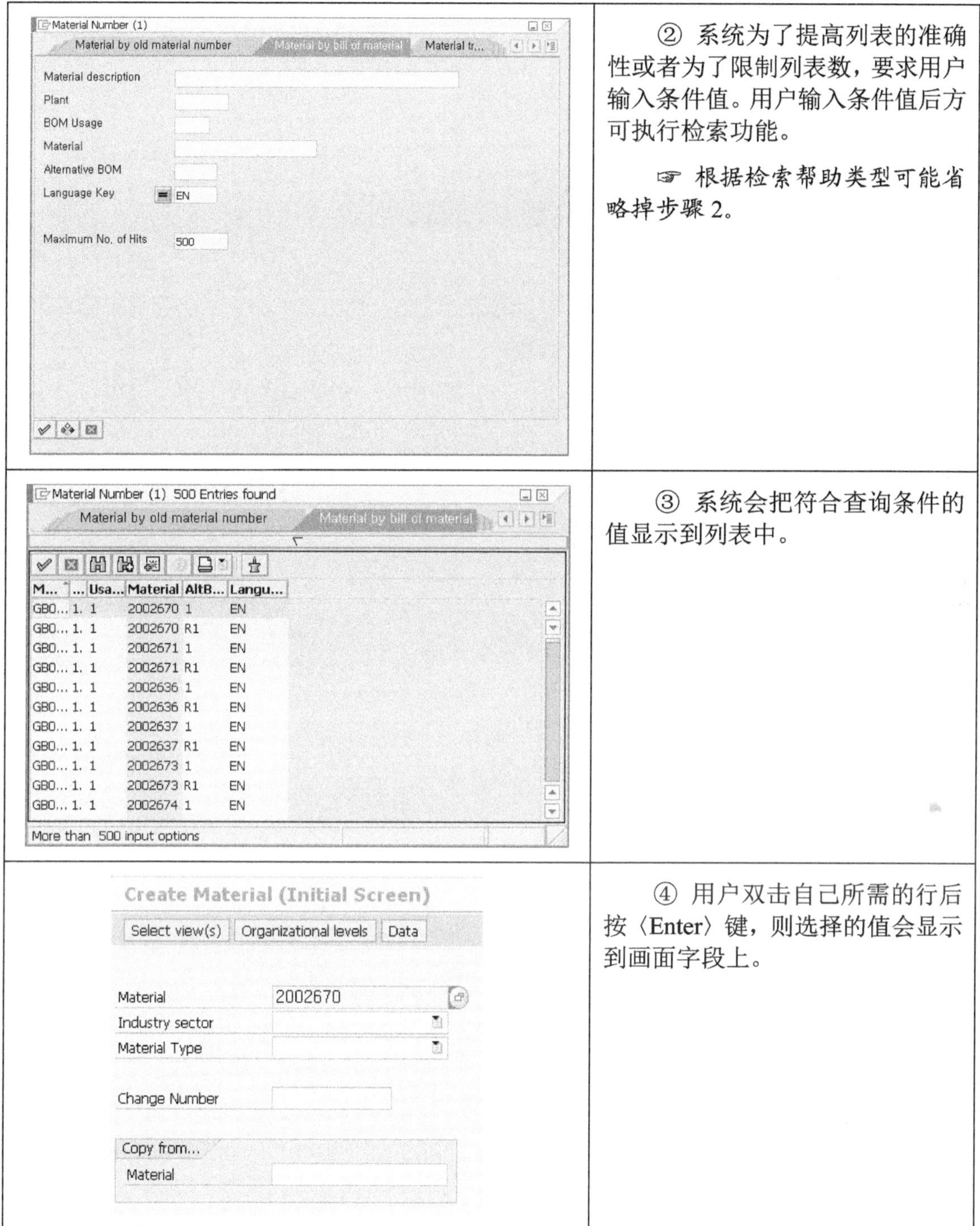

② 系统为了提高列表的准确性或者为了限制列表数，要求用户输入条件值。用户输入条件值后方可执行检索功能。

☞ 根据检索帮助类型可能省略掉步骤 2。

③ 系统会把符合查询条件的值显示到列表中。

④ 用户双击自己所需的行后按〈Enter〉键，则选择的值会显示到画面字段上。

9.2 创建检索帮助

定义检索帮助的所有属性如[图 9-2]所示。

创建表 ZEMP 的两个字段：EMPNO，EMPNAME 作为参数的基本检索帮助。

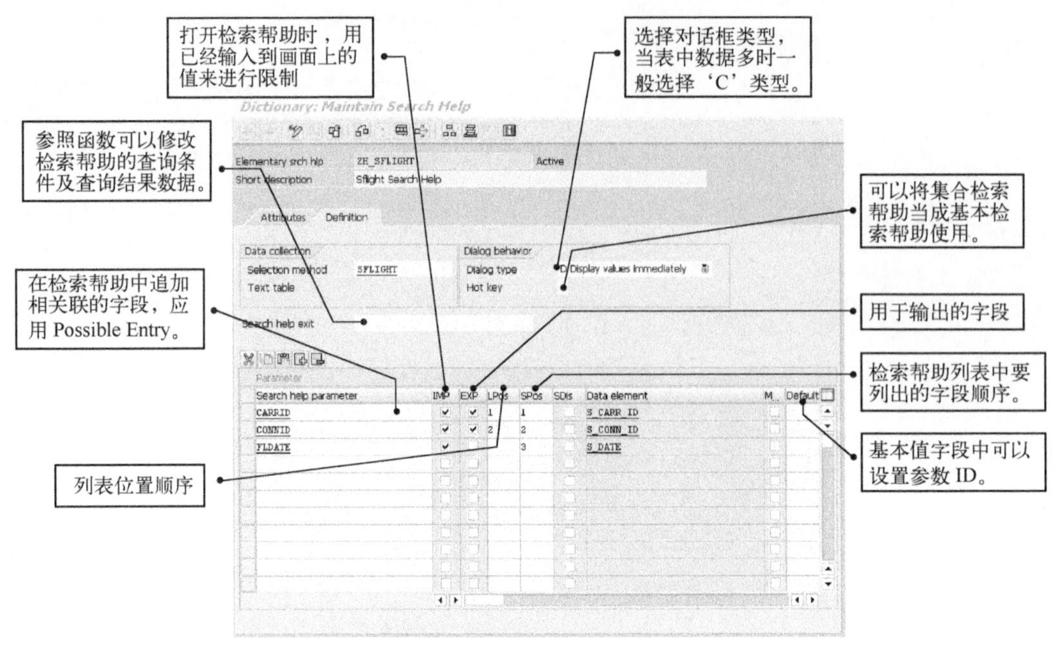

图 9-2　基本检索帮助的属性

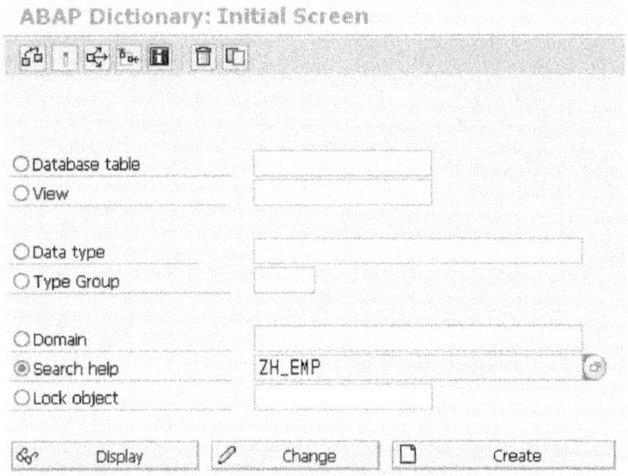	① 创建检索帮助。在 T-CODE：SE11 ABAP 数据字典中输入检索帮助名字后按 Create 按钮。指定以'Z'及'Y'开头的 30 位以内的字母作为名字。在实际业务中一般按以下规则命名："CBO 区分子 ZH + 模块区分子 + 描述区分子"，命名规则根据不同的系统而有所差异。 ZH_HR_SABUN
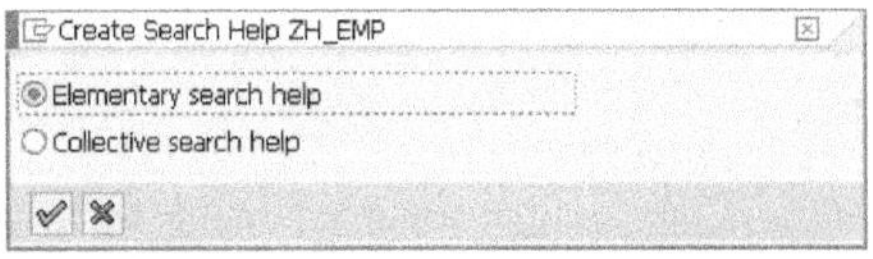	② 选择检索帮助类型。按创建按钮，在弹出窗口中选择检索帮助类型。
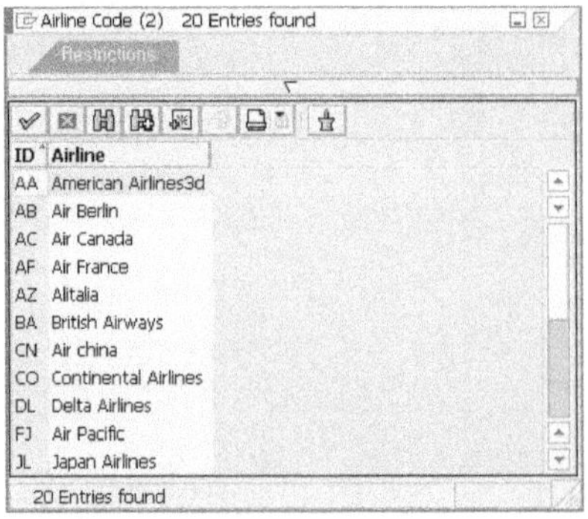	a）基本检索帮助。如左图所示，此检索帮助只使用一个检索路径。

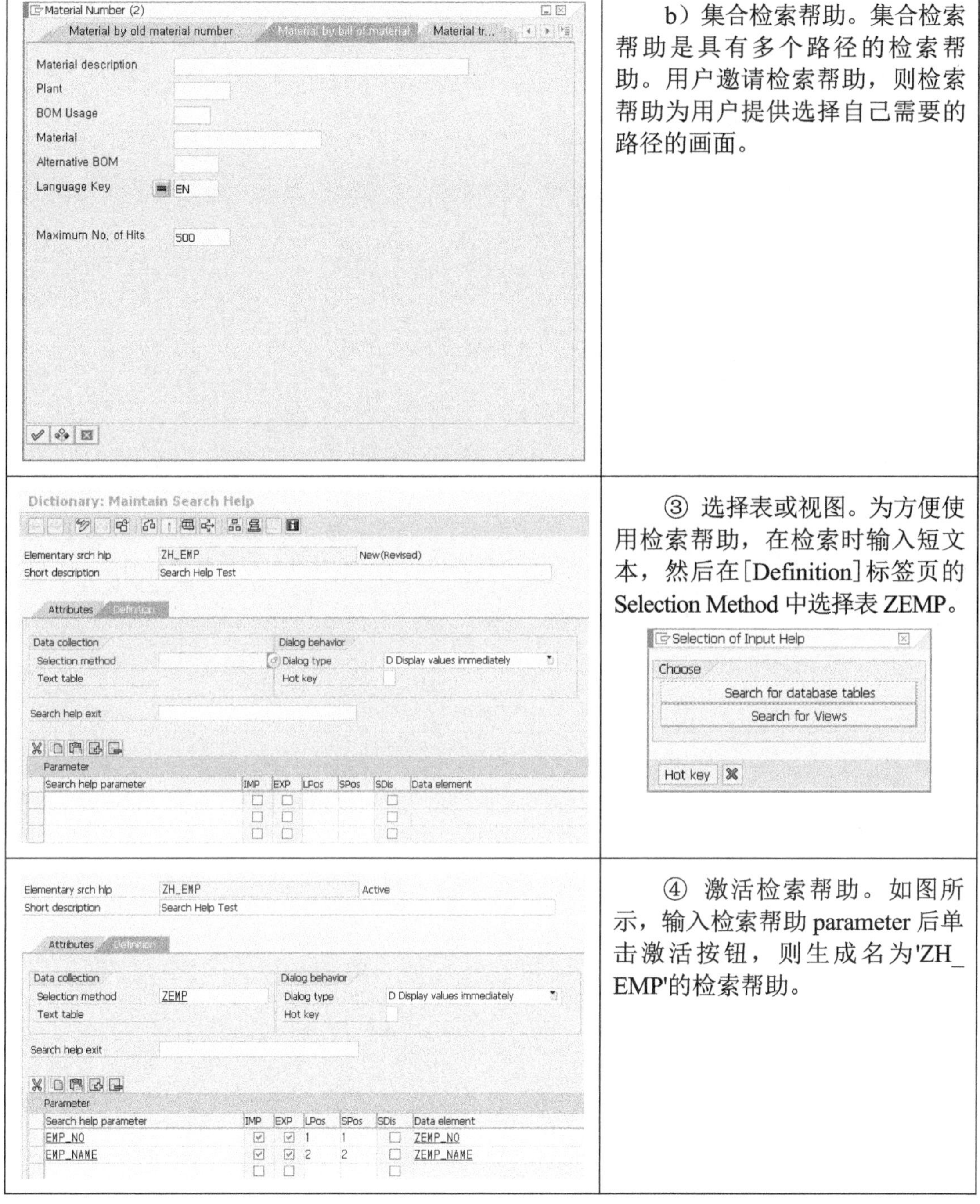

b）集合检索帮助。集合检索帮助是具有多个路径的检索帮助。用户邀请检索帮助，则检索帮助为用户提供选择自己需要的路径的画面。

③ 选择表或视图。为方便使用检索帮助，在检索时输入短文本，然后在[Definition]标签页的Selection Method中选择表ZEMP。

④ 激活检索帮助。如图所示，输入检索帮助parameter后单击激活按钮，则生成名为'ZH_EMP'的检索帮助。

9.2.1 选择方法

检索帮助是在执行时刻从数据库中读取数据构成值列表（Hit List）。此时使用的数据库对象称为选择方法（Selection Method）。其中，ABAP数据字典表与视图可作为选择方法来使用。但是，维护视图则不能。值列表中显示的是可能输入的值。当需要的数据在一个表中存在时，在选择方法中选择相应的表即可。但是需要的数据在多个表中存在时（例如，若需要与含有编号名字的 Text 表连接显示数据），表数据要使用以外部键（Foreign Key）连接的视图。

如[图 9-3]中的说明，以输入参数定义的检索帮助字段在选择方法中查询数据时会作为查询条件使用。

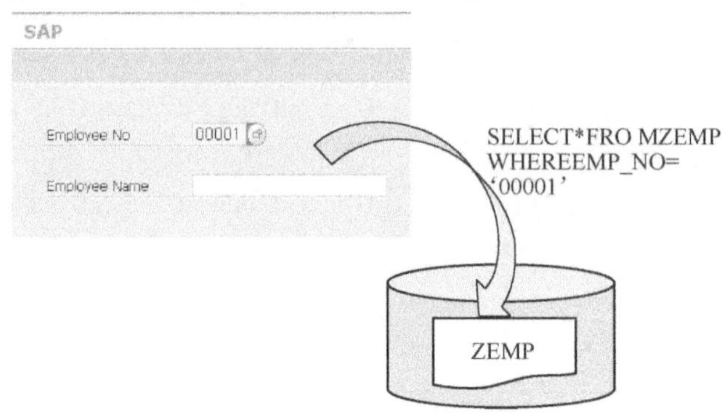

图 9-3　检索帮助的选择方法

对话框类型请参照[表 9-1]与[图 9-4]。

表 9-1　对话框类型

类　型	内　容	描　述
A	值范围对应的对话框	值列表基准为 100 个 若是 100 个以上则以 C 类型查询 若是 100 个以下则以 D 类型查询
C	限制查询条件值的对话框	接收输入值才能显示查询列表
D	立刻显示值	直接显示列表

如[图 9-5]所示，检索帮助位置的 SPOS（Position in dialog box）与 LPOS（Position of Hit List）属性可以决定下拉列表的位置。利用数字指定顺序，且当输入为 0 或者不输入值时下拉列表不会显示。

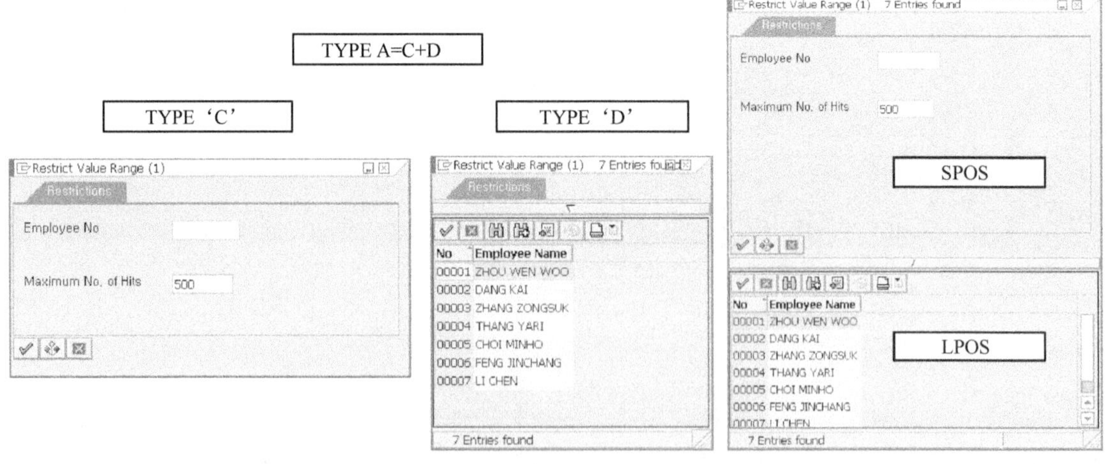

图 9-4　对话框类型　　　　图 9-5　SPOS，LPOS 属性

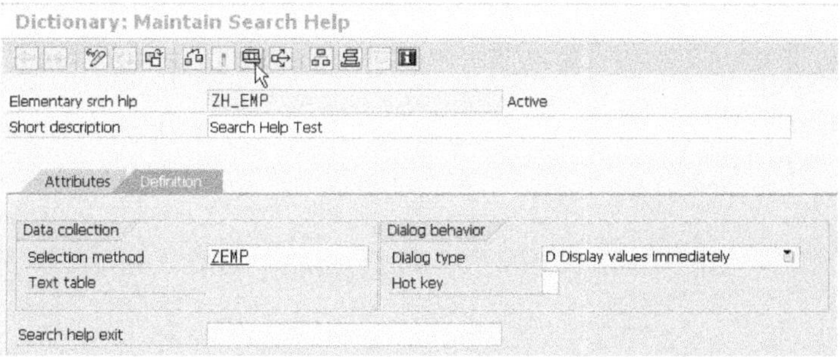 Dictionary: Maintain Search Help Elementary srch hlp ZH_EMP Active Short description Search Help Test Attributes Definition Data collection Selection method ZEMP Text table Dialog behavior Dialog type D Display values immediately Hot key Search help exit	⑤ 执行检索帮助。按〈F8〉键或者单击执行按钮。这样做单纯是为了测试检索帮助对象，若要实际应用到画面字段上就需要链接到画面字段上进行此操作。由传入参数设置的字段（EMP_NO）称做 Context 字段。
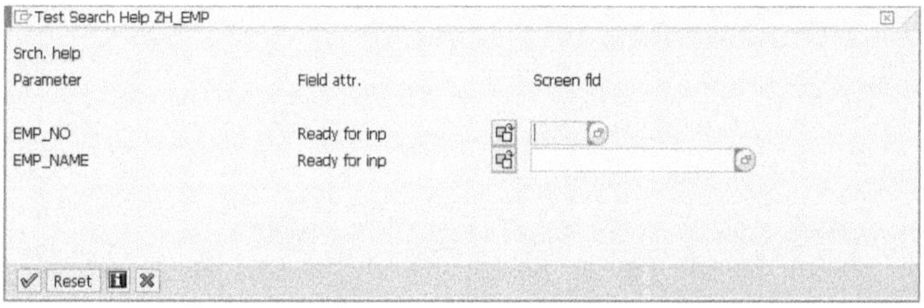 Test Search Help ZH_EMP Srch. help Parameter Field attr. Screen fld EMP_NO Ready for inp EMP_NAME Ready for inp Reset	⑥ 输入参数值。在 EMP_NO 字段中输入“00001”后进行查询。
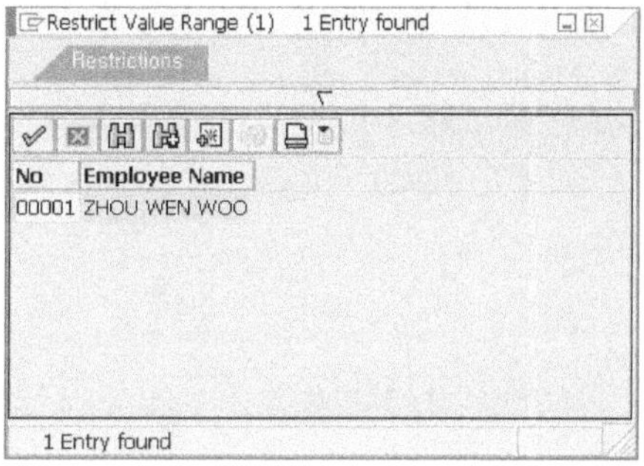 Restrict Value Range (1) 1 Entry found Restrictions No Employee Name 00001 ZHOU WEN WOO 1 Entry found	⑦ 显示结果。只查询出 EMP_NO 为'00001'的值。
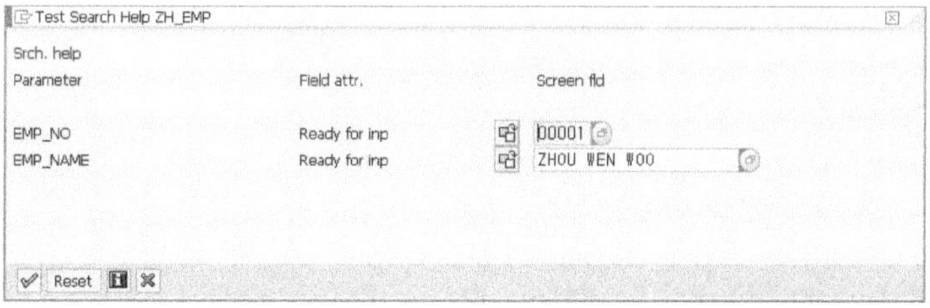 Test Search Help ZH_EMP Srch. help Parameter Field attr. Screen fld EMP_NO Ready for inp 00001 EMP_NAME Ready for inp ZHOU WEN WOO Reset	⑧ 返回传出参数。选择相应行后双击，可以看到，在第五阶段上选择的输入参数显示在画面上。这种返回画面字段值称为传出参数。

9.2.2 检索帮助的传入与传出参数

前面也有提到，当调用输入帮助时，可以根据条件限制已经输入的值。在[图 9-6]中用户在员工编号字段中输入了 00001 后调用输入帮助，则显示值列表。在值列表中选择一行，则员工名字信息一并显示到画面字段上。在这种情况下员工编号字段叫做 Context 字段，在值列表中选择的行叫 Input Template。检索帮助的接口可以用输入帮助中使用的 Context 数据与返回画面的 Input Template 来定义。检索帮助的参数可定义成下列两种形式。

1. 输入参数

输入参数是具有 Input Template 的流程中所使用的 Context 信息的参数。简单地说，就是设置成输入参数，以作为限制数据的条件使用。输入参数也可以作为输出参数，此时将用户选择的结果值返回到画面上。例如用户在 Airline Code 字段中利用如 A*等星号（*）来查询 Possible Entry 后选择 Airline Code 为 AA 的值，则输入字段中就能传递 AA 值。

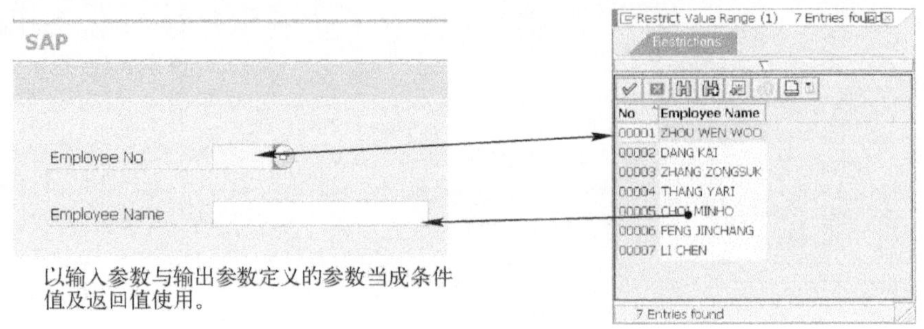

图 9-6 输入/输出参数

2. 输出参数

输出参数是值列表中显示的 Input Template，把结果值返回到画面上。

9.3 检索帮助的应用

如[图 9-7]所示，检索帮助可以用下列三种方法追加到字段上。该部分内容在前面曾提到过，现在重新整理后再加以详细讲解。

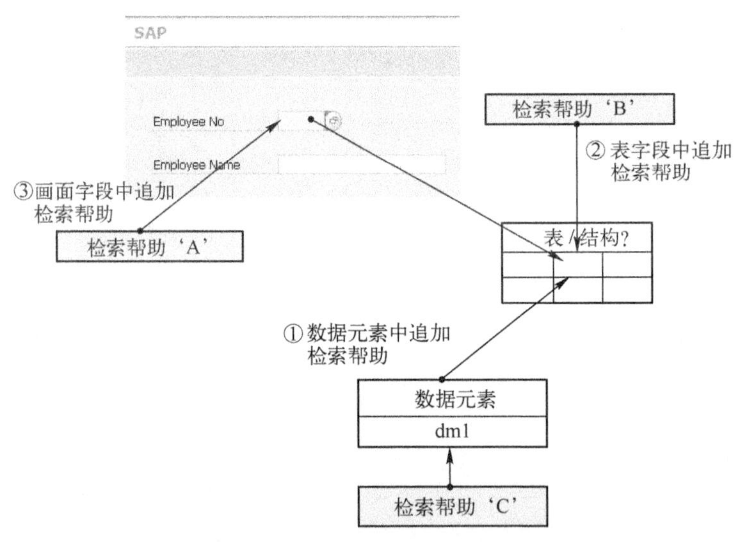

图 9-7 字段上追加检索帮助

在数据元素中追加检索帮助 在表字段中追加检索帮助 在画面字段中追加检索帮助

9.3.1 在数据元素中追加检索帮助

从[图 9-8]中可以看到，在数据元素中也可以追加检索帮助。继承数据元素属性的所有画面字段上能自动连接检索帮助。

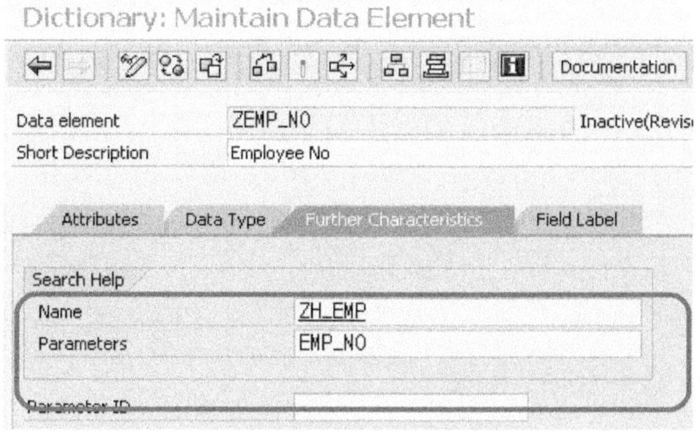

图 9-8　数据元素中追加检索帮助

9.3.2　表字段中追加检索帮助

在表字段中追加检索帮助，则参照此字段的所有画面字段上都连接到检索帮助。检索帮助的输出参数分配到表字段中，当用户选择列表时将返回值赋给与参数名相同的画面字段上。另外，将输入参数分配给表字段，则画面字段上输入的值会限制值列表的值。练习一个给表字段追加检索帮助的实例。

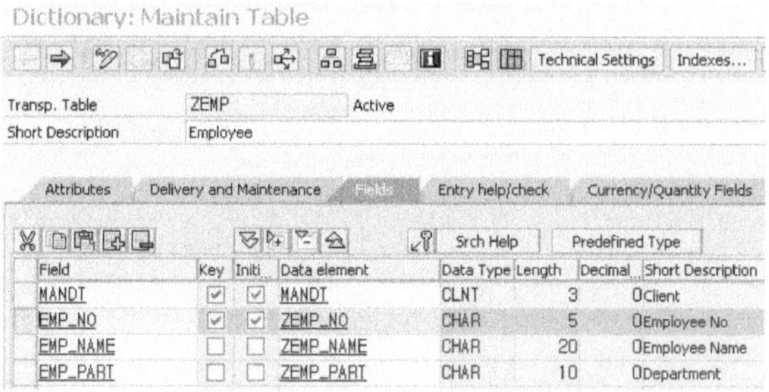

	① 在 T-CODE:SE11 中以变更模式打开“第 7 章 ABAP 数据字典”中创建的表。然后选择 EMP_NO 字段后单击 Srch Help 按钮。
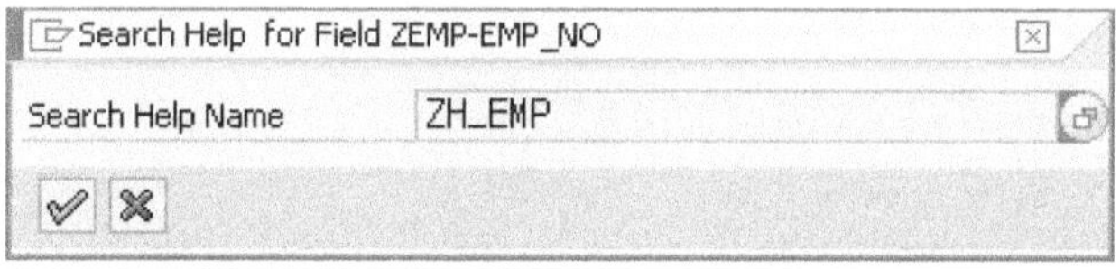	② 输入前面创建的检索帮助。
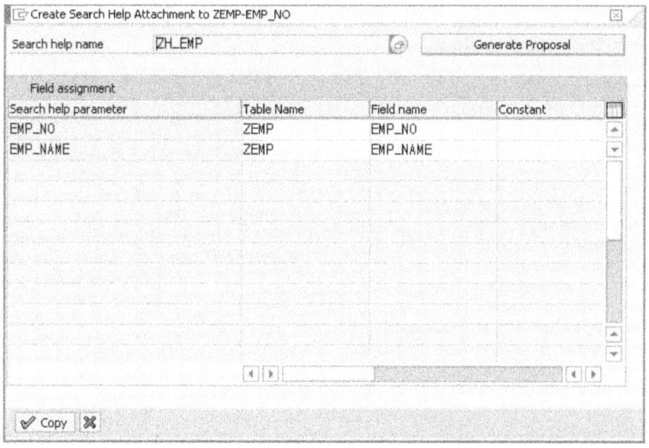	③ 单击 Copy 按钮，则字段 EMP_NO 中被追加检索帮助。此外 EMP_NAME 字段充当传递值的角色。

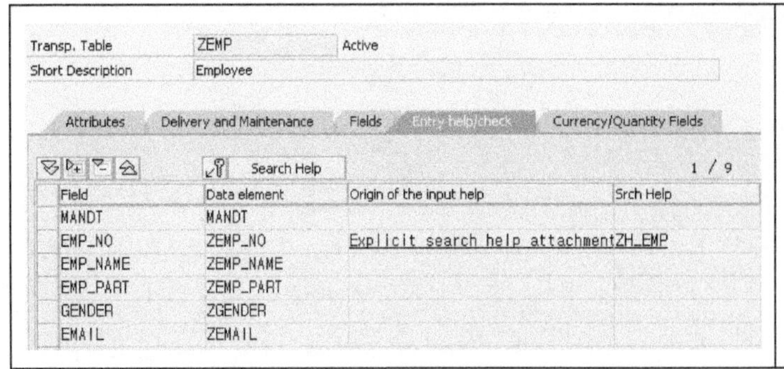

④ 回到ABAP数据字典画面后选择[Entry help/check]标签页就可以确认刚追加的检索帮助。

9.3.3 在画面字段上追加检索帮助

利用屏幕制作器可以直接给画面字段分配检索帮助。在这种情况下，只有在该画面上检索帮助才起作用。若要在多个画面上使用类似的检索帮助，则在表字段上追加检索帮助后画面字段参照表属性（From dict.）即可。

如[图 9-9]所示，在“第 13 章 模块池程序”中要学习的画面字段上也可以追加检索帮助。执行屏幕制作器后选择要追加检索帮助的字段。在 Airline 字段上追加前面创建的检索帮助。双击 Airline 字段，弹出显示字段属性的窗口。在检索帮助字段中输入 ZH_EMP。另外，还有直接在画面事件 PROCESS ON VALUE-REQUEST.中追加的方法，将在 9.6 节中详细介绍。

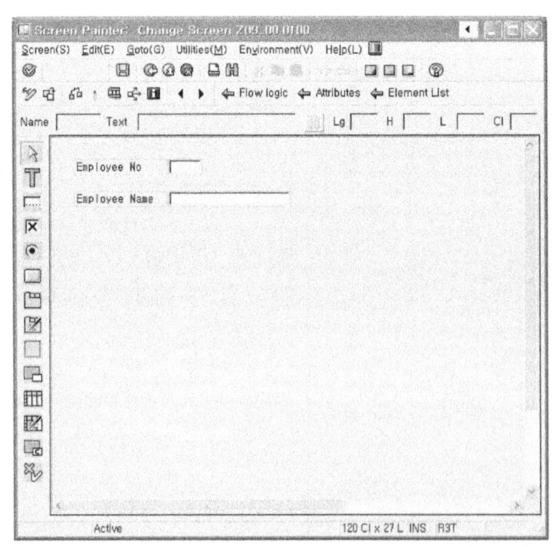

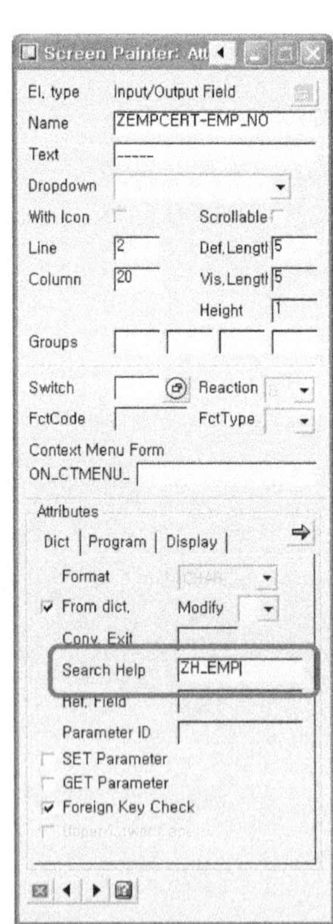

图 9-9　在画面字段上追加检索帮助

本节介绍了给画面字段分配检索帮助的三种方法。如果多个方法重复存在时，会调用哪个检索帮助呢?

按照以下顺序调用各个方法。

1）追加到画面字段上的检索帮助。

2）追加到表字段上的检索帮助。

3）Check 表的输入帮助功能。

4）追加到数据元素上的检索帮助。

5）域中的固定值。

6）Time 或者 Calendar Help（例如，日期类型-DAT 字段）。

9.4 检索帮助扩展

检索帮助扩展（Search Help Exit）中可以指定函数修改检索帮助的查询条件及结果数据。首先创建函数后练习将此函数分配到检索帮助扩展中的实例。

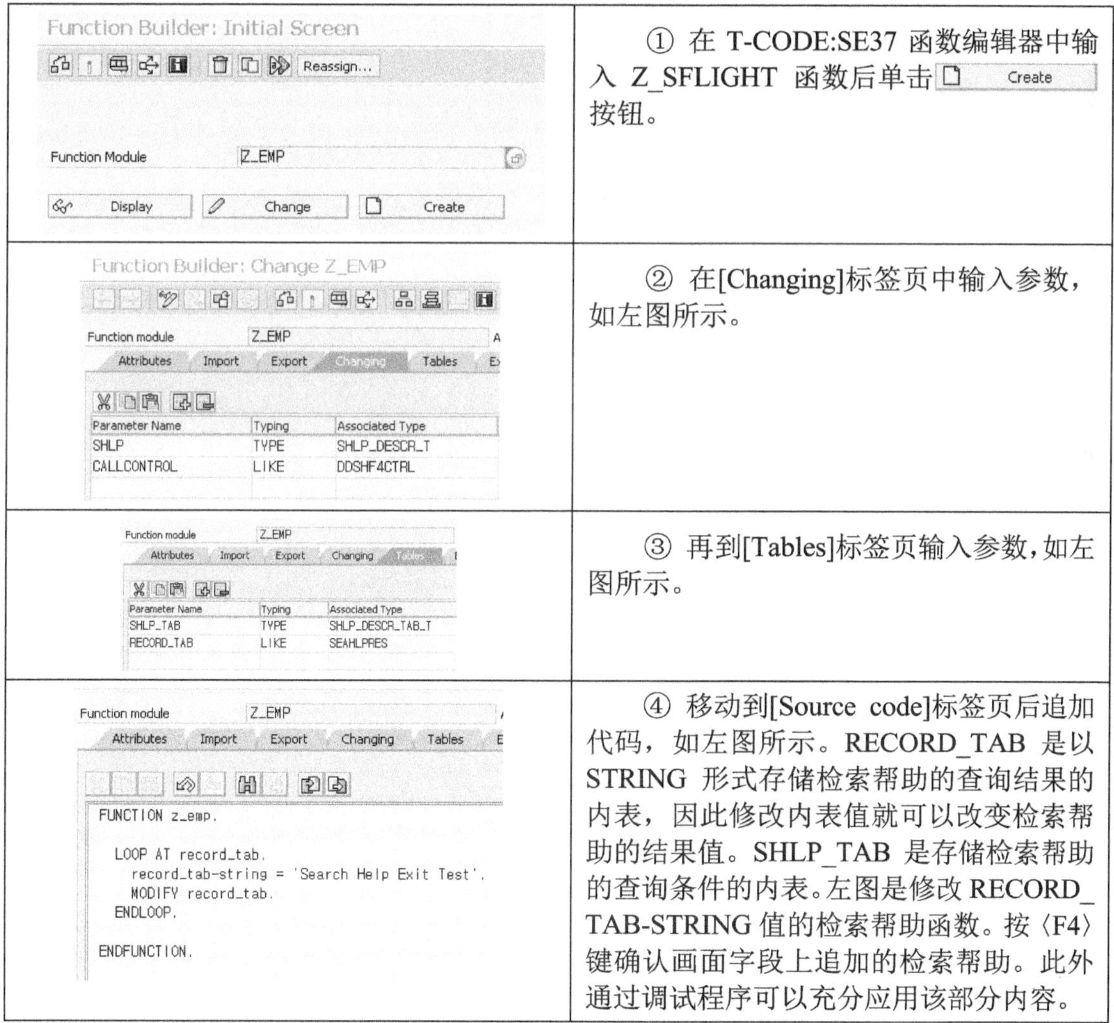

① 在 T-CODE:SE37 函数编辑器中输入 Z_SFLIGHT 函数后单击 Create 按钮。

② 在[Changing]标签页中输入参数，如左图所示。

③ 再到[Tables]标签页输入参数，如左图所示。

④ 移动到[Source code]标签页后追加代码，如左图所示。RECORD_TAB 是以 STRING 形式存储检索帮助的查询结果的内表，因此修改内表值就可以改变检索帮助的结果值。SHLP_TAB 是存储检索帮助的查询条件的内表。左图是修改 RECORD_TAB-STRING 值的检索帮助函数。按〈F4〉键确认画面字段上追加的检索帮助。此外通过调试程序可以充分应用该部分内容。

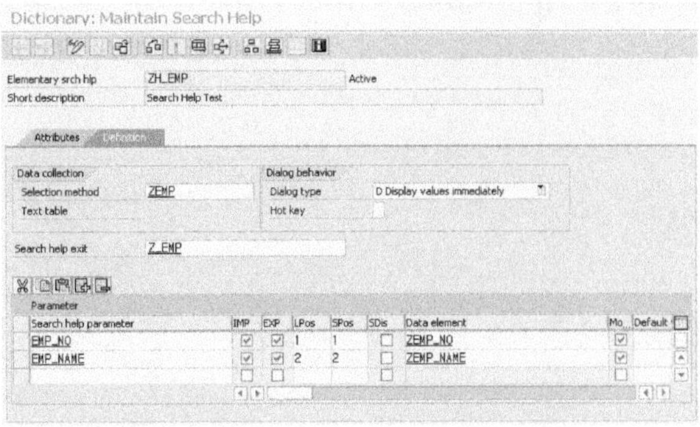

	⑤ 在 ABAP 数据字典管理画面（T-CODE:SE11）中的检索帮助 exit 字段上指定刚才创建的函数。然后单击激活按钮。
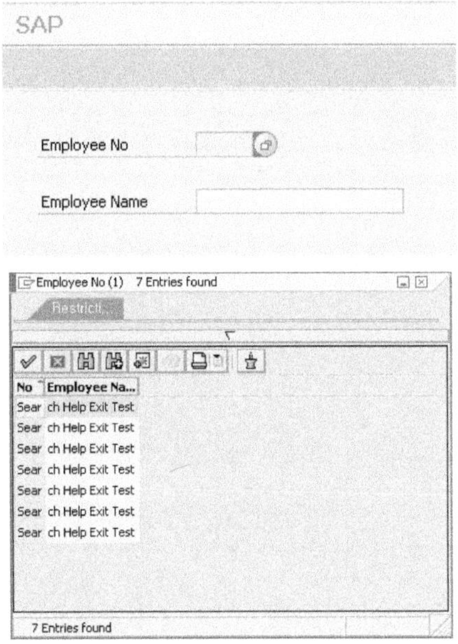	⑥ 执行程序后调用检索帮助，则可以确认值列表中的所有数据变更为函数 Z_EMP 中设置的数据。

9.5 集合检索帮助

集合检索帮助（Collective Search Help）由多个检索帮助构成，用户可以利用集合检索帮助的多个路径选择自己所需的数据。用户选择集合检索帮助，则通过基本检索帮助的接口（输入/输出参数）返回值。基本检索帮助与集合检索帮助的参数应互相连接。但是，没有必要连接基本检索帮助的所有字段。尽管[图 9-10]中的箭头看似连接复杂，其实际上是个非常简单的操作。利用检索帮助的 Param. assignment 按钮，在集合检索帮助上连接基本检索帮助参数即可。

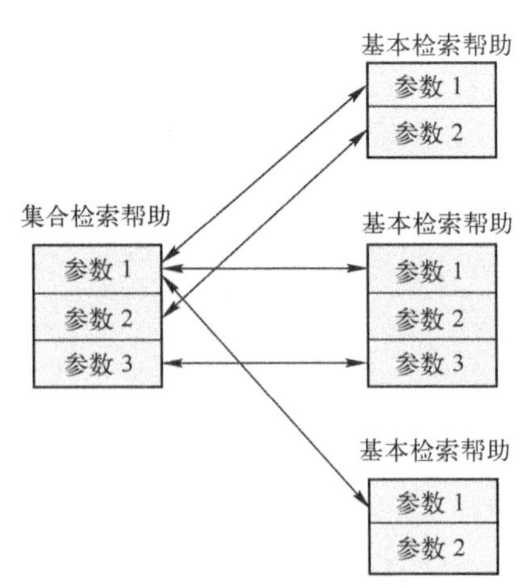

图 9-10　集合检索帮助与基本检索帮助的参数连接

下面在用户最终使用的材料主表（MM03）的集合检索帮助中练习追加检索路径。

[图 9-11]是材料主数据表的标准集合检索帮助。下面介绍在此追加名为 MATERIAL TEXT 的检索路径。

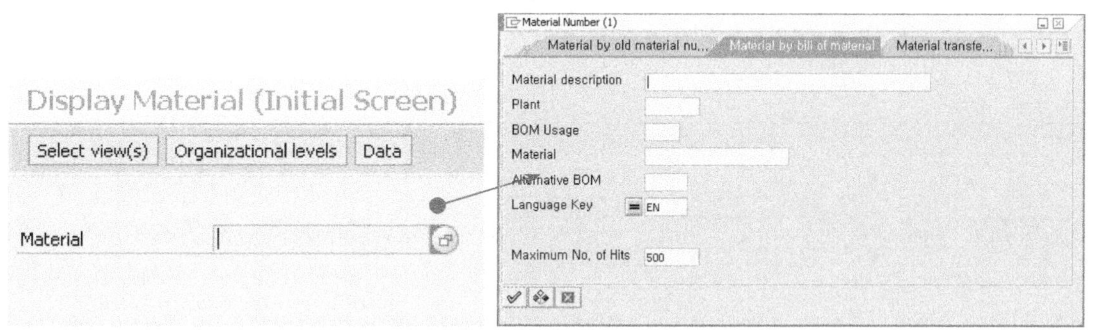

图 9-11　材料主数据表集合检索帮助

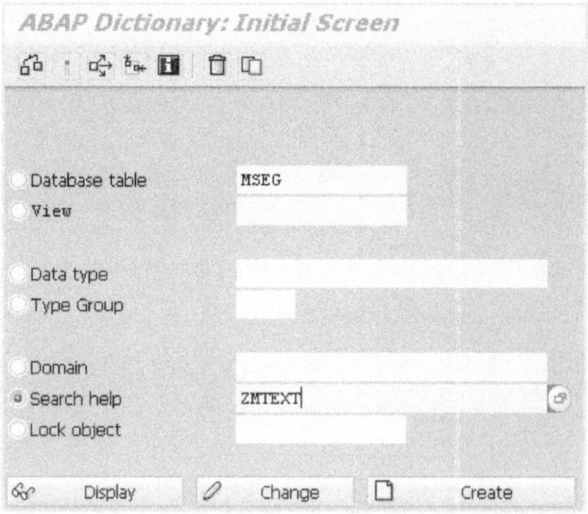

	① 创建名为 ZMTEXT 的基本检索帮助。
	② 在 Selection Method 中输入存储材料主要数据内容的 MAKT 表名。此外如左图所示，输入项目后单击激活按钮。在 Hot Key 字段上输入 Z。Hot Key 在集合检索帮助上起着直接调用基本检索帮助的快捷键功能。例如，用户为了查询以 A 开头的关于材料的描述，在输入字段上输入=Z.A*，可直接调用 ZMEXT 检索帮助。 检索帮助一般支持下列两个特殊字母（通配符）。 *：代替长度不定的字符串 +：代替一个字节的字母

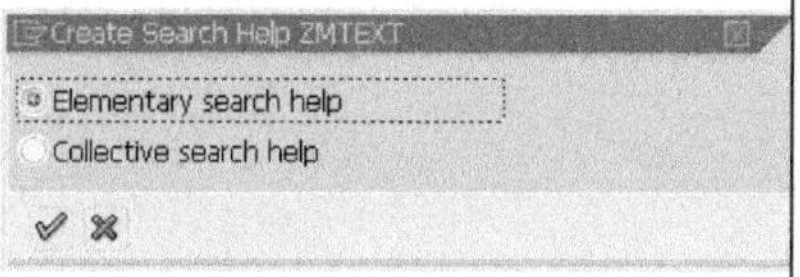

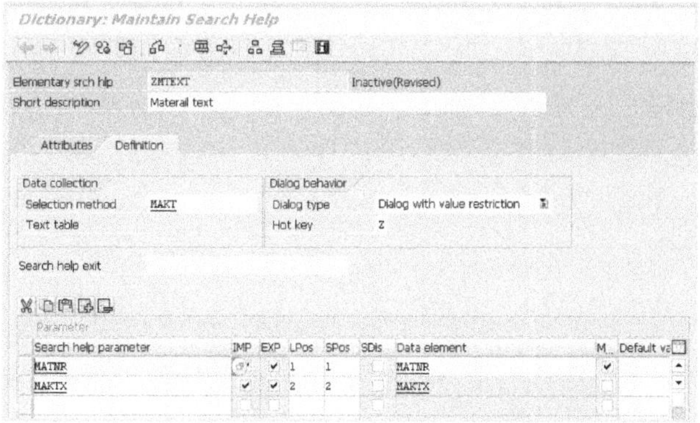

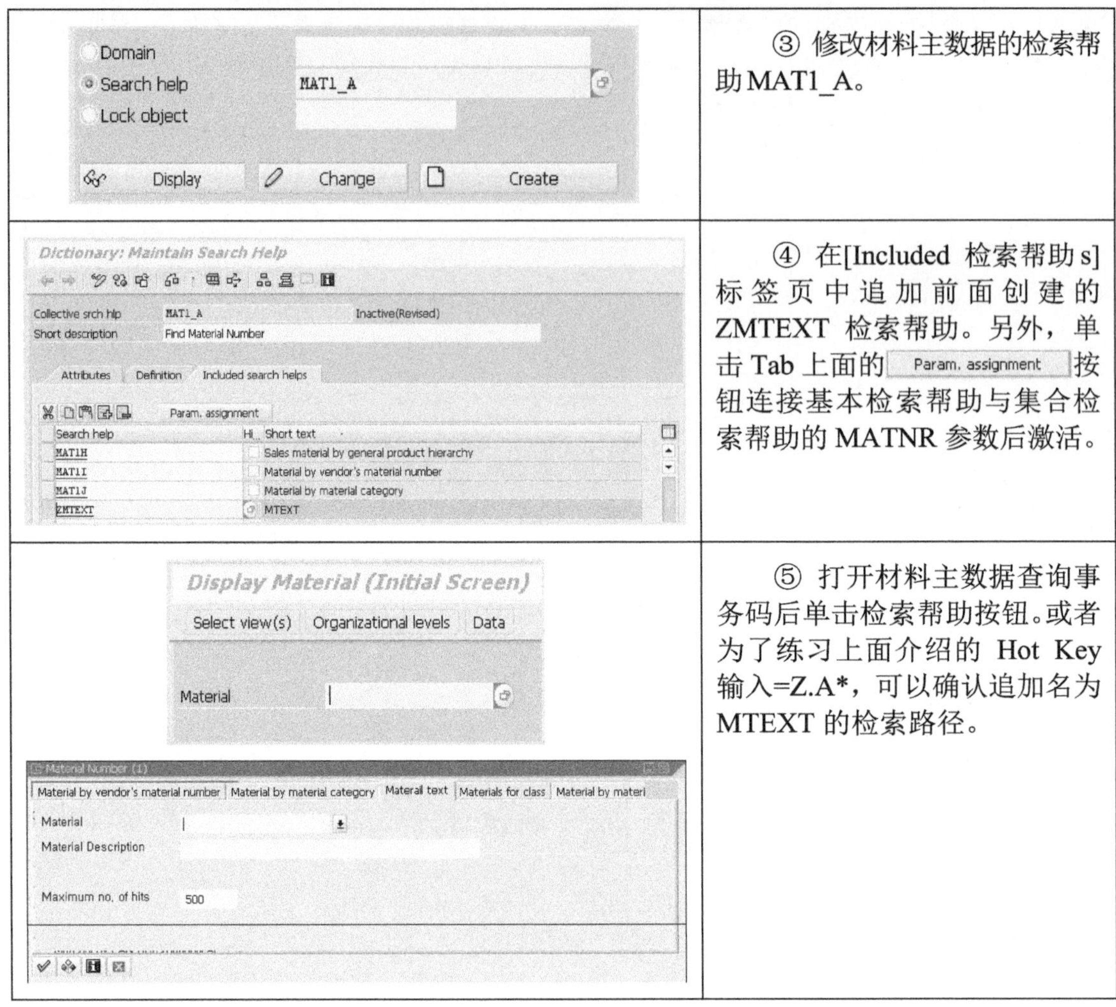

	③ 修改材料主数据的检索帮助MAT1_A。
	④ 在[Included 检索帮助 s]标签页中追加前面创建的ZMTEXT 检索帮助。另外，单击 Tab 上面的 Param. assignment 按钮连接基本检索帮助与集合检索帮助的 MATNR 参数后激活。
	⑤ 打开材料主数据查询事务码后单击检索帮助按钮。或者为了练习上面介绍的 Hot Key 输入=Z.A*，可以确认追加名为 MTEXT 的检索路径。

9.6 模块池程序中的输入帮助

在 9.1 节概要中说明了构成输入帮助的方法有三种。9.2 节～9.5 节主要介绍了利用检索帮助对象构成输入帮助的方法。在本节中介绍在模块池程序中利用函数构成输入帮助的方法。

> ☞ **模块池程序中的输入帮助**
>
> 用户在画面字段上按〈F4〉键时，会在 POV（PROCESS ON VALUE-REQUEST）事件中调用对话框模块在画面上显示的输入帮助。

利用输入帮助函数可以修改查询条件及查询结果数据。其中有使用 ABAP 数据字典表与使用内表这两种方法。

9.6.1 利用 ABAP 数据字典表构成输入帮助

这是指利用 F4IF_FIELD_VALUE_REQUEST 函数构成输入帮助的方法。创建程序后在

100 画面上追加 PROCESS ON VALUE-REQUEST 事件即可追加输入帮助。画面相关内容将在“第 13 章 模块池程序”中介绍。

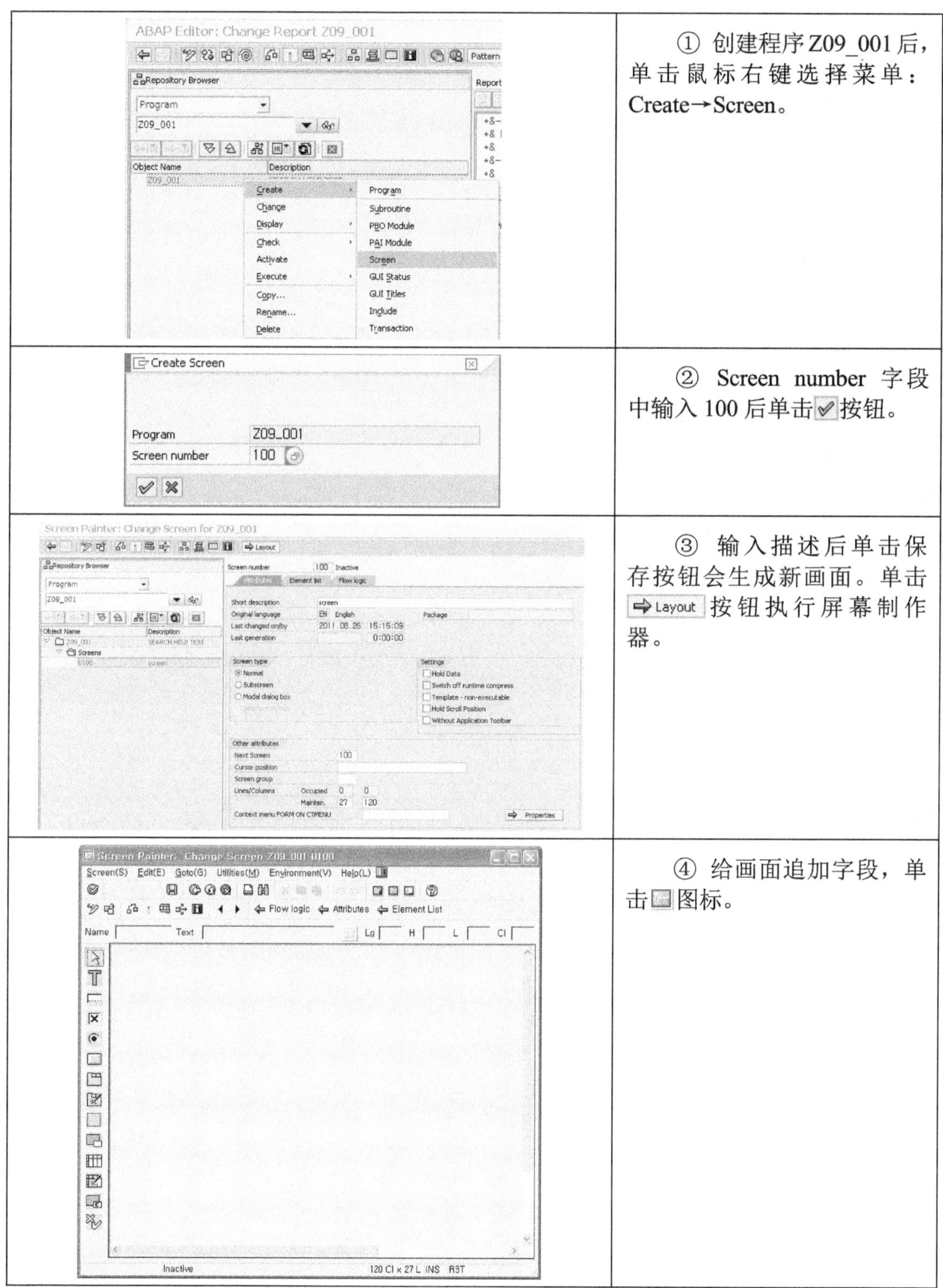

	① 创建程序 Z09_001 后，单击鼠标右键选择菜单：Create→Screen。
	② Screen number 字段中输入 100 后单击✔按钮。
	③ 输入描述后单击保存按钮会生成新画面。单击 ➡Layout 按钮执行屏幕制作器。
	④ 给画面追加字段，单击▭图标。

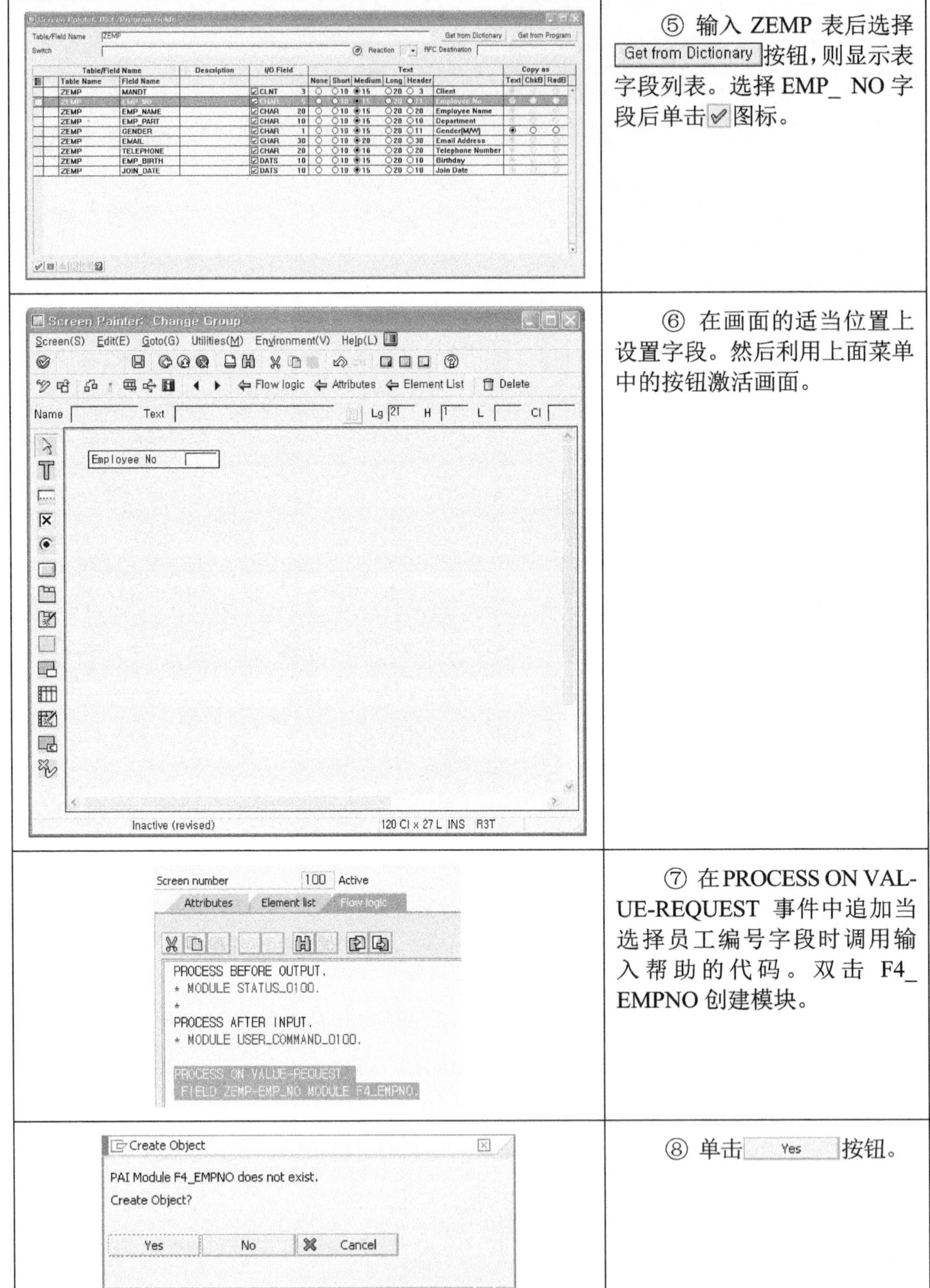

⑤ 输入 ZEMP 表后选择 Get from Dictionary 按钮，则显示表字段列表。选择 EMP_ NO 字段后单击✓图标。

⑥ 在画面的适当位置上设置字段。然后利用上面菜单中的按钮激活画面。

⑦ 在 PROCESS ON VALUE-REQUEST 事件中追加当选择员工编号字段时调用输入帮助的代码。双击 F4_EMPNO 创建模块。

⑧ 单击 Yes 按钮。

<table>
<tr><td>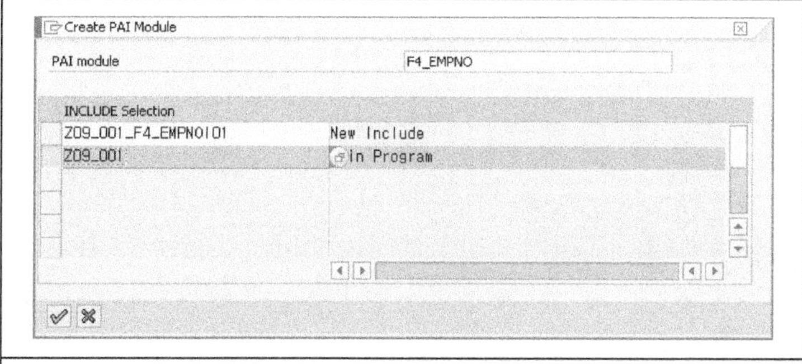
</td><td>⑨ 如左图形式进行选择，然后单击✓图标。</td></tr>
<tr><td><pre>CALL FUNCTION 'F4IF_FIELD_ VALUE_REQUEST'
EXPORTING
tabname   = 'ZEMP'
fieldname   = 'EMP_NO'
searchhelp   = 'ZH_EMP'
shlpparam   = 'EMP_NO'
dynpprog   = sy-repid
dynpnr   = sy-dynnr
*   dynprofield   = ''
callback_program = sy-repid
*   callback_form   = l_form
TABLES
return_tab   = lt_return[]</pre></td><td>⑩ F4IF_FIELD_VAL-UE_REQUEST 函数利用表数据来创建输入帮助。若不设置检索帮助参数，则在 tabname = 'ZEMP' 语句中会显示表的 EMP_NO 字段设置的检索帮助。若不使用字段中指定默认的检索帮助，则在检索帮助参数中输入其他检索帮助即可。在此实例中使用前面创建的 ZH_EMP 检索帮助。另外若只是纯粹使用表 ZEMP 中存在的 EMP_NO 字段数据构成输入帮助，则注释检索帮助参数即可。Dynpnr 参数是返回画面的字段。另外 sy-dynnr 是存储现画面编号的系统变量。检索帮助的值列表存储在 RETURN_TAB 参数中。</td></tr>
<tr><td>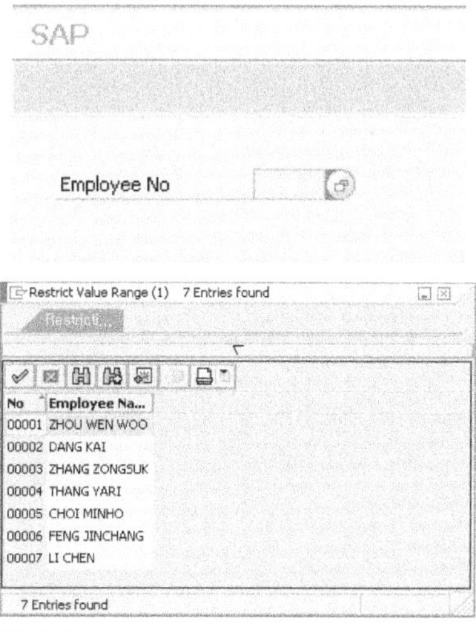
</td><td>⑪ 执行程序可以确认显示刚创建的 Possible Entry。</td></tr>
</table>

9.6.2 利用内表构成输入帮助

利用 F4IF_INT_TABLE_VALUE_REQUEST 函数，把内表的内容追加到 Possible Entry 上。[例 9-1]的 GT_DATA 是 Possible Entry 中显示的内表，GT_RTNTAB 是存储在检索帮助中选择的行内表。如[例 9-1]所示，创建程序后进行测试。

[例 9-1]

```
REPORT    z09_002.

DATA: BEGIN OF gt_data OCCURS 0,
          emp_name        TYPE zemp-emp_name,
END     OF gt_data.

DATA : gt_rtntab         LIKE ddshretval OCCURS 0 WITH HEADER LINE.
DATA : gt_dynpread     LIKE dynpread     OCCURS 0 WITH HEADER LINE.

PARAMETERS: p_emp_no LIKE zemp-emp_no,
            p_name LIKE zemp-emp_name.

INITIALIZATION.

AT SELECTION-SCREEN    ON VALUE-REQUEST FOR p_name.
    CALL FUNCTION 'DYNP_VALUES_READ'
        EXPORTING
            dyname = sy-cprog
            dynumb = sy-dynnr
            request = 'A'
            translate_to_upper = 'X'
        TABLES
            dynpfields = gt_dynpread.

    READ TABLE gt_dynpread    WITH KEY fieldname = 'P_EMP_NO'.

    SELECT DISTINCT emp_name INTO TABLE gt_data
      FROM zemp
      WHERE emp_no = gt_dynpread-fieldvalue.

    CALL FUNCTION 'F4IF_INT_TABLE_VALUE_REQUEST'
        EXPORTING
            retfield = 'P_NAME'
            dynpprog = sy-cprog
            dynpnr = sy-dynnr
            window_title = 'EMP_NAME'
            value_org = 'S'
        TABLES
```

```
                value_tab = gt_data
                return_tab = gt_rtntab.

    READ TABLE gt_rtntab INDEX 1.
  p_name = gt_rtntab-fieldval.
```

如[结果 9-1]所示，从表中只读取用户输入的值相对应的数据，以 Possible Entry 的形式显示在 P_EMP_NO 值中。用户在画面上输入 00001 值后，即使不按〈Enter〉键（不调用 PAI 事件）也可以使用 DYNP_VALUES_READ 函数识别被修改的值。单击 P_NAME 字段的 Possible Entry 按钮时，在用户没有按〈Enter〉键的情况下，P_EMP_NO 参数中尚未分配修改值 00001 的状态。此时为了读取画面变更的值，需要利用 DYNP_VALUES_READ 函数。如例题所示，可以利用用户输入的值作为限制条件创建输入帮助。与此函数有相似功能的还有 DYNP_VALUES_UPDATE 函数，可以动态的改变画面的功能。

[结果 9-1]

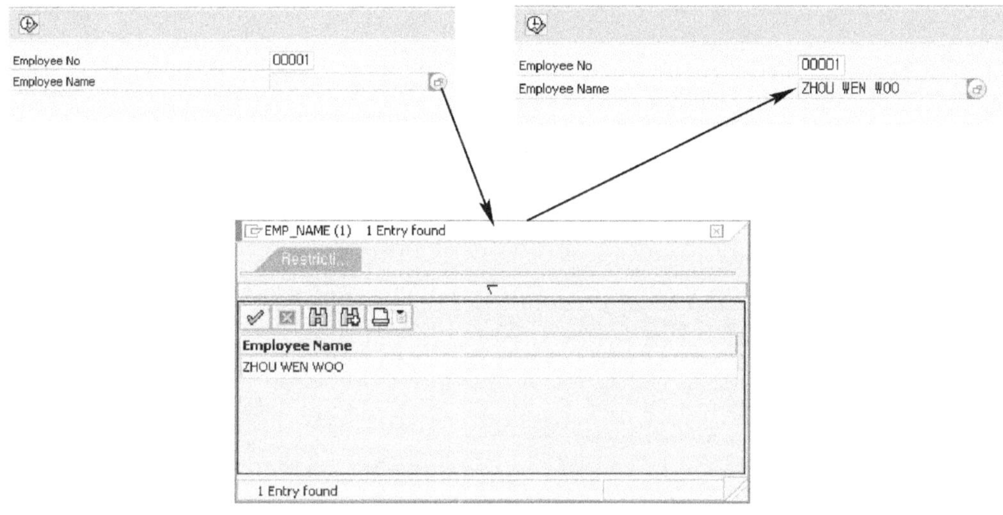

第 10 章　Field Symbol 和数据引用

本章目录	本章介绍
1. 概要 2. 定义及分配 Field Symbol 3. FIELD SYMBOLS 语句与内表 4. FIELD SYMBOLS 语句与结构体 5. FIELD SYMBOLS 语句的运用 6. 数据引用	Field Symbol 与数据引用（Data Reference）属于高层技术，在 ABAP 程序中能够动态访问数据对象。程序运行之前还不能确定数据名及类型时使用此种数据类型。通过这种动态分配方法还可以简化重复的代码。通过概念与练习，若能学会使用 Field Symbol 与数据引用，就可以编写高质量的 ABAP 程序。

10.1　概要

10.1.1　什么是 Field Symbol

Field Symbol 由一般字段的占位符（placeholder）或者符号名（symbolic name）定义的。Field Symbol 有以下几种特性。

- 在程序中 Field Symbol 允许动态访问变量。
- Field Symbol 不占有自己特有的内存空间。
- Field Symbol 的数据名与属性到执行时刻（Runtime）才能确定。
- Field Symbol 可以指定所有数据对象。
- 一旦 Field Symbol 被分配，则它与一般数据对象没有太大区别。同样可以使用类似于 MOVE 之类的语句。
- Field Symbol 可以明确指定数据类型，也可以不指定数据类型。若不指定，则会继承被分配的字段（对象）的数据类型。

下面举个例子进行说明，假设三国演义中魏国的曹操小名为吉利。则曹操就是吉利，吉利也就是曹操。[图 10-1]用这个实例说明一般变量与 Field Symbol 之间的关系。若执行程序，内存地址 100 里会生成拥有“魏王”值的“曹操”变量。然后分配给 Field Symbol，它会创建拥有数据对象的另一个别名的对象。在[图 10-1]中名为'曹操'的变量还可以叫'吉利'。即在程序内“曹操”与“吉利”只是名字不同，其实是使用相同空间的同一个数据对象。若修改 Field Symbol 的值，则会直接访问存储在内存地址 100 中的值并修改它。

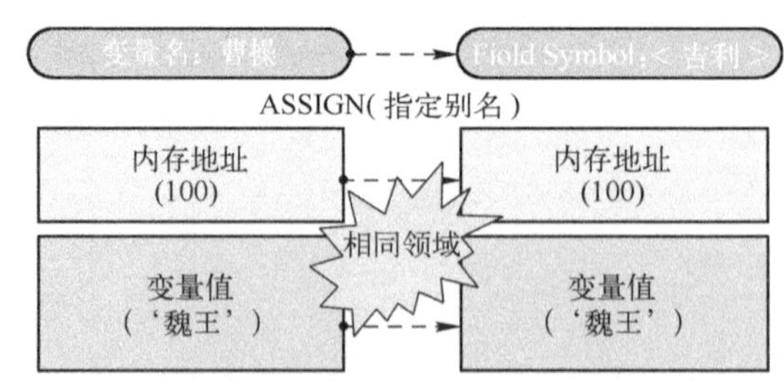

图 10-1　Field Symbol 机制

10.1.2 分配 Field Symbol

10.2 节开始详细说明 Field Symbol 的定义与使用方法。在此之前先举一个分别使用数据与 Field Symbol 的实例。如[图 10-2]所示，Field Symbol 由 FIELD-SYMBOLS 语句定义。在定义的状态下，Field Symbol 只会创建指向其他数据对象的指针。执行程序后遇到 ASSIGN 语句时此指针才会指向数据对象。若修改 Field Symbol 的值，如图所示，gv_var 变量值则由 A 变为 B。

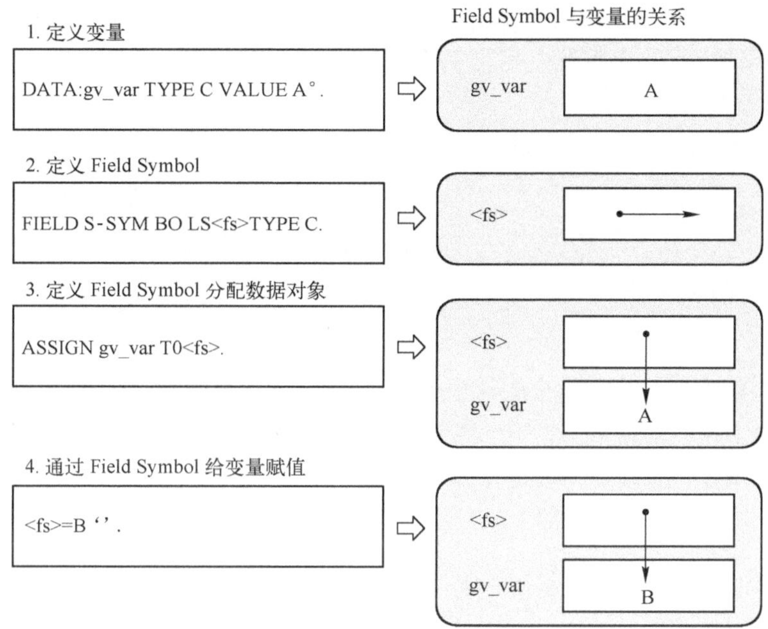

图 10-2 Field Symbol 与变量

用程序实现[图 10-2]中说明的内容，如[例 10-1]所示。

[例 10-1]

```
REPORT   z10_01.

DATA : gv_var TYPE c VALUE 'A'.
FIELD-SYMBOLS : <fs> TYPE c.

ASSIGN gv_var TO <fs>.

<fs> = 'B'.

WRITE : 'gv_var is : ', gv_var.
```

[结果 10-1]

```
gv_var is :   B
```

变量 gv_var 的值原来是 A，但是 WRITE 结果确认被修改为 B。这是因为 gv_var 变量分配给 Field Symbol，然后将 Field Symbol 的值修改成 B 而产生的结果。

10.2 定义及分配 Field Symbol

10.2.1 Field Symbol 的定义

```
FIELD-SYMBOLS <fs> [TYPE].
```

上面语句是定义 Field Symbol 的语句。Field Symbol 的变量用尖括号（<>）定义。[TYPE] 语句用于定义 Field Symbol 类型，也可以不指定类型。Field Symbol 类型有 Generic Type 和 Fully Type 两种类型。

1．Generic Type Field Symbol

定义 Field Symbol 时不指定类型，当被分配（Assign）时，根据数据对象类型继承其技术属性。

```
FIELD-SYMBOLS <fs1>.
FIELD-SYMBOLS <fs2> TYPE ANY [TABLE].
```

若要使用 FIELD-SYMBOLS <fs2> TYPE ANY TABLE，需在 ASSIGN 语句中分配内表。这种方法定义的 Field Symbol 称为内表，即可以使用类似于“READ”一样的语句。若删除 TABLE 关键字只使用 TYPE ANY 语句，就变成 Line 类型的结构体。

[例 10-2]只是把[例 10-1]中的 Field Symbol 定义部分修改为 TYPE ANY 类型，执行结果相同。

[例 10-2]

```
REPORT    z10_02.

DATA : gv_var TYPE c VALUE 'A'.
FIELD-SYMBOLS : <fs> TYPE ANY.

ASSIGN gv_var TO <fs>.

<fs> = 'B'.

WRITE : 'gv_var is : ', gv_var.
```

[结果 10-2]

```
gv_var is :   B
```

利用 TYPE ANY 定义的 Field Symbol 即 Generic Type，在 ABAP 程序中无法静态调用地址来使用。将在“10.3 FIELD SYMBOLS 与内表”中详细讲解。

2．Fully Type Field Symbol

Fully Type Field Symbol 类型是当定义 Field Symbol 时就以固定形式定义数据对象。Field Symbol 的技术属性与分配的数据对象相同。利用下面语句定义 Field Symbol 的情况。

```
FIELD-SYMBOLS <fs3> TYPE SFLGIHT.
FIELD-SYMBOLS <fs4> LIKE LINE OF gt_tab.
```

定义 Field Symbol <fs3>为与表 SFLIGHT 结构相同的结构体类型。<fs4>会定义与内表 gt_tab 有相同结构的 Line 类型的 Field Symbol。

变量名指向静态内存地址。("变量名 = 内存地址")若利用 Fully Type，则如下句所示，可以直接使用结构体名显示字段名。

```
MOVE <fs3>-carrid TO <fs4>-carrid.
```

在“10.4 FIELD SYMBOLS 与结构体”中详细讲解。

> ☞ LIKE 与 LIKE LINE OF 的区别
>
> ```
> FIELD-SYMBOLS <fs> LIKE LINE OF gt_tab.
> FIELD-SYMBOLS <fs> LIKE gt_tab.
> ```
>
> 上面语句中 LIKE LINE OF 与 LIKE 有什么区别呢？这两个语句只有在不带表头的内表中有区别(带表头的内表中两个语句有相同的功能)。在不带表头的内表里，LIKE LINE OF 只是定义结构体即工作区，但使用 LIKE 语句可以定义内表。因此，当使用不带表头的内表时尽量不要使用 LIKE 语句。

10.2.2 Field Symbol 的分配

定义 Field Symbol 后，为了在程序内使用，一定要利用 ASSIGN 语句给它分配对象。

```
TYPES: BEGIN OF t_line,
           col1 TYPE c,
           col2 TYPE c,
       END OF t_line.
DATA: gs_wa TYPE t_line,
gt_itab TYPE HASHED TABLE OF line WITH UNIQUE KEY col1,
                                      key(4) TYPE c VALUE 'COL1'.
FIELD-SYMBOLS <fs> TYPE ANY TABLE.
ASSIGN gt_itab TO <fs>.
```

前面也提到，为了给 Field Symbol 分配对象一定要使用 ASSIGN 语句。ASSIGN 语句大致有下列三种功能。下面观察一下各自的功能。

- Assign 语句的基本结构。
- 将结构体字段分配给 Field Symbol 中。
- Field Symbol 与 Casting。

10.2.3 Assign 语句的基本结构

1．Static Assign

如果是字段名已知的情况，需使用下列语句。

```
ASSIGN dobj TO <fs>.
```

若 ASSIGN 执行成功，则系统变量 SY-SUBRC 为零，若失败则返回 4。

2. 利用 Offset 语句静态赋值（Static Assign）

有时候会有需要部分字符串字段分配给 Field Symbol 的情况。

```
ASSIGN dobj[+off][(len)] TO <fs>.
```

在 ABAP 程序中上面例句中的 off 意为 Offset，len 意为 Length。若不明确定义 len，则 ABAP 会默认它是数据对象（dobj）的长度。

```
DATA: string1(10) VALUE '0123456789'.
string1+5.
```

上面语句实际上与 string1+5(10)有相同作用，会脱离 string1 内存领域。这种使用方法也不错，但 Field Symbol 一旦脱离数据工作区会产生错误。

```
WRITE / line-string1+5.
ASSIGN line-string1+5 TO <fs>.
```

上面的第一句会执行成功，但第二句的 Field Symbol 中会产生错误，其原因如上句所述。

[例 10-3]是利用 offset 的 Assign 语句，通过此实例可以理解上面所讲述的语句功能。

[例 10-3]

```
REPORT    z10_03.

DATA: BEGIN OF line,
      col1(12) VALUE 'ABCDEFGHIJKL',
END OF line.

FIELD-SYMBOLS : <FS>.

ASSIGN line-col1+6(*) TO <fs>.
WRITE / <fs>.

ASSIGN line-col1+6(6) TO <fs>.
WRITE / <fs>.

ASSIGN line-col1+5(5) TO <fs>.
WRITE / <fs>.

*ASSIGN line-COL1+5 TO <fs>.    "error occured
*WRITE / <fs>.

*ASSIGN line-COL1+5(10) TO <fs>. "error occured
*WRITE / <fs>.
```

[结果 10-3]

```
GHIJKL
```

```
GHIJKL
FGHIJ
```

如 ASSIGN line-string1+6(*) TO <fs>，语句所示，当 offset 中分配比零大的值的情况下，给 Field Symbol 赋值需要使用星号（*），以免发生 Field Symbol 值超过对象值。

3．动态使用 Assign 语句

当分配到 Field Symbol 中的字段名无法知道时，（在程序内动态分配）利用动态 ASSIGN 语句。

```
ASSIGN (dobj) TO <fs>.
```

当输出一次类似于[例 10-4]中的以相同模式构成的变量 GV_1，GV_2，GV_3 时，动态 ASSIGN 语句非常有用。[例 10-4]中，只是将 5 个变量动态存储到 Field Symbol 中，但实际上会遇到需要处理更多字段的情况，到时可以有效应用。另外，后续要介绍的动态输出结构体也经常会用到。

[例 10-4]

```
REPORT    z10_04.

DATA : gv_1 TYPE c VALUE 'A',
       gv_2 TYPE c VALUE 'B',
       gv_3 TYPE c VALUE 'C',
       gv_4 TYPE c VALUE 'D',
       gv_5 TYPE c VALUE 'E'.

DATA : gv_fname TYPE c LENGTH 10.
DATA : gv_idx TYPE n.

FIELD-SYMBOLS : <fs>.

gv_fname = gv_1.

DO 5 TIMES.
  CLEAR : gv_fname.
  gv_fname = 'GV_'.
  gv_idx = sy-index.
  CONCATENATE gv_fname gv_idx INTO gv_fname.

  ASSIGN (gv_fname) TO <fs>.
WRITE :/ gv_fname, ' : ',    <fs>.
ENDDO.
```

[结果 10-4]

```
GV_1        :  A
GV_2        :  B
GV_3        :  C
GV_4        :  D
GV_5        :  E
```

动态分配（ASSIGN）表字段时使用下列语句。

```
ASSIGN TABLE FIELD (dobj) TO <fs>.
```

[例 10-5]

```
REPORT   z10_05.

TABLES sflight.

DATA: gv_name1(20) TYPE c VALUE 'SFLIGHT-CARRID',
      gv_name2(20) TYPE c VALUE 'NAME1'.

FIELD-SYMBOLS <fs> TYPE ANY.

ASSIGN TABLE FIELD (gv_name1) TO <fs>.
IF sy-subrc EQ 0.
  WRITE: / 'Sucess to find table field.'.
ENDIF.

ASSIGN TABLE FIELD (gv_name2) TO <fs>.
IF sy-subrc NE 0.
  WRITE: / 'Not sucess to find table field.'.
ENDIF.
```

[结果 10-5]

```
Sucess to find table field.
Not sucess to find table field.
```

在 ASSIGN TABLE FIELD (gv_name1) TO <fs>.语句中存在 SFLIGHT-CARRID 字段，因此 SY-SUBRC = 0。而变量 gv_name2 的值为'NAME1'的表字段不存在，因此系统变量 SY-SUBRC 返回 4。

10.2.4 结构体字段分配到 Field Symbol 中

可以将结构体的个别字段分配到 Field Symbol 中。下面是将结构体 struc 的 comp 字段分配到 Field Symbol <fs>中的语句。

```
ASSIGN COMPONENT comp OF STRUCTURE struc TO <fs>.
```

在 Field Symbol 类型定义成结构体或者 TYPE ANY 的情况下，可以用 Structure 结构分配 Field Symbol 值。Comp 中可以指定行编号或者字段名，如[图 10-3]所示。

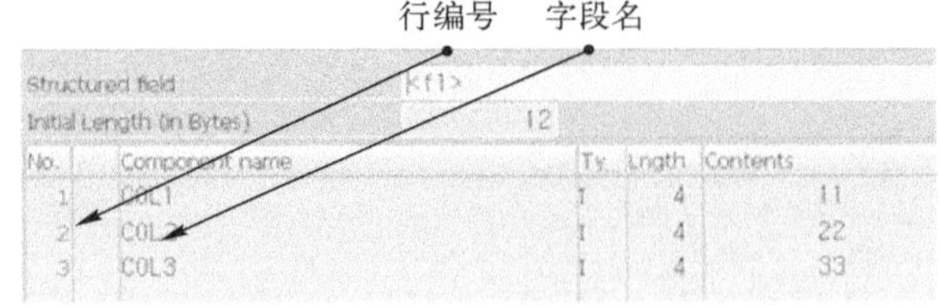

图 10-3 Field Symbol 结构体

通过练习下面实例，进一步理解结构体分配给 Field Symbol 的输出过程。

[例 10-6]

```
REPORT   z10_06.
```

```
DATA: BEGIN OF gs_str,
        col1 TYPE char5     VALUE 'CHINA',
        col2 TYPE char10    VALUE 'BEIJING',
        col3 TYPE char15    VALUE 'TWIN BUILDING',
      END OF gs_str.

FIELD-SYMBOLS: <fs1> LIKE gs_str,
               <fs2> TYPE ANY.

ASSIGN gs_str TO <fs1>.

DO 3 TIMES.
  ASSIGN COMPONENT sy-index OF STRUCTURE <fs1> TO <fs2>.
  WRITE <fs2>.
ENDDO.
```

[结果 10-6]

```
CHINA BEIJING      TWIN BUILDING
```

[例 10-6]的 Field Symbol <fs1>结构与 GS_STR 相同。DO 3 TIMES 是因为 GS_STR 结构体的字段有三个，通过存储 LOOP 次数的系统变量 SY-INDEX，将结构体字段依次分配给 Field Symbol。[例 10-6]是使用结构体行编号分配的实例，若想使用字段名给 Field Symbol 分配，可参照[例 10-7]。

[例 10-7]

```
REPORT   z10_07.


DATA: BEGIN OF gs_str,
        col1 TYPE char5     VALUE 'CHINA',
        col2 TYPE char10    VALUE 'BEIJING',
        col3 TYPE char15    VALUE 'TWIN BUILDING',
      END OF gs_str.

DATA : gv_fname type c length 10,
       gv_idx     type n.

FIELD-SYMBOLS: <fs1> LIKE GS_STR,
               <fs2> TYPE ANY.

ASSIGN gs_str TO <fs1>.

DO 3 TIMES.
 clear : gv_fname.
 gv_idx = sy-index.
 GV_FNAME = 'COL'.
 CONCATENATE gv_fname gv_idx into gv_fname.

  ASSIGN COMPONENT gv_fname OF STRUCTURE <fs1> TO <fs2>.
  WRITE <fs2>.
ENDDO.
```

10.2.5 Field Symbol 与 Casting

当分配数据对象到 Field Symbol 中时，利用 Casting 可以将所有类型的数据对象分配到 Field Symbol 中。CAST 在英语词典里包含“放弃/丢弃”，“改造/铸造”的意思。将这些意思组合后这个词可以解释为“放弃自己进行改造使之适应新的环境”。程序术语 Casting 可分为隐式型变化和显式型变化两种。下面观察一下 Casting 在 Field Symbol 中起着什么作用。

1．隐式型变化（Implicit Casting）

Field Symbol 的数据类型定义为 Fully Type 或者定义为基本数据类型-c，n，p，x-时，使用隐式型变化。即，指定类型的 Field Symbol 与数据对象类型不同时要使用 CASTING 语句分配值。

```
ASSIGN    <var> TO <fs> CASTING.
```

下面是结构体类型的 Field Symbol 与 CHAR 类型的变量利用 CASTING 执行 ASSIGN 语句的实例。

[例 10-8]

```
REPORT    z10_08.

TYPES: BEGIN OF t_line,
          col1 TYPE char5 ,
          col2 TYPE char10 ,
          col3 TYPE char15 ,
       END OF t_line.

DATA : gv_addr(30) TYPE c VALUE 'CHINA BEIJING TWIN BUILDING'.

FIELD-SYMBOLS: <fs> TYPE t_line.

ASSIGN gv_addr TO <fs> CASTING.

WRITE : <fs>-col1, <fs>-col2, <fs>-col3.
```

[结果 10-8]

```
CHINA BEIJING       TWIN BUILDING
```

在 ASSIGN gs_str TO <fs> CASTING. 语句中，若除去 CASTING 会产生数据类型不一致的错误。这是因为 FIELD SYMBOLS <fs>是结构体类型，但变量 gv_addr 是 30 位的字符类型，因此会导致无法实现类型转换（type conversion）。

2．显式形变化（Explicit Casting）

如果[例 10-8]中的 FIELD SYMBOLS 定义成 Generic Type，如下所示，则能否正常激活程序呢？

```
FIELD-SYMBOLS: <f1> TYPE ANY.
```

在此情况下，需要明确指定类型后使用 ASSIGN 语句，如下所示。

```
ASSIGN ADDR TO <F1> CASTING TYPE line.
```

综上所述，利用 CASTING TYPE 语句，用指定类型执行类型转换的操作叫做显式型变换。

10.3 FIELD SYMBOLS 语句与内表

内表也可用于在给变量赋值的过程中分配给 FIELD SYMBOLS 使用。利用 FIELD SYMBOLS 修改内表，可以省略赋值到结构体的过程，即可提高性能。

下面是把 FIELD SYMBOLS 分配到内表中使用的代码。

```
TYPES: BEGIN OF t_line,
       col1 TYPE c,
       col2 TYPE c,
       END OF t_line.
DATA: gs_wa TYPE t_line,
        gt_itab TYPE HASHED TABLE OF t_line WITH UNIQUE KEY col1,
        gv_key(4) TYPE c VALUE 'COL1'.
FIELD-SYMBOLS <fs> TYPE ANY TABLE.
ASSIGN gt_itab TO <fs>.
READ TABLE <fs> WITH TABLE KEY (gv_key) = 'X' INTO wa.
```

10.3 节的标题虽然是"FIELD SYMBOLS 与内表"，但实际上要讲述的是 FIELD SYMBOLS 的动态类型定义与 Generic Type FIELD SYMBOLS。即定义成一般类型的 FIELD SYMBOLS（Generic Type Specification），在程序执行时动态指定 FIELD SYMBOLS 类型的技术。上面语句中 FIELD SYMBOLS <fs>是参照没有指定类型的内表定义的。然后通过 ASSIGN 语句内表将 itab 分配到 FIELD SYMBOLS 中。最后 FIELD SYMBOLS <fs>动态连接到以 col1 字段为主键的内表内存地址（address）中。

是否记得"10.2.1 FIELD SYMBOLS 的定义"中的定义部分？在前面也提到，没有指定类型的 Line 类型可以使用 FIELD-SYMBOLS <fs> TYPE ANY.语句。

通过[例 10-9]确认下 FIELD SYMBOLS 与内表的实现代码。

[例 10-9]

	REPORT z10_09.

1	TYPES: BEGIN OF t_line,
	       col1 TYPE c,
	       col2 TYPE c,
	       END OF t_line.

2	DATA : gs_str TYPE t_line.
3	DATA : gv_fname(4) TYPE c VALUE 'COL1'.
	DATA : gt_itab1 TYPE SORTED TABLE OF t_line WITH UNIQUE KEY col1.
4	DATA : gt_itab2 TYPE HASHED TABLE OF t_line WITH UNIQUE KEY col1.

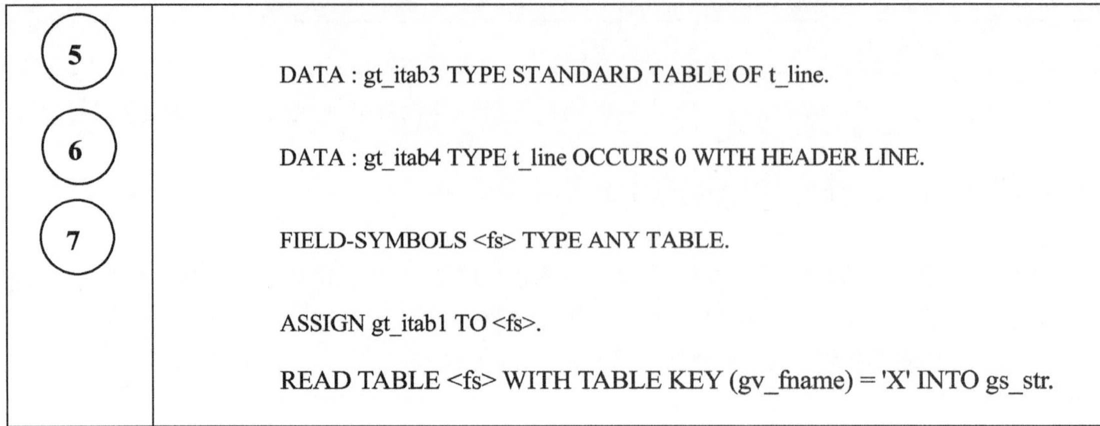

⑤ ⑥ ⑦	DATA : gt_itab3 TYPE STANDARD TABLE OF t_line. DATA : gt_itab4 TYPE t_line OCCURS 0 WITH HEADER LINE. FIELD-SYMBOLS <fs> TYPE ANY TABLE. ASSIGN gt_itab1 TO <fs>. READ TABLE <fs> WITH TABLE KEY (gv_fname) = 'X' INTO gs_str.

下面逐行解释[例 10-9]的代码。

① 定义内表为 SORTED TABLE。

② 定义内表为 HASHED TABLE。

③ 定义内表为 STANDARD TABLE。

④ 以旧式定义法定义内表（类型为 Standard Table）。

⑤ 定义 FIELD SYMBOLS。

定义①、②、③中的内表和⑤中的 FIELD SYMBOLS 后，可以执行⑥、⑦中的 ASSIGN 与 READ 语句，但使用④中带表头的内表，在⑥ASSIGN 语句中会产生如[图 10-4]所示的类型转换错误。ASSIGN 带表头的内表需使用如下语句。

```
ASSIGN gt_itab4[] TO <fs>.
```

图 10-4　FIELD SYMBOLS 的类型转换错误

⑥ 执行 ASSIGN 语句。

⑦ 执行 READ 语句。

在⑤语句中要定义成 TYPE ANY TABLE.形式，FIELD SYMBOLS 才能充当内表，且 FIELD SYMBOLS 可以使用 READ 语句。定义 FIELD SYMBOLS 为 Generic Type，因此要使用（gv_fname）动态语句。类似于 READ TABLE <fs> WITH TABLE KEY col1 = 'X'.，明确指定字段名会产生错误。

10.4　FIELD SYMBOLS 语句与结构体

为了让 FIELD SYMBOLS 作为结构体，可使用下列语句。

```
DATA: BEGIN OF gs_line,
      col1(1) TYPE c,
      col2(1) TYPE c VALUE 'X',
      END OF gs_line.
FIELD-SYMBOLS <fs>   LIKE gs_line.
ASSIGN gs_line TO <fs>.
MOVE <fs>-col2 TO <fs>-col1.
```

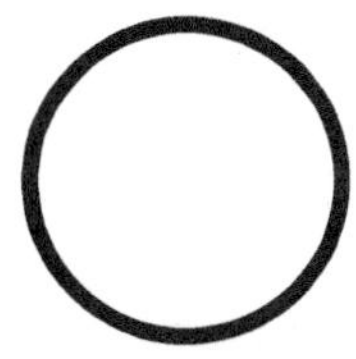

将 FIELD SYMBOLS 作为结构体使用时，要用 LIKE 或者 TYPE 定义 FIELD SYMBOLS。10.4 节标题虽然是“FIELD SYMBOLS 与结构体”，但实际上要讲述的是 FIELD SYMBOLS 的静态类型与 Fully Type FIELD SYMBOL 的定义方法。指的是 FIELD SYMBOLS 类型若已经被定义（Specifying the Type Fully），则只能分配给与 FIELD SYMBOLS 有相同技术属性的数据对象。如下所示，动态的实现 FIELD SYMBOLS 类型，在 MOVE <fs>-col2 TO <fs>-col1. 语句中会产生错误。

```
DATA: BEGIN OF gs_line,
      col1(1) TYPE c,
      col2(1) TYPE c VALUE 'X',
      END OF gs_line.
FIELD-SYMBOLS <fs> TYPE ANY.
ASSIGN gs_line TO <fs>.
MOVE <fs>-col2 TO <fs>-col1.
```

当没有定义 FIELD SYMBOLS 类型时，只有程序执行到 ASSIGN 语句，它才有自身的内部结构。如<fs>-col1 所示，在程序代码中要明确指定结构体字段的形式，使用时 FIELD SYMBOLS 要事先指定类型。

10.5 FIELD SYMBOLS 语句的运用

10.5.1 FIELD SYMBOLS 语句运用实例：费用表结构

在 SAP CO 模块中每月费用一般是字段名+月（MON01）的结构。若需要追加一年（十二个月）的费用金额的逻辑时，要重复 12 次使用“WTG001 + WTG002 ～ + WTG012”语句计算总数。这种情况可以使用 FIELD SYMBOLS 来减少代码量。下面语句是在实际业务中可以直接运用的有效代码。费用管理表结构请参见[图 10-5]。

```
FIELD-SYMBOLS <fs>.
DATA :   fname(10),
         sum LIKE COSP-WTG001.

DO 12 TIMES.
      CC = SY-INDEX.
      CONCATENATE 'COSP-WGT0' CC INTO fname.
```

```
        ASSIGN (fname) TO <fs>.
        sum = sum + <fs>.
        CLEAR : fname, <fs>.
ENDDO.
```

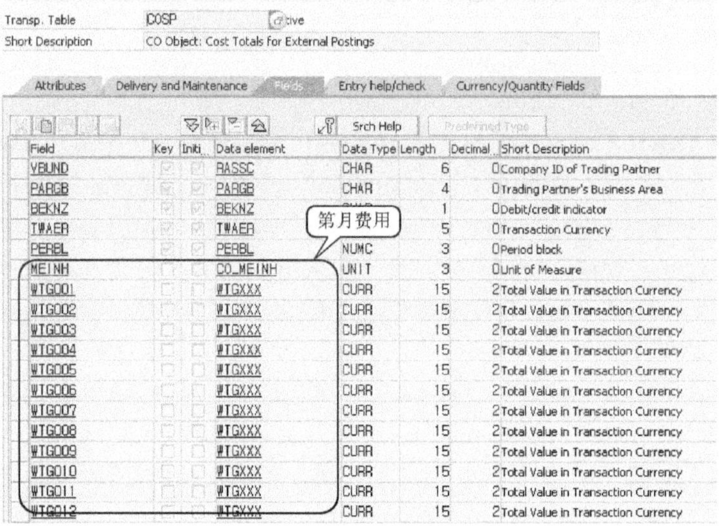

Transp. Table COSP Active
Short Description CO Object: Cost Totals for External Postings

Attributes | Delivery and Maintenance | Fields | Entry help/check | Currency/Quantity Fields

Field	Key	Initi	Data element	Data Type	Length	Decimal	Short Description
VBUND			RASSC	CHAR	6	0	Company ID of Trading Partner
PARGB			PARGB	CHAR	4	0	Trading Partner's Business Area
BEKNZ			BEKNZ		1	0	Debit/credit indicator
TWAER			TWAER		5	0	Transaction Currency
PERBL			PERBL	NUMC	3	0	Period block
MEINH			CO_MEINH	UNIT	3	0	Unit of Measure
WTG001			WTGXXX	CURR	15	2	Total Value in Transaction Currency
WTG002			WTGXXX	CURR	15	2	Total Value in Transaction Currency
WTG003			WTGXXX	CURR	15	2	Total Value in Transaction Currency
WTG004			WTGXXX	CURR	15	2	Total Value in Transaction Currency
WTG005			WTGXXX	CURR	15	2	Total Value in Transaction Currency
WTG006			WTGXXX	CURR	15	2	Total Value in Transaction Currency
WTG007			WTGXXX	CURR	15	2	Total Value in Transaction Currency
WTG008			WTGXXX	CURR	15	2	Total Value in Transaction Currency
WTG009			WTGXXX	CURR	15	2	Total Value in Transaction Currency
WTG010			WTGXXX	CURR	15	2	Total Value in Transaction Currency
WTG011			WTGXXX	CURR	15	2	Total Value in Transaction Currency
WTG012			WTGXXX	CURR	15	2	Total Value in Transaction Currency

第月费用

图 10-5 管理每月费用的表结构

上面语句中为了合计十二个月的金额使用了 FIELD SYMBOLS。执行 DO 循环语句，则在 CONCATENATE 'COSP-WGT0' CC INTO fname.中 fname 的字段值会变为 COSP-WTG001。然后执行程序后 ASSIGN (FNAME) TO <fs>语句被解释成 ASSIGN COSP-WTG001 TO <fs>语句，且 FIELD SYMBOLS <fs>可以访问存储在变量 COSP-WTG001 的内存地址中的值。

10.5.2 FIELD SYMBOLS 语句运用实例：循环内表处理

内表执行 LOOP 循环时使用 FIELD SYMBOLS 也非常方便。比较一下航空公司名字修改内表时使用 FIELD SYMBOLS 的实例与复制结构体实现 MODIFY 功能的实例。

[例 10-10]

```
REPORT   z10_10.

DATA: BEGIN OF gs_line,
        carrid     TYPE sflight-carrid,
        connid     TYPE sflight-connid,
        carrname   TYPE scarr-carrname,
  END OF gs_line.

DATA gt_itab LIKE TABLE OF gs_line.
FIELD-SYMBOLS <fs> like gs_line.

SELECT carrid connid
INTO CORRESPONDING FIELDS OF TABLE gt_itab
FROM sflight.

LOOP AT gt_itab ASSIGNING <fs>.
```

```
    SELECT SINGLE carrname INTO <fs>-carrname
    FROM scarr WHERE carrid = <fs>-carrid.

ENDLOOP.
```

[例 10-11]

```
REPORT   z10_11.

DATA: BEGIN OF gs_line,
        carrid       TYPE sflight-carrid,
        connid       TYPE sflight-connid,
        carrname     TYPE scarr-carrname,
  END OF gs_line.

DATA gt_itab LIKE TABLE OF gs_line.

SELECT carrid connid
INTO CORRESPONDING FIELDS OF TABLE gt_itab
FROM sflight.

LOOP AT gt_itab INTO gs_line.

  SELECT SINGLE carrname INTO gs_line-carrname
  FROM scarr WHERE carrid = gs_line-carrid.

  MODIFY gt_itab FROM gs_line.

ENDLOOP.
```

[例 10-10]是利用 FIELD SYMBOLS 修改内表的代码。若使用 FIELD SYMBOLS，则不必使用[例 10-11]中的 MODIFY 语句修改内表。前面已经提到，FIELD SYMBOLS 会直接修改存储在内存中的值。利用 LOOP 语句给 FIELD SYMBOLS 赋值时要使用 ASSIGNING 语句。如[图 10-6]中说明，使用 FIELD SYMBOLS 可以省略内表值复制到结构体再执行 MODIFY 的过程，从而提高性能。

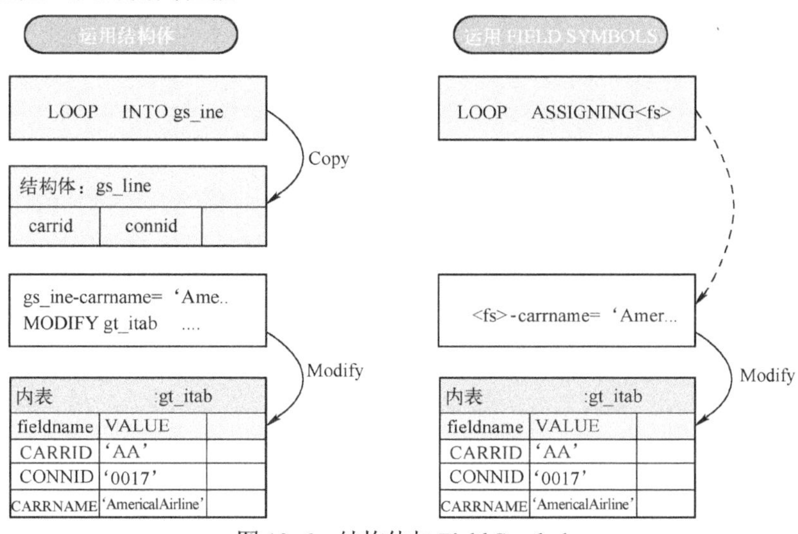

图 10-6　结构体与 Field Symbol

10.6 数据引用

用一句话概括数据引用，如下所示。

> 数据引用是数据对象的指针（**Pointer**）。

指针是 C 语言中最具代表性的特征之一，能直接接触到计算机的内存，提供简洁及高效的功能。指针数据类型是取得其他变量内存地址的类型，因此使用指针可以直接接触要使用的对象。在 ABAP 中将使用这种指针功能称为数据引用。

前面也定义了 FIELD SYMBOLS 为指针，与数据引用不同的是，FIELD SYMBOLS 只是指针，没有自己的内存领域，即在被分配的数据对象内存领域中进行操作。与此相反，数据引用是将指针作为值且拥有自己的内存领域。以下内容对其进行详细分析。

FIELD SYMBOLS 与数据引用在 ABAP 程序中可以动态的生成及访问数据对象。换言之，即在程序执行时刻定义数据属性与名字可以灵活应用数据对象。

例如，如果有用户直接输入表名查询所需数据的需求，此时需要根据各自的表结构将数据显示到画面上，但是要实现 SAP 中使用的三万个以上的表，根据情况定义各自的结构则非常不明智。

但是如下实例所示，运用数据引用动态生成数据对象可以简单地解决这一问题。

[例 10-12]

```
REPORT   z10_12

PARAMETERS : p_tname(30)    DEFAULT 'SFLIGHT'.

DATA: dref TYPE REF TO data.

FIELD-SYMBOLS: <fs1> TYPE ANY , <fs2> TYPE ANY.

CREATE DATA dref TYPE (p_tname).
ASSIGN dref->* TO <fs1>.

SELECT * FROM (p_tname) INTO    <fs1> UP TO 3 ROWS.

    DO.
        ASSIGN COMPONENT sy-index OF STRUCTURE <fs1> TO <fs2>.
        IF sy-subrc NE 0.
            SKIP.
            EXIT.
        ENDIF.
        WRITE: <fs2>.
    ENDDO.
ENDSELECT.
```

[结果 10-12]

Table Name SFLIGHT

```
Program Z10_12
600 AA  0017 2010.11.17    422.94  USD  747-400   385   385   199,763.33   31   31   21   21
600 AA  0017 2010.12.15    422.94  USD  747-400   385   379   197,200.19   31   31   21   21
600 AA  0017 2011.01.12    422.94  USD  747-400   385   381   198,862.29   31   31   21   21
```

[例 10-12]中不使用数据引用，而只是使用 FIELD SYMBOLS 则无法动态的制定表名。这是因为 FIELD SYMBOLS 只有在创建数据对象后才可以使用 Assign 语句。若想只利用 FIELD SYMBOLS 构成，需用 DATA SFLIGHT TYPE SFLIGHT. 或者 TABLES SFLIGHT.语句定义，使程序执行的同时静态生成数据对象。但使用数据引用时，如 CREATE DATA dref TYPE (p_tname). 语句，程序执行中可以动态生成数据对象。

根据前面的定义，将上述情况用程序术语重新解释则如下所示。

FIELD SYMBOLS 在数据对象占有的内存里进行操作。FIELD SYMBOLS 是数据对象的另一个别名。数据引用是拥有自身内存地址的独立性数据对象，用于存储数据变量。数据引用是存储自身内存地址的独立数据对象，将参照变量作为变量值进行存储。

如[图 10-7]所示，数据引用是指向数据对象的指针，通过 FIELD SYMBOLS 访问数据对象的值。程序执行时会动态生成数据对象，因此也动态分配内存地址。这就是利用 FIELD SYMBOLS 访问数据对象的根本原因。

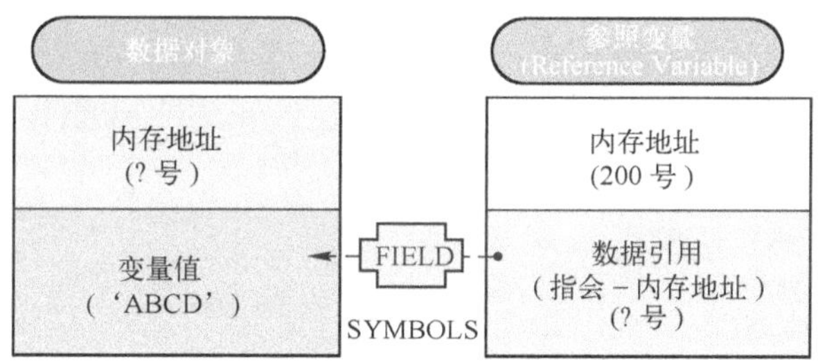

图 10-7　数据参照机制

请读者比较 10.1 节[图 10-1]FIELD SYMBOLS 与数据引用机制，整理两者的区别。

10.6.1　参照变量

参照变量有两个类型。其一是本章即将学习的 Data Reference Variable，其二是第 14 章里类使用的 Object Reference Variable。前面提到过，如果一般变量（Data Variable）存储变量值的内存，则数据引用可以说是存储内存地址的变量。数据引用存储的项目在 ABAP 程序中是不可见的。ABAP 只是拥有数据引用而已。因此访问数据引用的值必须使用 FIELD SYMBOLS。

通过下面例题生成参照引用类型。

```
TYPES t_dref TYPE REF TO DATA.
```

综上所述，利用已定义的数据引用生成参照变量。参照变量的使用方法与 Elementary Data Type 相似，参照变量可以作为结构体、内表、字段等对象。

```
DATA dref   TYPE REF TO t_dref.
DATA dref   TYPE REF TO DATA.
```

使用上面语句定义的 dref 处于尚未指向对象的状态，因此无法使用。可以使用类似于 CREATE DATA dref TYPE SFLIGHT 这样的语句将参照变量连接到数据对象。

```
CREATE DATA dref {TYPE type}|{LIKE dobj}}.
```

10.6.2 间接引用

在编程语言中，间接引用（Dereference）访问指针指向编号中存储的数据。若要访问数据引用所指的数据对象变量值要经过间接引用过程（=Assign 到 FIELD SYMBOLS 中）。FIELD SYMBOLS 中的 CASTING 功能也同样可用。

```
ASSIGN dref->* TO <fs> [CASTING ...].
```

使用 CASTING 把参照变量分配到 FIELD SYMBOLS，则当访问动态生成的数据对象值时其类型参照 FIELD SYMBOLS 数据类型。成功执行 Dereference(=Assign)，则系统变量 SY-SUBRC 返回 0，失败返回 4。

通过调试画面分析数据引用程序的执行步骤。

[例 10-13]

```
REPORT  z10_13.

TYPES: BEGIN OF t_struct,
   col1 TYPE char15,
   col2 TYPE char15,
  END OF t_struct.

DATA: dref1 TYPE REF TO data,
         dref2 TYPE REF TO data.

FIELD-SYMBOLS: <fs1> TYPE t_struct,
                        <fs2> TYPE char15.

CREATE DATA dref1 TYPE t_struct.

ASSIGN dref1->* TO <fs1>.

<fs1>-col1 = 'Enjoy ABAP'.
<fs1>-col2 = 'ABAP PROGRAMMING'.
```

```
dref2 = dref1.

ASSIGN dref2->* TO <fs2> CASTING.
WRITE / <fs2>.

GET REFERENCE OF <fs1>-col2 INTO dref2.

ASSIGN dref2->* TO <fs2>.
WRITE / <fs2>.
```

[结果 10-13]

```
Enjoy ABAP
ABAP PROGRAMMIN
```

调试[例 10-13]程序有助于理解参照变量的创建方法。

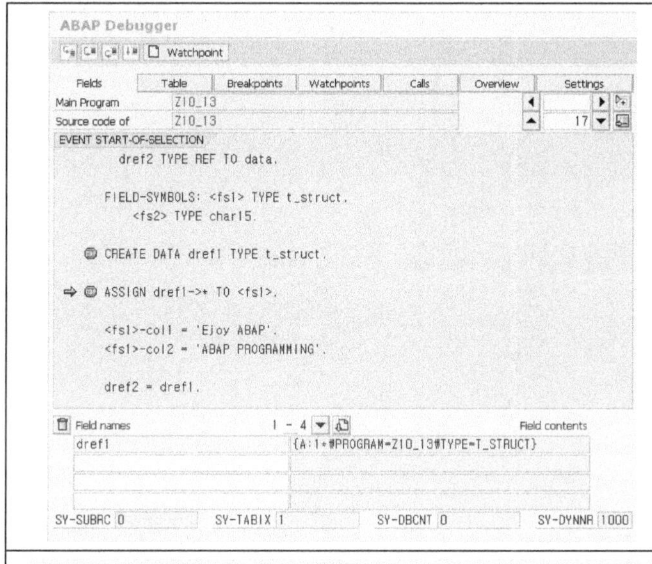

① 执行 CREATE DATA dref TYPE t_struct，则生成 t_struct 类型的参照变量。与此同时变量 dref1 中存储着程序名与数据类型信息，实际结构与数据利用 dref->* 来分配。

ASSIGN dref->* TO <fs> [CASTING..]. 语句是将连接到 dref 的数据对象值（参照数据）分配给 FIELD SYMBOLS <fs>。

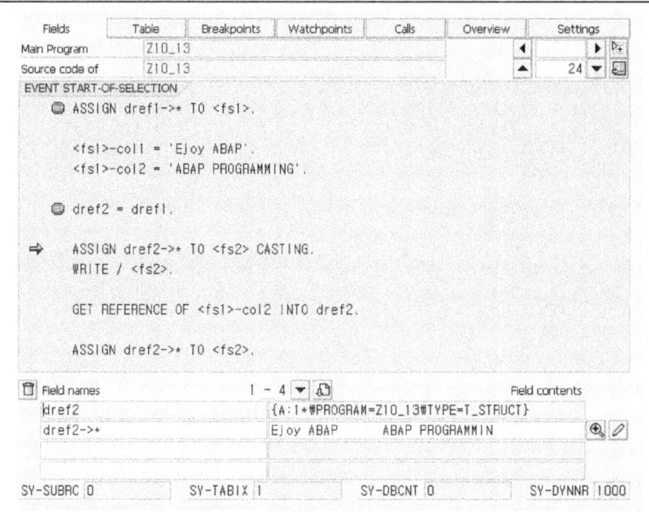

② 执行 dref2 = dref1.语句，参照变量 dref2 连接到与 dref1 相同的数据对象。

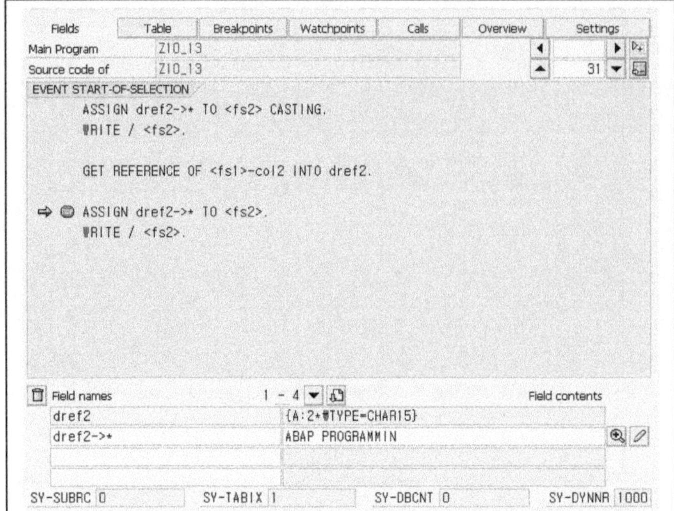

③ 执行 GET REFERENCE OF <fs1>- col2 INTO dref2.语句，变量 dref2 生成与<fs1>-col2 类型连接的参照变量。即利用 GET REFERENCE 语句可以参照已经存在的数据对象生成新的数据对象。CREAET DATA 语句参照类型生成数据变量。与此相反，GET REFERENCE 语句参照已经生成的数据对象生成参照变量。

[图 10-8]说明了参照变量与数据对象的关系。

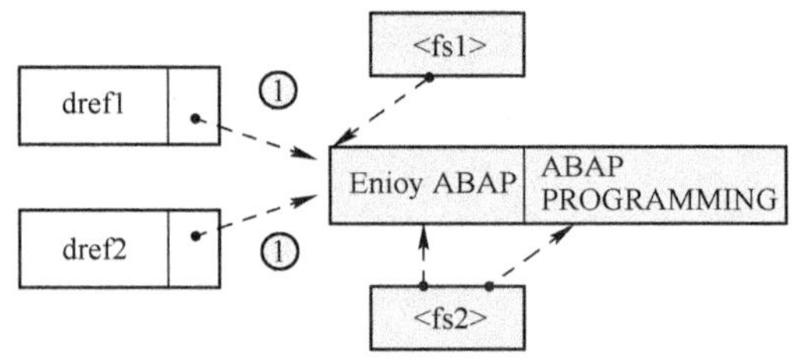

图 10-8　参照变量与数据对象的关系

第 11 章　SAP 内存与 ABAP 内存

本章目录	本章介绍
1．概要 2．SAP 内存 3．ABAP 内存	内存是程序之间为了传递数据而使用的共享存储空间。分为 SAP 内存与 ABAP 内存两种。前者是主会话之间的数据共享，后者是内部会话之间的数据共享。

11.1　概要

11.1.1　ABAP 程序的内存结构

用户登录到 SAP 客户端，生成一个用户终端会话（User Terminal Session）（或称为 SAP 客户端会话）。一个终端会话中可以执行 6 个 R/3 窗口。每个 R/3 窗口互相共享内存领域。一个外部会话（External Session）意味着 6 个作业窗口，当单击新窗口（▣）图标或在命令窗口中执行'/O[T-CODE]'，最多可以打开 6 个追加窗口。（外部会话也称为主会话）。另外，一个外部会话最多可以拥有 20 个内部会话。内部会话（Internal Session）指的是一个外部会话内执行程序调用另一个程序时生成的内部会话。

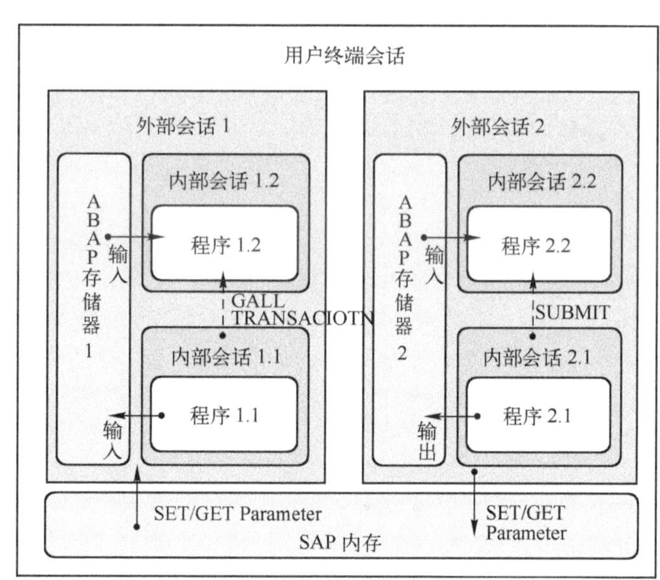

图 11-1　内部会话

[图 11-1]中，外部会话 1 的内部会话执行 ABAP 程序。在每个程序里使用的内存有 ABAP 内存与 SAP 内存。在内部会话中用 CALL TRANSACTION 等命令调用其他程序，则内部会话之间共享 ABAP 内存。ABAP 内存只是内部会话之间分配的内存，因此只有在同一个窗口中执行的程序才能共享此内存。在图中 ABAP 内存只能在自身的外部会话中共享，而 SAP 内存通过 SET/GET PRAMETER 语句可以共享不同 ABAP 内存领域之间的内存。

SAP 内存在外部会话中的所有内部会话中可以共享。SAP 缓冲器可以利用 SAP 内存在 Work Process 之间共享内存。SAP 应用程序系统各自拥有自己的缓冲器（又名

Client Cache）。缓冲器在 Client 级别上互相共享，因此 SAP 缓冲器在所有主会话中共享数据。

11.1.2 SAP 内存与 ABAP 内存之间的不同点

在理解了 SAP 内存与 ABAP 内存的概念的前提下，比较程序内各个内存的使用情况。详情见后续内容。

1. SAP 内存

SAP 内存是用户终端会话内的所有外部会话都可以访问的全局内存。即用户利用 SAP 客户端登录的状态下执行的所有程序都可以共享的内存领域。

SAP 内存数据利用 SET/GET 语句传达内存参数。

```
SET PARAMETER / GET PARAMETER
```

2. ABAP 内存

ABAP 内存是在同一个外部会话中执行的所有程序共享的内存。即在外部会话中只存在一个 ABAP 内存。个别程序有自己的内部会话且内部会话积累在栈（Stack）中。利用 EXPORT/IMPORT 语句传递程序间的数据。

```
EXPORT obj1 ... objn TO MEMORY ID key.
```

```
IMPORT obj...bojn FROM MEMORY ID key.
```

程序间传递数据的方法如[图 11-2]所示，大致分为下列 5 种。本单元只介绍利用 ABAP 内存、SAP 内存的方法。

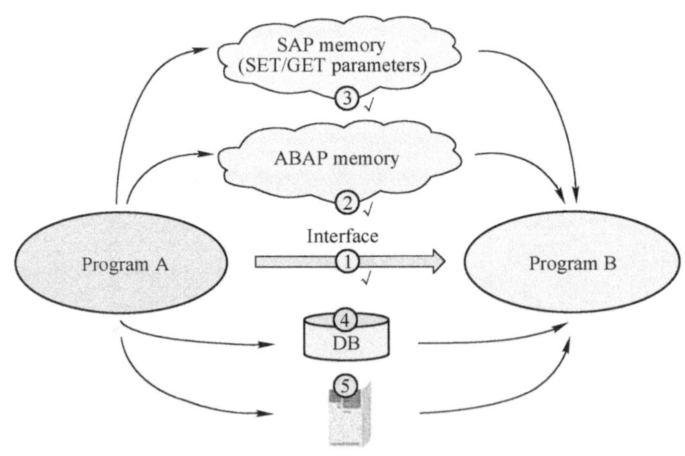

图 11-2 程序间传递数据的方法

(1) 接口

接口是调用 TYPE-1 程序时利用 SUBMIT 语句输入选择画面的值或者调用选择画面的变式（Variant）的方法。此方法在第 12 章中学习。

(2) ABAP 内存

利用 ABAP 内存传递数据时，使用 EXPORT/IMPORT 语句且要使用相同的参数 ID 名。

(3) SAP 内存

利用 SAP 内存领域的参数 ID 传递数据。

(4) 数据库表

最常用的方法是程序 A 把数据存储到表中，然后程序 B 从表中查询数据。

(5) 表示层（Presentation Server）

表示层指的是 SAP 客户端给执行的本地电脑用文件上传/下载数据的方法（利用 GUI_DOWNLOAD, GUI_UPLOAD 等函数）。

11.2 SAP 内存

SAP 内存使用 SPA/GPA 技术传递程序间的数据。传递内存参数来给其他程序输入字段赋值的操作称为“SPA/GPA 技术”。另外 SPA/GPA 参数指的是利用 SAP 内存的参数。但只限相同的用户共享内存。在这一点上 SPA/GPA 又叫做 User Specific 参数。

SAP 内存支持程序间能够互相传递数据。登录一个会话后，所有与此并列运行的会话都可以共享 SAP 内存。SPA/GPA 参数信息可以在表 TPARA 中进行确认。

ABAP 程序可以通过下列语句访问参数。

```
SET PARAMETER / GET PARAMETER
```

[图 11-3]说明利用 SAP 内存程序间传递数据的过程。可以在画面字段属性中设置参数，或者在代码中利用 SET/GET 语句分配或读取 SAP 内存的值。

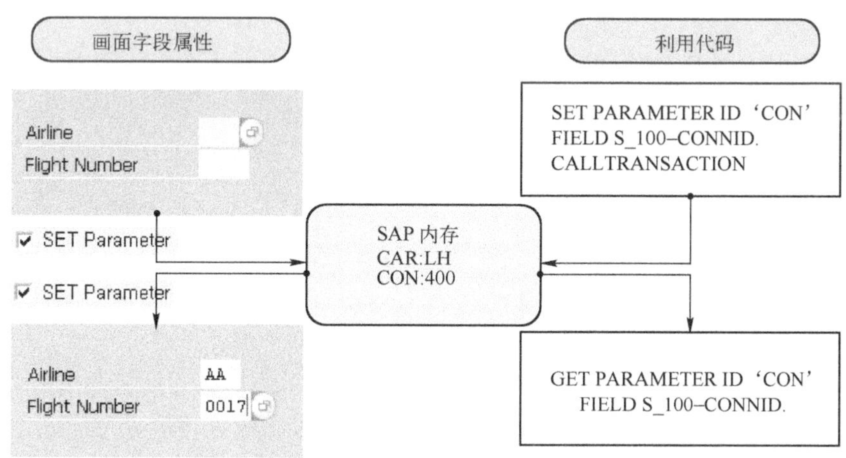

图 11-3 SET/GET 参数

1. 创建 SAP 内存参数

创建 SAP 内存参数 ID 的方法大致分为下列两种。

<table>
<tr>
<td>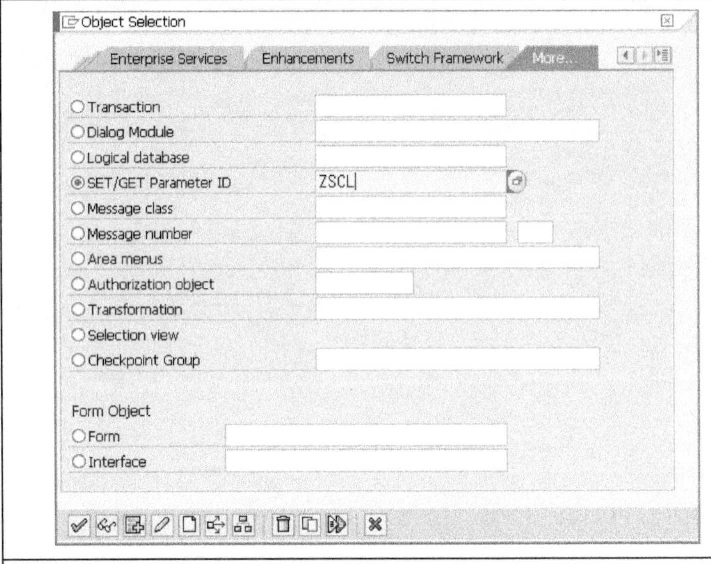
</td>
<td>① 利用 SE80 事务码中的菜单 [Workbench]→[Edit Object]可以创建参数 ID。</td>
</tr>
<tr>
<td>Maintain Table Views: Initial Screen
Find Maintenance Dialog
Table/View TPARA
Restrict Data Range
No Restrictions
Enter conditions
Variant
Display Maintain Transport Customizing

Maintain SET/GET Parameters
Set/Get parameter ID ZSCL

Create Parameters
Parameter ID ZSCL
Text TEST
Save</td>
<td>② 利用 T-CODE:SM30 事务码输入表 TPARA 后单击 Maintain 按钮可以创建。创建如例题所示的 ZSCL 内存参数。</td>
</tr>
</table>

2．分配 SAP 内存

利用下面语句将字段<f>存储到 SPA/GPA 参数<pid>中 。<pid>参数允许使用 20 位以内的字符长度。若<pid>已经被定义，则会覆盖原来的值。若没有此参数<pid>，则可以在 ABAP 编辑器中双击生成。

```
SET PARAMETER ID <pid> FIELD <f>.
```

3．读取 SAP 内存

读取 SPA/GPA 参数时利用下列语句。存储在 SAP 内存<pid>中的值保存到字段<f>中。若不存在 <pid>内存 id，则系统变量 SY-SUBRC 返回 4；若存在，则返回 0。

```
GET PARAMETER ID <pid> FIELD <f>.
```

4．TYPE-1 程序的内存 ID 管理

在 TYPE-1 报表程序的选择画面上的参数，或者 Select-option 变量，使用的是 Memory ID 来连接字段与参数。

```
PARAMETERS p_1    TYPE c MEMORY ID 'PID'.
```

[例 11-1]

```
REPORT  Z11_01.

PARAMETERS : p_a TYPE c MEMORY ID zscl.
WRITE P_A.
```

[结果 11-1]

[例 11-1]中，TYPE-1 程序中定义 PARAMETERS 时追加了 MEMORY ID 语句。PARAMETERS : p_a TYPE c MEMORY ID ZSCL.语句在代码中与 SET/GET PARAMETER ID 'ZSCL' FIELD p_a.语句有相同的功能。即相应代码会自动保存到 MEMORY ID 功能中。第一次运行程序时，由于内存参数没有赋值，因此不会显示任何值。参数字段中输入 A 后执行，内存参数 ZSCL 会保存 A 值（SET PARAMETER）。然后单击新建窗口（）图标后执行程序，会发现参数中显示 A 值。

在生成购买订单等标准程序中，将用户正在使用的值保存到 SAP 内存（内存参数）便于用户调用。例如，用户创建购买订单后发现输入了错误的供应商编号，而忘了记录购买订单编号，且由于购买订单编号又非常长，在这种情况下要找到刚生成的购买订单不是一件容易的事情。当然，可以查询购买订单列表找到相应订单，但是也需要执行事务码，输入查询条件等附加操作才能得出结果。因此，为了防止这种不必要的麻烦，当创建购买订单的时候，SAP 在购买订单内存参数中会保存相应值。因此，当用户执行修改购买订单事务码时，画面上直接显示相应编号，减少了不必要的麻烦。

另外，在程序中调用其他程序时，有效使用内存参数的实例在跳过选择条件画面后查询数据的情况下使用。此种情况下也如[例 11-2]一样，要在内存参数中设置好被调用程序的 Parameters 及 Select-options。当然，使用 SUBMIT 语句时也可以跳过 Selection Screen 画面。

[例 11-2]中，用户执行程序后在列表中显示结果。这是用户双击显示在画面的值时，从表 SBOOK 中读取数据并给参数 SPA/GPA 赋值，然后调用事务码 Z11_03 的程序。AND SKIP FIRST SCREEN 是跳过第一个画面的语句。HIDE 语句将字段值保存到 HIDE 内存领域，且紧跟在 WRITE 语句后使用。当双击查询列表时，执行 AT LINE-SELECTION 领域且把值保存到参数中。创建[例 11-3]程序后，执行程序测试其功能。

[例 11-2]

```
REPORT  z11_02.

TABLES sbook.

START-OF-SELECTION.
  WRITE: 'Double click a booking List',
    / '--------------------------'.
  SKIP.
  SELECT * FROM sbook UP TO  5 ROWS .
    WRITE:/ sbook-carrid, sbook-connid,
           sbook-fldate, sbook-bookid.
    HIDE:   sbook-carrid, sbook-connid,
           sbook-fldate, sbook-bookid.
  ENDSELECT.

AT LINE-SELECTION.
  SET PARAMETER ID: 'CAR' FIELD sbook-carrid,
               'CON' FIELD sbook-connid.



  CALL TRANSACTION 'Z11_03' AND SKIP FIRST SCREEN.
```

[例 11-2]中调用的事务码 Z11_003 跟[例 11-3]一样，由设置了内存 ID 的两个参数构成。另外，执行程序后参数值会显示到画面上。

[例 11-3]

```
REPORT    Z11_03.

PARAMETERS : p_car TYPE sbook-carrid MEMORY ID car,
             p_con TYPE sbook-connid MEMORY ID con.

WRITE : P_CAR, P_CON.
```

创建 Z11_003 程序后创建如下所示的事务码。

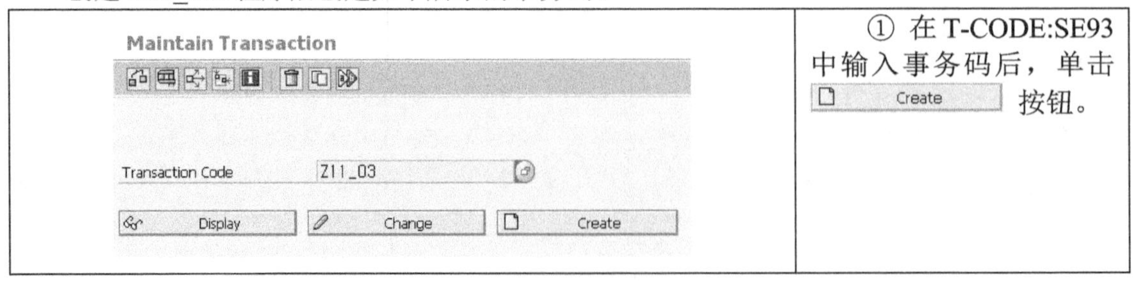

① 在 T-CODE:SE93 中输入事务码后，单击 Create 按钮。

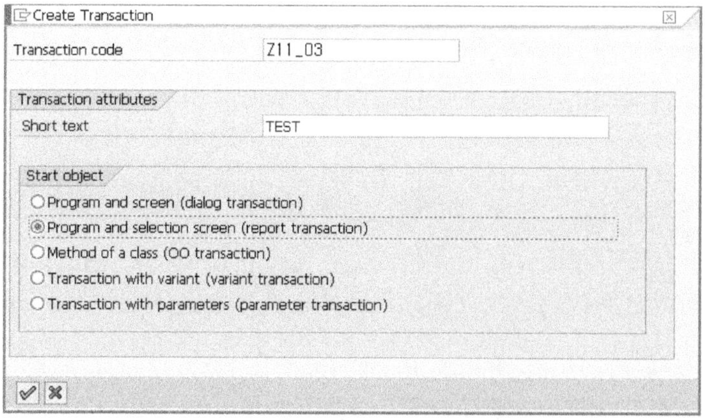 Create Transaction Transaction code: Z11_03 Transaction attributes Short text: TEST Start object ○ Program and screen (dialog transaction) ◉ Program and selection screen (report transaction) ○ Method of a class (OO transaction) ○ Transaction with variant (variant transaction) ○ Transaction with parameters (parameter transaction)	② 输入描述和如左图所示的Start object类型后，移动到下一个画面。
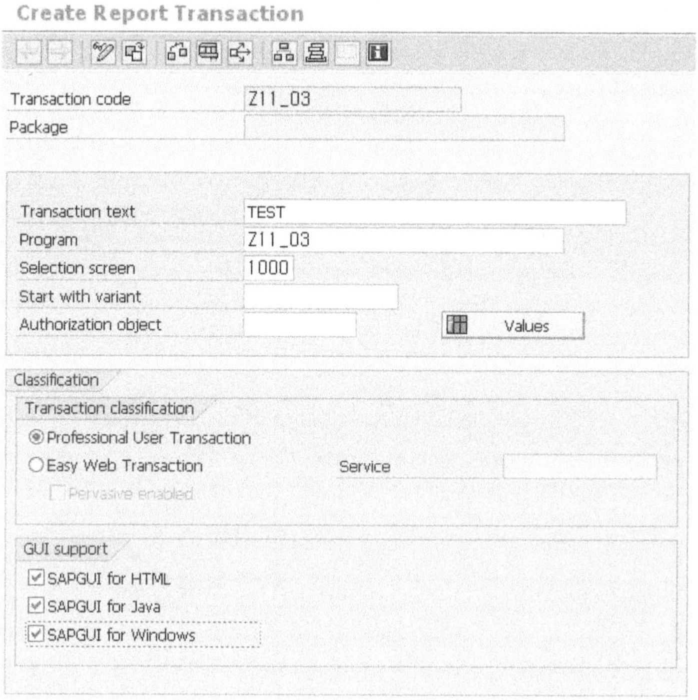 Create Report Transaction Transaction code: Z11_03 Package Transaction text: TEST Program: Z11_03 Selection screen: 1000 Start with variant Authorization object　Values Classification Transaction classification ◉ Professional User Transaction ○ Easy Web Transaction　Service ☐ Pervasive enabled GUI support ☑ SAPGUI for HTML ☑ SAPGUI for Java ☑ SAPGUI for Windows	③ 在 Program 字段中输入程序名，单击💾按钮生成事务码。各个类型对应的事务码创建方法将在"第13章-模块池程序"中详细介绍。

执行[例 11-3]后双击查询列表，调用 T-Code Z11_03，即显示如[结果 11-2]所示的画面。

[结果 11-3]

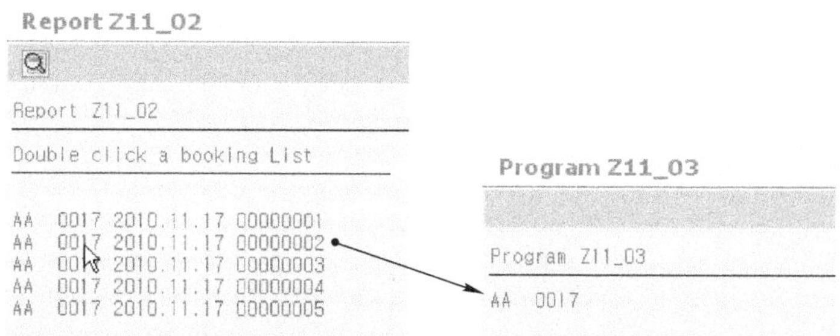

5．模块池程序中的内存 ID 管理

为了在 TYPE-M 模块池程序的画面字段中连接'Memory ID'，需在字段中追加参数。在画面屏幕编辑器的字段属性窗口的 Parameter ID 中输入内存 ID 名。在画面字段中设置参数值，选择 GET PARAMETER 的单选按钮。若修改参数值，选择 SET PARAMETER 单选按钮即可。字段属性中设置了 From dict.属性（继承 ABAP 数据字典属性），在数据元素中设置了参数，则会自动追加参数。

如[图 11-4]所示，在程序 Z11_04 中追加屏幕 100 后，给 S_A 字段的 Parameter ID 属性指定 ZSCL。另外，追加如[例 11-4]所示的代码后执行程序，画面上显示的是[例 11-1]中输入参数 ID 中的 A 值。

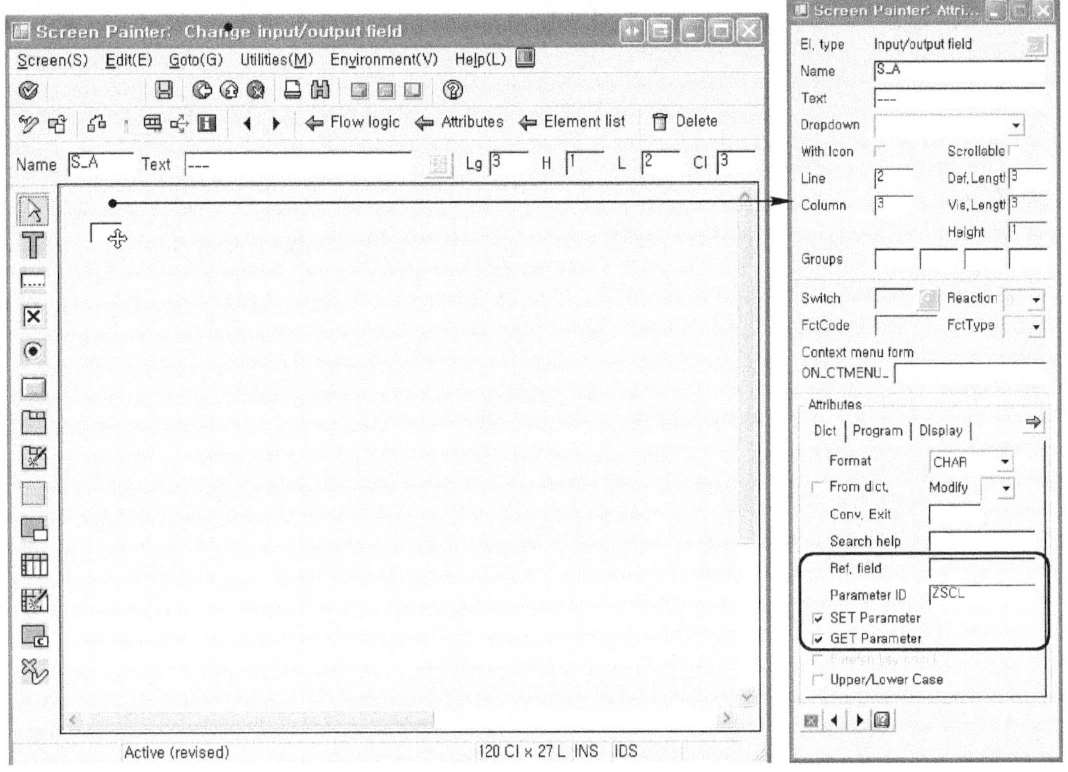

图 11-4 利用屏幕的参数设定屏幕编辑器

[例 11-4]

```
REPORT  Z11_04    .

DATA s_a TYPE c.

opCALL SCREEN '0100'.
```

[结果 11-4]

6. 确认 SAP 内存值

若需确认保存在 SAP 内存中的值，可以在调试模式下查询 SAP 内存。选择菜单：Goto→System Areas→SAP Memory。在[图 11-5]中可以确认内存参数值为 A。

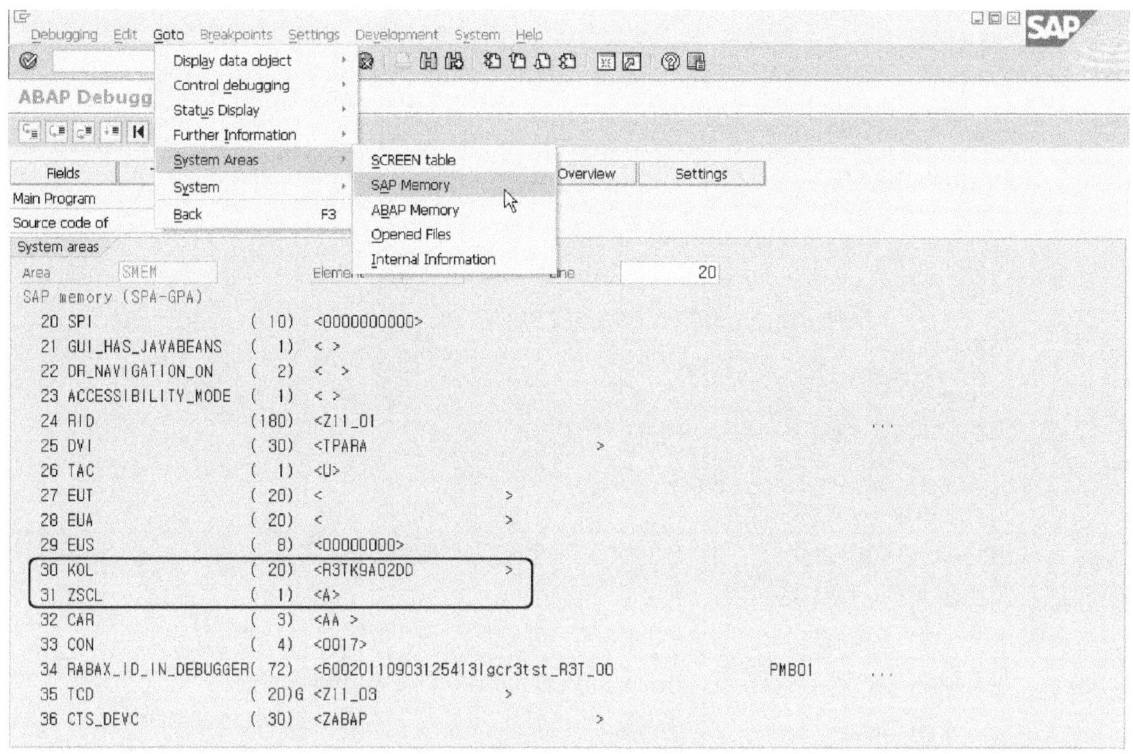

图 11-5　确认 SAP 内存

11.3　ABAP 内存

SPA/GPA 参数分配 SAP 内存领域，相反，当执行 EXPORT 时还会分配 ABAP 内存领域。

利用 EXPORT 语句可以把数据对象（字段、结构体、内表）负载到 ABAP 内存中。为了利用 SAP 内存。需要生成参数 ID。相反，当使用 ABAP 内存时可以在程序级别上任意指定内存 ID 名。利用 ABAP 内存传递数据时需使用 EXPORT/IMPORT 语句，同时需使用相同的参数 ID 名。当调用其他程序需要传递数据对象（内表等）时，常使用 EXPORT/IMPORT 语句。使用（CALL TRANSACTION, SUBMIT, CALL DIALOG）这种命令调用其他程序时，会生成内部会话并且共享 ABAP 内存中存在的数据。

ABAP 内存领域只在内部会话中共享数据，因此不能把数据传递到其他外部会话的程序中（使用共享缓冲器倒可以实现）。即 EXPORT/IMPORT 只有在相同窗口中共享内存领域，因此当打开新窗口进行操作时，内存领域会消失。IMPORT/EXPORT 程序的对象名必须相同。

```
EXPORT obj1 ... objn TO MEMORY ID key.
```

```
IMPORT obj...bojn FROM MEMORY ID key.
```

删除 ABAP 内存中保存的内容时使用下列语句。此时，若省略 ID key 则会删除全部内存，因此要注意。

```
FREE MEMORY [ID key].
```

利用[例 11-5]、[例 11-6]练习内部会话程序间传递内表数据的过程。

[例 11-5]

```
REPORT  z11_05.

TABLES : sflight.

DATA : gt_sflight TYPE TABLE OF sflight.

SELECT *
INTO CORRESPONDING FIELDS OF TABLE gt_sflight
FROM sflight
WHERE carrid = 'AA'.

EXPORT gt_sflight TO MEMORY ID 'TEST_ID'.

CALL TRANSACTION 'Z11_06'
AND SKIP FIRST SCREEN.
```

在 EXPORT 语句中，用 TEST_ID 的 ID 名将内表 GT_SFLIGHT 保存在 ABAP 内存领域中。然后调用事务码 Z11_06。

[例 11-6]

```
REPORT  z11_06.

TABLES : sflight.

DATA : gt_sflight TYPE TABLE OF sflight WITH HEADER LINE.

IMPORT gt_sflight FROM MEMORY ID 'TEST_ID'.

LOOP AT gt_sflight.
  WRITE gt_sflight-carrid.
ENDLOOP.
```

用 IMPORT 语句将 SAP 内存的数据保存在内表 GT_SFLGIHT 中。

[结果 11-6]

```
AA  AA  AA  AA  AA  AA  AA  AA  AA  AA  AA  AA  AA  AA
```

调用事务码或执行可能的程序，分两种形式进行说明。

第一，结束被调用的程序回到原程序，被调用的程序不会被删除而会变成非激活状态。另外，存储在内存中的值会移动到栈（Stack）中。这种操作最多可以执行 9 次。[例 11-5]中不使用 CALL TRANSACTION 'Z11_06'，而使用调用 TYPE-1 程序的 SUBMIT Z11_06 语句，可以得到相同的结果。这是因为创建新的会话后调用的程序以 Inactive 状态存储在堆栈中。在新程序中遇到 LEAVE PROGRAM 命令会回到原来的程序中。

第二，结束被调用的程序后不回到原程序，则被调用的程序在内部会话中将替代原程序并且删除原程序的内存值。[例 11-5]中不使用 CALL TRANSACTION 'Z11_06'语句，而使用 LEAVE TO TRANSACTION 命令，则程序间无法传递数据。因为 LEAVE TO TRANSACTION

是在栈中将以前的所有内部会话删除，然后生成新的内部会话再调用事务码。即使使用了 LEAVE TO TRANSACTION 语句，利用 SAP 内存也可以传递数据。但是若结束事务码，则无法返回到原程序，而会回到主菜单中。

<ABAP Tip. EXPORT/IMPORT Shared Buffer (Database Buffer)>

利用下列语句可以将数据对象（字段、结构体、内表..）保存到 Cross-transaction Application Buffer 中。指定 Key ID 从共享缓冲器（Shared Buffer）领域中传出数据对象。SAP 缓冲器使用的是 SAP 内存领域，因此在所有主会话和内部会话中都可以共享数据。（不同于 SPA/GPA 参数，还可以与其他用户共享数据）。

```
EXPORT obj1 ... objn TO SHARED BUFFER indx(st) ID key.
```

```
IMPORT obj1 ... objn FROM SHARED BUFFER indx(st) ID key.
```

通过例题理解共享缓冲器（Shared Buffer）的作用。

[例 11-7]

```
REPORT  z11_07.

TABLES indx.

DATA : indxkey LIKE indx-srtfd VALUE 'KEYVALUE'.
DATA : gs_sflight TYPE sflight.

SELECT SINGLE * INTO gs_sflight
FROM sflight.

indx-aedat = sy-datum.
indx-usera = sy-uname.

EXPORT gs_sflight TO SHARED BUFFER indx(st) ID indxkey.

CLEAR gs_sflight.
IMPORT gs_sflight FROM SHARED BUFFER indx(st) ID indxkey.
WRITE : gs_sflight-carrid, gs_sflight-connid, gs_sflight-fldate.
```

[结果 11-7]

```
AA    0017 2015.11.17
```

第12章 报 表 程 序

本章目录	本章介绍
1．概要 2．创建程序 3．程序结构——定义 4．程序结构——事件 5．程序结构（List Process 事件） 6．调用程序 7．BDC 程序	学习第 1 章～第 11 章的内容可以为学习第 12 章以后的内容打基础。完全理解前面的内容也必须要知道报表程序和模块池程序。若读者目前还处于初级阶段，则至少需要熟读两遍才能结合上下相关联的部分，从而在描绘出整体画面的同时，理解所学知识。现在开始介绍在实际业务中使用的报表程序。

12.1 概要

ABAP 程序的 Type-1 基础程序一般称为报表程序（Report Program），也叫执行可能程序（Executable Program）或者绘画式程序（Interactive Program）。从数据库中取出所需数据，利用相应数据转换成可运用的结构后以报表形式输出。另外，程序自身可以直接执行（Executable），并且可以通过 SUBMIT 语句从其他程序调用。

创建 Type-1 程序后运行，则会按照如[图 12-1]所示的控制流进行处理。最先触发 INITIALIZATION 事件，然后在 SELECTION-SCREEN 中根据用户输入的项目读取相应记录，最后加工数据显示到画面上。这种控制流自身最适合读取数据且显示的过程，因此称为报表程序。运行报表程序时程序流程通过各自的事件进行控制。事件块（流程块）是通过 SELECTION-SCREEN 或者列表中发生的用户动作产生的事件调用。

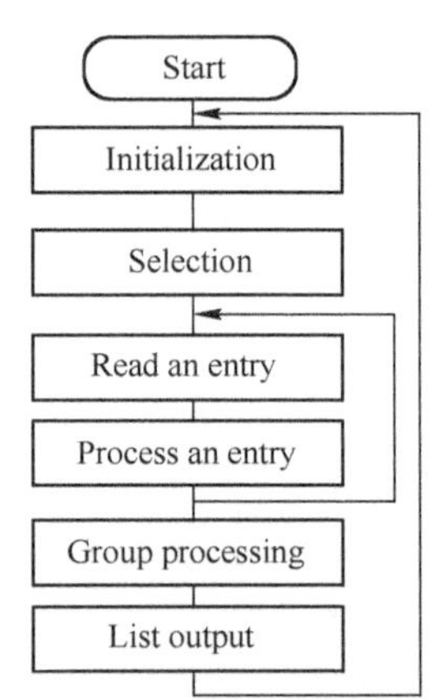

图 12-1 报表程序控制流

12.2 创建程序

通过 T-CODE:SE80 对象导航器创建 TYPE-1 报表程序。前面也有所强调，关于报表程序有多种定义。在查询层面上，主要是指不修改数据库数据而查询及分析数据的程序类型。程序信息保存在表 TADIR 中。

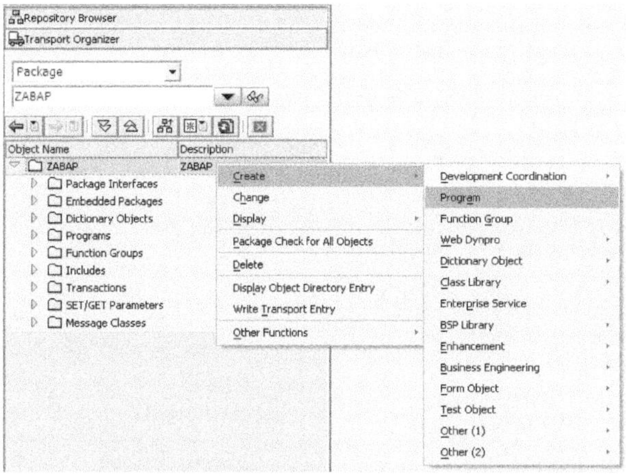

	① 运行 SE80 事务码，选择开发包 ZABAP 后单击鼠标右键选择菜单：[Create]→[Program]。另外在 T-CODE:SE38 ABAP 编辑器中也可以创建程序。
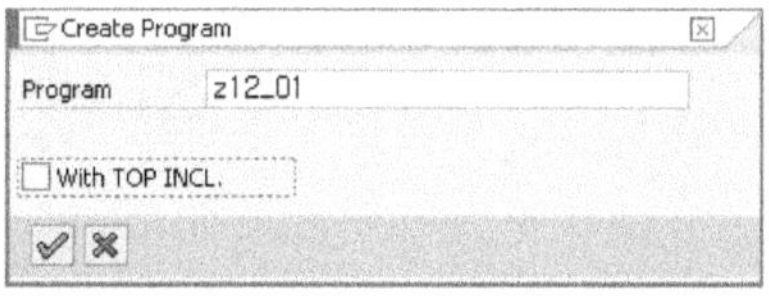	② 输入程序名。with TOP INCL.是用于选择是否事先创建 INCLUDE 程序的选项。如左图所示不选择此选项。
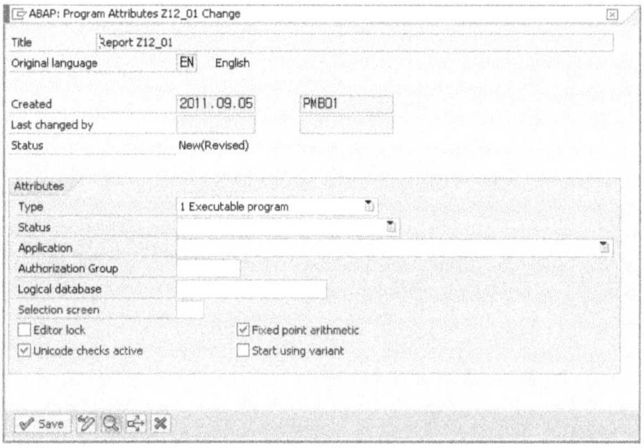	③ 程序类型选择 Executable program 后单击 Save 按钮。关于程序属性请参见[图 12-2]。

程序属性如[图 12-2]所示，下面分别进行说明。

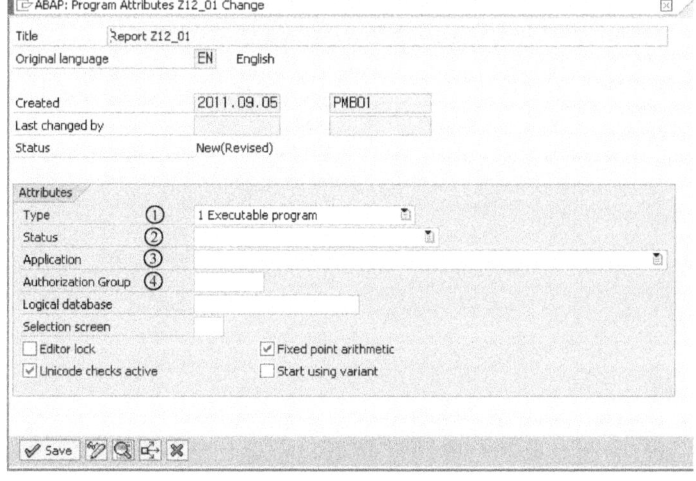

图 12-2 程序属性

1．类型（Type）

Executive Program (1)	- 不用 T-CODE 也可以执行。 - 由 SELECTION-SCREEN 和输出列表（Output List）构成。 - 可以使用逻辑数据库（Logical DB）。
Module Pool (M)	- 屏幕制作器（M）。 - 屏幕模块流程。 - 根据 T-code 或者菜单功能才能运行。
Include (I)	- 从其他程序中用 Include 引用的内部程序。
Subroutine (S)	- 从 External PERFORM 语句调用而构成的使用可能的 FORM 语句。
Function Groups (F)	- 构成 Function Module。
Interface Pools (J)	- 构成接口（Interface）。
Class Pools (K)	- 构成类（Class）。 - F～K 在程序属性中不能修改，只能在各自的编辑器中管理。

2．状态（Status）

根据程序状态不能使用特定 Utility。

例如，选择系统程序，则不能使用 debug 功能。

3．权限组（Authorization Group）

分配程序执行/修改相关的权限组。若是安全相关程序有必要设置权限组。

4．逻辑数据库（Logical database）

- 只在 TYPE-1 程序中选择。
- 通过 LDB 实现程序。为了查询使用频率高的表的数据，将经常使用的表连接及相似的查询条件用一个包创建，可以重复利用的程序称为 LDB。

[例 12-1]

```
REPORT  z12_01.

DATA : gt_sflight TYPE TABLE OF sflight,
       gs_sflight TYPE sflight.

SELECT-OPTIONS: s_carrid FOR gs_sflight-carrid.

INITIALIZATION.
  s_carrid-sign = 'I'.
  s_carrid-option = 'EQ'.
  s_carrid-low = 'AA'.
  APPEND s_carrid.

START-OF-SELECTION.
  SELECT carrid connid
  FROM sflight
  INTO CORRESPONDING FIELDS OF TABLE gt_sflight
  WHERE carrid IN s_carrid.

END-OF-SELECTION.
  LOOP AT gt_sflight INTO gs_sflight.
    WRITE: / gs_sflight-carrid, gs_sflight-connid.
  ENDLOOP.
```

[结果 12-1]

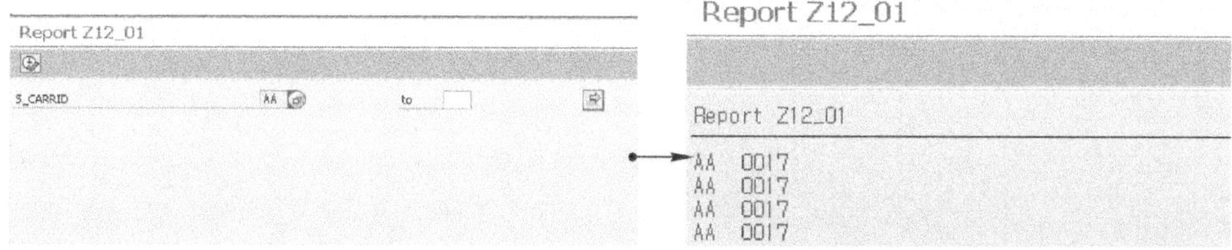

用 SELECT-OPTIONS 或者 PARAMETERS 定义数据后运行报表程序，则会自动生成如[结果 12-1]所示的可以输入值的画面。此画面定义为选择画面（SELECTION-SCREEN）。如 INITIALIZATION 等关于报表程序的各个领域内容后面将仔细讲解。

12.3 程序结构——定义

报表程序大致可分为如下所示的三种结构。

① 数据定义部分和查询选择画面（SELECTION-SCREEN）

② 直到运行时刻的触发事件

③ 显示数据的列表事件

在 10.3 节中介绍关于数据定义部分及 SELECTION-SCREEN。

1．程序及数据定义

```
REPORT    pgm_id
TABLES : sflight.
DATA : l_carrid    type sflight-carrid.
* SELECTION SCREEN
SELECT-OPTIONS: SEL_CARR FOR sflight-CARRID.
PRAMETERS : P_CARR LIKE sflight-carrid.
```

2．事件

```
INITIALIZATION.
AT SELECTION-SCREEN."( OUTPUT, ON VALUE REQUEST.)
START-OF-SELECTION.
* ( SELECT * FROM ~ 或者 GET <TABLE> …..)
END-OF-SELECTION.
```

3．报表程序事件流程

```
TOP-OF-PAGE.
END-OF-PAGE.
AT LINE-SELECTION.
AT PF<NN>
AT USER-COMMAND.
```

12.3.1 定义程序语句

定义程序的语句中存在 REPORT <程序名>基本结构的附加选项。

1．指定程序 LIST Heading

决定在执行程序的报表画面上是否以程序名作为基本标题。利用下列语句会删除基本标题。

[例 12-2]

```
REPORT  Z12_02 NO STANDARD PAGE HEADING.

WRITE 'List Heading Test'.
```

若要添加用户所需的标题，则在报表控制流事件的 TOP-OF-PAGE 中追加代码即可。详细内容在后面继续介绍。[图 12-3]比较显示将程序名作为基本标题和没有使用此方法的情况。

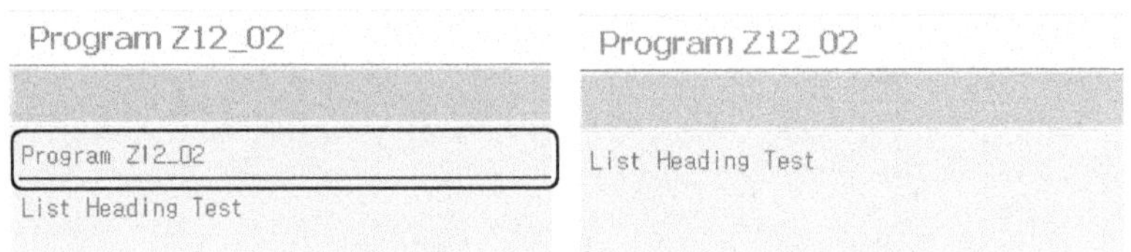

图 12-3　基本标题的比较使用

2．Line-Size

指定输出报表的宽度。宽度设置成 0 或者删除 LINE-SIZE 语句，则会使用标准宽度。具体使用效果请参照图[12-4]。

[例 12-3]

```
REPORT  Z12_03 LINE-SIZE 30.

WRITE 'Line Size Test'.
```

图 12-4　Line-Size 使用比较

3．Message ID

定义 ABAP 程序中要使用的 MESSAGE ID。

```
REPORT Z12_04   MESSAGE-ID   <message-id>.
```

12.3.2　DATA 定义

定义程序中要使用的表及数据。复杂的程序一般包含于 INCLDUE （程序名）TOP 中。

```
REPORT pgm_id
INCLUDE pgm_idTOP.
```

INCLUDE 程序主要在模块池程序中使用，是存储于 R/3 存储器中的对象，因此是不能独立运行的程序。这部分内容将在第 13 章再次进行说明。数据类型和其定义方法已经在第 2 章中详细介绍，因此在这里省略此部分。TABLES 语句也已经在前面讲述并做过练习，因此不再细讲。当需要与表的结构相同的结构体时，为了便利，可以使用此 TABLES 语句。

"SELECT * FROM SFLIGHT WHERE ~~"语句中的 SFLIGHT 就可以当作结构体使用。

```
TABLES : sflight.
DATA : l_carrid    TYPE sflight-carrid.
```

12.3.3 选择画面

此部分要讲述的是在程序中可以输入查询条件的选择画面部分。当运行报表程序时，会自动生成选择画面（1000）。选择画面提供如 INPUT 字段可以与用户相互作用的（可以输入选择条件）的画面。在报表程序中选择画面最好包含在 INCLUDE 程序名 SEL（或者 TOP）中。选择画面不需要程序员定义，就会自动生成 1000 和处理逻辑。

```
SELECT-OPTIONS: sel_carr FOR sflight-CARRID.
PRAMETERS : p_carr LIKE sflight-carrid.
SELECTION-SCREEN BEGIN OF BLOCK bl1
WITH FRAME TITLE TEXT-010
SELECTION-SCREEN END OF BLOCK bl1.
```

1. PARAMETERS

PARAMETERS 定义用户可以输入值的输入字段。用下面语句定义变量。SELECTION-SCREEN 不支持 Data Type F，因此此类型不能定义成参数。

```
PARAMETERS <p>[(<length>)] <type> [<decimals>].
```

PARAMETERS 变量如果不指定 TYPE 类型，则默认定义为基本 CHAR 1 类型。PARAMETERS 中输入的值用在查询数据的 SELECT 语句的条件中使用。此参数只能接收一个值，且能追加如复选框按钮等选项。参照[表 12-1]和[例 12-4]学习 PARAMETERS 的多种选项。

表 12-1　参数选项

语　句	结　果
DEFAULT 'A',	设置初始值
TYPE CHAR10.	利用 ABAP 数据字典的数据类型
LENGTH n,	只适用于 TYPE　C、N、X 或 P，用于定义长度
DECIMALS dec	用于指定小数点位数
LIKE g	定义成参照对象相同的数据类型
MEMORY ID pid	分配内存参数
MATCHCODE OBJECT mobj	4.0 以后版本开始使用 Search Help，在 mobj 中输入 Search Help 名会生成 Possible Entry
MODIF ID modid	指定 screen-group，用于分组控制画面属性
NO-DISPLAY	用于隐藏，不显示在画面上
LOWER CASE	区分大小字母（case-sensitive）

（续）

语　句	结　果
OBLIGATORY	用于指定必输入字段。设置后画面上会显示问号（?）
AS CHECKBOX	以 CHECK BOX 形式显示
RADIOBUTTON GROUP radi	以单选按钮形式显示 要把两个以上字段定义成 Radio Group
VISIBLE LENGTH vlen	用于设置字段显示长度
VALUE CHECK	可以继承表字段属性来检查 Check Table 的值（外部键）
LIKE(g)	可以动态定义参数，运行时 g 中应该分配 ABAP 数据字典中存在的数据对象
AS LISTBOX	与 ABAP 数据字典字段的 INPUT HELP 相结合会显示成 LISTBOX
USER-COMMAND ucom	只适用于复选框和单选按钮。当选择单选按钮时执行 USER COMMAND 事件
AS SEARCH PATTERN	在 LDB（DBldbSEL include）中使用，且作为 SEARCH HELP 的主键构成内表
VALUE-REQUEST	在 LDB（DBldbSEL include）中用于追加 F4 VALUE HELP
HELP-REQUEST	与 VALUE-REQUEST 相似，生成字段 HELP

[例 12-4]

```
REPORT  z12_04.

DATA : l_fname(20)   TYPE c.
PARAMETERS: p_1       DEFAULT 'A',
            p_2       TYPE char10,
            p_3       TYPE c LENGTH 3 DEFAULT '123',
            p_4       TYPE p DECIMALS 2 DEFAULT '123.456789',
            p_5       LIKE sflight-carrid,
            p_6       MEMORY ID scl,
            p_7       MATCHCODE OBJECT zcarrid,
            p_8       MODIF ID mid,
            p_9       NO-DISPLAY,
            p_10      DEFAULT 'a' LOWER CASE,
            p_11      OBLIGATORY,
            p_12      AS CHECKBOX,
            p_13      RADIOBUTTON GROUP radi,
            p_13_2    RADIOBUTTON GROUP radi,
            p_14(10) VISIBLE LENGTH 3 DEFAULT '1234567890',
            p_15      LIKE sflight-carrid VALUE CHECK,
            p_16      LIKE (l_fname),
            p_17      LIKE sflight-carrid AS LISTBOX VISIBLE LENGTH 3,
            p_18         AS CHECKBOX USER-COMMAND abc.
*下面是在 Logical Datagbase 中使用
*       P_19      for table sflight,
*       P_20      FOR NODE sflight,
*       P_21      AS SEARCH PATTERN,
*       P_22  VALUE-REQUEST .
*       P_23  HELP-REQUEST.
```

[例 12-4]是关于参数的所有属性进行整理的代码。复制代码到程序中运行会有助于理解。P_19～P_23 是在 LDB 中使用的参数属性，且生成 LDB 时自动生成。PARAMETERS 旁边的冒号“：”是相同语句多次重复使用时为了简化代码而使用的语句，以逗号“，”区分，句号“.”结束。

[结果 12-4]

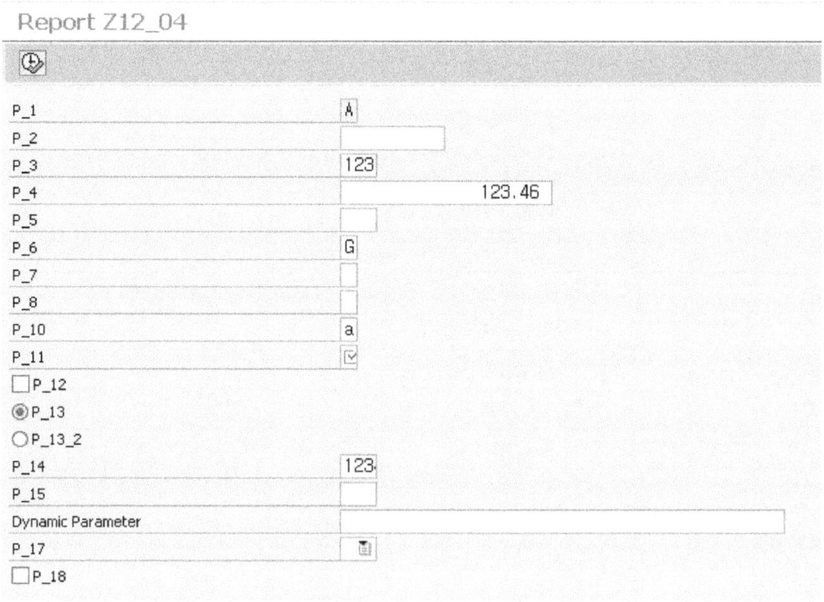

Report Z12_04

P_1 A
P_2
P_3 123
P_4 123.46
P_5
P_6 G
P_7
P_8
P_10 a
P_11
P_12
P_13
P_13_2
P_14 123
P_15
Dynamic Parameter
P_17
P_18

上图是执行[例 12-4]的选择画面的结果。报表程序只定义 PARAMETERS 语句也会自动生成如[结果 12-4]所示的选择画面。

2. SELECT-OPTIONS

PARAMETERS 是只能接收一个值的 INPUT 字段，与之相反，SELECT-OPTIONS 可以通过 2 个 INPUT 字段接收多种条件值（Selection Criteria）。拥有与 RANGE 变量相同的结构（内表）。RANGES 变量在“第 7 章 ABAP 数据字典”中已经介绍。SELECT-OPTIONS 始终要与 FOR 语句并行使用。此时 FOR 语句后面的值只能是以 TABLES 语句定义的表字段名或者是以 DATA 语句定义的变量。参照[表 12-2]与[例 12-5]学习 SELECT-OPTIONS 的多种选项。

```
SELECT-OPTIONS <seltab> FOR <f>.
```

[图 12-5]是 SELECT-OPTIONS 中可以输入的 Multiple Selection 输入弹出窗口 。在这里可以输入多个单值或者范围值。以这种方法构成的 SELECTION TABLE 用在 OPEN SQL 的 WHERE 条件中。

```
SELECT * FROM SPFLI WHERE CARRID IN <seltab>.
```

表 12-2　SELECT-OPTIONS 选项

语　句	结　果
DEFAULT g	设置初始值
DEFAULT g ... OPTION op ... SIGN s	指定 OPTION 与 SIGN OPTION: EQ（等于），BT（区间值），NB（区间值除外），GE（大于等于），LE（小于等于），GT（大于），LT（小于），NE（不等于） SIGN: Inclusive(I), Exclusive(E)

（续）

语　　句	结　　果
DEFAULT g TO h	在 SELECT-OPTION 的 LOW 值中指定 HIGH 值，指定区间值（between）
DEFAULT g TO h .. OPTION op .. SIGN s	这是结合上面两个语句的用法，因此 OPTION 只能是 BT 与 NB
MEMORY ID pid	指定 MEMORY 参数
MATCHCODE OBJECT mobj	4.0 以后版本开始使用 Search Help，在 mobj 中输入 Search Help 名会生成 Possible Entry
NO-DISPLAY	隐藏，不显示在画面上
LOWER CASE	区分大小写字母（case-sensitive）
OBLIGATORY	指定必须输入字段，设置后画面上会显示问号（?）
NO-EXTENSION	删除复选框按钮
NO INTERVALS	删除 HIGH 值
VISIBLE LENGTH vlen	用于设置字段的显示长度
NO DATABASE SELECTION	是 LDB 中使用的选项，在一般报表中没有任何功能
VALUE-REQUEST	在 LDB(DBldbSEL include)中用于追加 F4 VALUE HELP
HELP-REQUEST	与 VALUE-REQUEST 相似，生成字段 HELP

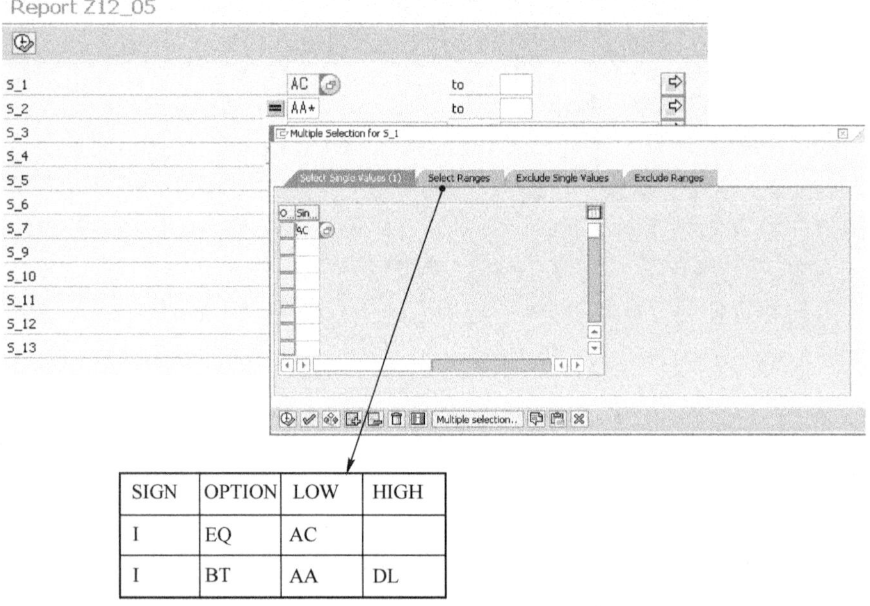

SIGN	OPTION	LOW	HIGH
I	EQ	AC	
I	BT	AA	DL

图 12-5　SELECT-OPTIONS 的 Multiple Selection 输入窗口

[例 12-5]

```
REPORT  z12_05.

TABLES : sflight.
DATA : gs_scarr TYPE scarr.
DATA : gv_val   TYPE char20.
SELECT-OPTIONS : s_1  FOR sflight-carrid  DEFAULT 'AC',
                 s_2  FOR gs_scarr-carrid  DEFAULT 'AA*'
                                           OPTION EQ SIGN I,
```

```
            s_3  FOR gv_val  DEFAULT '1111' TO '9999',
            s_4  FOR gv_val  DEFAULT 'AAAA' TO 'ZZZZ'
                             OPTION BT SIGN E,
            s_5  FOR sflight-carrid MEMORY  ID scl,
            s_6  FOR gv_val MATCHCODE OBJECT zcarrid,
            s_7  FOR sflight-carrid MODIF ID car,
            s_8  FOR sflight-carrid NO-DISPLAY,
            s_9  FOR sflight-carrid LOWER CASE,
            s_10 FOR sflight-carrid OBLIGATORY,
            s_11 FOR sflight-carrid NO-EXTENSION,
            s_12 FOR sflight-carrid NO INTERVALS,
            s_13 FOR sflight-carrid VISIBLE LENGTH 1.
```

[结果 12-5]

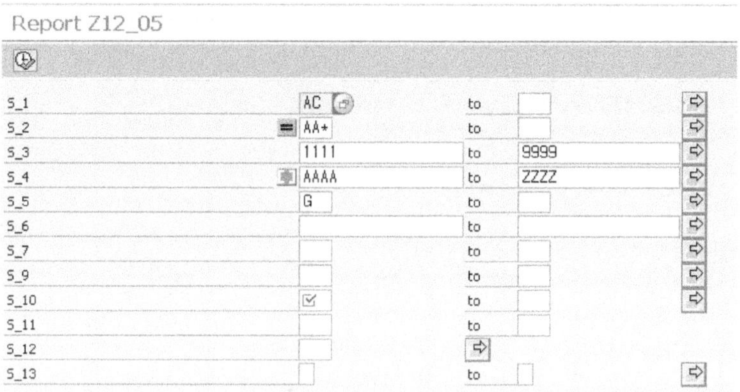

Report Z12_05				
S_1	AC	to		
S_2	= AA*	to		
S_3	1111	to	9999	
S_4	AAAA	to	ZZZZ	
S_5	G	to		
S_6		to		
S_7		to		
S_9		to		
S_10	☑	to		
S_11		to		
S_12				
S_13		to		

3. SELECTION-SCREEN

使用 PARAMETER 和 SELECTION-OPTION，ABAP 程序会自动调节字段描述与长度生成画面（SELECTION SCREEN）。若想调节系统自动生成的画面，则可以利用 SELECTION-SCREEN 语句。通过[表 12-3]和[例 12-6]来了解 SELECTION-SCREEN 选项。

表 12-3　SELECTION-SCREEN 选项

语　　句	结　　果
SELECTION-SCREEN BEGIN OF LINE. SELECTION-SCREEN END OF LINE.	将多个参数组合后显示在一行中 在行组中不能使用 SELECT-OPTIONS, SELECTION-SCREEN SKIP n 语句
SELECTION-SCREEN SKIP n.	追加 n 个空行
SELECTION-SCREEN ULINE.	追加 Under line SELECTION-SCREEN ULINE /1(10)：中 "/" 是用于指定换行位置
SELECTION-SCREEN POSITION pos.	在 SELECTION-SCREEN BEGIN OF LINE.块内指定参数位置
SELECTION-SCREEN COMMENT fmt name.	指定关于参数的描述 Fmt 代表 /pos(len)、pos(len) 或者 (len) SELECTION-SCREEN COMMENT 1(10) text-1 FOR FIELD p_1.
SELECTION-SCREEN PUSHBUTTON fmt name USER-COMMAND ucom.	在画面单击追加的按钮时，在 AT SELECTION-SCREN 中会保存 SSCRFIELDS-UCOMM
SELECTION-SCREEN BEGIN OF BLOCK block. SELECTION-SCREEN END OF BLOCK block.	形成 PARAMETER, SELECT-OPTIONS 等块 WITH FRAME：追加框架 TITLE title：追加框架的标题 NO INTERVALS：只显示块内 SELECT-OTPIONS 的 LOW 值

（续）

语　句	结　果
SELECTION-SCREEN FUNCTION KEY n.	追加 FUNCTION KEY 要事先定义 TABLES: SSCRFIELDS. 语句 FUNCTION KEY 描述在 INITIALIZATION 事件中利用下列语句 MOVE 'FUNCTION KEY 1' TO SSCRFIELDS-FUNCTXT_01.定义，则当单击 FUNCTION KEY 时会存储在 AT SELECTION-SCREN 的 SSCRFIELDS-UCOMM 中

[例 12-6]

```
REPORT  z12_06.

TABLES : scarr, sscrfields.

SELECTION-SCREEN BEGIN OF LINE.
SELECTION-SCREEN COMMENT  1(10) text-001 FOR FIELD p_1.
PARAMETERS : p_1 LIKE  scarr-carrid.

SELECTION-SCREEN POSITION POS_LOW.
PARAMETERS : p_2 LIKE   scarr-carrname.

SELECTION-SCREEN END OF LINE.

SELECTION-SCREEN SKIP 2.
SELECTION-SCREEN ULINE.
SELECTION-SCREEN ULINE /1(10).
SELECTION-SCREEN ULINE pos_low(10).
SELECTION-SCREEN ULINE pos_high(10).

SELECTION-SCREEN PUSHBUTTON /pos_low(10) text-002 USER-COMMAND btn01.

SELECTION-SCREEN BEGIN OF BLOCK block WITH FRAME TITLE text-003.
PARAMETERS : p_3 TYPE c.
SELECT-OPTIONS : s_1 FOR scarr-carrid.
SELECTION-SCREEN END OF BLOCK block.

SELECTION-SCREEN BEGIN OF BLOCK block2 WITH FRAME TITLE text-004
NO INTERVALS.
PARAMETERS : p_4 TYPE c.
SELECT-OPTIONS : s_2 FOR scarr-carrid.
SELECTION-SCREEN END OF BLOCK block2.
SELECTION-SCREEN FUNCTION KEY 1.

INITIALIZATION.
  MOVE 'Function key 1' TO sscrfields-functxt_01.

AT SELECTION-SCREEN.
  IF sscrfields-ucomm = 'FC01'.
    MESSAGE 'You clicked Function Key 1' TYPE 'I'.
  ENDIF.

  IF sscrfields-ucomm = 'BTN01'.
    MESSAGE 'You clicked Fuction Key button' TYPE 'I'.
  ENDIF.
```

[结果 12-6]

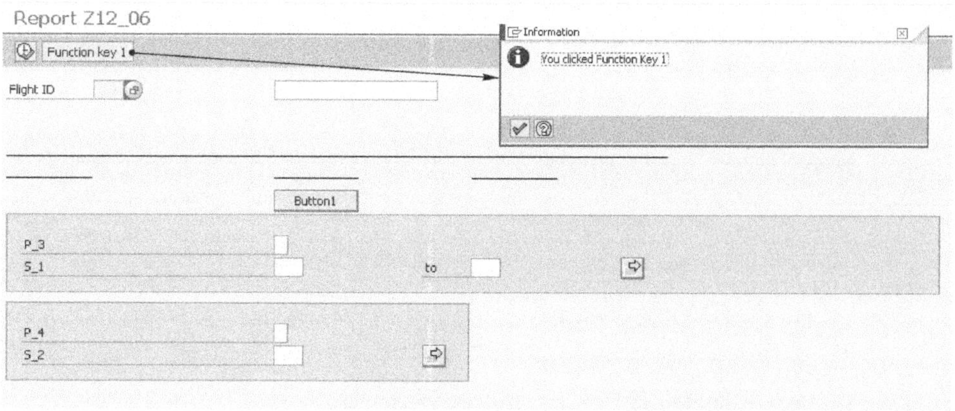

[图 12-6]是在[结果 12-6]中单击 Button1 按钮时执行的调试代码画面。从中可以确认 AT SELECTION-SCREEN 的字段 SSCRFIELDS-UCOMM 中被分配命令语句的结果。单击 Function key 1 也会显示相同的结果。

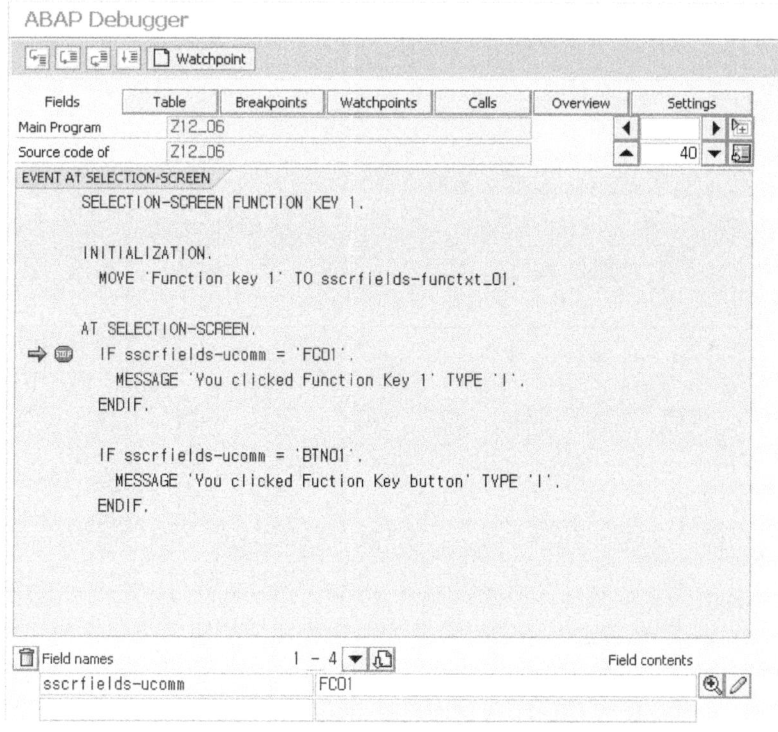

图 12-6　Selection Screen 的 Function Key 代码调试画面

12.3.4　Message ID

若想在 ABAP 程序信息栏中显示信息，则需要在报表第一行中记述 MESSAGE-ID。

```
SELECT * FROM SPFLI WHERE CARRID IN <seltab>.
```

```
REPORT  <Reportname>  MESSAGE-ID  <message-id>.
MESSAGE  Ennn  WITH  <filed1>  …  <field4>.
```

信息类型如[表 12-4]所示。

表 12-4 信息类型

TYPE	说　明
E	信息栏。检查用户输入的值时显示的信息
W	信息栏。按〈Enter〉键后继续执行后续功能。暂停某个画面的逻辑后以警告形式输出信息
I	弹出窗口。按〈Enter〉键后继续执行后续功能
S	成功信息
A	弹出窗口 。STOP 按钮在窗口里面 单击此 STOP 按钮会结束程序
X	也叫 Short Dump。显示 Dump 的同时结束程序

下面练习创建 MESSAGE ID。

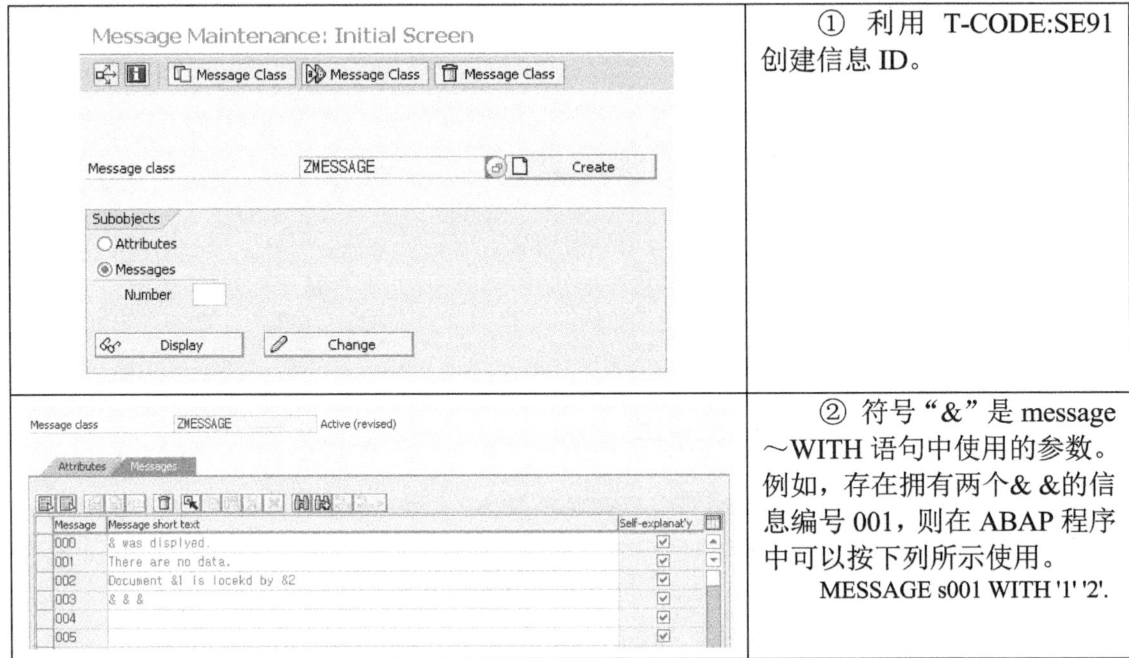

① 利用 T-CODE:SE91 创建信息 ID。

② 符号“&”是 message ~WITH 语句中使用的参数。例如，存在拥有两个& &的信息编号 001，则在 ABAP 程序中可以按下列所示使用。

MESSAGE s001 WITH '1' '2'.

12.4 程序结构——事件

本章将学习执行程序后初始化画面字段及根据用户输入的值返回相应结果的用户事件。各事件的详细功能请参见[表 12-5-1]与[表 12-5-2]。

```
INITIALIZATION.
AT SELECTION-SCREEN."( OUTPUT, ON VALUE REQUEST.)
START-OF-SELECTION.
* ( SELECT * FROM ~ 或者  GET <TABLE> …..)
END-OF-SELECTION.
```

表 12-5-1　事件功能说明

事　件	
块	结　果
INITIALIZATION	主要用于显示 SELECTION SCREEN 画面之前的初始化画面字段。字段初始化，设置初始值 设置 GUI STATUS 及 TITLEBAR SET TITLEBAR... SET PF-STATUS...
AT SELECTION-SCREEN	当用户输入 SELECTION SCREEN 值前/后触发的事件 此外还有下列几种功能 1.ON psel 2.ON END OF sel 3.ON VALUE-REQUEST FOR psel_low_high 4.ON HELP-REQUEST FOR psel_low_high 5.ON RADIOBUTTON GROUP radi 6.ON BLOCK block 7.OUTPUT
START-OF-SELECTION	当用户单击执行按钮（F8）时从数据库（LDB）中读取值 一般是执行 SELECT 语句的事件块。使用 LDB 的报表程序中是执行 GET <TABLE>语句的事件块
END-OF-SELECTION	读取数据后执行的功能事件块

12.4.1 INITIALIZATION

在事件中执行程序时最先执行的是 INITIALIZATION。此事件在显示 SELECTION-SCREEN 之前触发，因此一般用于指定变量初始值。即在 INITIALIZATION 事件中指定 SELECTION-SCREEN 中使用的字段初始值，自动输入用户经常使用的值。下面执行[例 12-7]。

```
INITIALIZATION.
    p_1 = 'AA'.
```

[例 12-7]

```
REPORT  z12_07.

TABLES : sflight.

PARAMETERS: p_carrid      LIKE sflight-carrid,
            p_connid      LIKE sflight-connid.

SELECT-OPTIONS : s_fldate  FOR sflight-fldate.

INITIALIZATION.
*  SET TITLEBAR 'T1000'.
*  SET PF-STATUS 'TEST'.

  p_carrid = 'AA'.
  p_connid = '17'.

  s_fldate-low = '20150101'.
  s_fldate-high = '20151231'.
  APPEND s_fldate.
```

SELECT-OPTION 是内表形式，因此要用 APPEND 语句追加数据。在“第 5 章 内表”中也强调过要记住数据分配与 APPEND 需要配套使用。在 INITIALIZATION 事件中，如[例 12-7]所示主要用于设置字段初始值。[例 12-7]的结果如[结果 12-7]所示。此外，构成标准程序提供的菜单和其他菜单（SET PFSTATUS）、指定程序标题（SET TITLE）、设置布局初始值等用于追加弹性作业。在 INITIALIZATION 事件中没有必要设置初始值时可以删除相应语句，这样也不会发生错误。但是考虑到程序可读性，还是希望保留着。

[结果 12-7]

Program z12_07			
P_CARRID	AA		
P_CONNID	17		
S_FLDATE	2015.01.01	to	2015.12.31

12.4.2 AT SELECTION-SCREEN

AT SELECTION-SCREEN 是在 SELECTION-SCREEN 中 Input Field 的值有变更时执行的事件。INITIALIZATION 与 START-OF-SELECTION 之间被触发，且对用户事件有回应并调节画面字段。

例如，假设 SELECTION-SCREEN 中存在事业部字段，有时会发生不允许用户查询其他事业部信息的情况。此时，若用户修改事业部编号会自动执行 AT SELECTION-SCREEN 事件，则在相应事件中追加权限检查即可。

```
AT SELECTION-SCREEN.
AUTHORITY-CHECK OBJECT 'Z_TEST'
          ID 'CARRID' FIELD pa_carr
          ID 'ACTVT' FIELD '03'.
IF SY-SUBRC = 4.
     MESSAGE e000 WITH 'You need a authority'.
ENDIF.
```

在 AT SELECTION-SCREEN 中有多种在相应事件中可以使用的有效选项，如[表 12-5]所示。

表 12-5-2　事件功能说明

选　项	效　果
ON psel	只对从 SELECTION SCREEN 传递的特性字段进行执行。若发生错误信息，则相应字段也重新被设置成可输入状态
ON END OF sel	在 SELECTION SCREEN 中选择多条数据时可以抑制所有 SELECTION TABLE 的输入值。可用于下限/上限、未输入值检查
OUTPUT	利用 AT SELECTION-SCREEN OUTPUT 语句可以设置 SELECTION-SCREEN 画面的布局
ON VALUE-REQUEST FOR psel_low_high	可由用户自定义的 Entry 代替 ABAP 数据字典自身提供的 Possible Entry 使用
ON HELP-REQUEST FOR psel_low_high	ABAP 数据字典中没有关于相应字段的帮助或者需要替代原先的检索帮助时使用。选择 SELECTION SCREEN 字段后单击〈F1〉键时执行
ON RADIOBUTTON GROUP radi	可以抑制 RADIOBUTTON GROUP <radi>内定义的 PARAMETER。无法用<FIELD>选项抑制 RADIOBUTTON 组内字段
ON BLOCK block	可以抑制 SELECTION SCREEN 块内输入值 可以抑制 SELECTION-SCREEN BEGIN OF BLOCK～SELECTION-SCREEN END OF BLOCK. 内定义的不符合特定规则的字段

12.4.3 START-OF-SELECTION

若已经结束查询画面上字段的初始值设置及数据检查（Validation），就要执行从数据库读取数据的实际性操作。执行 SQL 语句之前最好先执行 CLEAR 语句等准备操作后执行 SELECT 语句。执行 SELECT 语句时，若需要很长时间则不妨利用[例 12-8]中的 SAPGUI_ PROGRESS _INDICATOR 函数显示沙计时器以提示用户。

```
START-OF-SELECTION.
```

[例 12-8]

```
REPORT  z12_12.

DATA : g_total TYPE i,
      g_cnt   TYPE i,
      g_index TYPE i.

DATA : gt_sflight TYPE TABLE OF sflight WITH HEADER LINE.

START-OF-SELECTION.
  SELECT *
  INTO CORRESPONDING FIELDS OF TABLE gt_sflight
  FROM sflight.

  DESCRIBE TABLE gt_sflight LINES g_total.

  LOOP AT gt_sflight.
    g_cnt = g_cnt + 1.
    PERFORM progress_indicator USING g_cnt g_total ' Progressing... '.
  ENDLOOP.

  WRITE 'SUCCESS'.

FORM progress_indicator USING    value(p_cur)
                                 value(p_total)
                                 value(p_text).
  DATA : lv_text(50) TYPE c,
         lv_idx(3)  TYPE n.

  lv_idx = ( p_cur / p_total ) * 100.

  CONCATENATE lv_idx ' % : ' p_text INTO lv_text.

  CALL FUNCTION
    'SAPGUI_PROGRESS_INDICATOR'
    EXPORTING
      percentage = lv_idx
      text       = lv_text
    EXCEPTIONS
      OTHERS     = 0.
ENDFORM.       " progress_indicator
```

[结果 12-8]

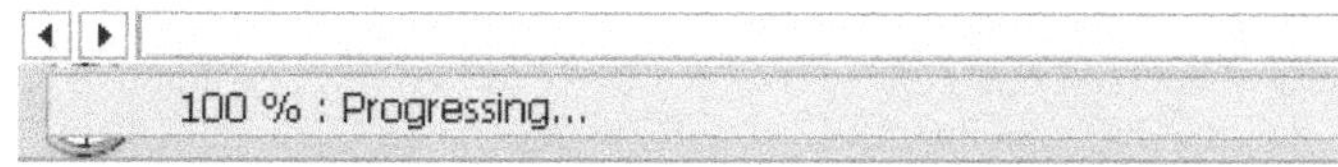

12.4.4 END-OF-SELECTION

此事件作为执行环境下最后调用的事件，是在查询所有数据后最终将这些数据输出到画面之前执行。即在 SELECT 语句中读取所有数据后，画面中显示 Write 在此事件内可以做修改内表数据的操作。

```
END-OF-SELECTION.
```

[例 12-9]是从 START-OF-SELECTION 中读取数据后在 END-OF-SELECTION 中显示数据到画面的实例。

[例 12-9]

```
REPORT  z12_13.

DATA : gs_str  TYPE scarr,
       gt_itab TYPE TABLE OF scarr.

START-OF-SELECTION.
  SELECT *
  INTO CORRESPONDING FIELDS OF TABLE gt_itab
  FROM scarr.

END-OF-SELECTION.
  LOOP AT gt_itab INTO gs_str.
    WRITE: / gs_str-carrid,   gs_str-carrname.
  ENDLOOP.
```

[结果 12-9]

```
AA   American Airlines3d
AB   Air Berlin
AC   Air Canada
AF   Air France
AZ   Alitalia
BA   British Airways
CN   Air china
```

12.5 程序结构——List Process 事件

本章介绍用户在查询画面输入值后单击执行按钮或按〈F8〉键时把数据显示到画面的 List Process 事件。

```
TOP-OF-PAGE.
END-OF-PAGE.
AT LINE-SELECTION.
AT PF<NN>
AT USER-COMMAND.
```

表 12-6　List Process 事件说明

List process 事件	
块	结　果
TOP-OF-PAGE	新一页开始时执行的 List Process 事件。在 START OF SELECTION 中遇到第一个 WIRTE 语句或每次开始新的一页时执行
END-OF-PAGE	在每页页尾中执行的事件
AT LINE-SELECTION	在 LIST 中双击行或者按〈F2〉键时执行的事件

（续）

List process 事件	
块	结　果
AT PF<NN>	执行以 PF <nn>形式定义的 Function
AT USER-COMMAND	在程序中执行用 Function 定义的功能
TOP-OF-PAGE　DURING　LINE-SELECTION	在 Secondary List 中控制报表表头时使用的事件

12.5.1 TOP-OF-PAGE

TOP-OF-PAGE 在新一页输出第一条数据之前执行。另外，在使用 NO STANDARD PAGE HEADING 选项的程序中直接输入报表表头时使用。没有特殊追加选项时只有生成基本列表时才使用。在 NEW-PAGE 语句中不执行 EVENT。在当前页中指定成固定表头，因此移动滚动条也不会有变化。相关内容请参照[例 12-10]。

```
TOP-OF-PAGE.
```

DURING LINE-SELECTION 选项有 AT LINE-SELECTION、AT USER-COMMAND 等，当调用新的画面时将 Secondary List 的 TOP-OF-PAGE 输出到画面上。

```
TOP-OF-PAGE DURING LINE-SELECTION.
```

[例 12-10]

```
REPORT   z12_10..

TOP-OF-PAGE.
  WRITE: sy-title, 60 'Page no :', sy-pagno.
  ULINE.
  WRITE: / 'Enjoy ABAP', sy-datum.
  ULINE.

START-OF-SELECTION.
  DO 50 TIMES.
    WRITE / sy-index.
  ENDDO.
```

[结果 12-10]

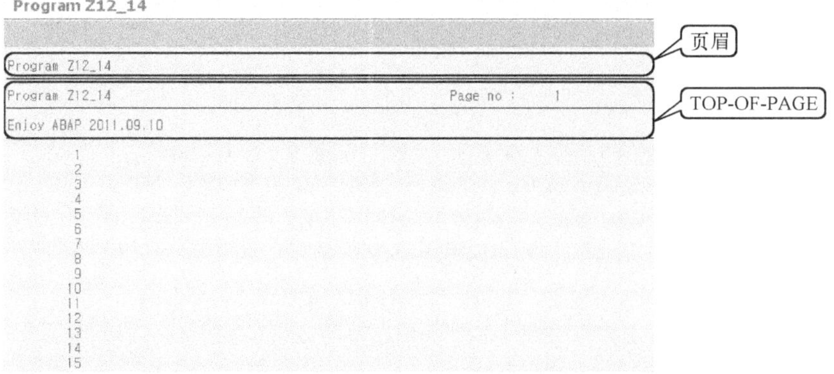

12.5.2 END-OF-PAGE

END-OF-PAGE 是当前页页脚触发的事件。即指定当前页页脚。如[例 12-11]所示，若明确指定 Line-count，则当前页行数超过 Line-count 时即可执行。[例 12-11]中 LINE-COUNT 10(2)的数字 10 代表一页的总行数，（2）代表页脚中要显示的行数。不使用 LINE-COUNT 选项时初始 LINE-SIZE（宽度）为 83，初始 LINE-COUNT（高度）为 60,000 行。LINE-SIZE, LINE-COUNT 一定要使用数字并且不能使用数据对象。在程序中，若已经追加 NEW-PAGE 事件，则不会执行 END-OF-PAGE。

[例 12-11]

```
REPORT  z12_15 LINE-COUNT 10(2).

TOP-OF-PAGE.
  WRITE: 'Top of Page'.
  ULINE AT /(60).

END-OF-PAGE.
  ULINE.
  WRITE: /30 'Page no :', sy-pagno.

START-OF-SELECTION.
  DO 20 TIMES.
    WRITE / sy-index.
  ENDDO.
```

[结果 12-11]

```
Report Z12_15

Report Z12_15                                                1
Top of Page
--------------------------------------------------------------
         1
         2
         3
         4
--------------------------------------------------------------
Page no :      1
Report Z12_15                                                2
Top of Page
--------------------------------------------------------------
         5
         6
         7
         8
--------------------------------------------------------------
Page no :      2
Report Z12_15                                                3
Top of Page
--------------------------------------------------------------
         9
        10
```

下面试着调节一下[结果 12-11]的 LINE-SIZE。

[例 12-12]

```
REPORT  z12_16 LINE-SIZE 60 LINE-COUNT 10(2).

TOP-OF-PAGE.
  WRITE: 'Top of Page'.
  ULINE AT /(60).
```

```
END-OF-PAGE.
 ULINE.
 WRITE: /30 'Page no :', sy-pagno.

START-OF-SELECTION.
 DO 20 TIMES.
  WRITE / sy-index.
 ENDDO.
```

[结果 12-12]

```
Report Z12_16

Report Z12_16                                              1
Top of Page
         1
         2
         3
         4
                              Page no :       1
Report Z12_16                                              2
Top of Page
         5
         6
         7
         8
                              Page no :       2
```

12.5.3 AT LINE-SELECTION.

当双击报表的一行或按〈F2〉键时触发的事件。此时发生的 SY-UCOMM 系统变量中被分配'PICK'值。在[例 12−5]中使用 FORMAT HOTSPOT 语句，则该行显示成链接形式。如实例所示可以指定颜色及 INVERSE。若以 ON 语句开始，则一定要以 OFF 语句结束。

```
AT LINE-SELECTION.
```

[例 12−13]

```
REPORT  Z12_17.

START-OF-SELECTION.
 WRITE  'First List'.

 FORMAT HOTSPOT ON COLOR 7.
 WRITE : / 'Clik this line'.
 FORMAT HOTSPOT OFF COLOR OFF.

AT LINE-SELECTION.
 WRITE: 'Secondary List '.
 WRITE:/ 'sy-ucomm =', SY-UCOMM.
```

[结果 12−13]

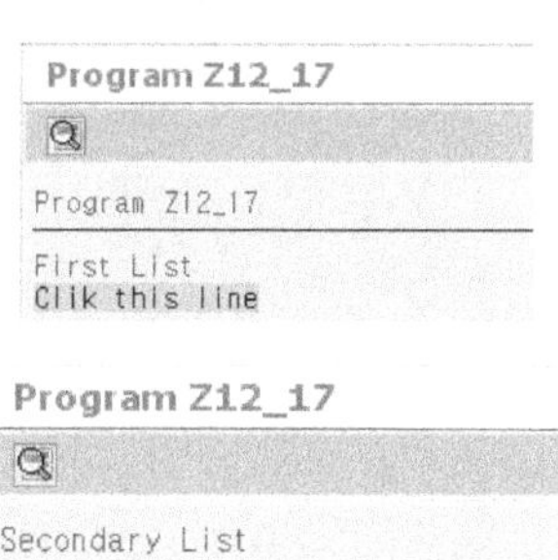

在[结果 12-13]中，把鼠标放在列表行后在命令窗口中输入'=pick'后单击✅按钮，则会与双击事件有相同的效果。

[例 12-14]

```
REPORT  Z12_18.

DATA : GS_SCARR       TYPE SCARR,
       GT_SCARR       TYPE TABLE OF SCARR ,
       GV_FNAME(20)   TYPE C,
       GV_VALUE(20)   TYPE C,
       GV_CARRID      LIKE SCARR-CARRID,
       GV_CARRNAME    LIKE SCARR-CARRNAME.

AT LINE-SELECTION .
 GET CURSOR FIELD GV_FNAME VALUE GV_VALUE.

 CASE GV_FNAME.
  WHEN 'GS_SCARR-CARRID'.
   SPLIT SY-LISEL AT ' ' INTO GV_CARRID GV_CARRNAME.
   WRITE : GV_CARRID, GV_CARRNAME.

  WHEN OTHERS.
 ENDCASE.



START-OF-SELECTION.
 SELECT *
  INTO CORRESPONDING FIELDS OF
  TABLE  GT_SCARR
 FROM SCARR.

 LOOP AT GT_SCARR INTO GS_SCARR.
  WRITE : / GS_SCARR-CARRID,
         GS_SCARR-CARRNAME.
 ENDLOOP.
```

[结果 12-14]

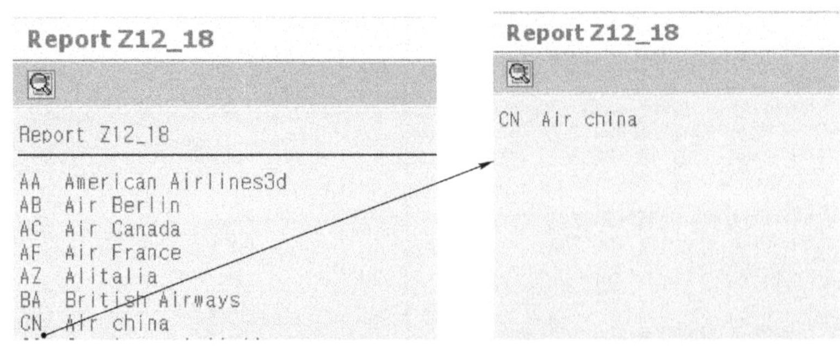

[例 12-14]中的 GET CURSOR 语句是读取当前光标的字段名、行数、值的命令。在[结果 12-14]中双击 CN Air china 行数会执行 AT LINE-SELECTION 部分，且在 GET

CURSOR 语句中会分配字段名及值。SY-LISEL 系统变量中持有报表中所选行数的所有值。利用 SPLIT 语句将系统变量 SY-LISEL 用空格( )分解后，将值分配给 G_CARRID, G_CONNID 变量。

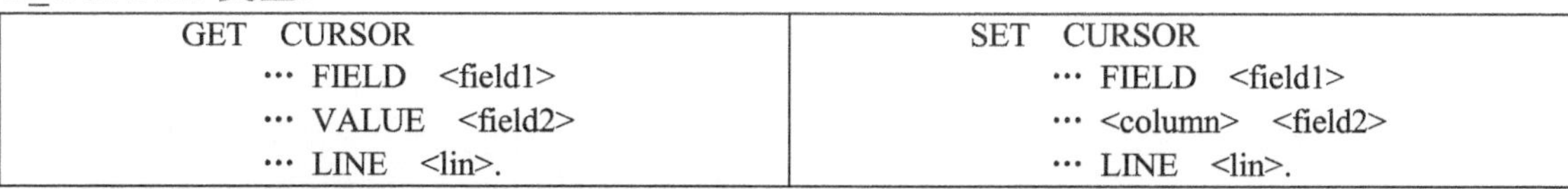

GET CURSOR	SET CURSOR
… FIELD <field1>	… FIELD <field1>
… VALUE <field2>	… <column> <field2>
… LINE <lin>.	… LINE <lin>.

报表的系统变量在[图 12-7]中进行说明。

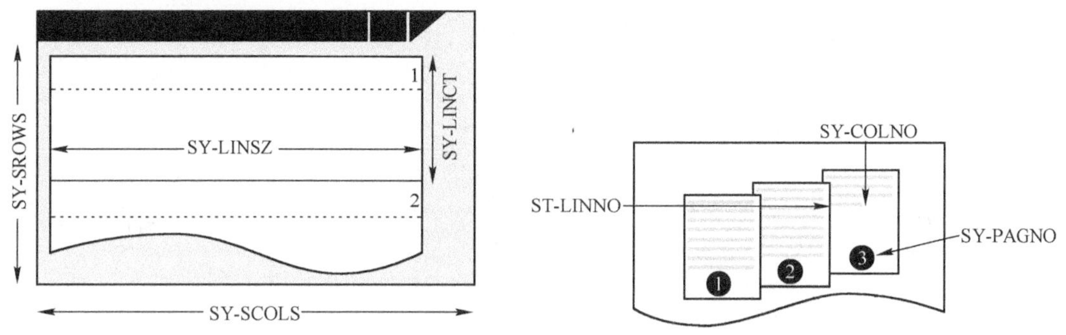

图 12-7 报表的系统变量

12.5.4 AT USER-COMMAND

在程序中执行用 Function 定义的功能。是当选择菜单栏的功能及单击按钮时触发的事件。为了测试，请参照<Tip.创建 GUI Status>中的③、④、⑤。首先创建 GUI STATUS。

[例 12-15]

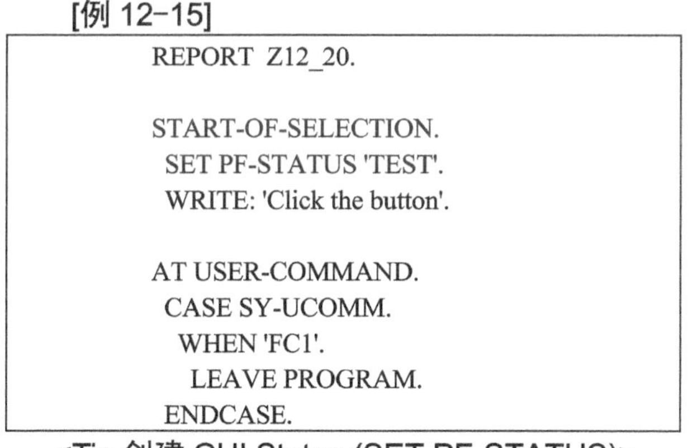

```
REPORT Z12_20.

START-OF-SELECTION.
 SET PF-STATUS 'TEST'.
 WRITE: 'Click the button'.

AT USER-COMMAND.
 CASE SY-UCOMM.
  WHEN 'FC1'.
   LEAVE PROGRAM.
 ENDCASE.
```

[结果 12-15]

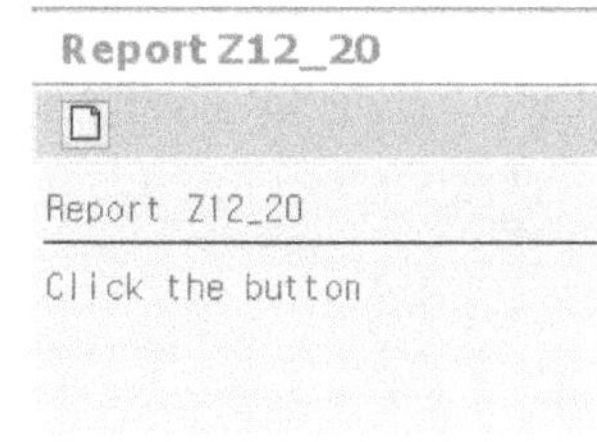

<Tip.创建 GUI Status (SET PF-STATUS)>

若要删除或追加标准报表程序提供的菜单，可以使用 SET PF-STATUS 语句。GUI STATUS 与 ABAP 程序领域独立存在且在菜单编辑器（T-CODE:SE41）中创建，可以动态追加到画面上。使用 EXCLUDING 选项可以非激活菜单部分功能。普遍在 Diglog 程序中创建菜单追加到画面上，在报表程序中使用 Function Key 就已足够（EXCLUDING 语句只能 Inactive 一个菜单。为了非激活多个菜单需要在 EXCULDING 语句后面使用内表）。系统变量 SY-PFKEY 拥有现在画面的 status 值。

```
SET PF-STATUS <menu> EXCLUDING <fnk>.
```

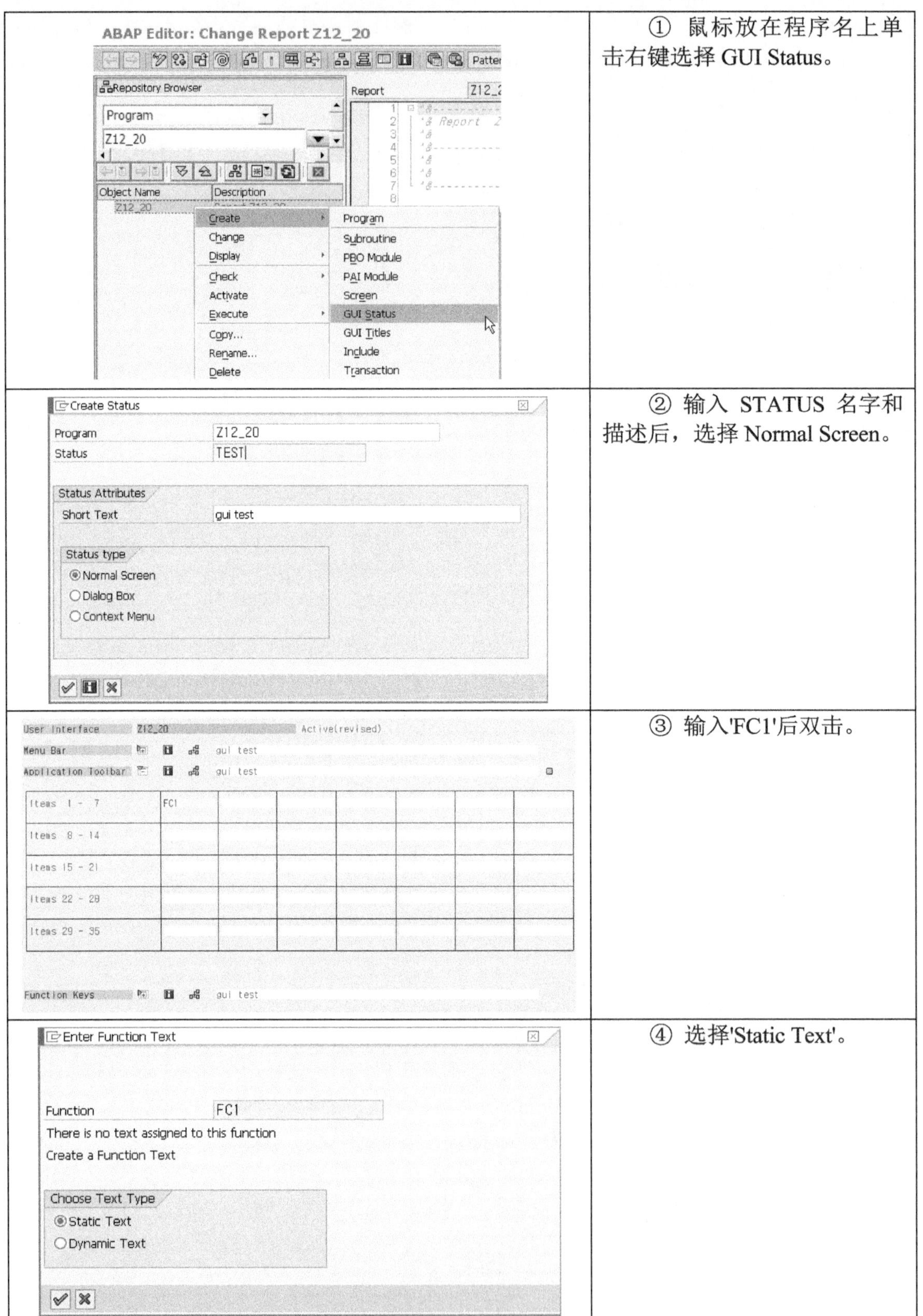

① 鼠标放在程序名上单击右键选择 GUI Status。

② 输入 STATUS 名字和描述后，选择 Normal Screen。

③ 输入'FC1'后双击。

④ 选择'Static Text'。

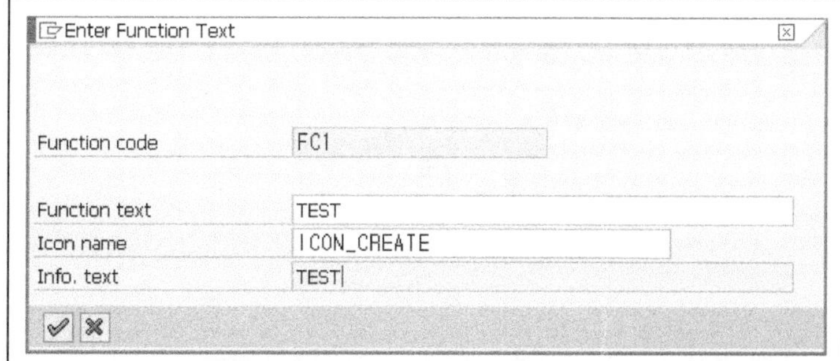

⑤ 设置图标等其他选项后激活。然后运行[例 12-20]。

12.5.5 TOP-OF-PAGE DURING LINE-SELECTION

在次级报表中控制表头时使用的事件。系统变量 SY-LSIND 中含有现在报表索引。每当显示次级报表(Secondary List)时 SY-LSIND 会加 1。Basic list 的 Index 为 0。如果使用'SY-LSIND = SY-LSIND - 1'语句，则代表次级报表要覆盖现有画面。在次级报表中单击 Back 按钮或 Exit (ICON X)按钮，则索引会减 1。

```
TOP-OF-PAGE    DURING    LINE-SELECTION
```

[例 12-16]

```
REPORT  Z12_21.

TOP-OF-PAGE.
  WRITE 'First List TOP-OF-PAGE'.
  ULINE.

TOP-OF-PAGE DURING LINE-SELECTION.
  WRITE 'Secondary List TOP-OF-PAGE'.
  ULINE.

AT LINE-SELECTION.
  PERFORM write_list.

START-OF-SELECTION.
  WRITE: 'Double-click this line'.

FORM write_list.
  WRITE: 'Secondary List',
/ '  sy-pfkey:', sy-pfkey.
ENDFORM.
```

[结果 12-16]

```
Program Z12_21

Program Z12_21
First List TOP-OF-PAGE
Double-click this line
```

```
Program Z12_21

Secondary List TOP-OF-PAGE
Secondary List
  sy-pfkey: PICK
```

< Tip.HIDE AREA>

在报表中选择（双击）用 HIDE 定义的变量，则该数据会保存到 HIDE 工作区中。HIDE 不是输出到 Output List 中的 WRITE 语句，是紧跟在 WRITE 语句后面使用的语句。通过[例 12-17]练习使用 HIDE 的程序。

```
WRITE <字段名>.
HIDE <字段名>.
```

[例 12-17]

```
REPORT  z12_22.

DATA : lt_scarr TYPE STANDARD TABLE OF scarr WITH HEADER LINE.
DATA : ls_scarr TYPE scarr,
       lv_chk   TYPE c,
       lv_fldname(30),
       lv_fldval(50).

START-OF-SELECTION.
  SELECT * INTO TABLE lt_scarr FROM scarr.

END-OF-SELECTION.
  LOOP AT lt_scarr.
    WRITE : / lv_chk AS CHECKBOX,
    sy-vline, lt_scarr-carrid, lt_scarr-carrname.
    HIDE : lt_scarr-carrid, lt_scarr-carrname.
  ENDLOOP.

AT LINE-SELECTION.
  CHECK sy-lsind = 1.
  WINDOW STARTING AT 5 5  ENDING AT 55 10.
  WRITE: /  'You selected below data'.
  WRITE : / lt_scarr-carrid, lt_scarr-carrname.
```

[结果 12-17]

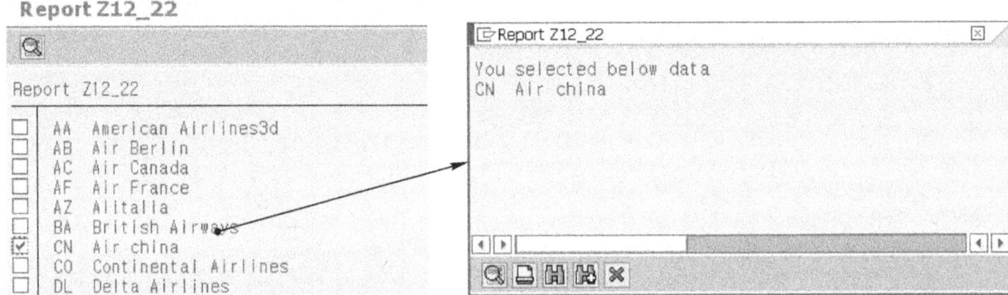

在[结果 12-17]中双击报表的一行，则这条数据会保存到用 HIDE 语句定义的字段 HIDE : lt_scarr-carrid, lt_scarr-carrname.中。与 HIDE 语句有相似功能的语句有 READ LINE、GET CURSOR、DESCRIBE LIST。WINDOW STARTING AT 5 5 ENDING AT 55 10 语句是在打开新窗口将选择的数据 WRITE 到画面时使用。

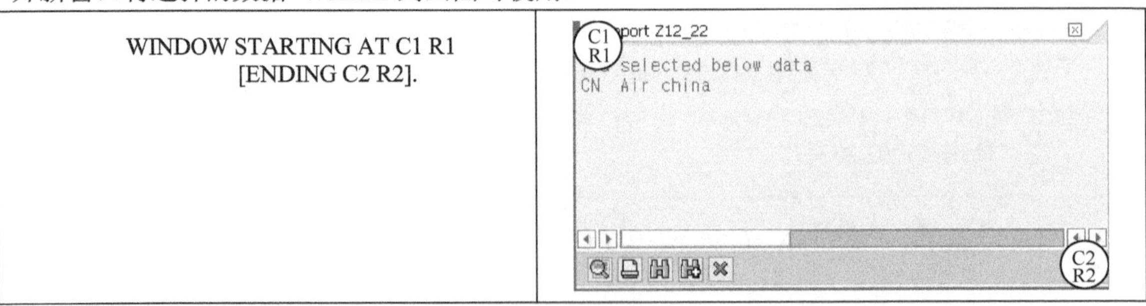

12.5.6 WRITE 语句

WRITE 语句主要用于 OUTPUT 报表中显示数据及分配值（MOVE）的功能。要用于显示的数据会保存在 LIST 缓冲器中。OUTPUT 报表中可以使用的项目有下列所示的几种。

- 用 DATA 语句定义的字段。
- 用 TABLES 语句定义的结构体项目。
- 用 FIELD-SYMBOL 定义的变量。
- 不受语言影响的 Text 文本。

```
WRITE     AT pl.(position and length specification)
           option.(formatting option).
           ofmt (output format by field).
           AS CHECKBOX (output as checkbox).
           AS SYMBOL (output as symbol).
           AS ICON (output as ICON).
      AS LINE.
      QUICKINFO g (output as a tool tip).
```

12.6 调用程序

做项目时会遇到多个程序员同时开发一个程序的情况。即执行非常复杂程序时按照功能分别开发也是很好的方法（模块化）。这样构成的包程序在主程序中根据用户要求各调用适合的程序使用。

在所有 ABAP 程序中都可以使用[表 12-7]的调用程序的语句。SUBMIT 语句和 CALL TRANSACTION 语句的最大不同点在于一个调用程序，另一个调用事务码（也有其他使用方法上的差异）。例如，在可执行程序的查询列表上，当用户双击一行时可以调用其他事务码显示被选择的数据。TYPE-1 程序被其他程序调用时会自动触发 LOAD-OF-PROGRAM 事件。其功能与类中的CONSTRUCTOR 方法相似，且在TYPE-1 程序中最先触发的INITIALZIATION 事件之前执行。这意味着可执行程序的代码中默认包含着 SUBMIT 语句。因此在 T-CODE:SE38 中执行 TYPE-1 程序，则执行 SUBMIT 语句，从而执行程序。要使用 SUBMIT 的时候，一般都是调用程序后要恢复到原程序。例如，在材料编号列表中为了查询其详细内容而调用其他程序后一般都要回到原程序中。为了解决这种问题，一定要结合 SUBMIT 和 AND RETURN 使用。

表 12-7 调用程序

是否可恢复	调用可执行程序（Type 1 Program）	调用事务码
调用其他程序后可恢复 ×	SUBMIT	LEAVE TO TRANSACTION
调用其他程序后可恢复 O	SUBMIT AND RETURN	CALL TRANSACTION

利用 SUBMIT AND RETURN 和 CALL TRANSACTION 语句调用其他程序后退出，则继续执行原程序中该语句后面的代码。

例如，假设程序中包含着下列所示代码。

```
REPORT ZTEST.
SUBMIT 'program' AND RETURN.
IMPORT g_carrid FROM MEMORY ID    'T_CID'.
            ...
```

则调用程序后，恢复到原画面时会先执行 IMPORT 语句。CALL TRANSACTION 语句也是调用程序的语句，此语句也如此。

12.6.1 调用报表程序

TYPE-1 程序可以用如下的 SUBMIT 语句调用。

```
SUBMIT <rep>|(<field>) [AND RETURN] [<options>].
```

调用程序时，在代码中直接输入程序名即可静态指定程序名，还可以用括号如'程序名'动态指定程序名。当系统执行 SUBMIT 语句后没有找到适当的程序，则会发生 Runtime 错误。另外，若不使用 AND RETURN 语句会删除被调用程序的所有数据和列表。反之，使用 AND RETURN 语句，则系统会将数据先存储在栈中再回到原程序中。

1．调用报表程序与 SELECTON-SCREEN

执行 TYPE-1 程序首先显示包含 PARAMETERS 和 SELECT-OPTION 的标准 SELECTION-SCREEN 画面。利用 SUBMIT 语句可以执行向 SELECTION-SCREEN 输入字段中填值的多种选项。

```
SUBMIT... [VIA SELECTION-SCREEN]
          [USING SELECTION-SET var]
          [WITH p op f SIGN s]
          [WITH FREE SELECTIONS freesel]
          [WITH SELECTION-TABLE rspar].
```

① VIA SELECTION-SCREEN。显示被调用程序的 SELECTION SCREEN 画面。不使用此语句，则不显示 SELECTION- SCREEN 画面而直接执行被调用程序。

② USING SELECTION-SET <var>。可以使用被调用程序的 Variant 来调用程序。

③ WITH p op f SIGN s。给 SELECTION SCREEN 的构成要素（PARAMETERS 和 SELECT-OPTIONS）赋值。

④ WITH FREE SELECTION freesel。可以使用动态的 Selection, 被调用的程序要与 LDB 相连接。

⑤ WITH SELECTION-TABLE rspar。灵活运用结构体 RSPARAMS 的内表，可以动态为被调用程序的 SELECTION-SCREEN 输入字段赋值。

[例 12-18]

```
REPORT    z12_32.

TABLES: sflight.

DATA : gt_seltab TYPE TABLE OF
rsparams WITH HEADER LINE.
DATA : gs_report(40) TYPE c.

gs_report = 'Z12_01'.

CLEAR gt_seltab.
gt_seltab-selname = 'SEL_CARR'.
gt_seltab-kind        =    'S'.
gt_seltab-sign        = 'I'.
gt_seltab-option    = 'EQ'.
gt_seltab-low          = 'AA'.
APPEND gt_seltab.

SUBMIT (gs_report)
        WITH SELECTION-TABLE gt_seltab
*      VIA SELECTION-SCREEN
       AND RETURN.
```

[结果 12-18]

```
Report Z12_01

Report  Z12_01

AA  0017
AA  0017
AA  0017
AA  0017
AA  0017
AA  0017
AA  0017
AA  0017
AA  0017
AA  0017
AA  0017
```

上例利用 SUBMIT 语句调用了在第 12 章第一次创建的程序[例 12-1]。灵活运用上面所讲的 SUBMIT 选项，要正确理解 SUBMIT 概念。

在[例 12-18]中已经使用了 SELECT-OPTOINS，下面是 PARAMETERS 的使用方法。

```
CELAR seltab.
seltab-selname = 'P_CARRID'.   "参数名
seltab-low        = 'AA'.         "参数值
APPEND seltab.
```

2．设置被调用程序的列表

被调用的程序不存在 REPORT 语句，因此不能设置列表的行数等样式。此时，可以利用 SUBMIT 语句修改被调用程序的列表结构。

```
SUBMIT... [LINE-SIZE <width>] [LINE-COUNT <length>].
```

[例 12-19]

```
REPORT  z12_33.

DATA: gv_name(8) VALUE 'Z12_33',
    gv_wid TYPE i VALUE 40,
    gv_len TYPE i VALUE 0.

DATA : gt_seltab TYPE TABLE OF rsparams WITH HEADER LINE.

START-OF-SELECTION.
 WRITE: 'Double Click List',
   / '------------------------'.

END-OF-SELECTION.
 WRITE: / 'Report     ',    gv_name INPUT ON,
      / 'Line size  ',    gv_wid  ,
```

```
                 / 'Page LENgth',    gv_len  .

          AT LINE-SELECTION.
            SUBMIT (gv_name) WITH SELECTION-TABLE gt_seltab
            LINE-SIZE gv_wid LINE-COUNT gv_len AND RETURN.
```

在[例 12-19]中单击 SELE 按钮，则 SUBMIT 语句与 LIST 选项会再被调用一次。因此在[结果 12-33]中会出现宽度（Line Size）变化。

[结果 12-19]

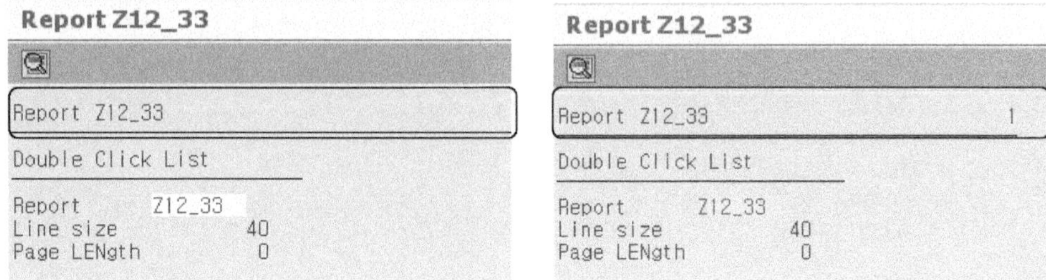

12.6.2 调用事务码

若程序存在事务码，则可以执行事务码调用其他程序。

```
LEAVE TO TRANSACTION tcod [AND SKIP FIRST SCREEN].
```

执行上面所示语句会在结束调用的程序的同时执行新程序。结束调用程序，则会回到刚执行时的初始菜单画面。LEAVE 语句与在 COMMAND 命令窗口输入/n + t-code 一样。

```
CALL TRANSACTION tcod [AND SKIP FIRST SCREEN].
```

此语句在保存被调用程序的数据的同时调用事务码。遇到 LEAVE PROGRAM 语句退出被调用程序，则会回到原调用程序中。AND SKIP FIRST SCREEN 选项用于利用内存参数值跳过 SELECTION SCREEN，直接显示 Output List。

12.7 BDC 程序

安装 SAP 后需要从源系统或其他外部系统中以适合 SAP 数据的形式读取多年累积的数据。当然，如果与外部系统连接使用 SAP，则需要持续使用这种操作。此时需要生成传送数据的程序，并在这时可以使用 Data Transfer Workbench。Data Transfer Workbench 可认为是传送数据所需操作的工具。从源系统中抽取数据后生成符合 SAP 格式的数据传送到 SAP 中。其传送数据的方法有 BAPI、Batch Input、Direct Input 等技术。在本书中着重了解其中的 Batch Input 方法及为了使用 Batch Input 所需要的 BDC 程序的创建方法。

一般把 Batch Input 程序称为 BDC（Batch Data Communication）程序。BDC 与其说是 ABAP 程序，更接近于工具。但是，在实际业务中经常使用，是比较重要的内容，因此着重于概念讲解。在这里需要明确解释一个问题。有人会认为，在 T-CODE:SE11 中可以直接修改表数据，没必要创建 BDC 等程序输入数据。这是因为 SAP 中使用的数据是以关系型 DB 为基准的，因此考虑到数据特性，数据分散保存在多个表中。当修改其中一个表的数据时，很难判断给其他关系型表造成的影响。如果不是 SAP，而是其他系统，则即使是关系型 DB 也不会有影响。这是因为，其他系统都是开发者自己设计整个 ERD 来开发程序的，因此明确知道哪个表中存在哪个数据。但是，SAP 公司不提供 ERD，因此很难分析程序中包含的复杂逻辑相关的数据。如[图12-8]所示，在 T-CODE:SE11 中可以查询外部键关系，但是无法查询没有设计外部键的表信息。在这种背景下，可以利用 BDC 来执行经常使用的事务码及画面生成或修改数据。此外，利用事务码修改数据会自动保存 log 信息，因此有无法任意操作数据的优点。

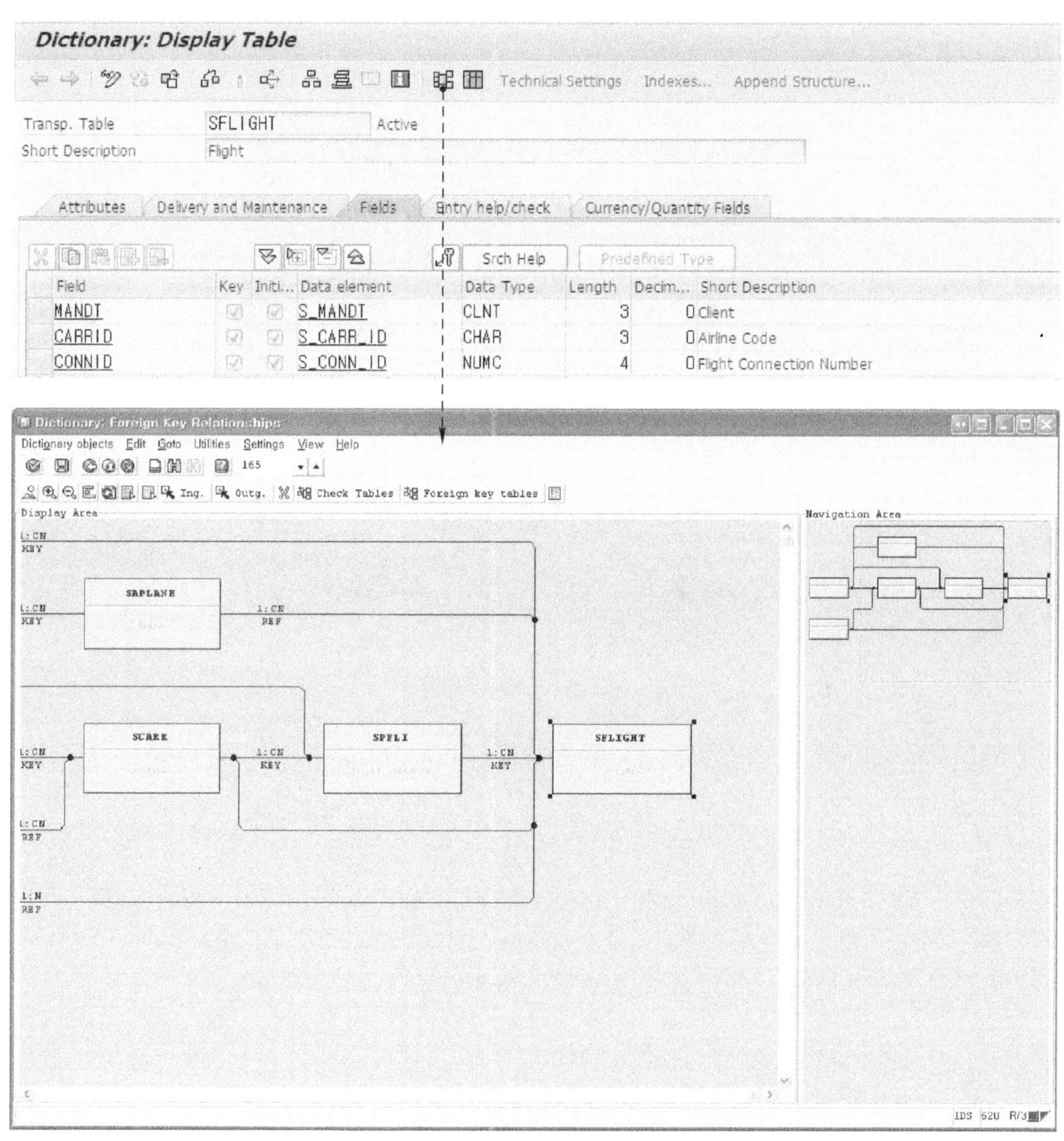

图 12-8　查询以外部键连接的表信息

BDC 程序分为生成 Batch Input 会话执行的方法及在程序内使用 CALL TRANSACTOIN 语句调用的方法两种。

利用[图 12-9]的左图说明的 Batch Input 方法，则 ABAP 程序会读取外部数据（文件等形式）构成 BDC 表。先保存到 Batch Input 会话中，后传递到 Queue 中，然后生成会话，以 System、Services、Batch input 或者 Background 操作会话记录，通过 SAP 事务码传递到系统中。

[图 12-9]的右图是在 ABAP 程序内利用 CALL TRANSACTION 语句执行 SAP 事务码的方法。为了让外部数据在后续流程中继续使用，因此不存储在会话中，其所有 Batch Input 过程在程序内实时执行。下面详细介绍这两种方法。

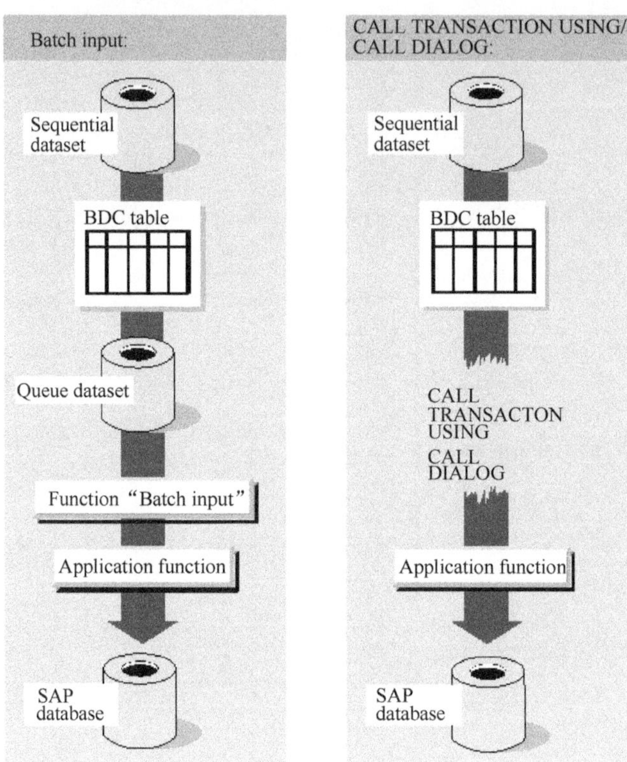

图 12-9 批量导入数据（Batch Input）与调用事务码导入数据（CALL TRANSACTION）比较

12.7.1 利用 CALL TRANSACTION

CALL TRANSACTION 是将用户执行事务码输入画面值的过程用程序实现，即以 EXCLE 文件形式输入到标准程序的方法。在实务中经常使用，不用生成 Batch Input Session，在 ABAP 程序内用 CALL TRANSACTION 语句输入数据。

```
CALL TRANSACTION <tcode>
      USING <bdc_tab>
OPTIONS FROM <ctu_params>
      MODE    <mode>
      UPDATE    <update>
MESSAGES INTO MESSTAB.
      IF SY-SUBRC <> 0.
            <Error_handling>.
      ENDIF.
```

下面介绍上面的语句中使用的各选项。

<tcode>: 事务码。

<bdc_tab>: BDCDATA 结构的内表传递给事务码。

<ctu_params>：适用于 Rel4.6B 以上版本，用于设置 CALL TRANSACTION 语句选项，属性参见[表 12-8]。

表 12-8　CTU_PARAMS 属性

选　项	说　明
DISMODE	与 MODE 选项相似，参见[表 12-9]
UPDMODE	与 UPDATE 选项相似，参见[表 12-10]
CATTMODE	设置 CATT 模式 ' '：不使用 CATT 'N'：没有 single-screen control 的 CATT 'A'：有 single-screen control 的 CATT
DEFSIZE	设置基本窗口大小
RACOMMIT	在 COMMIT WORK 中不结束事务码
NOBINPT	不使用 Batch Input Mode 设置成 SY-BINPT=space 使事务码以模块池程序形式执行 程序以 Batch Input(T-CODE:SM35)形式执行，则 SY-BINPT = 'X' 有些事务码在 Batch Input 模式与模块池程序执行效果会不同。此时，可以设置成 SY-BINPT = 'X' 调用事务码
NOBIEND	DISMODE 为'E'状态时可以设置且当系统发生错误时在 Background 中执行的 BDC 会转换成 Foreground，同时显示画面

CTU_PARAMS 选项 DISMODE 与 CALL TRANSACTION 的 <mode> 有相同的功能，因此不能重复使用。UPDMODE 属性也如此。

表 12-9　MODE 选项

选　项	说　明
A	显示画面的同时执行事务码
E	当发生错误时显示画面
N	不显示画面

表 12-10　UPDATE 选项

选　项	说　明
S	Synchronous Update
A	Asynchronous Update
L	Local Update Local Update 是指不保存在 VBLOG 表，而将数据保存在 ABAP 内存领域中 调用的程序与被调用的程序在同一个 Work Process 中执行

Return code: 执行 BDC 后给系统变量 SY-SUBRC 返回结果，见[表 12-11]。

表 12-11　Return Code 的意义

值	说　明
0	Success
<=1000	Dialog Program Error
> 1000	Batch Input Error

MESSTAB：保存 BDC 执行时发生的信息的 BDCMSGCOLL 类型内表，其系统变量参见[表 12-12]。

表 12-12　MESSTAB 的系统变量意义

系 统 变 量	说　　明
SY-MSGID	Message ID
SY-MSGTY	Message type (E,I,W,S,A,X)
SY-MSGNO	Message number
SY-MSGV1	Message variable 1
SY-MSGV2	Message variable 2
SY-MSGV3	Message variable 3
SY-MSGV4	Message variable 4

12.7.2　录屏及创建 BDC 程序

为了执行 Batch Input 需要有 Batch Input 程序。要制作此程序需要知道传送的数据执行什么事务码（即需要事先执行录屏操作）。录屏（Recording）操作的主要目的就在于制作 BDC 程序。

为了创建 BDC 程序，下面简单介绍录屏操作。

1．用途

- 创建执行 Batch Input 或者 Call Transaction 的传递数据的程序。
- 创建 Batch Input 会话。
- 创建测试数据。
- 创建 Function Module。

2．特性

无法录制 F1、F4（PROCESS ON HELP-REQUEST、PROCESS ON VALUE-REQUEST），Error 或者 Warning 信息也无法录制，其目的在于使程序在现画面成功执行到下一个过程。

[图 12-10]说明用户执行事务码的录屏过程。画面字段称为字段名（Field Name），画面

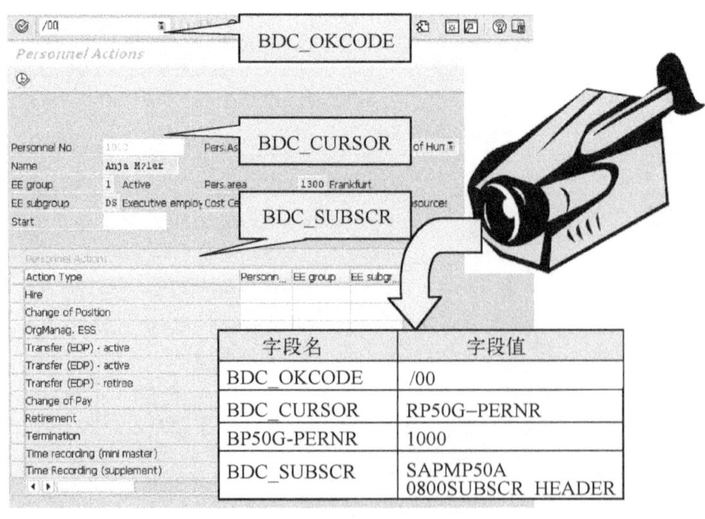

图 12-10　事务码录屏

输入的值称为字段值（Field Value）。BDC_OKCODE 是在画面上执行的命令（OK_CODE），BDC_CURSOR 是退出画面之前的鼠标位置。另外，RP50G-PERNR 是输入的员工编号的画面 Input Field，且被输入的值为 1000。

3. Transaction Recorder 执行

下面尝试在 Transaction Recorder 中修改物料主数据的录屏操作。BDC 程序根据客户或者开发者属性会有多种形式。因此，不详细介绍关于 BDC 程序的代码。通过 12.7.2 节理解 BDC 概念以后，通过实际的标准程序进行测试最易掌握。

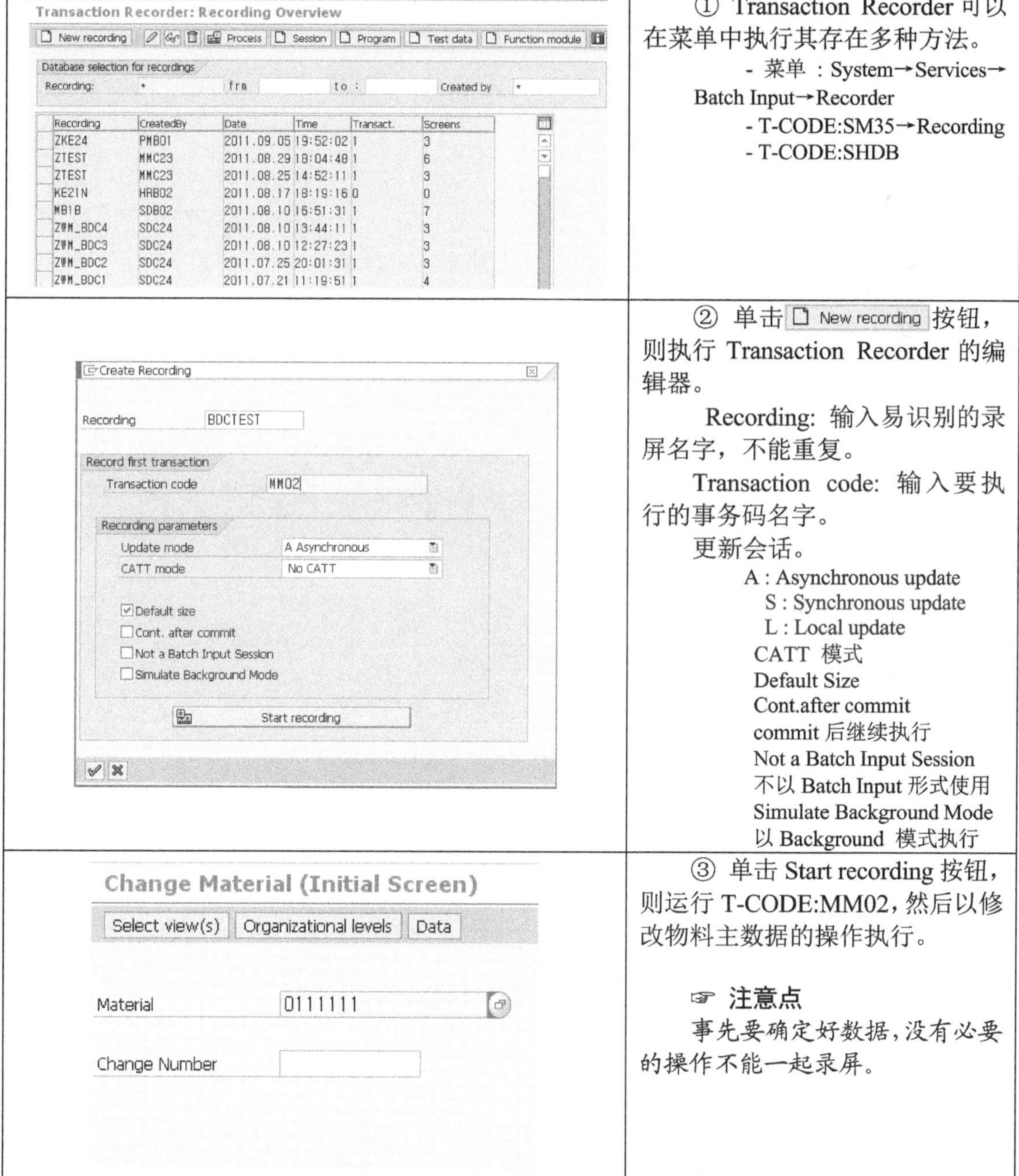

Transaction Recorder: Recording Overview	① Transaction Recorder 可以在菜单中执行其存在多种方法。 - 菜单 : System→Services→Batch Input→Recorder - T-CODE:SM35→Recording - T-CODE:SHDB
Create Recording	② 单击 New recording 按钮，则执行 Transaction Recorder 的编辑器。 Recording: 输入易识别的录屏名字，不能重复。 Transaction code: 输入要执行的事务码名字。 更新会话。 A : Asynchronous update S : Synchronous update L : Local update CATT 模式 Default Size Cont.after commit commit 后继续执行 Not a Batch Input Session 不以 Batch Input 形式使用 Simulate Background Mode 以 Background 模式执行
Change Material (Initial Screen)	③ 单击 Start recording 按钮，则运行 T-CODE:MM02，然后以修改物料主数据的操作执行。 ☞ **注意点** 事先要确定好数据，没有必要的操作不能一起录屏。

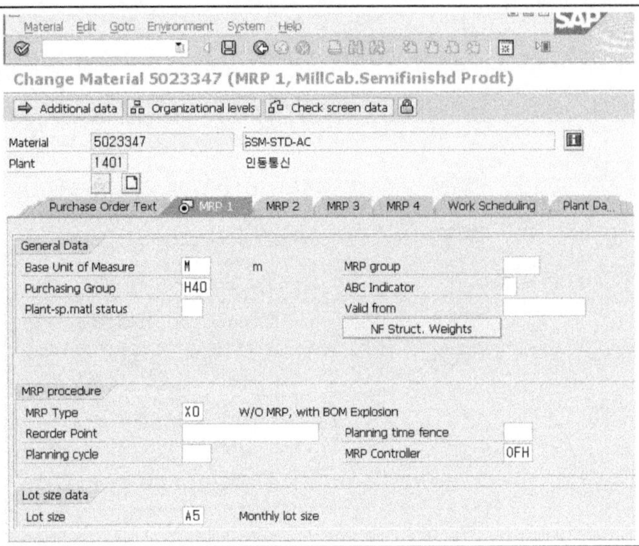

Material Edit Goto Environment System Help
Change Material 5023347 (MRP 1, MillCab.Semifinishd Prodt)
Additional data
Organizational levels
Check screen data
Material 5023347 SSM-STD-AC
Plant 1401 인동통신
Purchase Order Text
MRP 1
MRP 2
MRP 3
MRP 4
Work Scheduling
Plant Da
General Data
Base Unit of Measure M m
MRP group
Purchasing Group H40
ABC Indicator
Plant-sp.matl status
Valid from
NF Struct. Weights
MRP procedure
MRP Type X0 W/O MRP, with BOM Explosion
Reorder Point
Planning time fence
Planning cycle
MRP Controller 0FH
Lot size data
Lot size A5 Monthly lot size

④ 执行事务码后回到初始画面时单击 Back 按钮。

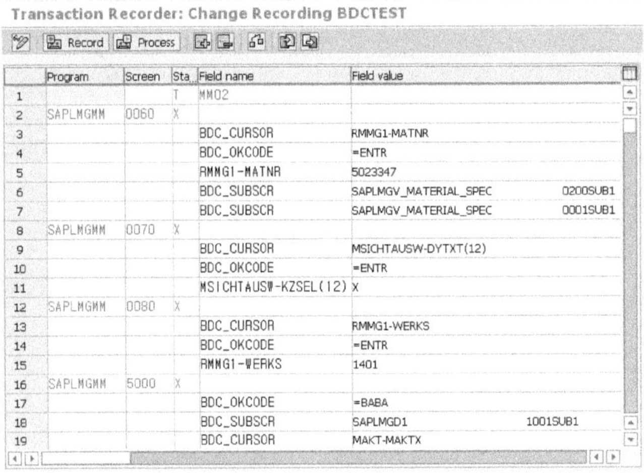

Transaction Recorder: Change Recording BDCTEST
Record
Process
Program Screen Sta Field name Field value
1 T MM02
2 SAPLMGMM 0060 X
3 BDC_CURSOR RMMG1-MATNR
4 BDC_OKCODE =ENTR
5 RMMG1-MATNR 5023347
6 BDC_SUBSCR SAPLMGV_MATERIAL_SPEC 0200SUB1
7 BDC_SUBSCR SAPLMGV_MATERIAL_SPEC 0001SUB1
8 SAPLMGMM 0070 X
9 BDC_CURSOR MSICHTAUSW-DYTXT(12)
10 BDC_OKCODE =ENTR
11 MSICHTAUSW-KZSEL(12) X
12 SAPLMGMM 0080 X
13 BDC_CURSOR RMMG1-WERKS
14 BDC_OKCODE =ENTR
15 RMMG1-WERKS 1401
16 SAPLMGMM 5000 X
17 BDC_OKCODE =BABA
18 BDC_SUBSCR SAPLMGD1 1001SUB1
19 BDC_CURSOR MAKT-MAKTX

⑤ 显示录屏后的数据首先进行保存。可以修改成符合录屏所需的形式。

4．利用 Transaction Recording 生成 BDC 程序

在前面生成的录屏通过创建程序的功能尝试创建 BDC 程序。

Transaction Recorder: Recording Overview
New recording
Process
Session
Program
Test data
Function module
Database selection for recordings
Recording: BDCTEST frm to Created by
Recording CreatedBy Date Time Transact. Screens
BDCTEST PM801 2011.09.18 14:56:35 1 4

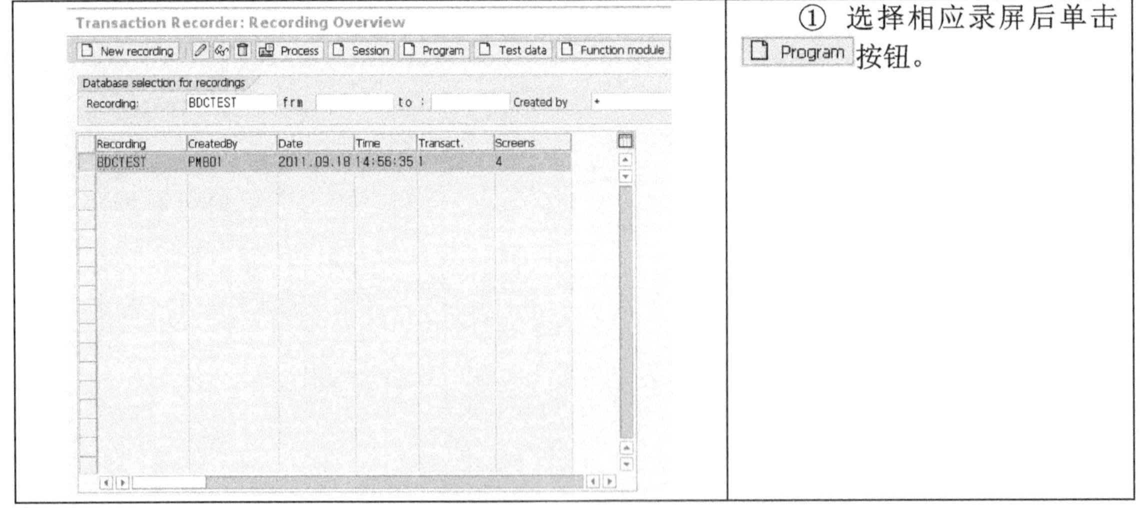

① 选择相应录屏后单击 Program 按钮。

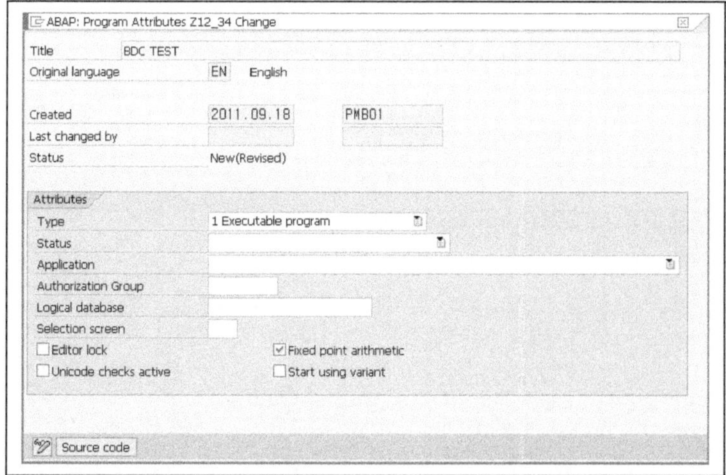

② 输入要生成的程序名后选择程序类型为'TYPE-1'。

```
Report    Z12_34    Active (Revised)
REPORT z12_34 NO STANDARD PAGE HEADING LINE-SIZE 255.

INCLUDE bdcrecxl.

PARAMETERS: dataset(132) LOWER CASE DEFAULT 'C:₩BDCTEST.TXT'.
DATA: BEGIN OF record,
        matnr_001(018),
        kzsel_12_002(001),
        werks_003(004),
        maktx_004(040),
        meins_005(003),
        ekgrp_006(003),
        dismm_007(002),
        dispo_008(003),
        disls_009(002),
        bstma_010(017),
      END OF record.

START-OF-SELECTION.

  PERFORM open_dataset USING dataset.
  PERFORM open_group.

  DO.

    READ DATASET dataset INTO record.
    IF sy-subrc <> 0. EXIT. ENDIF.

    PERFORM bdc_dynpro      USING 'SAPLMGMM' '0060'.
    PERFORM bdc_field       USING 'BDC_CURSOR'
                                  'RMMG1-MATNR'.
    PERFORM bdc_field       USING 'BDC_OKCODE'
                                  '=ENTR'.
* Li 5, Co 45    Ln 1 - Ln 34 of 74 lines
```

③ 确认程序代码，则由以下列顺序构成。

a）数据定义——定义处理BDC的记录。

b）Group Open——调用BDC_ *OPEN_GROUP* 函数生成会话。

c）BDC执行——利用BDC_INSERT 函数把数据传递到会话中后以录屏顺序执行。

d）Group Close——调用BDC_ CLOSE_GROUP 函数关闭会话。

BDC TEST

◉ Generate session		○ Call transaction	
Session name		Processing Mode	N
User	PMB01	Update Mode	L
Keep session	☐	Error sessn	
Lock date		User	PMB01
		Keep session	☐
		Lock date	
Nodata indicator	/		
Short log	☐		
DATASET	C:₩BDCTEST.TXT		

④ 执行程序会显示基本提供的BDC画面。在前面也已讲述，可分为生成Batch Input会话的方法与Call Transaction的方法两种。若生成Batch Input会话，则需要到T-CODE:SM35直接执行。一般就是参照或复制这个代码通过上传文件程序的方法处理数据。重新构成SELECION SCREEN后，选择文件构成Dataset后在LOOP里面执行 BDC。文件形式定义成与程序的内表结构一样即可。

使用CALL TRANSACTON的方法一般在Report或Module Pool Program 内使用。

第 13 章　模块池程序

本章目录	本章介绍
1．概要 2．屏幕 3．实现模块池程序 4．表控制器控件 5．子画面	本章将学习 TYPE-M 模块池程序，且说明用户输入、修改或删除数据所使用的 User Dialog（在这里定义 Dialog 为用户行为），即说明屏幕 Dialog 与 ABAP 程序是如何连接并传输数据的，以及在程序内的实现方法，还有从用户获得数据的方法等内容。

13.1　概要

ABAP 程序共分为可执行程序（又称 TYPE-1 或者报表程序）、模块池程序（又称 TYPE-M）、函数组（又称 TYPE-F）等。那么这些程序都有什么区别呢？首先看一下“第 12 章 报表程序”和本章学习的模块池程序(Module Pool Program)。对此，作者认为区别在于前者使用程序自动生成的 1000 画面，而后者使用自己生成的画面。报表程序主要用于显示从数据库获得的数据，而模块池程序主要用于查询、修改、删除等管理数据（模块池程序可以管理数据，意味着能处理从 Business Flow 衍生过来的数据）。报表程序可以直接运行，而模块池程序却不可以。但是，在实际业务中不区分使用，原因是为了灵活运用 TYPE-1 程序的 SELECT-OPTION 等优点。

如[图 13−1]所示，开发 TYPE-M 程序需要下列三个步骤。

第一，定义屏幕。

第二，追加关于屏幕的代码。

第三，创建关于 TYPE-M 程序的代码。

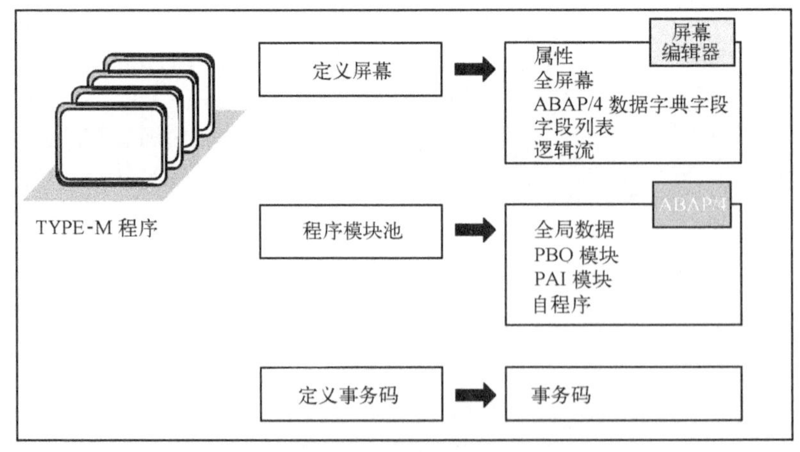

图 13−1　TYPE-M 程序领域

13.2 屏幕

屏幕指的是 SAP GUI 上显示的所有画面，前面做过的很多练习都涉及屏幕。它是用于与用户相互交涉的创建、查询数据的工作领域。

它不仅在 TYPE-M 程序中使用，在 TYPE-1、TYPE-F 程序中也在使用。如[图 13-2]所示，屏幕由输入/输出字段与逻辑流（Flow Logic）等组成。

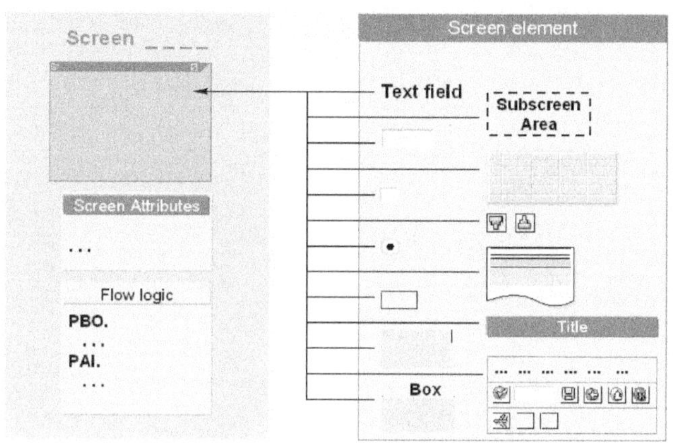

图 13-2 定义屏幕

屏幕逻辑流分为 PBO（Process Before Output）与 PAI（Process After Input）事件。PBO 事件是显示画面之前执行的事件，相反 PAI 事件是画面上发生用户事件之后执行的事件。从字面上不难理解，但在实际程序中最容易混淆的就是 PBO 与 PAI 这两部分。其他语言中不存在类似于 PBO、PAI 等画面逻辑，因此读者会感到更加生疏。为了理解这些概念，有必要借助于相关资料及菜单，但更重要的是需要读者自己通过实践来理解。

[图 13-3]说明了 GUI 状态和 ABAP 程序之间显示屏幕的位置。作为动态程序，屏幕可拥有自带的数据对象，称为屏幕字段。

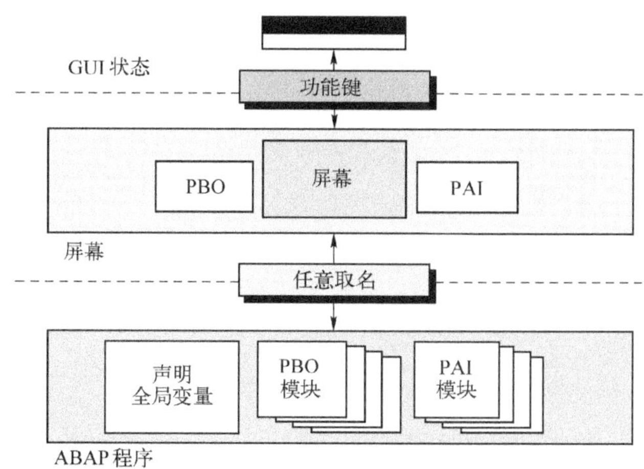

图 13-3 屏幕位置

显示屏幕或者结束用户动作后，具有同名的屏幕字段与 ABAP 程序的数据对象之间会发生数据复制操作。调用 PAI 事件后程序内部自动执行这一操作。屏幕上存在 GUI STATUS，其中包含菜单栏、标准工具栏、应用工具栏。利用菜单编辑器生成 GUI STATUS，然后在 ABAP 程序中利用 SET PF-STATUS 语句动态分配到屏幕上。详细内容在 17.3.2 节中将再次讲解。屏幕构成要素如[图 13-4]所示，分为四个部分。

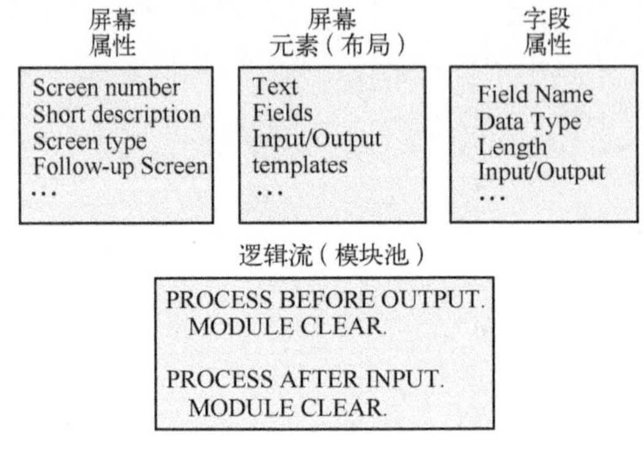

图 13-4　屏幕组成

13.2.1　屏幕属性

屏幕由屏幕字段组成。当激活屏幕时会直接用屏幕编辑器中定义的字段名。即这些屏幕字段只是在屏幕上与输入/输出字段相连接，但并不代表它们是同一个对象。只有显示屏幕或发生用户事件后，同名的屏幕字段和 ABAP 程序的数据对象之间有数据传递。序号为 1000 至 1010 之间的屏幕由标准 SELECTION SCREEN 和 ABAP Dictionary Maintenance 所占用。建议 SAP Customer 使用编号 9000 以上的屏幕，但在实际业务中以 100 为单位区分使用。[图 13-5]显示的是屏幕属性。各项目的详细内容请参见[表 13-1]。

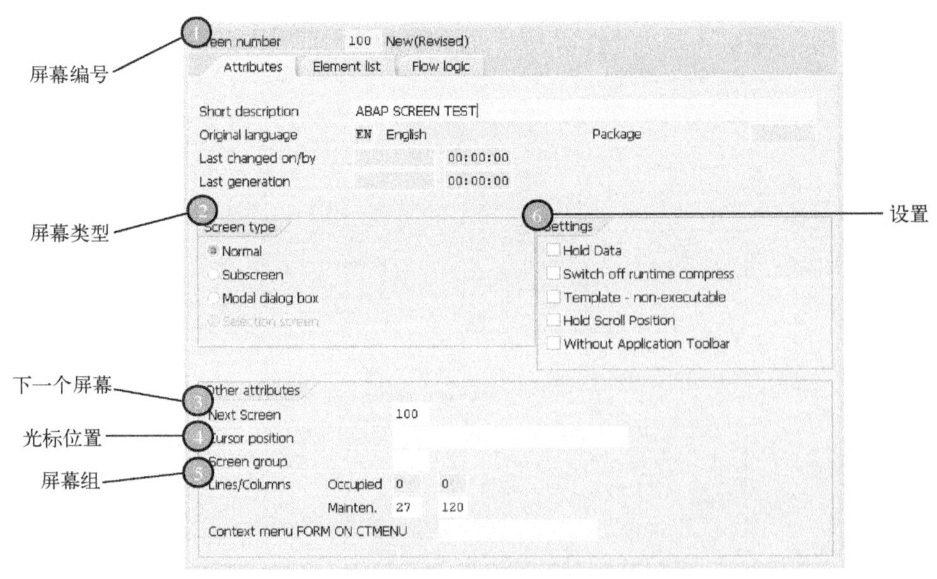

图 13-5　屏幕属性

表 13-1　屏幕属性

主　键	描　述
① 屏幕编号	在程序内部用于区分屏幕的 4 位数字。如果有标准 SELECTION SCREEN，则不能使用同名的 1000 画面。一般以 0100、0200 等形式连续使用
② 屏幕类型	Normal：此类型是占整个 GUI 窗口的屏幕，为常使用的一种 Subscreen：此类型是在子屏幕上使用的画面，详细内容后面有说明 Modal Dialog Box：以弹出窗口的形式显示，若不结束弹出窗口，则无法选择其他屏幕
③ 下一个屏幕	用于指定被调用的屏幕 PAI 执行完后要执行的下一个屏幕的编号。没有调用的程序，则结束事务码。另外，可以动态地在程序内部利用 SET SCREEN 语句及时修改该属性。Next Screen 里设置成 0 或者 SPACE，当结束程序时会返回到之前的程序
④ 光标位置	显示屏幕时可指定光标位置。初始值是屏幕要素中的第一个字段。可以在 ABAP 程序里动态设置
⑤ 屏幕组	执行屏幕时保存到系统变量 SY-DYNGR 中。换言之，将多个屏幕指定为一个屏幕组，则修改屏幕属性时可有效利用。在 ABAP 数据字典的表 TFAWT 中定义屏幕组
⑥ 设置	一般在将用户 Profile 里存储的数据设置为屏幕的基本值时使用，通常一直有效，直至屏幕会话结束。即不使用 ABAP 内存领域中的数据，而把存储在用户 Profile 里的信息作为基本值使用时选择此选项。屏幕属性中若设置了 Hold Data 则可利用菜单的[System]→[User Profile]→[Hold Data] 功能

创建 ABAP 程序时使用 ABAP 编辑器（T-CODE:SE38），同样，创建/维护屏幕时可使用屏幕编辑器（T-CDDE:SE51）。这样，在对象导航器（T-CODE:SE80）中选择屏幕时会自动与屏幕编辑器 T-CODE 相连接。对象导航器集中式管理与 ABAP 工作区相关的所有 T-CODE。在一个画面上提供可执行多个作业的开发环境，如[图 13-6]所示。

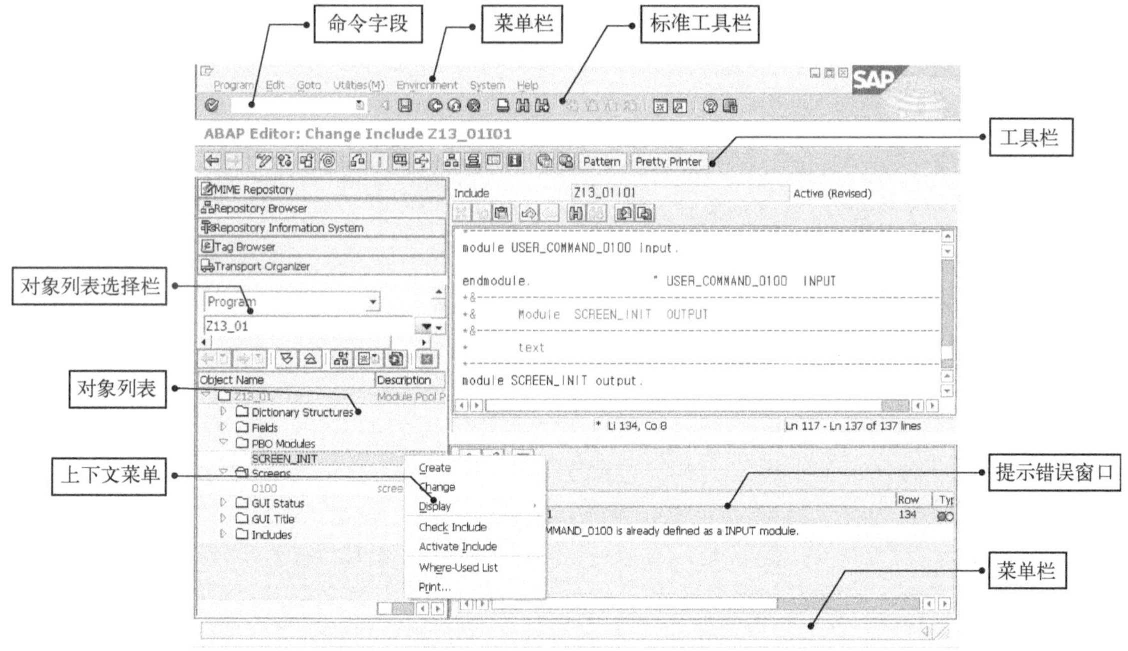

图 13-6　对象导航器全画面

13.2.2　屏幕构成要素

屏幕不仅具有上述的属性，还有诸如输入/输出字段等构成要素。屏幕构成要素不仅有显示数据的功能，还有可与用户对话（User Dialog）的窗口功能。例如输入字段值或单击按钮的行为等功能。[图 13-6]是设计画面时用的画面布局编辑器（Graphical Layout Editor）。关于左边按钮的说明请参照[表 13-2]。画面布局为用户提供使用工具栏方便快捷地设计画面的 GUI 环境。

表 13-2 屏幕构成要素

图像	主 键	描 述
	文本字段	显示文本内容，不能被用户修改。主要用于显示输入字段的描述
	输入/输出字段	在 ABAP 程序里显示数据或通过用户操作读取数据时使用的要素，且与屏幕字段相连
	Pushbuttons	触发屏幕逻辑流的 PAI 事件。即 Push Button 中指定的功能键传递到 ABAP 程序中
	复选框	单选按钮。用于选择特殊输入/输出字段。具有'X'或者' '值
	单选按钮 s	单选按钮。用户只能选择 Grouping 后的单选按钮中的一个
	Subscreen	在一个屏幕上嵌入另一个子屏幕时使用的工作区要素
	选项卡	在多个子屏幕中选择所需子屏幕时使用的标签元素
	Custom controls	用于显示 GUI control 的工作区，主要在 ALV Class 中使用。作为 Control Framework(CFW)的手段，是与 ABAP 程序相连接的 SAP GUI 的软件组件中独立的 GUI control
	表控制器	以表形式读取输入/输出字段的要素，相关说明请参见 13.4 节

所有屏幕的构成要素默认地设置基本属性。基本属性以外的事项可通过屏幕编辑器进行修改。屏幕编辑器可以完成屏幕要素的布局、排序等功能。在屏幕编辑器中静态定义的属性可在 ABAP 程序代码中动态重复实现。即使在屏幕编辑器中已定义属性，在程序执行时会变成 ABAP 程序中定义的属性。

13.2.3 屏幕字段

屏幕字段即是屏幕的工作领域内存中存在的字段。当程序运行时无法确定屏幕构成要素字段值其属于静态值，但可以将用户输入的值存储到内存中并显示。即知道屏幕字段概念才能根据输入的值进行编码。屏幕字段通常称为 dynpros（dynamic program）。作为屏幕工作领域（内存）中存在的字段，在触发 PAI 事件之前将值传递给 ABAP 程序中同名的字段（复制）。另外，当触发 PBO 事件时重新从同名的 ABAP 程序字段中复制过来。当然，要实现上述传值过程，屏幕字段名必须是唯一的，在 ABAP 程序中也要以相同名字定义。在这种环境下通过 PBO/PAI 传递屏幕字段与 ABAP 之间的数据。

下例中通过屏幕编辑器创建了 100 画面，追加了 TEXT 和 NUMBER 两个 INPUT 字段和 TEXT 字段。[图 13-7]的屏幕构成要素字段在[图 13-8]ABAP 程序区域中定义其属性，[图 13-9]屏幕字段区域中的字段属性参照 ABAP 程序领域中定义的数字类型与长度（或者 ABAP 数据字典）。屏幕编辑器中创建的屏幕字段与同名的字段连接在一起。

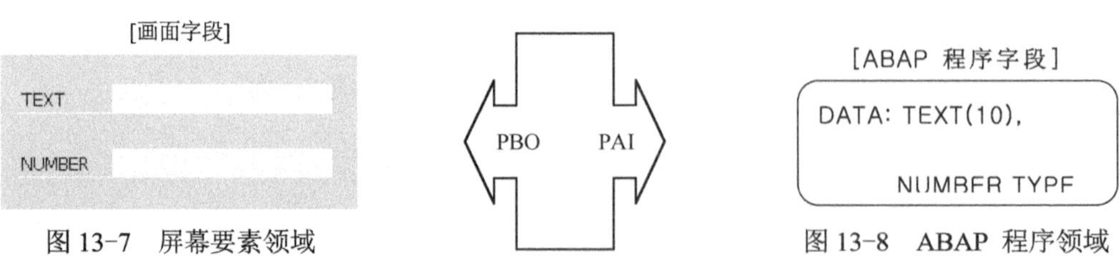

图 13-7 屏幕要素领域　　图 13-8 ABAP 程序领域

在画面上执行用户单击按钮等事件时，OK_CODE 上会保存其值。[图 13-9]是尚未输入 OK_CODE 名字的状态。一个模块池中存在多个屏幕，每个屏幕均需指定一个 OK_CODE。

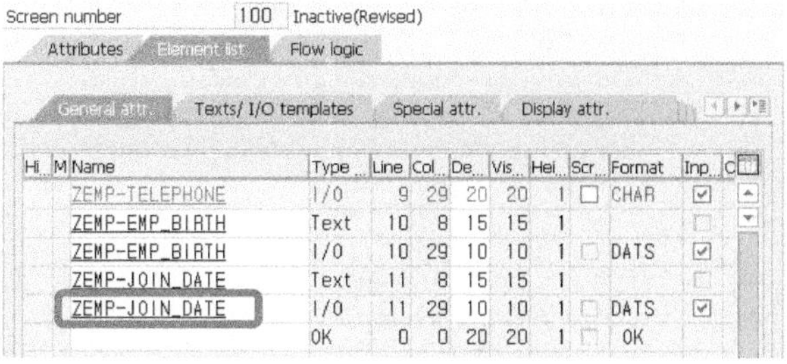

图 13-9　屏幕字段区域

13.2.4　屏幕逻辑流

屏幕逻辑流显示屏幕执行的步骤。屏幕逻辑流在与 ABAP 编辑器相似的编辑器中进行记述。在屏幕逻辑流中使用的语法跟 ABAP 相似，但不是同一个 ABAP 语言，此种语言也称为屏幕语言。此语言与 ABAP 语言的最大不同点在于其不存在明确的数据定义部分，确切地说，不是不存在而是在构成屏幕要素时被定义。但其拥有流程块（Processing Block），这一点与 ABAP 很相似。如[图 13-10]所示，屏幕逻辑流有 4 个事件块，且已经用关键字定义完整。[表 13-3]中说明了每个事件的功能。PROCESS BEFORE OUTPUT、PROCESS AFTER INPUT 是必须使用的事件。

```
PROCESS BEFORE OUTPUT.
...
PROCESS AFTER INPUT.
...
PROCESS ON HELP-REQUEST.
...
PROCESS ON VALUE-REQUEST.
```

```
PROCESS BEFORE OUTPUT.
  MODULE STATUS_0100.

PROCESS AFTER INPUT.
  MODULE EXIT  AT  EXIT-COMMAND.
  MODULE USER_COMMAND_0100.

PROCESS ON HELP-REQUEST.

PROCESS ON VALUE-REQUEST.
```

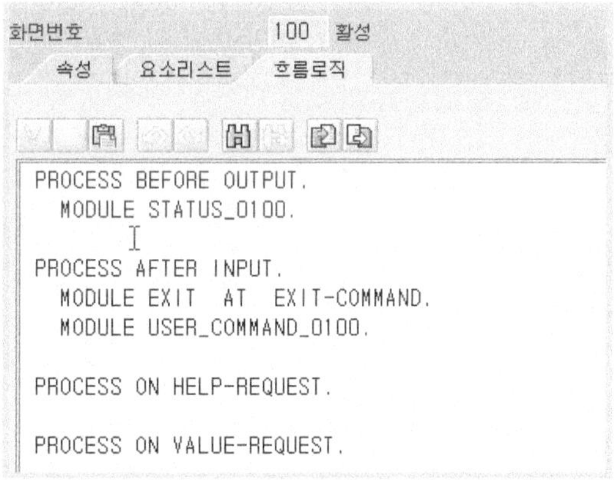

图 13-10　屏幕编辑流与逻辑

表 13-3　屏幕要素

流　程　块	描　　述
PROCESS BEFORE OUTPUT (PBO)	在结束屏幕的 PAI 事件及显示现屏幕之前自动执行。PBO 事件结束后显示屏幕。最初显示屏幕时只执行 PBO 事件。在屏幕上用户触发事件时，先执行 PAI 再执行 PBO。PBO 事件中一般指定屏幕字段的初始值
PROCESS AFTER INPUT (PAI)	在用户单击按钮等事件时执行。PAI 事件结束后调用下个屏幕的 PBO 事件
PROCESS ON HELP-REQUEST (POH)	用户按〈F1〉键触发的事件
PROCESS ON VALUE-REQUEST (POV)	用户按〈F4〉键触发的事件

各个流程块由模块（Module）功能组成，因此 TYPE-M 程序也叫模块池程序。屏幕逻辑流中使用的关键字如[表 13-4]所示。

表 13-4　逻辑流关键字

关 键 字	描　述
CALL	调用子屏幕
MODULE	定义流程块，调用对话模块（Dialog Module）
FIELD	将数据从屏幕字段复制到 ABAP 字段的语句。执行 PAI 事件之前在 ABAP 程序中无法控制屏幕字段。原因在于此时屏幕字段数据还未复制到 ABAP 程序中。若定义字段语句，则即使不执行 PAI 也可以用 ABAP 程序检查数据。当修改特定字段值需要追加检查逻辑时经常使用。一般与 MODULE、SELECT 语句一起使用 **FIELD** WBTABLE-FLID **MODULE** CHECK_FLID **ON REQUEST.** 此语句意为修改 WBTABLE-FLID 字段时执行 CHECK_FLID 模块
ON	与字段语句一起使用
VALUES	与字段 Keyword 语句一起使用
CHAIN	开始 Chain 处理 多个字段按组进行处理
ENDCHAIN	结束 Processing Chain 多个字段按组进行处理
CALL	调用子屏幕
LOOP	开始 LOOP 循环
ENDLOOP	结束 loop processing
MODIFY	修改屏幕表
ON	与字段语句一起使用
PROCESS	定义 PROCESS 事件 PROCESS BEFORE OUTPUT…
SELECT	如下所示可使用 SELECT 语句。但限制只能使用* **SELECT * FROM table name** WHERE table-key field = input field and　... INTO　field name WHENEVER　NOT FOUND　(or FOUND) SEND ERRORMESSAGE　(or WARNING) messagenumber WITH　字段 name ...
VALUES	定义 Input 值 FILED　field_name　VALUES (list of values) .例) field　WBTABLE-FLID　VALUES ('AA'). 上面语句意味着该字段中输入'AA'以外的值会发生错误 此外还有以下几个选项 ('value')　可输入的单值 (NOT 'value')　不能输入的单值 (BETWEEN 'value' AND 'value')　可输入的范围值 (NOT BETWEEN 'value' AND 'value')　不能输入的范围值

[图 13-11]清晰地说明了屏幕逻辑与 PBO、PAI 模块的执行顺序。当用户输入 T-CODE

显示画面时，首先执行 PBO 模块 A、B。此时 ABAP 程序区域的数据传到屏幕区域后显示画面，然后在屏幕上用户触发一种事件时会执行 PAI 的 C、D 模块后再重新执行 PBO，从而重新显示屏幕。

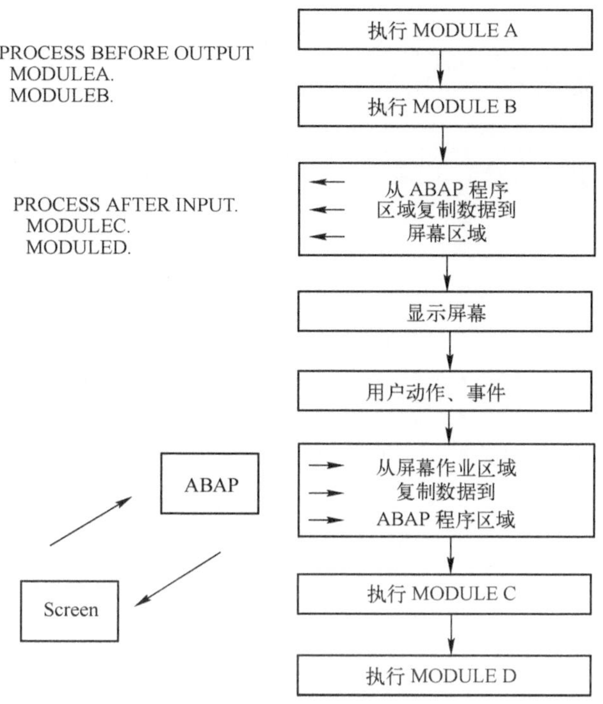

图 13-11　屏幕逻辑流的顺序

[图 13-12]说明从一个屏幕调用其他屏幕时调用 PBO 和 PAI 的顺序。

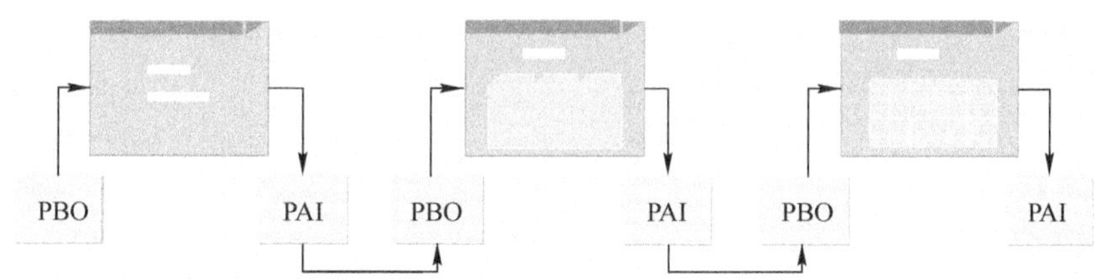

图 13-12　屏幕之间相互调用时的 PBO/PAI 顺序

13.3　实现模块池程序

13.3.1　创建模块池程序及屏幕设计

至此，实现程序前整理了 TYPE-M 程序的概念。从现在开始试着创建 TYPE-M 程序。整体布局如[图 13-13]所示。

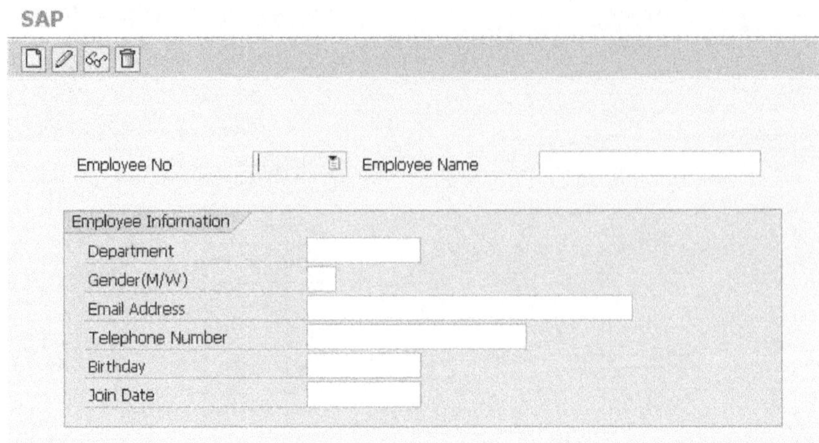

图 13-13　模块池程序

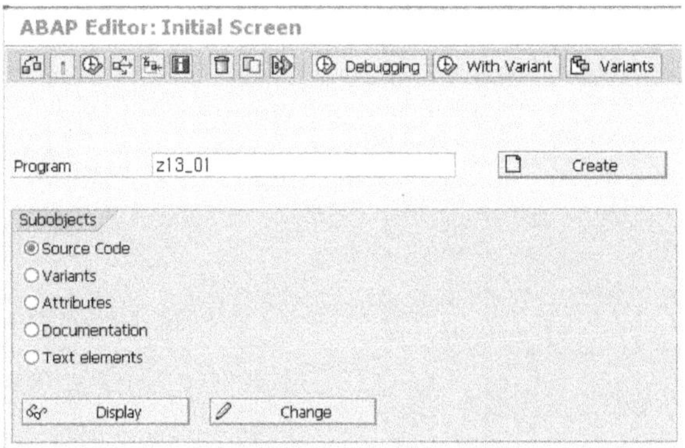

	① 运行 T-CODE:SE38 后输入以 Z 开头的程序名并单击 Create 按钮。为了明确区分各个单元，例题的程序名指定为 Z13_01。在实际业务中，以 SAPMZHR0010 为例，一般将程序名命名为以 SAPM 开头 + CBO 区分符号 Z + 模块区分名 + 程序序号。各个网站的命名规则有所差异。
[模块池程序] SAPM Z HR 0010	[报表程序] Z HR 0010
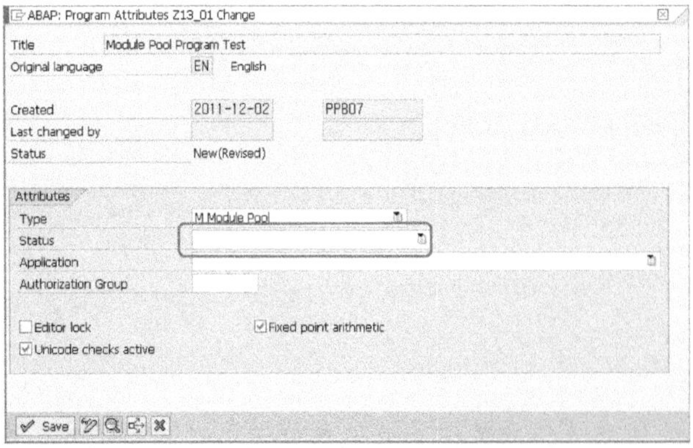	② 程序类型选择“M Module Pool”后单击按钮 Save 。关于程序的个别属性请参照第 12 章。弹出指定开发包的窗口。输入第 1 章中创建的开发包或者符合各自环境的开发包名字后单击保存按钮。然后弹出输入 CTS 编号的窗口，按〈Enter〉键移动到下一个阶段。 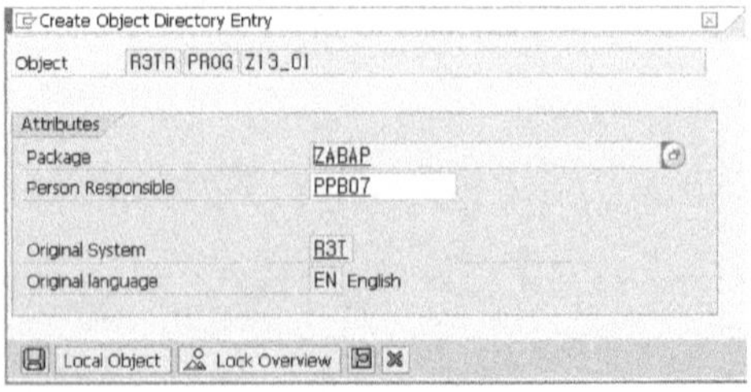

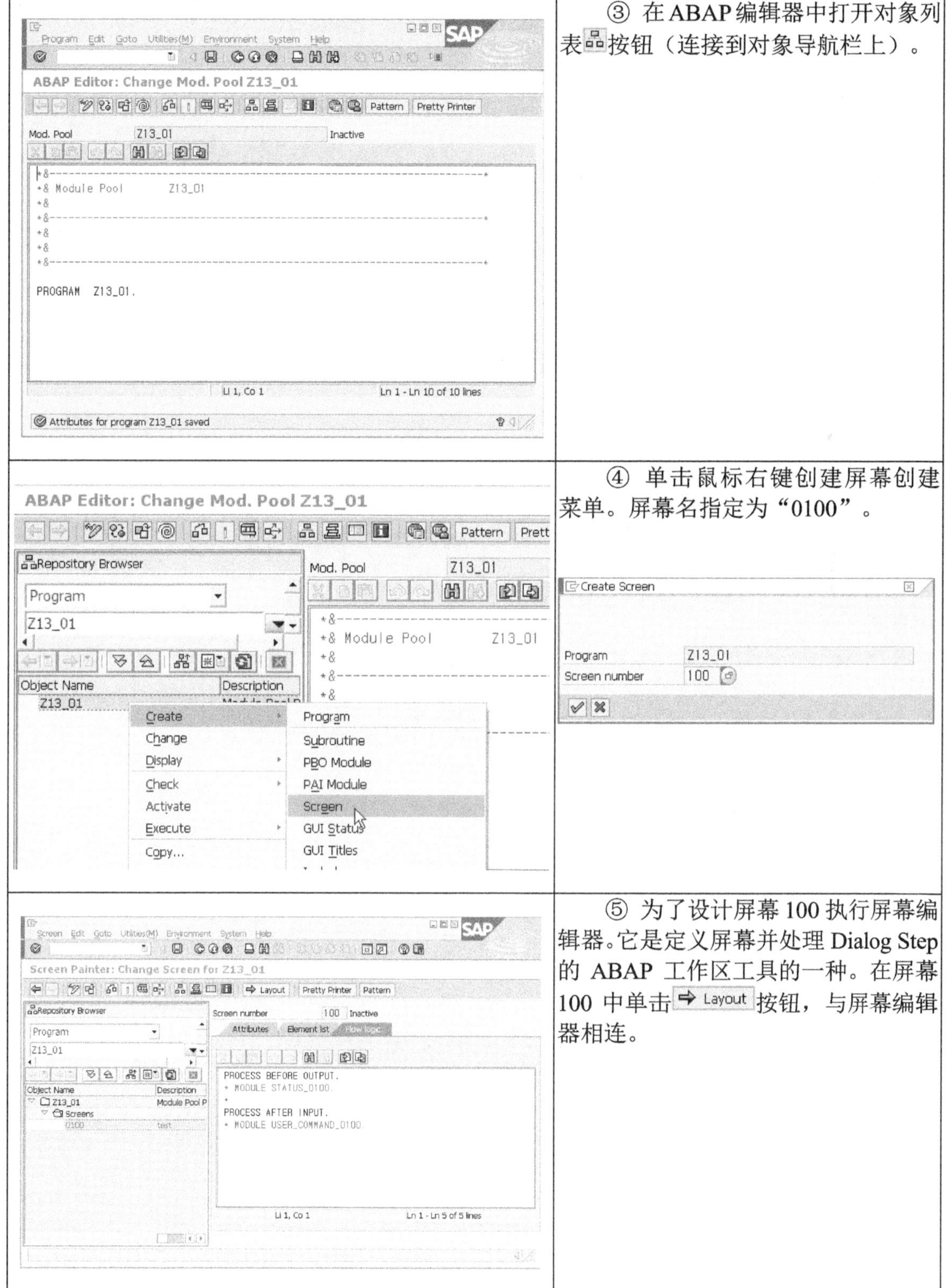

③ 在ABAP编辑器中打开对象列表按钮（连接到对象导航栏上）。

④ 单击鼠标右键创建屏幕创建菜单。屏幕名指定为“0100”。

⑤ 为了设计屏幕100执行屏幕编辑器。它是定义屏幕并处理Dialog Step的ABAP工作区工具的一种。在屏幕100中单击 Layout 按钮，与屏幕编辑器相连。

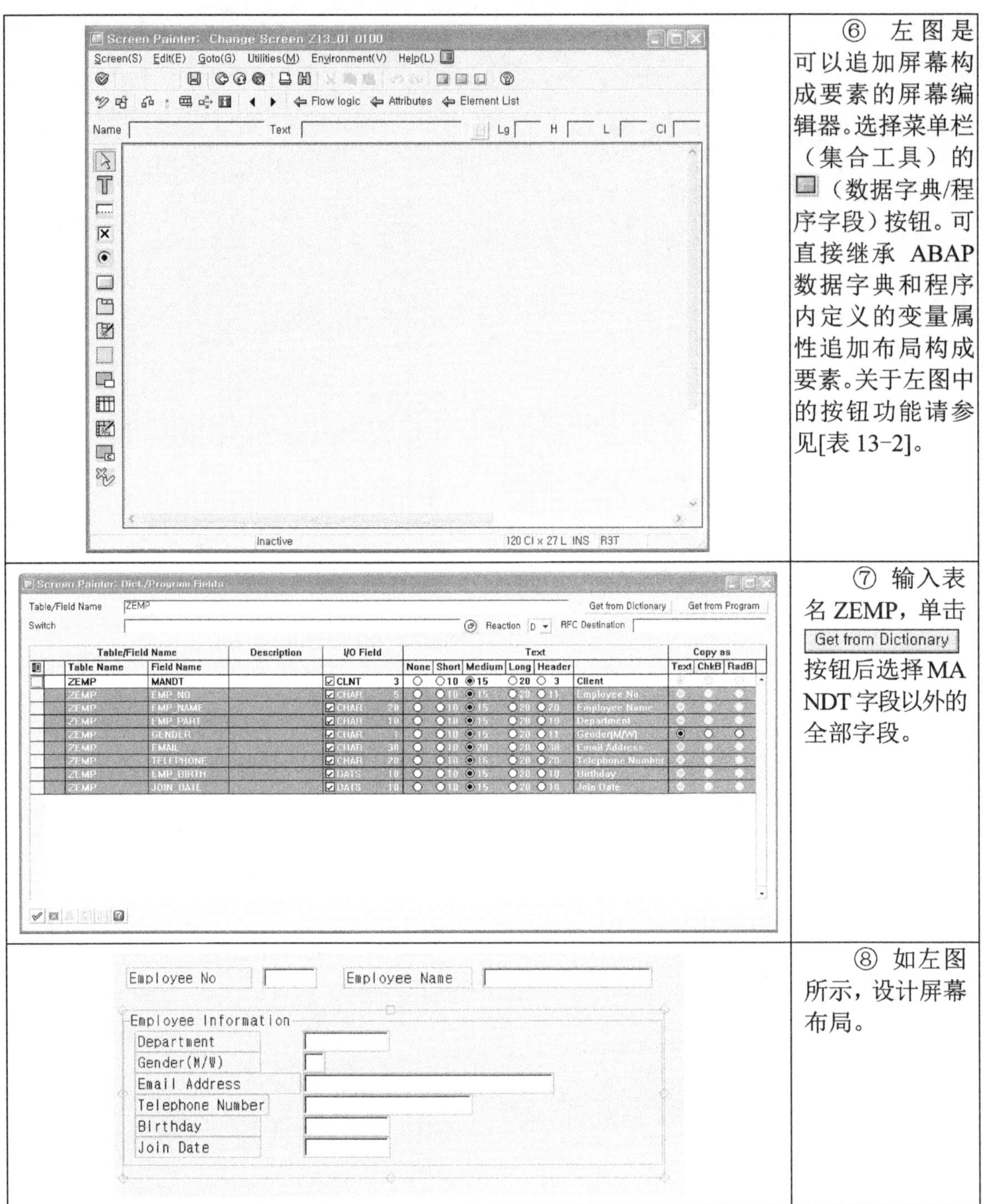

⑥ 左图是可以追加屏幕构成要素的屏幕编辑器。选择菜单栏（集合工具）的（数据字典/程序字段）按钮。可直接继承 ABAP 数据字典和程序内定义的变量属性追加布局构成要素。关于左图中的按钮功能请参见[表 13-2]。

⑦ 输入表名 ZEMP，单击 Get from Dictionary 按钮后选择 MANDT 字段以外的全部字段。

⑧ 如左图所示，设计屏幕布局。

13.3.2 创建 GUI STATUS

GUI STATUS 存在三种类型，如[图 13-14]所示。所有屏幕要追加拥有菜单栏、标准工具栏、应用工具栏，这些统称为 GUI STATUS。其中最常用的应用工具栏已经在“第 12 章 报表程序”的 12.5 节中介绍。

User Interface	Z13_01	Active
Menu Bar	100	
Application Toolbar	100	
Function Keys	100	

图 13-14　GUI STATUS 种类

1．应用程序工具栏

首先创建 GUI STATUS，然后设置本节要学习的应用工具栏。

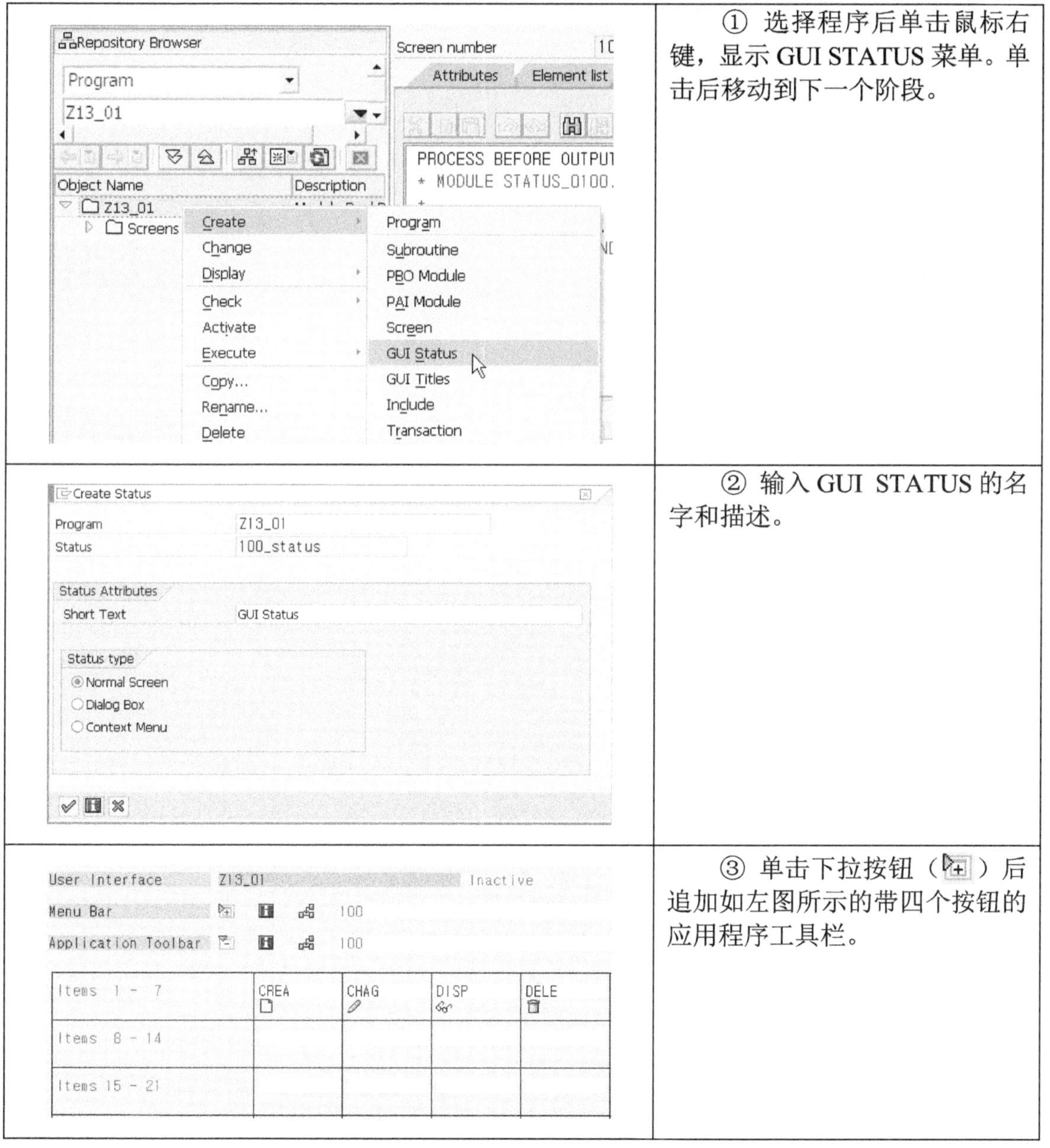

① 选择程序后单击鼠标右键，显示 GUI STATUS 菜单。单击后移动到下一个阶段。

② 输入 GUI STATUS 的名字和描述。

③ 单击下拉按钮（）后追加如左图所示的带四个按钮的应用程序工具栏。

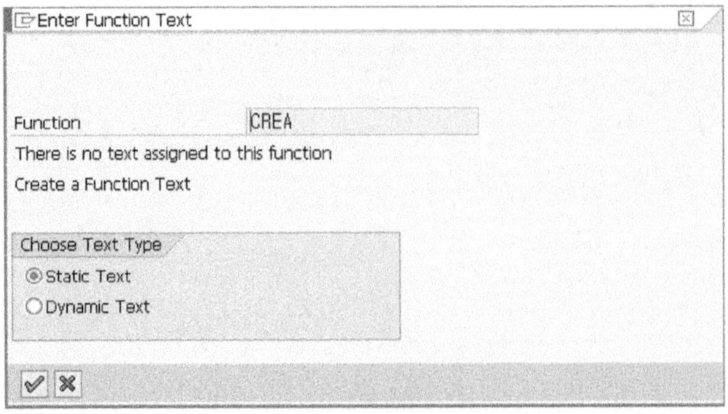

	④ 左图是双击 CREA 按钮（功能键）时执行的弹出窗口。
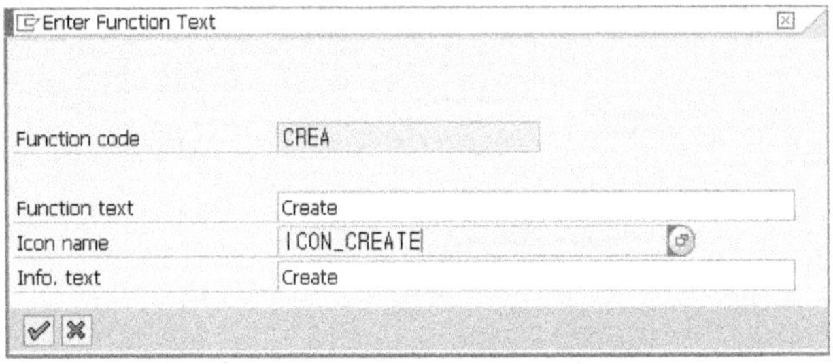	⑤ 输入 Function Text 和按钮名后保存。然后激活。Function Type 请参见[表 13-5]。

表 13-5　功能键

关 键 字	描　　述
E	结束事务码时设置的功能键类型， 执行AT EXIT-COMMAND模块
S	系统使用的功能键类型
T	调用事务码的功能键类型，功能键中要输入 SAP 中存在的事务码
SPACE	标准应用工具栏功能键类型
P	Local GUI 功能键类型，只适用于使用 local GUI logic 的选项卡
H	调用PROCESS ON HELP REQUEST事件

如[图 13-15]所示，如果功能键为 SM31，则单击按钮时程序内部会自动执行 LEAVE TO

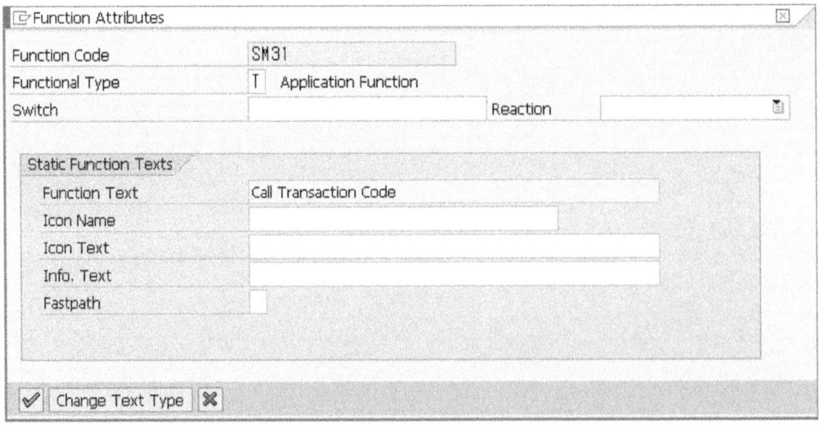

图 13-15　设置 Function Type 'T'

TRANSACTION SM31 语句，从而调用事务码并结束当前运行的程序。

2．功能键

功能键有两种，一种是创建屏幕时自带的标准工具栏中包含的功能键，另一种是由开发者追加的功能键。标准工具栏指的是 SAP 中存在的适用于所有屏幕的工具栏，如[图 13-16]所示。功能键如〈F1〉键、〈Shift＋F1〉键一样是可用于快速访问的快捷键。

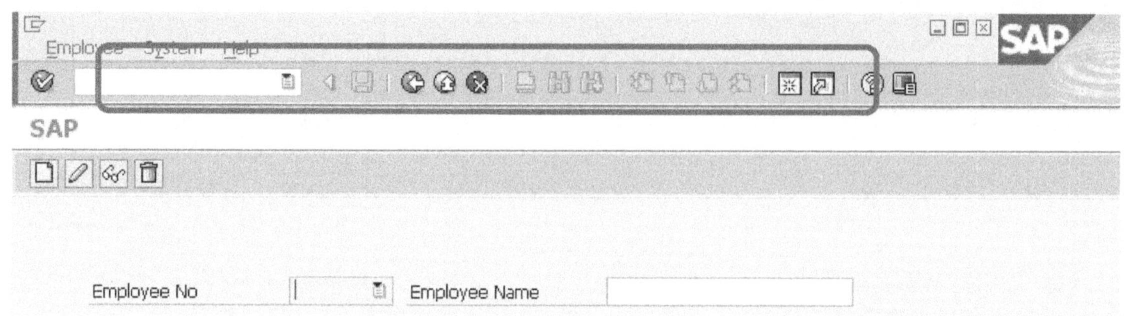

图 13-16　标准工具栏

如[图 13-17]所示，功能键分为 Reserved 功能键、Recommended 功能键和 Freely assigned 功能键三种。Reserved ，如 F1（Help），F3（Back），F4（Possible Entry），是已经预约的无法由开发者定义使用的功能键。其余两个按字面意思理解即可。为了追加用户退出程序的代码，在标准工具栏的三个基本按钮中分别设置功能键为 BACK、EXIT 和 CANC。

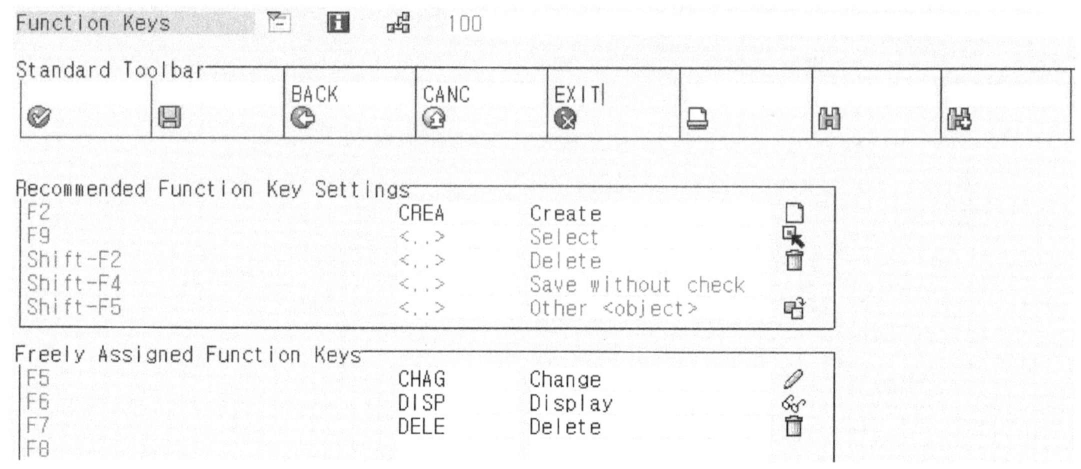

图 13-17　功能键的种类

3．菜单栏

在标准程序中自带的菜单栏之外还可设置需追加的菜单。构成如[图 13-18]所示的菜单栏。利用便利的 GUI 环境很容易创建菜单栏，因而此处省略其使用方法。

以测试模式执行即可确认已创建的菜单栏，如[图 13-19]所示。

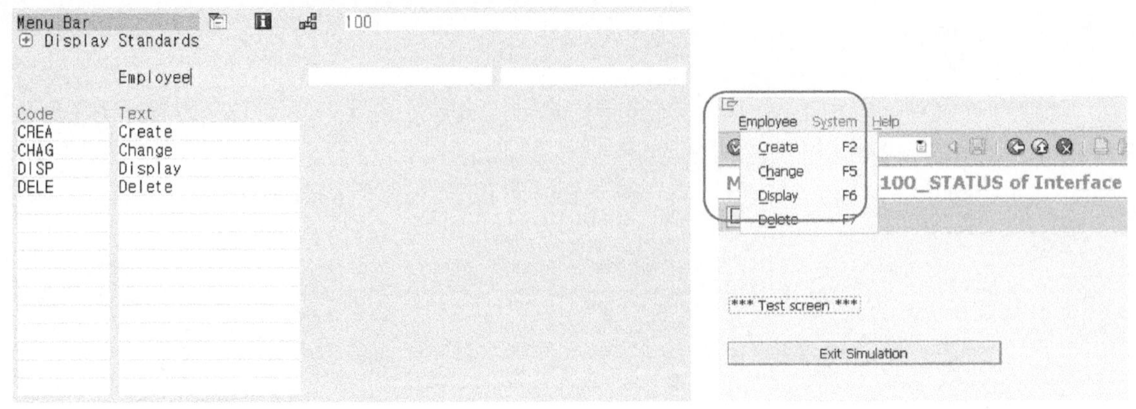

图 13-18　构成菜单栏　　　　　　　　图 13-19　确认菜单栏

13.3.3　实现 PBO 模块

1．PBO 模块实现及追加 GUI STATUS

PBO 模块在前面已说明，其主要执行初始化画面和修改屏幕要素的属性工作。下面做一个练习，第二阶段创建 GUI STATUS，然后给 Employee No 字段分配一个 Group 名用于修改字段的属性。

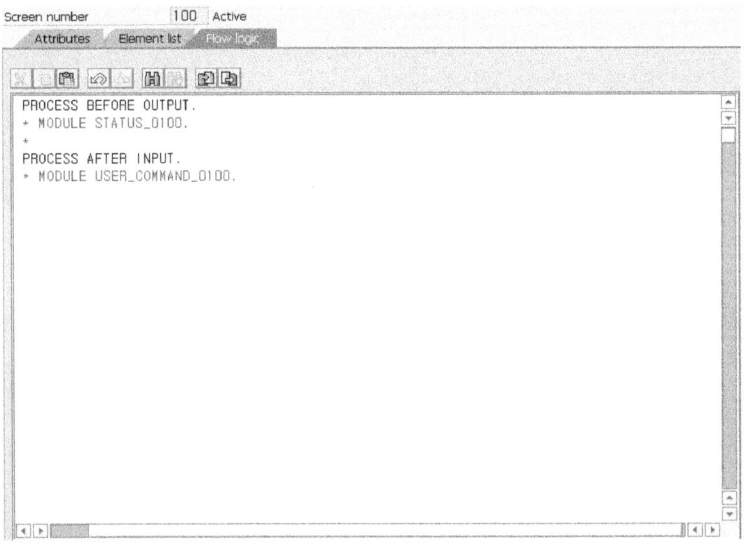 Screen number 100 Active Attributes　Element list　Flow logic PROCESS BEFORE OUTPUT. * MODULE STATUS_0100. * PROCESS AFTER INPUT. * MODULE USER_COMMAND_0100.	① 创建屏幕，屏幕编辑器的代码如左图所示，PBO、PAI 的各个模块以注释形式显示。首先，解除 PBO 的 STATUS_0100 的注释后双击相应行创建模块。
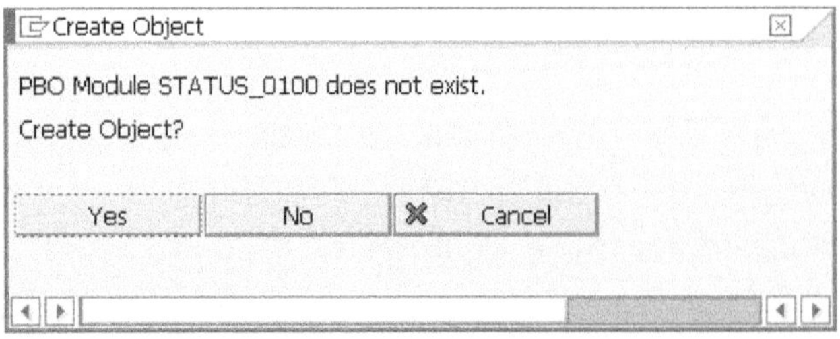 Create Object PBO Module STATUS_0100 does not exist. Create Object? Yes　No　Cancel	② 在“PBO Module STATUS_0100 does not exist. Creat Object?”弹出窗口中单击 Yes 按钮。

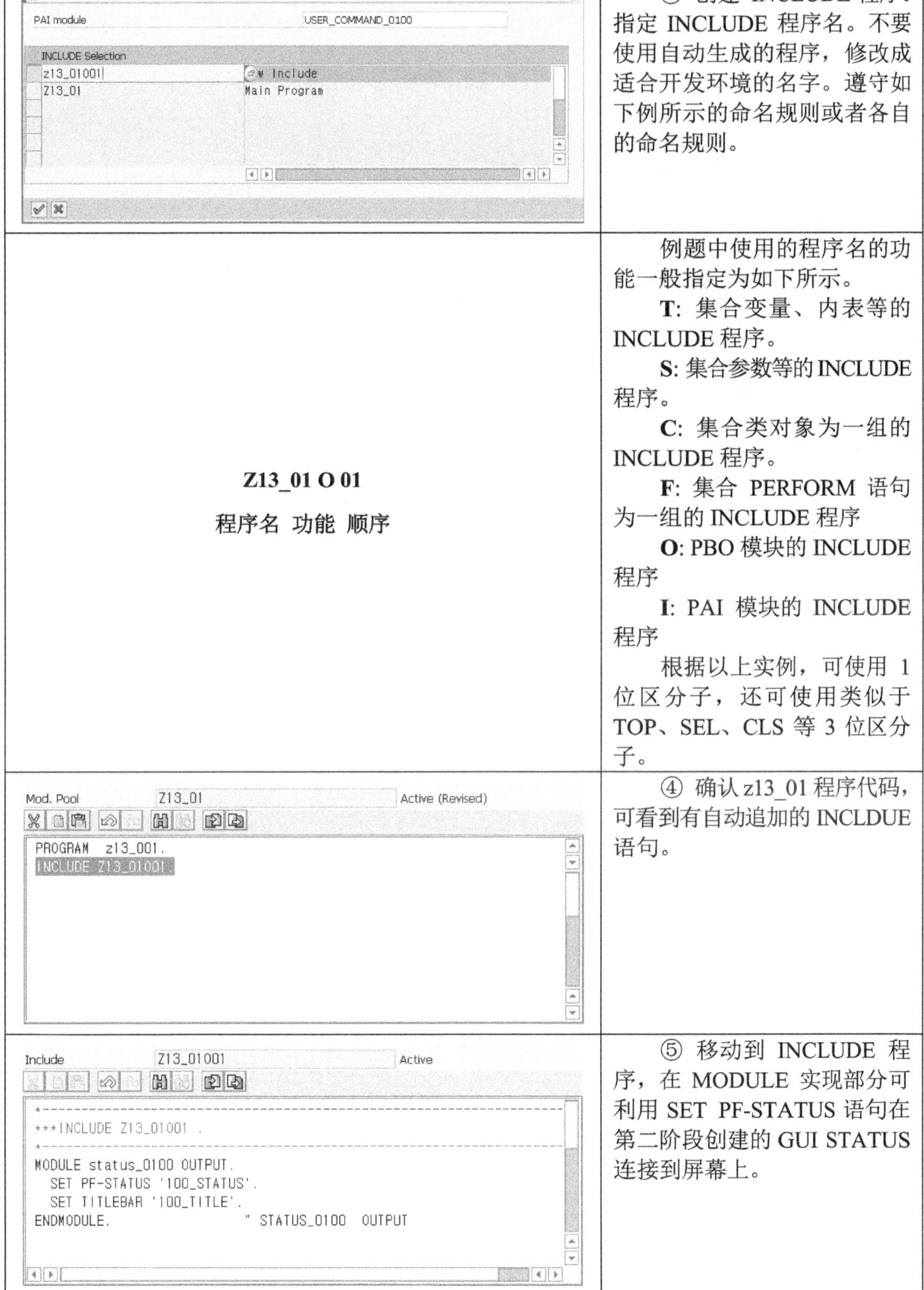

Create PAI Module PAI module USER_COMMAND_0100 INCLUDE Selection z13_01001 Include Z13_01 Main Program	③ 创建 INCLUDE 程序。指定 INCLUDE 程序名。不要使用自动生成的程序，修改成适合开发环境的名字。遵守如下例所示的命名规则或者各自的命名规则。
Z13_01 O 01 **程序名 功能 顺序**	例题中使用的程序名的功能一般指定为如下所示。 **T**：集合变量、内表等的 INCLUDE 程序。 **S**：集合参数等的 INCLUDE 程序。 **C**：集合类对象为一组的 INCLUDE 程序。 **F**：集合 PERFORM 语句为一组的 INCLUDE 程序 **O**：PBO 模块的 INCLUDE 程序 **I**：PAI 模块的 INCLUDE 程序 根据以上实例，可使用 1 位区分子，还可使用类似于 TOP、SEL、CLS 等 3 位区分子。
Mod. Pool Z13_01 Active (Revised) PROGRAM z13_001. INCLUDE Z13_01001.	④ 确认 z13_01 程序代码，可看到有自动追加的 INCLDUE 语句。
Include Z13_01001 Active *--------------------------------------- ***INCLUDE Z13_01001 . *--------------------------------------- MODULE status_0100 OUTPUT. SET PF-STATUS '100_STATUS'. SET TITLEBAR '100_TITLE'. ENDMODULE. " STATUS_0100 OUTPUT	⑤ 移动到 INCLUDE 程序，在 MODULE 实现部分可利用 SET PF-STATUS 语句在第二阶段创建的 GUI STATUS 连接到屏幕上。

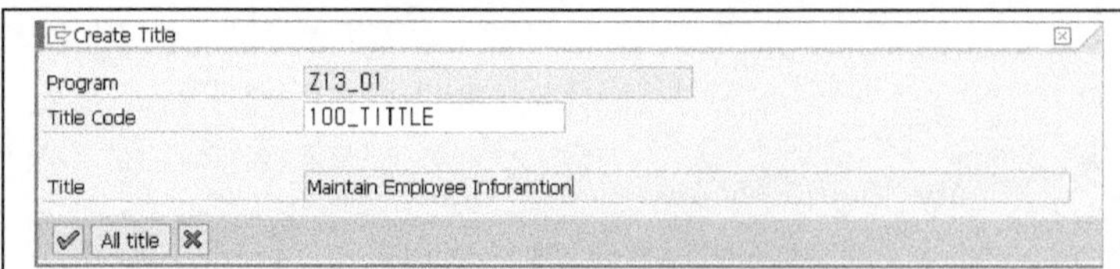	⑥ 追加 SET TITLEBAR '100_TITLE'语句创建屏幕标题。输入大写字母且双击 100_TITLE 创建。

2．实现 PBO 模块及修改输出专用属性

下面用代码将 Employee No 字段属性修改为输出专用（当然，利用布局编辑器的字段属性也可修改成输出专用）。

	① 打开屏幕布局编辑器画面后双击 Employee No 字段，则会弹出字段属性窗口。
	② 在属性窗口的 Groups 字段中输入 DIS。Group 中存在 4 个字段且分别存储在系统变量 SCREEN-GROUP1、2、3、4 中。此例题中只是将一个字段指定为 Group 字段，在实际业务中会将多个字段指定为一个组后修改输出专用等属性。
	③ 一般字段的属性如[表 13-6]所示。

表 13-6　字段基本属性

关 键 字	描 述
NAME	字段名（可用字符 *, #, /, -, _, $）
TEXT	字段文本
Dropdown	只能设置输入/输出字段，设置 List box（with key 选项）
With Icon	只能设置 Output 字段
Icon name	只能设置文本字段、Push 按钮、Radio 按钮、check Box
Scrollable	Def.Length 比 Vis.Length 大时使用滚动条
Line/Colum	设置字段的 Line/Colum 的位置
Def.Length	设置字段属性的长度
Vis.Length	画面上的显示长度，选择 Scrollable
Height	设置长度、文本
Groups	Modification Group，一次性修改多个字段时使用
FctCode	设置功能键，只能在 Push 按钮和下拉列表形式的输入/输出字段中 Dropdown List 中设置
FctType	设置 Function 类型
ON_CTMENU	设置 Context 菜单

④ Attributes 中的 Dict 属性如[表 13-7]所示。

表 13-7　Dict 标签页属性

关 键 字	描 述
Format	设置 Input 字段的数据类型
From dict.	设置使用时是否与 ABAP 数据字典属性一致（复制）
Modified	当修改 ABAP 数据字典属性时屏幕字段中自动设置 ‘X’
Conv. Exit	使用转换格式，有两种转换函数： CONVERSION_EXIT_ <name> _INPUT CONVERSION_EXIT_ <name> _OUTPUT
Search Help	使用搜索帮助
Ref. Field	参照字段：有两种用途。 ① 在选项卡 Control 中使用，用于连接标签标题和子屏幕。② 作为 currencies and quantities 字段的参照单位字段使用
Parameter ID	设置参数 ID
SET/GET parameter	用于设置参数 SET：把用户输入的值保存到 Parameter ID 中 GET：把 Parameter ID 的值显示在画面上
Foreign Key check	检查 ABAP 数据字典中定义的外部键
Upper/Lower case	若不设置大小写区分，则用户输入的值都默认为大写字母（Upper case）

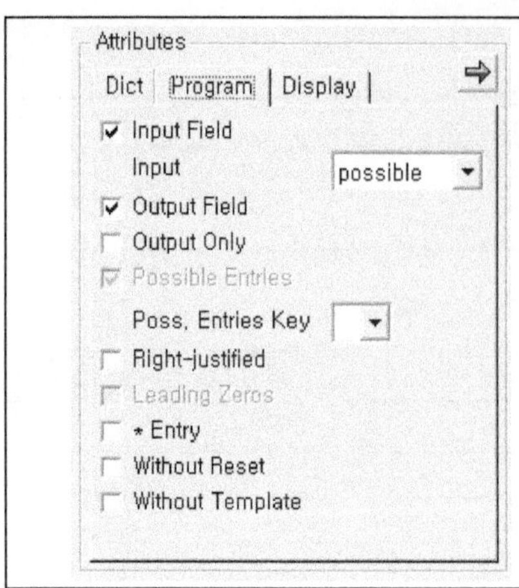	⑤ Attributes 中的 Program 属性如[表 13-8]所示。

表 13-8　Program 页属性

关　键　字	描　　述
Input 字段	将 Input 字段设置成可输入属性 设置成 Required，变成必输入字段，为方便用户，用“?”或者“√ ”显示
Output 字段	修改 Input 字段查询属性
Poss. entries	设置 Possible Entry 属性，只能在输入/输出字段中设置 0: 不显示 1: 选择字段时显示 2: 一直显示
Right-justified	数字型字段右对齐
Leading zeros	只适用于 NUMC 类型，且空位用 0 补齐显示
*entry	允许用户第一位输入星号 * (asterisk) 第一位的星号 (*)会调用以下模块 字段... MODULE... ON *-INPUT .
Without Rest	不能使用 reset character(!)
Without Template	可以输入'.', '!', '?', '_'中任何一个字母 用户输入的字母在 SAP 系统中被识别成没有经过解析过程的单纯字符串

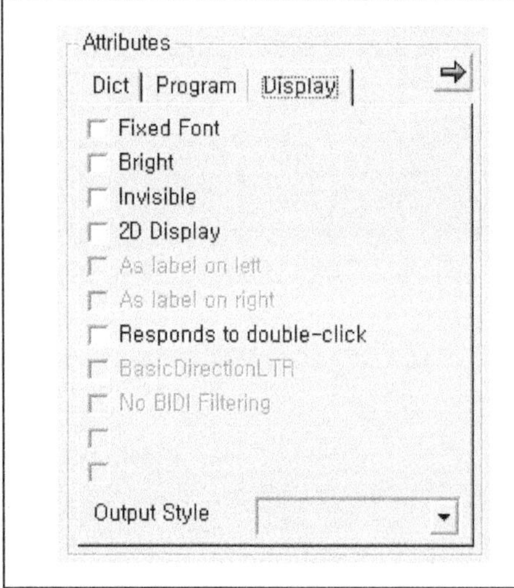	⑥ Attributes 的 Display 属性如[表 13-9]所示

表 13-9　Display 标签页属性

关　键　字	描　　述
Fixed font	固定输入/输出字段和文本字段的字体 若要使用 Fixed font，需设置为 Output only 字段
Bright	强调屏幕字段
Invisible	隐藏屏幕字段
2D display	以 2D 形式显示。可以给输入/输出字段设置 ICON
As label on left	文本字段左对齐，只能设置在文本字段、输入/输出字段上。（Input 字段不能设置）
As label on Right	文本字段右对齐，其他与 left 属性一致
Responds to d-click	双击时触发（设置 Hotspot），只能设置在文本字段、输入/输出字段上

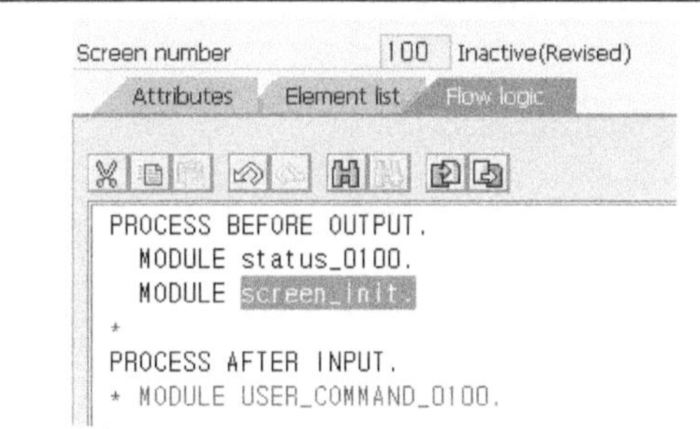

⑦ 创建初始化屏幕的模块。

⑧ 在代码中执行 LOOP 循环屏幕结构体的方法动态修改屏幕字段属性。在此例题中 SCREEN-GROUP1 名为 DIS 的字段设置成不可输入。屏幕属性如[表 13-10]所示。

```
MODULE screen_init OUTPUT.

  LOOP AT SCREEN.
    IF screen-group1 EQ 'DIS'.
              screen-input = 0.
              MODIFY SCREEN.
          ENDIF.
    ENDLOOP.

ENDMODULE.                  " SCREEN_INIT  OUTPUT
```

表 13-10　屏幕属性

关　键　字	描　　述
NAME	字段名
GROUP1	Modification 组 1 名
GROUP2	Modification 组 2 名
GROUP3	Modification 组 3 名
GROUP4	Modification 组 4 名
REQUIRED	设置必输入字段
INPUT	设置可输入字段
OUTPUT	设置输出专用字段
INTENSIFIED	强调
INVISIBLE	设置隐藏字段
LENGTH	设置长度
ACTIVE	激活（设置成 0，则与下列属性相同 INPUT = 0, OUTPUT = 0, INVISIBLE = 1）
DISPLAY_3D	Three-dimensional box
VALUE_HELP	Input help button display
REQUEST	等待输入（ready for input）

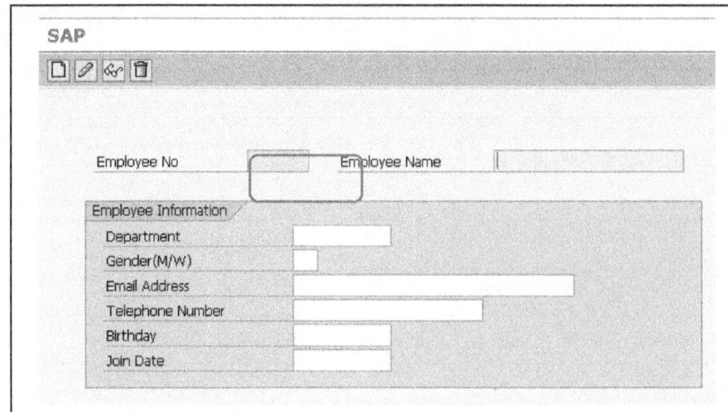

⑨ 若要执行程序，首先要创建事务码（T-CODE）。事务码在 13.3.5 节进行说明。左图是执行程序的画面。可以确认 Employee No 字段被修改为输出专用形式。建议利用上述属性，边修改代码边做练习。用一句话概括本节重点：PBO 模块主要用于画面属性初始化及字段初始值设置。

如[图 13-20]所示，屏幕属性在 T-CODE:SE11 的 SCREEN 结构体中确认。

<# INCLUDE 程序是？>

虽然经常使用 INCLUDE 程序，但没有几个人懂得其程序的正确含义。INCLUDE 程序是存储在 R/3 Repository 里的一个对象，是出于以下两个目的创建的。

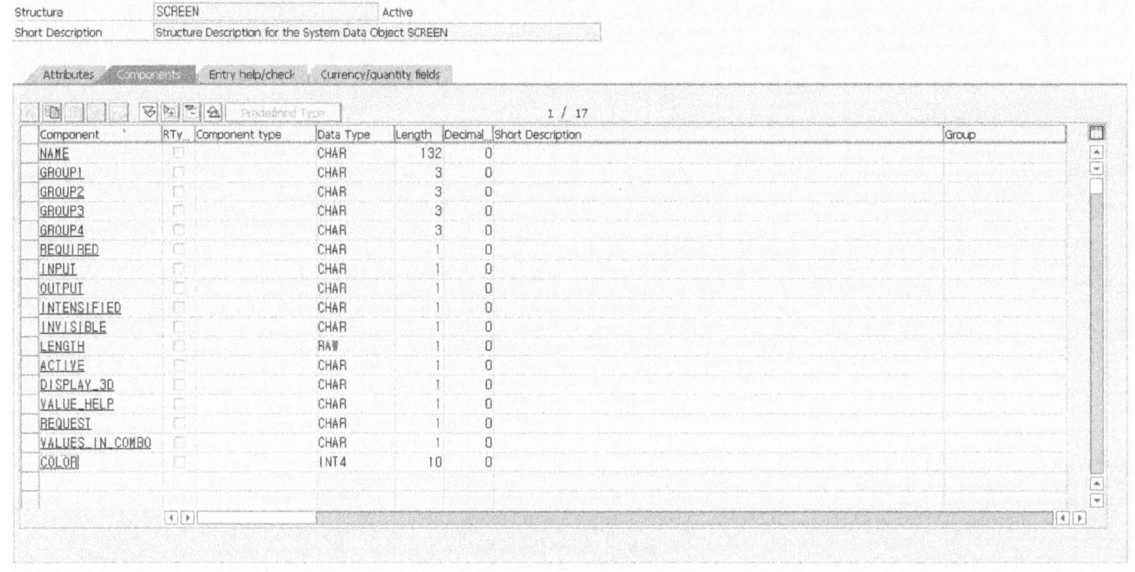
Structure SCREEN Active
Short Description Structure Description for the System Data Object SCREEN

Attributes | Components | Entry help/check | Currency/quantity fields

1 / 17

Component	RTy	Component type	Data Type	Length	Decimal	Short Description	Group
NAME			CHAR	132	0		
GROUP1			CHAR	3	0		
GROUP2			CHAR	3	0		
GROUP3			CHAR	3	0		
GROUP4			CHAR	3	0		
REQUIRED			CHAR	1	0		
INPUT			CHAR	1	0		
OUTPUT			CHAR	1	0		
INTENSIFIED			CHAR	1	0		
INVISIBLE			CHAR	1	0		
LENGTH			RAW	1	0		
ACTIVE			CHAR	1	0		
DISPLAY_3D			CHAR	1	0		
VALUE_HELP			CHAR	1	0		
REQUEST			CHAR	1	0		
VALUES_IN_COMBO			CHAR	1	0		
COLOR			INT4	10	0		

图 13-20　屏幕结构体

Library(模块化)
INCLUDE 程序在多个不同程序中可以反复使用相同的代码。

Order(顺序,可读性)
INCLUDE 程序将复杂程序按顺序排列，确保程序的可读性。

INCLUDE 程序有以下几个特性。

INCLUDE 是程序，但无法独立执行。
INCLUDE 程序需包含(built in)在其他程序中。
INCLUDE 程序可包含其他 INCLUDE 程序。
INCLUDE 程序不能调用自身。
INCLUDE 程序不带任何参数。

13.3.4 实现 PAI 模块

PAI 模块是用户输入画面值后，按〈Enter〉键或单击画面上的按钮时触发的事件。

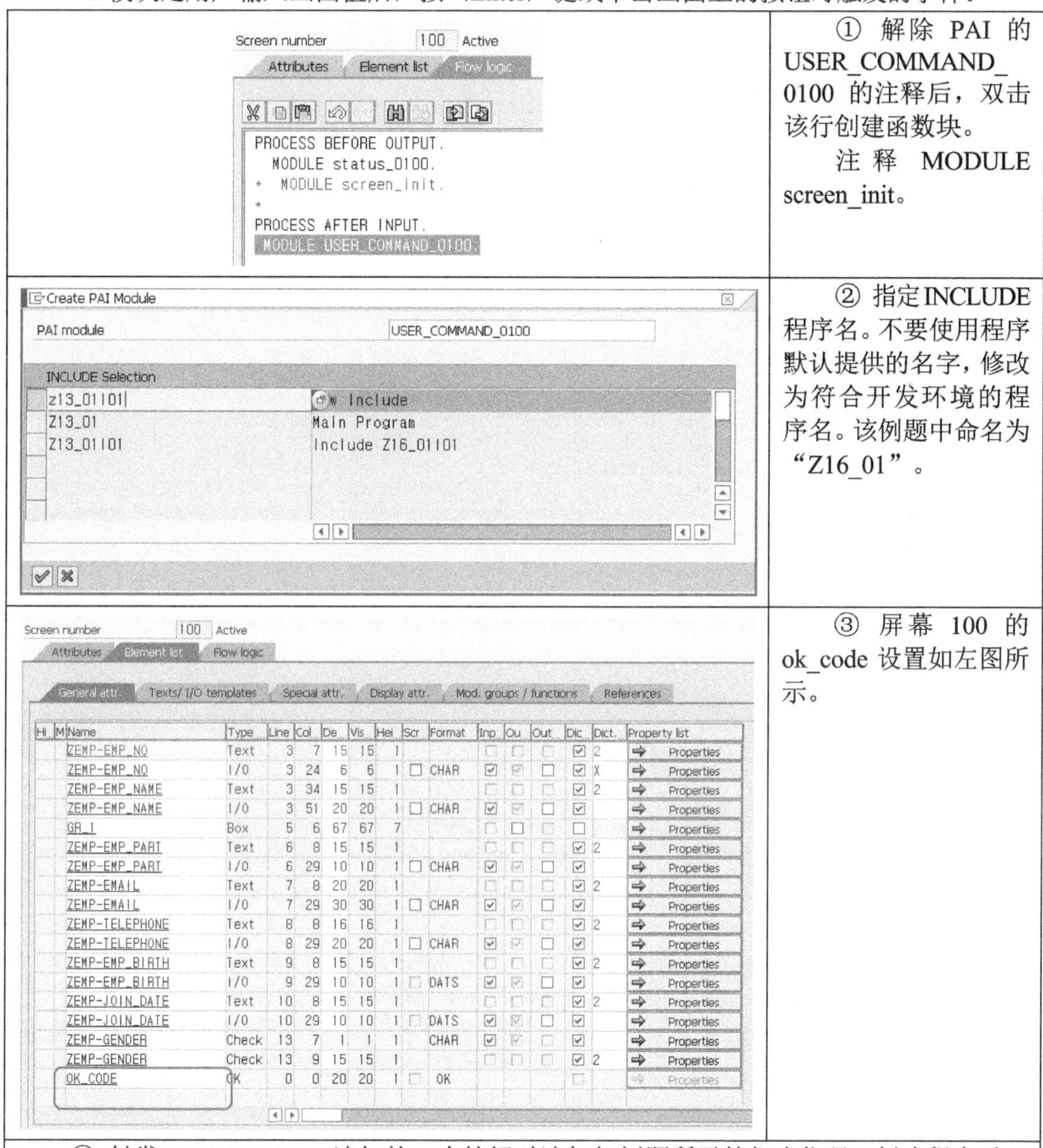

① 解除 PAI 的 USER_COMMAND_0100 的注释后，双击该行创建函数块。

注释 MODULE screen_init。

② 指定 INCLUDE 程序名。不要使用程序默认提供的名字，修改为符合开发环境的程序名。该例题中命名为“Z16_01”。

③ 屏幕 100 的 ok_code 设置如左图所示。

④ 触发 GUI STATUS 追加的 4 个按钮时追加如例题所示的相应代码。创建程序后，执行程序进行测试。创建 GUI STATUS 时，Function Type 设置为 'E'(EXIT COMMAND)，执行 AT EXIT-COMMAND.语句。MODULE screen_exit_0100 AT EXIT-COMM AND. 函数块在 PAI 中已经存在，因此退出程序的逻辑最好另作为函数块实现。不管此逻辑在屏幕逻辑流中的任何位置，只要执行 E 型函数就会执行此语句。AT EXIT-COMMAND 语句是在屏幕字段复制到 ABAP 程序字段之前触发，因此是最先发生的函数块（但 OK_CODE 会复制到屏幕字段中）。

```
MODULE user_command_0100 INPUT.

  save_ok = ok_code.
  CLEAR ok_code.

  CASE save_ok.
    WHEN 'UPDA'.
      UPDATE zemp.
      IF sy-subrc EQ 0.
        MESSAGE 'Employee was updated successfully' TYPE 'S'.
      ELSE.
        MESSAGE 'Employee was not updated' TYPE 'E'.
      ENDIF.
    WHEN 'CREA'.
      INSERT zemp.
      IF sy-subrc EQ 0.
        MESSAGE 'Employee was created successfully' TYPE 'S'.
      ELSE.
        MESSAGE 'Employee was not created' TYPE 'E'.
      ENDIF.
    WHEN 'DISP'.
      SELECT SINGLE * FROM zemp
      WHERE emp_no = zemp-emp_no.

    WHEN 'DELE'.
      SELECT SINGLE * FROM zemp
      WHERE emp_no = zemp-emp_no.

      CALL FUNCTION 'POPUP_TO_CONFIRM_LOSS_OF_DATA'
        EXPORTING
          textline1 = 'Delete Flight?'
          titel     = 'Attention'
        IMPORTING
          answer    = gv_answer.
      CHECK gv_answer NE 'N'.
      DELETE zemp.
      CLEAR zemp.
      MESSAGE 'Employee was deleted successfully' TYPE 'S'.

    WHEN OTHERS.

  ENDCASE.

ENDMODULE.                    " USER_COMMAND_0100  INPUT
```

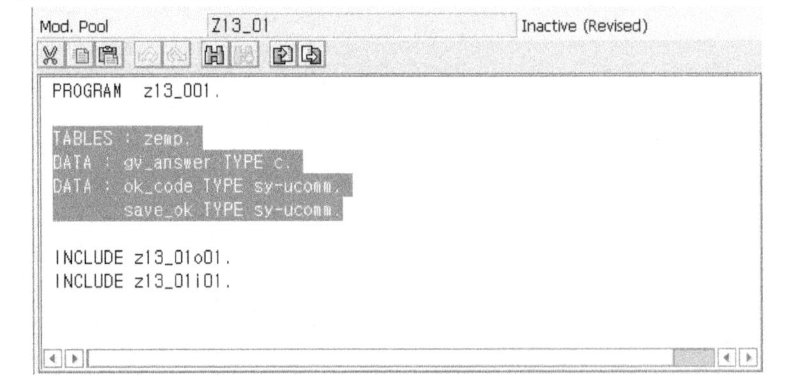

⑤ 在主程序中定义数据类型。为了创建结构化程序，建议创建 INCLUDE Z13_01T01 后，把数据声明部分包含在此 INCLUDE 程序中。

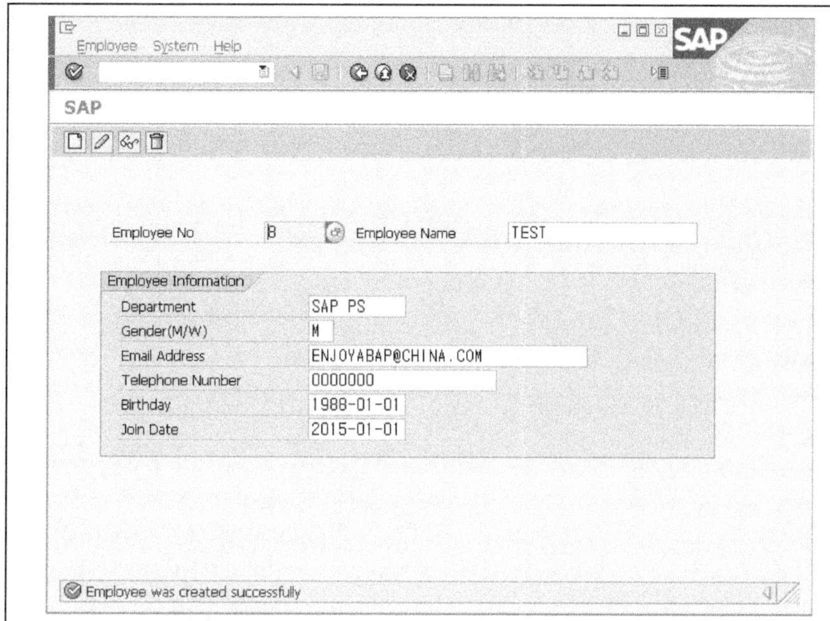	⑥ 创建程序后单击创建按钮，给表创建数据并显示在画面上。单击查询、修改、删除按钮，试着为各个事件追加相应的代码。

13.3.5 创建事务码

1. 事务码类型

事务码（T-CODE）是执行程序的命令语句，是最终用户可以访问程序员开发的程序的一个快捷键。如[图 13-21]所示，T-CODE 类型大致可分为以下五种。

Dialog 事务码 Report 事务码 Object-Oriented 事务码 Variant 事务码 Parameter 事务码

在 T-CODE:SE93 中可以创建/修改/查询事务码，且相应信息保存在表 TSTC/TSTCT 中。事务码的名字最多可定义到 20 位。

Create Transaction

Transaction code ZTCODE

Transaction attributes

Short text TCODE TEST

Start object

◉ Program and screen (dialog transaction)

○ Program and selection screen (report transaction)

○ Method of a class (OO transaction)

○ Transaction with variant (variant transaction)

○ Transaction with parameters (parameter transaction)

图 13-21 事务码类型

1）Dialog 事务码：TYPE-M 模块池程序中使用的事务码，与屏幕相连接。

2）Report 事务码：TYPE-1 报表程序中使用的事务码。

3）Object-Oriented 事务码：用事务码创建 ABAP 对象-类方法。

4）Variant 事务码：使用事务码变式（Transaction Variant）可以调节程序字段。可以将标准程序字段修改成查询模式。可以把标准程序字段修改成查询模式等操作。

5）Parameter 事务码：在执行事务码的屏幕字段上可以指定初始值。设置屏幕字段名和值，执行事务码，设置屏幕字段的初始值。

2. 创建 Dialog 事务码

首先，创建 TYPE-M 程序 Z13_01 的 Dialog 事务码。在对象导航器（Object Navigator）上选择程序，单击鼠标右键，则出现创建事务码的菜单。下面利用 T-CODE:SE93 创建事务码。

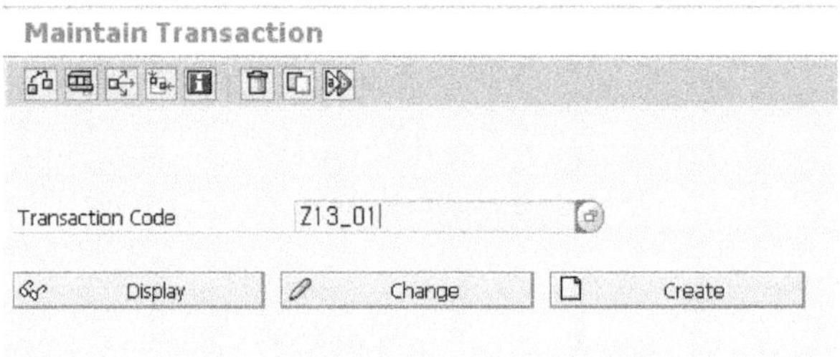 Maintain Transaction Transaction Code Z13_01 Display Change Create	① 输入以Z开头的20位以内的事务码名字，单击 Create 按钮。为方便起见，在此例题中命名为与程序名相同的名字，但在实际项目中应遵守指定的命名规则。在下面实例中，功能为 1 是 TYPE-1 程序的事务码，2 则是 TYPE-M 程序事务码。 ZHR 2 R0010 Z＋ 模块 ＋ 功能 ＋ 序列号
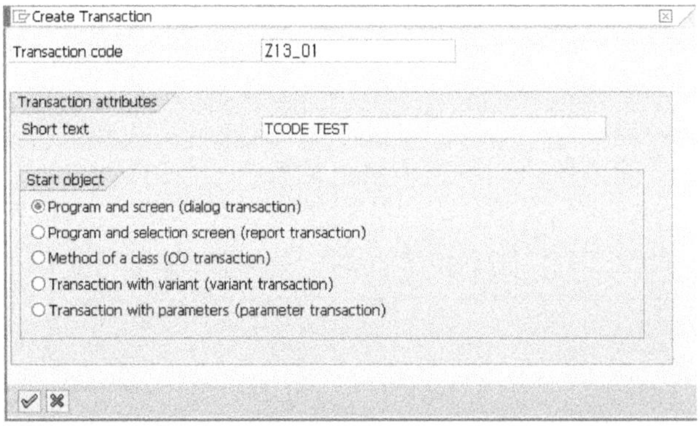 Create Transaction Transaction code Z13_01 Transaction attributes Short text TCODE TEST Start object ◉ Program and screen (dialog transaction) ○ Program and selection screen (report transaction) ○ Method of a class (OO transaction) ○ Transaction with variant (variant transaction) ○ Transaction with parameters (parameter transaction)	② 此例题是 TYPE-M 程序，因此选择'Program and Screen'。
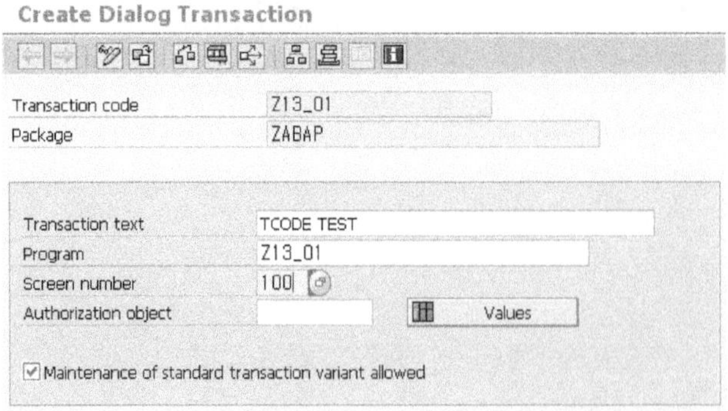 Create Dialog Transaction Transaction code Z13_01 Package ZABAP Transaction text TCODE TEST Program Z13_01 Screen number 100 Authorization object Values ☑ Maintenance of standard transaction variant allowed	③ 指定事务码描述、程序名、初始执行画面后单击保存按钮，然后执行。

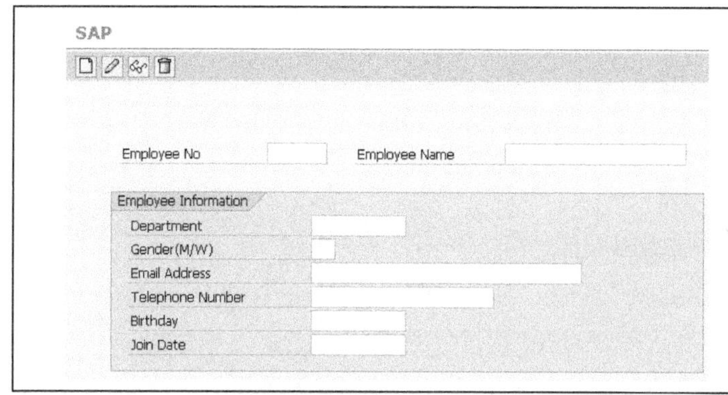

④ 左图是利用事务码执行 TYPE-M 程序的屏幕 100 画面。下面利用 Variant 事务码修改 TYPE-M 程序的字段属性。

3. Parameter 事务码

调用事务码时可以将屏幕字段名和值设置成参数进行传递。如[图 13-22]所示，各自创建事务码进行测试。

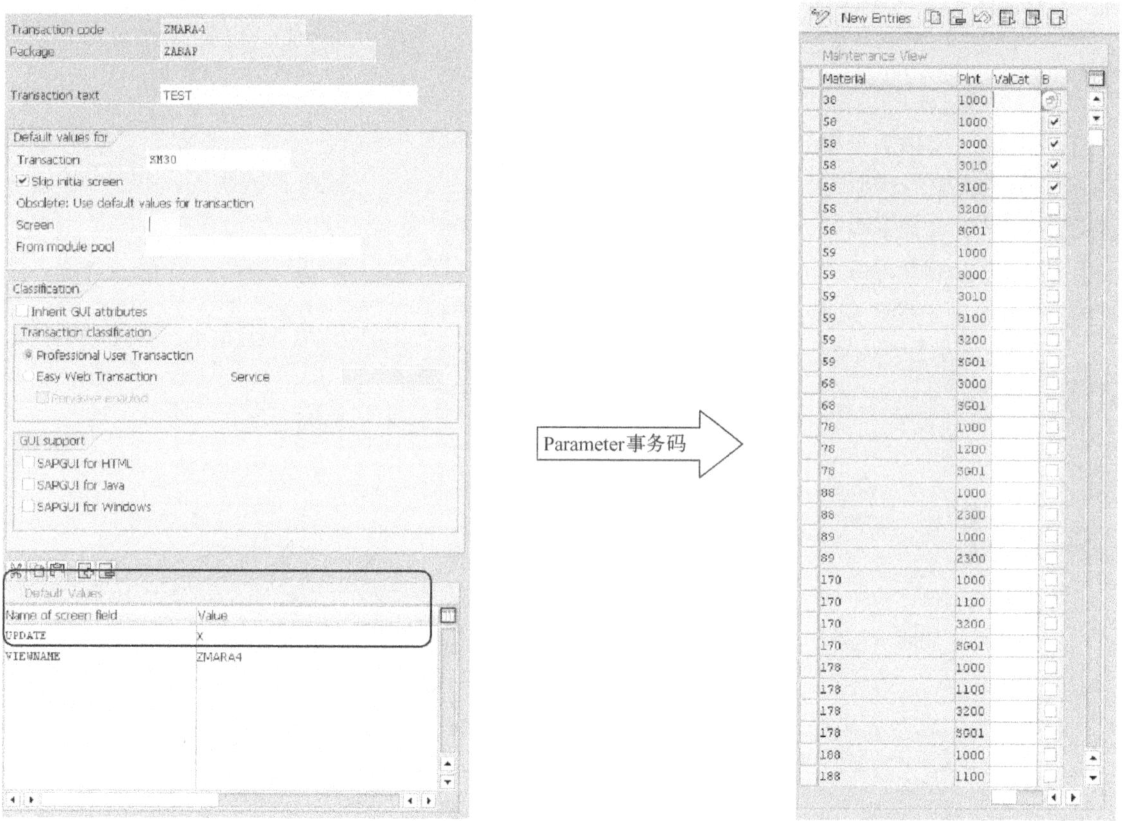

Parameter事务码

图 13-22　创建利用维护视图的 Parameter 事务码

Parameter 事务码，除了初始化屏幕字段外，还用于调用维护视图。下面创建调用第 7 章生成的维护视图 ZVMARA 的事务码。

13.3.6　Input Check

在画面上输入 Input 字段时，执行数据字段类型检验。

在 PAI 模块中执行 Input Check（检验用户输入值）。使用下列语句执行 Input Check，是实际业务中最常使用的方法。

- 字段 <f> MODULE <mod>.

可以限制用户输入的值，或者检查表中是否存在该值。另外，Input Check 以函数块形式存在，因此可追加很多功能并使用。

- 字段 <f> MODULE <mod> ON INPUT.

当字段 f 的值与初始值不相同时触发模块 mod。

每个数据类型的初始值（Initial value）都不同。字符类型的初始值为 space，而 Numeric 类型的初始值为 0。详细信息请参考“第 7 章 ABAP 数据字典”。

- 字段 <f> MODULE <mod> ON REQUEST.

当字段 f 的值变更时触发模块 mod。

例如，当用户在字符型字段中输入空格后，按〈Enter〉键，即使不调用 ON INPUT 模块，也会调用 ON REQUEST 模块。

13.4 表控制器控件

画面上要输出多条数据时，使用如[图 13-23]所示的表控制器控件。表控制器是拥有字段名与字段值的模板控制器的一种，和 EXCEL 一样，以 Tabular 形式显示数据。ABAP 在画面上显示或调节表数据时提供两种机制，分别是表控制器和 Step Loop。假设表控制器是由一个行构成的表，则 Step Loop 是由多个行组成的表，可以在如 T-CODE:MB1A 等事务码下，将 Input 字段组成一组，执行 LOOP 语句进行处理。表控制器比 Step Loop 优点多，因此经常使用。自从有了 ALV 技术，在实际业务中使用 ALV 比表控制器要多。

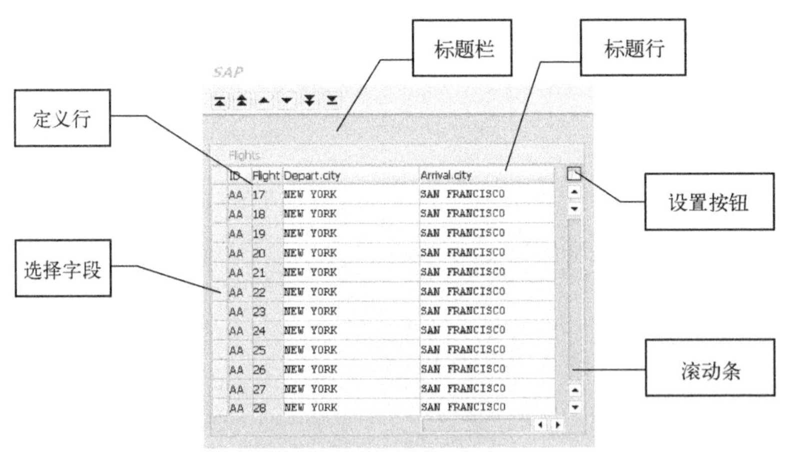

图 13-23 表控制器

- 表控制器 LINE 中包含 Keywords、输入/输出字段、单选按钮、复选框、单选按钮 Group，还有 Pushbutton。
- LINE 最多可指定 255 个字段。

> 在 T-CODE:**BIBS** 中选择表控制器分析代码也是不错的选择。这里利用 BSIS 提供的表控制器代码进行练习。

13.4.1 创建表控制器

在模块池程序内追加表控制器的步骤如下所示。

① 定义表控制器领域。

② 定义表控制器构成要素。

③ 追加表控制器标题（可选项）。

④ 在模块池程序内定义表控制器。

下面创建 TYPE-M 类型的程序 Z13_02 后追加 100 画面。

<table>
<tr><td>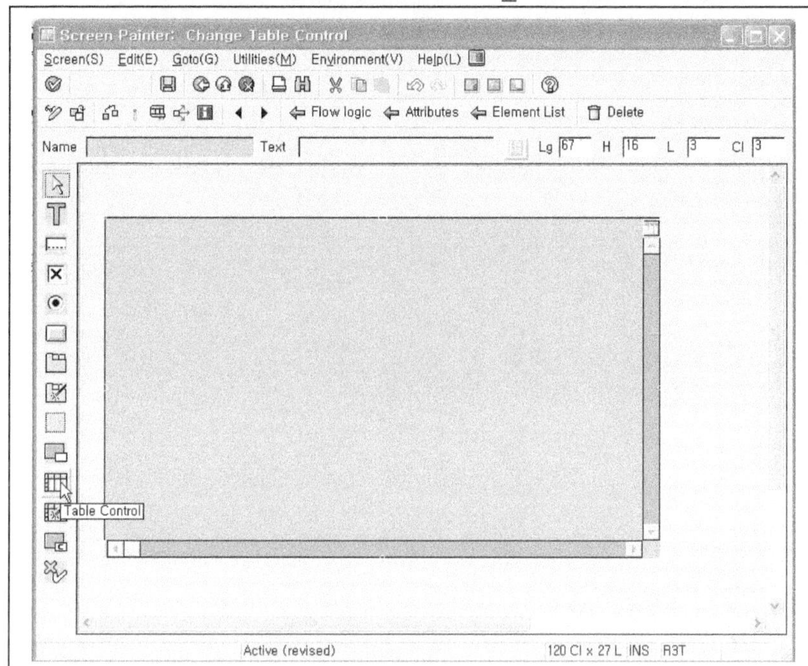</td><td>① 定义表控制器领域，创建表控制器的方法有两种：快捷方法和菜单。本次练习不使用快捷方法。表控制器名字指定为“ZEMP”。如左图所示，单击表控制器图标，为画面设置适当的位置和大小。

☞ 利用 WIZARD，代码可读性下降且不易修改，因此不宜采用此方法。</td></tr>
<tr><td>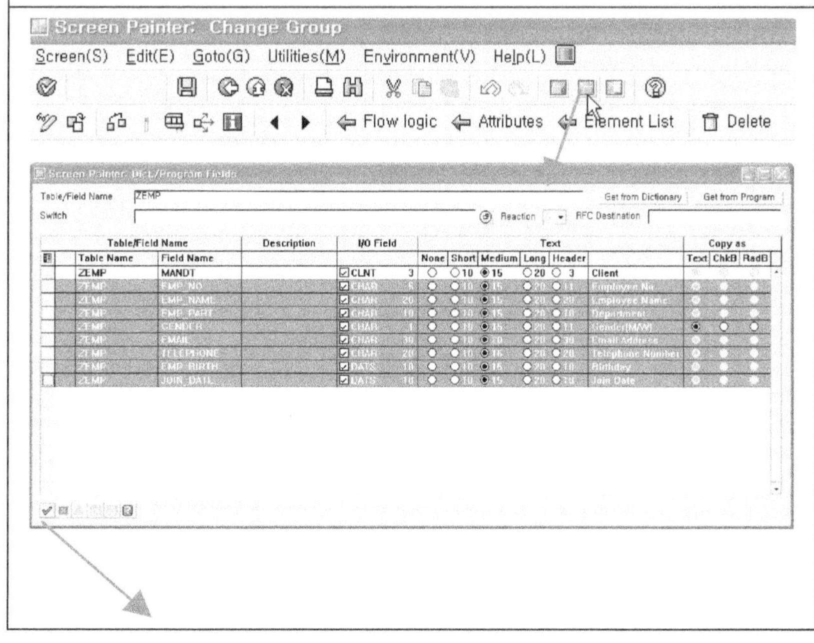</td><td>② 追加表控制器的要素，如左图所示，单击 Dictionary/program 字段 s window 按钮后输入表 ZEMP。或者也可输入所需的表或结构体。如左图所示，选择字段后按〈Enter〉键，然后用 Drag & Drop 将表控制器拉到画面区域，自动生成字段。然后选择字段简单修改表头文本。</td></tr>
</table>

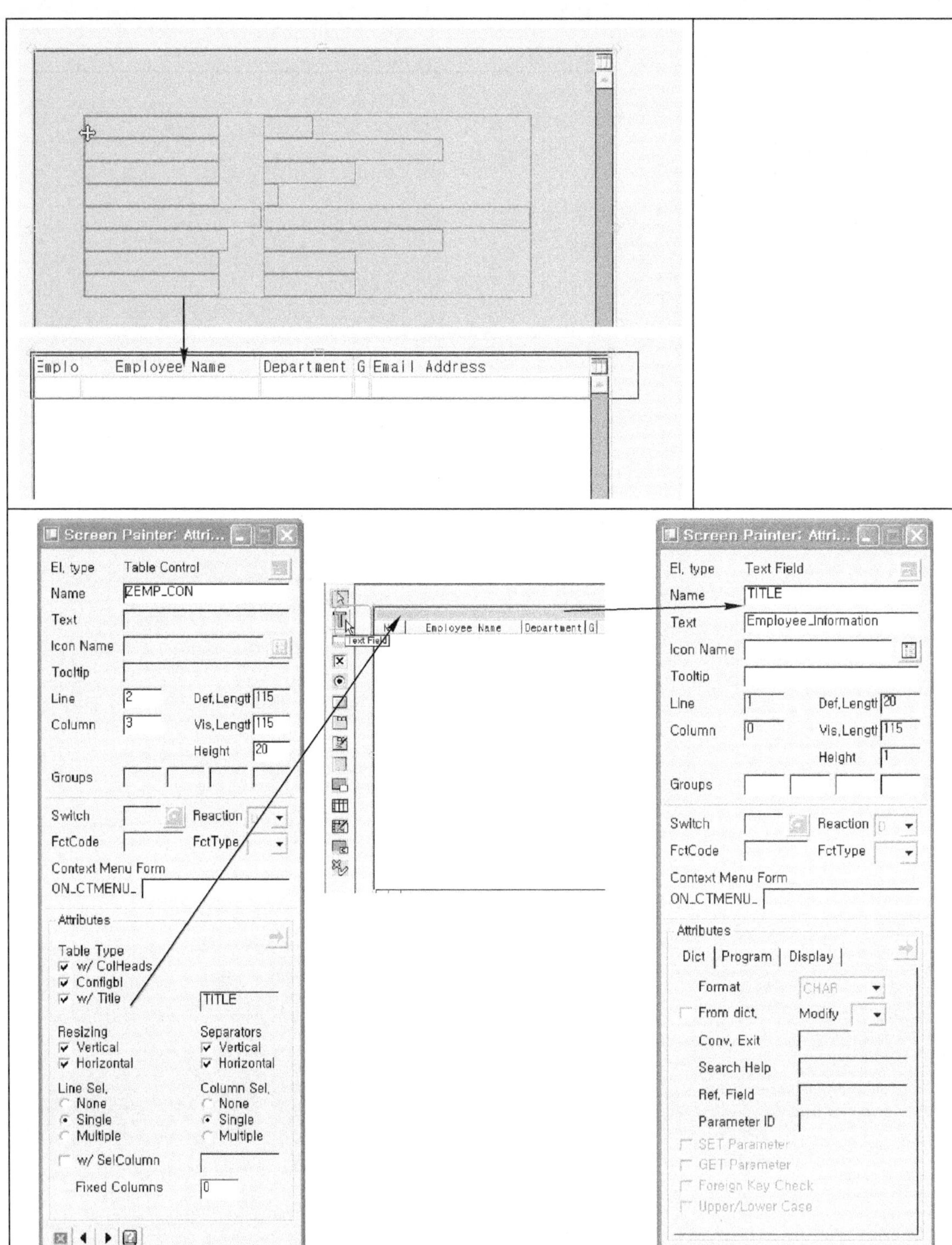

③ 追加标题，双击表控制器打开属性窗口。选择 w/Title，表控制器中会生成标题区域。将 TEXT（或者输入/输出字段）按钮拉到表头区域后，输入 NAME 和 TEXT 生成表头。表控制器的属性如[表 13-11]所示。

表 13-11　表控制器属性

关 键 字	描　述
w/ColHead	是否显示表头
Configbl	激活 setting button
w/Title	追加标题栏
Resizing	可修改表控制器的大小
Separators	水平/垂直区分符号
Line Sel.	是否可以选择多行
Column Sel.	是否可以选择多个字段
w/selColumn	追加选择按钮 在例题中命名为 DEMO_CONN-MARK
Fixed Columns	固定字段个数

1．定义表控制器

若要使用表控制器，需在程序定义（'xxTOP' 部分）部分追加下面语句。

```
CONTROLS ctr TYPE TABLEVIEW USING SCREEN   scr.
```

ctr: 表控制器的名字。

scr: 使用表控制器的画面编号。

CONTROL 语句创建复杂的数据对象控制器。现在只用于定义表控制器、选项卡控件这两种。

13.4.2　表控制器代码实现

若要使用表控制器，需在 PBO 与 PAI 模块中追加 LOOP 语句。执行 LOOP 语句可连接 ABAP 程序字段与画面字段数据。

PBO 中的 LOOP 语句是将 ABAP 程序字段数据显示在画面（表控制器）上，PAI 中的 LOOP 语句是将画面字段（表控制器）复制到 ABAP 程序数据中。为了防止错误发生，即使是空 LOOP 语句也要追加。然后，执行程序可以确认显示没有数据的表控制器。

[PBO] LOOP [WITH CONTROL zemp_con]. ENDLOOP.	[PAI] LOOP [WITH CONTROL zemp_con]. ENDLOOP.

Mod. Pool　Z13_02　Active (Revised)	① 定义表控制器。

```
*&---------------------------------------------------------------------*
*& Module Pool       Z13_02
*&
*&---------------------------------------------------------------------*
PROGRAM  z13_02.

CONTROLS zemp_con TYPE TABLEVIEW USING SCREEN  100.
```

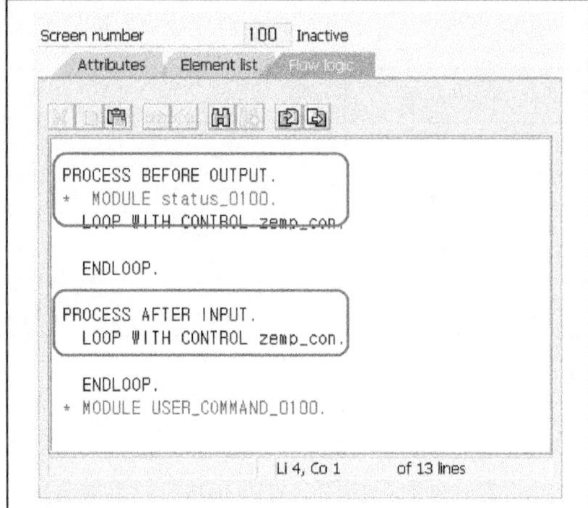

```
Screen number    100  Inactive
Attributes   Element list   Flow logic

PROCESS BEFORE OUTPUT.
*  MODULE status_0100.
  LOOP WITH CONTROL zemp_con.

  ENDLOOP.

PROCESS AFTER INPUT.
  LOOP WITH CONTROL zemp_con.

  ENDLOOP.
* MODULE USER_COMMAND_0100.

Li 4, Co 1    of 13 lines
```

② 完成第一阶段后激活程序会发生以下错误。

"LOOP ... ENDLOOP" must appear in "PBO" and "PAI".

在 PBO 与 PAI 模块中追加 LOOP 语句。

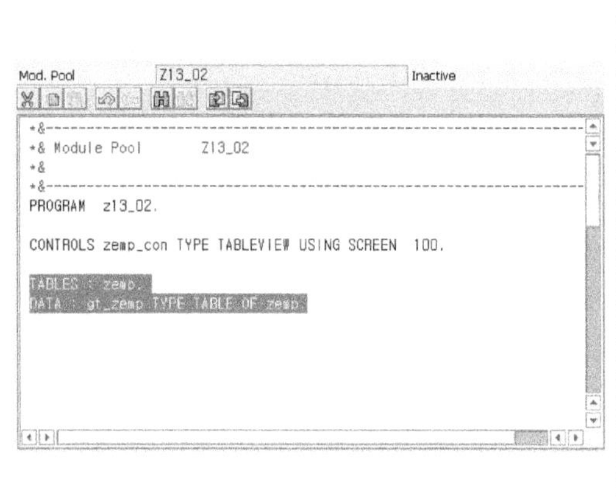

```
Mod. Pool    Z13_02    Inactive
*&---------------------------------------------------------------------
*& Module Pool       Z13_02
*&
*&---------------------------------------------------------------------
PROGRAM  z13_02.

CONTROLS zemp_con TYPE TABLEVIEW USING SCREEN  100.

TABLES : zemp.
DATA : gt_zemp TYPE TABLE OF zemp.
```

③ 要存储 zemp 表中查询的数据结果和显示表控制器的个别行，需要用 TABLES 命令定义工作区。如下图所示，表控制器的个别字段参照 zemp 结构体。

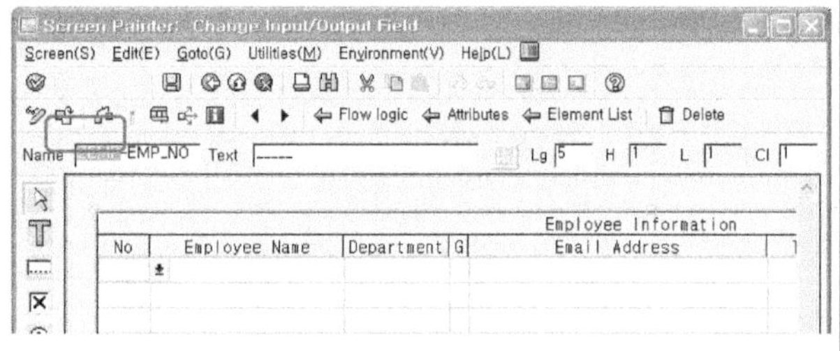

当不直接参照表结构时，可以先声明结构体后修改表控制器的个别字段名。

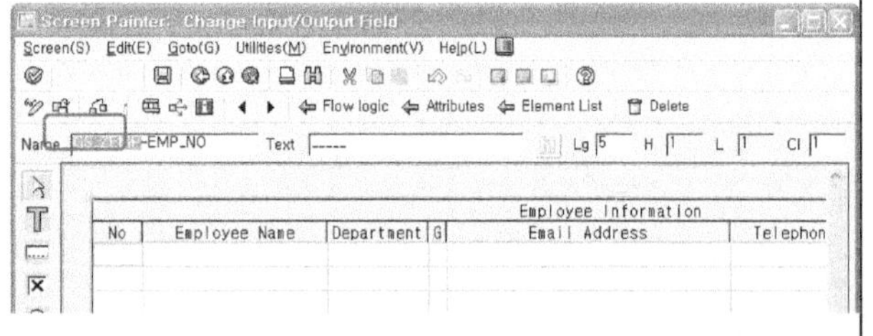

然后，在数据定义部分定义结构体即可。

DATA gs_zemp TYPE zemp.

```
Mod. Pool    Z13_02    Inactive (Revised)
MODULE status_0100 OUTPUT.
*  SET PF-STATUS 'xxxxxxxx'.
*  SET TITLEBAR 'xxx'.

  SELECT * FROM zemp
  INTO CORRESPONDING FIELDS OF TABLE gt_zemp.


ENDMODULE.                 " STATUS_0100  OUTPUT
```

④ 在 PBO 的 MODULE status_0100 中追加 SELECT 语句。

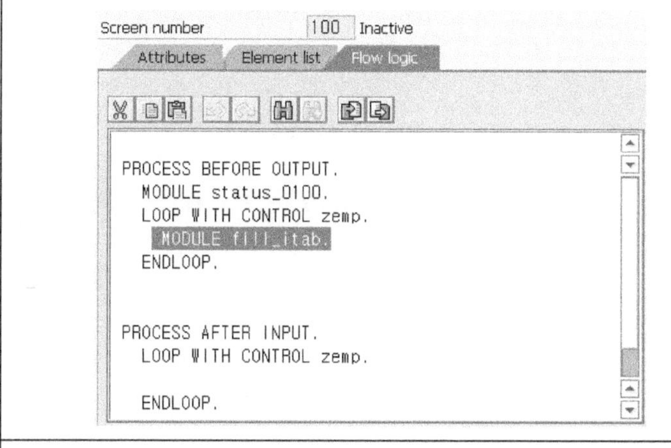

⑤ 在PBO中实现 LOOP 语句，为了复制内表数据到画面上的表控制器中，需要在 PBO 中执行 LOOP 语句。下面生成 fill_itab。

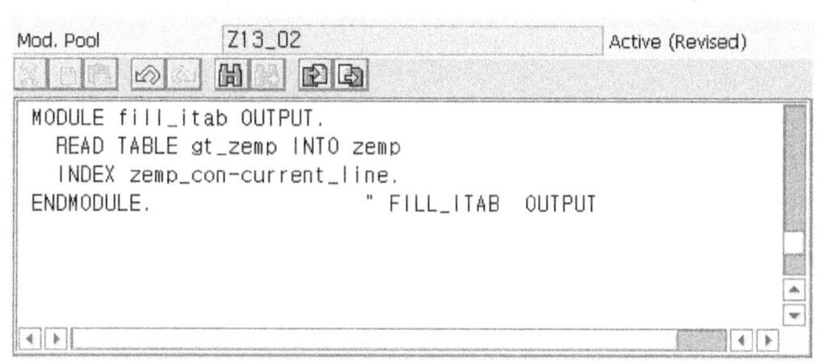

⑥ 实现 fill_table_ control 模块，gt_ zemp 内表读取数据库表的数据。zemp_ con-current_ line 是当前画面上显示的数据的条数。即表控制器中存在 100 个数据，但画面上只显示 10 条数据，则此系统变量返回 10。通过 READ TABLE gt_zemp INTO zemp INDEX 语句将内表数据复制到表控制器中。追加完第 6 步的代码后执行程序，则可以确认表控制器中显示的数据。

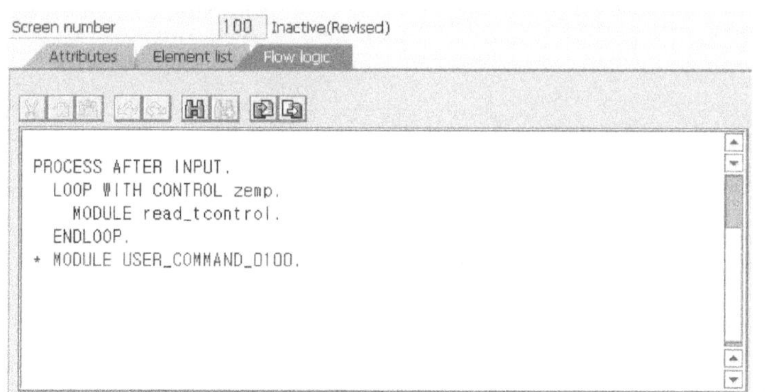

⑦ 在 PAI 中实现 LOOP 语句（画面->ABAP）。用户在表控制器中修改数据，仅仅修改了画面字段值，还未反映到 ABAP 程序区域中。下面在 PAI 语句中创建追加 LOOP 语句的函数块。

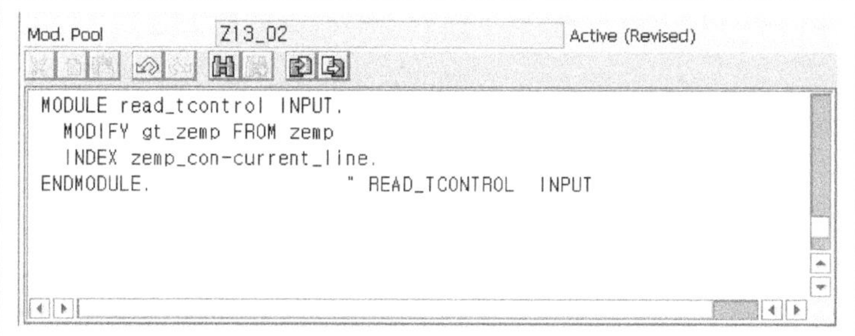

⑧ 实现 read_table_control 模块，在表控制器中，参照被修改的数据行 Index 编号修改内表数据。下面创建 GUI STATUS 后追加用户结束画面的代码。

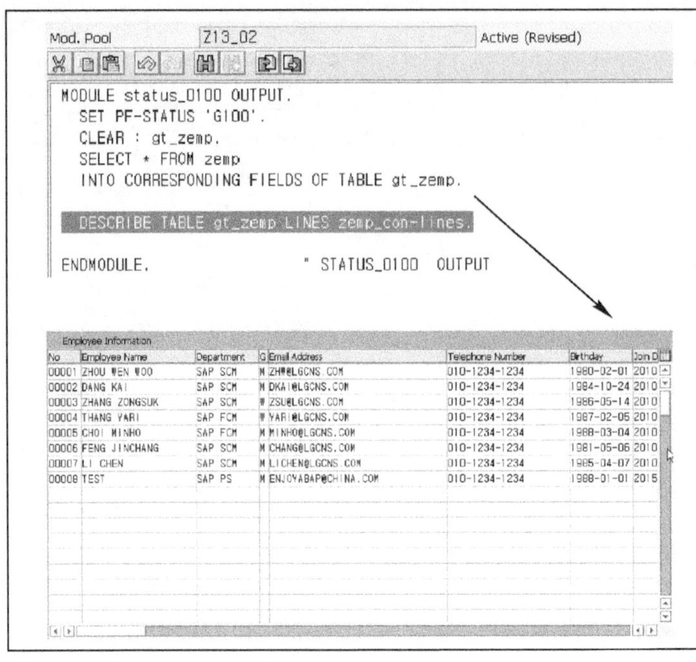

⑨ 最后创建事务码后执行程序。仔细观察画面可以发现，没有生成滚动条。这是因为无法确认表控制器的数据条数。在 PBO 事件的 status_0100 模块中追加左图所示的代码，即可指定表控制器的条数。

13.4.3 实现表控制器代码

在表控制器中执行 LOOP 语句的方法有两种：利用画面的方法和利用内表的方法。

LOOP [WITH CONTROL zemp_con]. ENDLOOP. 画面字段和 ABAP 程序领域间传递数据的形式是 line by line。	LOOP AT <内表>. ENDLOOP. 画面字段与 ABAP 程序领域之间的数据是并行(in Parallel)执行的。

Copy Program Z13_02
Source program Z13_02
Target program Z13_03
Copy

① 复制 Z13_02 程序，创建一个新程序，练习 LOOP AT <内表>语句。选择所有项目后单击 Copy 按钮。

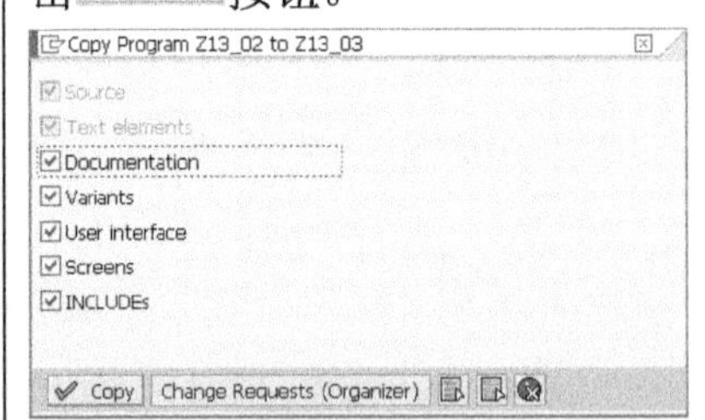

Copy Program Z13_02 to Z13_03
Include-Name Source | Include-Name Target
Z13_02TOP | Z13_03TOP
Copy

② 若使用了 INCLUDE 程序，为了在 z13_03 程序中追加新 INCLUDE，将名字修改为左图所示，选择按钮进行复制。若没有该项则跳过此阶段。

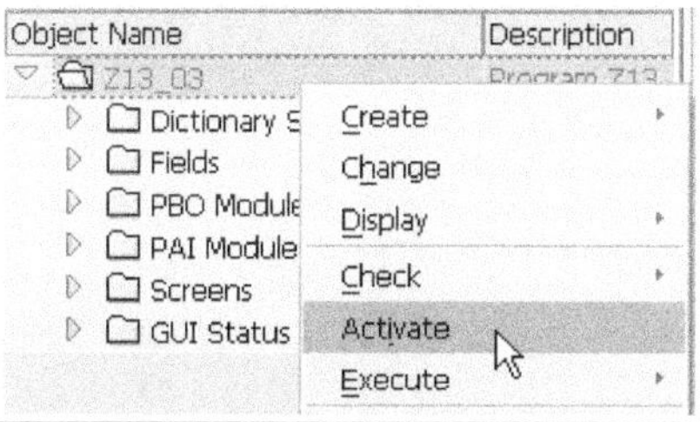 Object Name / Description Z13_03 Program Z13 Dictionary S / Fields / PBO Module / PAI Module / Screens / GUI Status Create / Change / Display / Check / Activate / Execute	③ 目前程序处于未激活状态，因此单击鼠标右键，激活包括 INCLUDE 的所有程序。

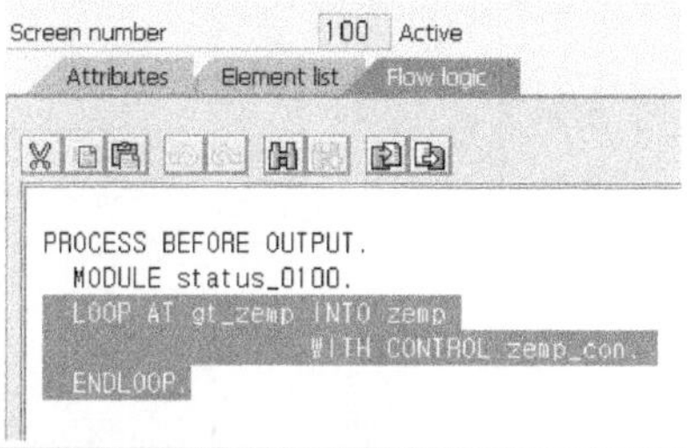 Screen number 100 Active
Attributes / Element list / Flow logic
`PROCESS BEFORE OUTPUT.`
`MODULE status_0100.`
`LOOP AT gt_zemp INTO zemp`
`WITH CONTROL zemp_con.`
`ENDLOOP.`
	④ 实现 PAI，将内表数据并行复制到表控制器的数据领域 (demo_conn) 中。若使用 LOOP AT 语句，则根据里面的条数执行循环，因此可动态追加表控制器的字段属性。

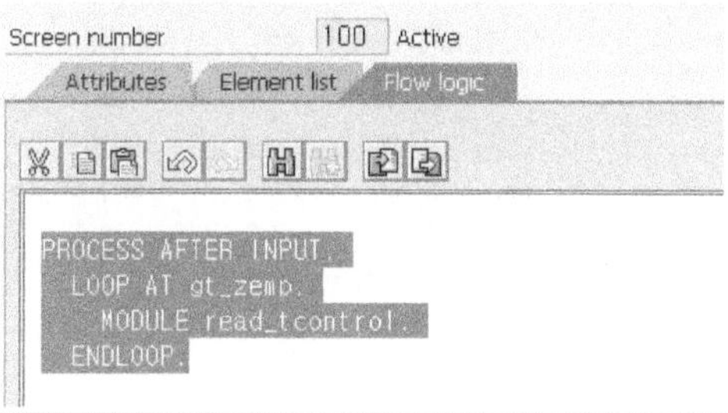 Screen number 100 Active
Attributes / Element list / Flow logic
`PROCESS AFTER INPUT.`
`LOOP AT gt_zemp.`
`MODULE read_tcontrol.`
`ENDLOOP.`
	⑤ 实现 PBO，在内表中追加 LOOP AT 语句，当用户修改表控制器的数据时，会记述反映到内表上的模块 read_control。

 Mod. Pool Z13_03 Inactive (Revised)
`MODULE read_tcontrol INPUT.`
`MODIFY gt_zemp FROM zemp`
`INDEX zemp_con-current_line.`
`ENDMODULE.  " READ_TCONTROL INPUT`
	⑥ 与 Z13_02 程序中的功能相同，将表控制器中被修改的内容复制到内表中。

13.4.4 修改表控制器字段属性

如[图 13-24]所示，修改表控制器属性的方法分为 CELL 和 COLUMN 这两个级别。若要在 CELL 级别上修改字段属性，则需使用 LOOP AT 语句并行处理，修改 CELL。另外，若修改 COLUMN 单位的属性，则需使用 CXTAB_CONTROL 结构体属性。这不是 SAP 菜单的标准分法中分为两种，而是作者通过实际业务得到的一种窍门。

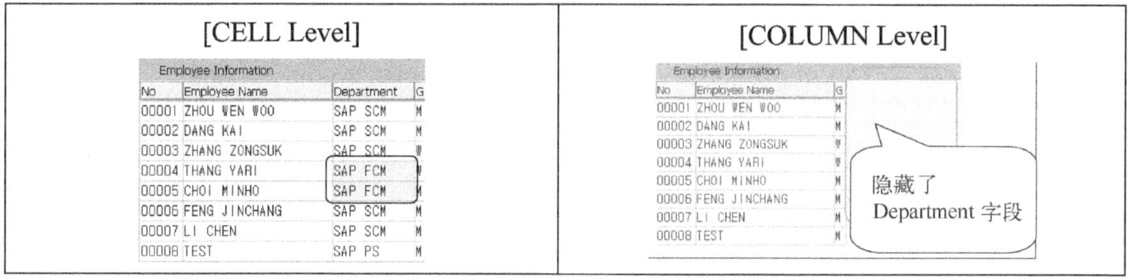

图 13-24 修改表控制器属性

1. 修改 CELL 级别上的表控制器属性

首先，练习修改 CELL 级别上的属性。如[图 13-24]中左图所示，在 Z13_03 程序的表控制器中，将字段 EMP_PART 中值为 'SAP FCM'的 CELL 修改成输出专用。

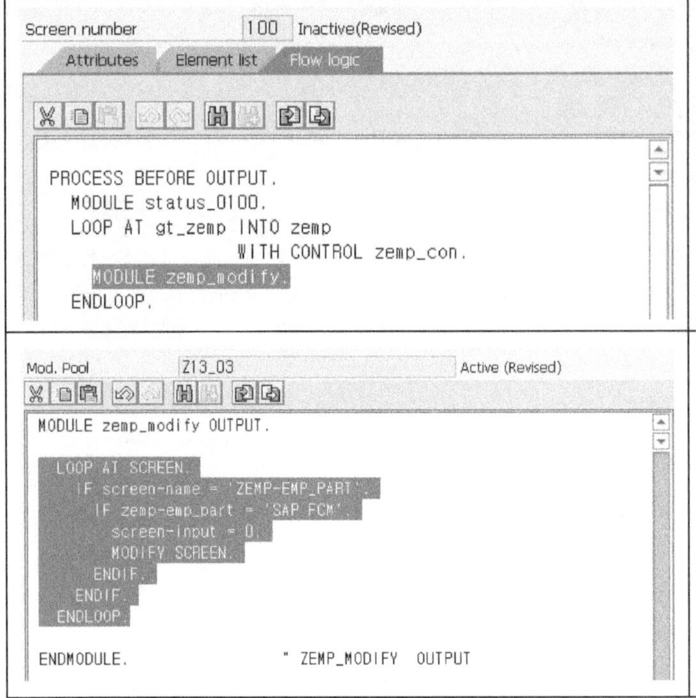

① 在 PBO 事件的 LOOP AT 语句中创建用于修改表控制器属性的模块。若使用 LOOP AT itab. 语句，则执行表控制器 X 行数次 LOOP 循环。即从第一行开始，每行循环 4 次 CARRID, CONNID, CITYFROM CITYTO，总行数为 22，共执行 88 次 LOOP 循环。

② 左图是执行 LOOP 时，画面名为表控制器字段 ZEMP-EMP_PART 且相应行的部门字段值为 SAP FCM，则将画面字段属性修改为输出专用的代码。执行此程序后得到如[图 13-24]中左图所示的结果。在前面也提到过，要动态修改画面时主要使用 Modification Group(SCREEN-GROUP1)。在此例题中使用了 SCREEN- NAME。

2. 修改 COLUMN 级别上的表控制器属性

在 CELL 级别上无法隐藏整个字段。若要修改整个部门字段（EMP_PART）属性就必须在字段级别上变更表控制器属性。属性请参照图[13-25]。

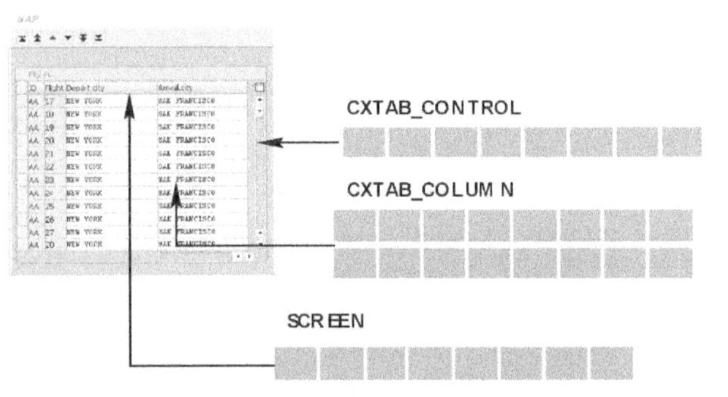

图 13-25 表控制器属性

在定义表控制器阶段上已经提到，[图 13-24]表控制器参照的是 CXTAB_CONTROL 类型，表控制器字段拥有 CXTAB_COLUMN 类型结构。

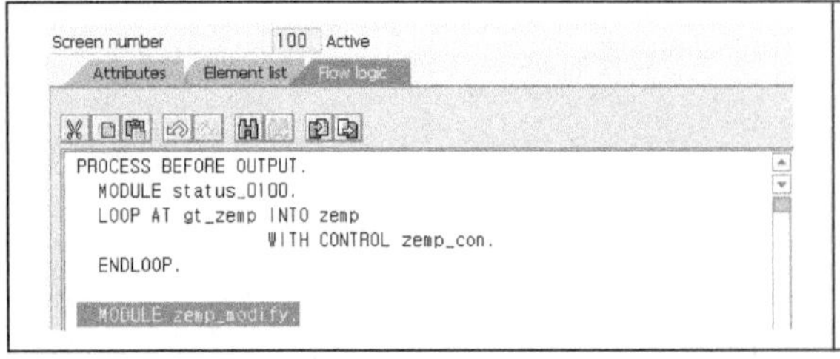

① 下面追加用于修改 PBO 事件的表控制器属性的模块。

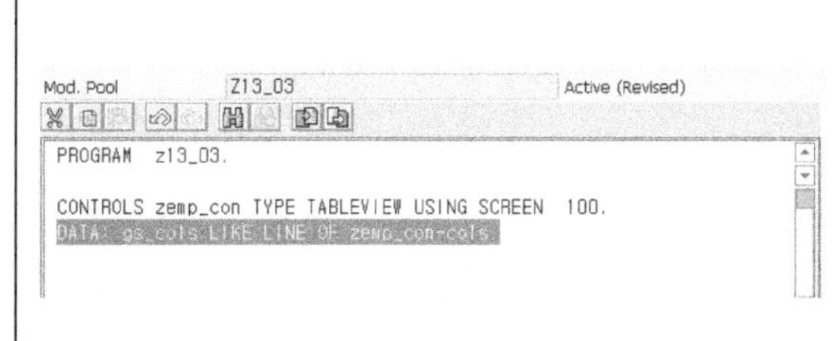

② 声明一个与表控制器的 cols 类型相同的数据，其结构如下所示。

```
BEGIN OF CXTAB_COLUMN,
      SCREEN    LIKE SCREEN
      INDEX     TYPE  I,
      SELECTED,
      VISLENGTH LIKE ICON-OLENG,
      INVISIBLE,
END    OF CXTAB_COLUMN,
```

CXTAB_CONTROL

TABLEVIEW 类型参照 CXTAB_CONTROL 结构体。Deep 结构体 CXTAB_CONTROL 包含表控制器的属性。包含 CXTAB_COLUMN 和字段属性的表。CXTAB_CONTROL-COLS-屏幕字段是与系统表具有相同类型的 Flat 结构体。属性请参照[表 13-12]和[表 13-13]。

表 13-12　CXTAB_CONTROL 属性

项　目	类　型	描　述
FIXED_COLS	I	固定字段个数
LINES	I	表控制器的行数，用于设置垂直滚动条
TOP_LINE	I	选择滚动条后触发 PAI 时，在 NEXT PBO 的 TOP 中显示的行编号。在 ABAP 程序中可以修改
CURRENT_LINE	I	LOOP …ENDLOOP 语句内的当前行编号。在系统中自动被设置为 SY-STEPL+(TOP_LINE-1)值，在 ABAP 程序中不能修改
LEFT_COL	I	当用户选择水平滚动条时，设置左侧的固定字段个数
LINE_SEL_MODE	I	设置选择行的模式 0: 不能选择行 1: 只能选择单行 2: 可以选择多行
COL_SEL_MODE	I	设置选择字段的模式 0: 不能选择字段 1: 只能选择单个字段 2: 可以选择多行
LINE_ SELECTOR	C(1)	此属性要设置成'X'才能选择行。即 LINE_SEL_MODE 属性才有效果。在 ABAP 程序中可以修改
H_GRID	C(1)	水平区分符号
V_GRID	C(1)	垂直区分符号
COLS	CXTAB_ COLUMN	在[表 13-12]中会进行说明
INVISIBLE	C(1)	设置是否要显示

表 13-13　CXTAB_COLUMN 属性

字　段	类　型	描　述
SCREEN	SCREEN	屏幕结构属性
INDEX	I	字段位置（查询顺序）
SELECTED		当前选择的字段
VISLENGTH	ICON-OLENG	字段显示长度
INVISIBLE		设置是否要显示字段

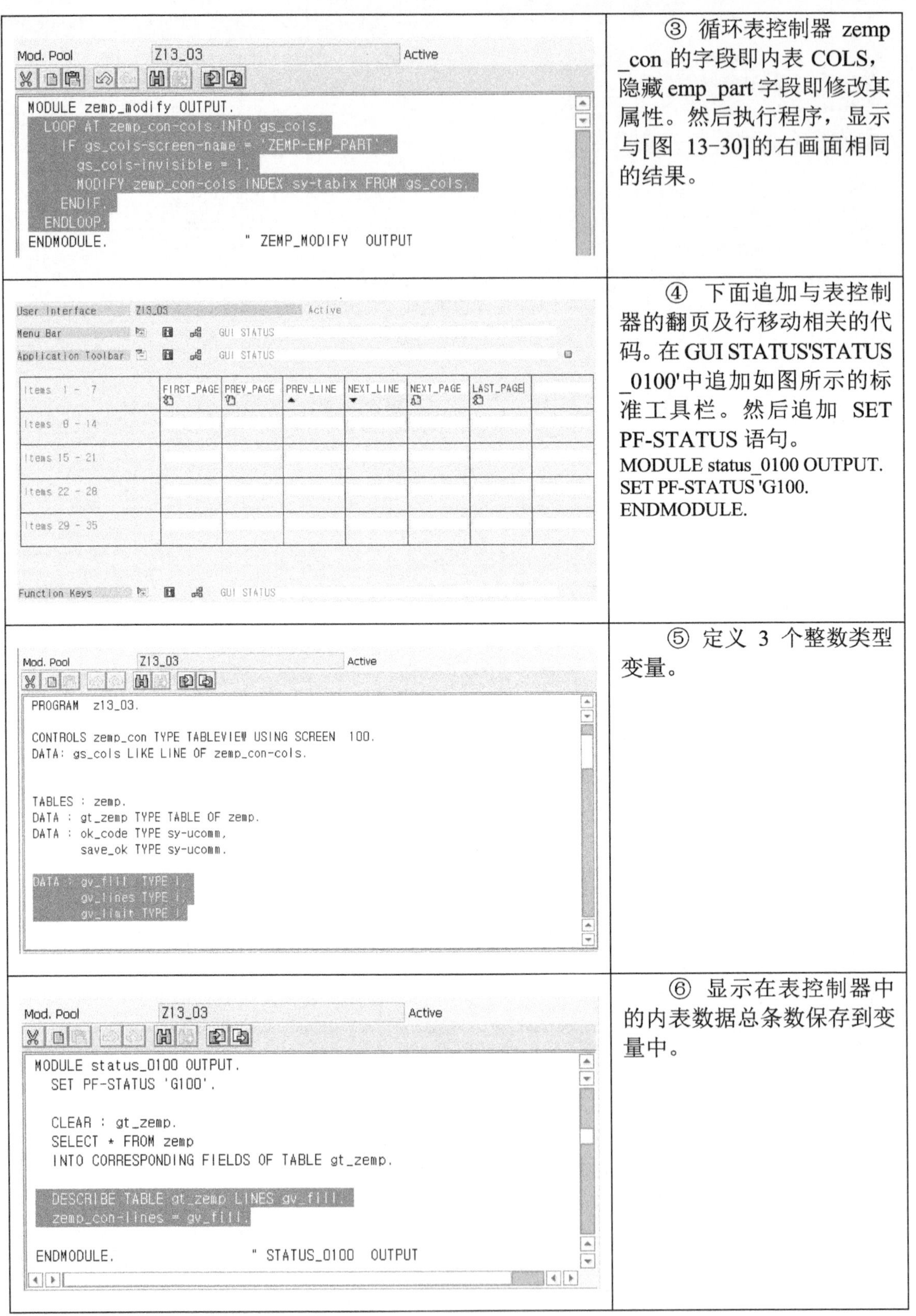

```
Mod. Pool    Z13_03    Active
MODULE zemp_modify OUTPUT.
  LOOP AT zemp_con-cols INTO gs_cols.
    IF gs_cols-screen-name = 'ZEMP-EMP_PART'.
      gs_cols-invisible = 1.
      MODIFY zemp_con-cols INDEX sy-tabix FROM gs_cols.
    ENDIF.
  ENDLOOP.
ENDMODULE.                 " ZEMP_MODIFY  OUTPUT
```

③ 循环表控制器 zemp_con 的字段即内表 COLS，隐藏 emp_part 字段即修改其属性。然后执行程序，显示与[图 13-30]的右画面相同的结果。

User Interface	Z13_03	Active					
Menu Bar	GUI STATUS						
Application Toolbar	GUI STATUS						
Items 1 - 7	FIRST_PAGE	PREV_PAGE	PREV_LINE	NEXT_LINE	NEXT_PAGE	LAST_PAGE	
Items 8 - 14							
Items 15 - 21							
Items 22 - 28							
Items 29 - 35							
Function Keys	GUI STATUS						

④ 下面追加与表控制器的翻页及行移动相关的代码。在 GUI STATUS'STATUS_0100'中追加如图所示的标准工具栏。然后追加 SET PF-STATUS 语句。

```
MODULE status_0100 OUTPUT.
SET PF-STATUS 'G100.
ENDMODULE.
```

```
Mod. Pool    Z13_03    Active
PROGRAM  z13_03.

CONTROLS zemp_con TYPE TABLEVIEW USING SCREEN  100.
DATA: gs_cols LIKE LINE OF zemp_con-cols.


TABLES : zemp.
DATA : gt_zemp TYPE TABLE OF zemp.
DATA : ok_code TYPE sy-ucomm,
       save_ok TYPE sy-ucomm.

DATA : gv_fill  TYPE i,
       gv_lines TYPE i,
       gv_limit TYPE i.
```

⑤ 定义 3 个整数类型变量。

```
Mod. Pool    Z13_03    Active
MODULE status_0100 OUTPUT.
  SET PF-STATUS 'G100'.

  CLEAR : gt_zemp.
  SELECT * FROM zemp
  INTO CORRESPONDING FIELDS OF TABLE gt_zemp.

  DESCRIBE TABLE gt_zemp LINES gv_fill.
  zemp_con-lines = gv_fill.

ENDMODULE.                 " STATUS_0100  OUTPUT
```

⑥ 显示在表控制器中的内表数据总条数保存到变量中。

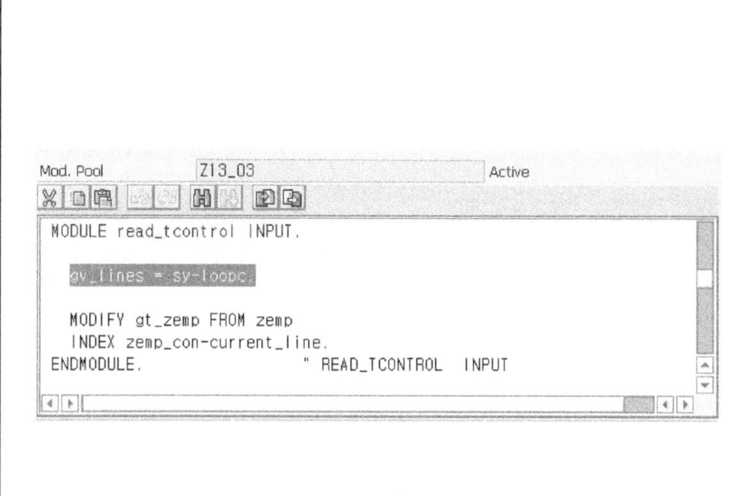

⑦ 在模块 read_control 中追加系统变量保存在变量中的代码。系统变量 SY-LOOPC 字段存储当前画面上显示的表控制器的最大行数。例如，假设表控制器设置成一页只显示 3 行数据，而当用户拖动滚动条显示了第 4 行数据。此时系统变量 SY-STPEL 在 LOOP 语句中会存储行索引值 1～3，而系统变量 SY-LOOPC 始终是 4。相反，系统变量 SY-STEL 存储的是表控制器的当前行索引值。然而，系统变量 SY-STEPL 始终是从 1 开始到当前显示的值。这些参数在画面字段与内表之间互相传递数据时非常有用。

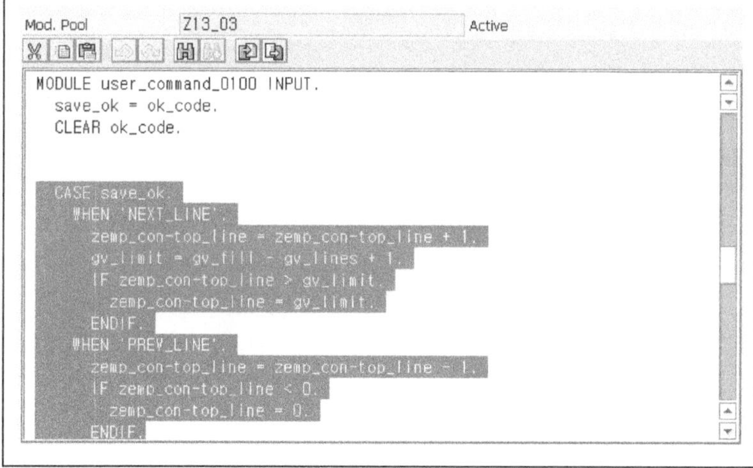

⑧ 当用户单击标准工具栏的按钮时，追加调整表控制器画面的代码。整体代码请参照[例 13-1]。完成程序后可运行确认。

[例 13-1]

```
MODULE user_command_0100 INPUT.
  save_ok = ok_code.
  CLEAR ok_code.

  CASE save_ok.
    WHEN 'NEXT_LINE'.
      zemp_con-top_line = zemp_con-top_line + 1.
      gv_limit = gv_fill - gv_lines + 1.
      IF zemp_con-top_line > gv_limit.
        zemp_con-top_line = gv_limit.
      ENDIF.
    WHEN 'PREV_LINE'.
      zemp_con-top_line = zemp_con-top_line - 1.
      IF zemp_con-top_line < 0.
```

```
            zemp_con-top_line = 0.
          ENDIF.
        WHEN 'NEXT_PAGE'.
          zemp_con-top_line = zemp_con-top_line + gv_lines.
          gv_limit = gv_fill - gv_lines + 1.
          IF zemp_con-top_line > gv_limit.
            zemp_con-top_line = gv_limit.
          ENDIF.
        WHEN 'PREV_PAGE'.
          zemp_con-top_line = zemp_con-top_line - gv_lines.
          IF zemp_con-top_line < 0.
            zemp_con-top_line = 0.
          ENDIF.
        WHEN 'LAST_PAGE'.
          zemp_con-top_line =   gv_fill - gv_lines + 1.
        WHEN 'FIRST_PAGE'.
          zemp_con-top_line = 0.
      ENDCASE.

    ENDMODULE.                       " USER_COMMAND_0100   INPUT
```

13.5 子画面

子画面指的是在 Runtime 环境下包含于其他画面的子工作区中的画面。如[图 13-26]所示，一个画面可以包含其他画面。

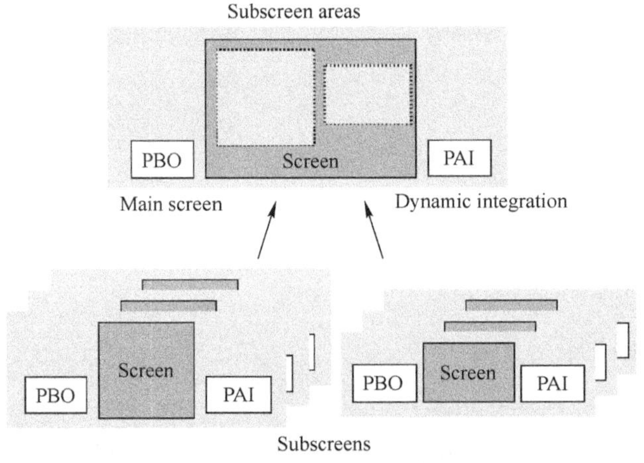

图 13-26 子画面

子画面在 13.6 节要讲述的选项卡中经常使用。子画面可以有各自的逻辑流，但除了特殊的几种方法外，和一般画面相同。例如，子画面没有自身的 OK_CODE 字段（继承主画面的 OK_CODE），MODULE…AT EXIT-COMMAND 模块只能在主画面上管理。

创建子画面的顺序如下。

① 在画面上定义画面工作区。

② 定义子画面。

③ 在子画面区域上布置子画面。

子画面上的特殊情况及注意点如下。

① 为了防止因调整画面大小而影响画面要素，需要重新布置画面要素。

② 当创建多个子画面时，需唯一指定各个画面的要素名。这是因为画面和 ABAP 程序相互传递数据时会产生问题。

③ 子画面中没有 OK_CODE 字段。在子画面上发生的用户触发事件功能键存储在主画面的 OK_CODE 字段中。

④ 在逻辑流中没有 MODULE…AT EXIT-COMMAND。因为 Type E Function 只能在主画面上使用。

⑤ 子画面没有自身的 GUI STATUS，也不能使用这些语句：SET TITLEBAR、SET PF-STATUS、SET SCREEN、LEAVE SCREEN、LEAVE TO SCREEN。

若使用这些语句，在执行程序时会发生 Runtime Error。

13.5.1 定义子画面领域

子画面领域在画面编辑器中定义，且需指定各个子画面的名字、位置、长度及高度。子画面领域不能和画面的其他要素重叠使用。最终用户调节窗口大小时，也可设置子画面的垂直/水平大小，每当用户调节窗口大小时，触发 PAI 事件。

首先，创建 TYPE-M 程序 Z13_04，然后追加画面 100。

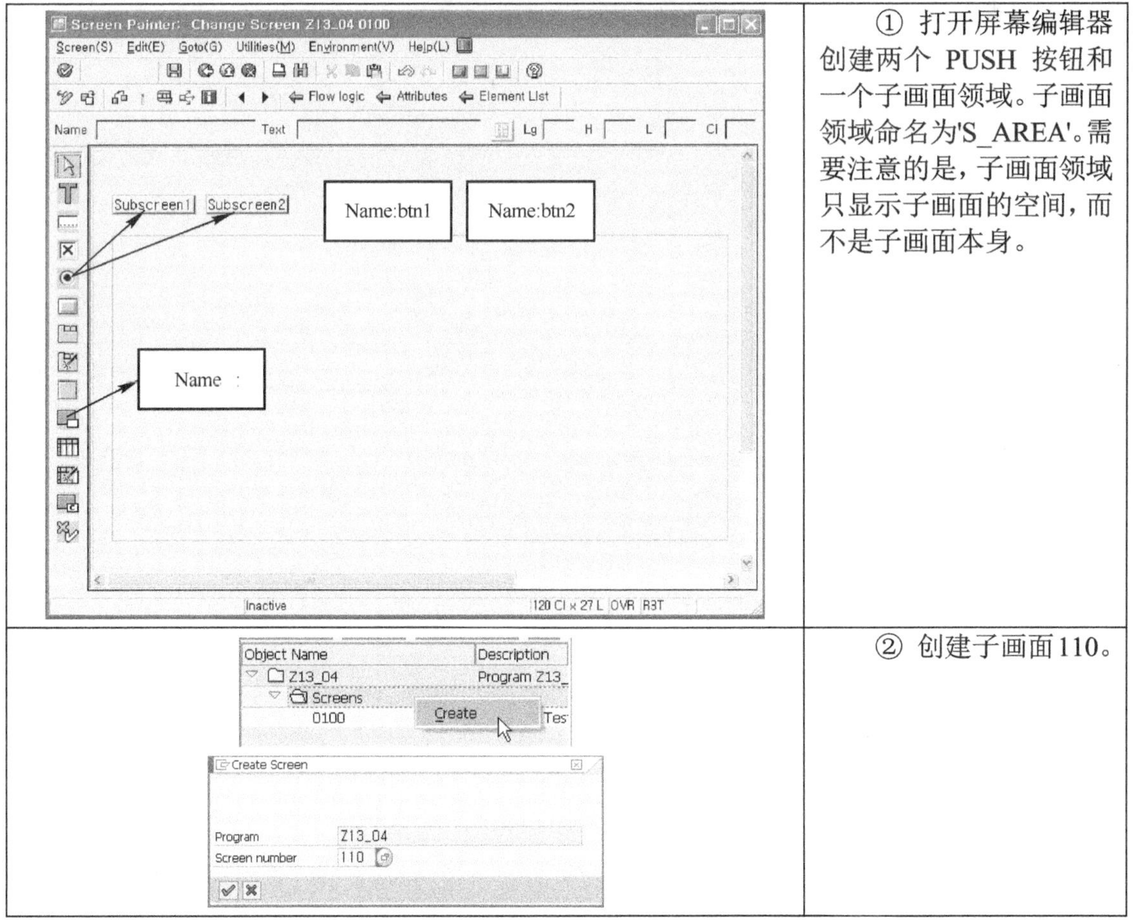

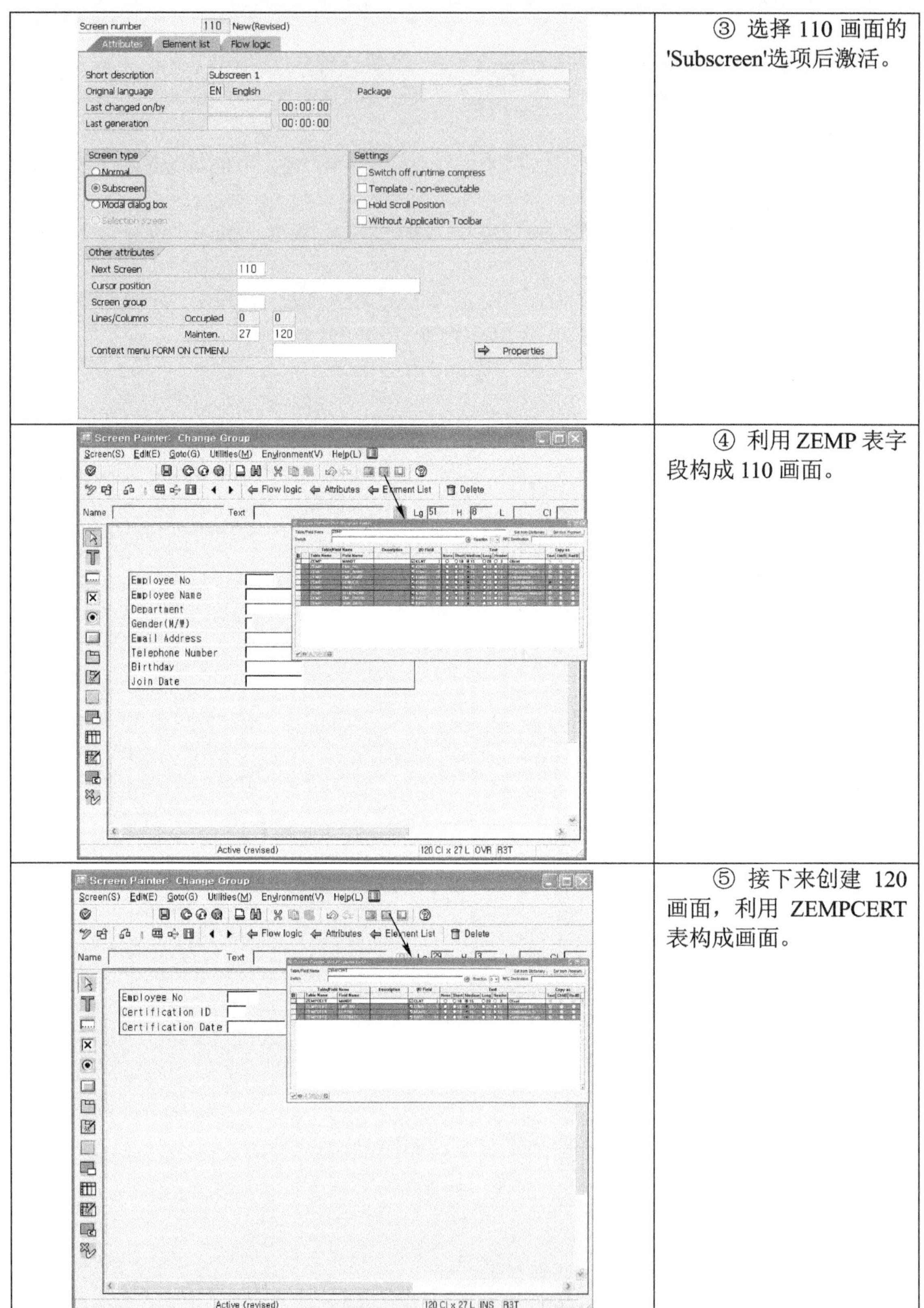

③ 选择 110 画面的'Subscreen'选项后激活。

④ 利用 ZEMP 表字段构成 110 画面。

⑤ 接下来创建 120 画面，利用 ZEMPCERT 表构成画面。

13.5.2 Include 子画面

要将子画面追加到主画面，需在 PBO 和 PAI 事件中追加以下代码。

[PBO] CALL SUBSCREEN <area> INCLUDING <program> <dynp>.	[PAI] CALL SUBSCREEN <area>.

PBO 事件中的 CALL SUBSCREEN 语句调用子画面的 PBO Flow Logic。主画面上的 CALL SUBSCREEN 语句之后的模块是执行子画面上的 PBO 逻辑之后再继续调用。追加在子画面领域中的子画面直到执行时才能知道，因此叫做 dynpro（dynamic program）。同理，PAI 事件的 CALL SUBSCREN 语句调用子画面的 PAI Flow Logic。若子画面要素与 ABAP 程序字段名相同，则会自动执行数据传递。

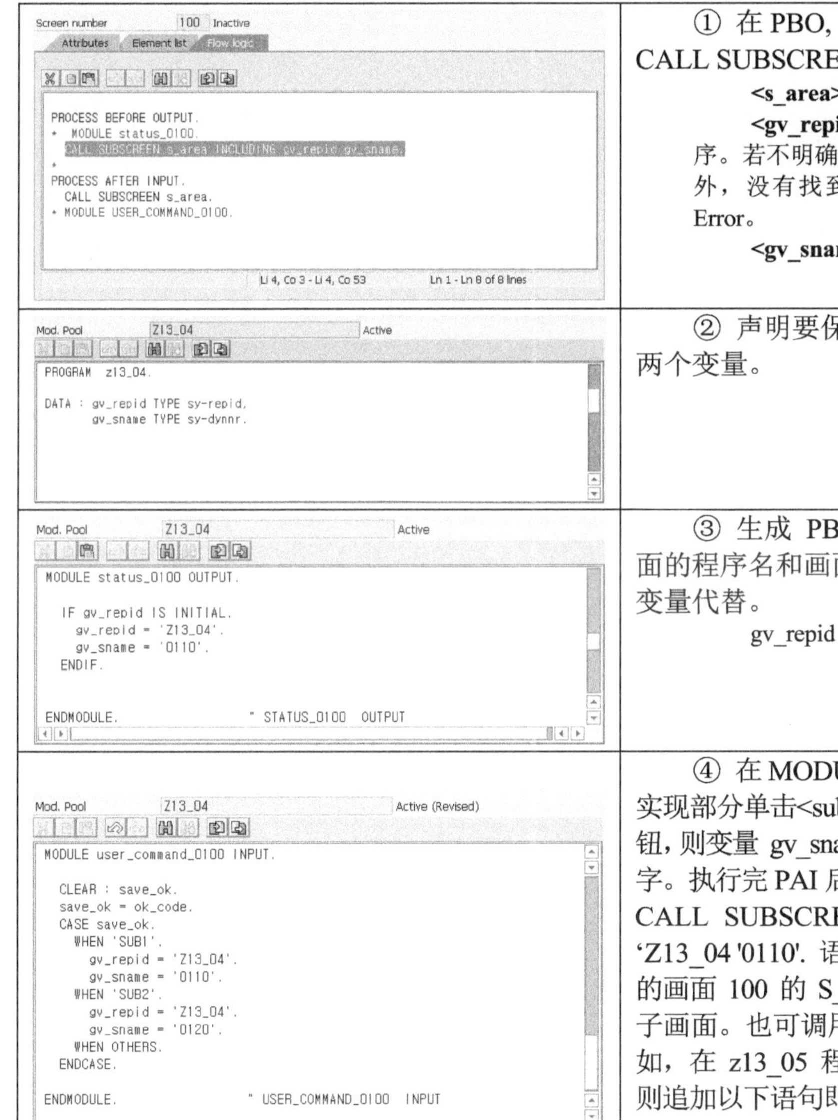

① 在 PBO, PAI Flow Logic 中追加 CALL SUBSCREEN 语句。

<s_area>: 子画面领域名

<gv_repid>:指定定义该子画面的程序。若不明确指定，则默认为主画面。另外，没有找到子画面时会发生 Runtime Error。

<gv_sname>: 屏幕编号

② 声明要保存程序名和屏幕编号的两个变量。

③ 生成 PBO 的模块设置使用子画面的程序名和画面名。程序名可以用系统变量代替。

gv_repid = sy-repid.

④ 在 MODULE user_command _010 实现部分单击<subscreen1> (fcode:SUB1)按钮，则变量 gv_sname 中保存'0110'子画面名字。执行完 PAI 后调用 PBO 时，被解析为 CALL SUBSCREEN 区域 INCLUDING 'Z13_04 '0110'. 语句，因此在 Z13_04 程序的画面 100 的 S_AREA 领域中追加'0110'子画面。也可调用其他程序的子画面。例如，在 z13_05 程序中要调用子画面 0999 则追加以下语句即可。

CALL SUBSCREEN 영역 INCLUDING 'Z13_05 '0999'.

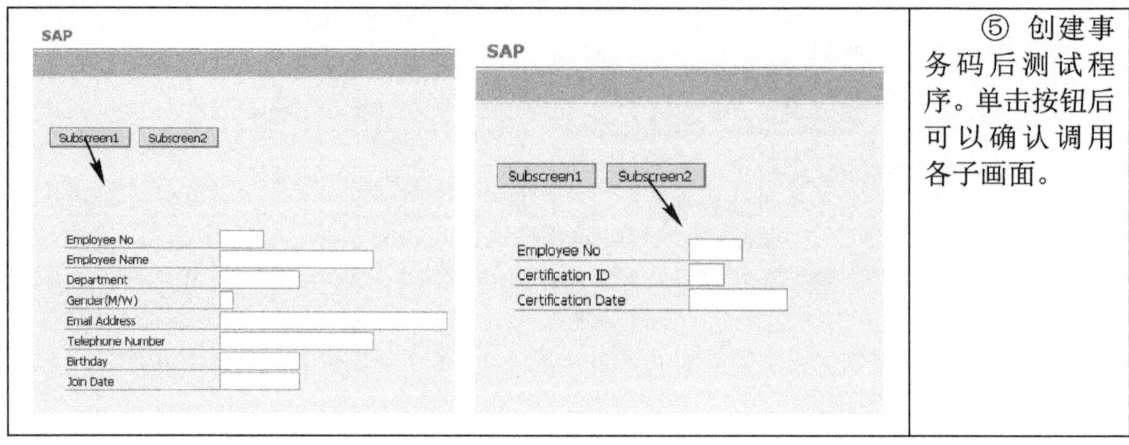	⑤ 创建事务码后测试程序。单击按钮后可以确认调用各子画面。

第 14 章　ABAP 对象

本章目录	本章介绍
1．概要 2．类 3．对象 4．方法 5．继承 6．接口 7．事件 8．类生成器	本章介绍 ABAP 对象。大家要学会区分第 1 章～第 13 章学习的过程化程序模型（Structured Model）和第 14 章以后的 Object-oriented（面向对象）程序模型。ABAP 程序是从过程化语言 COBOL 衍生而来的，之后追加了 OO（Object-oriented，面向对象）概念。WebDynpro for ABAP 中也是 ABAP OO 构成的一个基本结构。

14.1　概要

14.1.1　什么叫对象定位

SAP BASIS 4.5 版本中最早出现了 ABAP 对象，并从此版本开始出现类（Class），（Interface），（Event）。

从[图 14-1]可以看出，在出现 ABAP 语言之前 SAP 用宏编译器开发程序。ABAP 语言是为了改善报表功能出现的语言，因此一开始受了 COBOL 和 PASCAL 等语言的很大影响。ABAP 对象是 ABAP 的功能扩展语言，是集合了 JAVA 和 C++等面向对象（Object-oriented）程序的优点而开发的语言。

过去的信息系统是以 Input 和 Output 的关系定义的功能为中心组成的。但是，在面向对象（Object-oriented）解决方法中，重点放在了对现实生活中的对象结构化或抽象化。解决方法把实际世界结构化或者抽象化（Abstract）配合显示个体。这些对象由显示属性（Attribute）和功能的方法（Method）构成。将现实生活中主要关心的对象移到电脑世界是程序员的首要任务。但是，因现实生活的复杂，无法把现实生活的情况反映到电脑中，因此程序员通过“抽象化”和“结构化”过程来完成任务。即通过“抽象化”过程简洁、明确地将现实生活模块化，通过“结构化”过程将抽象对象转换为软件对象。

如[图 14-2]所示，结构化软件对象为程序员提供了实际世界和软件解决方案 1:1 的基本设计理念。大家要学会区别和使用前面学过的结构化程序设计与面向对象设计。基本上两个程序设计的重点在于：在 ABAP 程序中定义数据，然后如何处理这些数据。

在结构化程序设计中提供处理 Input 和 Output 值的重复使用（Reusability）功能，而在面向对象程序中追加了类，之后可以定义继承及调用方法的扩展功能。类继承有很多优点。可以重复利用代码就是其中之一。在很多类中，共同使用的代码都放在超级类中，因此不用在各自的类中重新定义。类提供了结构化程序中无法实现的新级别的程序设计。可以封装（encapsulate）数据，调用类方法及创建类和独立的个体。

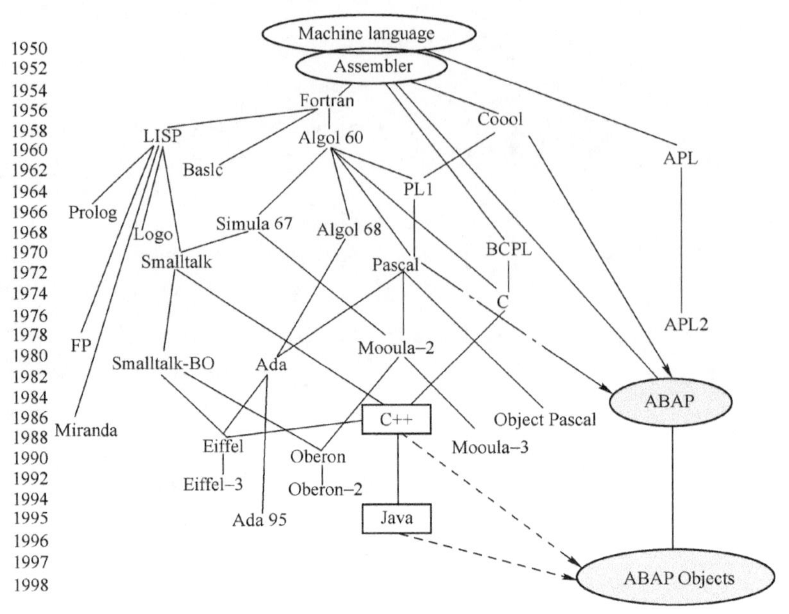

图 14-1　ABAP 程序履历

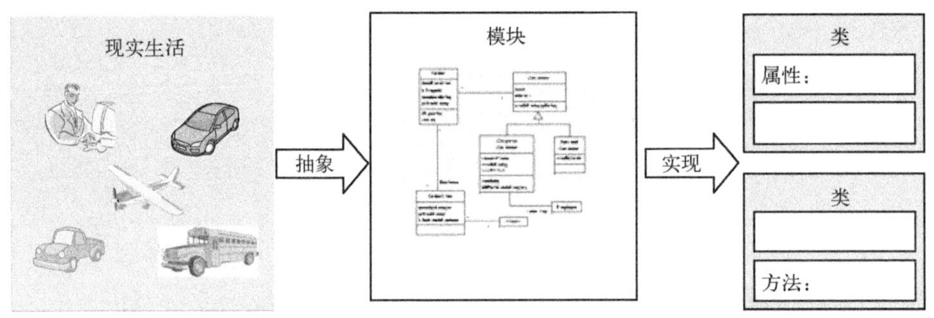

图 14-2　面向对象（Object-Oriented）概念图

所有对象都以个别实例启用其他对象，因为有这些对象才创造出了新的功能。换言之，面向对象概念是将软件看做多个对象的组合，且对象也是数据和相关函数的集合体。所有个体都由一个个别对象启动，且通过组合这些对象能创造出新的功能。换言之，面向对象概念是将软件看做多个个体的组合，个体意味着数据和相关函数的组合。

开发软件时，分析、设计，还有实现等所有部分都是以对象为基准进行访问的。以前的软件开发方式是业务步骤依赖功能实现的，因此称为结构化或步骤性编程。一般使用面向对象程序设计比结构化程序设计更易使用模块化，因此可利用对象的多种特性提高软件的重复利用性与扩展性。由此还可以明显缩短程序开发时间。如[图 14-3]所示，实际生活中有飞机、汽车、人类等很多对象。这些对象可能拥有互相相似的属性及功能，可组合成一个集合。这种将相似的对象集合成一个组的，称为类。这样生成的类具有创建个别对象的蓝图功能。

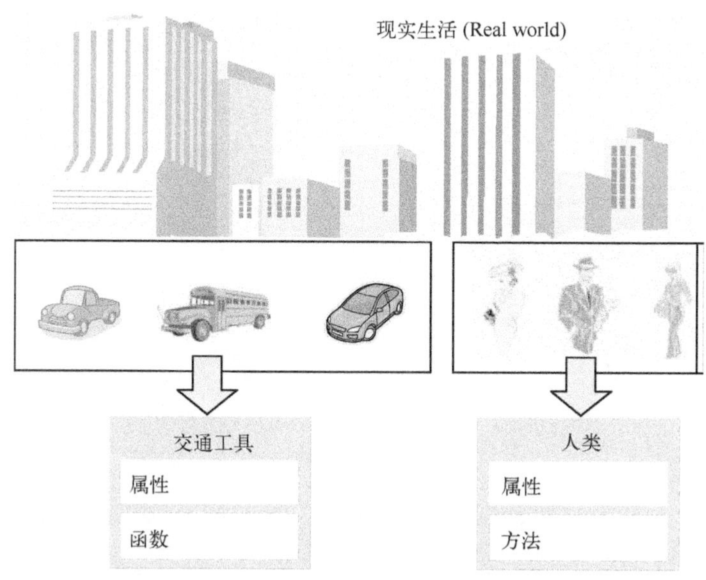

图 14-3　生成型号及类

14.1.2　结构化 ABAP 程序中是否需要面向对象概念

ABAP 程序是由结构化语言衍生而来的，且面向对象概念是之后才包含进去的。在实际业务中，除了使用 ALV 外，没有太多机会使用利用类的程序。这是因为 SAP 是企业应用程序，按顺序处理业务逻辑，利用子函数或者模块很容易实现共同功能。但随着导入 Web 环境和 ALV 等报表工具的进化，面向对象程序设计在 ABAP 程序中成为了重要的技术。

事实上 ALV 不用理解面向对象概念，单纯用复制/粘贴就可实现。但是，自从更新为 SAP Enterprise 版本后，一般函数也由类进行开发，且现存很多程序也不再被保持和维护。

以后读者若不理解面向对象的基本原理，理解简单的函数也会有困难。过几年后有可能比 CALL METHOD 语句更常使用到 PERFORM 语句。

如[图 14-4]所示，比较用结构化、面向对象程序设计获得上传文件的方法。

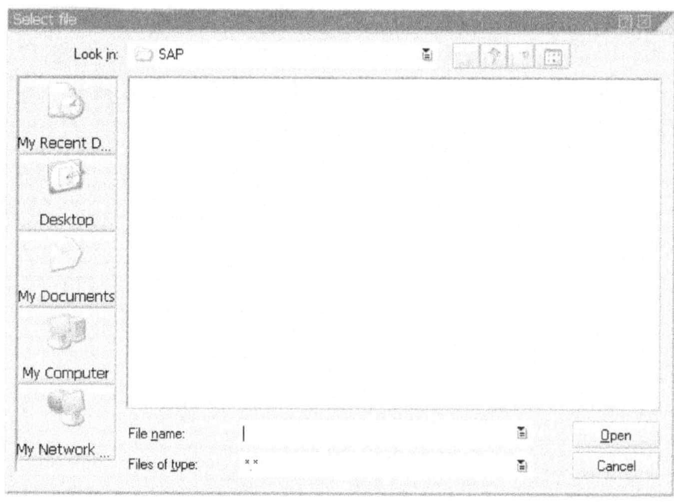

图 14-4　上传文件对话框

[步骤性-结构化程序]	[面向对象（Object-oriented）程序]
WS_FILENAME_GET	CL_GUI_FRONTEND_SERVICES =>FILE_OPEN_DIALOG

[例 14-1]

```
REPORT   Z14_01.
DATA   :  L_FILE_TABLE    TYPE FILETABLE,
          L_RC            TYPE I         ,
          L_USER_ACTIO    TYPE I         ,
          FILE_NAME       TYPE STRING    .

CALL FUNCTION 'WS_FILENAME_GET'
  EXPORTING
    DEF_FILENAME         = SPACE
    DEF_PATH             = 'C:\'
    TITLE                = 'File Open'
  IMPORTING
    FILENAME             = FILE_NAME
    RC                   = L_RC
* EXCEPTIONS
*   INV_WINSYS           = 1
*   NO_BATCH             = 2
*   SELECTION_CANCEL     = 3
*   SELECTION_ERROR      = 4
  OTHERS                 = 5
```

[例 14-2]

```
REPORT   Z14_02.
DATA   :  L_FILE_TABLE    TYPE FILETABLE,
          L_RC            TYPE I         ,
          L_USER_ACTIO    TYPE I         ,
          FILE_NAME       TYPE STRING    .

CALL METHOD CL_GUI_FRONTEND_SERVICES
          =>FILE_OPEN_DIALOG
  EXPORTING :
    WINDOW_TITLE            = 'File Open'
    DEFAULT_FILENAME        = SPACE
    FILE_FILTER             = '*.xls'
    INITIAL_DIRECTORY       = 'C:\'
    MULTISELECTION          = SPACE
  CHANGING :
    FILE_TABLE              = L_FILE_TABLE
    RC                      = L_RC
  EXCEPTIONS :
    FILE_OPEN_DIALOG_FAILED = 1
    CNTL_ERROR              = 2
    ERROR_NO_GUI            = 3
    OTHERS                  = 5.
```

14.1.3 类与对象的关系

以汽车设计图与汽车为例，汽车设计图（类）是定义汽车这一产品（对象）的，用于制造汽车。类只用于创建对象而不是对象本身。要使用所需功能的对象，首先要经过根据类定义对象的过程。开车需要的是车（对象），而不是汽车设计图（类）。需要通过设计图制造出汽车后才能使用。所有面向对象语言的程序设计都是先创建类，然后通过类创建对象后方能使用。在 ABAP 程序设计语言中，将定义变量的过程作为例子，便容易理解对象与类的区别了。

```
DATA   l_object .
```

上面是创建 1 位字符型变量的语句。用面向对象概念理解如下。

其中，DATA 可以看做是创建对象的类，可用 DATA 语句创建无限多的对象（变量）。对应的 l_object 就是用 DATA 类生成的对象，执行程序时会占用存储数据的内存空间。即编程语言中的对象指的是存储某些信息的存储空间，而类可定义为记述该存储空间属性的名称。

即，编程语言中的个体是为了显示一种信息而分配的一种记忆场所，而类是记录该记忆场所属性的结构名称。

14.1.4 实例

根据类创建对象的过程称为实例化，且根据类创建的对象为实例（Instance）（后面陆续会出现实例这一词语，因此需正确理解它的意义）。对象是代表所有实例的总体概念，而实例是强调创建出来的类的具体概念。

Class: 类是创建对象的设计图或者模板。

Object: 对象是指商品/物体/对象/目的，是类的实例。

Object Reference: 在程序内用于访问对象的属性及方法。

Attribute(= Property, State): 对象所具备的属性及特征。

Method(= Behavior): 定义对象的行为。

Event: 用于不同类之间互相访问的方法。

14.2 类

类（Class）可看做是对象的骨骼（Template）或者对象的类型。另外，类是抽象化对象的明细表。即可以说是制作对象的设计书。对象属性由描述对象的状态和行为的构成要素（Component）决定。

14.2.1 全局/本地类

ABAP 对象中可以定义全局（Global）类、本地（Local）类。在 ABAP 工作区中利用事务码 T-CODE:SE24（类编辑器）定义全局类与全局接口。如此定义的类存储在类池（Class Library in the Repository）中，且所有的 ABAP 程序都可对其进行访问。局部类与局部接口只能在程序内部定义，且只有该程序才能使用。系统首先会寻找程序内部定义的局部类，其不存在时才去寻找全局类。在 ABAP 程序内使用时，全局类与局部类没有明显差别。

下面了解关于在程序内部定义类和实现方法的语句。

DEFINITION : 定义类的构成项目（属性、方法、事件）。

```
    CLASS class DEFINITION.
...
ENDCLASS.
```

IMPLEMENTATION：实现类的方法。

接下来创建一个简单的 ABAP 面向对象程序，先定义一个类，然后调用此类的一个程序。

[例 14-3]

```
REPORT   z14_03.

 CLASS c1 DEFINITION.
       PUBLIC SECTION.
        METHODS meth.
  ENDCLASS.                         "C1 DEFINITION

  CLASS c1 IMPLEMENTATION.
     METHOD meth.
            WRITE / 'CLASS TEST'..
     ENDMETHOD.
  ENDCLASS.                         "C1 IMPLEMENTATION

  DATA : go_cref TYPE REF TO c1.

  START-OF-SELECTION.
     CREATE OBJECT go_cref.
     CALL METHOD     go_cref->meth.
```

[结果 14-3]

```
CLASS TEST
```

[例 14-3]显示了在程序中定义类（c1）后，编写方法进行调用的情况。

14.2.2 Class 构成要素

类的所有要素在声明部分（Declaration part）实现。构成要素在类中定义对象属性。定义类时，各个项目需定义在三个访问区域（Visibility Section）之一。访问区域定义类之间的外部接口（Interface）。类的所有项目在类中均可视，但根据声明方式不同，有的项目无法在其他类中使用。类的所有项目在同一个 Namespace 中，这意味着类的各个项目都有唯一的名字。

类中存在两种构成要素。一种是各个类的对象中都存在的，另一种与实例数无关，整个类就存在一个。前者是实例-specific 项目，叫做实例 Component（实例组件）。该项目是参照类创建对象时，内存中存在的项目，每每创建对象时都会被初始化。后者是 Non 实例-specific 项目，也叫作静态组件。该项目从遇到创建类的语句（CREATE OBJECT 语句）开始，直到程序结束都存储于内存中，是依赖类存在的项目。Static 属性用 CLASS-DATA 语句声明，Static 方法用 CLASS-METHOD 方法声明。Static 属性和方法是为了制作类组件而声明的，即使不创建对象，若已存在于内存中即可以直接使用。

在 ABAP 对象中，类可以定义以下项目（Attribute、Method、Event）。

1. 属性（Attribute）

属性（Attribute）可以拥有 ABAP 所有数据类型的类内部数据字段。对象状态由属性的内容决定。属性的一种类型是 Reference Variable。Reference Variable 可以创建对象及指定地址。Reference Variable 可在类内部定义，并且使它从类内部访问对象。具体内容在 14.3 节里详细讲述。

实例属性的组件定义 Instance-specific 对象的状态。

在类中可使用 *DATA* 语句声明此类属性。

```
DATA            l_data    TYPE c.
```

静态属性组件是指定义类的所有实例都可以使用的类状态。即与实例个数无关，依赖类存在，且是类固有的区域。

利用 *CLASS-DATA* 语句声明。在类实际环境中可以访问。此两种类型的定义方法可参见[表 14-1]。

```
CLASS-DATA    c_data    TYPE i.
```

表 14-1　属性类型

ATTRITUBE 类型	ABAP 语句
实例属性	DATA
静态属性	CLASS-DATA

2．方法（Method）

方法用来定义决定对象行为的类内部执行步骤。方法可以访问类的所有属性，且可通过方法修改对象内容。另外，还提供传入传出参数，便于用户交互。在这方面类似于 Function Module。类的 PRIVATE 属性只能通过同一类的方法进行修改。在类声明（DEFINTION）部分，利用 METHOD 语句定义，在 IMPLEMNT 部分记载方法的功能。

```
METHOD meth.
...
ENDMETHOD.
```

Instance Method：利用 METHODS 语句声明实例方法。该方法在类的所有属性中均可访问，且类的所有事件均可调用它。

静态方法（Static　Method）：利用 CLASS-METHODS 语句声明静态方法。该方法只能访问静态属性，且只能在静态事件中调用。

Special Method：此方法程序中使用不多，因此省略这部分内容，此三种类型的方法定义语句参见[表 14-2]。

表 14-2　方法类型

METHOD 类型	ABAP 语句
Instance Method	METHODS
Static Method	CLASS-METHODS
Special Method	CONSTRUCTOR
	CLASS-CONSTRUCTOR
	EVENTS

下面做一个关于类的程序，在类中声明两个方法，分别是传入/传出值方法。

[例 14-4]

```
REPORT   z14_04.

CLASS c1 DEFINITION.
  PUBLIC SECTION.
    DATA : l_char TYPE char20.
    METHODS : set_data IMPORTING p_imp TYPE char20,
              get_data EXPORTING p_exp type char20.
```

```
ENDCLASS.                          "c1 DEFINITION

CLASS c1 IMPLEMENTATION.
      METHOD set_data.
            l_char = p_imp.
      ENDMETHOD.

      METHOD GET_data.
            P_exp = L_CHAR.
      ENDMETHOD.
ENDCLASS.                          "c1 IMPLEMENTATION

DATA: go_cref TYPE REF TO c1.
DATA: gv_data type char20.

START-OF-SELECTION.

CREATE OBJECT go_cref.
CALL METHOD: go_cref->set_data
                 EXPORTING p_imp =   'Test Class Method'.

CALL METHOD: go_cref->get_data
                 IMPORTING p_exp =   GV_DATA.

WRITE gv_data.
```

[结果 14-4]

```
Test Class Method
```

声明方法部分（METHODS）的 IMPORTING、EXPORTING 分别是类方法的传入/传出参数的语句。与 PERFORM 语句的 USING、CHANGING 有相似的作用。

3．事件（Event）

事件是没有继承关系的类之间可以相互调用彼此方法的特殊方法。对象（或者类）为了调用其他对象（或者类）的事件控制方法时需要使用事件（事件控制方法也是一种方法。）如[例 14-4]练习所示，通过 CALL METHOD 语句调用一般方法时，一个方法可以被多个对象调用。同理，所有对象都可调用事件，且只有事件的主人才能执行事件。调用一般方法时，调用方法的程序可以决定方法。同理，在事件中可决定 Handler 要反映的事件。在相同类中，类事件在使用 RAISE EVENT 语句的方法中调用。而调用其他类的事件时，利用 FOR EVENT evt OF class 语句。

[事件声明]

```
EVENTS evt EXPORTING.. VALUE(e1 e2 .) TYPE type [OPTIONAL]..
```

[调用事件（trigger）]

```
RAISE EVENT evt EXPORTING e1 = f1    e2 = f2 ...
```

[Event Handler Method 声明]

```
METHODS meth FOR EVENT evt OF cif IMPORTING e1 e2 ...
```

[Event Handler Method 登录]

```
SET HANDLER h1 h2 ... [FOR]...
```

4. 访问权限区域（Visibility Section）

如[图 14-5]所示，类访问权限领域共分为三种（在 JAVA 语言中 PUBLIC、PROTECTED、PRIVATE 也称为访问权限）。类的所有构成要素都需声明在访问权限以内。

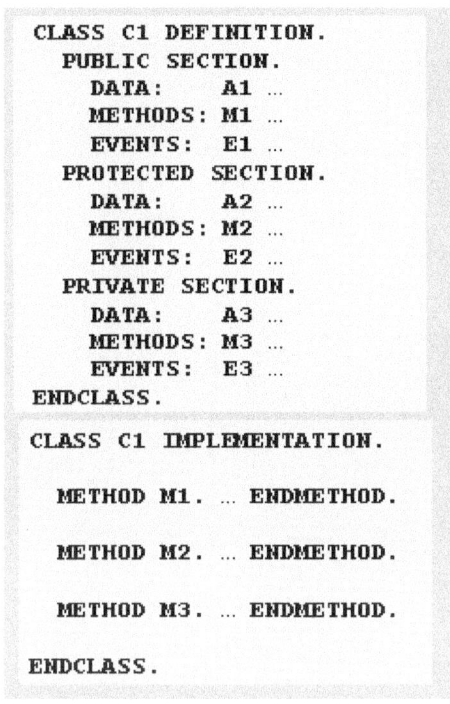

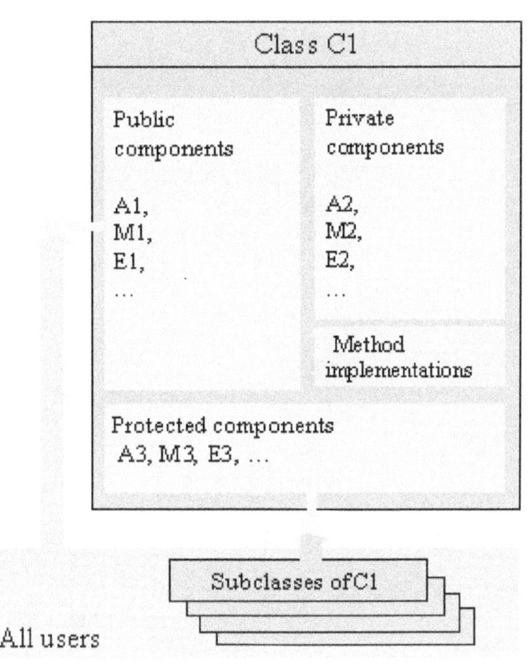

图 14-5 类的访问权限区域

（1）PUBLIC SECTION

在 PUBLIC SECTION 访问权限下定义项目，则在所有类中都可以访问。PUBLIC 类的组件（=成员，项目）构成类与用户之间的接口。

（2）PROTECTED SECTION

在 PROTECTED 访问权限下定义的项目，只有自己和继承类才能访问，且充当继承类之间的接口。

（3）PRIVATE SECTION

在 PRIVATE 访问权限下定义的项目，只显示在相同类的方法中。在外部区域中无法访问，封装在内部类中。IMPLEMENTATION 部分的所有方法在类中都可以访问，没有任何限制。

> ☞ 封装（Encapsulation）
>
> 封装的基本目的是只能通过对象内部函数使用及修改对象内部数据，对外不公开内部结构。隐藏内部结构能简化对象，即使不清楚内部结构也可以方便使用。

通过[例 14-5]观察访问权限在程序中的使用方法。

[例 14-5]

```
REPORT  z14_05.
```

```
CLASS c1 DEFINITION.
  PUBLIC SECTION.
        METHODS : set_data IMPORTING p_imp TYPE i,
                  get_data EXPORTING p_exp TYPE i.
*  PROTECTED SECTION.
    DATA : l_num TYPE i.

ENDCLASS.                    "c1 DEFINITION


CLASS c1 IMPLEMENTATION.
      METHOD set_data.
          l_num = p_imp.
      ENDMETHOD.

      METHOD get_data.
          p_exp = l_num + 1.
      ENDMETHOD.
ENDCLASS.                    "c1 IMPLEMENTATION

DATA: go_cref TYPE REF TO c1.
DATA: gv_data TYPE i.

START-OF-SELECTION.

  CREATE OBJECT go_cref.
  CALL METHOD: go_cref->set_data
               EXPORTING p_imp =   '10'.
  WRITE : 'SET_DATA Method : ', go_cref->l_num.

  CALL METHOD: go_cref->get_data
               IMPORTING p_exp =   gv_data.

  WRITE : / 'GET_DATA Method : ', gv_data.
```

[结果 14-5]

```
SET_DATA Method :          10
GET_DATA Method :          11
```

[例 14-5] 是将类中变量 l_num 加 1 后的值取出来，显示到画面的程序。若解除程序中的 PROTECTED SECTION 行的注释，在调用方法的 GO_CREF->SET_DATA 行中会出现如[图 14-6]所示的错误。

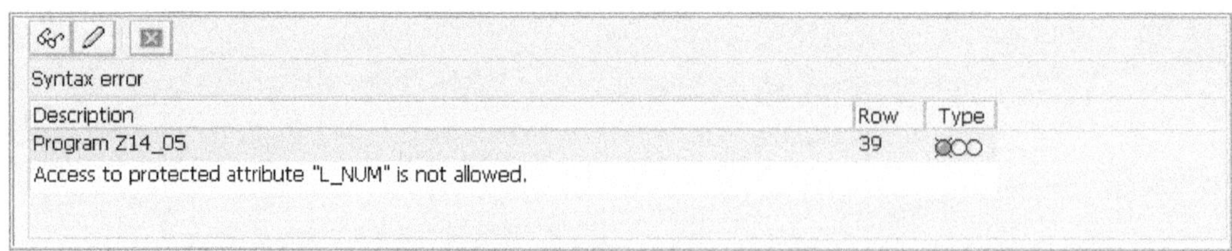

图 14-6 PROTECTED 访问权限错误

即若使用 PROTECTED SECTION，则需参照继承类创建对象。

利用[例 14-6]中的类定义继承关系，有继承关系的类之间的 PROTECTED、PRIVATE 属性可通过下面的实例进行学习。

[例 14-6]

```
REPORT   z14_06.

CLASS c1 DEFINITION.
  PROTECTED SECTION.
    DATA : l_num TYPE i.
ENDCLASS.                    "c1 DEFINITION

CLASS c2 DEFINITION INHERITING FROM c1.
      PUBLIC SECTION.
        METHODS : set_data IMPORTING p_imp TYPE i,
                  get_data EXPORTING p_exp TYPE i.
ENDCLASS.

CLASS c2 IMPLEMENTATION.
      METHOD set_data.
        l_num = p_imp.
      ENDMETHOD.

      METHOD get_data.
        p_exp = l_num + 1.
      ENDMETHOD.
ENDCLASS.                    "c1 IMPLEMENTATION

DATA: go_cref TYPE REF TO c2.
DATA: gv_data TYPE i.

START-OF-SELECTION.

  CREATE OBJECT go_cref.
  CALL METHOD: go_cref->set_data
              EXPORTING p_imp =   '10'.

  CALL METHOD: go_cref->get_data
              IMPORTING p_exp =   gv_data.

WRITE : / 'GET_DATA Method : ', gv_data.
```

[结果 14-6]

```
GET_DATA Method :            11
```

[例 14-6]中的 PUBLIC 语句修改成 PROTECTED 后， C 类继承 c2 类后执行程序。通过程序可确认，在继承类中也可以访问父类中的 PROTECTED 成员。然后重新将 PROTECTED 修改为 PRIVATE，会出现如[图 14-7]所示的错误信息，即继承类是无法访问父类的 PRIVATE 成员。

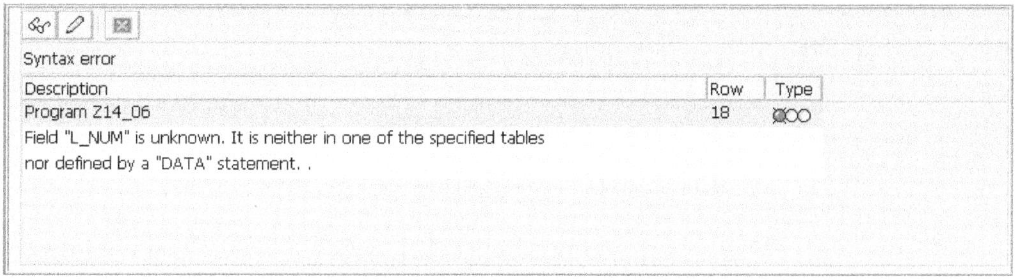

Syntax error

Description	Row	Type
Program Z14_06	18	
Field "L_NUM" is unknown. It is neither in one of the specified tables nor defined by a "DATA" statement. .		

图 14-7　PRIVATE 访问权限错误

14.3 对象

在前章已提到过，对象（Object）指的是类的实例。每个对象都有自己固有的属性。类可以创建无限多的对象。

[图 14-8]左图显示类 C1 的构成项目和方法信息。另外，右图说明了 ABAP 程序内部会话（Internal Session，参照 11 章图 11-1）中存在类的实例-对象。

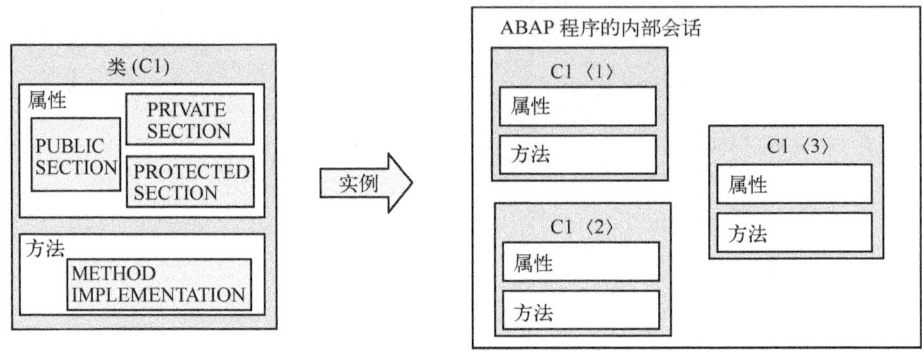

图 14-8　类的实例-对象

14.3.1 参照对象

在 ABAP 程序中要访问对象需要使用参照对象（Object Reference）。参照对象被定义成指向对象的指针。在 ABAP 中，参照对象始终存在于参照对象变量中。

ABAP 中存在包含 Reference 两种类型的变量。分别是参照对象变量与参照数据变量(Data Reference Variable）。数据参照变量在“第 10 章 Field Symbol & Data Reference”中学习，和参照对象变量概念基本相同。

参照对象变量包含参照对象的 Reference（对象地址），利用下面的语句生成。

```
DATA    cref TYPE REF TO class
```

参照对象变量可以参照或初始化已经存在的对象。指向对象的参照变量清楚对象的实体，类的实例可以利用指向对象的参照变量指定地址。利用参照对象变量的对象不能直接使用对象的构成要素，需利用 Reference （对象地址）。ABAP 中已经存在类似于结构体或者内表中使用的数据类型，也已经定义了参照变量中使用的数据类型。分别是 Class Reference 和 Interface Reference。[图 14-9]说明了类和参照对象变量之间的关系。

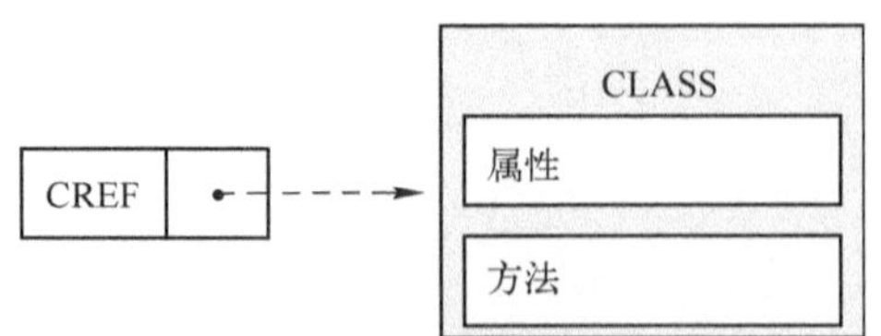

图 14-9　类与参照对象变量的关系

参照对象变量与其他变量相同，可以用 CLEAR 语句初始化。参照对象变量的初始值与对象所参照的数据类型无关。

14.3.2 创建对象

在 14.3.1 节中创建了参照类的参照对象变量'cref'。利用此参照变量创建类的实例–对象。若参照对象变量在程序声明部分已经参照了对象，创建实例即对象时不用重复使用 TYPE 语句。比较例外的是，当已经创建了如 DATA : l_ref TEYP REF TO OBJECT. 语句的参照最上层类OBJECT的参照变量l_ref,创建实例时需定义如CREATE OBJECT l_ref TYPE class 的语句。

```
CREATE OBJECT cref [TYPE class].
```

14.3.3 访问对象组件

为了访问对象的属性和方法，使用 ref->attr 或者 CALL METHOD ref->meth 语句。ref->meth 语句是 CALL METHOD ref->meth .语句的缩写(Release 4.6 版本之后开始识别这种缩写）。

还有创建对象前也可访问类的 Static 组件。为了访问 Static 属性，使用 class=>attr 语句，Static 方法则利用 CALL METHOD class=>meth 语句。

[General Object] cref->attr	[Static Object] class=>attr
CALL METHOD cref->meth	CALL METHOD class->meth

14.3.4 在类中创建多个实例

前面已经提到，可利用 CREATE OBJECT 语句创建新对象。在程序内根据一个类可以创建多个对象，这些对象都完全独立且具有各自的名字和属性。

1．分配参照对象

可以通过 MOVE 语句为其他参照对象分配值。连接在同一个个体的参照变量之间可以创建引用。使用 MOVE 语句或分配符号“=”时系统会自动检查是否为可以分配的类型。

cref1 = cref2	MOVE cref2 TO cref1

若使用以上语句，两个类的类型要一致。意味着要参照同一个类。在[例 14-7]中，首先参照 cls 类创建了一个对象 go_obj1。然后没有用 CREATE OBJECT 语句创建 go_obj2 对象，用 go_obj2 = go_obj1 语句创建了 go_obj2 对象。

[例 14-7]

```
REPORT   z14_07.
* Class Declarations
CLASS cls DEFINITION INHERITING FROM object.
      PUBLIC SECTION.
            METHODS: create.
ENDCLASS.

* Class IMPLEMENTATIONs
```

```
CLASS cls IMPLEMENTATION.
    METHOD create.
        WRITE: / 'Object is created'.
    ENDMETHOD.
ENDCLASS.
* Global DATA
DATA : go_obj1 TYPE REF TO cls,
       go_obj2   TYPE REF TO cls.

* Classical Processing Blocks
START-OF-SELECTION.
    CREATE OBJECT: go_obj1.
    go_obj2 = go_obj1.

    CALL METHOD: go_obj2->create.
```

[结果 14-7]

```
Object is created
```

在[例 14-7]中，对象 go_obj2 和 go_obj1 都属于类 cls 的实例，即这两个对象参照了同一类型的类，因此可通过 go_obj2 = go_obj1 语句创建对象。

下面分别创建 vehicle 和 plane 类，介绍如何分配不同类对象之间的值。

2. CASTING

可以利用 casting 符号“?”参照从其他类衍生的对象创建新对象。此时，其他类指的是父类和从父类继承的子类。子类可重新定义，或追加父类的属性及方法。从父类衍生的对象和子类衍生的对象类型可能不同，但此时可用 casting 符号“?”正常执行程序。

[例 14-8]

```
RREPORT   z14_08.

CLASS vehicle DEFINITION INHERITING FROM object.
    PUBLIC SECTION.
        METHODS: create,
                 drive.
    PROTECTED SECTION.
        DATA speed TYPE i VALUE '100'.
ENDCLASS.                          "vehicle DEFINITION

CLASS plane DEFINITION INHERITING FROM vehicle.
    PUBLIC SECTION.
        METHODS: fly.
ENDCLASS.                          "plane DEFINITION

* Class IMPLEMENTATION
CLASS vehicle IMPLEMENTATION.
    METHOD create.

      ENDMETHOD.                           "vehicle
    METHOD drive.
        speed = speed + 100.
        WRITE : 'Driving is possible, ', 'Current Speed:', speed.
      ENDMETHOD.                           "vehicle
ENDCLASS.                          "vehicle IMPLEMENTATION

CLASS plane IMPLEMENTATION.
```

```
        METHOD fly.
            speed = speed + 1000.
        ENDMETHOD.
    ENDCLASS.                          "plane IMPLEMENTATION

    DATA : car TYPE REF TO vehicle,
           air   TYPE REF TO vehicle.

    START-OF-SELECTION.
      CREATE OBJECT: car.
      air ?= car.

      CALL METHOD: air->drive.
    *   CALL METHOD: air->fly.
```

[结果 14-8]

```
    Driving is possible,   Current Speed:          200
```

在[例 14-8]中，plane 类中存在方法 fly，但在'air ?= car.'语句中被 casting 成 car，因此无法再使用 fly 方法。解除相应行注释后激活程序，则 CALL METHOD: air->fly.语句中会发生如[图 14-10]所示的错误。

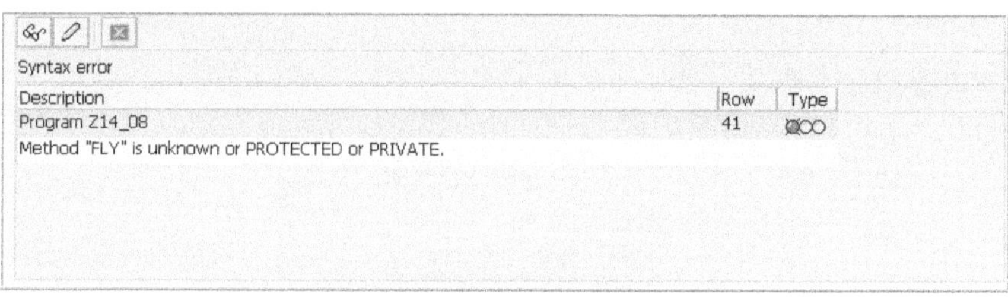

图 14-10　方法语法错误

不能再使用 fly 方法。即 plane 类只能在父类 create 方法中使用。

14.4　方法

下面观察在 ABAP 对象中类的构成要素——方法（Method）的执行。

14.4.1　声明方法

声明实例方法如以下语句所示。

```
METHODS meth IMPORTING [VALUE(]i1 i2 ... [)] TYPE type [OPTIONAL].
             EXPORTING [VALUE(]e1 e2 ... [)] TYPE type .
             CHANGING   [VALUE(]c1 c2 ... [)] TYPE type [OPTIONAL].
             RETURNING VALUE(r)
             EXCEPTIONS exc1    exc2 ...
```

声明 Static 方法如下面语句所示。

```
CLASS-METHODS meth...
```

声明方法时，可以利用 IMPORTING、EXPORTING、CHANGING、RETURNING 定义

参数接口。定义接口参数属性，可以选择参数的参照地址（Reference）和值（value）使用。如 Function Module 中通过 EXPORT/IMPORT/CHAINGING.传入/传出数据，在类函数中使用 EXPORTING/IMPORT/CHANGING 语句。为了传值到每个参数，需声明 VALUE 语句。RETURN VALUE 始终返回值。如功能函数执行例外处理时，类也使用 EXCEPTIONS。

14.4.2 实现方法

在类中声明的方法需在 IMPLEMENTATION 部分实现其功能（IMPLEMENTATION 或者 Implement 指的是要实现方法的功能）。

```
METHOD meth.
...
ENDMETHOD.
```

实现方法时不必定义类方法声明部分以外的接口参数。接口参数充当局部变量的角色，因此在方法内可以利用DATA语句定义局部变量。和功能模块相同，可以利用RAISE exception 和 MESSAGE RAISING 语句处理错误。使用 Static 方法时要记住，其只适用于类的静态属性。

14.4.3 调用方法

调用方法时使用如下语句。

```
CALL METHOD meth    EXPORTING   i1 = f1   i2 =f2   ...
                    IMPORTING   e1 = g1   e2 =g2   ...
                    CHANGING    c1 = f1   c2 =f2   ...
                    RECEIVING   r = h
                    EXCEPTIONS  e1 = rc1 e2 =rc2 ...
```

在方法内调用其他方法时使用如 *CALL METHOD meth...*这样的语句即可。在类外部调用方法时使用 *CALL METHOD ref->meth.* 语句。Ref 包含指向类接口值的参照对象变量。调用方法时必须要定义类似 EXPORTING 或者 CHANGING 语句。但 IMPORTING 或者 RECEIVING 及处理错误的 EXCEPTIONS 语句是可选项，必要时使用即可。调用只带一个 IMPORTING 参数的方法时使用下列语句。

```
CALL METHOD METHOD( f ).
```

带多个 IMPORTING 参数的方法使用下列语句。

```
CALL METHOD METHOD( i1 = f1   i2 = f2 ..).
```

参数 f 的值分别分配给变量使用。

参数个数不同时其调用函数的方法请参照[表 14-3]。

表 14-3 IMPORTING 参数

IMPORTING 参数	表达式
没有	meth()
一个	meth(f) oder meth(p = f)
多个（n）	meth($p_1 = f_1 \dots p_n = f_n$)

14.4.4 调用动态方法

动态调用方法时使用 dynamic 符号（ ）。

```
CALL METHOD ref->(f)
```

调用 Static 方法如下所示。

```
CALL METHOD class=>(f)
CALL METHOD (c)=>meth
CALL METHOD (c)=>(f)
```

与 Function Module 不同，PERFORM 语句可以追加 PARAMETER-TABLE 语句动态定义参数。

```
CALL METHOD ... PARAMETER-TABLE ptab
                EXCEPTION-TABLE etab.
```

通过[例 14-9]练习动态调用对象方法。

[例 14-9]

```
REPORT   z14_09.

CLASS c1 DEFINITION.
  PUBLIC SECTION.
     DATA : gt_itab TYPE TABLE OF sflight,
                 gs_str TYPE sflight.
     METHODS:get_data,
                  wri_data.

ENDCLASS.                         "c1 DEFINITION

CLASS c1 IMPLEMENTATION.
     METHOD: get_data .
          SELECT * INTO TABLE gt_itab
          FROM sflight
          UP TO 5 ROWS.
     ENDMETHOD.                    "get_data

  METHOD: wri_data.
    LOOP AT gt_itab INTO gs_str.
      WRITE :/ gs_str-carrid, gs_str-connid.
    ENDLOOP.

  ENDMETHOD.                         "WRI_DATA
ENDCLASS.                         "c1 IMPLEMENTATION

DATA go_oref TYPE REF TO c1.
DATA gv_mth    TYPE string.

FIELD-SYMBOLS <fs> TYPE ANY.

START-OF-SELECTION.
  CREATE OBJECT go_oref.
  gv_mth = 'GET_DATA'.
  CALL METHOD go_oref->（gv_mth）.
```

```
    gv_mth = 'WRI_DATA'.
    CALL METHOD go_oref->（gv_mth）.
```

[结果 14-9]

```
AA   0017
AA   0017
AA   0017
AA   0017
AA   0017
```

可以利用动态（ ）符号动态调用方法。在[例 14-9]中，调用方法的部分 CALL METHOD gv_oref->（gv_meth） 和 CALL METHOD go_oref->get_data 执行相同的功能。另外，动态属性分配也与调用方法的方法一样。

[例 14-10]

```
REPORT   z14_10.

CLASS c1 DEFINITION.
  PUBLIC SECTION.
     DATA : gt_itab TYPE TABLE OF sflight,
              gs_str TYPE sflight.
     METHODS:get_data.

ENDCLASS.                          "c1 DEFINITION

CLASS c1 IMPLEMENTATION.
     METHOD: get_data .
          SELECT * INTO TABLE gt_itab
          FROM sflight
          UP TO 5 ROWS.
     ENDMETHOD.                      "get_data
ENDCLASS.                          "c1 IMPLEMENTATION

DATA go_oref   TYPE REF TO c1.
DATA gv_mth     TYPE string.
DATA gv_attr    TYPE string.

FIELD-SYMBOLS <fs1> TYPE STANDARD TABLE.
FIELD-SYMBOLS <fs2> TYPE ANY.
FIELD-SYMBOLS <fs3> TYPE ANY.

START-OF-SELECTION.
  CREATE OBJECT go_oref.
  gv_mth = 'GET_DATA'.
  CALL METHOD go_oref->（gv_mth）.

  gv_attr = 'GT_ITAB'.
  ASSIGN go_oref->（gv_attr）  TO <fs1>.

  LOOP AT <fs1> ASSIGNING <fs2>.
    DO.
      ASSIGN COMPONENT sy-index OF STRUCTURE <fs2> TO <fs3>.
      WRITE : <fs3>.
      IF sy-subrc NE 0.
        EXIT.
      ENDIF.
    ENDDO.
```

```
        WRITE : /.

    ENDLOOP.
```

[结果 14-10]

```
600 AA  0017 2013-02-09    422.94  USD  747-400   385   382
600 AA  0017 2014-03-09    422.94  USD  747-400   385   385
600 AA  0017 2013-04-06    422.94  USD  747-400   385   385
```

ASSIGN 语句请参照“第 10 章 Field Symbol & Data reference”。

14.4.5 事件处理方法

前面已经提到，事件处理方法（Event Handler Method）是无法用 CALL METHOD 调用的特殊类型的方法。 该方法不用 CALL METHOD，而是使用事件。为了用事件处理方法定义方法，需在 METHODS 或者 CLASS-METHODS 部分追加如下语句。

```
METHODS ... FOR EVENT evt OF cif ...
```

由参数构成的方法称为事件 evt 的 exporting 参数。参数属性由 evt(EVENTS)语句定义。

14.4.6 构造函数

构造函数（Constructor）也是无法用 CALL METHOD 调用的特殊函数。然而，当指定类或者新对象的初始值时，在 Runtime 环境下会自动被系统调用。该函数有两种类型，分别为实例构造函数和静态构造函数。实例构造函数通过 CREATE OBJECT 语句，每次创建接口时都调用；而静态构造函数只在一开始调用类时被调用一次。

```
METHODS constructor
          IMPORTING [VALUE()i1    i2 ...[]] TYPE type [OPTIONAL]...
          EXCEPTIONS exc1    exc2 ... .
```

从以上语句可以看到，构造函数并没有 OUTPUT 参数，只是用来定义类的状态。类的实例构造函数用的是已经定义好的方法构造函数。与其他方法一样，在 PUBLIC 部分声明，在 IMPLEMENTATION 部分实现功能。静态构造函数是当刚访问类时在程序中调用一次。类的静态构造函数已经以 CLASS_CONSTRUCTOR 形式在内部定义。与其他方法一样，在 PUBLIC 部分以 CLASS-METHODS CLASS_CONSTRUCTOR.形式声明，在 IMPLEMENTATION 部分可以实现功能。

```
CLASS-METHODS CLASS_CONSTRUCTOR.
```

静态构造函数没有参数。因为还没有访问类之前，系统会先调用静态构造函数。因此静态构造函数无法访问自己类中的项目。

下面练习用[例 14-11]明确声明构造函数的方法。

[例 14-11]

```
REPORT    z14_11.

CLASS c1 DEFINITION.
  PUBLIC SECTION.
     DATA : gt_itab TYPE TABLE OF sflight,
```

```
                gs_str TYPE sflight.
        DATA : gv_carrid TYPE s_carr_id,
                gv_connid TYPE s_conn_id.
      METHODS: CONSTRUCTOR IMPORTING i_carrid TYPE s_carr_id
                                        i_connid TYPE s_conn_id.

      METHODS:get_data.

ENDCLASS.                          "c1 DEFINITION

CLASS c1 IMPLEMENTATION.
  METHOD: CONSTRUCTOR.
     gv_carrid = i_carrid.
     gv_connid = i_connid.
  ENDMETHOD.                          "构造函数


     METHOD: get_data .
          SELECT * INTO TABLE gt_itab
          FROM sflight
          WHERE carrid = gv_carrid
         AND connid = gv_connid.
     ENDMETHOD.                     "get_data
ENDCLASS.                          "c1 IMPLEMENTATION

DATA go_oref TYPE REF TO c1.

START-OF-SELECTION.
  CREATE OBJECT go_oref
    EXPORTING
      i_carrid = 'AA'
      i_connid = '0017'.

  CALL METHOD go_oref->get_data.

  LOOP AT go_oref->gt_itab INTO go_oref->gs_str.

WRITE :/ go_oref->gs_str-carrid,   go_oref->gs_str-connid,
go_oref->gs_str-fldate.

  ENDLOOP.
```

[结果 14-11]

```
AA   0017 2012-12-15
AA   0017 2013-01-12
AA   0017 2013-02-09
AA   0017 2014-03-09
```

[例 14-11]是在定义构造函数方法后创建对象时追加了参数。

```
CREATE OBJECT go_oref
    EXPORTING
      i_carrid = 'AA'
      i_connid = '0017'.
```

在前面也多次提到，构造函数方法是创建对象时自动调用的方法。

```
CALL METHOD
        go_oef->get_data.
```

不必像调用一般方法一样调用构造函数方法。

```
CALL METHOD
        go_oref->CONSTRUCTOR.
```

14.5 继承

14.5.1 概要

继承（Inheritance）是使类之间拥有共同的属性及方法的功能。一个类通过分析过程衍生为更详细且精制的子类，此时子类会继承父类的属性及方法。使用继承的根本原因在于类的重复利用。

利用继承实现系统时衍生出来的子类中会追加新属性或方法及修改原有的方法。因此，共同的属性和方法反映在父类中，后追加的信息会反映在子类中。用一句话概括继承，如下所示。

```
用已经存在的类衍生出新类。
```

新创建的子类继承超级类中存在的所有组件。

[图 14-11]中类 Vehicle 称为超级类（Superclass），从中衍生的类称为子类（Subclass）。创建父类衍生的子类时使用以下语句。

```
CLASS subclass DEFINITION INHERITING FROM superclass.
```

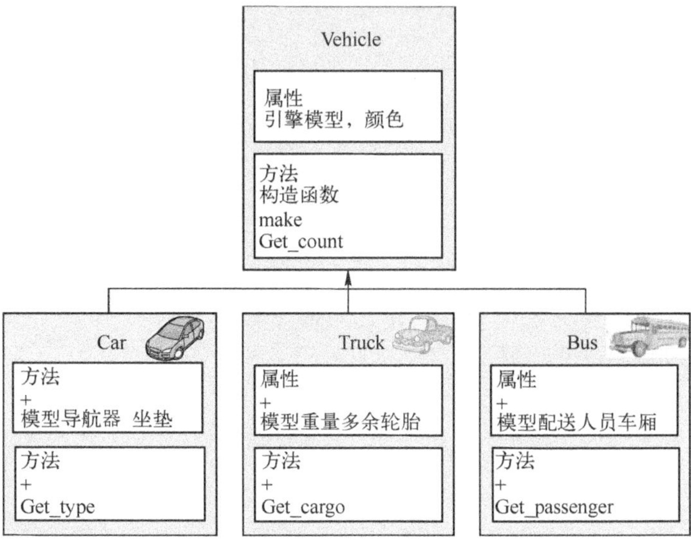

图 14-11 继承

在子类中不用附加声明属性和方法。但是子类可以访问超级类的 PUBLIC、PROTECTED 组件。子类中虽然存在超级类的 PRIVATE 组件，但也需要以相同的名字再次定义。从超级类继承的子类方法可以访问超级类的 PRIVATE 属性。

超级类若没有 PRIVATE 访问权限，则子类会成为父类的复制版。但是，在子类中可以追加新组件，子类可看做是超级类的分解版本。不过子类只能拥有一个直属超级类。这些情况在[图 14-12]中说明，且这称为单一继承（Single Inheritance）。

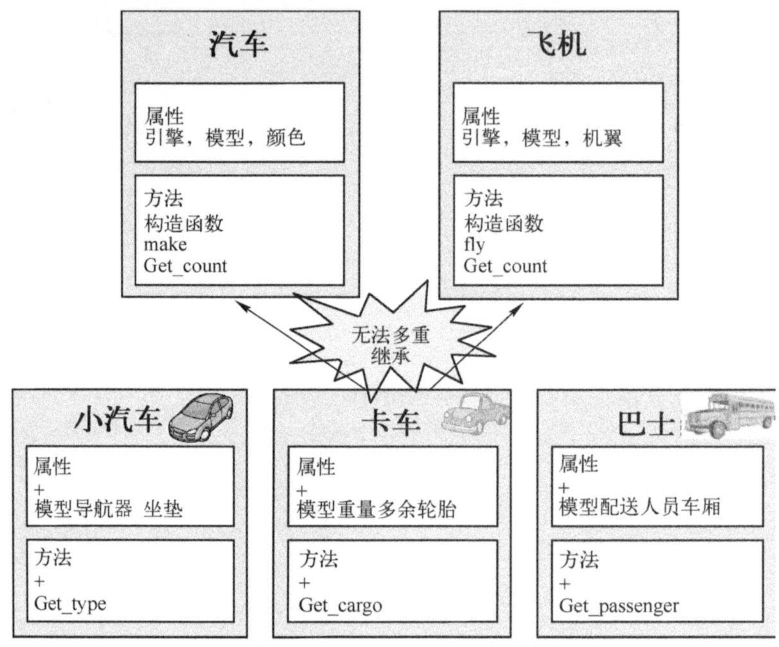

图 14-12　单一继承

14.5.2　重新定义方法

所有子类都拥有超级类的构成要素但无法修改。但是在方法中使用 REDEFINITION 语句重新定义方法便可修改其功能。声明方法的部分和超级类的 IMPLEMENTATION 部分不会影响子类中重新定义方法的操作。子类中重新定义的方法会覆盖超级类的原有 IMPLEMENTATION 在子类中的功能。

连接在子类中的所有参照变量可使用重新定义的方法。即使 Reference 参照超级类也会调用重新定义的方法。在重新定义的方法内，可以使用 super-> 语句访问原有的超级类中的方法。这样可以使子类免去重复编码直接使用超级类的方法。

```
METHODS meth REDEFINITION.
```

通过实例练习重定义 method 的方法和调用超级类原有 method 的方法。

[例 14-12]

```
REPORT   z14_12.

CLASS cls1 DEFINITION INHERITING FROM object.
    PUBLIC SECTION.
```

```
                METHODS: create.
        ENDCLASS.                       "cls1 DEFINITION

        CLASS cls1 IMPLEMENTATION.
            METHOD create.
                WRITE: / 'Original method is called'.
            ENDMETHOD.
        ENDCLASS.                       "cls1 IMPLEMENTATION

        CLASS cls2 DEFINITION INHERITING FROM cls1.
            PUBLIC SECTION.
                METHODS: create REDEFINITION.
        ENDCLASS.                       "cls2 DEFINITION

        CLASS cls2 IMPLEMENTATION.
            METHOD create.
                CALL METHOD super->create.
                WRITE: / 'Method is redefined'.
            ENDMETHOD.
        ENDCLASS.                       "cls2 IMPLEMENTATION

        DATA : go_obj    TYPE REF TO cls2.

        START-OF-SELECTION.
            CREATE OBJECT: go_obj.

            CALL METHOD: go_obj->create.
```

[结果 14-12]

```
        Original method is called
        Method is redefined
```

[例 14-12]中类 cls2 是类 cls1 的子类。类 cls2 中重新定义了超级类的 CREATE 方法。重新定义的方法内，调用了超级类的 CALL METHOD super->create. 方法被重新定义后，用 WRITE 语句追加了自己的功能。

14.5.3 继承与参照变量

[图 14-13]显示的是定义指向子类对象的超级类的参照变量的方法。Class3 是 Class2 的子类，Class2 又是 Class1 的子类。即右侧的对象都是 Class1 的实例。类的参照变量 Cref1、2、3 分别在参照 Class1、2、3 且都与对象连接在一起。但是只有 Cref1 才能指定 Class1 的 PUBLIC 组件地址。Cref2 可以指定 Class1 和 Class 2 的 PUBLIC 组件地址。Cref3 可以指定所有类的 PUBLIC 组件地址。

图 14-13 继承与参照变量

14.5.4 抽象/最终方法和类

ABSTRACT 和 FINAL 语句使用方法和类定义抽象、最终方法和类。抽象方法定义在抽象类中，但在类中无法实现功能，不过可以在类的子类中实现。抽象类无法初始化创建。Abstract 类不能用初始化创建。

Final 方法无法在子类中重新定义，也不能包含子类。即这两个类只能使用静态组件。

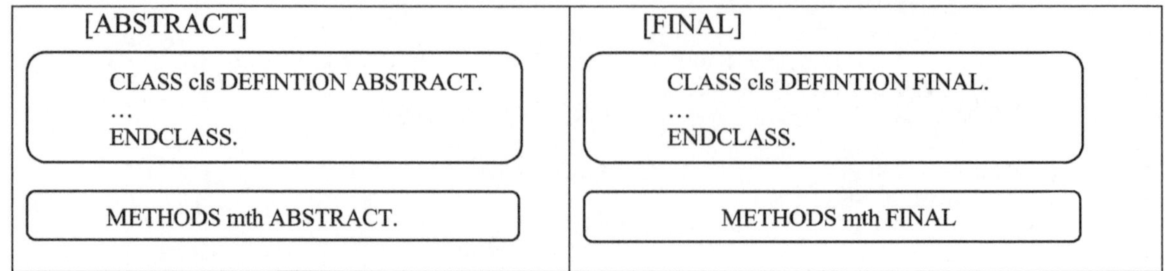

14.5.5 类的构成要素的命名空间

[图 14-14]中继承树内的子类包含超级类的所有组件。在前面已经提到，这种超级类的组件中只显示 PUBLIC 和 PROTECTED 属性。所有 PUBLIC、PROTECTED 组件包含在继承树中，且属于同一个命名空间里。综上所述，存在于继承树上的组件都拥有唯一的名字。相反，PRIVATE 组件却只在所属类中有唯一的名字。

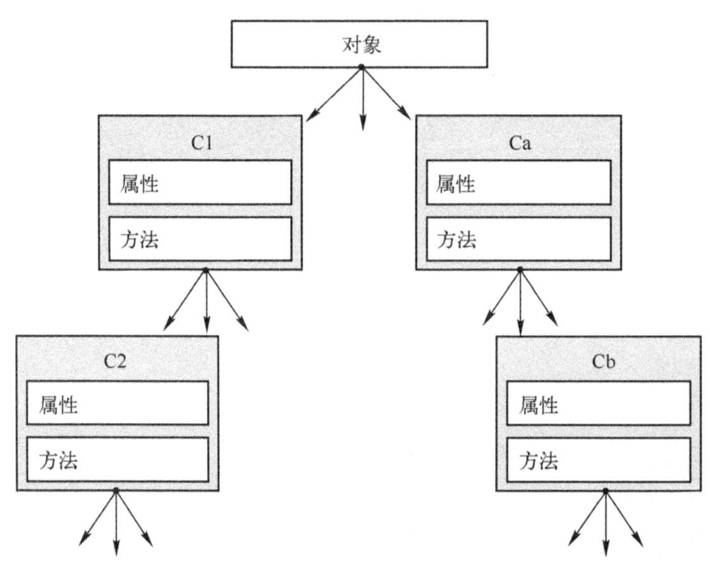

图 14-14 继承树（Inheritance Tree）

重新定义方法时，将相同名字的方法重新 IMPLEMENTATION 覆盖超级类的方法。但是重新定义的方法却无法替代原有的方法 IMPLEMENTATION。这是因为原超级类的方法名字已经以唯一的名字保留。前面已经提到，不是调用子类中重新定义的方法，而是调用超级类的原有方法时要使用 super-> 语句。这种符号称为 Pseudo Reference。

```
CALL METHOD super->method.
```

14.5.6 继承与静态属性

与类的所有构成要素一样，静态属性在各个继承树上只存在一个。子类可以访问超级类的 PUBLIC 和 PROTECTED 静态属性。相反，超级类可以与子类共享自己的 PUBLIC、PROTECTED 属性。在前面已经介绍，静态属性用 CLASS-DATA 语句定义，而静态方法用 CLASS-METHOD 语句定义。下面通过练习再仔细观察关于静态属性和方法。静态属性和方法是为了制作类的组件而定义的，即使不创建对象也会显示在内存中。即使创建对象使用静态属性和方法也不会发生错误，但不建议采用此法。

[例 14-13]

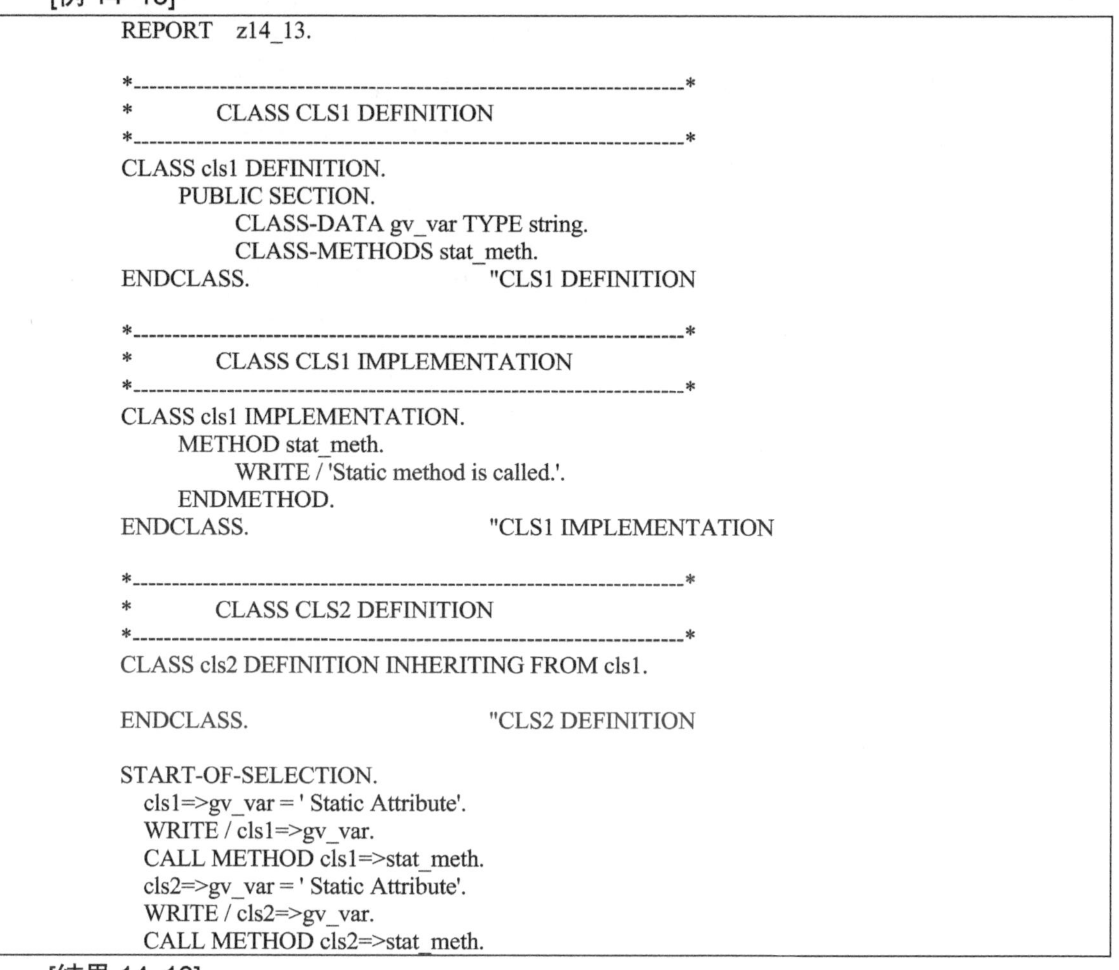

```
REPORT  z14_13.

*---------------------------------------------------------------*
*          CLASS CLS1 DEFINITION
*---------------------------------------------------------------*
CLASS cls1 DEFINITION.
      PUBLIC SECTION.
            CLASS-DATA gv_var TYPE string.
            CLASS-METHODS stat_meth.
ENDCLASS.                          "CLS1 DEFINITION

*---------------------------------------------------------------*
*          CLASS CLS1 IMPLEMENTATION
*---------------------------------------------------------------*
CLASS cls1 IMPLEMENTATION.
      METHOD stat_meth.
            WRITE / 'Static method is called.'.
      ENDMETHOD.
ENDCLASS.                          "CLS1 IMPLEMENTATION

*---------------------------------------------------------------*
*          CLASS CLS2 DEFINITION
*---------------------------------------------------------------*
CLASS cls2 DEFINITION INHERITING FROM cls1.

ENDCLASS.                          "CLS2 DEFINITION

START-OF-SELECTION.
  cls1=>gv_var = ' Static Attribute'.
  WRITE / cls1=>gv_var.
  CALL METHOD cls1=>stat_meth.
  cls2=>gv_var = ' Static Attribute'.
  WRITE / cls2=>gv_var.
  CALL METHOD cls2=>stat_meth.
```

[结果 14-13]

```
Static Attribute
Static method is called.
Static Attribute
Static method is called.
```

从[例 14-13]中可以看出，用 Static 定义的属性和方法，即使不创建对象也可利用静态符号“=>”访问类及修改其属性，另外在子类中也可使用超级类继承的静态属性和方法。

14.5.7 继承和构造函数

在继承中有几项可以控制构造函数的特殊规则。下面了解下这几项规则。

1．实例构造函数

所有类都拥有实例构造函数，调用创建对象的构造函数时使用。前面提到，在继承树上的组件名字必须唯一，而构造函数却是例外事项。但是要谨记，这些类的实例构造函数在继承树上保持着完全独立的关系。在子类中不能重新定义超级类的实例构造函数，也不能使用 CALL METHOD 构造函数语句。若使用此语句会产生没有这个名字的错误信息。创建对象时，系统会自动调用此函数。若子类包含超级类的 Visible 属性，则子类的实例构造函数可以调用超级类的实例构造函数。每个子类实例创建者需包含 CALL MEOTHD SUPER->Constructor 语句。没有明确声明实例构造函数的超级类会默认调用实例构造函数。没有明确定义实例创建者的超级类会默认调用实例创建者。依此自动调用超级类的实例创建者。调用默认构造函数时有多个参数可供选择。

```
METHODS    CONTRUCTOR [FINAL].
[IMPORTING ( parameter )]
[ (RAISING|EXCEPTIONS) (exci) ]MOVE    f1+2(3)    TO    f2.
```

下面通过[例 14-14]理解关于实例构造函数的概念。

[例 14-14]

```
REPORT   z14_14.

*----------------------------------------------------------------*
*           CLASS CLS1 DEFINITION
*----------------------------------------------------------------*
CLASS cls1 DEFINITION.
      PUBLIC SECTION.
            METHODS CONTRUCTOR.
ENDCLASS.                        "CLS1 DEFINITION

*----------------------------------------------------------------*
*           CLASS CLS2 DEFINITION
*----------------------------------------------------------------*
CLASS cls2 DEFINITION INHERITING FROM cls1.
      PUBLIC SECTION.
            METHODS CONTRUCTOR.
ENDCLASS.                        "CLS2 DEFINITION

*----------------------------------------------------------------*
*           CLASS CLS1 IMPLEMENTATION
*----------------------------------------------------------------*
CLASS cls1 IMPLEMENTATION.
      METHOD CONSTRUCTOR.
            WRITE / 'CONSTRUCTOR Test'.
      ENDMETHOD.
ENDCLASS.                        "CLS1 IMPLEMENTATION

*----------------------------------------------------------------*
*           CLASS CLS2 IMPLEMENTATION
*----------------------------------------------------------------*
CLASS cls2 IMPLEMENTATION.
      METHOD CONSTRUCTOR.
            super-> CONSTRUCTOR( ).
      ENDMETHOD.
ENDCLASS.                        "CLS2 IMPLEMENTATION
```

```
START-OF-SELECTION.
  DATA : go_cref1 TYPE REF TO cls1,
         go_cref2 TYPE REF TO cls2.

CREATE OBJECT go_cref2 .
```

[结果 14-14]

```
CONTRUCTOR Test
```

在[例 14-14]中，首先在程序执行部分（START-OF-SELECTION）中声明了参照类 CLS2 的对象 go_cref2。然后利用此对象创建对象 go_cref2。当创建 go_cref2 对象时会自动调用类 CLS2 的构造函数方法。此方法还包含调用超级类的构造函数的方法。

2．静态构造函数（STATIC CONSTRUCTOR）

所有类都包含了 class_constructor 静态构造函数。此方法在系统中已经存在，且使用类自身方法之前被调用，另外也没有参数。若在程序中已经指定子类地址（创建对象），则静态构造函数处于已执行状态。但执行子类静态构造函数之前必须执行所有超级类的静态构造函数。此函数在程序中只能调用一次。

```
CLASS-METHODS class_Constructor.
```

上面语句只能在类声明的 PUBLIC 部分使用。所有类包含了已经声明的自身 class_constructor 方法。但使用上面语句可以追加所需功能。若没有功能要追加到静态构造函数中，则不必声明此语句。与其他静态方法一样，静态构造函数也可访问类的静态组件。

[例 14-15]

```
REPORT   z14_15.

CLASS cls1 DEFINITION.
      PUBLIC SECTION.
            CLASS-METHODS class_constructor.
ENDCLASS.                          "CLS1 DEFINITION

CLASS cls1 IMPLEMENTATION.
      METHOD class_constructor.
            WRITE : 'class_constructor is excuted'.
      ENDMETHOD.
ENDCLASS.                          "CLS1 IMPLEMENTATION

START-OF-SELECTION.
  DATA : go_cref TYPE REF TO cls1.
  CREATE OBJECT go_cref.
```

[结果 14-15]

```
class_constructor   is excuted
```

14.6 接口

14.6.1 什么是接口

不同于 C++等语言，ABAP 语言不支持多重继承。这是因为多重继承使方法调用及类阶层结构变得复杂。因此，ABAP 用接口（Interface）实现从完全没有关系的类中访问其他类。类、类对象及利用参照变量对个体的访问组成 ABAP Object 的基本概念。下面是接口通过客户、订单、订单明细的关系创建的典型业务应用软件。

如[图 14-15]所示，假设存在存款和提款这两个没有继承关系的相似类，这两个类中都含有计算相应年度余款的方法，且此方法在两个类中都使用，名字也相同。但具体计算逻辑不同，因此各自单独在自己类中实现符合的功能。其中余款变量与计算余款的方法使用相同的名字，因此不必各自单独声明也可通过接口实现。即接口有独立的结构体（数据与方法）。接口在类的 PUBLIC SECTION 中追加自己的组件，因此不能扩展类。接口在继承树中起着两个不同节点的类互相访问的中介作用。

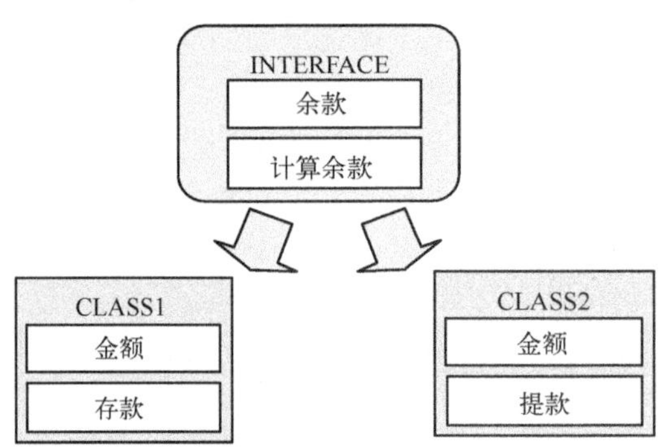

图 14-15　接口实例

下面通过比较一般类、抽象类及接口巩固上述内容。

1．比较类与抽象类

一般类可以通过初始化来创建对象（CREATE OBJECT），但是抽象类不可以，只能从子类继承使用。因为抽象类没有实现功能的 IMPLEMENTATION 部分。抽象类是将一些共通的功能集合在一个类中，然后继承此类在子类中使用。

2．比较类与接口

接口，如抽象类，不能直接通过初始化使用。然而可以追加到类中实现 IMPLEMENTATION。类要实现接口的功能，只能通过接口实现。

3．比较抽象类与接口

抽象类是在子类继承后才能实现自己具备的方法功能，而 ABAP 对象中只能单一继承，因此继承抽象类的子类不能再继承其他类。但是接口不属于继承，是在类中追加声明的概念，因此可以多重继承。下例是在声明继承抽象类的子类中追加接口的情况。

```
CALSS c1 INHERITITING FROM 抽象类.
     INTERFACES  接口
     ~
ENDCLASS. MOVE  f1+2(3)  TO  f2.
```

14.6.2　定义接口

接口如同类，在 ABAP 程序中也可定义全局 （Global） 或局部（Local）接口。定义部分可以包含属性、方法、事件等所有项目。接口组件不必定义在访问权限领域中，是因为在类中追加接口时必须定义在 PUBLIC SECTION 中。另外在类中实现接口的方法，因此接口不能包含功能实现部分。

```
INTERFACE intf.
      METHODS meth
ENDINTERFACE.MOVE   f1+2(3)   TO   f2.
```

14.6.3 实现接口

接口不同于类，其没有实例，只是定义在类中，并在类的 IMPLEMENTATION 中实现接口的方法。

14.6.2 节中定义的接口 intf 如下面语句所示，定义在类中。

```
CLASS class DEFINITION.
      ...
      INTERFACES intf.
      ...
ENDCLASS.
```

```
CLASS class IMPLEMENTATION.
      METHOD intf~meth.
      ...
ENDMETHOD.
ENDCLASS.
```

在类中接口只能定义在 PUBLIC SECTION 中，因此实现接口的方法功能时，接口的组件会追加到类的 PUBLIC SECTION 中。换言之，上语句中接口 intf 的组件 meth 定义在类的 IMPLEMENTATION 中，则类中会存在 intf~meth。如右上图语句所示，接口的方法可以在类中实现，即接口可以在其他类中实现其功能。

14.6.4 参照接口

参照变量可以访问对象。不用创建参照类的参照变量，只需定义参照接口的参照变量就可以访问对象。即若类中已经实现了接口 intf，则只用参照接口的参照变量就可以访问组件，意味着不必创建类的参照变量。

```
DATA : iref TYPE REF TO intf.
```

接口通过 Reference 可以使多个类拥有统一形态。这称为多态性（Polymorphism）。

[例 14-16]是从两个类中实现接口方法的代码。接口在类的 PUBLIC SECTION 中定义。实现接口的方法利用波浪号（~）。通过图理解[例 14-16]，在[图 14-16]中，定义对象引用变量后通过 CREATE 语句创建 CREF1、CREF2 对象。创建的对象分别指各自的类。即 CRFE1 参照的是 CLS1，CRFE2 参照的是 CLS2。尚未生成接口引用变量 IRFE，因此只存在对象引用变量 IRFE。

[例 14-16]

```
REPORT   Z14_16.

INTERFACE account.
      METHODS calc .
```

```
        DATA balance TYPE i.
ENDINTERFACE.

CLASS CLS1 DEFINITION.
      PUBLIC SECTION.
            INTERFACES account.
ENDCLASS.

CLASS CLS1 IMPLEMENTATION.
      METHOD account~calc.
            WRITE : / 'Deposit money is : ', account~balance.
   ENDMETHOD.                          "account~calc
ENDCLASS.


CLASS CLS2 DEFINITION.
      PUBLIC SECTION.
            INTERFACES account.
ENDCLASS.

CLASS CLS2 IMPLEMENTATION.
      METHOD account~calc.
            WRITE : / 'Withdrawl money is : ', account~balance.
    ENDMETHOD.                         "account~calc
ENDCLASS.                        "CLS2 IMPLEMENTATION

DATA : cref1 TYPE REF TO CLS1,
          cref2 TYPE REF TO CLS2,
          iref    TYPE REF TO account.

START-OF-SELECTION.

      CREATE OBJECT : cref1, cref2.

    cref1->account~balance = 300.
      CALL METHOD: cref1->account~calc.

    iref = cref1.
    CALL METHOD iref->calc.

    cref2->account~balance = '-200'.
    CALL METHOD: cref2->account~calc.

    iref = cref2.
  CALL METHOD iref->calc.
```

[结果 14-16]

```
Deposit money is :          300
Deposit money is :          300
Withdrawl money is :          200-
Withdrawl money is :          200-
```

在[图 14-17]中，定义 IREF = CRFE1 语句，则 CREF1 会分配到 IREF 中。结果对象引用变量 IREF 也会指向 C_COUNTER1。

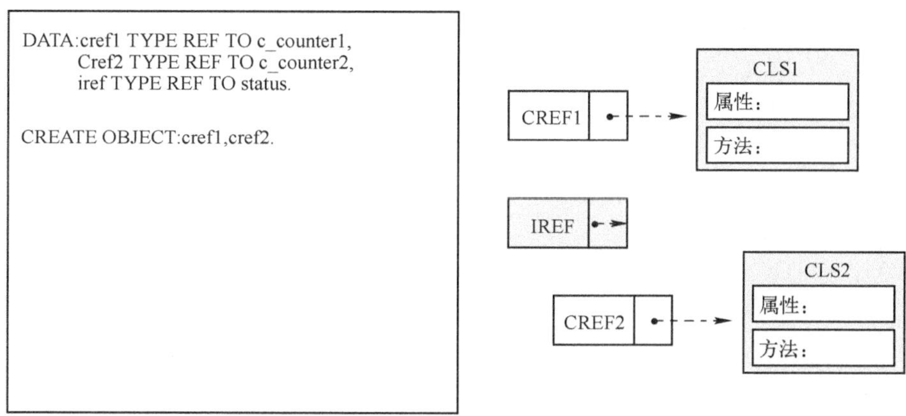

图 14-16　创建参照变量

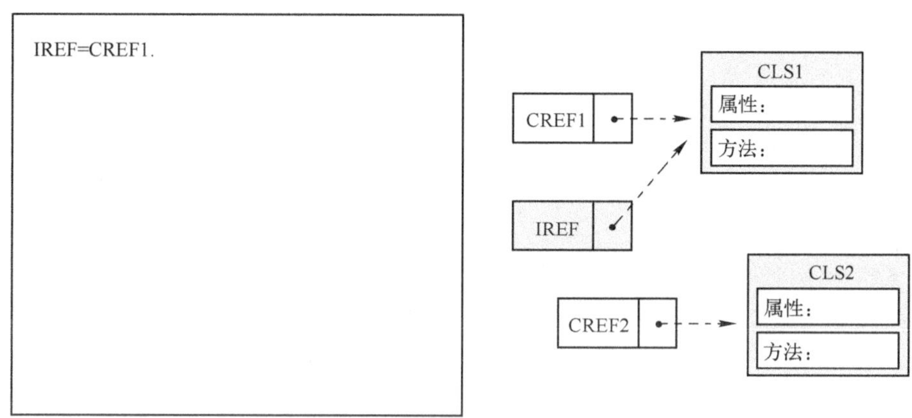

图 14-17　分配接口

14.6.5　使用别名

所有接口组件可以利用 ALIAS 指定其别名（Alias Name）。在接口内再调用其他接口的 Deep 组件经常使用。ALIAS 只能在接口内或者类的定义部分使用，不能在实现方法功能的 IMPLEMENTATION 中使用。

```
ALIASES alias FOR inf~com1.
```

[例 14-17]

```
REPORT  z14_17.

INTERFACE account.
    METHODS calc IMPORTING p1 TYPE i.
ENDINTERFACE.                    "account

CLASS cls1 DEFINITION.
    PUBLIC SECTION.
        INTERFACES account.
        ALIASES calc FOR
        account~calc.
ENDCLASS.                    "CLS1 DEFINITION
```

```
CLASS cls1 IMPLEMENTATION.
    METHOD account~calc.
        WRITE : / 'Deposit money is : ', p1.
ENDMETHOD.                        "account~calc
ENDCLASS.                       "CLS1 IMPLEMENTATION

DATA : cref1 TYPE REF TO cls1.

START-OF-SELECTION.

    CREATE OBJECT : cref1.

    CALL METHOD: cref1->calc EXPORTING p1 = 200.
```

[结果 14-17]

```
Deposit money is :          200
```

如[例 14-7]所示，若要在程序中使用接口 account 的方法 calc，则其名字很长，如 account~calc。因此利用 ALIAS 指定别名为 calc，使之变得简单。

14.7 事件

事件（Event）在前面已经提及，但在这章会通过实际程序详细介绍。在 ABAP 对象中，在没有继承关系的类之间，从一个类的方法中调用另一个类的方法时需要使用事件来控制。在类中定义事件时类的方法可以触发事件，这与 Event Handler 交替启动。[图 14-18]很好地体现了类 C1 与 C2 中的 Event Trigger 与 Event Handler 的关系。当用户进行单击鼠标或按〈F1〉键等操作时，在 ABAP 程序画面上可以通过事件进行处理。

Event Trigger

```
CLASS C1 DEFINITION.

PUBLIC SECTION.
    EVENTS E1
        EXPORTING VALUE(P1)
                    TYPE I.
    METHODS M1.

    PRIVATE SECTION.
      DATA A1 TYPE I.

ENDCLASS.
```

```
CLASS C1 IMPLEMENTATION.

  METHOD M1.
    A1= …
    RAISE EVENT E1
      EXPORTING P1=A1.
  ENDMETHOD.

ENDCLASS.
```

Event Handler

```
CLASS C2 DEFINITION.

 PUBLIC SECTION.
   METHODS: M2
     FOR EVENT E1 OF C1
             IMPORTING P1.

   PRIVATE SECTION.
     DATA A2 TYPE I.

ENDCLASS.
```

```
CLASS C2 IMPLEMENTATION.

  METHOD M2.
    A2=P1.
    …

  ENDMETHOD.

ENDCLASS.
```

图 14-18 Event Trigger 与 Event Handler

在[图 14-19]中创建了类 C1 和 C2 两个实例。SET HANDLER 语句为实例创建透明的处理器表（E1）。处理器表包含了处理器方法名和已注册的（registered）实例的 Reference。表内的记录根据 SET HANDLER 语句动态管理。即使初始化对象 H1 和 H2，只要实例 C2<1>、C2<2>还存在于处理器表中，就不会被 Garbage Collection 删掉。Garbage Collection 收集记忆装置的无用信息，以便以后程序中重新利用，此外因程序积累太多垃圾数据，导致记忆装置没有多余空间时会自动执行。

```
DATA:R1 TYPE REF TO C1,
       H1 TYPE REF TO C1,
       H2 TYPE REF TO C2,

CREAT OBJECT:R1,
               H1,
               H2.

  SET HANDER H1>M2,
             H2-> FOR R1.

CALL METHOD R-1<M1.
```

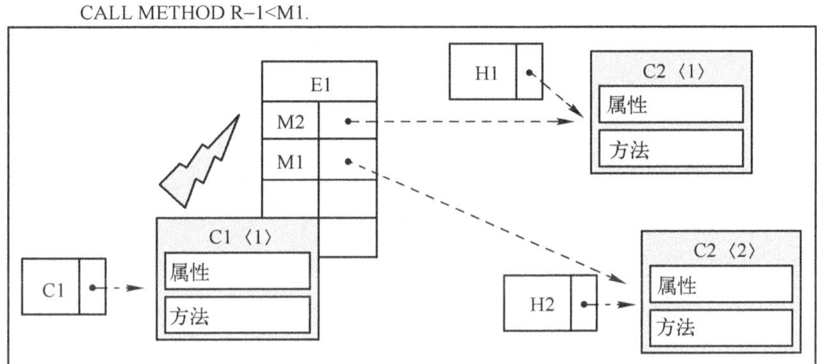

图 14-19　注册处理器

当触发事件时（R1 方法在 M1 中发生事件 E1 时）系统会从事件表中执行相应实例的方法。

① 必须有注册事件的类（C1）。

② 必须有定义处理器方法的 M2 的类（C2）。

③ 在主程序中有注册处理器方法 M2 的内容。

14.7.1　触发事件

为了触发事件（Event Trigger），类必须在类声明部分定义事件，使其在方法中触发事件。

1．声明事件

在类或接口的声明部分首先声明事件。用以下语句声明实例事件。静态事件使用 CLASS-EVENT 语句。

（1）实例事件

用 EVENSTS 语句可以声明实例事件。只有实例方法才能调用实例 Event。

```
EVENTS evt EXPORTING.. VALUE(e1 e2 .)
                       TYPE type [OPTIONAL]...
```

（2）静态事件

可利用 CLASS-EVENTS 语句声明静态事件。所有方法都能调用静态事件。静态事件是在静态方法中可以调用的唯一事件类型。

```
CLASS-EVENTS evt...
```

2．Triggering Event

类内部的实例事件在类的所有实例中都可以触发。静态事件在所有方法中都可以触发。但是只有静态方法才能触发静态事件。

```
RAISE EVENT evt EXPORTING e1 = f1    e2 = f2 ...
```

14.7.2 Handling Event

触发事件的前提是方法必须声明为 Handler 方法，且执行前要注册事件。

1．声明事件处理器方法（Event Handler Method）

所有类都拥有其他类触发自身类时可以调用的事件处理器方法。当然，可以在同一个类中用事件和事件处理器定义方法。

```
METHODS meth FOR EVENT evt OF cif IMPORTING e1 e2 ...
```

Static 方法可以用 CLASS-METHODS 语句定义。

2．注册事件处理器方法

若要使事件处理器方法启用事件，执行时需要注册处理器。

```
SET HANDLER h1 h2 ... [FOR]...
```

指定要注册的实例事件处理器的对象领域时使用 FOR 语句。用 FOR ALL INSTANCES 语句可以一次性注册可触发事件的所有实例处理器。

```
SET HANDLER h1 h2 ... FOR ref.
SET HANDLER h1 h2 ... FOR ALL INSTANCES.MOVE    f1+2(3)    TO    f2.
```

在静态事件中无法使用 FOR 语句。

```
SET HANDLER h1 h2 ...
```

3．Raise Event

调用 RAISE EVENT 语句开始执行下一个阶段之前，执行所有被注册的处理器方法（Synchronous Event handling）。若处理器方法触发的是自身事件，则执行原有的处理器方法之前，执行自身处理器方法。为了防止发生无限循环，将其控制为只执行 64 次循环。处理器方法按照注册的顺序执行。若动态地执行事件处理器，则无法预测其执行顺序。此时只能理解为同时执行所有事件处理器来进行编码。

4．EVENT 例题

面向对象程序是通过交换对象之间的信息处理数据。继承树中存在的类之间（继承关系）可以调用对方的方法自由的交换信息，但相互独立的类之间需通过事件才能交换信息。此时，事件的主人（Owner）是注册该事件的类对象，此外所有的类都会注册事件。只有事件的实例对象才有权限触发事件，其他类只是处于触发事件等待状态（SET HANDLER）。通过[例 14-18]也许容易理解类、方法、事件及事件处理器。为了触发保龄球馆的会员（对象）去打保龄的事件，需要经过的过程用代码怎么实现呢？请参照[例 14-18]。

[例 14-18]

```
        REPORT   Z14_18.

        CLASS C1 DEFINITION.
1           PUBLIC SECTION.
                EVENTS: BOWL.

                METHODS GO_BOWL.
        ENDCLASS.
        CLASS c2 DEFINITION.
2           PUBLIC SECTION.
            METHODS LETSGO FOR EVENT BOWL OF c1.
        ENDCLASS.

        CLASS c1 IMPLEMENTATION.
            METHOD GO_BOWL.
                WRITE 'WAIT A MINUATE ~'.
4
                RAISE EVENT BOWL.

            ENDMETHOD. ENDCLASS.

        CLASS c2 IMPLEMENTATION.

            METHOD LETSGO.
                WRITE / 'OK, LETS GO !!!'.
            ENDMETHOD.
        ENDCLASS.

        DATA : KIM TYPE REF TO c1,
                LEE TYPE REF TO c2.
        START-OF-SELECTION.
3           CREATE OBJECT: KIM, LEE.

            SET HANDLER LEE->LETSGO FOR KIM.
5
            KIM->GO_BOWL( ).
```

[结果 14-18]

```
WAIT A MINUATE ~
OK, LETS GO !!!
```

邻居（类）之间无法直接控制对方的行为，因此通过“去打一场保龄吧”事件可以影响邻居的行为（Method）。其中，会长职位对应的是类 C1，会员是类 C2，且会长姓金，会员姓李。

（1）EVENTS: BOWL.

会长（小金）为了想让会员打保龄球（BOWL）时打电话而给了他手机号，当会员（小李）来电话时记录了 BOWL 名作为联系人名（注册事件）。

（2）METHODS LETSGO FOR EVENT BOWL OF c1.

会员（小李）的手机里在会长（小金）的手机号上记录了 LETSGO 名字（注册处理器方法）。

（3）SET HANDLER LEE->LETSGO FOR KIM.

代表会长的类 C1 才有去打保龄球的事件最终决定权。会员 C2 为了打保龄球，打会长给的手机号（SET HANDLER）。这就像小李对小金说：“我已经准备好去打球，你准备好了再联系我”。

（4）RAISE EVENT BWL.

正在睡觉的会长小金收到要去打自己喜欢的保龄球事件后，兴奋的他醒来回复：“首先要准备一下打保龄球的装备，准备完后联系你，稍等一下！”（触发事件）。

（5）KIM->GO_BOWL( ) 或者 CALL METHOD KIM->GO_BOWL( )的缩写。

准备完后，会长小金对会员小李说：“准备好了，走吧！”

首先，小金的 GO_BWL 方法触发 BOWL 事件，然后此事件调用连接在一起的小李的 LETSGO 方法。这个过程叫触发（Trigger）。这样，两个人就高兴地去打球了。

为了有助于理解下面按顺序排列了执行事件的过程，在实际程序中按照[例 14-19]的顺序执行。下面练习使用内表。

[例 14-19]

```
REPORT   z14_19.

TABLES:sflight.

SELECT-OPTIONS: s_carrid FOR sflight-carrid.

CLASS c1 DEFINITION.
      PUBLIC SECTION.
            TYPES:BEGIN OF t_sflight,
                        carrid TYPE sflight-carrid,
                  connid TYPE sflight-connid,
                        fldate TYPE sflight-fldate,
            END OF t_sflight.

            DATA :gt_itab TYPE STANDARD TABLE OF t_sflight,
                    gs_str TYPE t_sflight.
            EVENTS: e1 .

5    METHODS : get_data ,display_data ,no_data
      FOR EVENT e1 OF c1.
ENDCLASS.                    "C1 DEFINITION

3 CLASS c1 IMPLEMENTATION.
      METHOD: get_data .
            SELECT carrid connid fldate FROM sflight
              INTO TABLE gt_itab
            WHERE carrid IN s_carrid.
4           IF sy-subrc <> 0.
                  RAISE EVENT e1.
            ELSE .
                  CALL METHOD display_data .
            ENDIF.
      ENDMETHOD.               "get_data
```

```
    METHOD:display_data .
        LOOP AT gt_itab INTO gs_str.
            WRITE:/10 gs_str-carrid.
            WRITE:40 gs_str-connid.
            WRITE:60 gs_str-fldate.
        ENDLOOP.
     ENDMETHOD.     "DISPLAY_DATA

    METHOD no_data .
            WRITE:/10 'There is no data'.
        ENDMETHOD.            "no_data
    ENDCLASS.                  "c1 IMPLEMENTATION


    DATA : go_obj TYPE REF TO c1.

1  START-OF-SELECTION.
     CREATE OBJECT: obj.

2    SET HANDLER go_obj->no_data FOR: obj1.

     CALL METHOD go_obj->get_data .
```

[结果 14-19]

```
AA        0017        2013-12-15
AA        0017        2014-01-12
AA        0017        2014-02-09
AA        0017        2013-03-09
AA        0017        2015-04-06
```

5. 说明[例 14-19]

（1）注册处理器方法

SET HANDLER go_obj->no_data FOR: obj1。 obj1 在自己的方法 no_data 中注册了处理器方法。

（2）调用处理器方法

CALL METHOD go_obj->get_data。

get_data 方法是事件 e1 的处理器方法。

（3）执行方法

执行 get_data 方法。执行 SQL 语句，若没有查询到数据，则触发 RAISE EVENT，若有数据则调用 display_data 方法。

（4）调用事件

若没有查询到数据，则触发事件返回[结果 14-19]。

（5）触发事件

类 c1 中注册了事件 e1，然后声明了自己事件对应的处理器方法。

```
EVENTS: e1 .
METHODS:get_data ,display_data ,no_data
        FOR EVENT e1 OF c1.
```

虽然有三个处理器方法，但只会调用其中的 SET HANDLER go_obj->no_data FOR: obj1 语句中注册的处理器方法 no_data。

14.8 类生成器

如本章前面介绍的，在程序代码中创建的类只能在程序中使用，因此属于局部类。即在program-1 中创建的类不能在 program2 使用，如[图 14-20]所示。除了这种方法，还可以利用类生成器（T-CODE:SE24）创建类和接口。使用该方法生成的类和接口会注册到 ABAP 数据字典的全局对象中，因此所有程序都可使用。参照类（CL_GUI_ALV_GRID）创建 ALV 程序是典型实例。

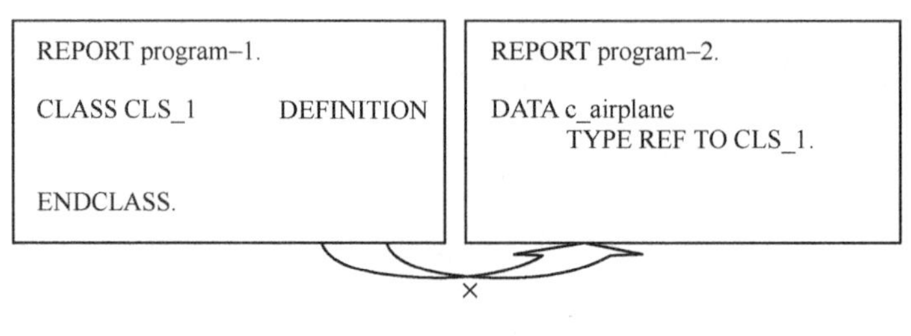

图 14-20　局部类

14.8.1　集成

类生成器帮助创建 Web 开发中使用的对象。通过类生成器可以维护类库存中存在的所有对象。[图 14-21]说明了类生成器的结构和组件之间的关系。可以利用 T-CODE:SE24 和[Development a Class Builder]菜单执行类生成器。若创建对象的类型，则需实现方法的功能。在类生成器初始画面上可以执行测试环境。

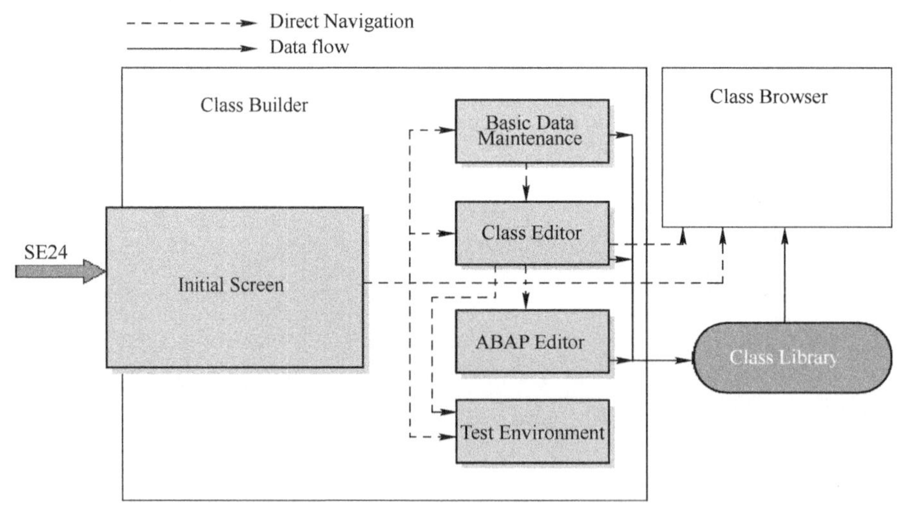

图 14-21　类生成器图形

14.8.2　利用类生成器创建类

下面利用类生成器（T-CODE:SE24），创建执行相同功能的类，如[例 14-19]所示。

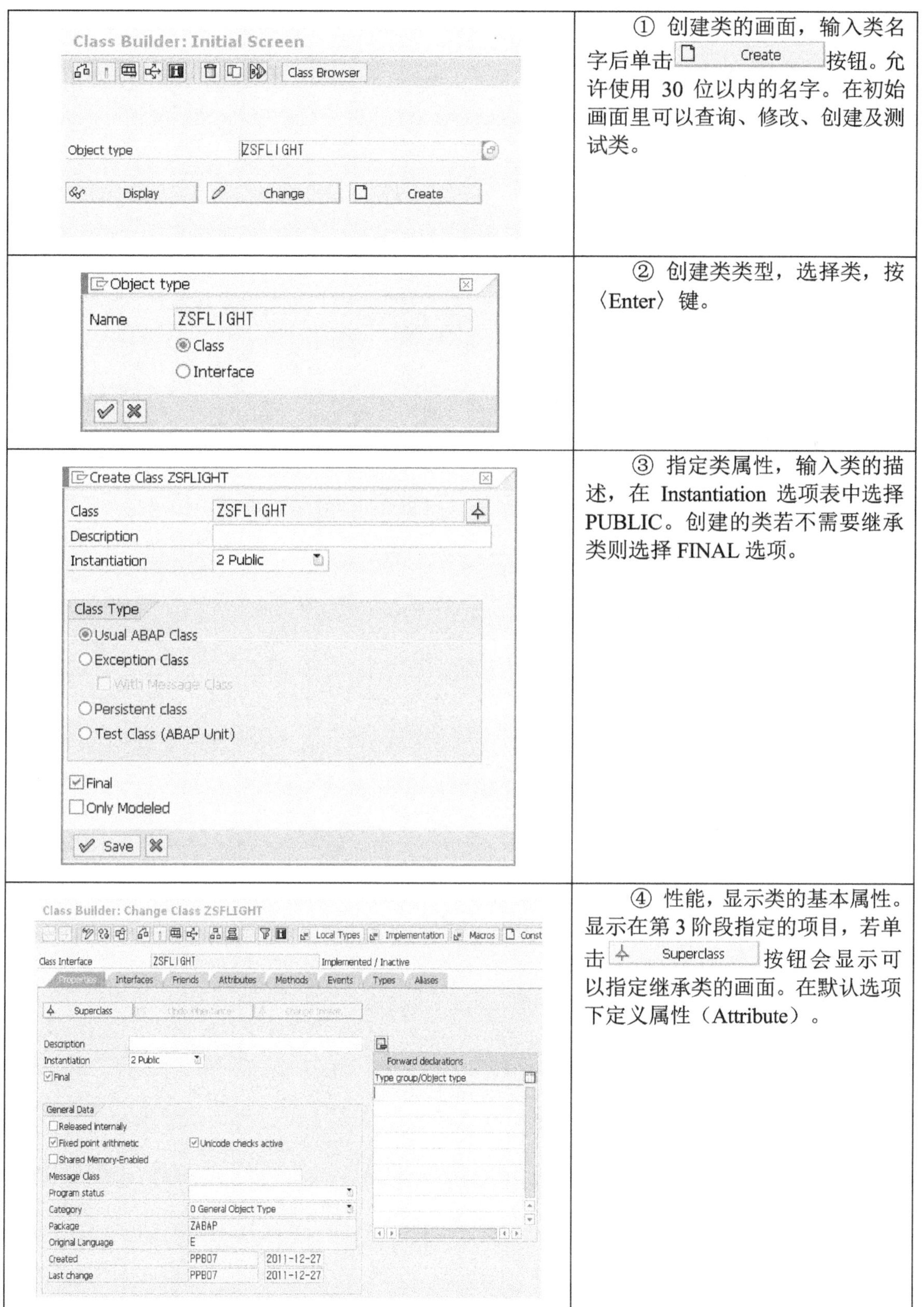

Class Builder: Initial Screen Class Browser Object type ZSFLIGHT Display Change Create	① 创建类的画面，输入类名字后单击 Create 按钮。允许使用 30 位以内的名字。在初始画面里可以查询、修改、创建及测试类。
Object type Name ZSFLIGHT Class Interface	② 创建类类型，选择类，按〈Enter〉键。
Create Class ZSFLIGHT Class ZSFLIGHT Description Instantiation 2 Public Class Type Usual ABAP Class Exception Class With Message Class Persistent class Test Class (ABAP Unit) Final Only Modeled Save	③ 指定类属性，输入类的描述，在 Instantiation 选项表中选择 PUBLIC。创建的类若不需要继承类则选择 FINAL 选项。
Class Builder: Change Class ZSFLIGHT Local Types Implementation Macros Const Class Interface ZSFLIGHT Implemented / Inactive Properties Interfaces Friends Attributes Methods Events Types Aliases Superclass Undo inheritance Change Inheritance Description Instantiation 2 Public Final Forward declarations Type group/Object type General Data Released internally Fixed point arithmetic Unicode checks active Shared Memory-Enabled Message Class Program status Category 0 General Object Type Package ZABAP Original Language E Created PPB07 2011-12-27 Last change PPB07 2011-12-27	④ 性能，显示类的基本属性。显示在第 3 阶段指定的项目，若单击 Superclass 按钮会显示可以指定继承类的画面。在默认选项下定义属性（Attribute）。

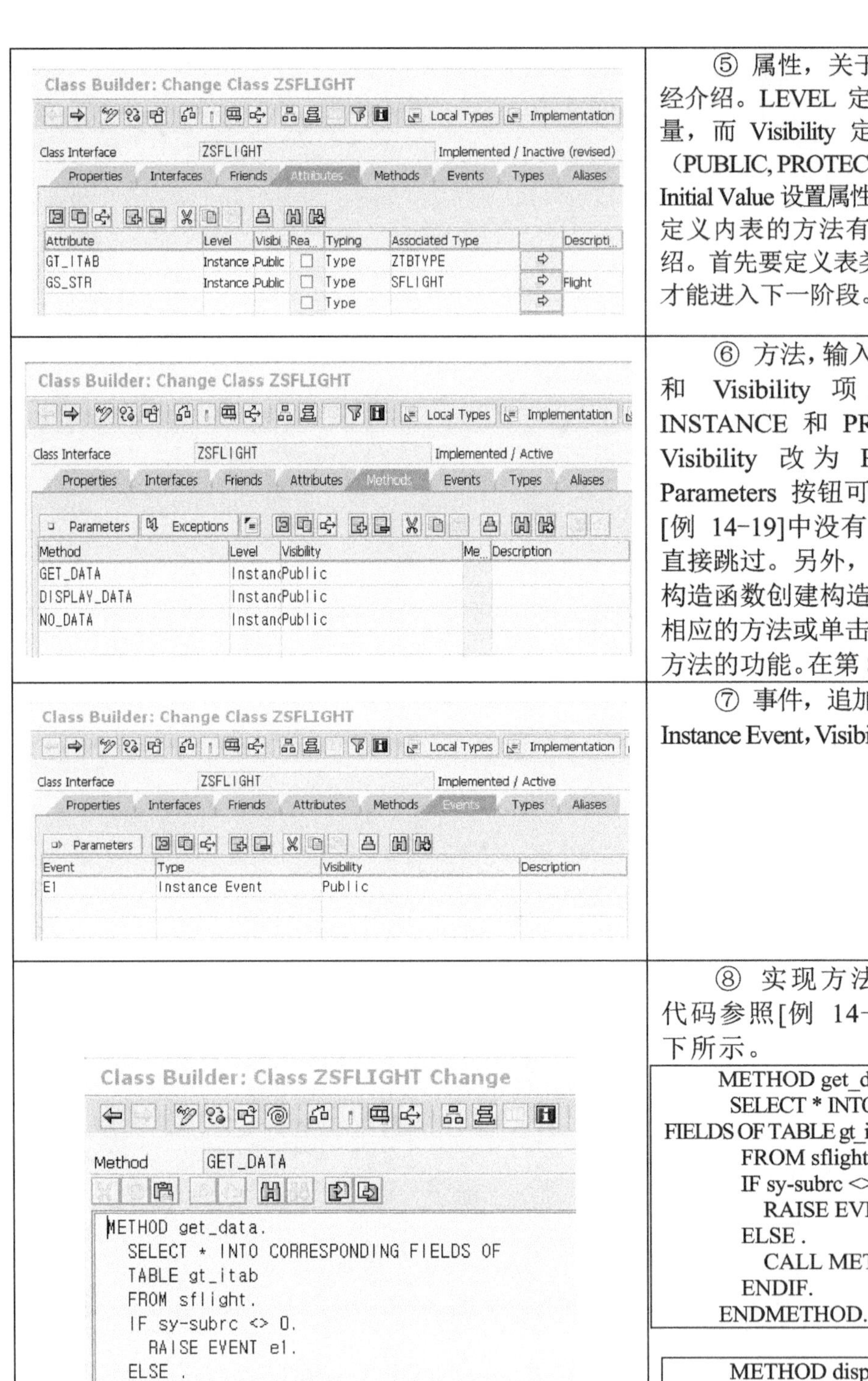

⑤ 属性，关于类的属性前面已经介绍。LEVEL 定义实例、静态、常量，而 Visibility 定义类的访问权限（PUBLIC, PROTECTED, PRIVATE）。Initial Value 设置属性的初始值。在类中定义内表的方法有两种，后续会介绍。首先要定义表类型 ZTBTYPE 后才能进入下一阶段。

⑥ 方法，输入类的方法。Level 和 Visibility 项目一般设置为 INSTANCE 和 PRIVATE。这次将 Visibility 改为 PUBLIC。单击 Parameters 按钮可以设置参数。在[例 14-19]中没有涉及参数，因此直接跳过。另外，可以利用菜单的构造函数创建构造函数方法。双击相应的方法或单击 Code 按钮实现方法的功能。在第 8 阶段实现方法。

⑦ 事件，追加事件，Type 选择 Instance Event，Visibility 选择 PUBLIC。

⑧ 实现方法，实现方法的代码参照[例 14-19]来实现，如下所示。

```
METHOD get_data.
  SELECT * INTO CORRESPONDING
FIELDS OF TABLE gt_itab
    FROM sflight.
    IF sy-subrc <> 0.
      RAISE EVENT e1.
    ELSE .
      CALL METHOD display_data .
    ENDIF.
ENDMETHOD.
```

```
METHOD display_data.
  LOOP AT gt_itab INTO gs_str.
    WRITE:/10 gs_str-carrid.
    WRITE:40 gs_str-connid.
    WRITE:60 gs_str-fldate.
  ENDLOOP.
ENDMETHOD.
```

```
METHOD no_data.
  WRITE:/10 'There is no data'.
ENDMETHOD.
```

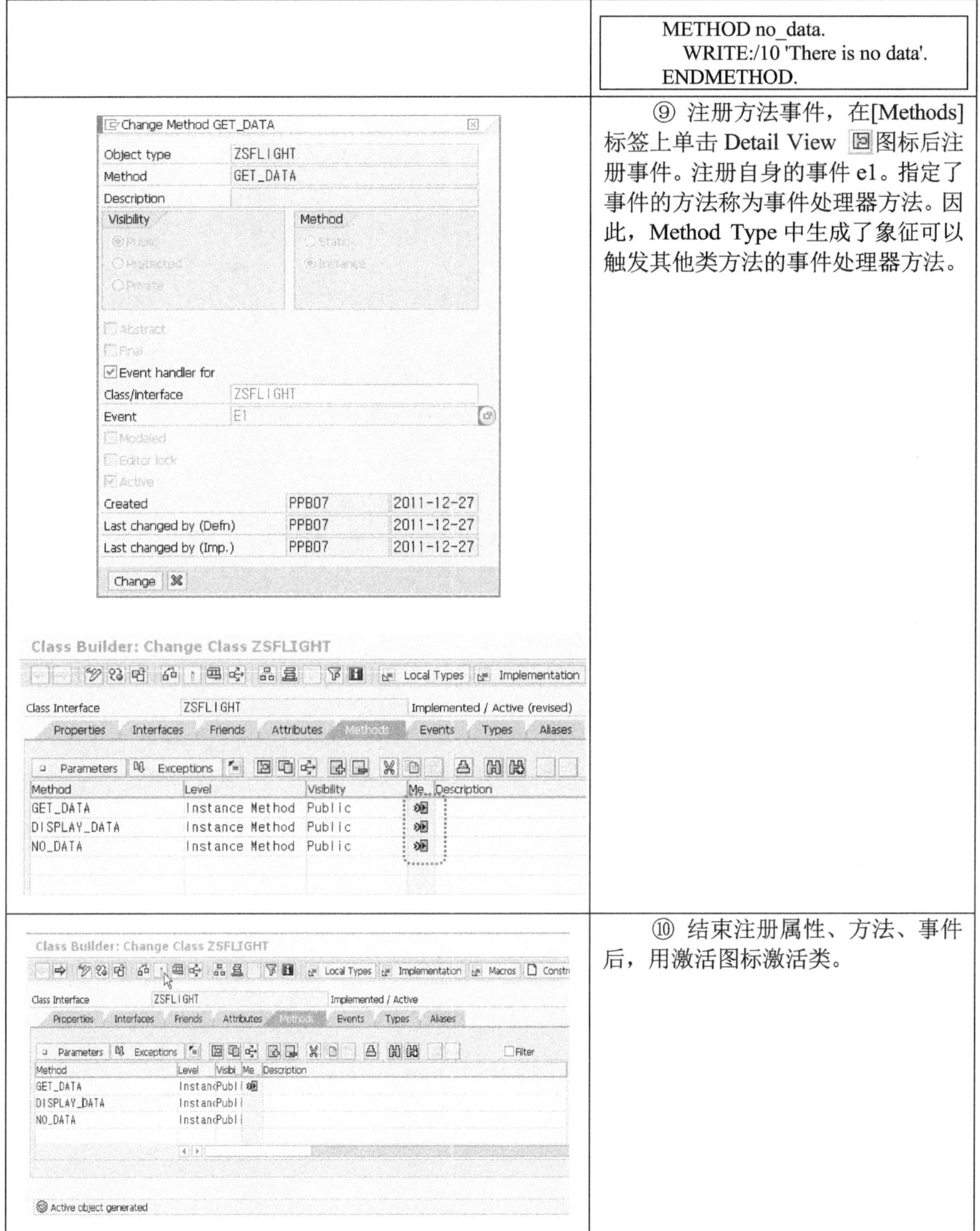

⑨ 注册方法事件，在[Methods]标签上单击 Detail View 图标后注册事件。注册自身的事件 e1。指定了事件的方法称为事件处理器方法。因此，Method Type 中生成了象征可以触发其他类方法的事件处理器方法。

⑩ 结束注册属性、方法、事件后，用激活图标激活类。

<Tip. 在类中创建内表>

在类中创建内表的方法有两种。第一，在第 7 章中学习的创建 TABLE TYPE 后追加到类属性中的方法，第二，在 Internal Type 中创建的方法。两种方法的区别在于访问权限不同，第一种属于 PUBLIC 领域，第二种属于 PRIVATE 领域。

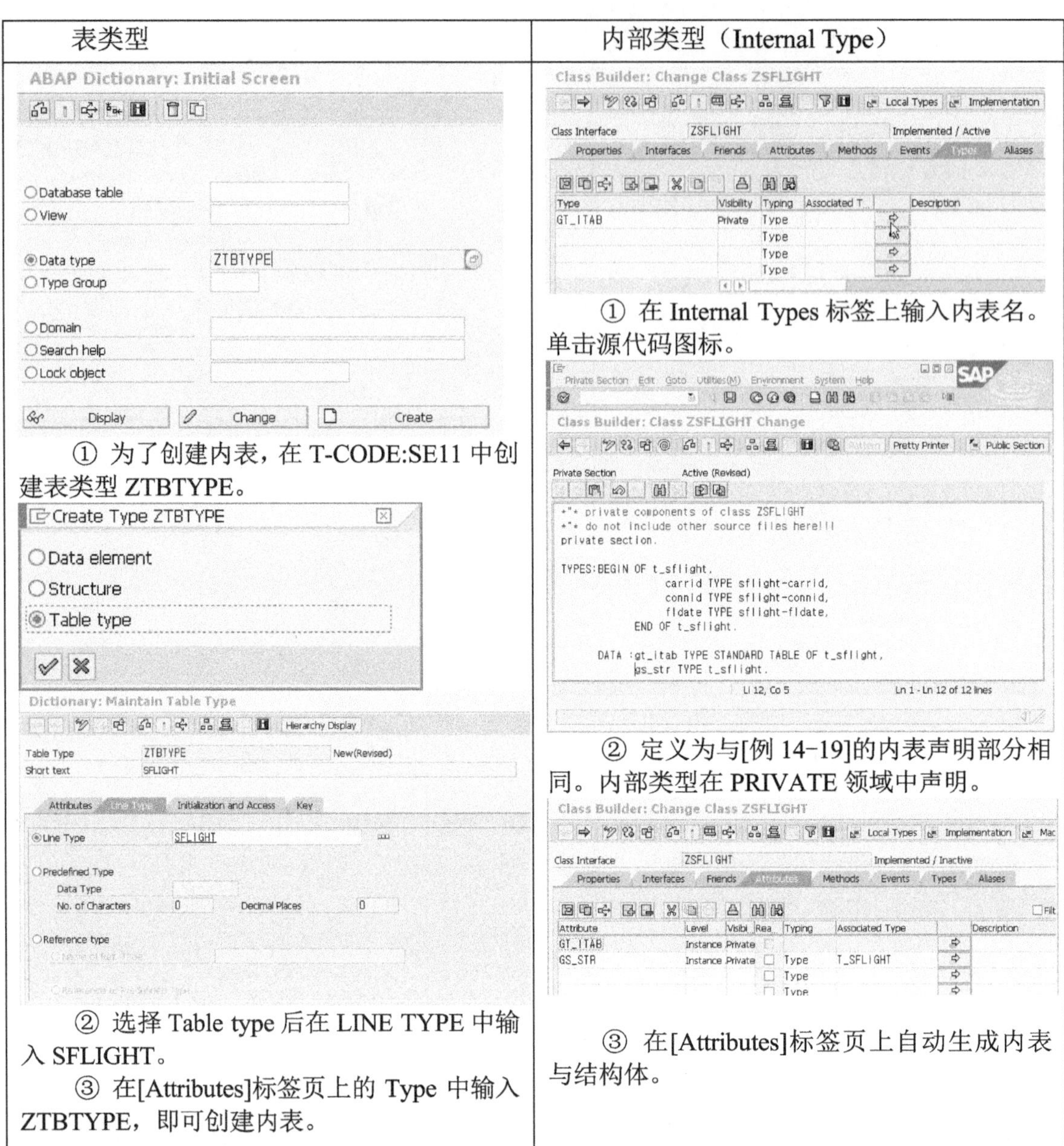

表类型	内部类型（Internal Type）
① 为了创建内表，在 T-CODE:SE11 中创建表类型 ZTBTYPE。 ② 选择 Table type 后在 LINE TYPE 中输入 SFLIGHT。 ③ 在[Attributes]标签页上的 Type 中输入 ZTBTYPE，即可创建内表。	① 在 Internal Types 标签上输入内表名。单击源代码图标。 ② 定义为与[例 14-19]的内表声明部分相同。内部类型在 PRIVATE 领域中声明。 ③ 在[Attributes]标签页上自动生成内表与结构体。

14.8.3 利用类生成器测试类

通过类生成器（TOODE:SE24）可以直接测试创建的类。

Class Builder: Initial Screen Class Browser Object type ZSFLIGHT Display Change Create	① 在类生成器中单击测试图标（），或按〈F8〉键。

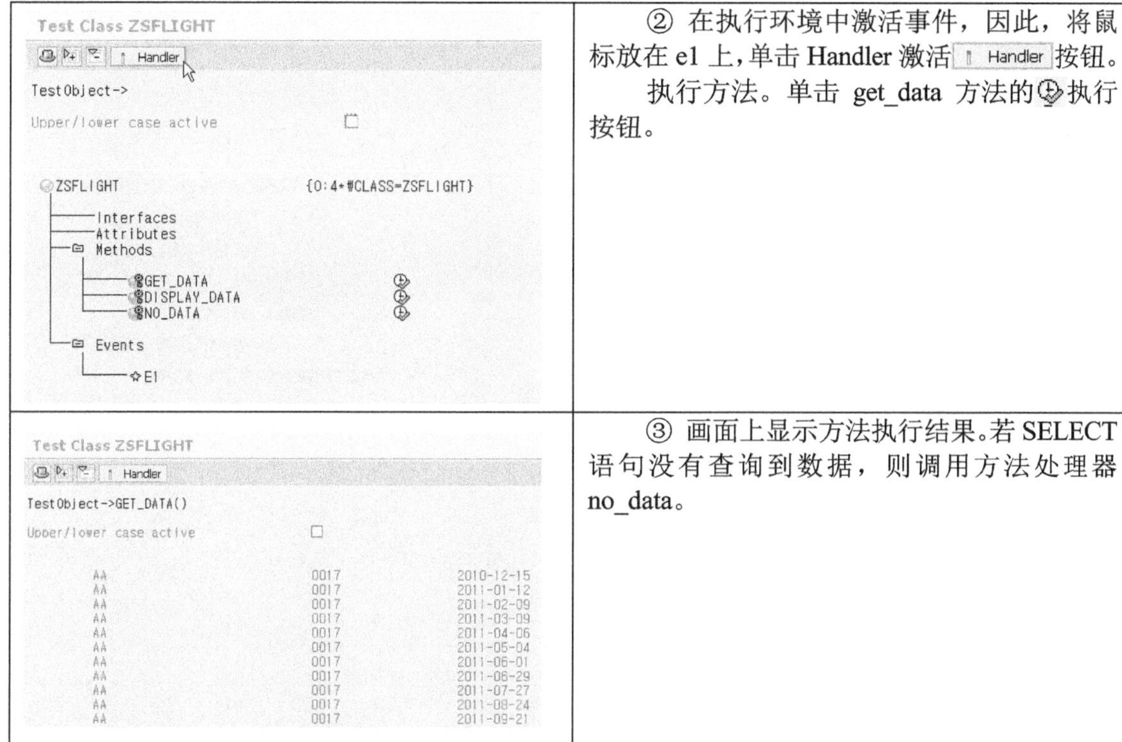

② 在执行环境中激活事件，因此，将鼠标放在 e1 上，单击 Handler 激活 Handler 按钮。

执行方法。单击 get_data 方法的执行按钮。

③ 画面上显示方法执行结果。若 SELECT 语句没有查询到数据，则调用方法处理器 no_data。

14.8.4 利用全局类的源代码

下面利用前面创建的全局类 ZSFLIGHT 创建一个程序。[例 14-20]与[例 14-19]不同之处在于[例 14-20]没有经过定义类及实现方法而直接在主程序中实现的。另外，声明内表时利用属性及内部类型也可得到相同的结果。

[例 14-20]

```
REPORT    Z14_20.

DATA :go_obj TYPE REF TO zsflight.

START-OF-SELECTION.
CREATE OBJECT: go_obj.

SET HANDLER go_obj->no_data FOR: go_obj.

CALL METHOD go_obj->get_data .
```

[结果 14-20]

```
AA          0017          2013-12-15
AA          0017          2014-01-12
AA          0017          2014-02-09
AA          0017          2013-03-09
AA          0017          2015-04-06
```

<Tip. 利用方法查找类>

在 T-CODE:SE84（存储库信息系统）中可以查找使用相应方法的类。

如[图 14-22]所示，在 Method 输入栏中输入名字后执行，则显示使用该方法的类列表。在[图 14-23]中的最下方显示的是所创建的类。

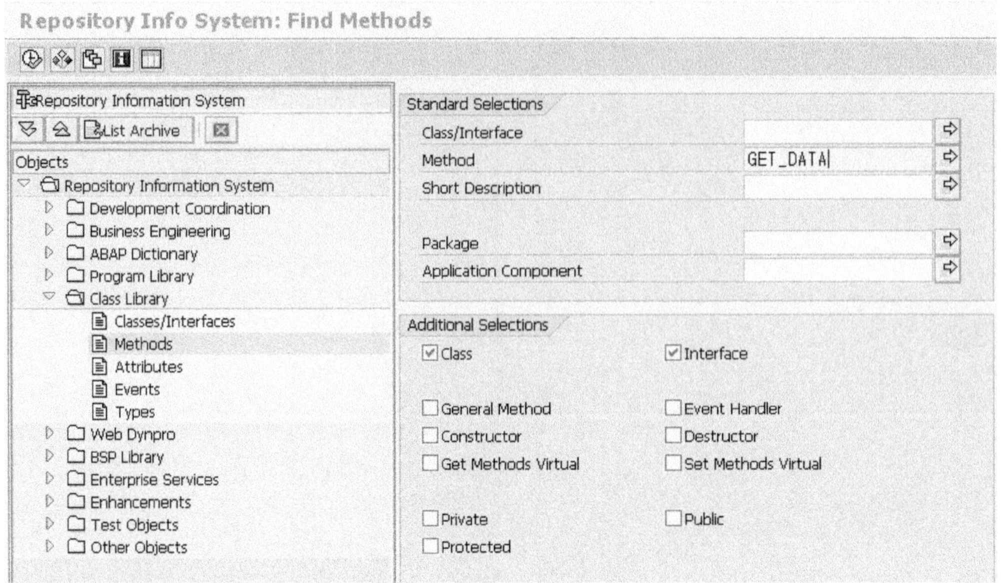

图 14-22　利用存储库信息系统的实例

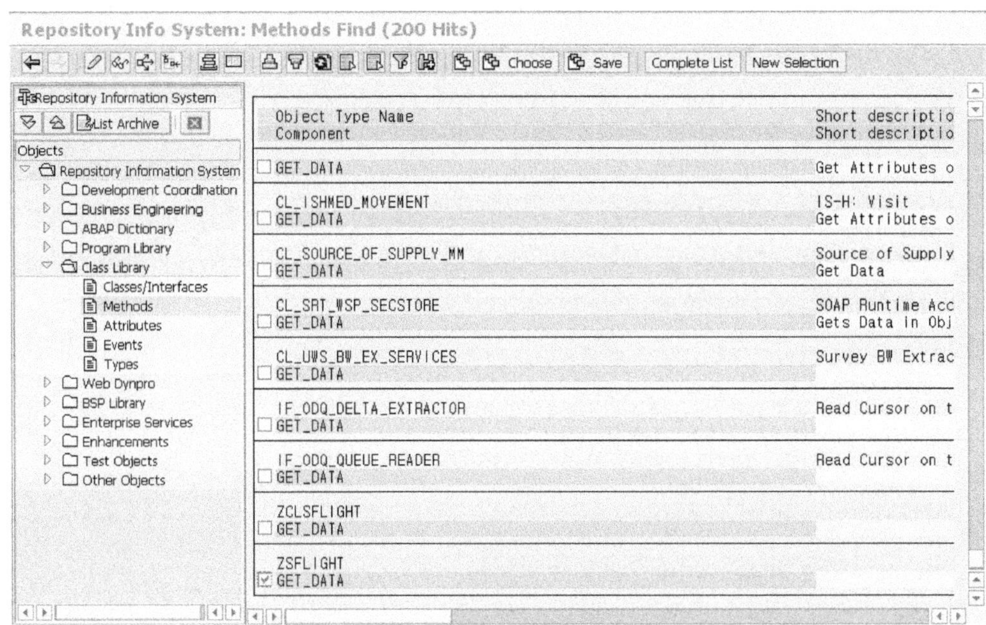

图 14-23　使用此方法的类列表

第 15 章　面向对象 ALV

本章目录	本章简介
1. 概要 2. SAP 容器 3. 创建 ALV 4. ALV 方法 5. ALV 事件 6. 字段目录 7. ALV GRID 要素	本章学习实际业务中最常用的 ALV。ALV 为实现修改报表功能和联机程序提供了便捷的 GUI 环境。要理解 ALV（Grid），首先要掌握“第 14 章 ABAP 对象”的基本知识。

15.1　概要

15.1.1　什么是 ALV

ALV 是 ABAP List Viewer 的缩写，是实际业务中查询数据或修改数据时经常使用的程序。“第 12 章 报表程序”中是利用 WRITE 语句制作了报表程序。面向对象程序中为了追加下载数据的功能，首先要创建 GUI STATUS，从而在画面中增加按钮，然后实现用户单击按钮时触发事件。但是 ALV 已经提供了包含这些基本业务的程序包。即在 Excel 程序中，排序数据、计算合计、筛选信息等基本功能不用通过代码也能自由地实现。

> ▸ **ALV 的主要功能**
>
> 排序功能（Ascending/Descending）；
> 过滤设置；
> 变更列宽；
> 变更布局；
> ABC 分析；
> 下载 Excel 及 Word 文档的保存。
>
> ALV 在 SAP Release 3.1 版本以后开始出现在 ABAP 程序中，最近除报告书、成绩表等有固定样式的文档程序基本使用 ALV 进行开发。

15.1.2　ALV 的类型

ALV 分为利用函数的方法和利用 GRID 控件的方法两种，两种方法内部含有相似的结构和功能，当然也存在 SALV（New ALV）。这些技术出现的顺序依次为 Function ALV > GRID ALV > SALV 。REUSE_ALV_GRID_DISPLAY 函数也以类为基础进行编程，但是 SAP 公司为了提供方便集合了多样的功能使用功能函数实现。若利用函数输出 ALV 程序，则不易控制画面。就因为存在这些限制项，从 SAP Release 3.1 版本开始导入了利用 ABAP 对象的 ALV GRID 技术。另外，Net Web 2004 平台中发布了集合 ALV 功能的 SALV 包（SALV 也称为 New ALV）。SALV 可以像使用函数生成 ALV 一样不使用画面以全屏模式输出，也可以利用容器在画面上显示 ALV。利用 GRID 的 ALV 不能以 Batch Job 登录后在后台运行，但 SALV 可正常运行。SALV 与现有方法相比为开发提供了便利，集合了详细功能以接口方式提供。但是 SALV 的唯一缺点就是不支持编辑模式。

利用 ALV，只要运用数据结构和内表就可以在短时间内开发报表。Function ALV 在第 16 章进行介绍。ALV GRID 是以类开发的技术，因此需要掌握“第 14 章 ABAP 对象”的知识。

[图 15-1]是用 ALV 查询列表的画面。ALV GRID 使用 SAP 公司开发的控件技术。与其他很多容器相同，ALV GRID 容器提供可以通过全局类影响属性的方法，通过这些方法可以为程序包 ALV 基本功能基础上适用追加项。另外，ALV GRID 容器定义 SAP Context 菜单就可以使用标准程序的综合功能。

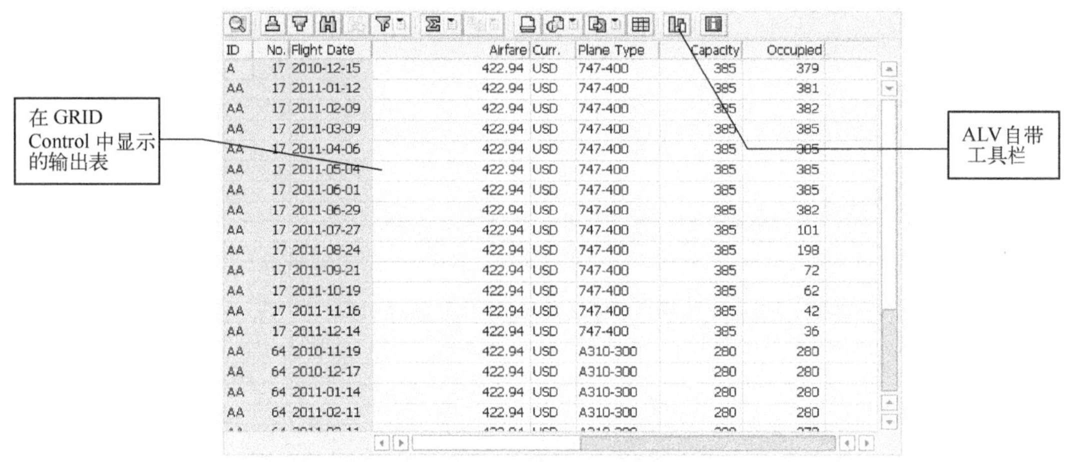

ID	No.	Flight Date	Airfare	Curr.	Plane Type	Capacity	Occupied
A	17	2010-12-15	422.94	USD	747-400	385	379
AA	17	2011-01-12	422.94	USD	747-400	385	381
AA	17	2011-02-09	422.94	USD	747-400	385	382
AA	17	2011-03-09	422.94	USD	747-400	385	385
AA	17	2011-04-06	422.94	USD	747-400	385	385
AA	17	2011-05-04	422.94	USD	747-400	385	385
AA	17	2011-06-01	422.94	USD	747-400	385	385
AA	17	2011-06-29	422.94	USD	747-400	385	382
AA	17	2011-07-27	422.94	USD	747-400	385	101
AA	17	2011-08-24	422.94	USD	747-400	385	198
AA	17	2011-09-21	422.94	USD	747-400	385	72
AA	17	2011-10-19	422.94	USD	747-400	385	62
AA	17	2011-11-16	422.94	USD	747-400	385	42
AA	17	2011-12-14	422.94	USD	747-400	385	36
AA	64	2010-11-19	422.94	USD	A310-300	280	280
AA	64	2010-12-17	422.94	USD	A310-300	280	280
AA	64	2011-01-14	422.94	USD	A310-300	280	280
AA	64	2011-02-11	422.94	USD	A310-300	280	280

图 15-1　ALV（ABAP 列表视图）

15.1.3　ALV GRID 容器接口

ALV 程序中使用的接口由参照 CL_GUI_ALV_GRID 类的变量定义。用下列语句定义对象引用变量。

```
DATA : name TYPE RET TO cl_gui_alv_grid.
```

上面语句的 name 变量是参照 CL_GUI_ALIV_GRID 的对象引用变量（Object Reference Variable）。

另外，用 CREATE OBEJCT 语句调用类的构造函数并生成 ALV GRID 接口。

```
CREATE OBJECT name.
```

ALV GRID 容器中拥有画面显示的所有信息，调用类方法可以重新定义或修改 ALV 画面属性。

[图 15-2]说明了 ALV 的继承树。在类生成器 T-CODE:SE24 中查询 CL_GUI_ALV_GRID 可以发现 Super class 字段上面存在超级类。从[图 15-3]中可以看出 CL_GUI_ALV_GRID 的超

级类是 CL_GUI_ALV_OBJECT。

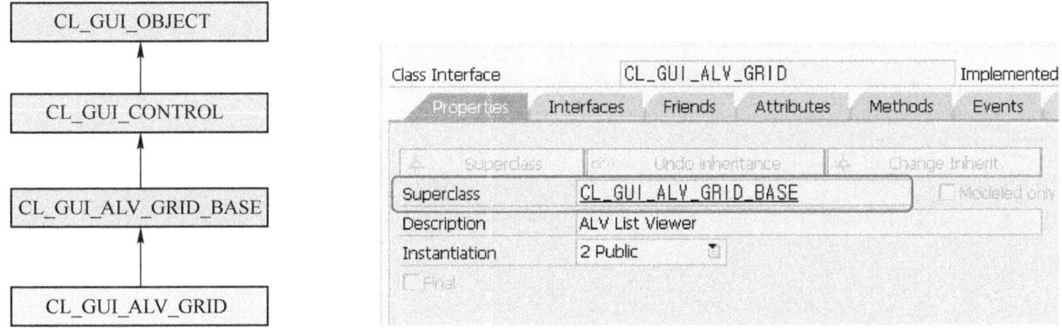

图 15-2　ALV 的继承树　　　　图 15-3　查询 ALV 的类

15.1.4　ALV GRID 容器的结构

[图 15-4]说明了 ALV GRID 显示在画面的顺序。

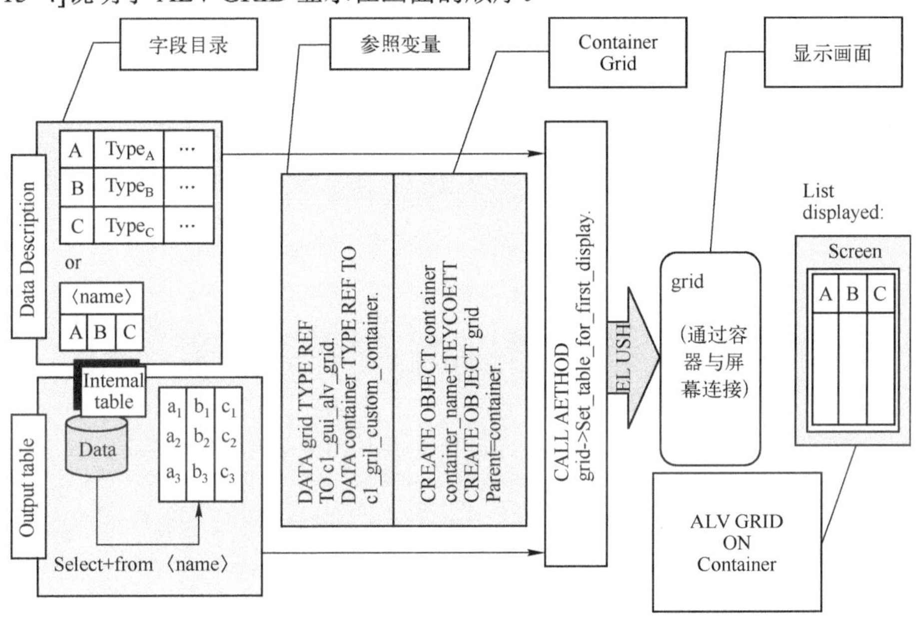

图 15-4　ALV 的执行顺序

要利用 ALV 显示数据，至少要经过下列两个步骤。

① 定义内表：定义显示在画面上的内表。在 ALV 上存储数据信息的内表叫输出表（Output Table）。

② 数据结构（字段目录）：定义 ALV GRID 容器显示在画面上的结构。即拥有如 ALV GRID 容器中定义的数据结构、技术属性、描述等信息。一般利用 ABAP 数据字典的表、结构体或直接使用内表结构。

只要启动 ALV GRID，则传递给 ALV GRID 容器中的输出表一直有效。输出表可以利用 ABAP 数据字典对象，但也可以只用字段目录创建 ALV 结构。字段目录（Field Catalog）是存储要显示在 ALV 画面上的字段信息的表。例如，定义 ALV 字段的类型、属性、长度等。

字段目录是 LVC_T_FCAT 类型的表。[图 15-5]显示生成 ALV 画面之前的内部构成顺序。

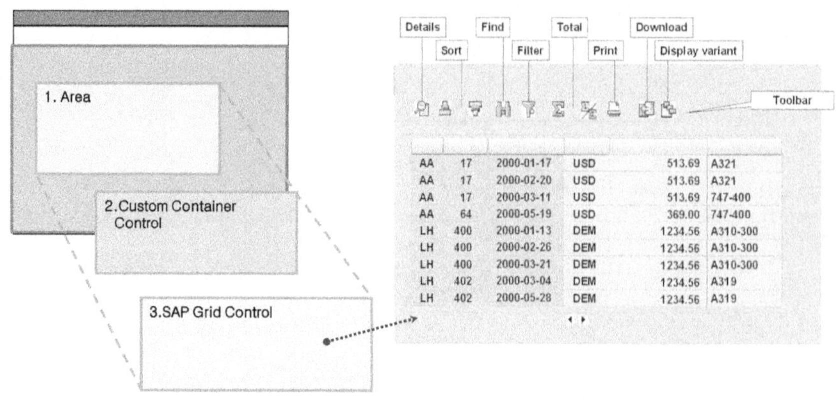

图 15-5　ALV 的内部结构

为了显示 ALV 实例到画面，首先要定义 ALV 领域，可以利用屏幕编辑器的自定义控件设置。另外，显示 ALV 必须要有连接屏幕领域与 ALV 的 SAP 容器控件。ALV 是与画面的 SAP 控件相连后显示在画面上的。控件从“Containe”单词可以看出是代表给画面“装什么”的意思。即容器是在画面上显示类似于 Textedit、Picture 等控件对象时使用的上级控件。在第二节中会详细介绍 SAP 容器。

15.2　SAP 容器

15.2.1　创建 SAP 容器及容器对象

若要显示 ALV 画面，必须要有连接屏幕与 ALV GRID 控件的 SAP 容器控件。即 SAP 容器为了充当连接器，将 SAP 控件包含在容器中。SAP 容器类型有 SAP Tree、SAP Picture、SAP Textedit、SAP Splitter 控件等。SAP 容器是包含其他控件的控件，也称为父控件（Parent Control）。

[图 15-6]中的容器控件为基础创建 ALV 程序。能显示这些 SAP 控件的 SAP 容器种类如[表 15-1]所示，共有 5 种。

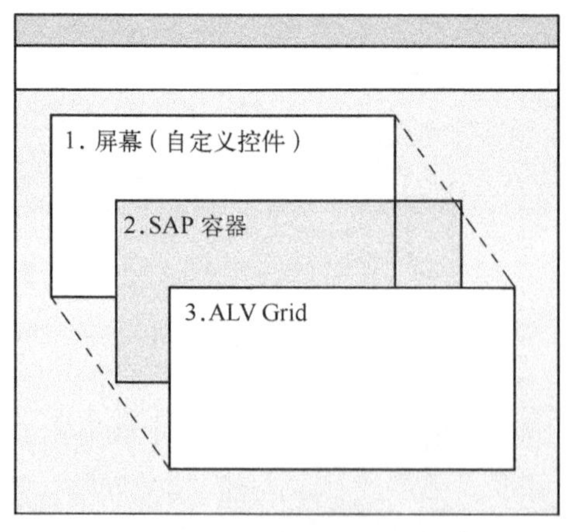

图 15-6　SAP 容器的位置

表 15-1　SAP 容器的类型

容 器 类 型	功　　能
SAP 自定义控件	在使用屏幕编辑器的一般画面上定义领域 类: CL_GUI_CUSTOM_CONTAINER
SAP 对话框控件	对话框或者在全画面上以对话框形式显示 类: CL_GUI_DIALOGBOX_CONTAINER
SAP Docking 控件	在画面领域的各边角可以调节其大小。是在 ALV 程序中经常与自定义控件一起使用的形态 类: CL_GUI_DOCKING_CONTAINER
SAP 拆分控件	拆分容器时使用 类: CL_GUI_SPLITTER_CONTAINER
SAP 细拆分控件	和 Splitter 控件功能相同，可以再拆分已被拆分的容器 类: CL_GUI_EASY_SPLITTER_CONTAINER

本章重点学习这 5 种类型中的 SAP 自定义控件。另外，在实际业务中也经常使用 SAP Docking 容器，因此先简单了解基本结构后做实际练习。此外，容器的基本原理都相似，因此只要掌握其使用方法就不难理解。

为了展现 ALV 画面，在屏幕上指定领域，然后在这个领域制作出要连接 ALV 的容器。首先，利用 T-CODE:SE38 创建 TYPE-1 类型的程序 Z15_01 后追加如[图 15-7]所示的屏幕 100。创建屏幕的方法请参照第 13 章。

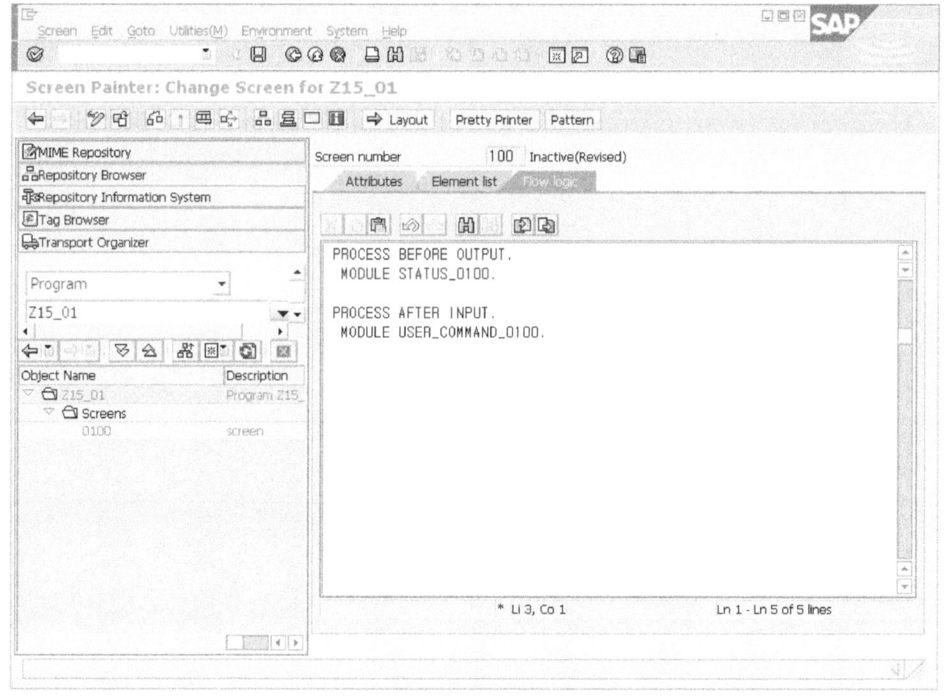

图 15-7　创建程序及屏幕

若已创建屏幕，则下面正式开始制作 SAP 容器。

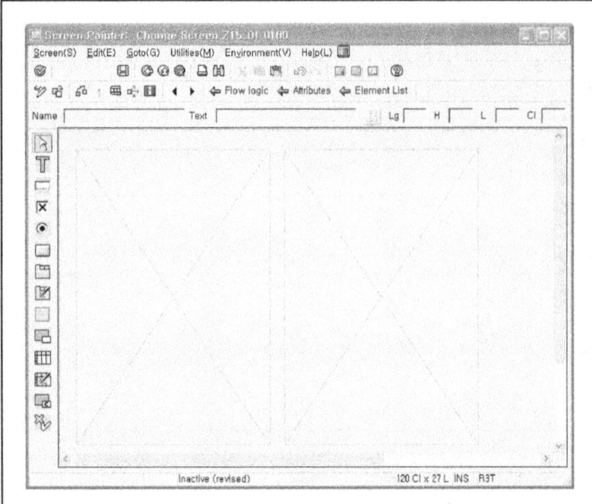

① 创建自定义控件。在屏幕编辑器上单击自定义控件按钮，就可以在画面上指定领域。用 Drag & drop 方式创建适当大小的两个画面领域。

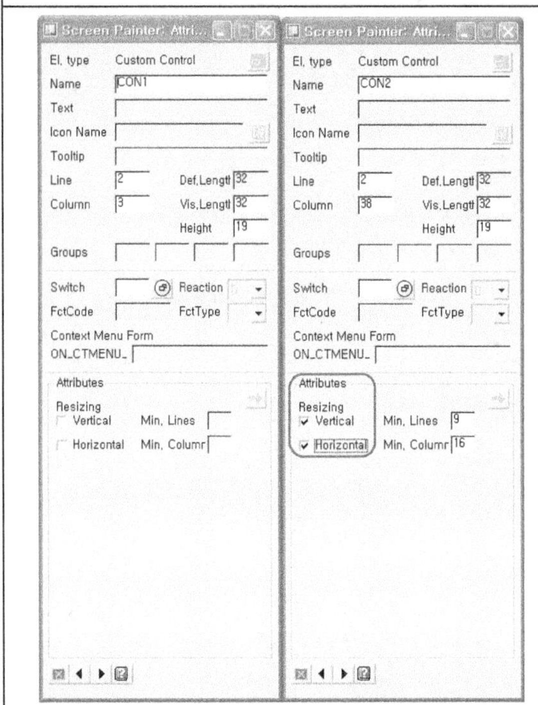

② 指定自定义控件的名字及属性。双击容器会弹出屏幕编辑器属性窗口。在 CON2 中选择 Resizing 属性后在结果画面确认其作用。Control 属性请参照[表 15-2]。

表 15-2　SAP 自定义控件属性

属　　性	功　　能
Resizing Vertical/horizontal	根据窗口大小按比例调节画面领域大小
Min. lines Min. columns	设置要显示在画面上的最小行和字段

15.2.2　创建引用变量

在报表程序中创建 CON1、CON2 对象引用变量。

参照类 CL_GUI_CUSTOM_CONTAINER 的对象引用变量追加到程序的定义全局变量的

部分。

[例 15-1]

```
REPORT   z15_01.

DATA  :  con1_ref   TYPE REF TO   cl_gui_custom_container,
         con2_ref   TYPE REF TO   cl_gui_custom_container.
```

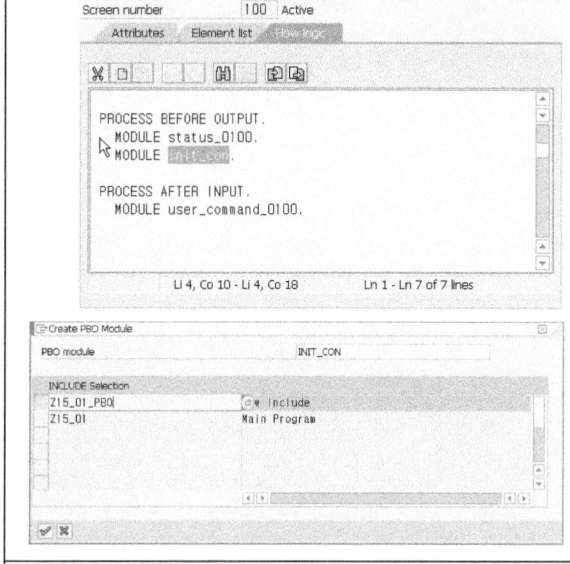

③ 创建 PBO。为了在 100 画面生成 SAP 自定义控件创建 PBO 模块。INCULDE 起名为'Z15_01_PBO'。另外， 复制第 13 章中创建的 GUI STATUS 和代码到 MODULE status_0100.中后删除没必要的按钮使用或者创建一个新状态。

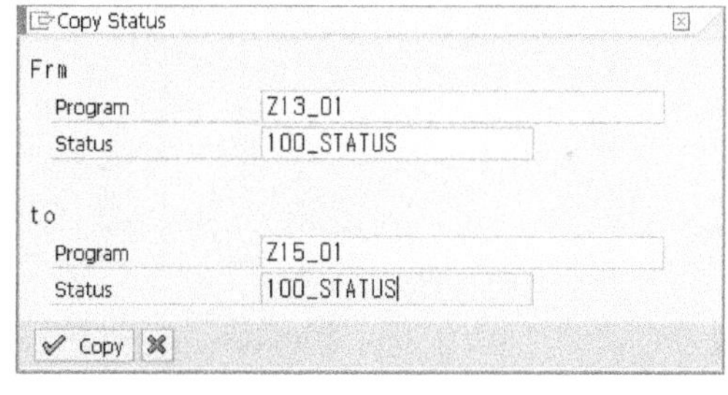

Include Z15_01_PBO Active (Revised)

```
MODULE init_con OUTPUT.

  CREATE OBJECT con1_ref
    EXPORTING
      container_name = 'CON1'.

  CREATE OBJECT con2_ref
    EXPORTING
      container_name = 'CON2'.

ENDMODULE.                 " INIT_CON  OUTPUT
```

④ 创建容器对象。利用 CREATE OBJECT 语句创建容器对象并名字指定成 CON1。这是连接容器对象与屏幕自定义控件的操作。此时可以使用的参数属性如[表 15-3]所示。

表 15-3　SAP 自定义控件参数属性

容 器 属 性	功　能
parent	指定显示控件实例的上级控件
container_name	指定在屏幕编辑器中指定的自定义控件（即指定屏幕自定义控件名字）
style	指定控件的外部样式
dynnr	要追加到控件上的屏幕编号
repid	要追加到控件上的程序 ID
lifetime	设置控件的生命周期 （根据 LEAVE TRANSACTOIN, CALL TRANSACTION 等命令设置成非激活状态）
no_autodef_progid_dynnr	自动指定程序 ID 和屏幕编号（设置成 X 则是 OFF）

15.2.3 调用屏幕

在 100 画面创建了自定义控件，因此在程序内追加调用 100 画面的代码。Include 语句在第 4 阶段已经生成，因此自动被追加。

```
REPORT   z15_01.

DATA  :   con1_ref   TYPE REF TO   cl_gui_custom_container,
          con2_ref   TYPE REF TO   cl_gui_custom_container.

INCLUDE z15_01_pbo.

START-OF-SELECTION.
CALL SCREEN 100.
```

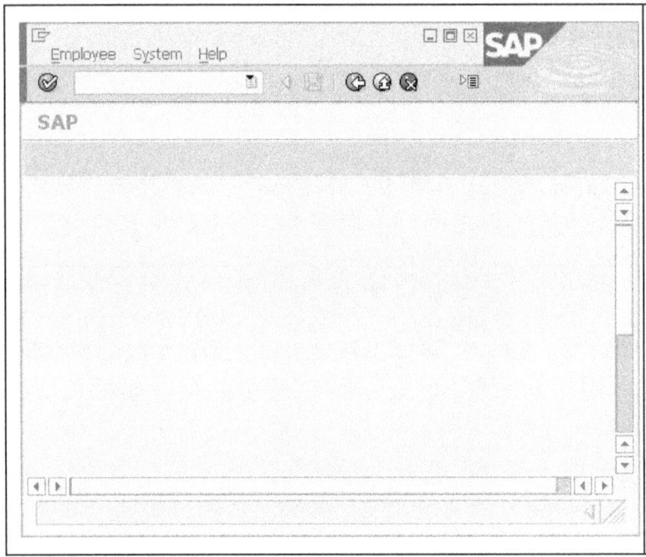

⑤ 执行程序。执行程序，则屏幕上不显示任何东西。这是因为到现在为止的操作只是创建了追加 ALV 画面所需的画面领域而已。

15.2.4 创建 ALV GRID 控件

为了观察画面的构成，简单创建一下 ALV GRID。如下列所示语句，在主程序的数据定义部分追加 G_GRID1 和 G_GRID2。

```
REPORT   z15_01.

DATA :   con1_ref   TYPE REF TO cl_gui_custom_container,
         con2_ref   TYPE REF TO cl_gui_custom_container.

DATA :   g_grid1     TYPE REF TO cl_gui_alv_grid,
         g_grid2     TYPE REF TO cl_gui_alv_grid.
```

15.2.5 创建 ALV 对象

在第 4 阶段的 INIT_CON 中追加下列代码。

```
CREATE OBJECT g_grid1
```

```
EXPORTING
        i_parent = con1_ref.

CREATE OBJECT g_grid2
   EXPORTING
      i_parent = con2_ref.
```

15.2.6 重新执行程序

下面所示画面是将 ALV GRID 放在容器中以后重新执行程序的结果画面。确认一下在第2阶段设置的Resizing属性。调解窗口大小可以知道容器2的宽度比容器1小外没有别的差异。

概括一下在 15.2 节创建 ALV GRID 容器的过程如下所示。

1）在屏幕中创建自定义控件（con1）。 2）创建 SAP 容器引用变量（con1_ref）。 3）连接 SAP 容器对象和屏幕的自定义控件。 4）创建 ALV GRID 参照变量放在 SAP 容器上。

执行完此过程就可以得到 ruxiasuoshide huamian。现在看到的只是单纯的 ALV GRID 容器，若要将 ALV 制作成 Excel 程序一样的形式，需构成字段并追加数据，这些在下节中介绍。

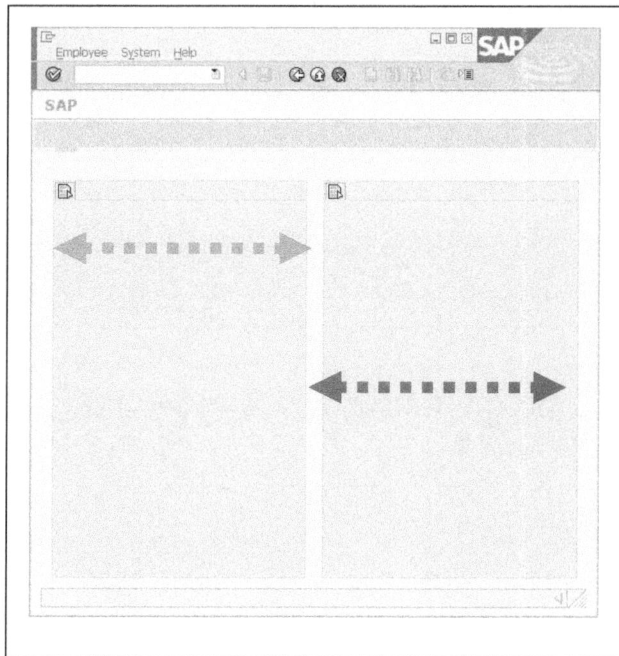

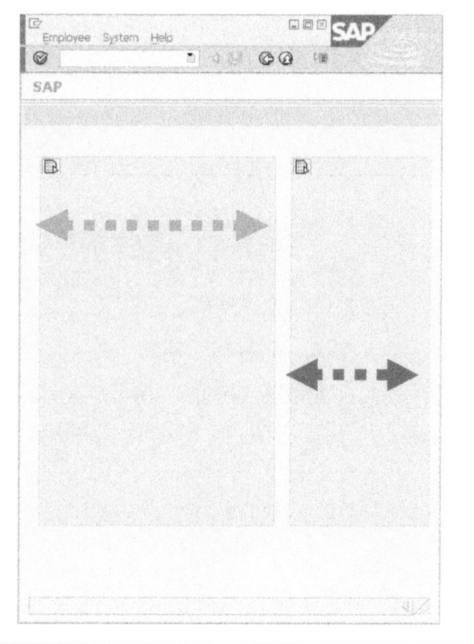

15.3 创建 ALV

在 15.2 中做了在画面创建容器后追加 ALV GRID 的例题。此时画面显示的只是用于显示ALV 结构和数据的空间，因此本节介绍创建 ALV 后显示数据到画面上的操作过程。

第一，创建要追加的 ALV GRID 控件的实例。

第二，创建 ALV 字段后查询要显示到画面上的数据。

第三，调用 set_table_for_first_display 方法将数据显示在画面上。

15.3.1 创建 ALV GRID 容器

1. 创建参照变量

首先创建 TYPE-1 类型的程序 Z15_02。另外，创建屏幕 100，使用第二节所述的方法利用屏幕编辑器追加自定义控件 CON1。然后追加创建参照 ALV GRID 容器的引用变量，与此同时创建要显示在屏幕上的内表 gt_sflight。

[例 15-2]

```
REPORT   z15_02.

DATA : con1_ref       TYPE REF TO       cl_gui_custom_container.
DATA : g_grid         TYPE REF TO       cl_gui_alv_grid.
DATA : gt_sflight   TYPE TABLE OF    sflight.
```

2. 创建 SAP 容器

在屏幕 100 创建适当大小的自定义控件。另外，在 PBO 模块 init_con 中追加下列代码后创建 SAP 容器。CREATE OBEJCT 语句会调用类 CL_GUI_CUSTOM_CONTAINER 的构造函数（Constructor）,创建 SAP 容器的实例。此时，参数指定屏幕上创建的自定义控件。

IF ~ is initial. 语句的内容意味着已经创建容器对象不重复创建。例如，ALV GRID 已经显示在画面上，当用户单击 REFRESH 按钮要重新刷新画面时没有必要重新创建实例。

```
MODULE init_con OUTPUT.

IF con1_ref IS INITIAL.
      CREATE OBJECT con1_ref
EXPORTING
container_name = 'CON1'.
```

3. 创建 ALV GRID 控件

利用 CREATE OBJEC 语句创建参照 CL_GUI_ALV_GRID 的 ALV GRID 控件实例。参数 i_parent 为了显示 ALV 指定连接屏幕时使用的 SAP 容器。

```
CREATE OBJECT g_grid
          EXPORTING
               i_parent = con1_ref.
ENDIF.
ENDMODULE.
```

4. 查询数据

在主程序中追加 TYPE-1 程序的执行事件 START-OF-SELECTION 来查询数据。然后调用存在自定义控件的屏幕 100。

```
SELECT * FROM sflight
         INTO TABLE gt_sflight    UP TO 25 ROWS.
CALL SCREEN 100.
```

5. 调用 ALV 显示方法

只要调用显示 ALV 的 G_GRID 方法就可以很简单地结束 ALV 画面。此时，参数利用 SFLIGHT 结构体要显示在画面上的数据使用内表 gt_sflight。在第 3 阶段 MODULE init_con 最后行追加下列代码。

```
CALL METHOD g_grid->set_table_for_first_display
    EXPORTING
        I_STRUCTURE_NAME = 'SFLIGHT'
    CHANGING
        IT_OUTTAB = gt_sflight.
```

6. 执行程序

执行程序会自动显示如下图所示的结果画面。是否觉得过于简单？如果是简单的报表功能，只用这些代码就可以构成不错的画面。

但是实际上客户不会提出这种简单的报表程序。有可能还会需要修改显示在 ALV 上的数据结构、根据条件修改 ALV 列的颜色或者双击列时需要连接其他事物码等操作。直接开发的 CBO 程序要满足客户追加的要求事项没有太大的问题。但是会有疑问，即是否也能修改 SAP 标准程序。标准程序也提供可以根据客户情况扩展功能时使用的 SAP enhancement。扩展功能时使用的技术有 Customer Exit（Screen Exit、Function Exit、Field Exit）、BADI、BTE 等。另外，不能用 SAP enhancement 解决及后追加的功能和致命的错误可以通过 SAP NOTES 解决。这些内容超出此书范围，因此不会详细说明。

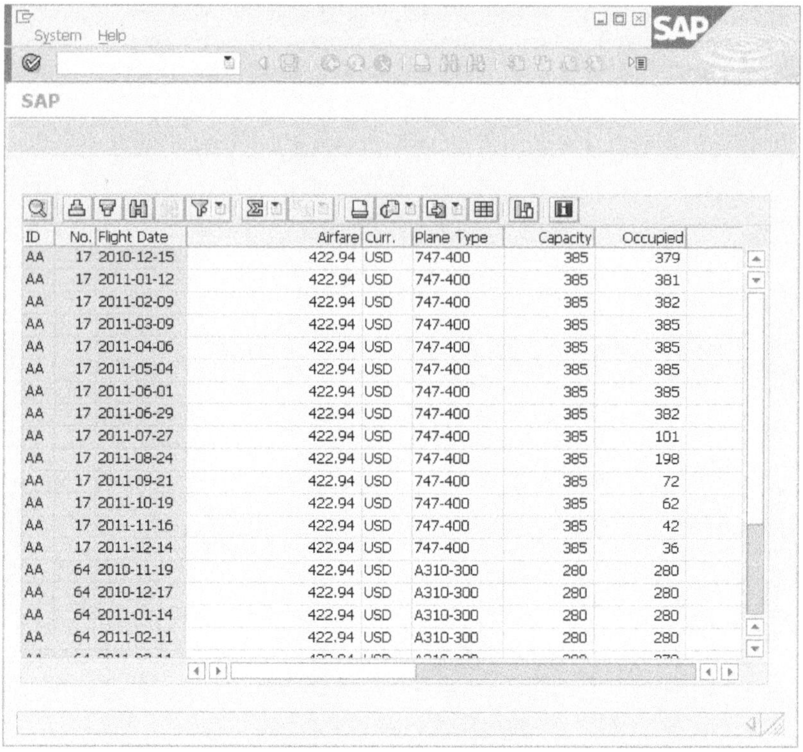

System Help

SAP

ID	No.	Flight Date	Airfare	Curr.	Plane Type	Capacity	Occupied
AA	17	2010-12-15	422.94	USD	747-400	385	379
AA	17	2011-01-12	422.94	USD	747-400	385	381
AA	17	2011-02-09	422.94	USD	747-400	385	382
AA	17	2011-03-09	422.94	USD	747-400	385	385
AA	17	2011-04-06	422.94	USD	747-400	385	385
AA	17	2011-05-04	422.94	USD	747-400	385	385
AA	17	2011-06-01	422.94	USD	747-400	385	385
AA	17	2011-06-29	422.94	USD	747-400	385	382
AA	17	2011-07-27	422.94	USD	747-400	385	101
AA	17	2011-08-24	422.94	USD	747-400	385	198
AA	17	2011-09-21	422.94	USD	747-400	385	72
AA	17	2011-10-19	422.94	USD	747-400	385	62
AA	17	2011-11-16	422.94	USD	747-400	385	42
AA	17	2011-12-14	422.94	USD	747-400	385	36
AA	64	2010-11-19	422.94	USD	A310-300	280	280
AA	64	2010-12-17	422.94	USD	A310-300	280	280
AA	64	2011-01-14	422.94	USD	A310-300	280	280
AA	64	2011-02-11	422.94	USD	A310-300	280	280

15.3.2 利用 Docking 容器创建程序

自定义容器是在画面指定领域，与此相反 Docking 容器是创建实例时直接指定屏幕和大小。即就如Docking单词的本意一样，不用通过自定义容器直接指定ALV要使用的领域和屏幕编号。[图 15-8]为 Docking 容器的结构。

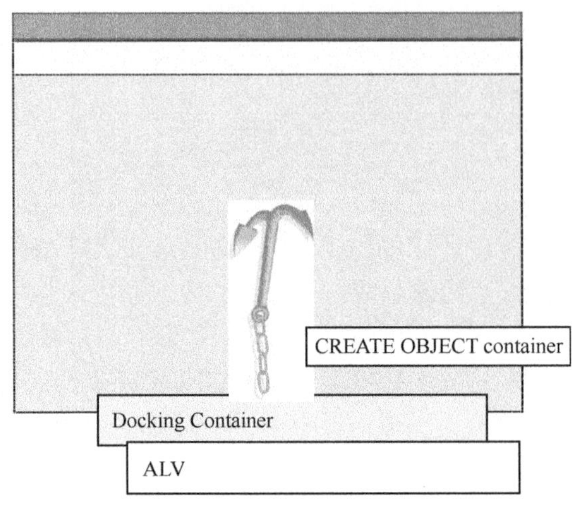

图 15-8　Docking 容器的结构

除了决定 SAP 容器的类不同和不指定屏幕领域这两点以外，其他使用方法和自定义控件相似。首先，定义参照 Docking 容器的类参照对象变量和 ALV 实例。

```
DATA : g_docking    TYPE REF TO cl_gui_docking_container,
       g_grid       TYPE REF TO cl_gui_alv_grid.
```

利用 CREATE OBJECT 语句调用类 cl_gui_docking_container 的构造函数创建 g_docking 实例。只要在第 13 章介绍的自定义控件中设置连接画面上生成的参数即可，但是创建 Docking 容器组件时参数还需要指定程序编号 sy-repid 和屏幕编号 sy-dynnr。

```
CREATE OBJECT g_docking
       EXPORTING
            REPID = sy-repid
            DYNNR = sy-dynnr
            EXTENSION = 800.
```

利用 CREATE OBJECT 语句创建参照 CL_GUI_ALV_GRID 的 ALV GRID 控件实例。然后创建 ALV GRID 控件实例的同时连接 Docking 容器。

```
CREATE OBJECT g_grid
       EXPORTING
            i_parent           = g_docking.
```

以上所述内容利用例题代码就很容易理解。先复制 Z15_02 程序到 Z15_03 后删除屏幕 100 的自定义控件画面，将其画面设置成如[图 15-9]所示。

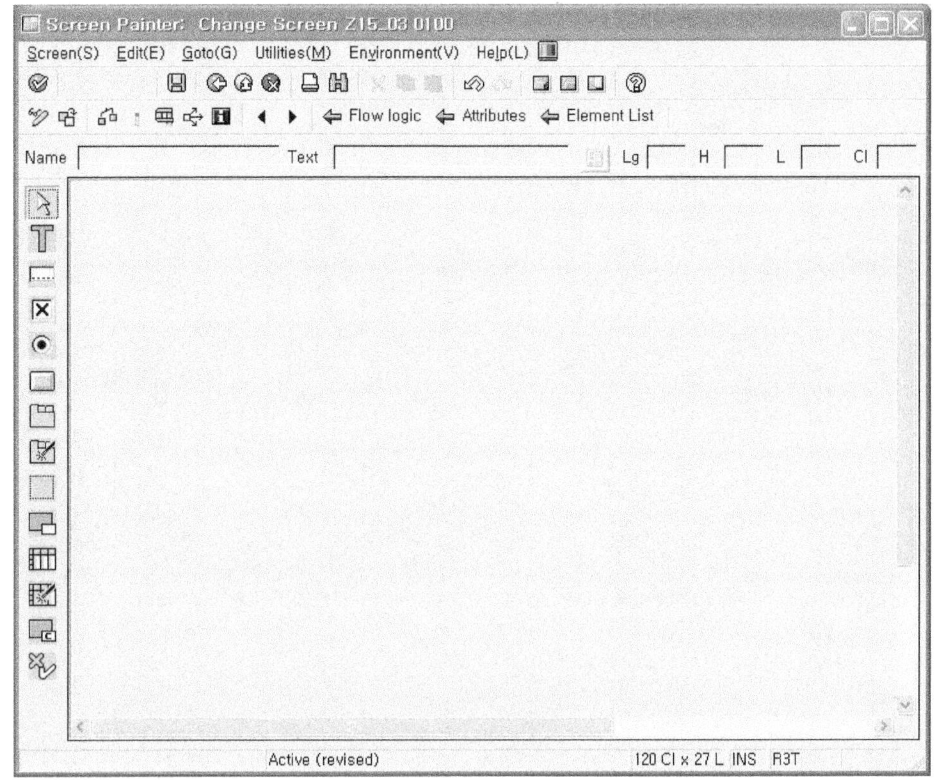

图 15-9　删除屏幕的自定义控件

然后修改[例 15-3]的代码后执行程序。

[例 15-3]

```
REPORT   z15_03.

DATA: g_docking         TYPE REF TO cl_gui_docking_container,
      g_grid            TYPE REF TO cl_gui_alv_grid.

DATA : gt_sflight    TYPE TABLE OF    sflight.

START-OF-SELECTION.

  SELECT * FROM sflight
         INTO TABLE gt_sflight    UP TO 25 ROWS.

  CALL SCREEN 100.

MODULE init_con OUTPUT.
  CHECK g_docking IS INITIAL.

    CREATE OBJECT g_docking
         EXPORTING
              repid = sy-repid
              dynnr = sy-dynnr
              extension = 2000.

    CREATE OBJECT g_grid
```

```
                    EXPORTING
                         i_parent = g_docking.

               CALL METHOD g_grid->set_table_for_first_display
                    EXPORTING
                         i_structure_name = 'SFLIGHT'
                    CHANGING
                         it_outtab = gt_sflight.

          ENDMODULE.                        " INIT_CON    OUTPUT
```

[结果 15-3]

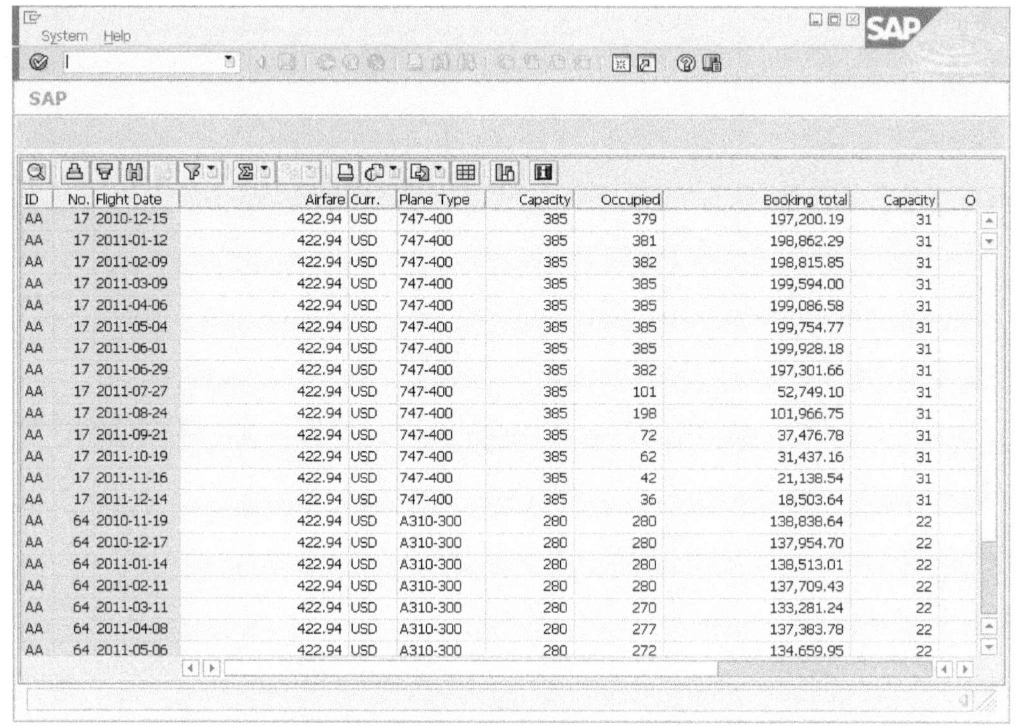

ID	No.	Flight Date	Airfare	Curr.	Plane Type	Capacity	Occupied	Booking total	Capacity	O
AA	17	2010-12-15	422.94	USD	747-400	385	379	197,200.19	31	
AA	17	2011-01-12	422.94	USD	747-400	385	381	198,862.29	31	
AA	17	2011-02-09	422.94	USD	747-400	385	382	198,815.85	31	
AA	17	2011-03-09	422.94	USD	747-400	385	385	199,594.00	31	
AA	17	2011-04-06	422.94	USD	747-400	385	385	199,086.58	31	
AA	17	2011-05-04	422.94	USD	747-400	385	385	199,754.77	31	
AA	17	2011-06-01	422.94	USD	747-400	385	385	199,928.18	31	
AA	17	2011-06-29	422.94	USD	747-400	385	382	197,301.66	31	
AA	17	2011-07-27	422.94	USD	747-400	385	101	52,749.10	31	
AA	17	2011-08-24	422.94	USD	747-400	385	198	101,966.75	31	
AA	17	2011-09-21	422.94	USD	747-400	385	72	37,476.78	31	
AA	17	2011-10-19	422.94	USD	747-400	385	62	31,437.16	31	
AA	17	2011-11-16	422.94	USD	747-400	385	42	21,138.54	31	
AA	17	2011-12-14	422.94	USD	747-400	385	36	18,503.64	31	
AA	64	2010-11-19	422.94	USD	A310-300	280	280	138,838.64	22	
AA	64	2010-12-17	422.94	USD	A310-300	280	280	137,954.70	22	
AA	64	2011-01-14	422.94	USD	A310-300	280	280	138,513.01	22	
AA	64	2011-02-11	422.94	USD	A310-300	280	280	137,709.43	22	
AA	64	2011-03-11	422.94	USD	A310-300	280	270	133,281.24	22	
AA	64	2011-04-08	422.94	USD	A310-300	280	277	137,383.78	22	
AA	64	2011-05-06	422.94	USD	A310-300	280	272	134,659.95	22	

从[结果 15-3]中可以确认，此方法与在画面上创建自定义控件后调用容器没有太大区别。即 Docking 容器最大特点是在代码中可以动态设置程序，屏幕，容器大小进行调用。下节开始具体介绍 ALV 中使用的相关方法、事件、属性（字段目录、布局）。

<Tip. 使用 PATTERN 功能>

在程序中要制作调用类方法的代码，需要正确了解方法名和参数名。但是大部分方法存在多个参数且其参数名也比较长，不易直接输入。因此需要养成利用 ABAP 编辑器的 PATTERN 功能自动生成代码的习惯。

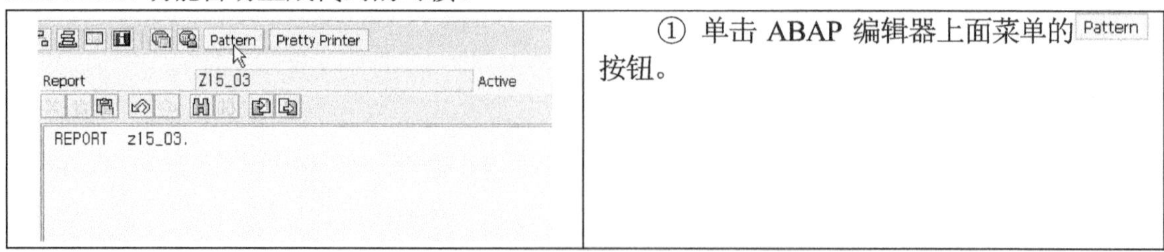

① 单击 ABAP 编辑器上面菜单的 Pattern 按钮。

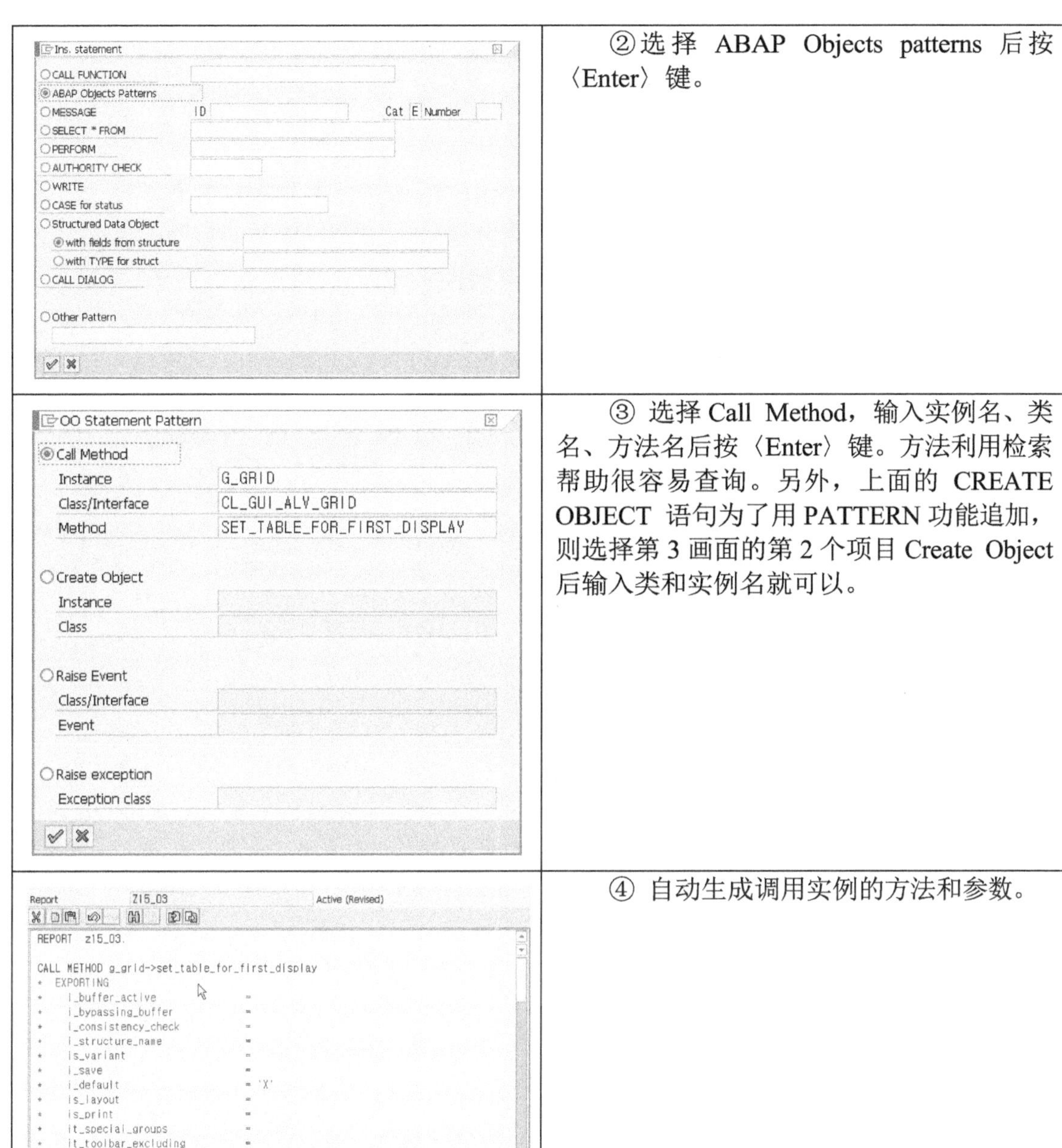

②选择 ABAP Objects patterns 后按〈Enter〉键。

③ 选择 Call Method，输入实例名、类名、方法名后按〈Enter〉键。方法利用检索帮助很容易查询。另外，上面的 CREATE OBJECT 语句为了用 PATTERN 功能追加，则选择第 3 画面的第 2 个项目 Create Object 后输入类和实例名就可以。

④ 自动生成调用实例的方法和参数。

15.4 ALV 方法

本章介绍 ALV 中经常用到的方法。前面已经介绍方法决定对象的行为即 ALV 方法管理 ALV 行为（ALV 查询、ALV 刷新、ALV 排序等）。

15.4.1 set_table_for_first_display 方法

set_table_for_first_display 是 ALV GRID 控件实例显示到输出表时最基本、最重要的方法。调用方法时需要参照 ABAP 数据字典的结构或者需要定义字段目录。前者指的是如前面实例中的 EXPORTING I_STRUCTURE_NAME = 'SFLIGHT'所示，参照 SFLIGHT 表一样的结构，后者指的是在代码中直接构成 ALV 字段。另外，调用 set_table_for_first_display 方法时在运行程序之前可以排序或者过滤字段，如下列语句所示。

```
CALL METHOD < ref.var. to CL_GUI_ALV_GRID>->set_table_for_first_display
    EXPORTING
        I_STRUCTURE_NAME          = < string of type DD02L-TABNAME>
        IS_VARIANT                = < structure of type DISVARIANT>
        I_SAVE                    = < var. of TYPE cHAR01>
        I_DEFAULT                 = < var. of TYPE cHAR01>
        IS_LAYOUT                 = < structure of type LVC_S_LAYO>
        IS_PRINT                  = < structure of type LVC_S_PRNT>
        IT_SPECIAL_GROUPS         = < internal table of type LVC_T_SGRP>
        IT_TOOLBAR_EXCLUDING      = < internal table of type UI_FUNCTIONS>
    CHANGING
        IT_OUTTAB                 = < internal table>
        IT_FIELDCATALOG           = < internal table of type LVC_T_FCAT>
        IT_SORT                   = < internal table of type LVC_T_SORT>
        IT_FILTER                 = < internal table of type LVC_T_FILT>
```

下面仔细观察一下 set_table_for_first_display 方法中要使用的参数和属性。

1. I_STRUCTURE_NAME 参数

为了制作输出表的形式输入类似于 SFLIGHT 的一样的 ABAP 数据字典结构体名字。只要设置这个参数会自动生成符合此结构体的字段目录。即在程序内部没有必要重新构成字段目录。

```
DATA: g_g_grid TYPE REF TO cl_gui_alv_grid.
      gt_sflight TYPE TABLE OF sflight.

CALL METHOD g_grid-> set_table_for_first_display
     EXPORTING
          I_STRUCTURE_NAME = 'SFLIGHT'
     CHANGING
          IT_OUTTAB = GT_SFLIGHT.
```

2. IS_VARIANT 参数

可以设置 ALV 列表变式（Variant）。列表变式把修改的画面字段顺序、排列字段等操作保存成一个变式，以便以后查询时以同样式显示。首先需要在报表程序中追加用于选择布局的参数及功能。这部分会在后面讲述，先复制 Z15_02 程序到 Z15_04 后追加列表变式。只需追加 Z15_02 程序中加粗的代码。

[例 15-4]

```
REPORT   Z15_04   .

DATA : con1_ref      TYPE REF TO      cl_gui_custom_container.
DATA : g_grid        TYPE REF TO      cl_gui_alv_grid.
DATA : gs_variant    TYPE disvariant.
DATA : gt_sflight    TYPE TABLE OF    sflight.
```

```
START-OF-SELECTION.

SELECT * FROM sflight INTO TABLE gt_sflight
UP TO 25 ROWS.

CALL SCREEN 100.

gs_variant-report = sy-repid.
gs_variant-username = sy-uname.

gs_variant-report = sy-repid.
gs_variant-username = sy-uname.

CALL METHOD g_grid->set_table_for_first_display
EXPORTING
i_structure_name = 'SFLIGHT'
is_variant           = gs_variant
i_save = 'A'
CHANGING
it_outtab = gt_sflight.
```

在[图 15-10]中指定 ALV 布局属性，则左侧的图标会变成如右侧的图标一样，可以修改或保存布局样式。ALV 布局功能只需运行程序后尝试修改字段顺序、排序、过滤等操作就很容易理解。

ALV　Layout（X）	ALV　Layout（O）
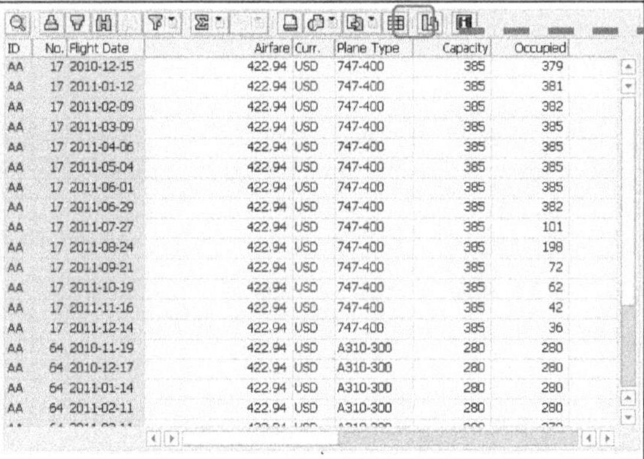	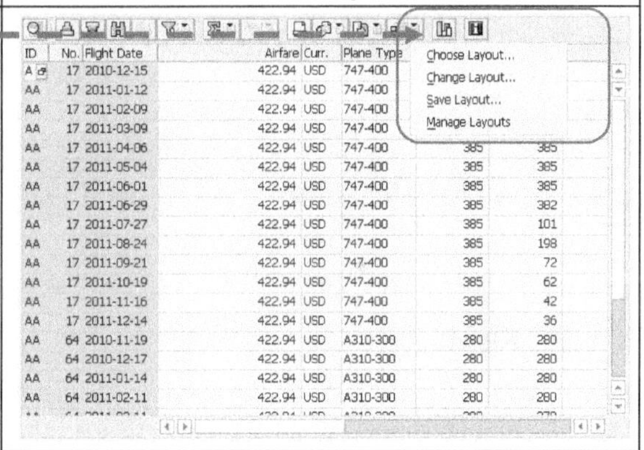

图 15-10　ALV 布局

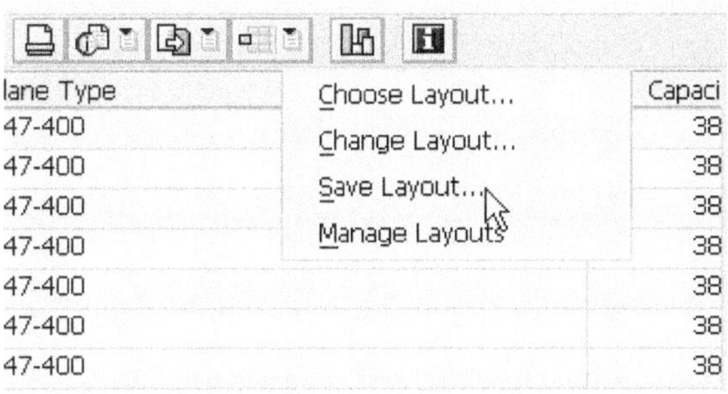	① 单击[图 15-10]的左侧 ALV 画面上的[Save Layout] 菜单。

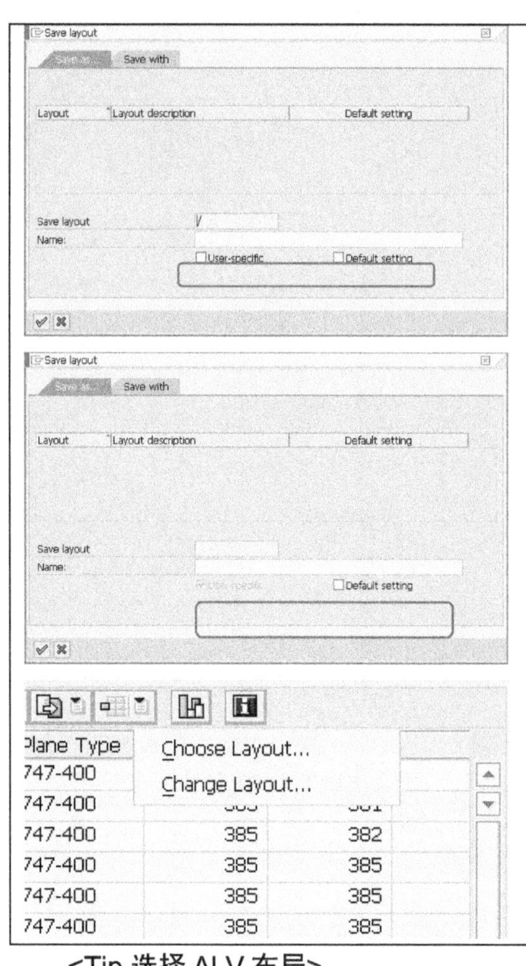	② [例 15-4]中的 i_save = 'A'选项，保存标准布局格式和特定用户布局格式。 * 当 i_save = 'U'的时候只能设置自己 ID 下的变式，即使选择默认设置也只会显示成自己布局的基本设置。 当 i_save = ' '的时候，虽然能修改布局但不能保存。

<Tip.选择 ALV 布局>

保存布局，然后在报表程序中要追加可以选择布局的功能。复制 Z15_04 程序创建新程序 Z15_05，生成参照布局的参数后在 AT SELECTION-SCREEN 事件中追加显示检索帮助的代码。

[例 15-5]

```
REPORT   Z15_05 .

DATA : con1_ref TYPE REF TO   cl_gui_custom_container.

DATA : g_grid              TYPE REF TO cl_gui_alv_grid,
       gs_variant          LIKE disvariant,
       gs_cs_variant       LIKE disvariant,
       gt_sflight          TYPE TABLE OF sflight.

PARAMETERS: p_vari LIKE disvariant-variant.

AT SELECTION-SCREEN ON VALUE-REQUEST FOR p_vari.
       gs_variant-report = sy-repid.
       CALL FUNCTION 'REUSE_ALV_VARIANT_F4'
              EXPORTING
                     is_variant = gs_variant
                     i_save = 'A'
              IMPORTING
                     es_variant = gs_variant
```

```
                EXCEPTIONS
                    not_found = 1
                    program_error = 2
                    OTHERS = 3.

    IF sy-subrc EQ 0.
        p_vari = gs_variant-variant.
    ENDIF.

    START-OF-SELECTION.
```

[结果 15-5]

[结果 15-5]是显示保存了以主键为基准总计金额的布局 TEST 画面。

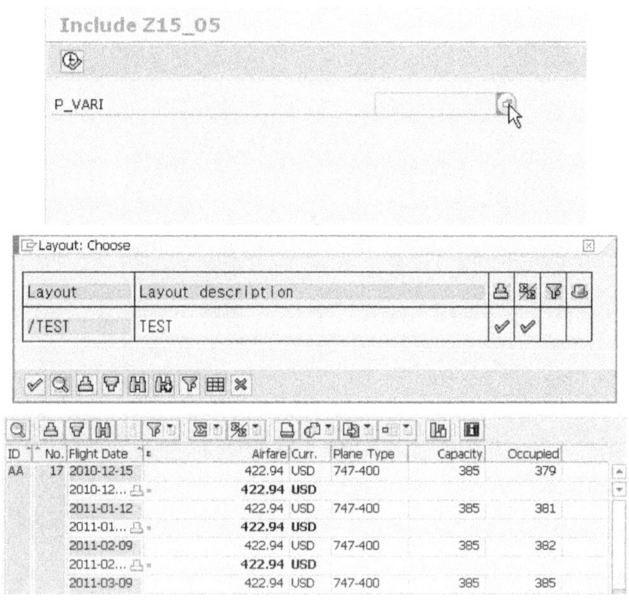

3. I_SAVE 参数

函数 set_table_for_first_display 的参数 I_SAVE 已经在前面讲述，因此下面简单整理一下其相关值。

表 15-4　I_SAVE 参数选项

值	功　能
X	只能设置全局布局
U	只限特定用户的布局
A	同时包含 X 和 A
SPACE	不保存布局

4. I_DEFAULT 参数

决定用户是否能保存默认变式。下面通过设置[表 15-2]和[例 15-4-3]I_DEFAULT 参数观察对设置布局有何影响。

表 15-5　I_DEFAULT 参数选项

值	功　能
X	可以设置默认变式
SPACE	不能设置默认变式

[例 15-6]

```
REPORT   Z15_06 .
~~~~  省  略 ~~~~~
CALL METHOD g_grid->set_table_for_first_display
           EXPORTING
                i_structure_name = 'SFLIGHT'
                i_save              = 'A'
                is_variant          = gs_variant
                i_default           = ' '
           CHANGING
                it_outtab           = gt_sflight.
```

[结果 15-6]

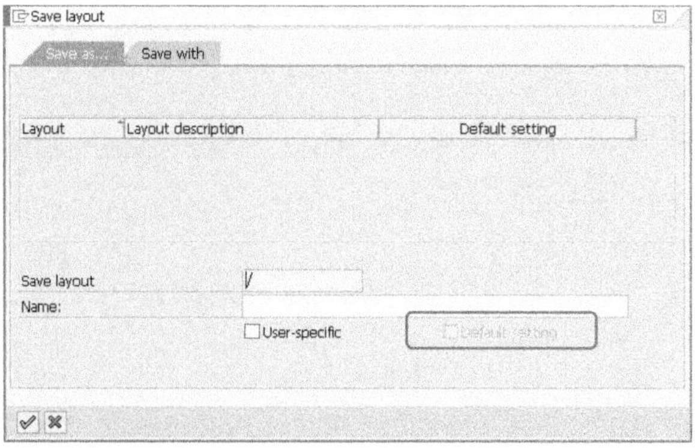

从[结果 15-6]可以确认，若初始化 I_DEFAULT 参数值，则布局设置功能被屏蔽。

5. IS_LAYOUT 参数

利用 IS_LAYOUT 参数可以定义 ALV GRID 控件的画面属性，如设置合计金额或者以条文形式显示等。布局是 LVC_S_LAYO 类型的结构体。此结构体可以在 T-CODE:SE11 中查询，如[图 15-11]所示。

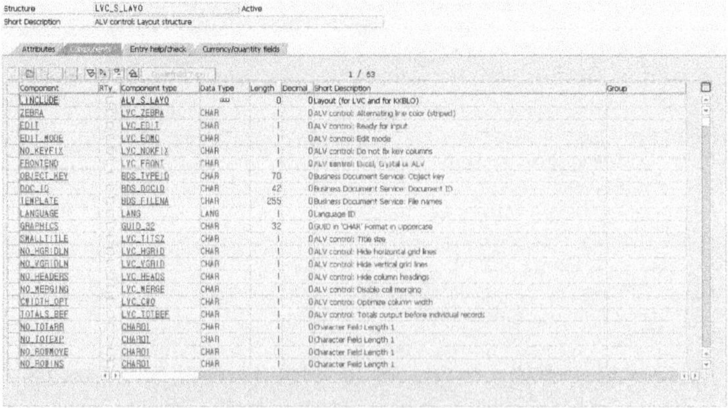

图 15-11　显示 LVC_S_LAYO 结构体

LVC_S_LAYO 的个别属性如[表 15-6]所示。

表 15-6 IS_LAYOUT 参数选项

字　段	描　述	目　的
CTAB_FNAME	指定字段列颜色	颜色
CWIDTH_OPT	自动调整列宽	GRID 属性
DETAILINIT	决定是否在详细画面显示初始值	Interaction
DETAILTITL	显示详细画面的标题栏	Interaction
EXCP_CONDS	显示例外处理字段 Sub Total	Exceptions
EXCP_FNAME	指定例外处理字段	Exceptions
EXCP_LED	例外处理字段不用信号灯显示，而是用 LED	Exceptions
EXCP_ROLLN	显示关于例外处理字段的帮助	Exceptions
GRID_TITLE	指定标题栏的描述	GRID 属性
INFO_FNAME	指定行颜色	颜色
KEYHOT	指定以 HOTSPOT 显示的主键	Interaction
NO_HEADERS	不显示字段标题	GRID 属性
NO_HGRIDLN	不显示 GIRD 的水平线	GRID 属性
NO_MERGING	排序字段时防止合并相同值的列	GRID 属性
NO_ROWMARK	删除 GRID 的行选择按钮 SEL_MODE = 'D' 时删除行选择按钮 SEL_MODE = 'A'时删除字段/行按钮	GRID 属性
NO_TOOLBAR	不显示工具栏	GRID 属性
NO_TOTLINE	不显示所有行	Total 选项
NO_VGRIDLN	不显示 Grid 的垂直线	GRID 属性
NUMC_TOTAL	显示 NUMC 字段的合计金额	Totals 选项
S_DRAGDROP	设置 Drag & Drop 控件 （ 复制，移动行的功能）	Interaction
SEL_MODE	设置选择模式 （A, B, C, D, SPACE ）	GRID 属性
SGL_CLK_HD	单击字段标题时进行排序	Interaction
SMALLTITLE	决定标题大小	GRID 属性
TOTALS_BEF	合计金额显示在最上行	Total 选项
ZEBRA	变换行颜色	颜色

设置几个布局属性后进行测试。其他的参数可以通过练习掌握功能。首先生成 LVC_S_LAYO 类型的变量。追加变更布局属性的子程序设置布局属性。另外在显示 ALV 画面的方法参数中追加 IS_布局就可以。比较一下[结果 15-7]的左、右图就可以确认 ALV 列表

中被修改的几个属性。

[例 15-7]

```
REPORT   Z15_07 .

DATA :   gs_layout        TYPE lvc_s_layo.
~~~~省略~~~~
PERFORM setting_layout CHANGING gs_layout.
~~~~省略~~~~
FORM setting_layout   CHANGING p_layout TYPE lvc_s_layo.

    p_layout-cwidth_opt = 'X'.                 "自动调节字段长度
    p_layout-grid_title = 'LAYOUT TEST'.   "标题栏
    p_layout-sel_mode = 'D'.                  "选择模式: 可选择多行
    p_layout-zebra          = 'X'.             "指定 Sripe 属性

ENDFORM.                              " setting_layout
~~~~省略~~~~
 CALL METHOD g_grid->set_table_for_first_display
    EXPORTING
        i_structure_name = 'SFLIGHT'
        i_save                  = 'A'
        is_variant            = gs_variant
        i_default             = ' '
        is_layout             = gs_layout
    CHANGING
        it_outtab             = gt_sflight.
```

[结果 15-7]

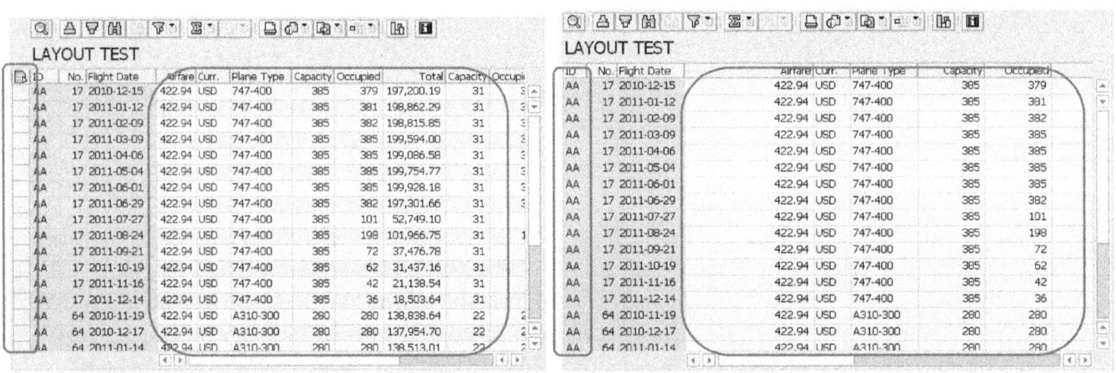

[结果 15-7]的左图是布局属性设置为如下所示时显示的画面，

```
cwidth_opt = 'X'  p_layout-sel_mode = 'D'.   p_layout-zebra          = 'X'
```

而右图是属性如下所示时显示的画面。

```
width_opt = '', p_layout-sel_mode = 'B', p_layout-zebra          = ''.
```

可以一边比较一边练习。

6. IT_OUTTAB 参数

IT_OUTTAB 参数是定义要显示数据的输出表的参数。换句话说是指定包含要显示数据的内表的参数。

7. IT_FIELDCATALOG 参数

决定要显示的数据类型及输出表结构。这个要说明的内容比较多，因此到后面再仔细介绍。

8. IT_TOOLBAR_EXCLUDING 参数

在 ALV GRID 控件中有需要隐藏的按钮时使用。例如，为技术类职员显示画面时有必要隐藏保存布局的按钮。此时可以根据用户显示或隐藏布局按钮。先定义 ui_functions 类型的内表，然后把此 Function 代码插入到此表中，则相应按钮就会隐藏。复制 Z15_07 程序创建新程序 Z15_08，然后追加[例 15-8]中加粗的代码，结果如[结果 15-8]所示。

[例 15-8]

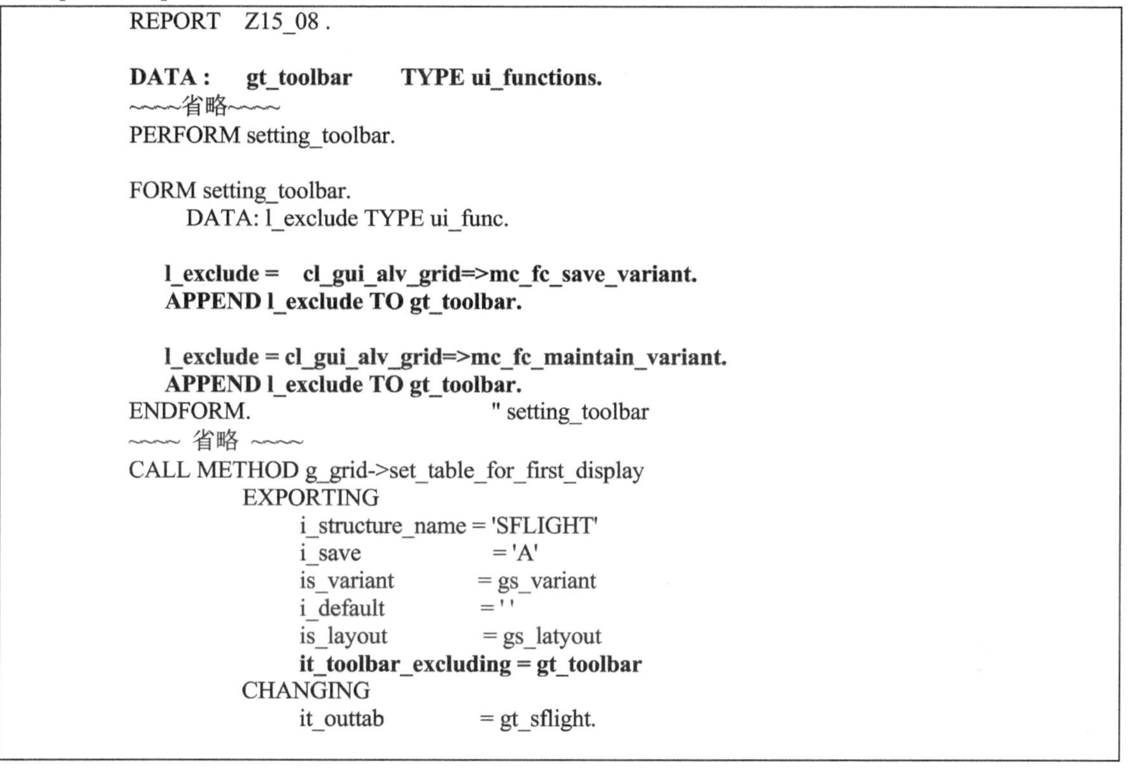

```
REPORT   Z15_08 .

DATA :    gt_toolbar       TYPE ui_functions.
~~~~省略~~~~
PERFORM setting_toolbar.

FORM setting_toolbar.
       DATA: l_exclude TYPE ui_func.

    l_exclude =    cl_gui_alv_grid=>mc_fc_save_variant.
    APPEND l_exclude TO gt_toolbar.

    l_exclude = cl_gui_alv_grid=>mc_fc_maintain_variant.
    APPEND l_exclude TO gt_toolbar.
ENDFORM.                                  " setting_toolbar
~~~~ 省略 ~~~~
CALL METHOD g_grid->set_table_for_first_display
              EXPORTING
                     i_structure_name = 'SFLIGHT'
                     i_save                 = 'A'
                     is_variant           = gs_variant
                     i_default             = ' '
                     is_layout             = gs_latyout
                     it_toolbar_excluding = gt_toolbar
              CHANGING
                     it_outtab             = gt_sflight.
```

[结果 15-8]

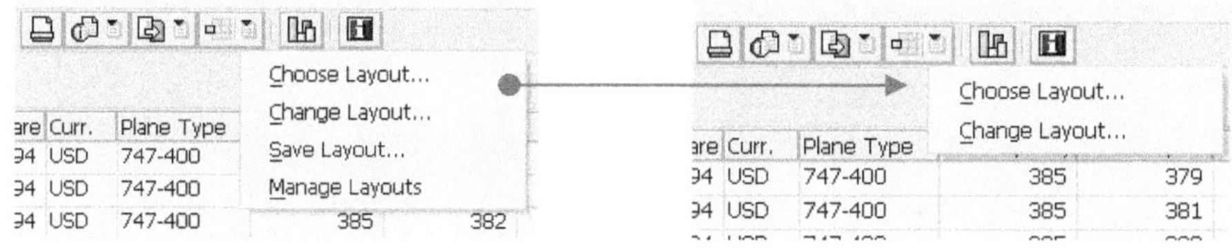

[结果 15-8]画面上消失了[Save Layout]，[Mange Layouts]这两个菜单。

[例 15-8]中使用的工具栏图标定义在 CL_GUI_ALV_GRID 的属性标签页上。在 T-CODE:SE24 中查询。[图 15-3]的 Associated Type 定义部分中定义为 UI_FUNC 的属性是工具栏中没有必要的属性，因此在代码上追加一下就可以。

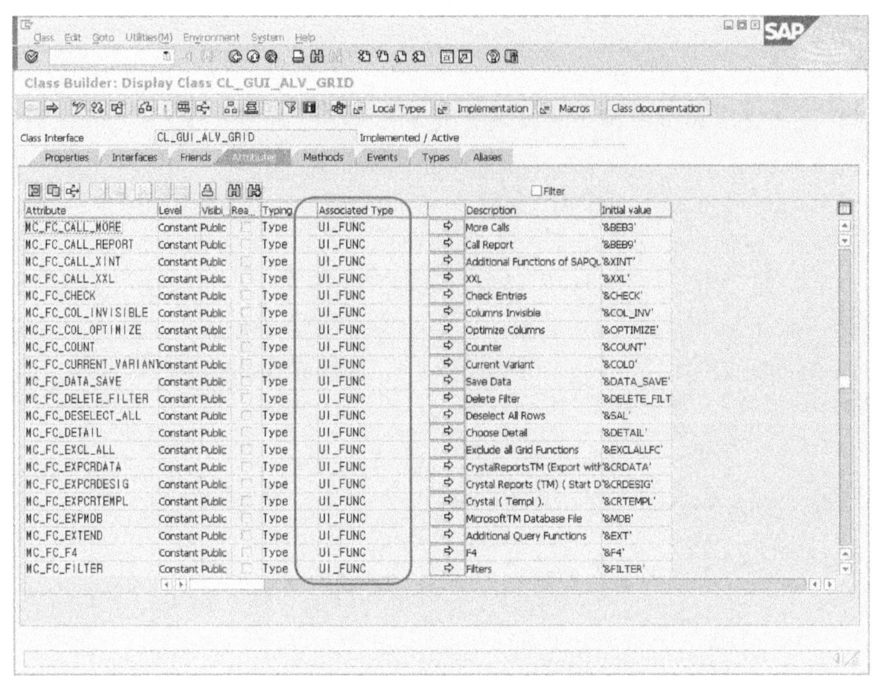

图 15-12　查询 ALV 工具栏按钮

9. IT_SORT 参数

设置 ALV 数据排列顺序的参数。定义参照 LVC_T_SORT 类型的内表后，加入要用于排序的字段到此表中即可。LVC_T_SORT 中 T 指的是表，LVC_S_SORT 中的 S 指的是结构体。排序表的选项中 Subtot 设置以排序字段为基准显示合计金额和全体合计金额。

[表 15-7]说明 IT_SORT 参数中使用的主要属性。

表 15-7　IT_SORT 的主要属性

属　性	值	说　明
SPOS	数字	指定排列顺序
FIELDNAME	字段名	指定需要排序的字段名
UP	", 'X'	升序排序
DOWN	", 'X'	降序排序

通过[例 15-9]，帮助理解。

[例 15-9]

```
REPORT   z15_09.

DATA :      gt_sort          TYPE lvc_t_sort.
~~~~省略~~~~
PERFORM setting_sort.
FORM setting_sort .
DATA : ls_sort TYPE lvc_s_sort.

ls_sort-spos = '1'.
```

```
ls_sort-FIELDNAME = 'CARRID'.
ls_sort-up = 'X'.
ls_sort-subtot = 'X'.
APPEND ls_sort TO gt_sort.
ENDFORM.
~~~~省略~~~~
CALL METHOD g_grid->set_table_for_first_display
EXPORTING
i_structure_name        = 'SFLIGHT'
i_save                  = 'A'
is_variant              = gs_variant
i_default               = ' '
is_layout               = gs_layout
it_toolbar_excluding = gt_toolbar
CHANGING
it_outtab               = gt_sflight
it_sort                 = gt_sort.
ENDFORM.
~~~~省略~~~~
```

[结果 15-9]

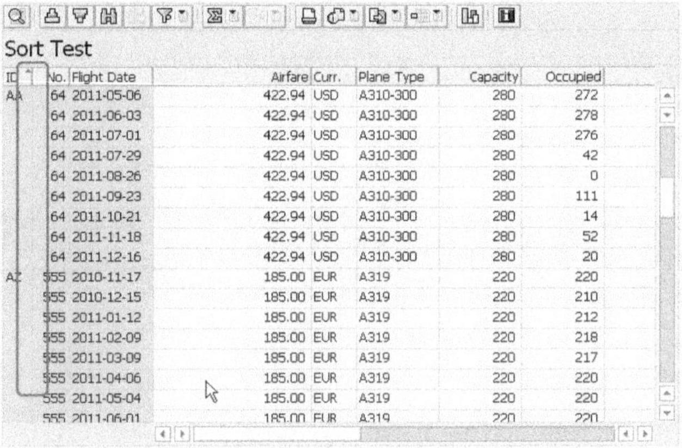

如[图 15-13]所示，ALV 的 SORT 属性可以通过 T-CODE:SE11 查询 LVC_S_SORT 结构体进行确认。

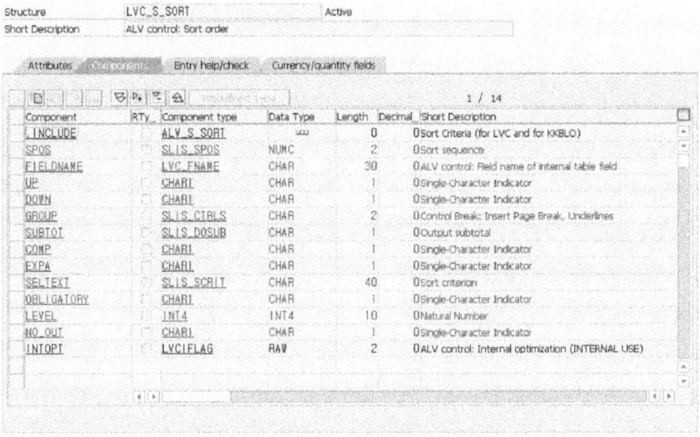

图 15-13　排序表的属性

15.4.2 ALV 其他方法

在 15.4.1 节中介绍了 ALV 中最重要的 set_table_for_first_display 方法的功能和参数。下面继续介绍 ALV 中最常用的一些方法。

1．get_current_cell 方法

get_current_cell 方法返回 ALV GRID 控件中鼠标所在位置的值和属性。若没有选择任何单元格，则行的 Row 值返回 0。ALV GRID 控件返回两个行和字段的索引号，一个是现在被选择的行和字段索引，另一个是输出表（内表）的行和字段索引号。这是因为当设置隐藏字段时实际画面上显示的顺序与内表的顺序不同。

```
CALL METHOD <ref.var. to CL_GUI_ALV_GRID>->get_current_cell
     IMPORTING
          E_ROW            = <var. of type I >
          E_VALUE          = <var. of TYPE c >
          E_COL            = <var. of type I >
          ES_ROW_ID        = <structure of type LVC_S_ROW >
          ES_COL_ID        = <structure of type LVC_S_COL >.
```

get_current_cell 方法中使用的参数属性如[表 15-8]所示。

表 15-8　get_current_cell 方法的参数

参　数	意　义
E_ROW	ALV GRID 控件的现指定行的索引
E_VALUE	ALV GRID 控件的现指定单元格值
E_COL	ALV GRID 控件的现指定字段名
ES_ROW_ID	输出表的现指定行类型与索引的相关信息结构
ES_COL_ID	输出表的现指定行字段与字段名相关信息结构

复制程序 Z15_09 新创建程序 Z15_10 后追加当用户为了结束画面而单击 BACK 按钮时取得所选单元格相关信息的代码。下面追加当单击按钮时取得所选单元格信息的代码。

[例 15-10]

```
REPORT Z15_10.

~~~~省略~~~~
MODULE user_command_0100 INPUT.
DATA:  l_row        TYPE i,
       l_value   TYPE c,
       l_col       TYPE i,
       ls_row     TYPE lvc_s_row,
       ls_col      TYPE lvc_s_col,
       ls_roid    TYPE lvc_s_roid.

CALL METHOD g_grid->get_current_cell
     IMPORTING
          e_row       = l_row
          e_value    = l_value
          e_col        = l_col
```

```
            es_row_id = ls_row
            es_col_id = ls_col
            es_row_no = ls_roid.
ENDMODULE.
```

[结果 15-10]

get_current_cell Method Test

ID	No.	Flight Date	Airfare	Curr.	Plane type	Capacity	Occupied	Total	Capacity	Occupied	Capacity	Occupied
AA	20	2006.03.19	150.00			0	18-		2	0	0	0
	20	2006.07.19	1,111.00			0	18-		2	0	0	0
	20	2006.07.23	513.69	USD	747-400	385	325	174,120.69	2	0	0	0
	20	2006.11.05	513.69	USD	747-400	385	317	169,862.28	2	0	0	0
	20	2007.01.28	513.69	USD	747-400	385	102	67,278.12	2	0	0	0
	20	2007.01.29				0	18-		2	0	0	0
	20	2007.04.01	513.69	USD	747-400	385	24	28,730.75	2	0	0	0
	20	2007.05.13	513.69	USD	747-400	385	9-	13,176.20	2	0	0	0
	20	2007.06.03	513.69	USD	747-400	385	29-	3,354.39	2	0	0	0
	21	2006.03.19	150.00			0	18-		2	0	0	0
	21	2006.07.19	1,111.00			0	18-		2	0	0	0
	21	2006.07.23	513.69	USD	747-400	385	325	174,120.69	2	0	0	0
	21	2006.11.05	513.69	USD	747-400	385	317	169,862.28	2	0	0	0
	21	2007.01.28	513.69	USD	747-400	385	102	67,278.12	2	0	0	0
	21	2007.01.29				0	18-		2	0	0	0
	21	2007.04.01	513.69	USD	747-400	385	24	28,730.75	2	0	0	0
	21	2007.05.13	513.69	USD	747-400	385	9-	13,176.20	2	0	0	0
	21	2007.06.03	513.69	USD	747-400	385	29-	3,354.39	2	0	0	0
	19	2007.01.29				0	18-		2	0	0	0
	19	2006.07.19	1,111.00			0	18-		2	0	0	0
	18	2006.03.19	150.00			0	18-		2	0	0	0
	18	2006.07.19	1,111.00			0	18-		2	0	0	0

鼠标放在 CURRENCY 字段的第 3 个单元格上单击 BACK 按钮。然后在调试画面上确认 get_current_cell 方法的参数返回的值，如[图 15-14]所示。

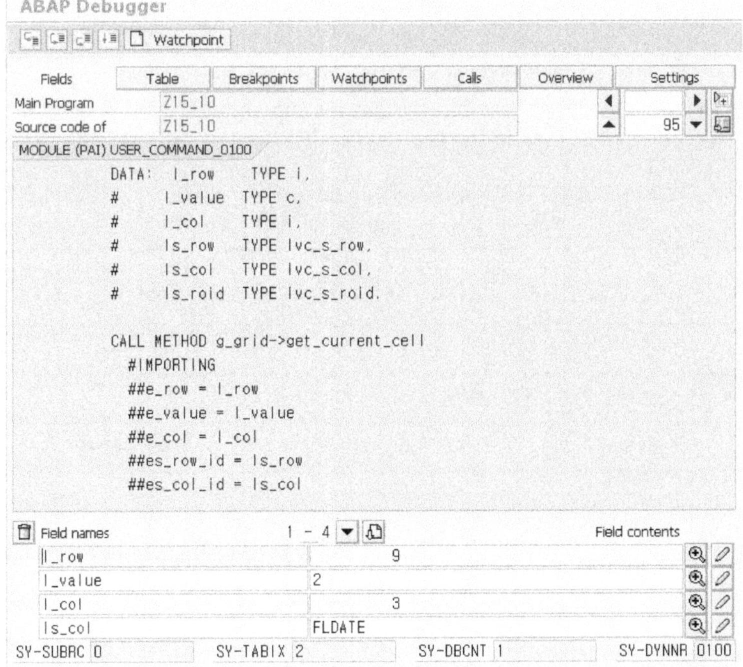

图 15-14　get_current_cell 方法的调试画面

2. get_frontend_layout 方法

取出现在设置的 ALV GRID 的布局信息。

```
CALL METHOD （ref.var. to CL_GUI_ALV_GRID）->get_frontend_layout
    IMPORTING
        ES_LAYOUT     = <structure of type LVC_S_LAYO > .
```

3. get_selected_cells 方法

用 LVC_T_CELL 类型的表返回现在所选的多个单元格信息。即取出现在所选单元格的字段名、索引等信息。

```
CALL METHOD （ref.var. to CL_GUI_ALV_GRID）->get_selected_cells
    IMPORTING
        ET_CELL   =    <internal table of type   LVC_T_CELL > .
```

4. get_selected_columns 方法

```
CALL METHOD （ref.var. to CL_GUI_ALV_GRID）->get_selected_columns
    IMPORTING
        ET_INDEX_COLUMNS   =    <internal table of type LVC_T_COL > .
```

5. get_selected_rows 方法

用 LVC_T_ROW 类型的表返回多个行信息

```
CALL METHOD {ref.var. to CL_GUI_ALV_GRID）->get_selected_rows
    IMPORTING
        ET_INDEX_ROWS   =    <internal table of type LVC_T_ROW >.
```

6. refresh_table_display 方法

重新查询已经显示在 ALV 的输出表时使用的方法。修改数据或重新执行 SELECT 语句时不会重复创建 ALV 对象而只是重新显示数据。

```
CALL METHOD （ref.var. to CL_GUI_ALV_GRID）->refresh_table_display
    EXPORTING
        IS_STABLE      = <structure of type LVC_S_STBL >
        I_SOFT_REFRESH      = <variable of TYPE cHAR01 >.
```

表 15-9 refresh_table_display 方法的参数

参　数	意　义
IS_STABLE	记住行和字段位置，当刷新后仍显示在以前位置上
I_SOFT_REFRESH	保持 Sort、Filter、Sum 等现 ALV GRID 的布局设置的同时执行刷新操作

[例 15-11]

```
REPORT   z15_11.

DATA :   ls_scroll TYPE lvc_s_stbl.
    ls_scroll-row = 'X'.
    ls_scroll-col = 'X'.
```

```
CALL METHOD g_grid->refresh_table_display
     EXPORTING
          i_soft_refresh = 'X'
          is_stable        = l_scroll.
```

7. set_frontend_layout 方法

修改 ALV GRID 布局。调用此方法后调用 REFRESH_TABLE_DISPLAY 方法，则修改的布局会起作用。

```
CALL METHOD <ref.var. to CL_GUI_ALV_GRID>->set_frontend_layout
     EXPORTING
          IS_LAYOUT    =    <structure of type LVC_S_LAYO > .
```

15.5 ALV 事件

在 ALV GRID 中可以追加 HOSTPOT、双击等事件。如第 17 章中介绍的事件一样，类之间要按以下步骤注册事件。

```
定义事件
定义事件 handler 方法
注册事件 handler 方法
```

为了有助于理解，先按顺序简单介绍后通过实例学习。

1. 定义事件

在类生成器 T-CODE:SE24 中查询 CL_GUI_ALV_GIRD 可以发现有 DOUBLE_CLICK 事件。

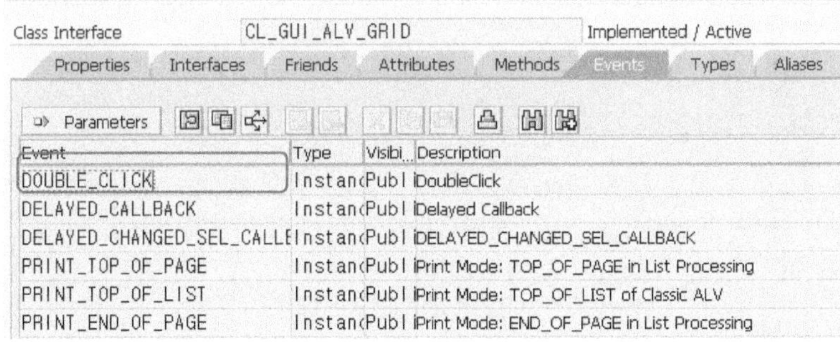

2. 定义事件 handler 方法

当程序中发生事件时，为了对应此事件，先定义类然后定义事件 handler 方法。

```
CLASS lcl_event_receiver defin DEFINITIOIN.
PUBLIC SECTION.
     METHODS:
     handle_double_click
          FOR EVENT double_click
          OF CL_GUI_ALV_GRID
               importing e_row e_column.

ENDCLASS.
```

3. 注册事件 handler 方法

为了执行事件，在 ALV GRID 中注册事件 handler 方法。

```
DATA :event_receiver TYPE REF TO lcl_event_receiver.

CREATE OBJECT event_receiver.

SET HANDLER    event_receiver->handle_double_click FOR g_grid.
```

4. 调用事件

双击 CL_GUI_ALV_GRID 的画面会执行 RAISE_EVENT 方法，此方法会触发 USER COMMAND 对应的事件。

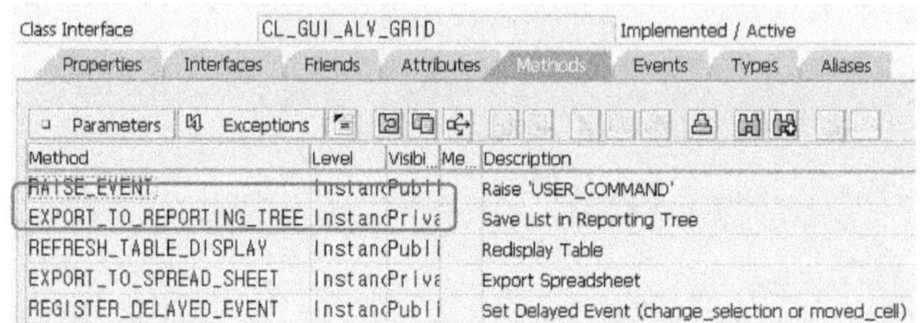

5. 执行事件 handler 方法

调用事件就会执行事件 handler 方法。在 CLASS lcl_event_receiver IMPLEMENT 中定义方法，则可以完成 ALV 中双击的代码。

```
METHOD raise_event .
    RAISE EVENT    after_user_command
        EXPORTING
            e_ucomm = i_ucomm
            e_not_processed = i_not_processed.
ENDMETHOD.
```

15.5.1　双击事件

下面练习在 ALV 画面上双击单元格时退出画面的事件实例。关于概念和步骤已经在前面介绍，因此很容易操作, DOUBLE_CLICK 事件中使用的参数请参照[表 15-9]。

表 15-9　DOUBLE_CLICK 事件的参数

参　数	意　义
E_ROW TYPE REF TO LVC_S_ROW	现在指定的行索引编号
E_COLUMN TYPE REF TO LVC_S_COL	现在选择的字段名字

[例 15-12]

```
REPORT   z15_12.

(1) CLASS lcl_event_receiver DEFINITION.
        PUBLIC SECTION.
```

```
                METHODS:
                handle_double_click
                    FOR EVENT DOUBLE_CLICK OF CL_GUI_ALV_GRID
                        IMPORTING e_row e_column.
        ENDCLASS.

        CLASS lcl_event_receiver IMPLEMENTATION.
            METHOD handle_double_click.
                LEAVE TO SCREEN 0.
            ENDMETHOD.
        ENDCLASS.

②           DATA :   event_receiver TYPE REF TO lcl_event_receiver.

③           CREATE OBJECT event_receiver.
            SET HANDLER event_receiver->handle_double_click FOR g_grid.
```

① 定义包含事件 handler 方法的类后实现。定义事件 handler 方法后进行描述。

② 定义参照类的对象引用变量。

③ 创建对象后注册事件 handler 方法。另外，执行程序后双击 ALV GRID 的任意单元格，则会执行 LEVAE TO SCREEN 0 语句并结束程序。

15.5.2 HOTSPOT_CLICK 事件

鼠标单击 Hotspot 类型的字段时触发的事件。相应字段要定义字段目录时需要定义成 HOTSPOT 属性。字段目录会在后面仔细介绍。HOTSPOT_CLICK 事件中使用的参数请参照[表 15-10]。

表 15-10 hotspot_click 事件的参数

参　数	意　义
E_ROW_ID TYPE REF TO LVC_S_ROW	现在选择的行索引编号
E_COLUMN_ID TYPE REF TO LVC_S_COL	现在选择的字段名

15.5.3 Toolbar 事件

程序员可以追加 ALV 提供的基本图标以外的功能。Toolbar 事件是用于单纯追加 ALV GRID 的图标，当单击图标时会执行 user_command 事件。TOOLBAR 事件中使用的参数请参照[表 15-11]。

表 15-11 工具栏事件的参数

参　数	意　义
E_OBJECT TYPE REF TO CL_ALV_EVENT_TOOLBAR_SET	保存 Toolbar 的功能的表类型对象
E_INTERACTIVE TYPE CHAR01	若设置了 Flag，当调用事件时会调用 set_toolbar_interactive 方法初始化工具栏

如[图 15-15]所示，通过[例 15-13]学习追加刷新图标的方法。

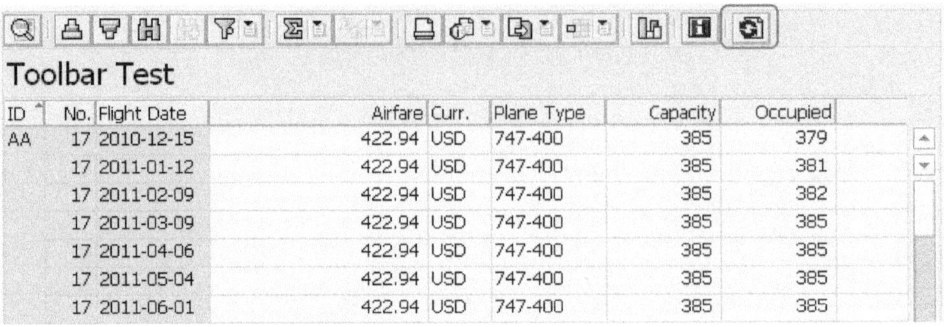

Toolbar Test

ID	No.	Flight Date	Airfare	Curr.	Plane Type	Capacity	Occupied
AA	17	2010-12-15	422.94	USD	747-400	385	379
	17	2011-01-12	422.94	USD	747-400	385	381
	17	2011-02-09	422.94	USD	747-400	385	382
	17	2011-03-09	422.94	USD	747-400	385	385
	17	2011-04-06	422.94	USD	747-400	385	385
	17	2011-05-04	422.94	USD	747-400	385	385
	17	2011-06-01	422.94	USD	747-400	385	385

图 15-15　追加工具栏图标

[例 15-13]

```
③      REPORT    Z15_13 .
       TYPE-POOLS: icon.
①      CLASS lcl_event_receiver DEFINITION.
             PUBLIC SECTION.
                   METHODS : handle_toolbar
                         FOR EVENT toolbar OF CL_GUI_ALV_GRID
                         IMPORTING e_object e_interactive.
       ENDCLASS.

②      CLASS lcl_event_receiver IMPLEMENTATION.
       METHOD handle_toolbar.

            DATA: ls_toolbar    TYPE stb_button.

            CLEAR ls_toolbar.
            ls_toolbar-butn_type = 3.
            APPEND ls_toolbar       TO e_object->mt_toolbar.

            CLEAR ls_toolbar.
            ls_toolbar-function    = 'RESH'.
            ls_toolbar-icon          = icon_refresh.
            ls_toolbar-quickinfo = 'Refresh'.
            ls_toolbar-text          = ' '.
            ls_toolbar-disabled    = ' '.
④           APPEND ls_toolbar       TO e_object->mt_toolbar.

          ENDMETHOD.                          "handle_toolbar
       ENDCLASS.
       ~~~~省略~~~~
       CREATE OBJECT event_receiver.
       SET HANDLER event_receiver->handle_toolbar FOR g_grid.
```

① 定义包含事件 handler 的类后实现。定义和实现事件 handler 方法。

② 在画面上追加执行刷新功能的代码。图标中为了利用图标中设置 ICON 的代码 ls_toolbar-icon = icon_refresh.语句，需要将 TYPE-POOLS ICON 定义在全局变量定义部分。

③ 定义 TYPE-POOLS ICON 以便于查到图标的系统 ID。实际 ICON_REFRESH 的系统 ID 是“@42@”。

④ 创建对象来注册事件 handler 方法。然后执行程序就可以发现追加了如[图 15-1]所示的刷新按钮。

15.5.4 USER-COMMAND 事件

USER-COMMAND 事件是为标准工具栏中后追加的图标添加功能的事件。追加当单击刷新按钮时读取新数据的逻辑。相关的事件有 after_user_command, before_user_command。USER-COMMAND 事件中使用的参数请参照[表 15-12]。

表 15-12 user_command 事件的参数

参　数	意　义
E_UCOMM TYPE SY-UCOMM	追加按钮的 Function code

[例 15-14]

```
REPORT  Z15_14.
TYPE-POOLS: icon.
CLASS lcl_event_receiver DEFINITION.
      PUBLIC SECTION.
            METHODS : handle_command
                  FOR EVENT user_command OF CL_GUI_ALV_GRID
                  IMPORTING e_ucomm.
ENDCLASS.

CLASS lcl_event_receiver IMPLEMENTATION.
      METHOD handle_command.

DATA : l_scroll TYPE lvc_s_stbl.

      CASE e_ucomm.
            WHEN 'RESH'.
①             SELECT * FROM sflight INTO TABLE gt_sflight.
              l_scroll-row = 'X'.
              l_scroll-col = 'X'.

②             CALL METHOD g_grid->refresh_table_display
                    EXPORTING
                          i_soft_refresh = ''
                          is_stable = l_scroll.
      ENDCASE.
   ENDMETHOD.                        "handle_commandENDCLASS.
~~~~省略~~~~

DATA :event_receiver TYPE REF TO lcl_event_receiver.
CREATE OBJECT event_receiver.
SET HANDLER event_receiver->handle_command         FOR g_grid.
```

① 单击 Refresh 按钮会重新查询数据。若已修改了表内容，则开始显示新内容到 ALV 中。

② 重新查询 ALV GRID。refresh_table_display 方法已经在“15.4 节 ALV 方法”中介绍。

15.5.5 onDrag, onDrop 事件

在 ALV GRID 内执行 Drag & Drop 时执行的 Drag 相关事件。[表 15-13]说明此事件中使

用的参数。

表 15-13　onDrag, onDrop 事件的参数

参　数	意　义
E_ROW Type LVC_S_ROW	现在拖放（Drag）的行索引编号
E_COLUMN Type LVC_S_COL	现在拖放（Drag）的字段名
E_DRAGDROPOBJ TYPE REF TO CL_DRAGDROPOBJECT	包含用户事件（copy、move）信息等

此事件是以拖放（Drag & Drop）方式将[图 15-16]中 ID 以 AZ 开头的行放到第一行的程序。基本编程方法和 ALV GRID 相似。需要创建参照类 CL_DRAGDROP 的实例且还需要注册 Drag & Drop 相对应的事件。

图 15-16　Drag & Drop

[例 15-14]

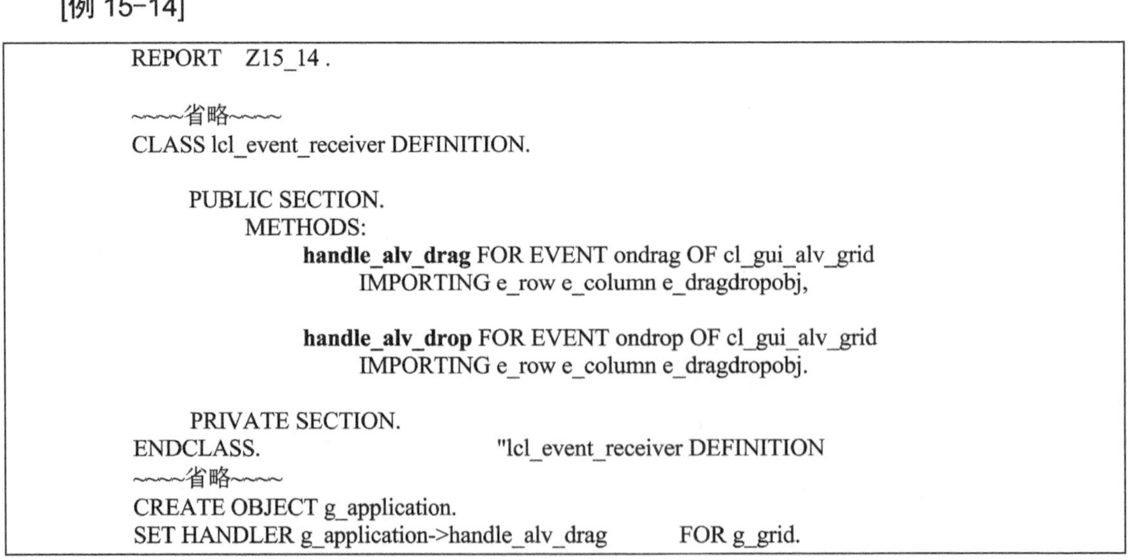

```
REPORT   Z15_14 .

~~~~省略~~~~
CLASS lcl_event_receiver DEFINITION.

      PUBLIC SECTION.
          METHODS:
              handle_alv_drag FOR EVENT ondrag OF cl_gui_alv_grid
                  IMPORTING e_row e_column e_dragdropobj,

              handle_alv_drop FOR EVENT ondrop OF cl_gui_alv_grid
                  IMPORTING e_row e_column e_dragdropobj.

      PRIVATE SECTION.
ENDCLASS.                    "lcl_event_receiver DEFINITION
~~~~省略~~~~
CREATE OBJECT g_application.
SET HANDLER g_application->handle_alv_drag          FOR g_grid.
```

```
SET HANDLER g_application->handle_alv_drop      FOR g_grid.
```

上面是当 Drag & Drop 一行时追加到内表后刷新画面的代码。除此之外还存在如下所示的事件。

```
context_menu_request, delayed_callback, delayed_changed_sel_callback, onDropComplete,
onDropGetFlavor, print_end_of_list, print_end_of_page, print_top_of_list, print_top_of_page,
subtotal_text
```

15.6 字段目录

字段目录（Field Catalog）参照包含 ALV 画面的字段信息的 LVC_T_FCAT 类型的表结构。ALV 利用存有字段目录的内表识别字段类型。例如，可以区分字段的类型，可以指定要显示在画面上的字段长度，可以显示成单选按钮形式，可以修改成可编辑字段等等。

[图 15-17]中 Data Description 部分代表字段目录。利用 SELECT 的结果保存到内表的输出表领域和字段目录的字段信息显示到 ALV 画面上。

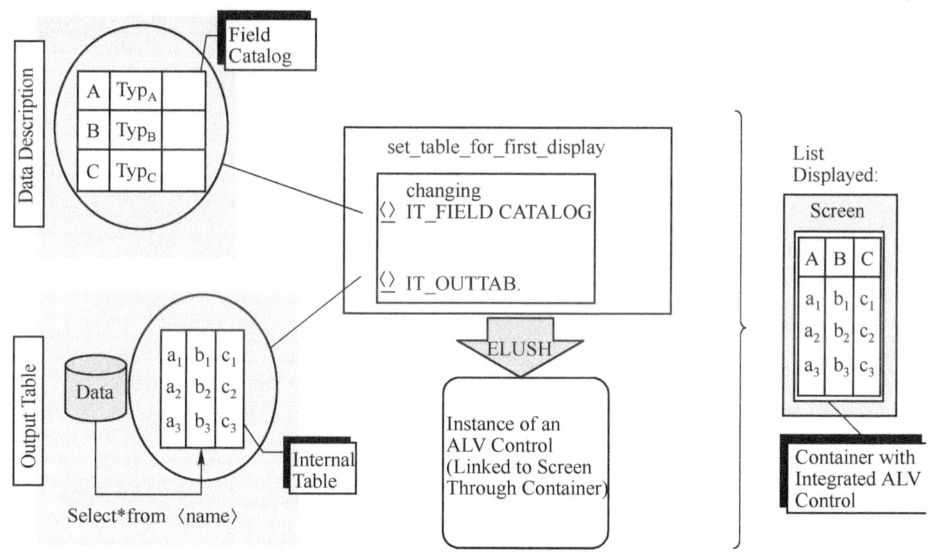

图 15-17 ALV 字段目录结构

在 15.3.1 的[例 15-2]是利用 ABAP 数据字典结构体构成了输出表字段，但本章节开始练习在代码中构成字段目录的实例。为了应用字段目录，需要利用 set_table_for_first_display 方法的参数 IT_FIELDCATALOG 将字段目录信息传递到 ALV 中。

```
CALL METHOD g_grid->set_table_for_first_display
  EXPORTING
    I_STRUCTURE_NAME = 'SFLIGHT'
  CHANGING
    IT_OUTTAB = gt_sflight.
```

```
CALL METHOD   g_grid->set_table_for_first_display
      CHANGING
      IT_FIELDCATALOG = gt_catalog
      IT_OUTTAB = gt_sflight.
```

定义字段目录的方法有三种。

- 利用 ABAP 数据字典对象的方法。
- 在程序内用代码（手动）实现的方法。
- 同时使用上面两种方法。

下面介绍一下定义字段目录的各个方法。

15.6.1 创建 ALV 字段目录

1．利用 ABAP 数据字典的方法

参照 ABAP 数据字典中的内表定义字段目录的方法已经在前面介绍。利用 set_table_for_first_display 方法的 I_STRUCTURE_NAME 参数就会直接将 ABAP 数据字典对象显示在 ALV 输出表中。能用在 I_STRUCTURE_NAME 参数的 ABAP 数据对象如下所示。

透明表，结构体，视图，附加结构，簇表，池表

[例 15-2]是从 SFLIGHT 表读取数据后将内表数据直接显示在画面上的程序。若只是为了单纯将数据显示到画面上，只需用如下所示的语句设置 ALV 结构信息和内表参数后调用 set_table_for_first_display 函数即可。

```
CALL METHOD <ref var to CL_GUI_ALV_GRID>->set_table_for_first_display
      EXPORTING
            I_STRUCTURE_NAME         = < string of type DD02L-TABNAME>
            IS_VARIANT               = < structure of type DISVARIANT>
            I_SAVE                   = < var. of TYPE cHAR01>
            I_DEFAULT                = < var. of TYPE cHAR01>
            IS_LAYOUT                = < structure of type LVC_S_LAYO>
            IS_PRINT                 = < structure of type LVC_S_PRNT>
            IT_SPECIAL_GROUPS        = < internal table of type LVC_T_SGRP>
            IT_TOOLBAR_EXCLUDING     = < internal table of type UI_FUNCTIONS>
      CHANGING
            IT_OUTTAB                = < internal table>
            IT_FIELDCATALOG          = < internal table of type LVC_T_FCAT>
            IT_FILTER                = < internal table of type LVC_T_FILT>
```

但是，在实际业务中一般是从多个表读取数据，因此直接使用内表结构作为字段目录的情况不常见。此时就需要在 ABAP 数据字典中创建结构体，然后再参照此结构体定义内表。但是，若只在一个程序中使用就没必要创建 ABAP 数据字典结构体。此时就可以直接使用内表结构定义字段目录。

2．手动构成字段目录的方法

有时会遇到不想使用 ABAP 数据字典的所有字段显示字段目录的情况。此时可以用代码（手动）定义自己所需的字段添加到目录中。另外，可以修改字段目录内表属性来隐藏字段。

但是所有个别字段名字、类型都需要用代码定义，因此修改（维护）程序需要消耗很多时间。使用 set_table_for_first_display 方法的 IT_FIELDCATALOG 参数调用 ALV 就可以利用字段目录。

```
CALL METHOD <ref var to CL_GUI_ALV_GRID>->set_table_for_first_display
    EXPORTING
        IS_VARIANT              = < structure of type DISVARIANT>
        I_SAVE                  = < var. of TYPE cHAR01>
        I_DEFAULT               = < var. of TYPE cHAR01>
        IS_LAYOUT               = < structure of type LVC_S_LAYO>
        IS_PRINT                = < structure of type LVC_S_PRNT>
        IT_SPECIAL_GROUPS       = < internal table of type LVC_T_SGRP>
        IT_TOOLBAR_EXCLUDING    = < internal table of type UI_FUNCTIONS>
    CHANGING
        IT_OUTTAB               = < internal table>
        IT_FIELDCATALOG         = < internal table of type LVC_T_FCAT>
        IT_SORT                 = < internal table of type LVC_T_SORT>
        IT_FILTER               = < internal table of type LVC_T_FILT>
```

[表 15-14]说明构成字段 LVC_T_FCAT 类型的内表时是继承 ABAP 数据字典的内表和字段属性还是直接定义属性（长度、类型等）。

表 15-14　字段目录属性比较

参照数据字典时	不参照数据字典时	说　明
FIELDNAME	FIELDNAME	输出表的字段名
REF_TABNAME	-	要参照结构体的 DDIC 名字
REF_FIELDNAME	-	要参照结构体 DDIC 字段名
-	INTTYPE	输出表的 DATA TYPE
-	OUTPUTLEN	字段长度
-	COLTEXT	字段标题文本
-	SELTEXT	查询 Variant 时字段描述

利用字段目录可以定义如下所示的属性。

在[例 15-15]中是用 CARRID、CONNID、PRICE 3 个字段构成字段目录显示到画面上。下面复制[例 15-14]后追加以下加粗的代码。

[例 15-15]

```
REPORT   Z15_15 .

DATA : gt_fieldcat      TYPE lvc_t_fcat.
~~~~省略~~~~
PERFORM setting_catalog.
FORM setting_catalog .
    DATA ls_fieldcat    TYPE lvc_s_fcat.

    ls_fieldcat-fieldname = 'CARRID'.
    ls_fieldcat-coltext = 'Carrid ID'.
    ls_fieldcat-just = 'L'.
    ls_fieldcat-key = 'X'.
```

```
        ls_fieldcat-outputlen = '2'.
        APPEND ls_fieldcat TO gt_fieldcat.

        ls_fieldcat-fieldname = 'CONNID'.
        ls_fieldcat-coltext = 'Flight Number'.
        ls_fieldcat-just = 'C'.
        ls_fieldcat-key = 'X'.
        ls_fieldcat-outputlen = '4'.
        APPEND ls_fieldcat TO gt_fieldcat.

        ls_fieldcat-fieldname = 'PRICE'.
        ls_fieldcat-coltext = 'Airfare'.
        ls_fieldcat-just = 'R'.
        ls_fieldcat-key = ' '.
        ls_fieldcat-outputlen = '15'.
        APPEND ls_fieldcat TO gt_fieldcat.
    ENDFORM.                                "setting_catalog

    ~~~~省略~~~~

    CALL METHOD   g_grid->set_table_for_first_display
        EXPORTING
*               i_structure_name        = 'SFLIGHT'
                i_save                    = 'A'
                is_variant                = gs_variant
                i_default                 = ' '
                is_layout                 = gs_layout
                it_toolbar_excluding      = gs_toolbar
        CHANGING
                it_outtab                 = gt_sflight
                it_fieldcatalog           = gt_fieldcat
                it_sort                   = gt_sort.
```

[结果 15-15]

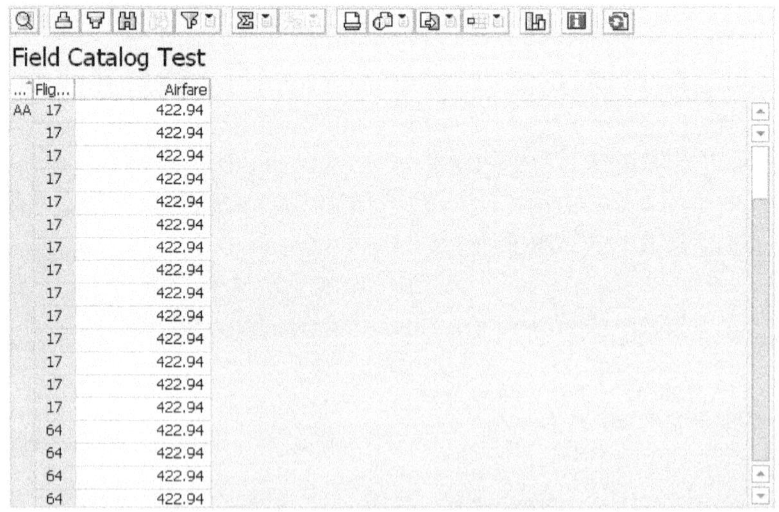

[例 15-15]是不参照 ABAP 数据字典，只是在 **GT_FIELDCAT** 内表中定义字段目录属性并追加。例题中没有涉及的字段目录属性只要在 T-CODE:SE11 中查看 lvc_s_fcat 其描述就可以确定对应功能。LVC_S_FCAT 的具体结构请参见图 15-18。

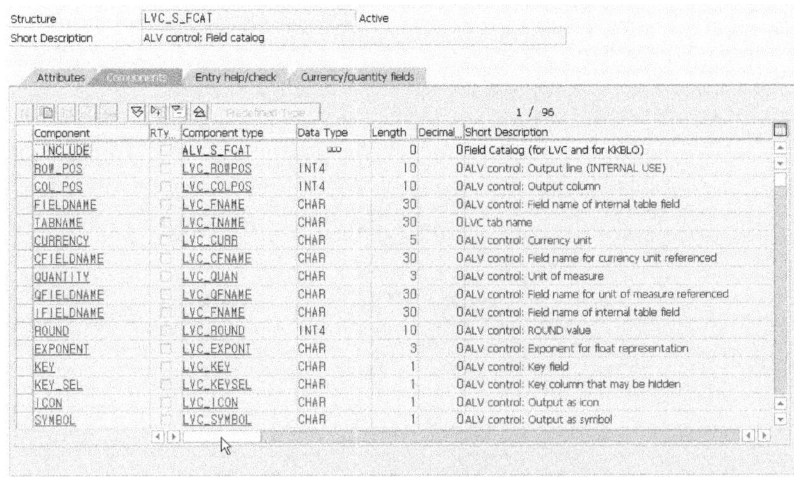

图 15-18　LVC_S_FCAT 的结构

字段目录的全体属性如[表 15-15]所示。若通过练习[例 15-15]已经使用字段目录的定义与运行原理就不难应用。

表 15-15　字段目录属性

字段目录属性	描　述	使 用 目 的
CFIELDNAME	参照 Currency 单位的字段名	根据单位显示相应值
CHECKBOX	设置成复选框	字段输出选项
COL_POS	字段的输出顺序	字段输出选项
COLDDICTXT	设置标题的标签（L, M, S, R）	文本
COLTEXT	字段标签文本	文本
CURRENCY	货币（Currency）单位	根据单位输出相应值
DD_OUTLEN	Output 长度（Characters）	不参照 DDIC
DECIMALS_O	定义小数位	字段值样式
DECMLFIELD	定义 Decimal 字段	字段值样式
DO_SUM	显示合计	字段输出选项
DRAGDROPID	控制：拖&放处理拖放对象 Drag & Drop	
EDIT_MASK	ALV 控制：为输出编辑掩码格式	字段值样式
EMPHASIZE	ALV 控制：带有颜色的高亮列 列的颜色	字段输出选项
EXPONENT	ALV 控制：流动表示的指数	字段值样式
FIELDNAME	ALV 控制：数据库中列组的字段名称	输出表字段
HOTSPOT	ALV 控制：单击敏感 X',下面出现下划线,响应单击	字段输出选项
ICON	ALV 控制：作为图标输出 此列作为图标输出	字段值样式
INTLEN	以字节计的内部长度 内容的长度	不参照 DDIC

（续）

字段目录属性	描　　述	使 用 目 的
INTTYPE	ABAP 数据类型（C,D,N,...） ABAP 数据类型（C,D,N,...）	不参照 DDIC
JUST	ALV 控制：对齐 对齐方式： 'R': right justified 'L': left justified 'C': centered	字段值样式
KEY	ALV 控制：关键字段 关键字段,前面变蓝色	字段输出选项
LOWERCASE	允许/不允许小写字母 X' 允许大小写	字段输出选项
LZERO	ALV 控制：输出前导零 X'	字段值样式
NO_OUT	ALV 控制：列没有输出 X' ,隐藏此列	字段输出选项
NO_SIGN	ALV 控制：输出抑制符号 X',不输出符号	字段值样式
NO_SUM	ALV 控制：没有总计列值 X' ,没有合计	字段输出选项
NO_ZERO	ALV 控制：为输出隐藏零 X',隐藏 0	字段值样式
OUTPUTLEN	ALV 控制：列的字符宽度 输出的长度	字段输出选项
QFIELDNAME	ALV 控制：参考计量单位的字段名称	根据单位输出相应值
QUANTITY	ALV 控制：计量单位	根据单位输出相应值
REF_FIELD	ALV 控制：内部表字段的参考字段名称	参照 ABAP 数据字典
REF_TABLE	ALV 控制：内部表字段的参考表名称	参照 ABAP 数据字典
REPTEXT	数据元素文本	文本
ROLLNAME	ALV 控制：F1 帮助的数据元素	不参照 DDIC
ROUND	ALV 控制：ROUND 值	字段值样式
ROUNDFIELD	ALV 控制：带有 ROUND 说明的字段名称	字段值样式
SCRTEXT_L	长字段标签 （40 字节）	文本
SCRTEXT_M	中字段标签 （20 字节）	文本
SCRTEXT_S	短字段标签 （10 字节）	文本
SELDDICTXT	ALV 控制：确定 DDIC 文本参照	文本
SELTEXT	ALV 控制：对话功能的列标识符	文本
SP_GROUP	组代码	其他字段
SYMBOL	ALV 控制：输出作为符号	字段值样式
TECH	ALV 控制：技术字段 X'.也是隐藏，但是有点不一样	字段输出选项
TIPDDICTXT	ALV 控制：确定 DDIC 文本参照	文本
TOOLTIP	ALV 控制：列抬头的工具提示	文本
TXT_FIELD	ALV 控制：内部表字段的字段名称	其他字段

3．结构体与字段目录同时使用

可以混合使用本节“1. 利用 ABAP 数据字典的方法”中的结构体与“2. 手动构成字段目录的方法”中的字段目录这两种。需要使用结构体字段之外的由用户定义的字段时可以使用此方法。此时，若结构体与字段目录同时存在相同的字段时，会优先识别字段目录上的字段定义。

[例 15-16]

```
REPORT   Z15_16.

TYPES : BEGIN OF t_str.
          INCLUDE STRUCTURE sflight.
TYPES : company TYPE c LENGTH 6.
TYPES : END OF t_str.

DATA : gt_sflight   TYPE TABLE OF   T_STR.

DATA :      gt_fieldcat     TYPE lvc_t_fcat.
~~~~省略~~~~
PERFORM setting_catalog.
FORM setting_catalog .
      ls_fieldcat-fieldname = 'COMPANY'.
      ls_fieldcat-coltext = 'COMPANY INFO'.
      ls_fieldcat-just = 'C'.
      ls_fieldcat-key = 'X'.
      ls_fieldcat-outputlen = '6'.

      APPEND ls_fieldcat TO gt_fieldcat.
ENDFORM.                          "setting_catalog
~~~~省略~~~~
CALL METHOD   g_grid->set_table_for_first_display
      EXPORTING
            i_structure_name        = 'SFLIGHT'
            i_save                  = 'A'
            is_variant              = gs_variant
            i_default               = ' '
            is_layout               = gs_layout
            it_toolbar_excluding = gs_toolbar
      CHANGING
            it_outtab               = gt_sflight
            it_fieldcatalog         = gt_fieldcat
            it_sort                 = gt_sort.
```

[结果 15-16]

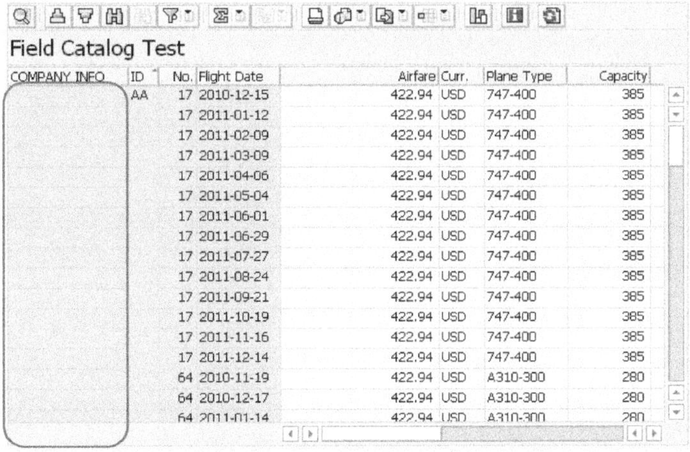

Field Catalog Test

COMPANY INFO	ID	No.	Flight Date	Airfare	Curr.	Plane Type	Capacity
	AA	17	2010-12-15	422.94	USD	747-400	385
		17	2011-01-12	422.94	USD	747-400	385
		17	2011-02-09	422.94	USD	747-400	385
		17	2011-03-09	422.94	USD	747-400	385
		17	2011-04-06	422.94	USD	747-400	385
		17	2011-05-04	422.94	USD	747-400	385
		17	2011-06-01	422.94	USD	747-400	385
		17	2011-06-29	422.94	USD	747-400	385
		17	2011-07-27	422.94	USD	747-400	385
		17	2011-08-24	422.94	USD	747-400	385
		17	2011-09-21	422.94	USD	747-400	385
		17	2011-10-19	422.94	USD	747-400	385
		17	2011-11-16	422.94	USD	747-400	385
		17	2011-12-14	422.94	USD	747-400	385
		64	2010-11-19	422.94	USD	A310-300	280
		64	2010-12-17	422.94	USD	A310-300	280
		64	2011-01-14	422.94	USD	A310-300	280

在[结果 15-16]中 COMPANY INFO 字段显示在第一行的原因在于字段目录的优先顺序比结构体高。因此，若要修改结构体中已经定义好的字段时只需在字段目录中重新定义。例如，不想显示 CARRID 字段时可以利用 NO_OUT 属性，使用方法如下所示。

```
ls_fieldcat-fieldname = 'CARRID'.
ls_fieldcat-no_out = 'X'.
APPEND LS_FIELDCAT TO GT_FIELDCAT.
```

<Tip. 内表与字段目录>

下面分析一下大多开发者都比较感兴趣的问题。

```
    CALL METHOD G_GRID->SET_TABLE_FOR_FIRST_DISPLAY
EXPORTING
    I_STRUCTURE_NAME = 'GT_DISP'
CHANGING
    IT_OUTTAB = GT_DISP[].
"IT_FIELDCATALOG               = GT_FIELDCAT"
```

在以上代码里 I_STRUCTURE_NAME = 'GT_DISP'参数只能是 DDIC 类型，DDIC 类型就是平常使用的结构体或者表吗？若是一般的结构体、表，则不能使用以 data:begin of ~语句定义的结构体吗?要使用程序内定义的结构体显示在 ALV 画面上，但是总报 fieldcatalog 相关错误。

解答上面所提出的问题如下。

在前面学习了关于定义字段目录的三种方法。此外，还可以使用内表及程序内结构体定义字段目录并在实际业务中经常使用。此时，内表和结构体要以旧式方法定义方可使用。其实这种方法不是 SAP 菜单说明的标准方法，只是在实际业务当中为了方便而使用的方法。程序 Z15_17 是直接用内表字段构成字段目录后修改了 PRICE 字段目录属性的实例。

[例 15-17]

```
REPORT   Z15_17.

~~~~省略~~~~
DATA : GT_SFLIGHT LIKE SFLIGHT OCCURS 0 WITH HEADER LINE.
      .
~~~~省略~~~~
PERFORM getting_catalog.
PERFORM setting_catalog.

FORM getting_catalog .
   DATA : lt_fieldcat TYPE kkblo_t_fieldcat.

CALL FUNCTION 'K_KKB_FIELDCAT_MERGE'
       EXPORTING
            i_callback_program        = SY-REPID
            i_tabname = 'GT_SFLIGHT'
            i_inclname                 = SY-REPID
       CHANGING
            ct_fieldcat = lt_fieldcat[].
   IF sy-subrc EQ 0.
      CALL FUNCTION 'LVC_TRANSFER_FROM_KKBLO'
           EXPORTING
                it_fieldcat_kkblo = lt_fieldcat[]
           IMPORTING
```

```
                    et_fieldcat_lvc = gt_fieldcat[].
    ENDIF.

ENDFORM.                              " GETTING_CATALOG

FORM setting_catalog .
    DATA ls_fieldcat    TYPE lvc_s_fcat.

    LOOP AT gt_fieldcat INTO ls_fieldcat.
        IF    ls_fieldcat-fieldname = 'PRICE'.
                ls_fieldcat-coltext = 'AIR PRICE'.
                ls_fieldcat-just = 'C'.
                ls_fieldcat-emphasize = 'X'.
                MODIFY gt_fieldcat FROM ls_fieldcat.
        ENDIF.
    ENDLOOP.

ENDFORM.                              " SETTING_CATALOG
```

[结果 15-17]

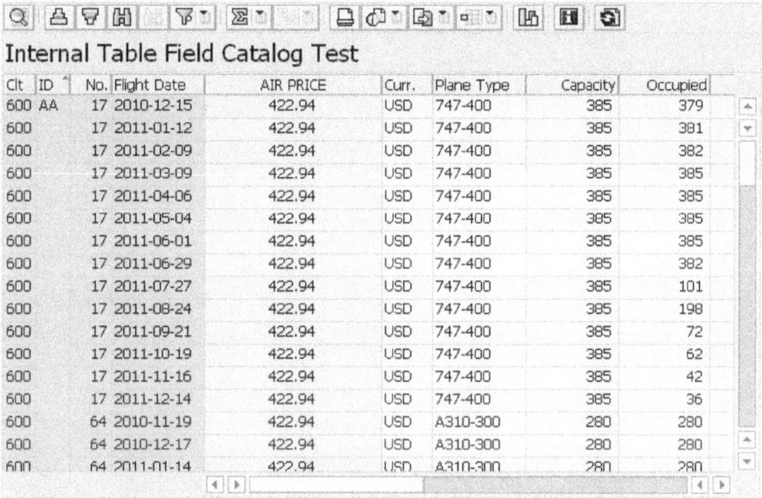

Internal Table Field Catalog Test

Clt	ID	No.	Flight Date	AIR PRICE	Curr.	Plane Type	Capacity	Occupied
600	AA	17	2010-12-15	422.94	USD	747-400	385	379
600		17	2011-01-12	422.94	USD	747-400	385	381
600		17	2011-02-09	422.94	USD	747-400	385	382
600		17	2011-03-09	422.94	USD	747-400	385	385
600		17	2011-04-06	422.94	USD	747-400	385	385
600		17	2011-05-04	422.94	USD	747-400	385	385
600		17	2011-06-01	422.94	USD	747-400	385	385
600		17	2011-06-29	422.94	USD	747-400	385	382
600		17	2011-07-27	422.94	USD	747-400	385	101
600		17	2011-08-24	422.94	USD	747-400	385	198
600		17	2011-09-21	422.94	USD	747-400	385	72
600		17	2011-10-19	422.94	USD	747-400	385	62
600		17	2011-11-16	422.94	USD	747-400	385	42
600		17	2011-12-14	422.94	USD	747-400	385	36
600		64	2010-11-19	422.94	USD	A310-300	280	280
600		64	2010-12-17	422.94	USD	A310-300	280	280
600		64	2011-01-14	422.94	USD	A310-300	280	280

定义内表时若带有表头，则调用 ALV 时需要传递表体。

```
DATA : GT_SFLIGHT LIKE SFLIGHT OCCURS 0 WITH HEADER LINE.
CALL METHOD g_grid->set_table_for_first_display
      CHANGING
          it_outtab = gt_sflight[].
```

若不带表头，则直接使用内表即可。

```
DATA : GT_SFLIGHT LIKE SFLIGHT OCCURS 0.

CALL METHOD g_grid->set_table_for_first_display
      CHANGING
          it_outtab = gt_sflight
.
```

15.6.2　利用字段目录的 ALV 属性变更

利用[表 15-16]中说明的字段目录的几个重要属性练习变更 ALV GRID 属性的实例。

1．设置字段属性（KEY, FIX_COLUMN）

在[结果 15-18]中 ALV GRID 的前四个字段是主键，颜色指定为蓝色且固定了下面主键对应的滚动条。下面把 PRICE 字段设置成主键，然后固定 CURRENCY 字段。复制 Z15_17 程序创建新程序 Z15_18。然后把字段目录属性的子函数中 LOOP AT GT_FIELDCAT INTO LS_FIELDCAT. 语句替换成用 Field Symbol。这部分已经在第 10 章 Field Symbol 中介绍。

[例 15-18]

```
REPORT Z15_18.
~~~~省略~~~~
FORM setting_catalog .
      FIELD-SYMBOLS: <ls_fcat> TYPE lvc_s_fcat.

      LOOP AT gt_fieldcat ASSIGNING <ls_fcat>.

        IF <ls_fcat>-fieldname EQ 'PRICE'.
           <ls_fcat>-key = 'X'.
        ENDIF.

        IF <ls_fcat>-fieldname EQ 'CURRENCY'.
           <ls_fcat>-fix_column = 'X'.
        ENDIF.

      ENDLOOP.

ENDFORM.                              " SETTING_CATALOG
```

[结果 15-18]

从[结果 15-18]中可以看出，虽然 PRICE 字段不是 SFLIGHT 表的主键，但是通过字段目录属性已修改成主键。另外，CURRENCY 字段通过 fix_column = 'X'语句变成了固定列。

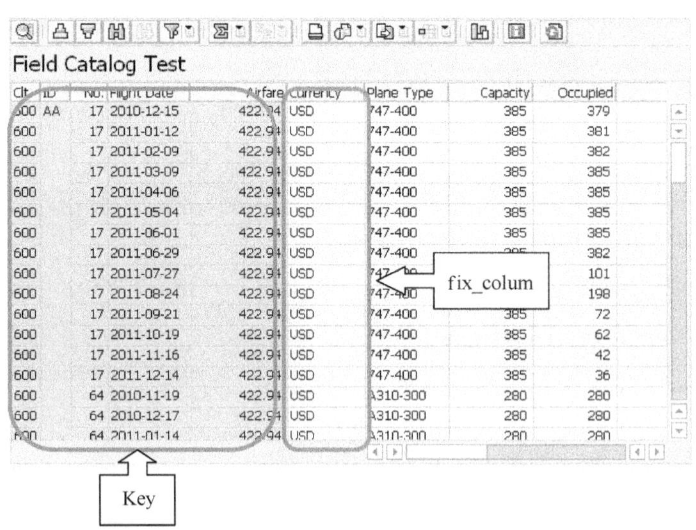

2．设置数据样式（JUST, EDIT_MASK 属性）

下面把 FLDATE（Flight Date）日期改成'____/__/__'样式，CURRENCY 字段的对齐方法修改成左对齐。 JUST 属性用于设置数据的对齐方式，具体使用方法如[表 15-16]所示。

表 15-16　JUST 属性值

值	描　述
''	数据类型的基本排序
'L'	左对齐
'C'	中间对齐
'R'	右对齐

复制程序 Z15_18 程序创建 Z15_19 后，练习修改字段目录属性的代码。

[例 15-19]

```
REPORT   z15_19.
~~~~省略~~~~
FORM setting_catalog .
    FIELD-SYMBOLS: <ls_fcat> TYPE lvc_s_fcat.

    LOOP AT gt_fieldcat ASSIGNING <ls_fcat>.

        IF <ls_fcat>-fieldname EQ 'FLDATE'.
            <ls_fcat>-edit_mask = '____/__/__'.
        ENDIF.

        IF <ls_fcat>-fieldname EQ 'CURRENCY'.
            <ls_fcat>-just = 'R'.
        ENDIF.


    ENDLOOP.
ENDFORM.                              " setting_catalog
```

[结果 15-19]

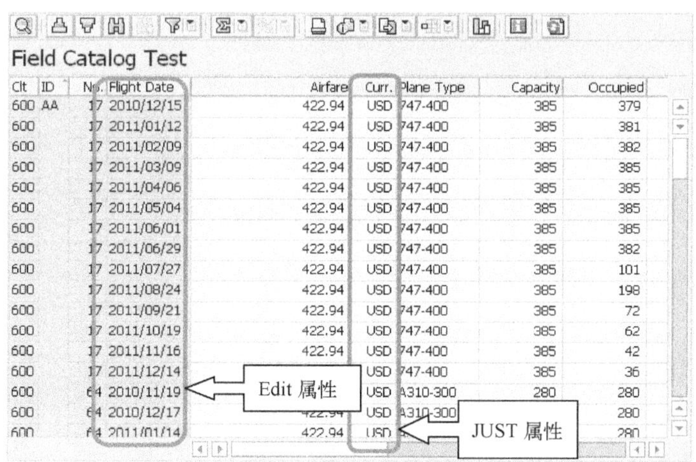

执行程序可以确认日期数据样式从 2012-12-14 修改为 2012/12/14 样式及 CURRENCY 字段右对齐的结果。

15.7 ALV GRID 要素

下面了解 ALV GRID 要素（Element）。

- Output of Exception: 用信号灯显示 Grid。
- Coloring Row: 指定 Grid 行颜色。
- Coloring Cell: 指定 Grid 单元格颜色。
- Displaying Cell as Pushbutton: 单元格以 Pushbutton 形式显示

15.7.1 信号灯（例外）处理

Exception 用图形分段显示阶段性数据。如[图 15-19]所示，ALV 字段由信号灯显示且根据特定字段变更其颜色。这个属性可以使最终用户容易识别紧急性、重要性数据。例如，在库存管理中将安全库存时设置为绿色，危险时为黄色，超过安全库存时为红色。

图 15-19　ALV GRID 信号灯处理

[表 15-17]所示的是预约飞机票时 Exceptions 字段所持有的内部值，下面实现一下随着这些值修改画面颜色的实例，如[例 15-20]所示。

表 15-17　Exceptions 的内部值

显　示	内　部　值	使用例（预约飞机票）
	3	有很多座位
	2	有 90%以上已被预约
	1	没有可预约的座位

为了追加信号灯字段，在内表中追加如下所示的 light 字段。

```
DATA: BEGIN OF GT_OUTTAB OCCURS 0.
      INCLUDE STRUCTURE <DDIC-Struktur>.
DATA:    light TYPE C.                    "用于显示信号灯的字段
DATA: END OF GT_OUTTAB.
```

[例 15-20]

```
REPORT   Z15_20.
      ~~~~省略~~~~
DATA: BEGIN OF gt_sflight OCCURS 0.
```

```
                INCLUDE STRUCTURE sflight.
①       DATA: light TYPE c.
        DATA: END OF gt_sflight.

        ~~~~省略~~~~
③       LOOP AT gt_sflight.

                IF gt_sflight-seatsocc <= 0.
                        gt_sflight-light = '1'.
                ELSEIF gt_sflight-seatsocc <= 50.
                        gt_sflight-light = '2'.
                ELSE.
                        gt_sflight-light = '3'.
                ENDIF.

                MODIFY gt_sflight.

        ENDLOOP.
        ~~~~省略~~~~

        FORM setting_layout    CHANGING    p_layout TYPE lvc_s_layo.
②               p_layout-excp_fname = 'LIGHT'.
        ENDFORM.
```

[结果 15-20]

Exception Test

Exce...	Clt	ID	No.	Flight Date	Airfare	Curr.	Plane Type	Capacity	Occup
	600	AA	64	2011/06/03	422.94	USD	A310-300	280	2
	600		64	2011/07/01	422.94	USD	A310-300	280	2
	600		64	2011/07/29	422.94	USD	A310-300	280	
	600		64	2011/08/26	422.94	USD	A310-300	280	
	600		64	2011/09/23	422.94	USD	A310-300	280	1
	600		64	2011/10/21	422.94	USD	A310-300	280	
	600		64	2011/11/18	422.94	USD	A310-300	280	
	600		64	2011/12/16	422.94	USD	A310-300	280	
	600	AZ	555	2010/11/17	185.00	EUR	A319	220	2
	600		555	2010/12/15	185.00	EUR	A319	220	2
	600		555	2011/01/12	185.00	EUR	A319	220	2
	600		555	2011/02/09	185.00	EUR	A319	220	2
	600		555	2011/03/09	185.00	EUR	A319	220	2
	600		555	2011/04/06	185.00	EUR	A319	220	2
	600		555	2011/05/04	185.00	EUR	A319	220	2
	600		555	2011/06/01	185.00	EUR	A319	220	2
	600		555	2011/06/29	185.00	EUR	A319	220	2

1. 追加 Exceptions 字段

要显示信号灯的字段定义成字符类型追加到内表（OUTPUT）中。

2. 设置 Exceptions 字段

在 ALV 布局设置中利用 excp_fname 属性设置信号灯字段。

3. 根据预约座位变更信号灯颜色

将内表字段显示时按以下规则，没有座位就显示红色，少于 50 就显示黄色，除此以外显示绿色。下面执行程序确认结果。

15.7.2 Coloring Rows

在 ALV GRID 中可以修改想要强调的行颜色。首先内表中追加 linecolor 字段。

```
DATA: BEGIN OF GT_OUTTAB OCCURS 0.
      INCLUDE STRUCTURE <DDIC-Struktur>.
DATA:   linecolor（4） TYPE c. " 用于指定颜色的字段
DATA: END OF GT_OUTTAB.
```

[例 15-21]

```
    REPORT Z15_21.
          ~~~~省略~~~~
    DATA: BEGIN OF gt_sflight OCCURS 0.
                INCLUDE STRUCTURE sflight.
①        DATA:    linecolor（4） TYPE c.
    DATA: END OF gt_sflight.
    ~~~~省略~~~~
          LOOP AT gt_sflight.
                CASE gt_sflight-carrid.
③              WHEN 'AA'. " Blue
                      gt_sflight-linecolor = 'C100'..
                WHEN 'AZ'. " Yellow.
                      gt_sflight-linecolor = 'C300'.
                WHEN 'DL'. " Green.
                      gt_sflight-linecolor = 'C500'.
                ENDCASE.
          MODIFY gt_sflight.
          ENDLOOP.
    ~~~~省略~~~~
    FORM setting_layout   CHANGING   p_layout TYPE lvc_s_layo.
    ~~~~省略~~~~
    * coloring row
          p_layout-INFO_FNAME = 'LINECOLOR'.
②  ENDFORM.
```

[结果 15-21]

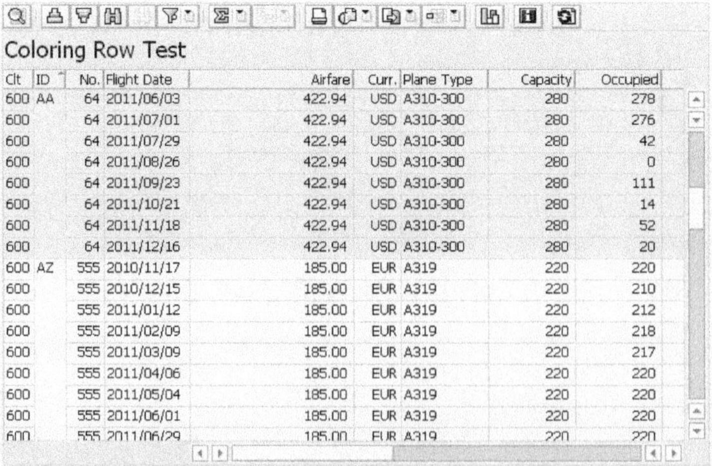

Coloring Row Test

Clt	ID	No.	Flight Date	Airfare	Curr.	Plane Type	Capacity	Occupied
600	AA	64	2011/06/03	422.94	USD	A310-300	280	278
600		64	2011/07/01	422.94	USD	A310-300	280	276
600		64	2011/07/29	422.94	USD	A310-300	280	42
600		64	2011/08/26	422.94	USD	A310-300	280	0
600		64	2011/09/23	422.94	USD	A310-300	280	111
600		64	2011/10/21	422.94	USD	A310-300	280	14
600		64	2011/11/18	422.94	USD	A310-300	280	52
600		64	2011/12/16	422.94	USD	A310-300	280	20
600	AZ	555	2010/11/17	185.00	EUR	A319	220	220
600		555	2010/12/15	185.00	EUR	A319	220	210
600		555	2011/01/12	185.00	EUR	A319	220	212
600		555	2011/02/09	185.00	EUR	A319	220	218
600		555	2011/03/09	185.00	EUR	A319	220	217
600		555	2011/04/06	185.00	EUR	A319	220	220
600		555	2011/05/04	185.00	EUR	A319	220	220
600		555	2011/06/01	185.00	EUR	A319	220	220
600		555	2011/06/29	185.00	EUR	A319	220	220

1. 追加 LINE COLOR 字段

在内表（OUTPUT）中追加要显示 line color 的字符类型字段。

2．设置 INFOR_FNAME 字段

在 ALV 布局设置中定义要用于指定颜色的字段。

3．根据 Carrid ID 修改相应颜色

设置 Carrier ID，当 AA 时为蓝色，AZ 时为黄色，DL 时为绿色。在[图 15-20]中说明 GT_SFLIGHT-linecolor = 'C100'.语句中 C100 的详细显示方法。

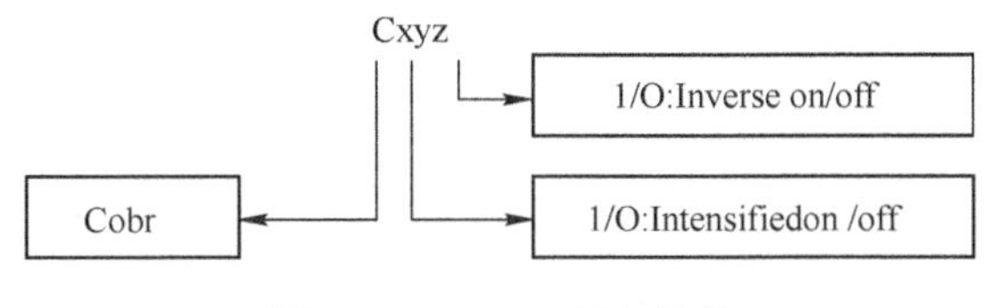

图 15-20 Cxyz 颜色结构

Cxyz 中显示颜色的 x 中可设置的值如[表 15-18]所示。

表 15-18 颜色编号与使用目的

x	颜 色	使 用 目 的
1	gray-blue	表头
2	light gray	列表
3	yellow	全部
4	blue-green	主键
5	green	显示正确值
6	red	显示不正常值
7	orange	控制级别

15.7.3 单元格染色

在 ALV GRID 中可以修改想强调的单元格颜色。但是比起之前所介绍的强调行颜色功能更注重系统资源，因此注重速度的程序中不易使用此功能。在内表中追加 LVC_T_SCOL 类型的颜色表。

```
DATA: BEGIN OF GT_OUTTAB OCCURS 0.
      INCLUDE STRUCTURE <DDIC-Struktur>.
DATA:    cellcolor   TYPE LVC_T_SCOL. "追加用于指定单元格颜色的字段
DATA: END OF GT_OUTTAB.
```

[例 15-22]

```
    REPORT   Z15_22.
    ~~~~省略~~~~
    DATA: BEGIN OF gt_sflight OCCURS 0.
               INCLUDE STRUCTURE sflight.
①   DATA:    cellcolor TYPE lvc_t_scol.
    DATA: END OF gt_sflight.
    ~~~~省略~~~~

    FORM setting_layout    CHANGING   p_layout TYPE lvc_s_layo.
         p_layout-ctab_fname = 'CELLCOLOR'.
②   ENDFORM.
```

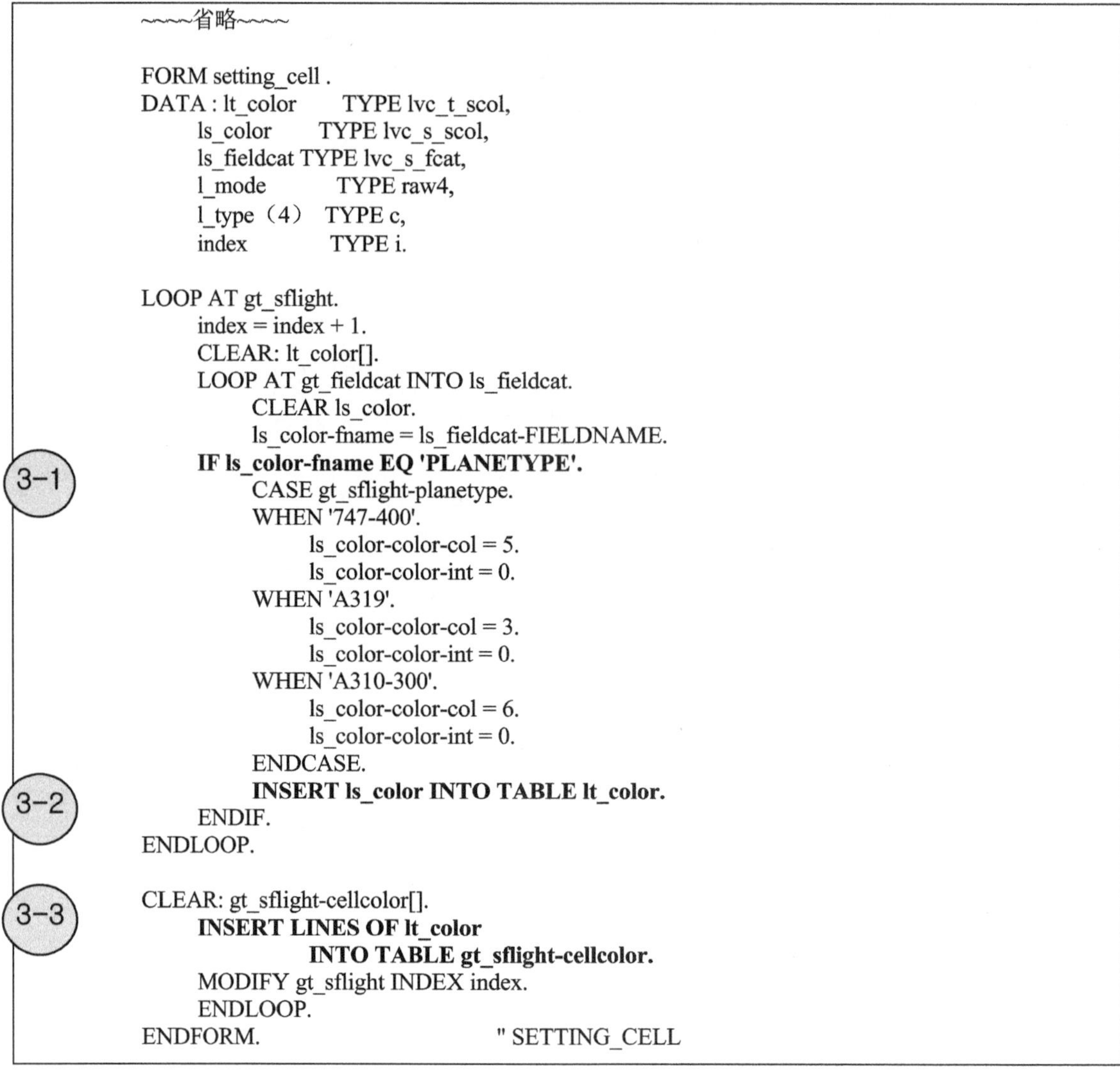

```
~~~~省略~~~~

FORM setting_cell .
DATA : lt_color      TYPE lvc_t_scol,
       ls_color      TYPE lvc_s_scol,
       ls_fieldcat TYPE lvc_s_fcat,
       l_mode        TYPE raw4,
       l_type（4）   TYPE c,
       index         TYPE i.

LOOP AT gt_sflight.
       index = index + 1.
       CLEAR: lt_color[].
       LOOP AT gt_fieldcat INTO ls_fieldcat.
              CLEAR ls_color.
              ls_color-fname = ls_fieldcat-FIELDNAME.
3-1    IF ls_color-fname EQ 'PLANETYPE'.
              CASE gt_sflight-planetype.
              WHEN '747-400'.
                     ls_color-color-col = 5.
                     ls_color-color-int = 0.
              WHEN 'A319'.
                     ls_color-color-col = 3.
                     ls_color-color-int = 0.
              WHEN 'A310-300'.
                     ls_color-color-col = 6.
                     ls_color-color-int = 0.
              ENDCASE.
3-2           INSERT ls_color INTO TABLE lt_color.
       ENDIF.
ENDLOOP.

3-3 CLEAR: gt_sflight-cellcolor[].
       INSERT LINES OF lt_color
                     INTO TABLE gt_sflight-cellcolor.
       MODIFY gt_sflight INDEX index.
       ENDLOOP.
ENDFORM.                              " SETTING_CELL
```

[结果 15-22]

Coloring Cell Test

Clt	ID	No.	Flight Date	가격	통화	Plane Type	최대용량	점유좌석
600	AA	17	2011/08/24	422.94	USD	747-400	385	198
600		17	2011/09/21	422.94	USD	747-400	385	72
600		17	2011/10/19	422.94	USD	747-400	385	62
600		17	2011/11/16	422.94	USD	747-400	385	42
600		17	2011/12/14	422.94	USD	747-400	385	36
600		64	2010/11/19	422.94	USD	A310-300	280	280
600		64	2010/12/17	422.94	USD	A310-300	280	280
600		64	2011/01/14	422.94	USD	A310-300	280	280
600		64	2011/02/11	422.94	USD	A310-300	280	280
600		64	2011/03/11	422.94	USD	A310-300	280	270
600		64	2011/04/08	422.94	USD	A310-300	280	277
600		64	2011/05/06	422.94	USD	A310-300	280	272
600		64	2011/06/03	422.94	USD	A310-300	280	278
600		64	2011/07/01	422.94	USD	A310-300	280	276
600		64	2011/07/29	422.94	USD	A310-300	280	42
600		64	2011/08/26	422.94	USD	A310-300	280	0
600		64	2011/09/23	422.94	USD	A310-300	280	111

1. 追加 CELL COLOR 字段

在内表中参照 LVC_T_SCOL 追加用于显示 line color 的字段。

2．设置 CTAB_FNAME 字段

在 ALV 布局设定中设置用于指定单元格颜色的字段。CELLCOLOR 不是存储变更颜色的字段变量，而是存储输出表中要修改颜色的单元格信息的内表。

3．指定单元格颜色

根据 PLANE TYPE 追加可以指定颜色的代码。

[例 15-22]中的：

③-①字段为 PLANETYPE 时才会修改颜色。若注释掉 IF 语句，则整行颜色都被修改成与 Coloring Rows 一样的颜色。

③-②在 lt_color 内表中追加字段名与颜色信息。

③-③输出表 CELLCOLOR 字段中追加单元格信息和颜色。执行程序就会显示如[结果 15-22]所示的画面。

15.7.4 单元格显示成 Pushbutton 形式

以 Pushbutton 形式显示 ALV GRID 单元格，使用户单击相应单元格时可以跳到其他画面或者可以显示更多相关信息。单击 Pushbutton 时 ALV GRID 会调用 button_click 事件。为了做此练习，需要在内表中追加如下句所示的 LVC_T_STYL 类型字段。

```
DATA: BEGIN OF GT_OUTTAB OCCURS 0.
      INCLUDE STRUCTURE <DDIC-Struktur>.
DATA:     cellbtn TYPE LVC_T_STYL. "用 Pushbutton 追加要修改的字段
DATA: END OF GT  OUTTAB.
```

[例 15-23]

```
REPORT Z15_23.
~~~~省略~~~~
DATA: BEGIN OF gt_sflight OCCURS 0.
            INCLUDE STRUCTURE sflight.
①      DATA: chk         TYPE c.
      DATA: cellbtn    TYPE lvc_t_styl.
DATA: END OF gt_sflight.
~~~~省略~~~~
FORM setting_layout     CHANGING    p_layout TYPE lvc_s_layo.
            p_layout-stylefname = 'CELLBTN'.
ENDFORM.
~~~~省略~~~~
② FORM setting_cell .
  DATA : lt_cellbtn    TYPE lvc_t_styl,
         ls_cellbtn    TYPE lvc_s_styl,
         ls_fieldcat TYPE lvc_s_fcat,
         l_mode           TYPE raw4,
         index            TYPE i.

* Display cell as PUSHBUTTON
  CLEAR index.
  LOOP AT gt_sflight.
    index = index + 1.
    CLEAR: lt_cellbtn[], ls_cellbtn.

    LOOP AT gt_fieldcat INTO ls_fieldcat.
```

```
            ls_cellbtn-fieldname = ls_fieldcat-fieldname.

③           IF ls_cellbtn-fieldname EQ 'CHK'.
              ls_cellbtn-fieldname = 'CHK'.
              ls_cellbtn-style       = cl_gui_alv_grid=>mc_style_button.
            ENDIF.
            INSERT ls_cellbtn INTO TABLE lt_cellbtn.

          ENDLOOP.
          INSERT LINES OF lt_cellbtn INTO TABLE gt_sflight-cellbtn.

          MODIFY gt_sflight INDEX index.
          CLEAR    gt_sflight.

        ENDLOOP.

    ENDFORM.                              " SETTING_CELL

⑤   CLASS lcl_event_receiver DEFINITION.
        PUBLIC SECTION.
            ~~~~省略~~~~
            METHODS : handle_button_click
                FOR EVENT button_click OF CL_GUI_ALV_GRID
                IMPORTING es_col_id es_row_no.
        PRIVATE SECTION.
    ENDCLASS.                              "lcl_event_receiver DEFINITION
    ~~~~省略~~~~
⑥   CLASS lcl_event_receiver IMPLEMENTATION.
            METHOD handle_button_click.
        CLEAR gt_sflight.
        READ TABLE gt_sflight INDEX es_row_no-row_id into gs_sflight.
        IF SY-SUBRC eq 0.
            MESSAGE     gs_sflight-carrid TYPE 'I'.
        ENDIF.
        ENDMETHOD.                              "handle_on_entered
    ENDCLASS.                              "lcl_event_receiver IMPLEMENTATION
    ~~~~省略~~~~
    FORM setting_event .
④       CREATE OBJECT event_receiver.
        SET HANDLER event_receiver->handle_button_click    FOR g_grid.
    ENDFORM.                              " setting_event
```

[结果 15-23]

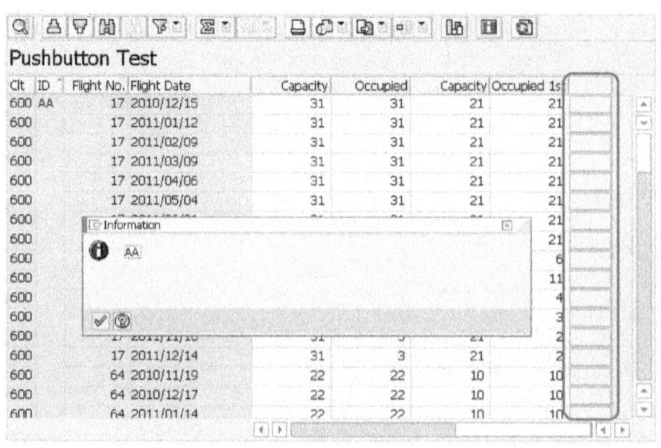

1．追加 Pushbutton 字段与单元格样式字段

CHK 字段是用于显示 Pushbutton 的字段，CELLBTN 字段是用于存储 Pushbutton 等样式信息的字段

2．设置 STYLEFNAME 字段

在 ALV 布局设定中指定 STYLEFNAME 设置字段

3．Pushbutton 处理

设置 CHK 字段显示成 Pushbutton。与 Coloring Cell 逻辑相似。

4．注册单击按钮的事件

注册单击 Pushbutton 时触发的事件控制方法。

5．定义事件方法

定义事件方法。

6．实现事件方法

追加单击按钮时读取相应行 carrid 字段值显示信息窗口的代码。

第 16 章　Function ALV

本章目录	本章介绍
1. 概要 2. 详细了解 Function ALV 函数 3. 练习 Function ALV	本章介绍如 GRID ALV 一样，在实际业务中最常用的旧式方法 Function ALV。Function ALV 里面也使用着 CLASS 且与利用 GRID 的 ALV 有相似的功能。

16.1　概要

Function ALV 从名字中可以推出，是由 Function(函数)形式提供，因此开发者只需适当使用以有的功能即可。没有必要创建屏幕也没有必要一一写出代码，因此可认为是生产性比较高的方法。出于这种原因，旧式 Function ALV 依然在实际业务中广泛使用，与利用 GRID(Objet 基础)的 ALV 一起会持续使用 。

SAP 公司在 SLIS 开发包中提供与 Function ALV 相关的很多实例。通过本章了解 Function ALV 的结构和实现方法后找一个适当的例题运用即可。

Report-1 类型程序的主要功能是通过 WRITE 语句为用户提供方便的报表数据。与此功能类似的就是利用 Function ALV 创建的报表。利用 REUSE_ALV_LIST_DISPLAY 函数实现此类型 ALV。

[例 16-1]

```
REPORT   z16_01.

DATA gt_itab TYPE TABLE OF sflight.

SELECT * FROM sflight INTO TABLE gt_itab
UP TO 25 ROWS.

CALL FUNCTION 'REUSE_ALV_LIST_DISPLAY'
    EXPORTING
        i_structure_name = 'SFLIGHT'
    TABLES
        t_outtab = gt_itab.
```

[结果 16-1]

Program Z16_01

ID	No.	Date	Airfare	Curr.	Plane Type	Capacity	Occupied	Booking total	Capacity
AA	17	2010-12-15	422.94	USD	747-400	385	379	197,200.19	31
AA	17	2011-01-12	422.94	USD	747-400	385	381	198,862.29	31
AA	17	2011-02-09	1.00	USD	747-400	385	382	198,815.85	31
AA	17	2011-03-09	422.94	USD	747-400	385	385	199,594.00	31
AA	17	2011-04-06	100.00	USD	747-400	385	385	199,086.58	31
AA	17	2011-05-04	422.94	USD	747-400	385	385	199,754.77	31
AA	17	2011-06-01	422.94	USD	747-400	385	385	199,928.18	31
AA	17	2011-06-29	422.94	USD	747-400	385	382	197,301.66	31
AA	17	2011-07-27	422.94	USD	747-400	385	101	52,749.10	31
AA	17	2011-08-24	422.94	USD	747-400	385	198	101,966.75	31
AA	17	2011-09-21	422.94	USD	747-400	385	72	37,476.78	31
AA	17	2011-10-19	422.94	USD	747-400	385	62	31,437.16	31
AA	17	2011-11-16	422.94	USD	747-400	385	42	21,138.54	31
AA	17	2011-12-14	422.94	USD	747-400	385	36	18,503.64	31
AA	64	2010-11-19	422.94	USD	A310-300	280	280	138,838.64	22
AA	64	2010-12-17	422.94	USD	A310-300	280	280	137,954.70	22
AA	64	2011-01-14	422.94	USD	A310-300	280	280	138,513.01	22
AA	64	2011-02-11	422.94	USD	A310-300	280	280	137,709.43	22
AA	64	2011-03-11	422.94	USD	A310-300	280	270	133,281.24	22
AA	64	2011-04-08	422.94	USD	A310-300	280	277	137,383.78	22
AA	64	2011-05-06	422.94	USD	A310-300	280	272	134,659.95	22
AA	64	2011-06-03	422.94	USD	A310-300	280	278	137,333.04	22
AA	64	2011-07-01	422.94	USD	A310-300	280	276	136,618.29	22
AA	64	2011-07-29	422.94	USD	A310-300	280	42	21,053.98	22
AA	64	2011-08-26	422.94	USD	A310-300	280	0	0.00	22

从[结果 16-1]中可以看出，可以利用简单的代码实现排序、字段、下载等基本功能。将[例 16-1]利用 GRID 函数修改后执行程序。

```
CALL FUNCTION 'REUSE_ALV_GRID_DISPLAY'
```

[例 16-2]

```
REPORT   Z16_02..

DATA gt_itab TYPE TABLE OF sflight.

SELECT * FROM sflight INTO TABLE gt_itab
UP TO 25 ROWS.

CALL FUNCTION 'REUSE_ALV_GRID_DISPLAY'
     EXPORTING
          i_structure_name = 'SFLIGHT'
     TABLES
          t_outtab              = gt_itab.
```

[结果 16-2]

Report Z16_02

ID	No.	Flight Date	Airfare	Curr.	Plane Type	Capacity	Occupied	Booking total	Capacity	Occupied	Capacity	Occupied 1st
A	17	2010-12-15	422.94	USD	747-400	385	379	197,200.19	31	31	21	21
AA	17	2011-01-12	422.94	USD	747-400	385	381	198,862.29	31	31	21	21
AA	17	2011-02-09	1.00	USD	747-400	385	382	198,815.85	31	31	21	21
AA	17	2011-03-09	422.94	USD	747-400	385	385	199,594.00	31	31	21	21
AA	17	2011-04-06	100.00	USD	747-400	385	385	199,086.58	31	31	21	21
AA	17	2011-05-04	422.94	USD	747-400	385	385	199,754.77	31	31	21	21
AA	17	2011-06-01	422.94	USD	747-400	385	385	199,928.18	31	31	21	21
AA	17	2011-06-29	422.94	USD	747-400	385	382	197,301.66	31	31	21	21
AA	17	2011-07-27	422.94	USD	747-400	385	101	52,749.10	31	8	21	6
AA	17	2011-08-24	422.94	USD	747-400	385	198	101,966.75	31	16	21	11
AA	17	2011-09-21	422.94	USD	747-400	385	72	37,476.78	31	6	21	4
AA	17	2011-10-19	422.94	USD	747-400	385	62	31,437.16	31	5	21	3
AA	17	2011-11-16	422.94	USD	747-400	385	42	21,138.54	31	3	21	2
AA	17	2011-12-14	422.94	USD	747-400	385	36	18,503.64	31	3	21	2
AA	64	2010-11-19	422.94	USD	A310-300	280	280	138,838.64	22	22	10	10
AA	64	2010-12-17	422.94	USD	A310-300	280	280	137,954.70	22	22	10	10
AA	64	2011-01-14	422.94	USD	A310-300	280	280	138,513.01	22	22	10	10
AA	64	2011-02-11	422.94	USD	A310-300	280	280	137,709.43	22	22	10	10

[结果 16-2]是把 Function ALV 以 GRID 形式输出的方法。比起 write 语句显示的报表提供比较专业性的报表样式，从而为用户提供更灵活的报表使用方法。

16.2 详细了解 Function ALV 函数

Function ALV 中使用的'REUSE_ALV_GRID_DISPLAY' 函数是最基本且最重要的方法。调用方法时需要参照 ABAP 数据字典结构或者需要定义字段目录。前者是指参照前面实例中的 EXPORTING I_STRUCTURE_NAME = 'SFLIGHT'一样参照 SFLIGHT 表等结构的方法，后者是指利用代码直接构成 ALV 的方法。

另外，调用'REUSE_ALV_GRID_DISPLAY' 函数时利用如下所示的参数执行程序之前排序表，也可以使用过滤字段(Filtering)的功能。

CALL FUNCTION 'REUSE_ALV_GRID_DISPLAY'	
EXPORTING 　I_CALLBACK_PROGRAM	调用 ALV 函数返回的程序

I_CALLBACK_PF_STATUS_SET	设置 ALV 程序内的 STATUS
I_CALLBACK_USER_COMMAND	实现 ALV 程序的按钮功能, FORM 语句名
I_STRUCTURE_NAME	设置 ALV 结构 ：结构体，表
I_GRID_TITLE	ALV GRID 的表头标题
I_GRID_SETTINGS	设置 AlV GRID(编辑时立即调用事件等)
IS_LAYOUT	设置 ALV 布局
IT_FIELDCAT	设置 ALV 的构成项目字段(字段目录)
IT_EXCLUDING	删除 ALV 基本按钮的项目
IT_SORT	显示 ALV 时设置基本排序字段
IT_FILTER	显示 ALV 时设置过滤字段
I_SAVE	保存 ALV 布局的选项
IS_VARIANT	设置成保存 ALV 布局后调用的模式
IT_EVENTS	定义 ALV 事件
TABLES	
T_OUTTAB	ALV 上要输出的数据

下面了解一下 ALV 调用函数的各个参数的具体功能。

16.2.1 了解 I_CALLBACK_PF_STATUS_SET 参数

如[图 16-1]所示，追加结束 ALV 程序的按钮后实现当用户单击相应按钮时结束 ALV 的功能。

图 16-1　实现 ALV　PF-STATUS 功能

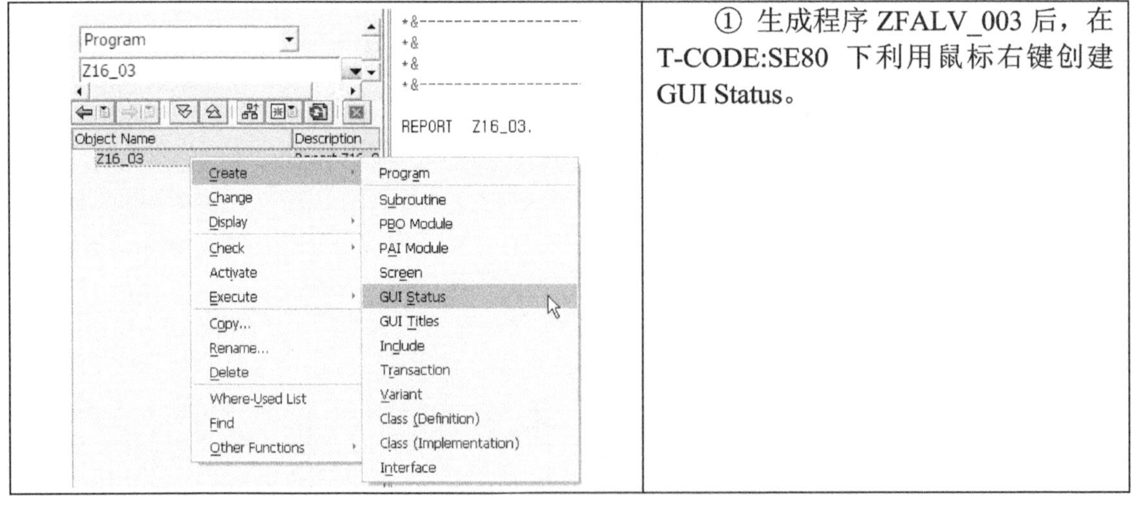	① 生成程序 ZFALV_003 后，在 T-CODE:SE80 下利用鼠标右键创建 GUI Status。

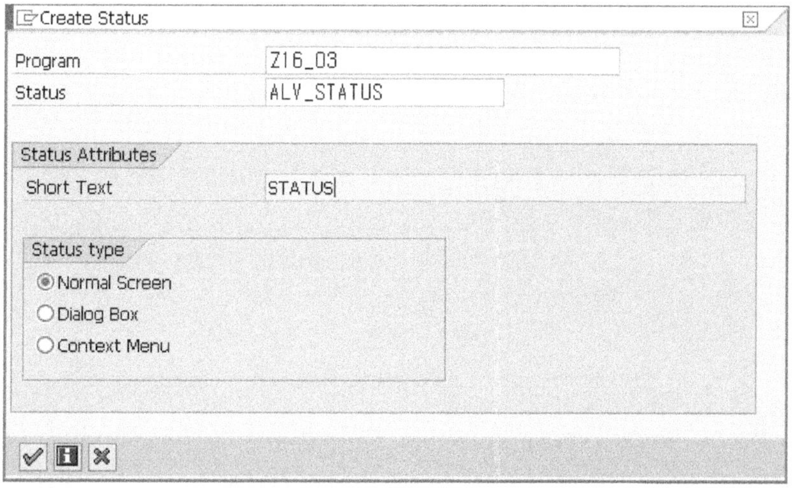

② 名字指定为 ALV_STATUS 后输入适当的描述后选择 Normal Screen。

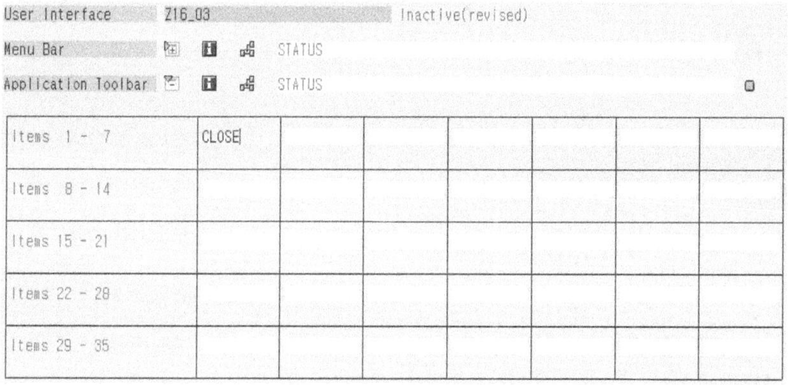

③ 选择应用程序工具栏的 （展开）按钮后双击字段。

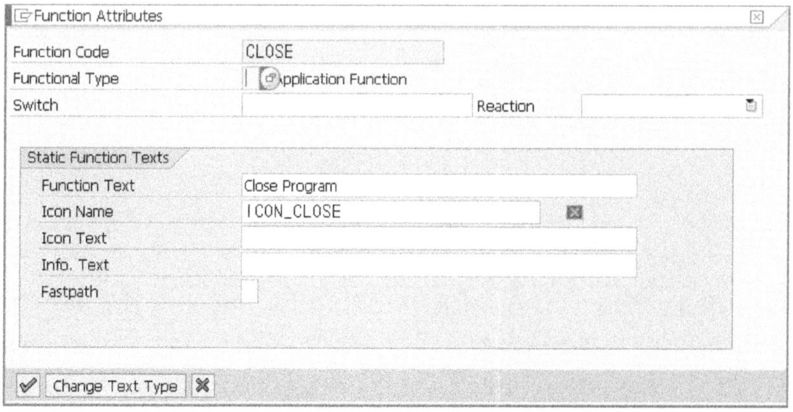

④ 输入 Function 文本和按钮名后按〈Enter〉键。然后激活。

⑤ 回到 ABAP 编辑器后定义类型组 SLIS 和追加事件所需的变量，如下代码所示。

```
REPORT    16_03.

TYPE-POOLS : SLIS.

DATA GT_EVENTS          TYPE SLIS_T_EVENT.
DATA GS_EVENT           TYPE SLIS_ALV_EVENT.
```

⑥ 为了取出 ALV 上显示的数据追加内表和 SELECT 语句。

```
DATA GT_ITAB              TYPE TABLE OF SFLIGHT.

SELECT * FROM SFLIGHT INTO TABLE GT_ITAB
UP TO 25 ROWS.
```

⑦ 此语句是调用 ALV 程序时画面上设置 GUI Status 的语句。

1）GS_EVENT-NAME：设置 ALV 标准函数内的 ALV 事件名字。ALV 事件名已经存在。

2）GS_EVENT-FORM：在调用 ALV 的程序内设置 GUI Status 的 FORM 语句。

```
MOVE      'PF_STATUS_SET'    TO   GS_EVENT-NAME.
MOVE      'ALV_STATUS_SET'   TO   GS_EVENT-FORM.
APPEND    GS_EVENT           TO   GT_EVENTS.
```

⑧ 介绍 ALV_SATATUS_SET FORM 语句的功能。

在画面上追加之前生成的 ALV_STATUS 的功能。

```
FORM ALV_STATUS_SET   USING PT_EXTAB   TYPE SLIS_T_EXTAB .


  CLEAR: PT_EXTAB[].
  SET PF-STATUS 'ALV_STATUS'.


ENDFORM.                        "ALV_STATUS_SET
```

⑨ 下面在调用 ALV 函数中使用事件参数。

```
CALL FUNCTION 'REUSE_ALV_GRID_DISPLAY'
  EXPORTING
it_events               = gt_events
    i_structure_name     = 'SFLIGHT'
  TABLES
    t_outtab              = gt_itab.
```

ALV test

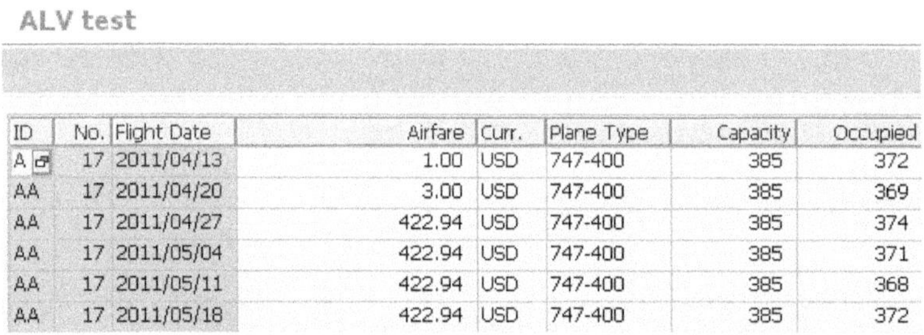

ID	No.	Flight Date	Airfare	Curr.	Plane Type	Capacity	Occupied
A	17	2011/04/13	1.00	USD	747-400	385	372
AA	17	2011/04/20	3.00	USD	747-400	385	369
AA	17	2011/04/27	422.94	USD	747-400	385	374
AA	17	2011/05/04	422.94	USD	747-400	385	371
AA	17	2011/05/11	422.94	USD	747-400	385	368
AA	17	2011/05/18	422.94	USD	747-400	385	372

⑩ ALV 画面上没有显示“关闭”功能按钮。

⑪ 重新回到 ABAP 编辑器后在 I_CALLBACK_PROGRAM 参数中设置系统变量 SY-REPID。但是不要直接使用 SY-REPID 系统变量，最好定义一个变量后再使用。这是因为调用 ALV 的程序和 ALV 程序不同，因此在 ALV 程序内传递现在调用的程序名还有在 ALV 程序内调用的程序的 ALV_SATATUS_SET。此过程可参照[图 16-2]。

```
CALL FUNCTION 'REUSE_ALV_GRID_DISPLAY'
  EXPORTING
    i_callback_program = sy-repid
    it_events             = gt_events
    i_structure_name     = 'SFLIGHT'
  TABLES
    t_outtab              = gt_itab.
```

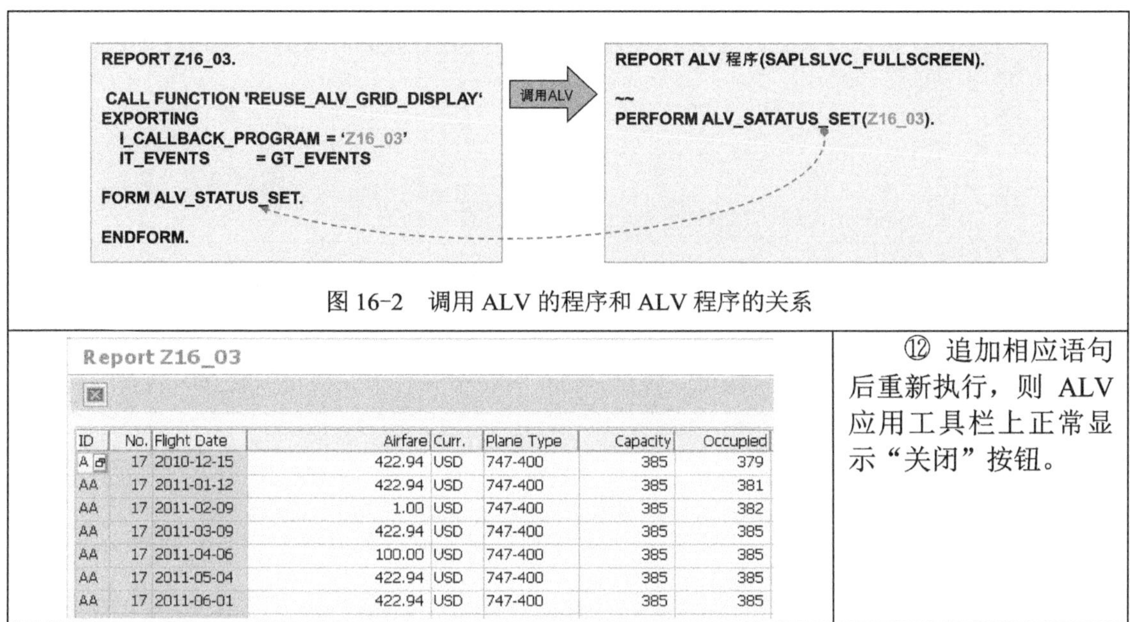

图 16-2 调用 ALV 的程序和 ALV 程序的关系

⑫ 追加相应语句后重新执行，则 ALV 应用工具栏上正常显示“关闭”按钮。

通过 REUSE_ALV_EVENTS_GET 函数就很容易知道 ALV 中可以使用的事件名。在[图 16-3]的调试画面上查看 lt_events 内表的数据就能知道第 8 行有 PF_STATUS_SET 事件名。

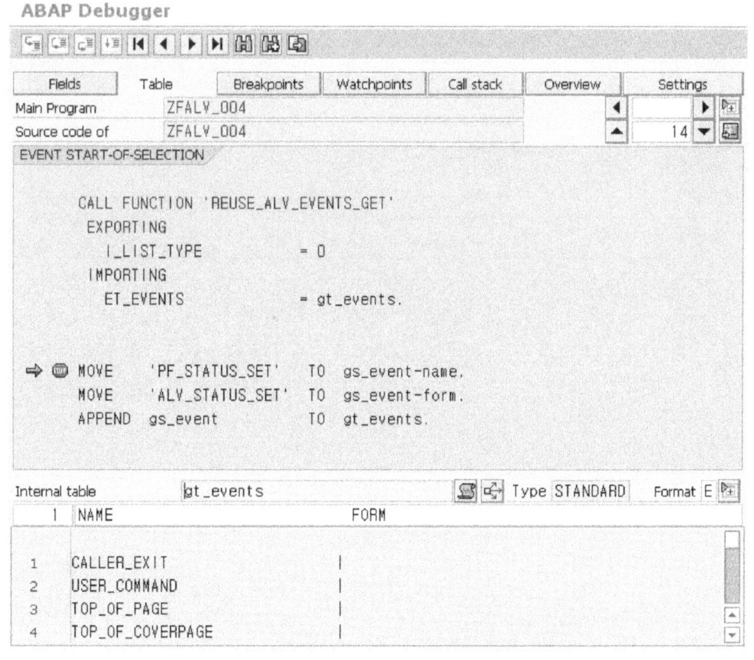

图 16-3 取出 ALV 事件的函数调试画面

16.2.2 观察 I_CALLBACK_USER_COMMAND 参数

下面追加一下当用户单击 ALV 程序的⊠按钮时结束画面的逻辑。

下面用 REUSE_ALV_GRID_DISPLAY 函数中的 i_callback_user_command 参数来实现。

① 复制在前面生成的 Z16_03 函数创建新程序，如左图所示。

② 追加下面有阴影的参数。此时可以任意指定 ALV_USER_USER_COMMAND 名字。

```
CALL FUNCTION 'REUSE_ALV_GRID_DISPLAY'
  EXPORTING
    i_callback_program       = sy-repid
    it_events                = gt_events
    i_structure_name         = 'SFLIGHT'
    i_callback_user_command = 'ALV_USER_COMMAND'
  TABLES
    t_outtab                 = gt_itab.
```

③ 创建与 ALV_USER_USER_COMMAND 相同名的 FORM 语句后，为了确认当用户单击按钮时传递的命令追加设断点的语句。

```
FORM alv_user_command USING p_ucomm       LIKE sy-ucomm
                            p_selfield TYPE slis_selfield.

  BREAK-POINT.

ENDFORM.                    " ALV_USER_COMMAND
```

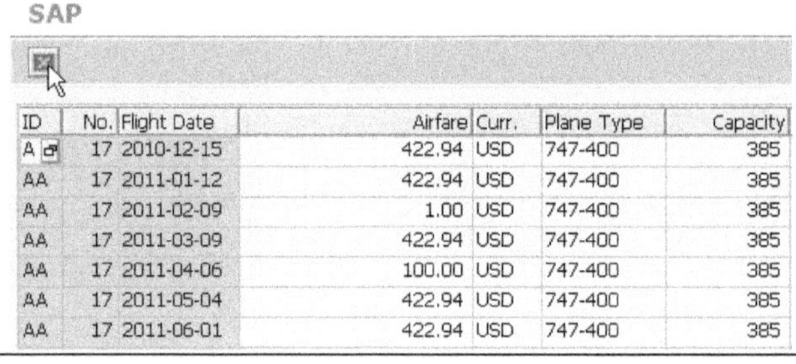

ID	No.	Flight Date	Airfare	Curr.	Plane Type	Capacity
A	17	2010-12-15	422.94	USD	747-400	385
AA	17	2011-01-12	422.94	USD	747-400	385
AA	17	2011-02-09	1.00	USD	747-400	385
AA	17	2011-03-09	422.94	USD	747-400	385
AA	17	2011-04-06	100.00	USD	747-400	385
AA	17	2011-05-04	422.94	USD	747-400	385
AA	17	2011-06-01	422.94	USD	747-400	385

④ 执行 ALV 程序后单击按钮。

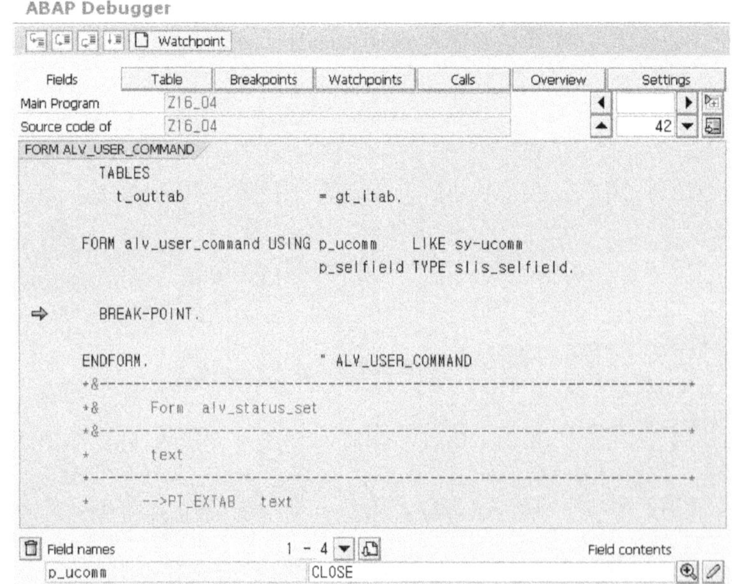

⑤ 回到 ABAP 编辑器后可以确认 P_UCOMM 变量中保存着 CLOSE 值。这值是在本节前面的 GUI STATUS 中设置的。

⑥ p_ucomm 变量中传递 CLOSE 值后追加结束程序的语句。然后执行程序后选择☒按钮会正常结束程序。

```
FORM alv_user_command USING p_ucomm      LIKE sy-ucomm
                            p_selfield TYPE slis_selfield.

  CASE p_ucomm.
    WHEN 'CLOSE'.
      LEAVE PROGRAM.
    WHEN OTHERS.

  ENDCASE.

ENDFORM.                    " ALV_USER_COMMAND
```

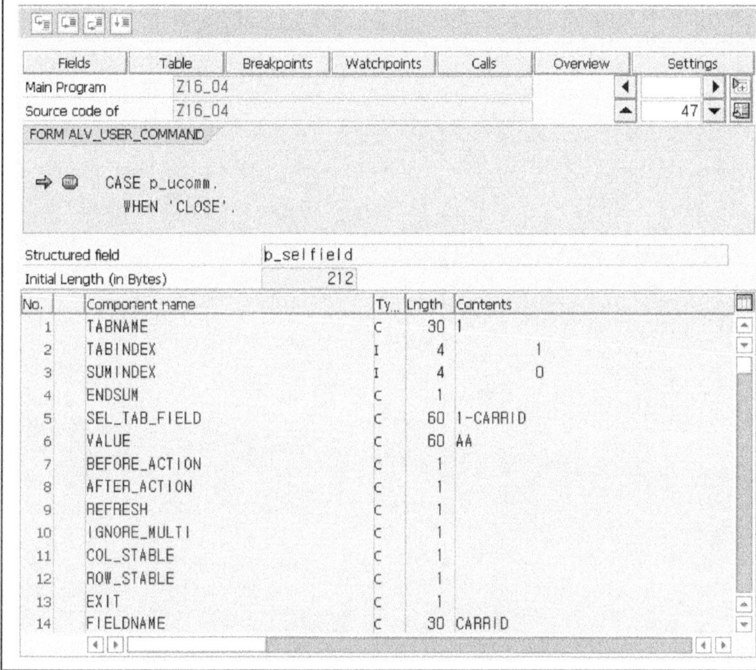

⑦ 当执行 FORM 语句时 p_selfield 参数中返回在 ALV 中用户选择的现在单元格的信息。左图中显示选择的内表的第 9 行 INDEX，字段名为‘CARRID’，值为‘QA’。

<Tip.复制 ALV 标准 GUI STATUS>

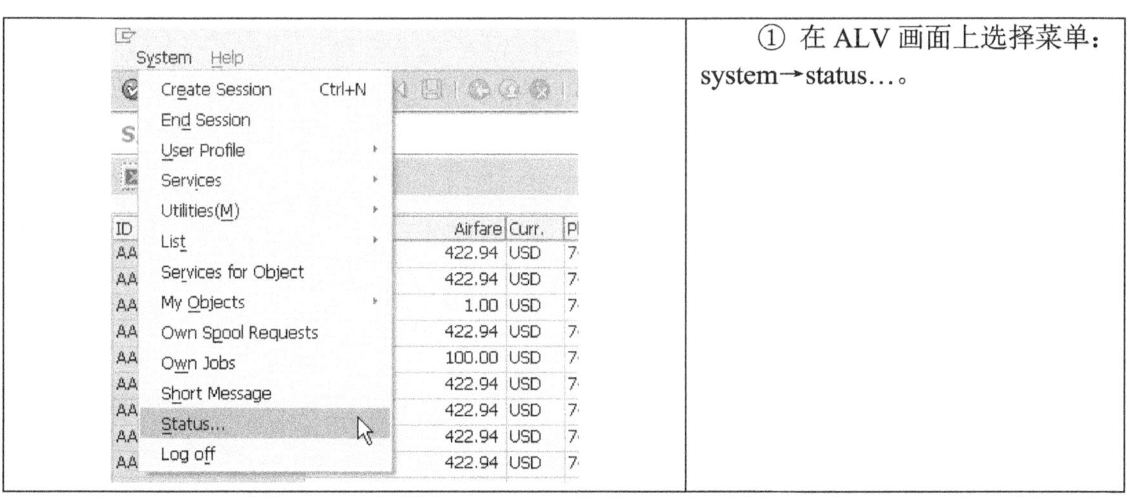

① 在 ALV 画面上选择菜单：system→status…。

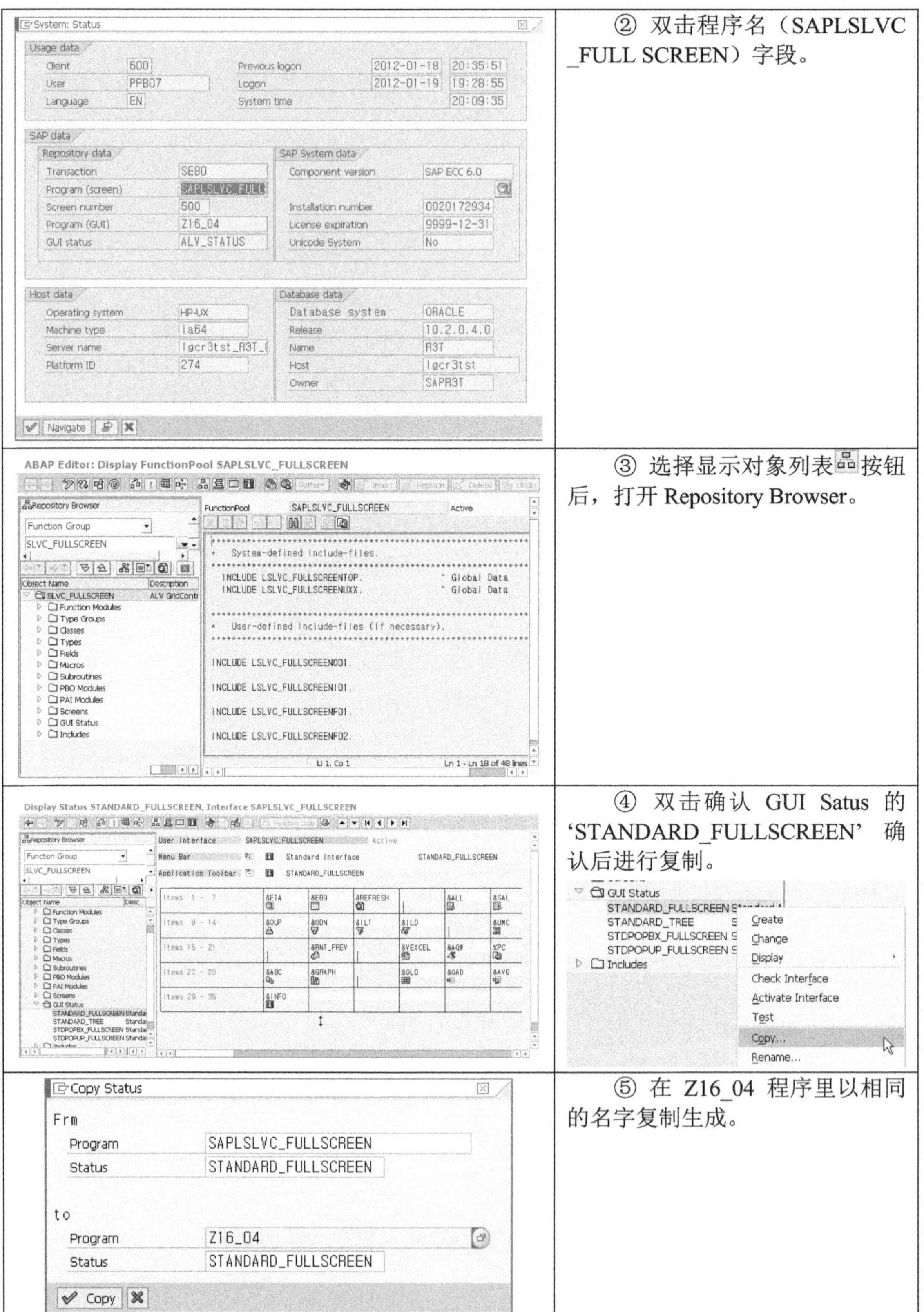

② 双击程序名（SAPLSLVC_FULL SCREEN）字段。

③ 选择显示对象列表按钮后，打开 Repository Browser。

④ 双击确认 GUI Satus 的‘STANDARD_FULLSCREEN’ 确认后进行复制。

⑤ 在 Z16_04 程序里以相同的名字复制生成。

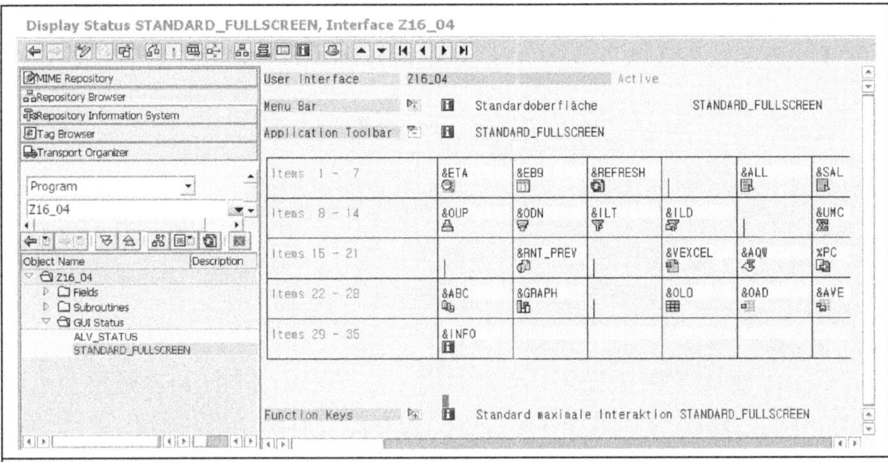

⑥ 移动到 Z16_04 程序后确认刚复制的 GUI STATUS 后进行激活。

⑦ 注释在画面上追加‘ALV_STATUS’的语句，追加标准 ALV STATUS 语句后激活程序。

```
FORM alv_status_set   USING pt_extab   TYPE slis_t_extab .

  CLEAR: pt_extab[].
*   SET PF-STATUS 'ALV_STATUS'.
    SET PF-STATUS 'STANDARD_FULLSCREEN'.

ENDFORM.                    "ALV_STATUS_SET
```

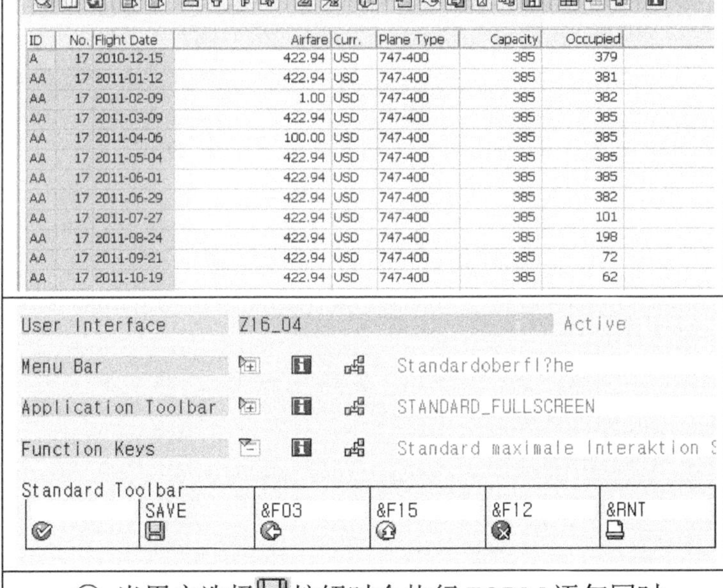
SAP

ID	No.	Flight Date	Airfare	Curr.	Plane Type	Capacity	Occupied
A	17	2010-12-15	422.94	USD	747-400	385	379
AA	17	2011-01-12	422.94	USD	747-400	385	381
AA	17	2011-02-09	1.00	USD	747-400	385	382
AA	17	2011-03-09	422.94	USD	747-400	385	385
AA	17	2011-04-06	100.00	USD	747-400	385	385
AA	17	2011-05-04	422.94	USD	747-400	385	385
AA	17	2011-06-01	422.94	USD	747-400	385	385
AA	17	2011-06-29	422.94	USD	747-400	385	382
AA	17	2011-07-27	422.94	USD	747-400	385	101
AA	17	2011-08-24	422.94	USD	747-400	385	198
AA	17	2011-09-21	422.94	USD	747-400	385	72
AA	17	2011-10-19	422.94	USD	747-400	385	62

⑧ 激活程序，可以确认 ALV 标准按钮。这种按钮的功能已经在 ALV 函数中实现，因此开发者不追加相应代码也可以正常使用。

User Interface Z16_04 Active
Menu Bar Standardoberfl?he
Application Toolbar STANDARD_FULLSCREEN
Function Keys Standard maximale Interaktion
Standard Toolbar

	SAVE	&F03	&F15	&F12	&RNT

⑨ 若想把标准按钮的功能用于其他用途，则修改 Function Code 即可。然后在 ALV_USER_USER_COMMAND 中追加代码。左图是把&DATA_SAVE 修改成‘SAVE’的实例。

⑩ 当用户选择按钮时会执行 FORM 语句同时 p_ucomm 变量中存储‘SAVE’值而调用 MODIFY 语句。

```
FORM alv_user_command USING p_ucomm      LIKE sy-ucomm
                            p_selfield TYPE slis_selfield.

  CASE p_ucomm.
    WHEN 'CLOSE'.
      LEAVE PROGRAM.
    WHEN 'SAVE'.
```

```
            MODIFY sflight FROM TABLE gt_itab.
          WHEN OTHERS.
        ENDCASE.

      ENDFORM.                          " ALV_USER_COMMAND
```

16.2.3 it_fieldcat 参数和字段目录说明

字段目录包含要显示在 ALV 上字段信息的 slis_t_fieldcat_alv 类型的表结构。ALV 利用存储字段目录信息的内表识别字段类型。例如，区分字段的数据类型，指定要显示在画面上的字段长度，显示成单选按钮，修改字段的可编辑性等。

在前例题中是利用 ABAP 数据字典创建了 ALV 结构。不过还有个方法，就是不使用函数，直接用代码构成字段目录。此时如下图所示使用参数的方法会有所不同。

① 利用 ABAP 数据字典的 ALV	② 利用字段目录的 ALV
CALL FUNCTION 'REUSE_ALV_GRID_DISPLAY' EXPORTING **i_structure_name = 'SFLIGHT'** TABLES t_outtab = gt_itab.	CALL FUNCTION 'REUSE_ALV_GRID_DISPLAY' EXPORTING **it_fieldcat = gt_fieldcat** TABLES t_outtab = gt_itab.

和利用类创建 ALV 的方法一样，定义字段目录的方法有以下三种。

- 利用 ABAP 数据字段对象的方法。
- 在程序内利用代码（手动）创建的方法 – 通过字段目录。
- 混合使用上面两种方法。

可以混合使用 ABAP 数据字典对象（结构体、表）和字段目录两种。字段目录主要适合用于追加结构体以外的自定义的字段。此时，若结构体与字段目录中存在相同的字段，则优先考虑字段目录中定义的字段属性。

下面利用字段目录创建有两个字段的比较简单的 ALV 程序。

首先，复制 Z16_04 程序创建 Z16_05 程序后追加以下代码。

① 分别定义字段目录内表与结构体。

```
REPORT  z16_05.

TYPE-POOLS : slis.

DATA gt_fieldcat        TYPE   slis_t_fieldcat_alv.
DATA gs_fieldcat        TYPE   slis_fieldcat_alv.
```

② 字段目录中追加 CARRID、CONNID 这两个字段。

```
CLEAR : gs_fieldcat, gt_fieldcat.
gs_fieldcat-col_pos = 1.
gs_fieldcat-fieldname =   'CARRID'.
gs_fieldcat-seltext_m = 'Airline Code'.
APPEND gs_fieldcat TO gt_fieldcat.

CLEAR : gs_fieldcat.
gs_fieldcat-col_pos = 2.
gs_fieldcat-fieldname =   'CONNID'.
gs_fieldcat-seltext_m = 'Connection Number'.
APPEND gs_fieldcat TO gt_fieldcat.
```

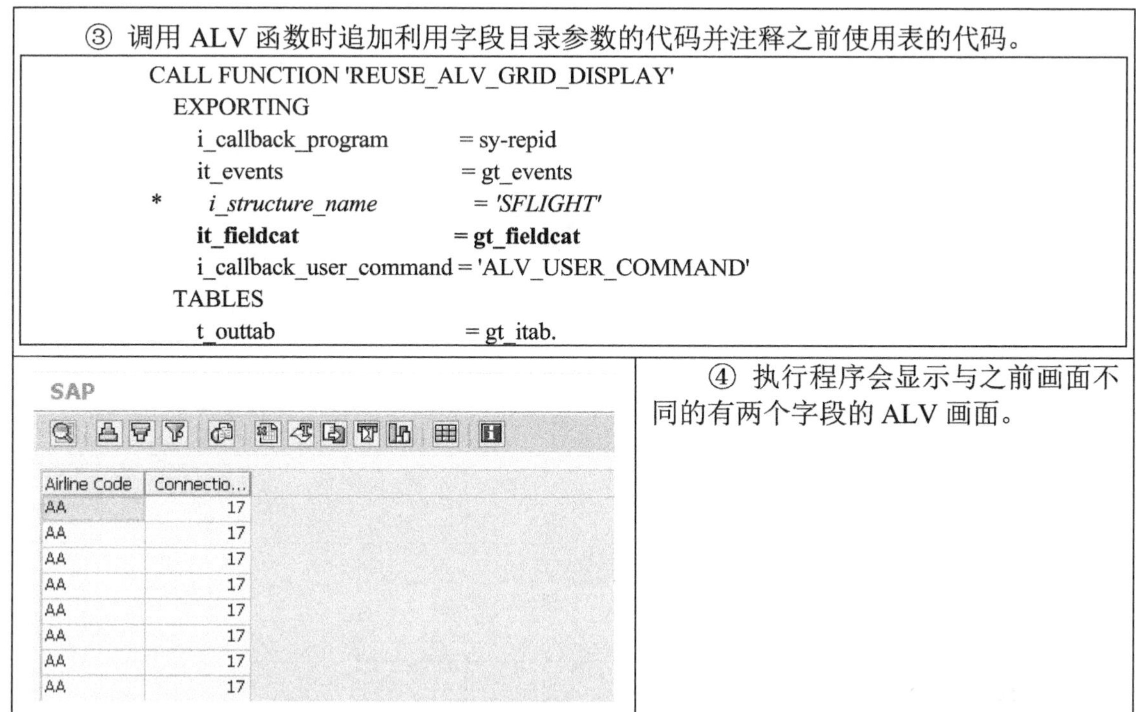

③ 调用 ALV 函数时追加利用字段目录参数的代码并注释之前使用表的代码。

```
CALL FUNCTION 'REUSE_ALV_GRID_DISPLAY'
  EXPORTING
    i_callback_program       = sy-repid
    it_events                = gt_events
*     i_structure_name         = 'SFLIGHT'
    it_fieldcat              = gt_fieldcat
    i_callback_user_command = 'ALV_USER_COMMAND'
  TABLES
    t_outtab                 = gt_itab.
```


④ 执行程序会显示与之前画面不同的有两个字段的 ALV 画面。

字段目录属性如[图 16-4]所示已经在 SLIS 中定义。

利用 ALV 函数的字段目录中经常使用的属性如[表 16-1]所示。与利用类创建 ALV 的字段目录几乎相似。

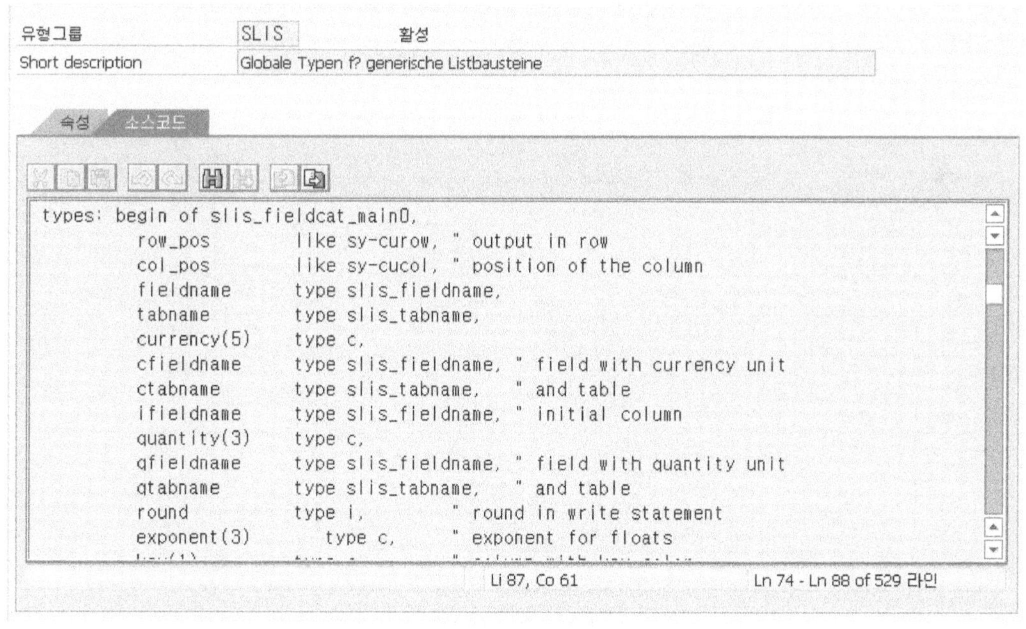

图 16-4　SLIS 类型组

表 16-1　字段目录属性

字段目录属性	描　述	使 用 目 的
ROW_POS	只有在 ALV 列表中使用	在第几行输出字段
COL_POS	字段的输出顺序	字段输出选项
FIELDNAME	ALV 控制：数据库中列组的字段名称	输出表字段
TABNAME	内表名	输出内表名
CURRENCY	货币（Currency）单位	根据单位输出相应值
CFIELDNAME	参照 Currency 单位的字段名	根据单位输出相应值
CTABNAME	参照 Currency 单位的表名	根据单位输出相应值
QUANTITY	数量单位	根据单位输出相应值
QFIELDNAME	参照单位字段名	根据单位输出相应值
QTABNAME	参照单位的内表名	根据单位输出相应值
ROUND	ALV 控制：ROUND 值	字段值样式
EXPONENT	ALV 控制：流动表示的指数	字段值样式
KEY	ALV 控制：关键字段 关键字段，前面变蓝色	字段输出选项
ICON	ALV 控制：作为图标输出 此列作为图标输出	字段值样式
SYMBOL	ALV 控制：输出作为符号	字段值样式
CHECKBOX	用于设置复选框	字段输出选项
JUST	ALV 控制：对齐 对齐方式: 'R': right justified 'L': left justified 'C': centered	字段值样式
LZERO	ALV 控制：是否输出前导零，　‘X’为输出	字段值样式
NO_SIGN	ALV 控制：抑制输出符号，‘X’为输出	字段值样式
NO_ZERO	ALV 控制：删除零，‘X’为删除	字段值样式
EDIT_MASK	ALV 控制：字段是否为编辑模式，‘X’为可编辑	字段值样式
EMPHASIZE	ALV 控制：带有颜色的高亮列	字段输出选项
FIX_COLUMN	ALV 控制:设置固定字段	设置滚动条固定领域
DO_SUM	ALV 控制:显示合计	字段输出选项
NO_OUT	ALV 控制：不输出列，‘X’为隐藏此列	字段输出选项
TECH	控制：技术字段	字段输出选项
OUTPUTLEN	ALV 控制：列的字符宽度	字段输出选项
SCRTEXT_L	长字段标签（40 字节）	文本
SCRTEXT_M	中字段标签（20 字节）	文本
SCRTEXT_S	短字段标签（10 字节）	文本
DDICTXT	ALV 控制：确定参照 DDIC 文本	文本
ROLLNAME	ALV 控制：F1 帮助的数据元素	不参照 DDIC
INTTYPE	ABAP 数据类型（C,D,N,...）ABAP 数据类型（C,D,N,...）	不参照 DDIC
INTLEN	以字节计的内部长度，　内容的长度	不参照 DDIC
LOWERCASE	允许/不允许小写字母，‘X’为允许大小写	字段输出选项
EDIT	编辑模式	GRID ALV 字段编辑模式
INPUT	可输入模式	可输入列表 ALV

（续）

字段目录属性	描　　述	使 用 目 的
REF_FIELNAME	关于内表字段的参照字段名	参照 ABAP 数据字典
REF_TABNAME	关于内表字段的参照表名	参照 ABAP 数据字典
ROUNDFIELDNAME	有 ROUND 特性的字段名	字段值样式
ROUNDTABNAME	有 ROUND 特性的表名	字段值样式
DECIMALS_OUT	定义小数点位数	字段值样式
DECMLFIELDNAME	定义小数点字段	字段值样式
DECMLTABNAME	小数点表名	字段值样式
HOTSPOT	ALV 控制：单击反应，‘X’时下面出现下划线，响应单击	字段输出选项
NO_SUM	ALV 控制：X 为没有合计	字段输出选项
SP_GROUP	代码组	其他字段

利用[表 16-1]中说明的字段目录属性中几个练习修改 ALV 属性的实例。

（1）设置主键

通过练习复制 Z16_05 创建 Z16_06 程序后，设置 CARRID 字段为主键。

① 字段目录属性 KEY 赋为‘X’后执行程序。

```
CLEAR : gs_fieldcat, gt_fieldcat.
gs_fieldcat-col_pos = 1.
gs_fieldcat-key = 'X'.
gs_fieldcat-fieldname =    'CARRID'.
gs_fieldcat-seltext_m = 'Airline Code'.
APPEND gs_fieldcat TO gt_fieldcat.
```

SAP

Airline Code	Connectio...
AA	17
AA	17
AA	17
AA	17
AA	17
AA	17
AA	17
AA	17
AA	17
AA	17
AA	17

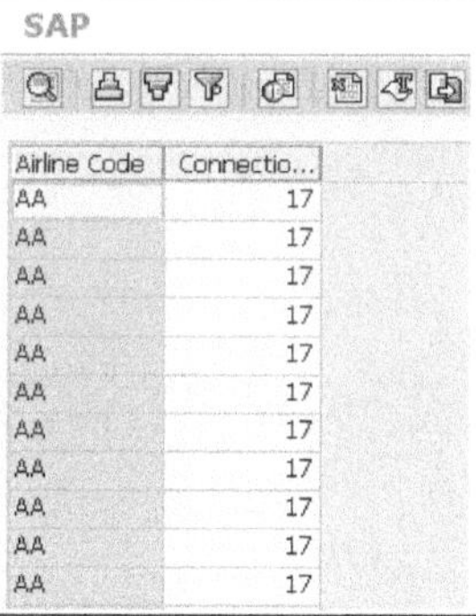

② Airline Code 字段变蓝色表明已被设置成主键。

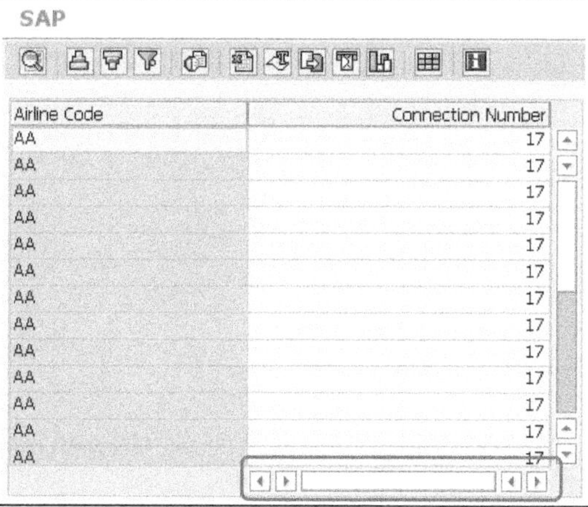

SAP

Airline Code	Connection Number
AA	17
AA	17
AA	17
AA	17
AA	17
AA	17
AA	17
AA	17
AA	17
AA	17
AA	17
AA	17
AA	17

③ 主键一般包含字段目录的 FIX_COLUMN 属性。这属性如作图所示，当 ALV 超过能显示的画面领域时，意味着滚动条被固定。

在不是主键的一般字段中设置字段属性 FIX_COLUMN =‘X’也会有相同的效果。

（2）设置 EDIT 字段属性

下面将 Connection Number ‘CONNID’字段修改成编辑模式。

① 字段目录属性 EDIT 中设置‘X’。

```
CLEAR : gs_fieldcat.
gs_fieldcat-col_pos = 2.
gs_fieldcat-edit ='X'.
gs_fieldcat-fieldname =    'CONNID'.
gs_fieldcat-seltext_m = 'Connection Number'.
APPEND gs_fieldcat TO gt_fieldcat.
```

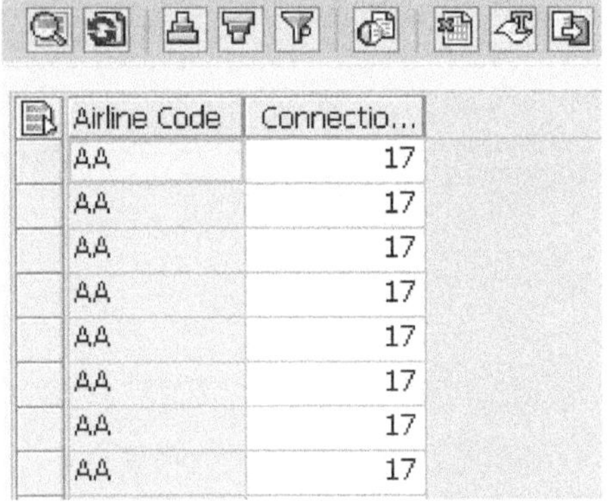

② Connection Number 字段成为可编辑状态即颜色变成白色。

（3）设置 EDIT_MAST 字段属性

追加 Flight Date 字段 FLDATE 以后日期变更为 2011/03/09 样式。

① 设置字段目录属性 EDIT_MASK 以“/”样式显示到画面上。

```
CLEAR : gs_fieldcat.
gs_fieldcat-col_pos = 3.
gs_fieldcat-fieldname =    'FLDATE'.
gs_fieldcat-seltext_m = 'Flight Date'.
gs_fieldcat-EDIT_MASK = '____/__/__'.
APPEND gs_fieldcat TO gt_fieldcat.
```

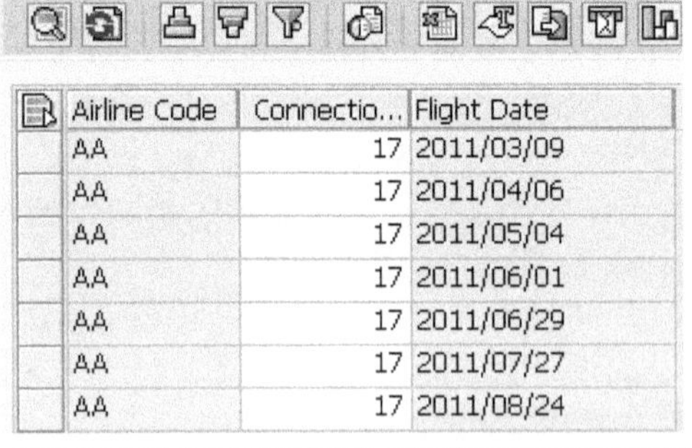

② 可以确认 Flight Date 字段日期以“/”符号区分显示。

此外的字段目录属性可通过练习进行测试。

<Tip. 修改内表字段目录>

利用函数 REUSE_ALV_FIELDCATALOG_MERGE，可以一次性把内表字段修改为 ALV 字段目录的字段。但此时一定要用旧式方法定义内表。

① 下面用旧式方法定义有 CARRID、CONNID、FLDATE 三个字段的内表。

```
DATA : BEGIN OF gt_itab OCCURS 0,
         carrid LIKE sflight-carrid,
         connid LIKE sflight-connid,
         fldate LIKE sflight-fldate,
         price   LIKE sflight-price,
       END OF gt_itab.
```

② 调用 REUSE_ALV_FIELDCATALOG_MERGE 函数，则字段目录信息会存储到内表 gt_fieldcat 中。

```
CALL FUNCTION 'REUSE_ALV_FIELDCATALOG_MERGE'
  EXPORTING
    i_program_name          = sy-repid
    i_internal_tabname      = 'GT_ITAB'
*     i_structure_name        =
    i_client_never_display = 'X'
    i_inclname              = sy-repid
    i_bypassing_buffer      = 'X'
    i_buffer_active         = 'X'
  CHANGING
    ct_fieldcat             = gt_fieldcat.
```

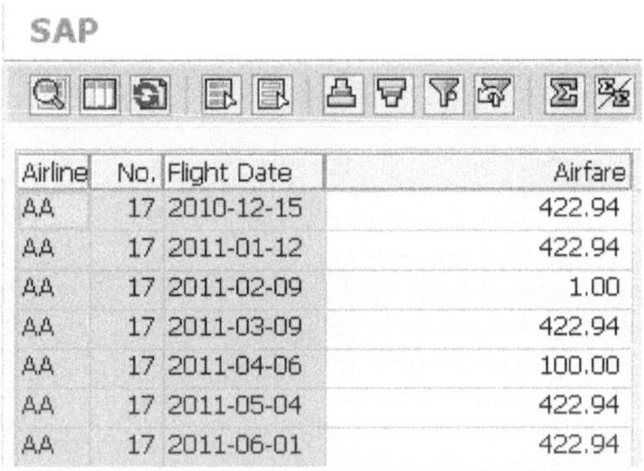

SAP

Airline	No.	Flight Date	Airfare
AA	17	2010-12-15	422.94
AA	17	2011-01-12	422.94
AA	17	2011-02-09	1.00
AA	17	2011-03-09	422.94
AA	17	2011-04-06	100.00
AA	17	2011-05-04	422.94
AA	17	2011-06-01	422.94

③ 执行程序，则会显示由 4 个字段构成的 ALV 画面。

16.2.4 is_layout 参数与 ALV 布局

利用 IS_LAYOUT 参数显示合计金额或者条纹式显示等 ALV 画面属性。

经常使用的 ALV 布局个别属性如[表 16-2]所示。

表 16-2 IS_LAYOUT 参数选项

字　段	描　述	目　的
NO_COLHEAD	不会显示 ALV 字段头	ALV 属性
ZEBRA	每行分别设置条纹（Stripped）模式	颜色
NO_VLINE	不显示 Grid 垂直线	ALV 属性
NO_HLINE	不显示 Grid 的水平线	ALV 属性
EDIT	编辑模式	只适用于 GRID
NUMC_SUM	NUMC 字段的可合计选项	合计选项
NO_INPUT	将所有 INPUT 字段目录设置成不可输入字段（包含 checkbox 字段）	只适用于 LIST ALV
NO_KEYFIX	设置主键字段也可以使用滚动条	ALV 属性

（续）

字　段	描　述	目　的
DEF_STATUS	设置 ALV 默认的 STATUS	PF-STATUS
COLWIDTH_OPTIMIZE	根据数据长度指定字段长度	ALV 属性
LIGHTS_FIELDNAME	设置例外处理(显示信号灯)用字段	ALV 属性
NO_SUBTOTALS	封闭小计功能	ALV 属性
TOTALS_BEFORE_ITEM	将合计金额显示在第一行	Total 选项
BOX_FIELDNAME	设置用于 Checkbox 形式的字段	只适用于 LIST ALV
KEY_HOTSPOT	hotspot 形式设置主键	ALV 属性
CONFIRMATION_PROMPT	跳出 ALV 报表时打开确认窗口	追加功能

（1）ALV 布局 – 观察 ZEBRA 属性

在 ALV 布局属性中 ZEBRA 是把报表显示成条纹形式。

复制 Z16_07 程序创建新程序 Z16_08 后按以下步骤进行练习。

① 在程序定义部分定义布局变量。为了提高程序的模块化化及可读性建议把数据定义部分放到 INCLUDE 程序中。

```
REPORT  z16_07.

TYPE-POOLS : slis.

DATA gt_fieldcat        TYPE   slis_t_fieldcat_alv.
DATA gs_fieldcat        TYPE   slis_fieldcat_alv.

DATA gt_events          TYPE slis_t_event.
DATA gs_event           TYPE slis_alv_event.

DATA gs_layout          TYPE   slis_layout_alv.
```

```
gs_layout-zebra = 'X'.
```

② 将布局变量的 ZEBRA 属性设置成‘X’。

```
CALL FUNCTION 'REUSE_ALV_GRID_DISPLAY'
  EXPORTING
    i_callback_program   = sy-repid
    it_events            = gt_events
it_fieldcat              = gt_fieldcat
    is_layout            = gs_layout
TABLES
    t_outtab             = gt_itab.
```

③ 调用 ALV 函数时追加 is_layout 参数。

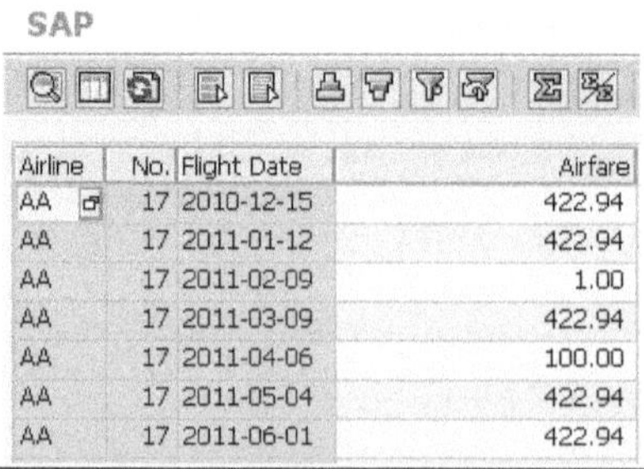

SAP

Airline	No.	Flight Date	Airfare
AA	17	2010-12-15	422.94
AA	17	2011-01-12	422.94
AA	17	2011-02-09	1.00
AA	17	2011-03-09	422.94
AA	17	2011-04-06	100.00
AA	17	2011-05-04	422.94
AA	17	2011-06-01	422.94

④ 以条纹形式显示 ALV。

（2）ALV 布局 – 观察 CONFIRMATION_PROMPT 属性

当用户跳出 ALV 画面时使用布局 ONFIRMATION_PROMPT 属性，则会自动弹出是否要跳出画面的提示窗口。

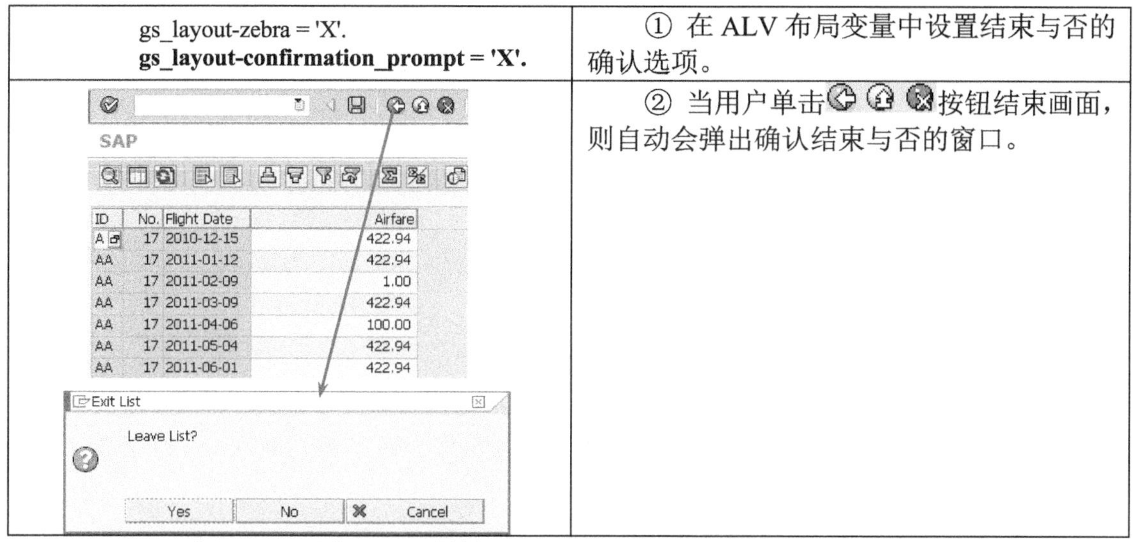

gs_layout-zebra = 'X'. **gs_layout-confirmation_prompt = 'X'.**	① 在 ALV 布局变量中设置结束与否的确认选项。
	② 当用户单击按钮结束画面，则自动会弹出确认结束与否的窗口。

（3）ALV 布局——观察 EDIT 属性

可以在字段目录上设置 EDIT 属性，也可以在 ALV 布局上设置 EDIT 属性。只能在 ALV GRID 中设置 EDIT 属性。ALV 报表中可以适用 INPUT 属性。

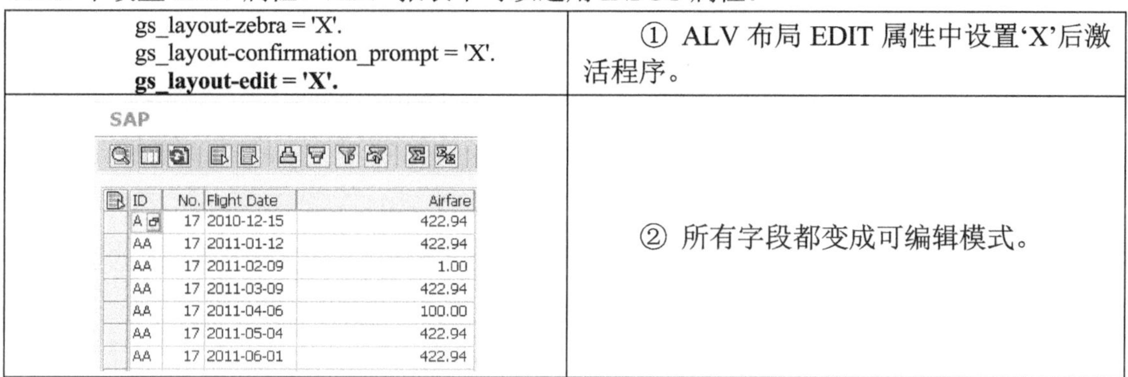

gs_layout-zebra = 'X'. gs_layout-confirmation_prompt = 'X'. **gs_layout-edit = 'X'.**	① ALV 布局 EDIT 属性中设置‘X’后激活程序。
	② 所有字段都变成可编辑模式。

在标准功能上也提供这种 ALV 布局选项。在 ALV 应用工具栏中选择布局变更按钮，则如图 16-5 所示会出现可以设置 ALV 布局的画面。

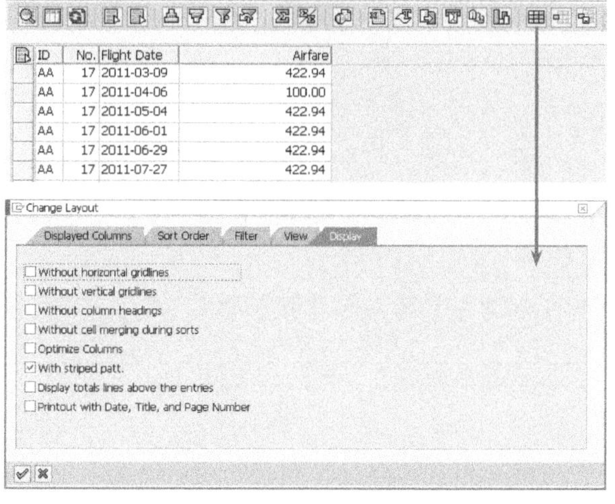

图 16-5　ALV 布局调整标准功能

除此之外，关于其他选项可以参照 SAP 实例程序 BALVSD01，这里有整理的实例。

16.3 练习 Function ALV

16.3.1 Edit 模式及保存已修改数据的方法

正如前面介绍，将 ALV 布局设置成编辑模式，然后练习将画面的变更值保存到 ABAP 数据字典的程序。

在 ALV 中修改值会自动执行 DATA_CHANGED 事件。

首先，复制第 3 单元学习的程序生成 Z16_09 程序。

① 首先修改或定义如下所示的内表。但在实际程序中建议使用先定义 TYPES 语句再参照它定义内表，这次为了简化程序省略这种定义法。

```
REPORT  z16_10.

DATA : gt_itab TYPE TABLE OF sflight WITH HEADER LINE.
```

② 为了当变更 ALV 数据时执行事件，将修改事件追加到事件表中。

```
MOVE    'DATA_CHANGED'        TO  gs_event-name.
MOVE    'ALV_DATA_CHANGED'    TO  gs_event-form.
APPEND  gs_event              TO  gt_events.
```

③ 第 1 阶段中的'DATA_CHANGED'事件已经在类型组里定义成常量 slis_ev_data_changed，因此直接使用这个即可。

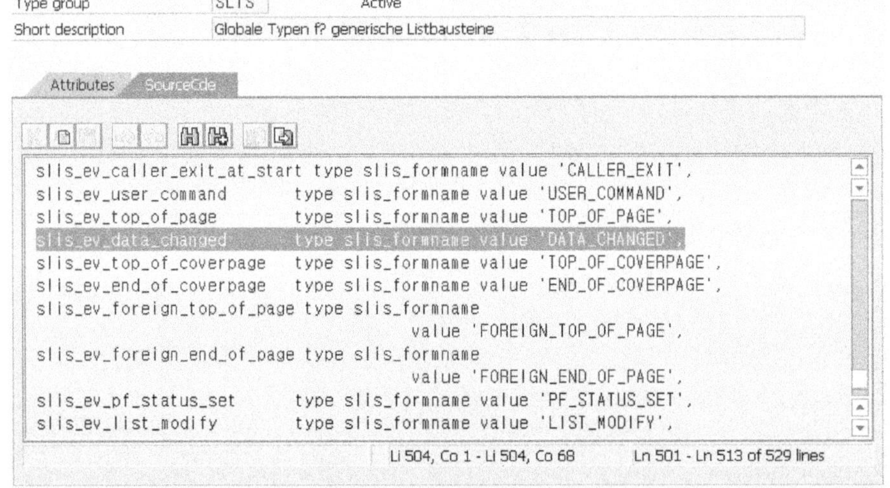

④ 创建当触发修改事件时执行的 FORM 语句。在 ALV 中修改的数据信息会自动保存到 pcl_data->mt_mod_cells 内表中。为了理解此语句需要先掌握 filed symbol 知识。

在 MODIFY 语句中修改的单元格信息反映到内表 gt_itab 中。可以设置断点确认处理数据的过程。

```
FORM alv_data_changed USING pcl_data TYPE REF TO
                              cl_alv_changed_data_protocol.

  DATA : l_name(20),
         ls_cells TYPE lvc_s_modi.
```

```
        FIELD-SYMBOLS <fs_value>.

        LOOP AT pcl_data->mt_mod_cells INTO ls_cells.

          CLEAR gt_itab.
          READ TABLE gt_itab    INDEX ls_cells-row_id.

          CONCATENATE 'GT_ITAB-' ls_cells-fieldname INTO l_name.
          ASSIGN (l_name) TO    <fs_value>.
          <fs_value> = ls_cells-value.

          MODIFY gt_itab INDEX ls_cells-row_id.

        ENDLOOP.
      ENDFORM. "alv_data_changed
```

⑤ 执行程序后将第一行的价格修改为 100，然后按〈Enter〉键。不用按〈Enter〉键而在修改数据的同时执行事件的方法稍候介绍。

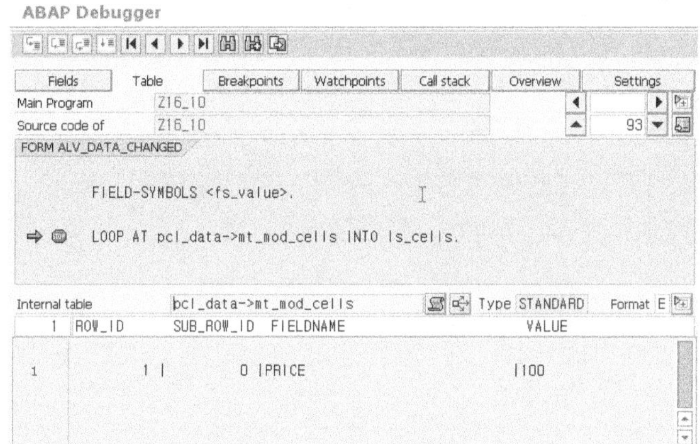

⑥ 可以确认 pcl_data->mt_mod_cells 内表 zhogn 保存的信息。

- ROW_ID : ALV 索引编号。
- FIELDNAME : ALV 字段名。
- VALUE : 修改后的值。

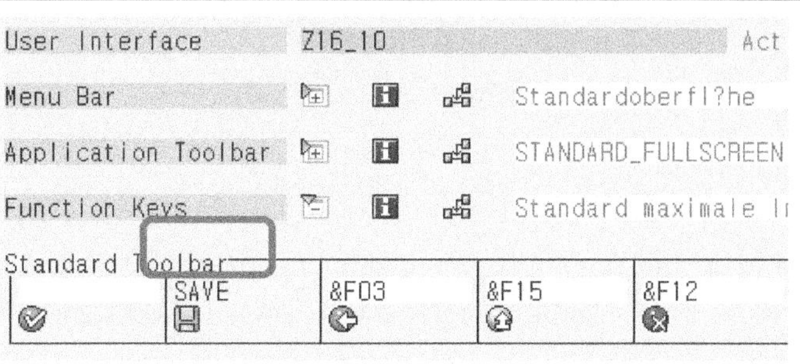

⑦ 现在为了单击按钮时保存已变更的值，在标准工具栏中的 Function Code 修改成如左图所示。

⑧ 追加当用户单击保存按钮时存储数据到表中的代码。到此为止就已经结束利用 ALV 函数编辑及保存数据的功能。当然，用于验证数据及与用户之间的相互作用的信息处理要根据情况而定。

```
FORM alv_user_command USING p_ucomm        LIKE sy-ucomm
                                   p_selfield TYPE slis_selfield.
  CASE p_ucomm.
    WHEN 'SAVE'.
      MODIFY sflight FROM TABLE gt_itab.
      IF sy-subrc EQ 0.
        COMMIT WORK.
      ELSE.
        ROLLBACK WORK.
      ENDIF.
  ENDCASE.

ENDFORM.                              " ALV_USER_COMMAND
```

16.3.2 追加复选框字段及编辑时立刻调用事件

下面要介绍的内容是如[图 16-6]所示在 ALV 上追加复选框。

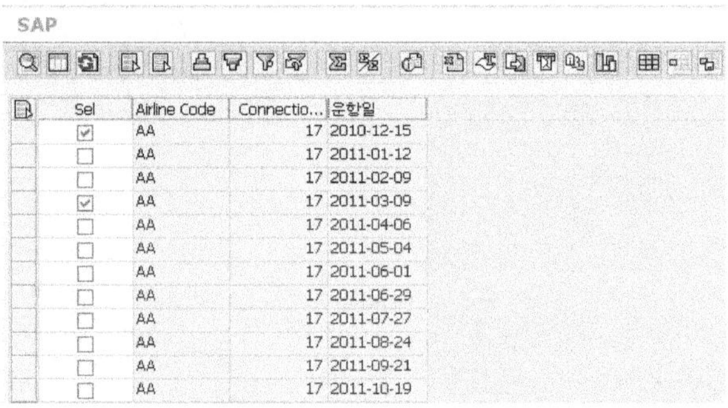

图 16-6 ALV 与复选框

16.3.1 节中练习的 EDIT 模式中是当用户修改数据后按〈Enter〉键时才调用了‘DATA_CHANGED’ ALV 事件。但是当用户修改值后不按〈Enter〉键直接保存数据时不会触发 ALV 事件，因此会发生错误。

此时可以使用设置 ALV GRID 的 I_GRID_SETTINGS 参数。

```
CALL FUNCTION 'REUSE_ALV_GRID_DISPLAY'
  EXPORTING
i_grid_settings              = gs_glay
```

当用户编辑数据时，利用 CL_GUI_ALV_GRID 类的 ALV 会自动执行 DATA_CHANGED 事件。

下面练习在画面上追加复选框后，当用户选择复选框时立刻反映修改数据到内表的程序。

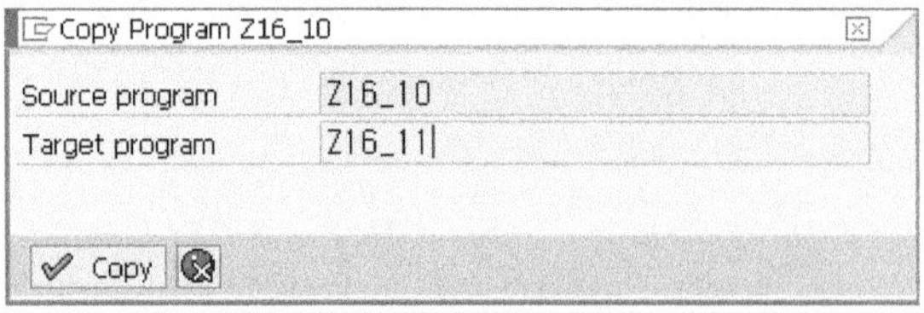	① 首先，复制生成程序。
TYPES BEGIN OF t_line. INCLUDE STRUCTURE sflight. TYPES checkbox TYPE c. TYPES END OF t_line.	② 为了在内表中追加复选框定义结构体类型。
DATA gt_itab TYPE TABLE OF t_line WITH HEADER LINE.	③ 定义参照结构体类型的内表。
CLEAR : gs_fieldcat.	④ 字段目录中追加复选框字段。设置为

gs_fieldcat-col_pos = 1. gs_fieldcat-fieldname = 'CHECKBOX'. gs_fieldcat-checkbox = 'X'. gs_fieldcat-edit = 'X'. gs_fieldcat-seltext_m = 'Sel'. APPEND gs_fieldcat TO gt_fieldcat.	复选框的 CHECKBOX 属性设置成'X'，编辑模式 EDIT 属性设置成'X'。
CLEAR : gs_fieldcat. gs_fieldcat-col_pos = 2. gs_fieldcat-fieldname = 'CARRID'. gs_fieldcat-seltext_m = 'Air Code'. APPEND gs_fieldcat TO gt_fieldcat. CLEAR : gs_fieldcat. gs_fieldcat-col_pos = 3. gs_fieldcat-fieldname = 'CONNID'. gs_fieldcat-seltext_m = 'Con Number'. APPEND gs_fieldcat TO gt_fieldcat.	⑤ 此外，构造其他必要的字段目录。
	⑥ 激活并执行程序，就可以确认 ALV 中显示的复选框。但此时即使选择复选框也不会触发事件。
DATA gs_glay TYPE lvc_s_glay.	⑦ 为了实现用户选择复选框时立刻触发'DATA_CHANGED'事件，定义 i_grid_settings 参数中要使用的变量。
gs_glay-edt_cll_cb = 'X'.	⑧ 设置 edt_cll_cb = 'X'。

⑨ 设置调用 ALV 函数时的相应参数。

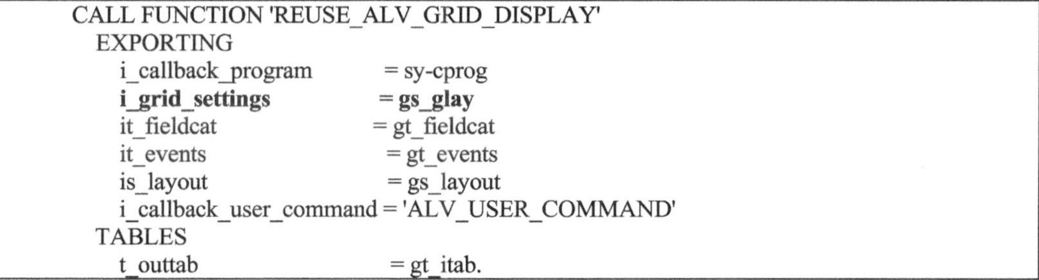

```
CALL FUNCTION 'REUSE_ALV_GRID_DISPLAY'
  EXPORTING
    i_callback_program      = sy-cprog
    i_grid_settings         = gs_glay
    it_fieldcat             = gt_fieldcat
    it_events               = gt_events
    is_layout               = gs_layout
    i_callback_user_command = 'ALV_USER_COMMAND'
  TABLES
    t_outtab                = gt_itab.
```

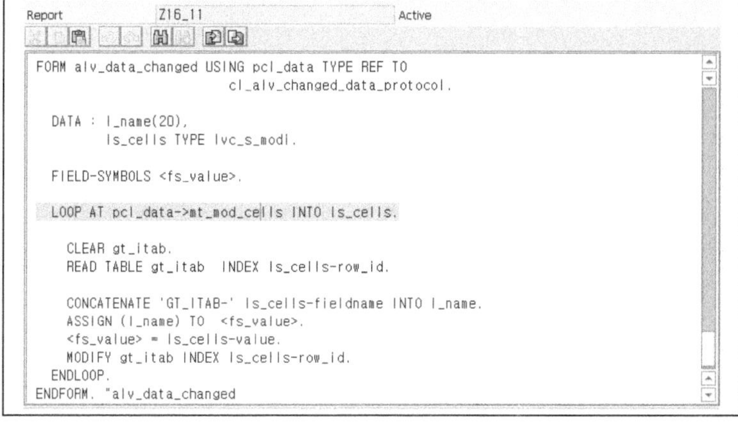

```
Report  Z16_11  Active

FORM alv_data_changed USING pcl_data TYPE REF TO
                      cl_alv_changed_data_protocol.

  DATA : l_name(20),
         ls_cells TYPE lvc_s_modi.

  FIELD-SYMBOLS <fs_value>.

  LOOP AT pcl_data->mt_mod_cells INTO ls_cells.

    CLEAR gt_itab.
    READ TABLE gt_itab  INDEX ls_cells-row_id.

    CONCATENATE 'GT_ITAB-' ls_cells-fieldname INTO l_name.
    ASSIGN (l_name) TO  <fs_value>.
    <fs_value> = ls_cells-value.
    MODIFY gt_itab INDEX ls_cells-row_id.
  ENDLOOP.
ENDFORM. "alv_data_changed
```

⑩ 通过调试确认在 ALV 中选择复选框时是否立刻调用'DATA_CHA NGED'事件。

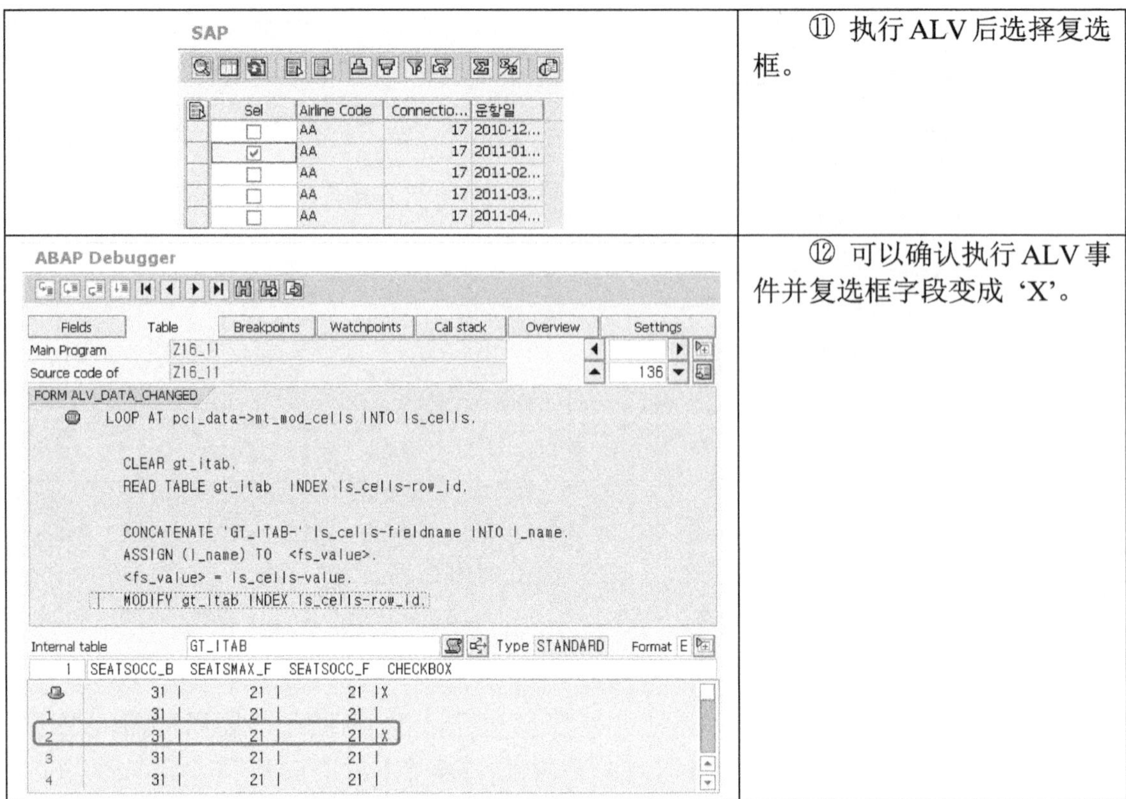

⑪ 执行ALV后选择复选框。

⑫ 可以确认执行ALV事件并复选框字段变成‘X’。

第16章使用的全部代码如下所示。

[例16-3]

```
REPORT   z16_11.

TYPE-POOLS : slis.

DATA gt_fieldcat    TYPE    slis_t_fieldcat_alv.
DATA gs_fieldcat    TYPE    slis_fieldcat_alv.

DATA gt_events       TYPE slis_t_event.
DATA gs_event        TYPE slis_alv_event.

DATA gs_layout      TYPE    slis_layout_alv.
DATA gs_glay          TYPE lvc_s_glay.

TYPES BEGIN OF t_line.
            INCLUDE STRUCTURE sflight.
TYPES checkbox TYPE c.
TYPES    END OF t_line.

DATA gt_itab TYPE TABLE OF t_line WITH HEADER LINE.

SELECT * FROM sflight
INTO CORRESPONDING FIELDS OF TABLE gt_itab
UP TO 25 ROWS.

MOVE       'PF_STATUS_SET'    TO    gs_event-name.
MOVE       'ALV_STATUS_SET'   TO    gs_event-form.
APPEND    gs_event                  TO    gt_events.
```

```
MOVE      'DATA_CHANGED'      TO   gs_event-name.
MOVE      'ALV_DATA_CHANGED'  TO   gs_event-form.
APPEND    gs_event            TO   gt_events.

CLEAR : gs_fieldcat, gt_fieldcat.
gs_fieldcat-col_pos = 1.
gs_fieldcat-fieldname =   'CHECKBOX'.
gs_fieldcat-checkbox = 'X'.
gs_fieldcat-edit = 'X'.
gs_fieldcat-seltext_m = 'Sel'.
APPEND gs_fieldcat TO gt_fieldcat.

CLEAR : gs_fieldcat.
gs_fieldcat-col_pos = 2.
gs_fieldcat-fieldname =   'CARRID'.
gs_fieldcat-seltext_m = 'Airline Code'.
APPEND gs_fieldcat TO gt_fieldcat.

CLEAR : gs_fieldcat.
gs_fieldcat-col_pos = 3.
gs_fieldcat-fieldname =   'CONNID'.
gs_fieldcat-seltext_m = 'Connection Number'.
APPEND gs_fieldcat TO gt_fieldcat.

CLEAR : gs_fieldcat.
gs_fieldcat-col_pos = 4.
gs_fieldcat-fieldname =   'FLDATE'.
gs_fieldcat-seltext_m = '起飞日期'.
APPEND gs_fieldcat TO gt_fieldcat.

gs_glay-edt_cll_cb = 'X'.

CALL FUNCTION 'REUSE_ALV_GRID_DISPLAY'
  EXPORTING
    i_callback_program      = sy-cprog
    i_grid_settings         = gs_glay
    it_fieldcat             = gt_fieldcat
    it_events               = gt_events
    is_layout               = gs_layout
    i_callback_user_command = 'ALV_USER_COMMAND'
  TABLES
    t_outtab                = gt_itab.

*&---------------------------------------------------------------------*
*&          Form   alv_user_command
*&---------------------------------------------------------------------*
FORM alv_user_command USING p_ucomm       LIKE sy-ucomm
                            p_selfield TYPE slis_selfield.
  CASE p_ucomm.
    WHEN '&IC1'.
      READ TABLE gt_itab INDEX p_selfield-tabindex.
      gt_itab-checkbox = 'X'.
      MODIFY gt_itab INDEX p_selfield-tabindex.

    WHEN 'SAVE'.
      MODIFY sflight FROM TABLE gt_itab.
      IF sy-subrc EQ 0.
```

```
          COMMIT WORK.
        ELSE.
          ROLLBACK WORK.
        ENDIF.
    ENDCASE.

ENDFORM.                              " ALV_USER_COMMAND
*&---------------------------------------------------------------------*
*&          Form    alv_status_set
*&---------------------------------------------------------------------*
FORM alv_status_set    USING pt_extab    TYPE slis_t_extab .

    CLEAR: pt_extab[].
*    SET PF-STATUS 'ALV_STATUS'.
    SET PF-STATUS 'STANDARD_FULLSCREEN'.

ENDFORM.                              "ALV_STATUS_SET


*&---------------------------------------------------------------------*
*&          Form    ALV_DATA_CHANGED
*&---------------------------------------------------------------------*
FORM alv_data_changed USING pcl_data TYPE REF TO
                              cl_alv_changed_data_protocol.

    DATA : l_name(20),
           ls_cells TYPE lvc_s_modi.

    FIELD-SYMBOLS <fs_value>.

    LOOP AT pcl_data->mt_mod_cells INTO ls_cells.

      CLEAR gt_itab.
      READ TABLE gt_itab    INDEX ls_cells-row_id.

      CONCATENATE 'GT_ITAB-' ls_cells-fieldname INTO l_name.
      ASSIGN (l_name) TO    <fs_value>.
      <fs_value> = ls_cells-value.
      MODIFY gt_itab INDEX ls_cells-row_id.
    ENDLOOP.
ENDFORM. "alv_data_changed
```

第 17 章　SALV

本章目录	本章介绍
1. 概要 2. SALV 类型与实现 3. 设置 SALV 输出样式 4. 实现 SALV 基本功能 5. SALV 事件 6. SALV GRID 要素	本章将学习从 Net weaver　2004 平台上学习的 SALV。这种方法比利用 GRID 能更快速、更方便地开发报表程序。

17.1　概要

在 Net Weaver 2004 平台上集合了利用函数和 GRID 的功能发布的 SALV 包程序（SALV 也称为 New ALV）。SALV 可以像利用函数生成 ALV 似的不用创建屏幕就可以调用的全屏式 ALV，还可以利用控制器在屏幕的控制器中显示 ALV。利用 GRID 的 ALV 虽然不能注册成 Batch Job 在后台运行，但 SALV 却可以。SALV 与现有的方法（Function ALV）相比，为了方便以接口的方式提供更整合及细微的功能，但是 SALV 不提供编辑功能。

在 SALV 中所支持的报表结构有如[图 17-1]所示的三种类型，而本书重点介绍 CL_SALV_TABLE。

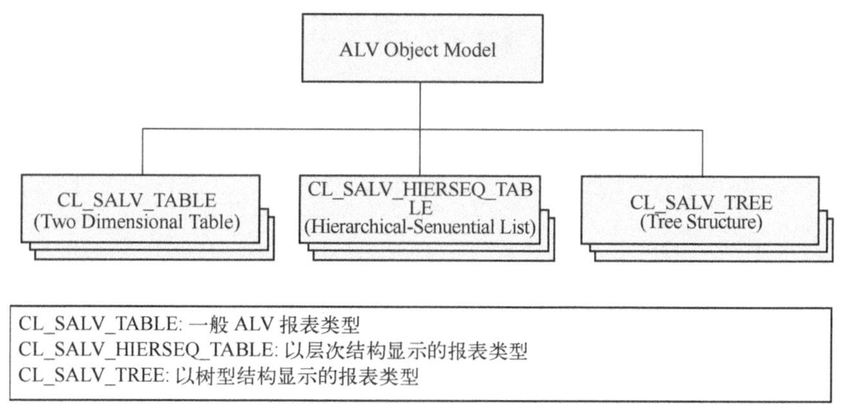

图 17-1　SALV 主要的三种类型

17.2　SALV 类型与实现

在 17.1 节中称 SALV 为整合了利用函数及 GRID 的 ALV 包。这种说法可归结为是否生成新屏幕显示 ALV。SALV 支持如下所示的三种 ALV 模式。

- 全屏模式。

● 全屏模式 – Classic 报表模式。

● 利用控制器的模式。

在利用 GRID 的 ALV 程序中使用的事例是参照 CL_GUI_ALV_GRID 类定义的变量。SALV 基本上会参照 CL_SALV_TABLE 类。执行 T-CODE:SE24 各自确认一下类的属性及方法。在[图 17-2]中可以确认类 CL_SALV_TABLE 的方法列表。为了把 SALV 显示到画面上需要生成 SALV 事例，此时会使用 FACTORY 方法。

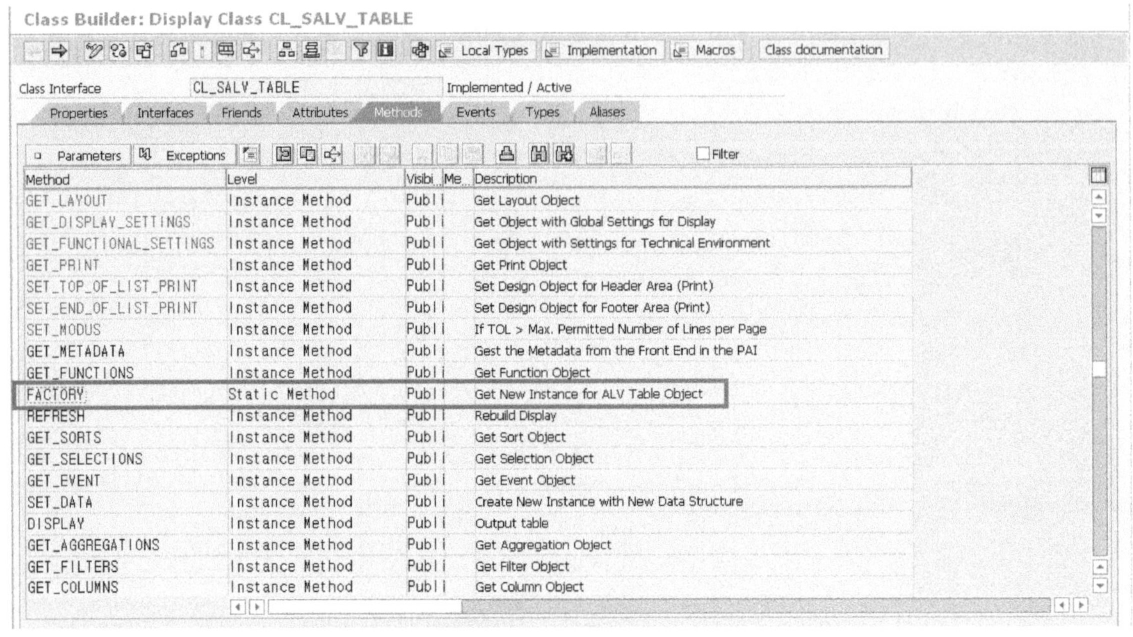

图 17-2　在类编辑器中显示 CL_SALV_TABLE

在画面上显示 ALV，使用以下两种方法已足够。

（1）FACTORY

- 定义要显示在画面上的数据。

- 定义 ALV 报表样式。

（2）DISPLAY

- 调用此方法画面上就显示 ALV。

FACTORY 方法是静态方法，因此使用 =>符号，而 DISPLAY 方法是 Instance 方法，因此使用-> 符号。

创建 SALV 事例的 FACTORY 方法的内部代码中使用 CREATE OBJECT 语句生成参照类的事例。调用 FACTORY 方法时定义以下参数，由相应的值决定 SALV 报表样式。

● LIST_DISPLAY。

● R_CONTAINER。

● CONTAINER_NAME。

下面[表 17-1]整理一下各个参数及报表类型之间的关系。

表 17-1 FACTORY 方法的参数和报表类型

报 表 样 式	LIST_DISPLAY	R_CONTAINER	CONTAINER_NAME
全屏	ABAP_FALSE	初始值	初始值
Classic List	ABAP_TRUE	初始值	初始值
利用控制器	ABAP_FALSE	参照 CL_GUI_CONTAINER 的引用对象变量	控制器名

显示 SALV 到画面的主要阶段可归纳为以下三种。这个步骤是这节要介绍的三种程序类型的基本框架。内表 gt_itab 存储着应用程序数据，gr_table 是 SALV 的主类 cl_salv_table 的引用对象变量。gr_table 用于在画面上显示 SALV，也称为 ALV Table。

```
① 输出数据：
    DATA gt_itab     TYPE TABLE OF sflight.
    DATA gr_table    TYPE REF TO cl_salv_table.

    SELECT * FROM sflight INTO CORRESPONDING FIELDS OF TABLE gt_itab.

② 创建 SALV 事例：
    CALL METHOD cl_salv_table=>factory
         IMPORTING
              R_SALV_TABLE = gr_table
         CHANGING
              t_table = gt_itab.
③ 查询 SALV 表：
    gr_table->display( ).
```

下面分别练习这三种类型的 SALV 程序比较一下都有什么差异。

17.2.1 全屏模式

下面用 SALV 显示一个从 SFLIGHT 表中取出 25 件数据显示到画面上的报表程序。这程序与利用 REUSE_ALV_GRID_DISPLAY 函数开发 ALV 的方法相似。若 SFLIGHT 表中没有数据，可以使用 ALV 测试用表 ALV_T_T2。

[例 17-1]

```
REPORT   z17_01                                          .

DATA gt_itab      TYPE TABLE OF sflight.
DATA gr_table     TYPE REF TO cl_salv_table.

SELECT * FROM sflight INTO CORRESPONDING FIELDS OF TABLE gt_itab
UP TO 25 ROWS.

cl_salv_table=>factory(
  IMPORTING
    r_salv_table = gr_table
  CHANGING
    t_table        = gt_itab ).

gr_table->display( ).
```

[例 17-1]的代码比较简单。定义保存数据的内表 GT_ITAB 和生成 SALV 表的 GR_TABLE。利用 SELECT 语句追加要显示在 GT_ITAB 的数据后，创建 SALV 事例时用参数传递内表。然后调用 DISPLAY 方法 将 SALV 显示在画面上。gr_table->display( )语句是

CALL METHOD gr_table->display( ) .语句的缩略型。

[结果 17-1]

Cl..	Airl..	Flig..	Flight Date	Airfare	Curre..	Plane Type	Capacity	Occupied	Booking total	Capacity	Occupied	Capaci
6C	AA	17	2010.10.20	422.94	USD	747-400	385	372	191,930.34	31	31	2
600	AA	17	2010.11.17	422.94	USD	747-400	385	364	188,280.42	31	29	2
600	AA	17	2010.12.15	422.94	USD	747-400	385	374	193,093.52	31	29	2
600	AA	17	2011.01.12	422.94	USD	747-400	385	363	189,155.94	31	29	2
600	AA	17	2011.02.09	422.94	USD	747-400	385	373	195,203.87	31	31	2
600	AA	17	2011.03.09	422.94	USD	747-400	385	371	193,490.99	31	30	2
600	AA	17	2011.04.06	422.94	USD	747-400	385	372	194,878.27	31	31	2
600	AA	17	2011.05.04	422.94	USD	747-400	385	373	192,095.37	31	29	2
600	AA	17	2011.06.01	422.94	USD	747-400	385	371	193,634.79	31	31	2
600	AA	17	2011.06.29	422.94	USD	747-400	385	214	112,472.47	31	17	2
600	AA	17	2011.07.27	422.94	USD	747-400	385	49	25,947.37	31	4	2
600	AA	17	2011.08.24	422.94	USD	747-400	385	5	1,987.82	31	0	2
600	AA	17	2011.09.21	422.94	USD	747-400	385	48	25,245.33	31	4	2

17.2.2 全屏 Classic List 模式

这次用 SALV 显示与传统式 REUSE_ALV_LIST_DISPLAY 函数输出 ALV 一样效果的报表。

[例 17-2]

```
REPORT   z17_02                                                        .

DATA gt_itab          TYPE TABLE OF sflight.
DATA gr_table         TYPE REF TO cl_salv_table.

SELECT * FROM sflight INTO CORRESPONDING FIELDS OF TABLE gt_itab
UP TO 25 ROWS.

cl_salv_table=>factory(
      EXPORTING
            list_display = abap_true
      IMPORTING
            r_salv_table = gr_table
      CHANGING
            t_table          = gt_itab ).

gr_table->display( ).
```

[结果 17-2]

Cli	Air	Flig	Date	Airfare	Curre	Plane Type	Capacity	Occupied	Booking total	Capacity	Occupied	Capacity
600	AA	17	2010.10.20	422.94	USD	747-400	385	372	191,930.34	31	31	21
600	AA	17	2010.11.17	422.94	USD	747-400	385	364	188,280.42	31	29	21
600	AA	17	2010.12.15	422.94	USD	747-400	385	374	193,093.52	31	29	21
600	AA	17	2011.01.12	422.94	USD	747-400	385	363	189,155.94	31	29	21
600	AA	17	2011.02.09	422.94	USD	747-400	385	373	195,203.87	31	31	21
600	AA	17	2011.03.09	422.94	USD	747-400	385	371	193,490.99	31	30	21
600	AA	17	2011.04.06	422.94	USD	747-400	385	372	194,878.27	31	31	21
600	AA	17	2011.05.04	422.94	USD	747-400	385	373	192,095.37	31	29	21
600	AA	17	2011.06.01	422.94	USD	747-400	385	371	193,634.79	31	31	21
600	AA	17	2011.06.29	422.94	USD	747-400	385	214	112,472.47	31	17	21
600	AA	17	2011.07.27	422.94	USD	747-400	385	49	25,947.37	31	4	21
600	AA	17	2011.08.24	422.94	USD	747-400	385	5	1,987.82	31	0	21
600	AA	17	2011.09.21	422.94	USD	747-400	385	48	25,245.33	31	4	21
600	AA	17	2011.10.19	422.94	USD	747-400	385	68	36,114.87	31	6	21
600	AA	17	2011.11.16	422.94	USD	747-400	385	16	8,099.32	31	1	21
600	AA	64	2010.10.22	422.94	USD	A310-300	280	271	134,029.70	22	22	10
600	AA	64	2010.11.19	422.94	USD	A310-300	280	271	133,848.03	22	22	10
600	AA	64	2010.12.17	422.94	USD	A310-300	280	270	132,050.53	22	22	10
600	AA	64	2011.01.14	422.94	USD	A310-300	280	264	131,813.63	22	20	10
600	AA	64	2011.02.11	422.94	USD	A310-300	280	271	135,104.02	22	22	10
600	AA	64	2011.03.11	422.94	USD	A310-300	280	270	133,738.01	22	20	10
600	AA	64	2011.04.08	422.94	USD	A310-300	280	271	135,180.31	22	22	10
600	AA	64	2011.05.06	422.94	USD	A310-300	280	271	135,370.62	22	22	10
600	AA	64	2011.06.03	422.94	USD	A310-300	280	271	134,317.36	22	21	10
600	AA	64	2011.07.01	422.94	USD	A310-300	280	77	38,521.44	22	6	10

再追加一项可以在应用工具栏上显示 ALV 标准功能图标的代码。

[例 17-3]

```
REPORT    z17_03                                                    .

DATA gt_itab          TYPE TABLE OF sflight.
DATA gr_table         TYPE REF TO cl_salv_table.
DATA gr_functions     TYPE REF TO cl_salv_functions_list.
---------------→ 省略 ←------------------------
gr_functions = gr_table->get_functions( ).
gr_functions->set_default( ).

gr_table->display( ).
```

[结果 17-3]

Cli	Air	Flig	Date	Airfare	Curre	Plane Type	Capacity	Occupied	Booking total	Capacity	Occupied	Capacity
600	AA	17	2010.10.20	422.94	USD	747-400	385	372	191,930.34	31	31	21
600	AA	17	2010.11.17	422.94	USD	747-400	385	364	188,280.42	31	29	21
600	AA	17	2010.12.15	422.94	USD	747-400	385	374	193,093.52	31	29	21
600	AA	17	2011.01.12	422.94	USD	747-400	385	363	189,155.94	31	29	21
600	AA	17	2011.02.09	422.94	USD	747-400	385	373	195,203.87	31	31	21
600	AA	17	2011.03.09	422.94	USD	747-400	385	371	193,490.99	31	30	21
600	AA	17	2011.04.06	422.94	USD	747-400	385	372	194,878.27	31	31	21
600	AA	17	2011.05.04	422.94	USD	747-400	385	373	192,095.37	31	29	21
600	AA	17	2011.06.01	422.94	USD	747-400	385	371	193,634.79	31	31	21
600	AA	17	2011.06.29	422.94	USD	747-400	385	214	112,472.47	31	17	21
600	AA	17	2011.07.27	422.94	USD	747-400	385	49	25,947.37	31	4	21
600	AA	17	2011.08.24	422.94	USD	747-400	385	5	1,987.82	31	0	21

[例 17-3]中是利用参照 CL_SALV_FUNCTIONS_LIST 类的引用对象变量在画面上追加了标准 ALV 基本按钮。当然，对个别图标的查询及删除等设置可以使用代码实现。

17.2.3 利用控制器的模式

利用控制器的 SALV 方法与实际业务中最常用的利用 GRID 显示 ALV 的方法其步骤一样。为了在画面上显示 ALV 事例，必须要存在连接画面和 ALV GRID 控件的 SAP 容器控件。SAP 控制器为了充当 Linker 将 SAP 控件包含于自己的领域。SAP 控件包含 SAP Tree、SAP Picture、SAP Textedit、SAP Splitter 控件等。

SAP 控制器也是包含其他控件的一种特殊控件，也称之为父控件（Parent Control），如[图 17-3]所示。

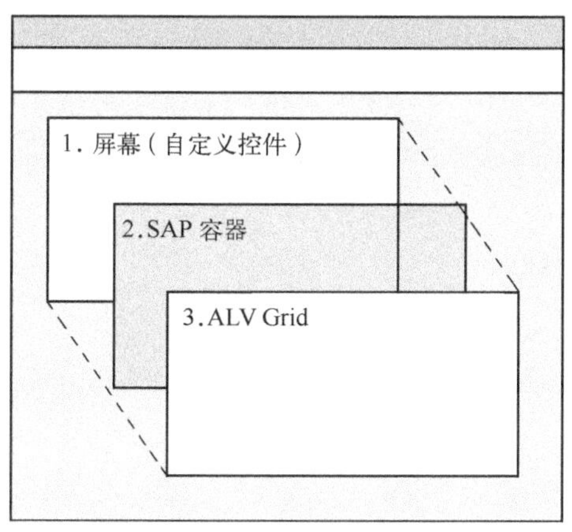

图 17-3　SAP 控制器位置

利用 T-CODE:SE38 创建 TYPE-1 类型的程序 Z17_04 后如[图 17-4]所示追加屏幕 100。

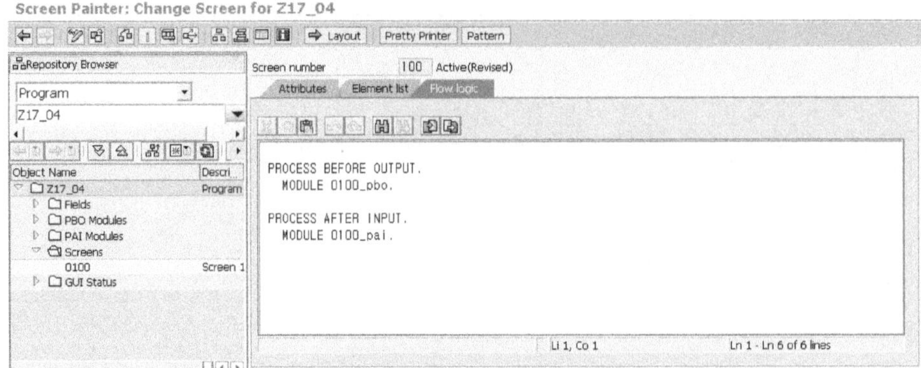

图 17-4　程序及屏幕生成

生成屏幕后下面就开始创建 SAP 控制器吧。

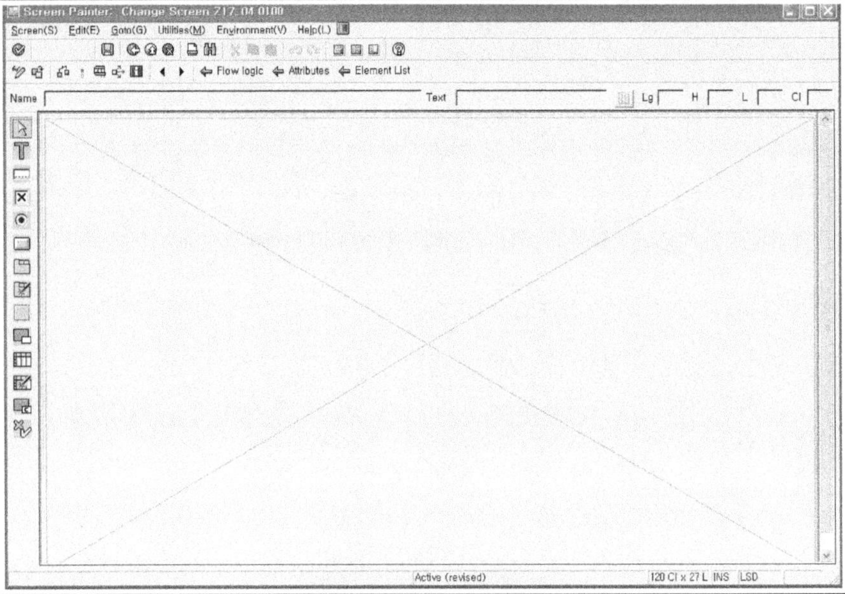	① 创建自定义控件，运行屏幕编辑器后单击自定义控件()就可以指定屏幕领域。在屏幕上用 Drag & Drop 方式调整适当大小。
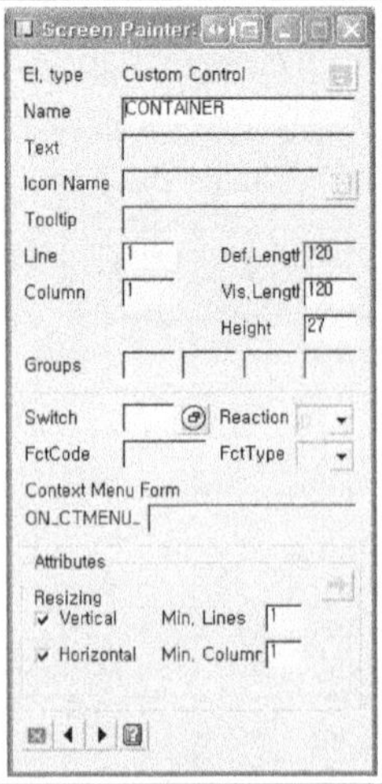	② 指定自定义控件名及属性，双击控件会弹出屏幕编辑器属性窗口。为控件起名为 CONTAINEF 后保存。控件属性请参照[表 17-2]。

表 17-2　SAP 自定义控件的属性

属　性	功　能
Resizing Vertical/ horizontal	根据窗口大小调节占用画面的大小并显示
Min. lines Min. columns	设置要显示在画面上的最小行数与字段数

③ 创建控制器参照变量,在报表程序中定义参照 CL_SALV_TABLE 的 SALV 表及其他变量。然后追加取出数据后调用屏幕 100 的代码。

[例 17-4]

```
REPORT   z17_04                                         .

DATA gt_itab         TYPE TABLE OF sflight.
DATA gr_table        TYPE REF TO cl_salv_table.
DATA gr_functions    TYPE REF TO cl_salv_functions_list.
DATA gr_container    TYPE REF TO cl_gui_custom_container.
DATA ok_code         TYPE syucomm.

SELECT * FROM sflight INTO CORRESPONDING FIELDS OF TABLE gt_itab
UP TO 25 ROWS.

CALL SCREEN 100.
```

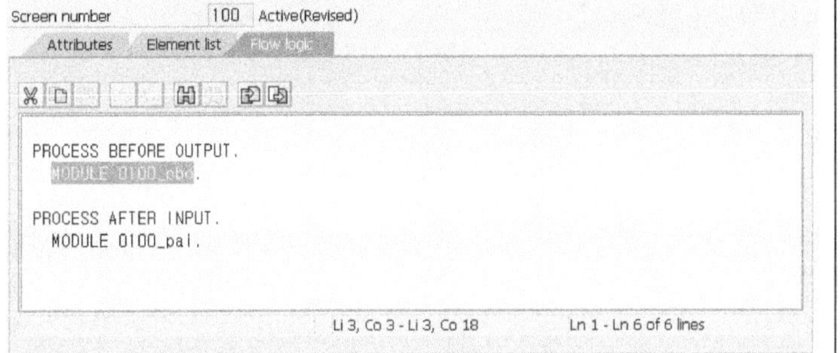

④ 创建 PBO，为了在屏幕 100 中追加 SAP 自定义控件对象创建 PBO 模块。

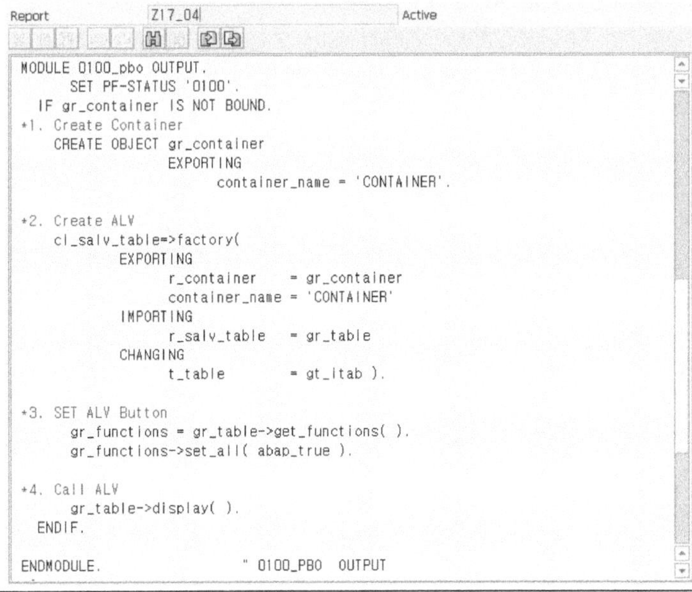

⑤ 创建控件对象与 SALV 表，利用 CREATE OBJECT 语句创建控件对象。这句话会执行连接控件对象与屏幕自定义控件的功能。此时可以使用的参数属性如[表 17-3]所示。调用创建事例的 FACTORY 方法时指定参数 r_container, container_name 就生成了利用控制器的 SALV 程序。然后追加应用工具栏中功能图标时利用参照 CL_SALV_FUNCTIONS 类的对象。调用 GR_TABLE 的方法 GET_FUNCTIONS 连接对象与 SALV 表。这次练习中会调用 SET_ALL 方法追加 ALV 的全部功能键。

表 17-3　SAP 自定义控件的参数属性

控 件 属 性	功　能
parent	指定显示控件事例的上级控件
container_name	在屏幕编辑器上指定的自定义控件，即指定屏幕的自定义控件名
style	指定控件的外部样式
dynnr	要追加到控件中的屏幕编号
repid	要追加控件的程序编号
lifetime	设置控件生命周期 (根据 LEAVE TRANSACTOIN、CALL TRANSACTION 等命令设置非激活性)
no_autodef_progid_dynnr	自动指定程序编号和屏幕编号(设置 X 就是 OFF)

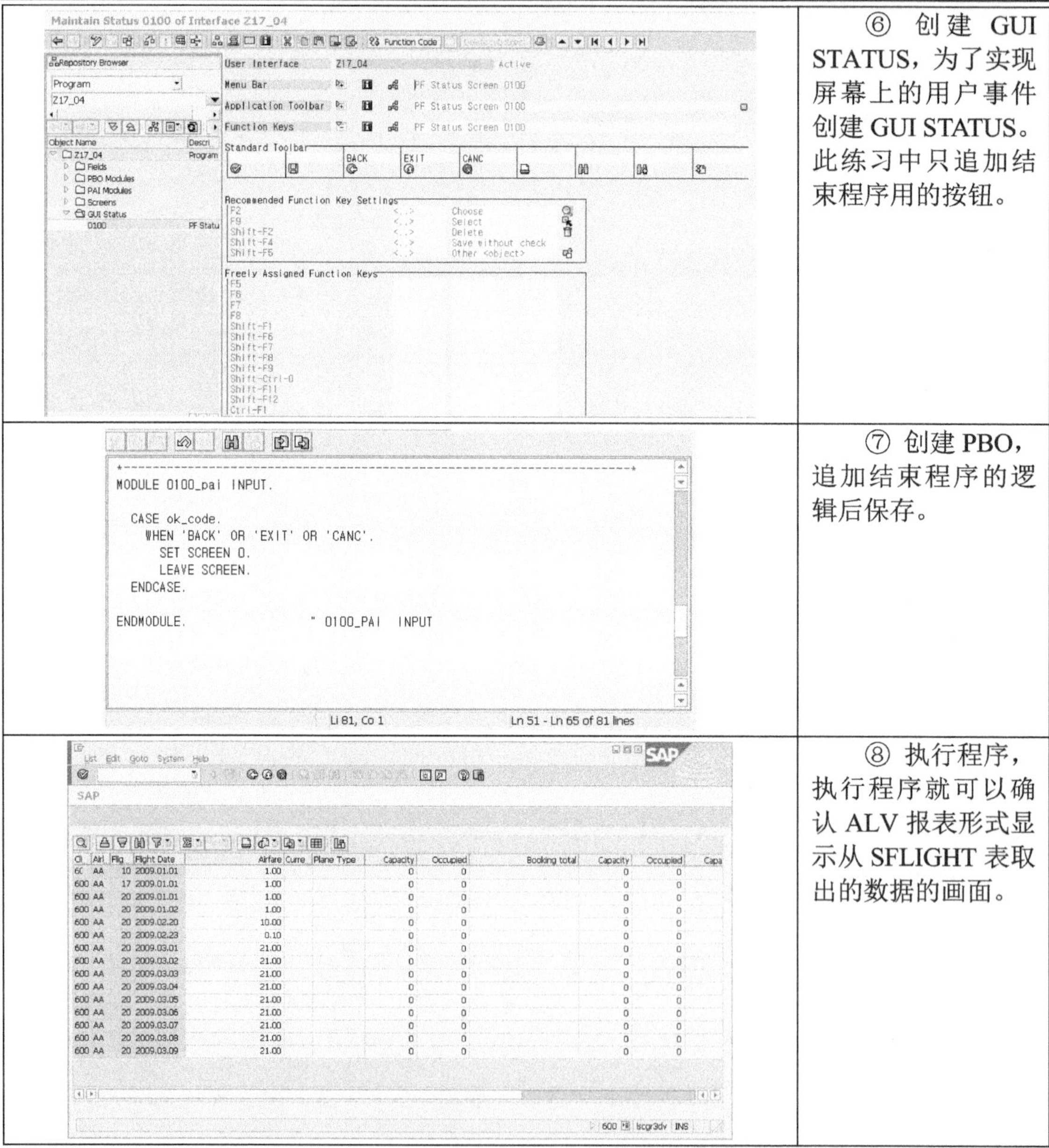

⑥ 创建 GUI STATUS，为了实现屏幕上的用户事件创建 GUI STATUS。此练习中只追加结束程序用的按钮。

⑦ 创建 PBO，追加结束程序的逻辑后保存。

⑧ 执行程序，执行程序就可以确认 ALV 报表形式显示从 SFLIGHT 表取出的数据的画面。

17.3 设置 SALV 输出样式

在 17.2 节中介绍了 SALV 的基本概念及三种类型的报表程序。本节开始介绍调用 SALV 的子类修改报表的输出样式的方法。

17.3.1 SALV 与子类

若要使用除了标准提供的 SALV 样式以外的用户为主的自定义样式就需要知道与主类 CL_SALV_TABLE 相关的子类,子类模型如[图 17-5]所示。

在 SALV 中可以实现如[图 17-5]所示的类之间的图表结构并将此结构介绍为 ALV 对象模型。在利用 GRID 的 ALV 上为了设置布局，需要先定义 LVC_S_LAYO 类型变量，然后利用调用 ALV 的方法中的参数传递值即可。但是在 SALV 中是用个别对象提供 ALV Table 以外的附加设置选项。利用以'GET*'开始的方法连接主类 CL_SALV_TABLE 与子类。如[图 17-4]所示，为了加载个别类到 SALV 需要利用各个方法。在[例 17-3]中为了追加应用工具栏利用了 gr_functions = gr_table->get_functions( ). 语句，这就是最典型的事例。

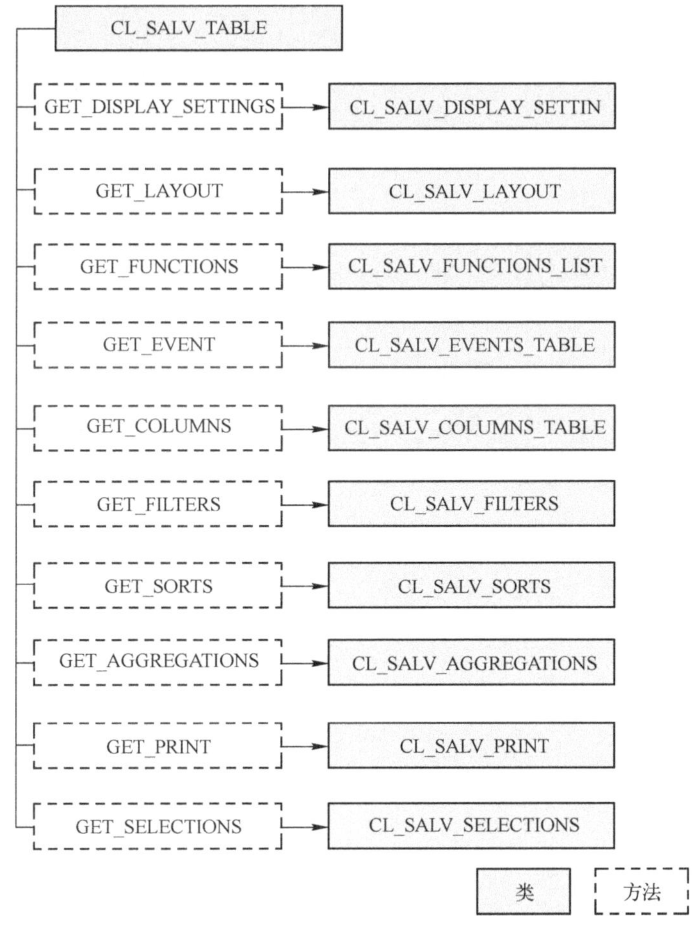

图 17-5　SALV 子类: ALV 对象模型

综上所述，SALV 的主类中要连接子类需要按以下顺序执行。

① 定义子类的引用对象变量：
DATA gr_display TYPE REF TO **cl_salv_display_settings**
② 调用子类类型对应的主类方法：
gr_display = gr_table->**get_display_settings** ( ).
③ 利用子类方法设置详细事项：
gr_display->**set_striped_pattern**(value = 'X').

17.3.2 设置 SALV 的标题

利用 CL_SALV_DISPLAY_SETTINGS 类修改 SALV 的布局。用 T-CODE;SE24（类编辑器）可查询类，如[图 17-6]所示。

在此次练习中利用[图 17-6]的方法列表中的 SET_LIST_HEADER 方法修改 SALV 标题名。再附加在使用 GRID 创建的 ALV 中利用布局 ZEBRA 属性设置的 Stripe 样式。

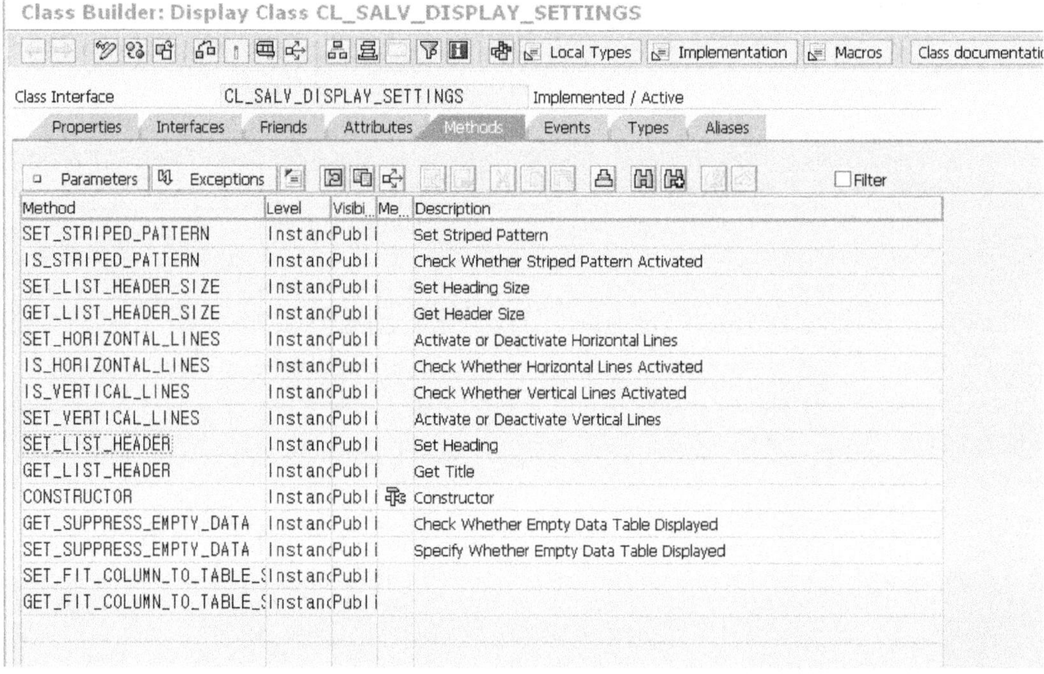

图 17-6　在类编辑器中查询 CL_SALV_DISPLAY_SETTINGS

为了减少练习步骤，不使用控制器以全屏模式进行。复制完程序后为了设置 SALV 的布局，追加以下加粗显示的部分后激活程序。

[例 17-5]

```
REPORT   z17_10                                              .

DATA gt_itab       TYPE TABLE OF sflight.
DATA gr_table      TYPE REF TO cl_salv_table.
DATA gr_display TYPE REF TO cl_salv_display_settings.

SELECT * FROM sflight INTO CORRESPONDING FIELDS OF TABLE gt_itab
UP TO 25 ROWS.
```

```
        cl_salv_table=>factory(
            IMPORTING
                r_salv_table = gr_table
            CHANGING
                t_table         = gt_itab ).

        gr_display = gr_table->get_display_settings( ).
        gr_display->set_striped_pattern( cl_salv_display_settings=>true ).
        gr_display->set_list_header( 'Header Test' ).

        gr_table->display( ).
```

[结果 17-5]

Header Test

Cl...	Airl...	Flig...	Flight Date	Airfare	Curre...	Plane Type	Capacity	Occupied	Booking total	Capacity
6C	AA	17	2010.10.20	422.94	USD	747-400	385	372	191,930.34	31
600	AA	17	2010.11.17	422.94	USD	747-400	385	364	188,280.42	31
600	AA	17	2010.12.15	422.94	USD	747-400	385	374	193,093.52	31
600	AA	17	2011.01.12	422.94	USD	747-400	385	363	189,155.94	31
600	AA	17	2011.02.09	422.94	USD	747-400	385	373	195,203.87	31
600	AA	17	2011.03.09	422.94	USD	747-400	385	371	193,490.99	31
600	AA	17	2011.04.06	422.94	USD	747-400	385	372	194,878.27	31
600	AA	17	2011.05.04	422.94	USD	747-400	385	373	192,095.37	31
600	AA	17	2011.06.01	422.94	USD	747-400	385	371	193,634.79	31
600	AA	17	2011.06.29	422.94	USD	747-400	385	214	112,472.47	31
600	AA	17	2011.07.27	422.94	USD	747-400	385	49	25,947.37	31
600	AA	17	2011.08.24	422.94	USD	747-400	385	5	1,987.82	31
600	AA	17	2011.09.21	422.94	USD	747-400	385	48	25,245.33	31

执行程序后就可以确认 SALV 标题修改成如[结果 17-5]所示。另外利用 SET_STRIPED_PATTERN 方法已设置了条纹形式的报表。函数中使用的参数 cl_salv_display_settings=>true 与 'X'相同是用 Alias 取的别名。还可以使用定义常量的方法，如下所示。

```
        constants: gc_true    type sap_bool value 'X'.
        constants: gc_false    type sap_bool.
```

17.3.3 设置 SALV 的垂直/水平区分行

设置在 SALV 查询画面上不显示垂直/水平区分行。复制程序 Z17_10 创建新程序后追加粗体部分的代码后激活。

[例 17-6]

```
        REPORT    z17_11                                        .

        DATA gt_itab        TYPE TABLE OF sflight.
        DATA gr_table       TYPE REF TO cl_salv_table.
        DATA gr_display TYPE REF TO cl_salv_display_settings.

        SELECT * FROM sflight INTO CORRESPONDING FIELDS OF TABLE gt_itab
        UP TO 25 ROWS.

        cl_salv_table=>factory(
            IMPORTING
                r_salv_table = gr_table
```

```
            CHANGING
                  t_table          = gt_itab ).

      gr_display = gr_table->get_display_settings( ).
      gr_display->set_horizontal_lines( cl_salv_display_settings=>false ).
      gr_display->set_vertical_lines( cl_salv_display_settings=>false ).

      gr_table->display( ).
```

[结果 17-6]

Cl...	Airl...	Flig...	Flight Date	Airfare	Curre...	Plane Type	Capacity	Occupied	Booking total	Capacity	Occupied	Capacity	Occupied 1st
6C	AA	17	2010.10.20	422.94	USD	747-400	385	372	191,930.34	31	31	21	19
600	AA	17	2010.11.17	422.94	USD	747-400	385	364	188,280.42	31	29	21	20
600	AA	17	2010.12.15	422.94	USD	747-400	385	374	193,093.52	31	29	21	21
600	AA	17	2011.01.12	422.94	USD	747-400	385	363	189,155.94	31	29	21	20
600	AA	17	2011.02.09	422.94	USD	747-400	385	373	195,203.87	31	31	21	21
600	AA	17	2011.03.09	422.94	USD	747-400	385	371	193,490.99	31	30	21	21
600	AA	17	2011.04.06	422.94	USD	747-400	385	372	194,878.27	31	31	21	21
600	AA	17	2011.05.04	422.94	USD	747-400	385	373	192,095.37	31	29	21	20
600	AA	17	2011.06.01	422.94	USD	747-400	385	371	193,634.79	31	31	21	20
600	AA	17	2011.06.29	422.94	USD	747-400	385	214	112,472.47	31	17	21	12
600	AA	17	2011.07.27	422.94	USD	747-400	385	49	25,947.37	31	4	21	3
600	AA	17	2011.08.24	422.94	USD	747-400	385	5	1,987.82	31	0	21	0
600	AA	17	2011.09.21	422.94	USD	747-400	385	48	25,245.33	31	4	21	3
600	AA	17	2011.10.19	422.94	USD	747-400	385	68	36,114.87	31	6	21	4
600	AA	17	2011.11.16	422.94	USD	747-400	385	16	8,099.32	31	1	21	1

从[结果 17-6]可以看出，可以利用 SET_HORIZONTAL_LINES 和 SET_VERTICAL_LINES 方法去除报表的区分行。此外，IS_HORIZONTAL_LINES 和 IS_VERTICAL_LINES 方法可以检查垂直/水平行是否被激活。

17.3.4 保存布局

当用户修改 SALV 的字段排序或者选择排序功能时保存相应布局，然后等下次运行程序时可以以相同的样式显示出来。这种功能可以利用 CL_SALV_LAYOUT 类实现。

[例 17-7]

```
      REPORT    z17_12                                              .

      DATA gt_itab        TYPE TABLE OF sflight.
      DATA gr_table       TYPE REF TO cl_salv_table.
      DATA gr_layout    TYPE REF TO cl_salv_layout.
      DATA g_program    TYPE salv_s_layout_key.

      SELECT * FROM sflight INTO CORRESPONDING FIELDS OF TABLE gt_itab
      UP TO 25 ROWS.

      cl_salv_table=>factory(
            IMPORTING
                  r_salv_table = gr_table
            CHANGING
                  t_table          = gt_itab ).

      gr_layout = gr_table->get_layout( ).
      g_program-report = sy-repid.
      gr_layout->set_key( g_program ).
      gr_layout->set_save_restriction( cl_salv_layout=>restrict_none ).

      gr_table->display( ).
```

[结果 17-7]

Cl..	Airl..	Flig..	Flight Date	Airfare	Curre..	Plane Type	Capacity	Occupied	Booking total	Capacity	Occupied	Capacity	Occupied 1st
60[illegible]	AA	17	2010.10.20	422.94	USD	747-400	385	372	191,930.34	31	31	21	19
600	AA	17	2010.11.17	422.94	USD	747-400	385	364	188,280.42	31	29	21	20
600	AA	17	2010.12.15	422.94	USD	747-400	385	374	193,093.52	31	29	21	21
600	AA	17	2011.01.12	422.94	USD	747-400	385	363	189,155.94	31	29	21	20
600	AA	17	2011.02.09	422.94	USD	747-400	385	373	195,203.87	31	31	21	21
600	AA	17	2011.03.09	422.94	USD	747-400	385	371	193,490.99	31	30	21	21
600	AA	17	2011.04.06	422.94	USD	747-400	385	372	194,878.27	31	31	21	21
600	AA	17	2011.05.04	422.94	USD	747-400	385	373	192,095.37	31	29	21	20
600	AA	17	2011.06.01	422.94	USD	747-400	385	371	193,634.79	31	31	21	20
600	AA	17	2011.06.29	422.94	USD	747-400	385	214	112,472.47	31	17	21	12
600	AA	17	2011.07.27	422.94	USD	747-400	385	49	25,947.37	31	4	21	3
600	AA	17	2011.08.24	422.94	USD	747-400	385	5	1,987.82	31	0	21	0
600	AA	17	2011.09.21	422.94	USD	747-400	385	48	25,245.33	31	4	21	3
600	AA	17	2011.10.19	422.94	USD	747-400	385	68	36,114.87	31	6	21	4
600	AA	17	2011.11.16	422.94	USD	747-400	385	16	8,099.32	31	1	21	1

已经追加了编辑 ALV 布局的按钮，如上图框标出的按钮，单击这些按钮会出现如[图 17-7]所示的画面，在此画面上可以变更布局。选择布局字段，修改布局后可以保存的按钮。变量 g_program 是用于区分布局的主键，因此设置程序名。

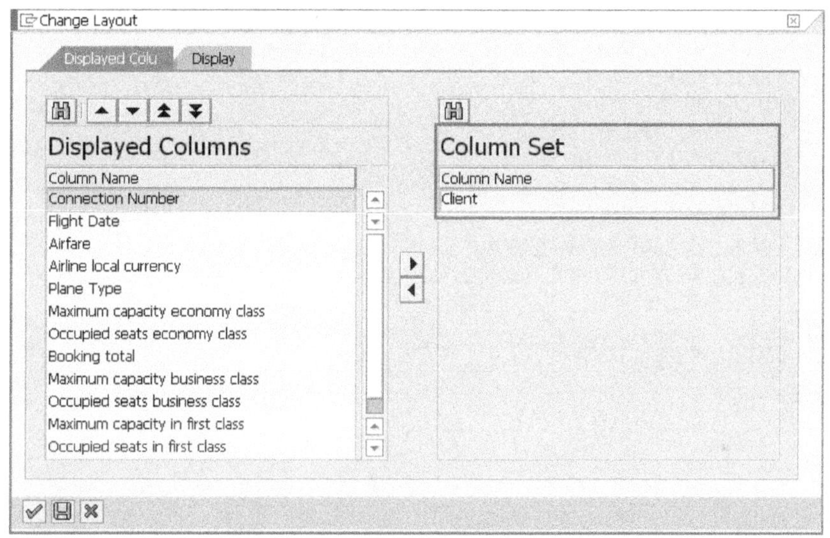

图 17-7　调整布局

17.3.5　修改字段属性

下面做一下修改 SALV 的特定字段属性的练习。在 SALV 中修改个别字段的属性是需要利用两个子类。[图 17-8]是 ALV 对象模型。

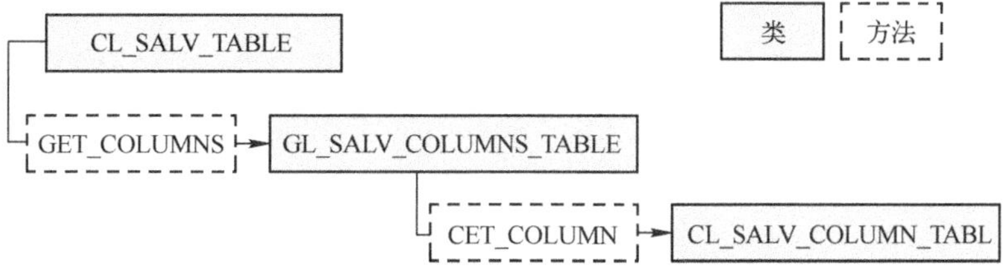

图 17-8　SALV 个别对象访问方法

按以下顺序设置个别字段属性。

① 定义参照 CL_SALV_COLUMNS_TABLE 的 GR_COLUMNS 对象参照变量。
② 利用 GR_TABLE 的 GET_COLUMNS 方法传递关于 SALV 的所有字段信息。
③ 定义参照 CL_SALV_COLUMN_TABLE 的 GR_COLUMN 对象参照变量。
④ 利用 GR_COLUMNS 的 GET_COLUMN 方法访问个别字段。
⑤ 利用 GR_COLUMN 的方法修改个别字段的属性。

1. 设置隐藏字段属性

设置在画面上隐藏 SALV 字段中包含 client 信息的 MANDT 字段。

[例 17-8]

```
REPORT   z17_13                                          .

DATA gt_itab       TYPE TABLE OF sflight.
DATA gr_table      TYPE REF TO cl_salv_table.
DATA gr_columns TYPE REF TO cl_salv_columns_table.
DATA gr_column    TYPE REF TO cl_salv_column_table.

SELECT * FROM sflight INTO CORRESPONDING FIELDS OF TABLE gt_itab
UP TO 25 ROWS.

cl_salv_table=>factory(
       IMPORTING
              r_salv_table = gr_table
       CHANGING
              t_table          = gt_itab ).

gr_columns = gr_table->get_columns( ).
gr_column ?= gr_columns->get_column( 'MANDT' ).
gr_column->set_visible( cl_salv_column_table=>false ).

gr_table->display( ).
```

[结果 17-8]

Airline	Flig..	Flight Date	Airfare	Curre..	Plane Type	Capacity	Occupied	Booking total	Capacity	Occupied	Capacity	Occupied 1st
AA	17	2010.10.20	422.94	USD	747-400	385	372	191,930.34	31	31	21	19
AA	17	2010.11.17	422.94	USD	747-400	385	364	188,280.42	31	29	21	20
AA	17	2010.12.15	422.94	USD	747-400	385	374	193,093.52	31	29	21	21
AA	17	2011.01.12	422.94	USD	747-400	385	363	189,155.94	31	29	21	20
AA	17	2011.02.09	422.94	USD	747-400	385	373	195,203.87	31	31	21	21
AA	17	2011.03.09	422.94	USD	747-400	385	371	193,490.99	31	30	21	21
AA	17	2011.04.06	422.94	USD	747-400	385	372	194,878.27	31	31	21	21
AA	17	2011.05.04	422.94	USD	747-400	385	373	192,095.37	31	29	21	20
AA	17	2011.06.01	422.94	USD	747-400	385	371	193,634.79	31	31	21	20
AA	17	2011.06.29	422.94	USD	747-400	385	214	112,472.47	31	17	21	12
AA	17	2011.07.27	422.94	USD	747-400	385	49	25,947.37	31	4	21	3
AA	17	2011.08.24	422.94	USD	747-400	385	5	1,987.82	31	0	21	0
AA	17	2011.09.21	422.94	USD	747-400	385	48	25,245.33	31	4	21	3

从[结果 17-8]中可以确认画面上消失了MANDT字段。[例 17-8]中以下语句中使用的“?”符号叫角色（Casting）运算符。

```
gr_column ?= gr_columns->get_column( 'MANDT' ).
```

利用角色运算符“?”可以参照从其他类衍生的对象创建其他对象。

[例 17-8]中虽然 MANDT 字段被隐藏，但可以在 SALV 布局的 Column Set 中由用户选择追加。

若要让用户无法选择字段，在程序内部管理字段时可以利用 set_technical 方法实现。

```
        gr_column ?= gr_columns->get_column( 'MANDT' ).
        gr_column->set_technical( 'X' ).
```

2. 修改字段描述

下面试着修改个别字段的标题描述。

[例 17-9]

```
REPORT   z17_14                                        .

DATA gt_itab       TYPE TABLE OF sflight.
DATA gr_table      TYPE REF TO cl_salv_table.
DATA gr_columns TYPE REF TO cl_salv_columns_table.
DATA gr_column    TYPE REF TO cl_salv_column_table.

SELECT * FROM sflight INTO CORRESPONDING FIELDS OF TABLE gt_itab
UP TO 25 ROWS.

cl_salv_table=>factory(
      IMPORTING
            r_salv_table = gr_table
      CHANGING
            t_table          = gt_itab ).

gr_columns = gr_table->get_columns( ).
gr_column ?= gr_columns->get_column( 'CARRID' ).
gr_column->set_long_text( ' Long Text' ).
gr_column->set_medium_text( ' Medium Text' ).
gr_column->set_short_text( ' Short Text' ).

gr_table->display( ).
```

[结果 17-9]

Cli...	Medium Text	Flig...	Flight Date	Airfare	Curre...	Plane Type	Capacity	Occupied	Booking total	Capacity	Occupied	Capacity	Occupied 1st
600	AA	17	2010.10.20	422.94	USD	747-400	385	372	191,930.34	31	31	21	19
600	AA	17	2010.11.17	422.94	USD	747-400	385	364	188,280.42	31	29	21	20
600	AA	17	2010.12.15	422.94	USD	747-400	385	374	193,093.52	31	29	21	21
600	AA	17	2011.01.12	422.94	USD	747-400	385	363	189,155.94	31	29	21	20
600	AA	17	2011.02.09	422.94	USD	747-400	385	373	195,203.87	31	31	21	21
600	AA	17	2011.03.09	422.94	USD	747-400	385	371	193,490.99	31	30	21	21
600	AA	17	2011.04.06	422.94	USD	747-400	385	372	194,878.27	31	31	21	21
600	AA	17	2011.05.04	422.94	USD	747-400	385	373	192,095.37	31	29	21	20
600	AA	17	2011.06.01	422.94	USD	747-400	385	371	193,634.79	31	31	21	20
600	AA	17	2011.06.29	422.94	USD	747-400	385	214	112,472.47	31	17	21	12
600	AA	17	2011.07.27	422.94	USD	747-400	385	49	25,947.37	31	4	21	3

[结果 17-9]中可以确认 CARRID 字段的标题描述修改成长文本了。这是用户利用鼠标拖放修改字段长度时调用 SET_*_TEXT 方法显示长文本/中文本/段文本的内容。

3. 设置字段颜色

下面试着设置 SALV GRID 中 PRICE 字段的颜色。

[例 17-10]

```
REPORT   z17_15                                        .

DATA gt_itab       TYPE TABLE OF sflight.
DATA gr_table      TYPE REF TO cl_salv_table.
DATA gr_columns TYPE REF TO cl_salv_columns_table.
DATA gr_column    TYPE REF TO cl_salv_column_table.
DATA g_color       TYPE lvc_s_colo.

SELECT * FROM sflight INTO CORRESPONDING FIELDS OF TABLE gt_itab
UP TO 25 ROWS.
```

```
        cl_salv_table=>factory(
            IMPORTING
                r_salv_table = gr_table
            CHANGING
                t_table          = gt_itab ).

        gr_columns = gr_table->get_columns( ).
        gr_column ?= gr_columns->get_column( 'PRICE' ).
        g_color-col = '6'.
        g_color-int = '1'.
        g_color-inv = '0'.
        gr_column->set_color( g_color ).

        gr_table->display( ).
```

[结果 17-10]

Cl	Airl	Flig	Flight Date	Airfare	Curre	Plane Type	Capacity	Occupied	Booking total	Capacity	Occupied	Capacity	Occupied 1st
600	AA	17	2010.10.20	422.94	USD	747-400	385	372	191,930.34	31	31	21	19
600	AA	17	2010.11.17	422.94	USD	747-400	385	364	188,280.42	31	29	21	20
600	AA	17	2010.12.15	422.94	USD	747-400	385	374	193,093.52	31	29	21	21
600	AA	17	2011.01.12	422.94	USD	747-400	385	363	189,155.94	31	29	21	20
600	AA	17	2011.02.09	422.94	USD	747-400	385	373	195,203.87	31	31	21	21
600	AA	17	2011.03.09	422.94	USD	747-400	385	371	193,490.99	31	30	21	21
600	AA	17	2011.04.06	422.94	USD	747-400	385	372	194,878.27	31	31	21	21
600	AA	17	2011.05.04	422.94	USD	747-400	385	373	192,095.37	31	29	21	20
600	AA	17	2011.06.01	422.94	USD	747-400	385	371	193,634.79	31	31	21	20
600	AA	17	2011.06.29	422.94	USD	747-400	385	214	112,472.47	31	17	21	12
600	AA	17	2011.07.27	422.94	USD	747-400	385	49	25,947.37	31	4	21	3

4．设置最佳字段长度

字段长度最佳化是指显示 SALV 时根据要显示的数据调整字段长度的方法。以前在利用 CL_GUI_ALV_GRID 的 ALV 中是通过定义布局属性中的 lvc_s_layo 类型变量设置了 cwidth_opt 字段值'X'。在 SALV 中是调用 set_optimize 方法时'X'作为参数传递来实现此功能。下面通过 [例 17-11]进行确认。

[例 17-11]

```
        REPORT    z17_16                                              .

        DATA gt_itab        TYPE TABLE OF sflight.
        DATA gr_table       TYPE REF TO cl_salv_table.
        DATA gr_columns TYPE REF TO cl_salv_columns_table.

        SELECT * FROM sflight INTO CORRESPONDING FIELDS OF TABLE gt_itab
        UP TO 25 ROWS.

        cl_salv_table=>factory(
            IMPORTING
                r_salv_table = gr_table
            CHANGING
                t_table          = gt_itab ).

        gr_columns = gr_table->get_columns( ).
        gr_columns->set_optimize( 'X' ).

        gr_table->display( ).
```

[结果 17-11]

Client	Airline	Flight No.	Flight Date	Airfare	Currency	Plane Type	Capacity	Occupied	Total	Capacity	Occupied	Capacity	Occupied
600	AA	17	2010.10.20	422.94	USD	747-400	385	372	191,930.34	31	31	21	19
600	AA	17	2010.11.17	422.94	USD	747-400	385	364	188,280.42	31	29	21	20
600	AA	17	2010.12.15	422.94	USD	747-400	385	374	193,093.52	31	29	21	21
600	AA	17	2011.01.12	422.94	USD	747-400	385	363	189,155.94	31	29	21	20
600	AA	17	2011.02.09	422.94	USD	747-400	385	373	195,203.87	31	31	21	21
600	AA	17	2011.03.09	422.94	USD	747-400	385	371	193,490.99	31	30	21	21
600	AA	17	2011.04.06	422.94	USD	747-400	385	372	194,878.27	31	31	21	21
600	AA	17	2011.05.04	422.94	USD	747-400	385	373	192,095.37	31	29	21	20
600	AA	17	2011.06.01	422.94	USD	747-400	385	371	193,634.79	31	31	21	20
600	AA	17	2011.06.29	422.94	USD	747-400	385	214	112,472.47	31	17	21	12
600	AA	17	2011.07.27	422.94	USD	747-400	385	49	25,947.37	31	4	21	3
600	AA	17	2011.08.24	422.94	USD	747-400	385	5	1,987.82	31	0	21	0
600	AA	17	2011.09.21	422.94	USD	747-400	385	48	25,245.33	31	4	21	3

此外其他字段属性的使用方法在 17.6 节“SALV GRID 要素”中继续观察，没有在此书中提到的属性就通过 CL_SALV_COLUMN_TABLE 类方法来分别确认，如图 17-9 所示。

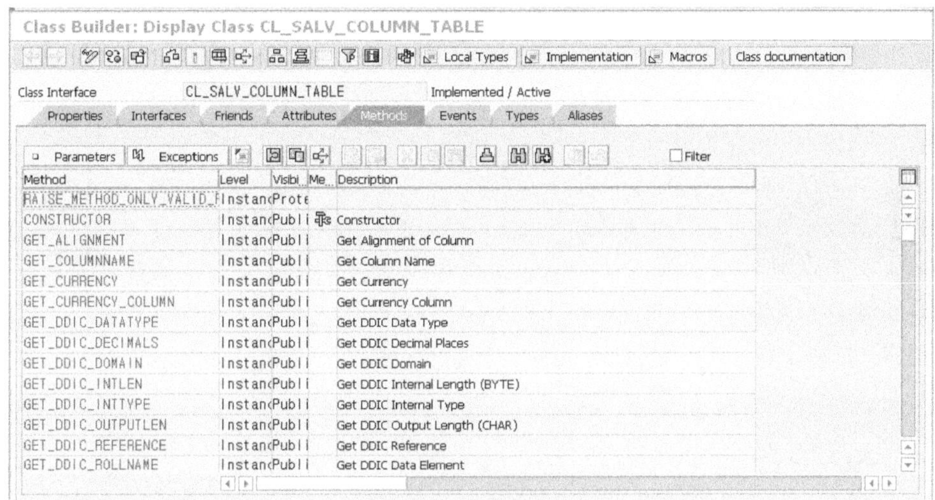

图 17-9　查询类

17.3.6　SALV 选择模式

显示 SALV 报表后可以设置用于控制用户选择多行(Row)或者个别单元格的类型。这可以利用 CL_SALV_SELECTIONS 类的 SET_SELECTION_MODE 方法实现。调用方法时使用的参数是 TYPE I 类型的变量，还可以使用 IF_SALV_C_SELECTION_MODE 常量。详细内容请参照[表 17-4]。

表 17-4　T_COLOR 的内部值

显　示	内 部 值	功　能
NONE	0	不使用选择模式
SINGLE	1	单行选择模式
MULTIPLE	2	多行选择模式
CELL	3	单元格选择模式
ROW_COLUMN	4	行与字段的选择模式

下面生成设置 SALV 的选择模式的程序。

[例 17-12]

```
REPORT   z17_17                                          .

DATA gt_itab          TYPE TABLE OF SFLIGHT.
DATA gr_table         TYPE REF TO cl_salv_table.
DATA gr_selection TYPE REF TO cl_salv_selections.

SELECT * FROM sflight INTO CORRESPONDING FIELDS OF TABLE gt_itab
UP TO 25 ROWS.

cl_salv_table=>factory(
      IMPORTING
            r_salv_table = gr_table
      CHANGING
            t_table          = gt_itab ).

gr_selection = gr_table->get_selections( ).
gr_selection->set_selection_mode( if_salv_c_selection_mode=>row_column ).

gr_table->display( ).
```

[结果 17-12]

Cl..	Airl..	Flig..	Flight Date	Airfare	Curre..	Plane Type	Capacity	Occupied	Booking total	Capacity	Occupied	Capacity	Occupied 1st
600	AA	17	2010.10.20	422.94	USD	747-400	385	372	191,930.34	31	31	21	19
600	AA	17	2010.11.17	422.94	USD	747-400	385	364	188,280.42	31	29	21	20
600	AA	17	2010.12.15	422.94	USD	747-400	385	374	193,093.52	31	29	21	21
600	AA	17	2011.01.12	422.94	USD	747-400	385	363	189,155.94	31	29	21	20
600	AA	17	2011.02.09	422.94	USD	747-400	385	373	195,203.87	31	31	21	21
600	AA	17	2011.03.09	422.94	USD	747-400	385	371	193,490.99	31	30	21	21
600	AA	17	2011.04.06	422.94	USD	747-400	385	372	194,878.27	31	31	21	21
600	AA	17	2011.05.04	422.94	USD	747-400	385	373	192,095.37	31	29	21	20
600	AA	17	2011.06.01	422.94	USD	747-400	385	371	193,634.79	31	31	21	20
600	AA	17	2011.06.29	422.94	USD	747-400	385	214	112,472.47	31	17	21	12
600	AA	17	2011.07.27	422.94	USD	747-400	385	49	25,947.37	31	4	21	3
600	AA	17	2011.08.24	422.94	USD	747-400	385	5	1,987.82	31	0	21	0
600	AA	17	2011.09.21	422.94	USD	747-400	385	48	25,245.33	31	4	21	3

从[结果 17-12]中可以确认 SALV 的报表左边追加上了可以选择行的 MARK 按钮。参照[表 17-4]设置 set_selection_mode 方法的参数对应的多个值后测试 SALV 选择模式是怎么适用的。

17.3.7 以弹出窗口形式显示

可以在弹出窗口下显示 SALV，可以通过 set_screen_popup 方法实现，但利用控制器的方法中是无法使用的。利用控制器的 SALV 是在屏幕属性中选择 Dialog Box 来实现此功能的。

[例 17-13]

```
REPORT   z17_18                                          .

DATA gt_itab       TYPE TABLE OF sflight.
DATA gr_table      TYPE REF TO cl_salv_table.

SELECT * FROM sflight INTO CORRESPONDING FIELDS OF TABLE gt_itab
UP TO 25 ROWS.

cl_salv_table=>factory(
      IMPORTING
            r_salv_table = gr_table
```

```
        CHANGING
            t_table         = gt_itab ).

        gr_table->set_screen_popup(
            start_column = 1
            end_column     = 100
            start_line      = 1
            end_line         = 20 ).

    gr_table->display( ).
```

[结果 17-13]

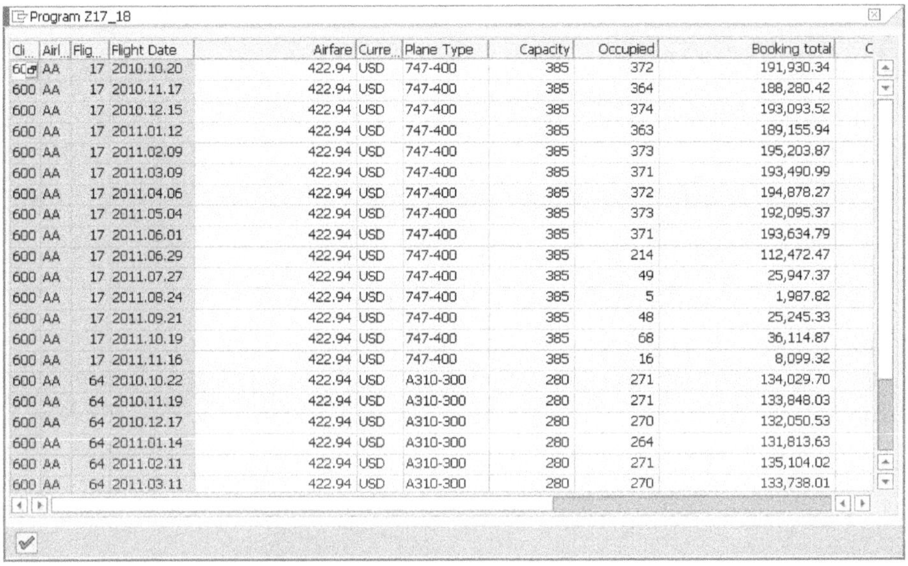

Program Z17_18

Cli.	Airl	Flig.	Flight Date	Airfare	Curre	Plane Type	Capacity	Occupied	Booking total	C
60	AA	17	2010.10.20	422.94	USD	747-400	385	372	191,930.34	
600	AA	17	2010.11.17	422.94	USD	747-400	385	364	188,280.42	
600	AA	17	2010.12.15	422.94	USD	747-400	385	374	193,093.52	
600	AA	17	2011.01.12	422.94	USD	747-400	385	363	189,155.94	
600	AA	17	2011.02.09	422.94	USD	747-400	385	373	195,203.87	
600	AA	17	2011.03.09	422.94	USD	747-400	385	371	193,490.99	
600	AA	17	2011.04.06	422.94	USD	747-400	385	372	194,878.27	
600	AA	17	2011.05.04	422.94	USD	747-400	385	373	192,095.37	
600	AA	17	2011.06.01	422.94	USD	747-400	385	371	193,634.79	
600	AA	17	2011.06.29	422.94	USD	747-400	385	214	112,472.47	
600	AA	17	2011.07.27	422.94	USD	747-400	385	49	25,947.37	
600	AA	17	2011.08.24	422.94	USD	747-400	385	5	1,987.82	
600	AA	17	2011.09.21	422.94	USD	747-400	385	48	25,245.33	
600	AA	17	2011.10.19	422.94	USD	747-400	385	68	36,114.87	
600	AA	17	2011.11.16	422.94	USD	747-400	385	16	8,099.32	
600	AA	64	2010.10.22	422.94	USD	A310-300	280	271	134,029.70	
600	AA	64	2010.11.19	422.94	USD	A310-300	280	271	133,848.03	
600	AA	64	2010.12.17	422.94	USD	A310-300	280	270	132,050.53	
600	AA	64	2011.01.14	422.94	USD	A310-300	280	264	131,813.63	
600	AA	64	2011.02.11	422.94	USD	A310-300	280	271	135,104.02	
600	AA	64	2011.03.11	422.94	USD	A310-300	280	270	133,738.01	

17.4 实现 SALV 基本功能

本节开始在程序中实现 SALV 提供的基本功能（数据排序、字段过滤设置等）。

17.4.1 数据排序

数据排序利用参照 CL_SALV_SORTS 类的对象参照变量实现。利用 GR_TABLE 的 GET_SORT 方法与负责排序的 ALV 对象链接并通过 ADD_SORT 方法追加要排序的字段。下面练习[例 17-14]程序。

[例 17-14]

```
REPORT    z17_19                                    .

DATA gt_itab        TYPE TABLE OF sflight.
DATA gr_table       TYPE REF TO cl_salv_table.
DATA gr_sorts       TYPE REF TO cl_salv_sorts.

SELECT * FROM sflight INTO CORRESPONDING FIELDS OF TABLE gt_itab
UP TO 25 ROWS.

cl_salv_table=>factory(
```

```
            IMPORTING
                r_salv_table = gr_table
            CHANGING
                t_table      = gt_itab ).

        gr_sorts = gr_table->get_sorts( ).
        gr_sorts->add_sort('CONNID').

        gr_table->display( ).
```

在[例 17-14]中调用 ADD_SORT 方法时省略了参数名，只是指定字段名的省略型写法。

```
        gr_sorts->add_sort('CONNID').
```

其实此语句的整体代码如下。

```
        CALL METHOD gr_sorts->add_sort
            EXPORTING
                columnname = 'CARRID'.
```

[结果 17-14]

Cl...	Airl...	Fl...	Flight Date	Airfare	Curre...	Plane Type	Capacity	Occupied	Booking total	Capacity	Occupied	Capacity	Occupied 1st
600	AA	17	2010.10.20	422.94	USD	747-400	385	372	191,930.34	31	31	21	19
600	AA		2010.11.17	422.94	USD	747-400	385	364	188,280.42	31	29	21	20
600	AA		2010.12.15	422.94	USD	747-400	385	374	193,093.52	31	29	21	21
600	AA		2011.01.12	422.94	USD	747-400	385	363	189,155.94	31	29	21	20
600	AA		2011.02.09	422.94	USD	747-400	385	373	195,203.87	31	31	21	21
600	AA		2011.03.09	422.94	USD	747-400	385	371	193,490.99	31	30	21	21
600	AA		2011.04.06	422.94	USD	747-400	385	372	194,878.27	31	31	21	21
600	AA		2011.05.04	422.94	USD	747-400	385	373	192,095.37	31	29	21	20
600	AA		2011.06.01	422.94	USD	747-400	385	371	193,634.79	31	31	21	20
600	AA		2011.06.29	422.94	USD	747-400	385	214	112,472.47	31	17	21	12
600	AA		2011.07.27	422.94	USD	747-400	385	49	25,947.37	31	4	21	3
600	AA		2011.08.24	422.94	USD	747-400	385	5	1,987.82	31	0	21	0
600	AA		2011.09.21	422.94	USD	747-400	385	48	25,245.33	31	4	21	3
600	AA		2011.10.19	422.94	USD	747-400	385	68	36,114.87	31	6	21	4
600	AA		2011.11.16	422.94	USD	747-400	385	16	8,099.32	31	1	21	1
600	AA	64	2010.10.22	422.94	USD	A310-300	280	271	134,029.70	22	22	10	9
600	AA		2010.11.19	422.94	USD	A310-300	280	271	133,848.03	22	22	10	9
600	AA		2010.12.17	422.94	USD	A310-300	280	270	132,050.53	22	22	10	8
600	AA		2011.01.14	422.94	USD	A310-300	280	264	131,813.63	22	20	10	10
600	AA		2011.02.11	422.94	USD	A310-300	280	271	135,104.02	22	22	10	10
600	AA		2011.03.11	422.94	USD	A310-300	280	270	133,738.01	22	20	10	10
600	AA		2011.04.08	422.94	USD	A310-300	280	271	135,180.31	22	22	10	10

17.4.2 设置 Aggregation

利用 CL_SALV_AGGREATIONS 类可以合计 Numeric 类型的字段数据。若只是在字段级别上进行合计就没必要排序数据，但是根据主键值进行小计（Subtotal）就需要先进行排序。

[例 17-15]

```
        REPORT   z17_20                                              .

        DATA gt_itab       TYPE TABLE OF sflight.
        DATA gr_table      TYPE REF TO cl_salv_table.
        DATA gr_sorts      TYPE REF TO cl_salv_sorts.
        DATA gr_agg        TYPE REF TO cl_salv_aggregations.

        SELECT * FROM sflight INTO CORRESPONDING FIELDS OF TABLE gt_itab
        UP TO 25 ROWS.

        cl_salv_table=>factory(
```

```
        IMPORTING
            r_salv_table = gr_table
        CHANGING
            t_table      = gt_itab ).

    gr_sorts = gr_table->get_sorts( ).
    gr_sorts->add_sort( columnname = 'CONNID' subtotal = 'X' ).
    gr_agg = gr_table->get_aggregations( ).
    gr_agg->add_aggregation( 'PRICE' ).

    gr_table->display( ).
```

[结果 17-15]

Cl..	Airl.	Fl..	Flight Date	Σ	Airfare	Curre..	Plane Type	Capacity	Occupied	Booking total	Capacity	Occupied	Capacity	Occupied 1st
60	AA	17	2010.10.20		422.94	USD	747-400	385	372	191,930.34	31	31	21	19
600	AA		2010.11.17		422.94	USD	747-400	385	364	188,280.42	31	29	21	20
600	AA		2010.12.15		422.94	USD	747-400	385	374	193,093.52	31	29	21	21
600	AA		2011.01.12		422.94	USD	747-400	385	363	189,155.94	31	29	21	20
600	AA		2011.02.09		422.94	USD	747-400	385	373	195,203.87	31	31	21	21
600	AA		2011.03.09		422.94	USD	747-400	385	371	193,490.99	31	30	21	21
600	AA		2011.04.06		422.94	USD	747-400	385	372	194,878.27	31	31	21	21
600	AA		2011.05.04		422.94	USD	747-400	385	373	192,095.37	31	29	21	20
600	AA		2011.06.01		422.94	USD	747-400	385	371	193,634.79	31	31	21	20
600	AA		2011.06.29		422.94	USD	747-400	385	214	112,472.47	31	17	21	12
600	AA		2011.07.27		422.94	USD	747-400	385	49	25,947.37	31	4	21	3
600	AA		2011.08.24		422.94	USD	747-400	385	5	1,987.82	31	0	21	0
600	AA		2011.09.21		422.94	USD	747-400	385	48	25,245.33	31	4	21	3
600	AA		2011.10.19		422.94	USD	747-400	385	68	36,114.87	31	6	21	4
600	AA		2011.11.16		422.94	USD	747-400	385	16	8,099.32	31	1	21	1
		17			**6,344.10**	**USD**								
600	AA	64	2010.10.22		422.94	USD	A310-300	280	271	134,029.70	22	22	10	9
600	AA		2010.11.19		422.94	USD	A310-300	280	271	133,848.03	22	22	10	9
600	AA		2010.12.17		422.94	USD	A310-300	280	270	132,050.53	22	22	10	8
600	AA		2011.01.14		422.94	USD	A310-300	280	264	131,813.63	22	20	10	10
600	AA		2011.02.11		422.94	USD	A310-300	280	271	135,104.02	22	22	10	10
600	AA		2011.03.11		422.94	USD	A310-300	280	270	133,738.01	22	20	10	10
600	AA		2011.04.08		422.94	USD	A310-300	280	271	135,180.31	22	22	10	10
600	AA		2011.05.06		422.94	USD	A310-300	280	271	135,370.62	22	22	10	10
600	AA		2011.06.03		422.94	USD	A310-300	280	271	134,317.36	22	21	10	10
600	AA		2011.07.01		422.94	USD	A310-300	280	77	38,521.44	22	6	10	3
		64			**4,229.40**	**USD**								
					10,573.50	**USD**								

17.4.3 设置过滤字段

过滤功能可以限制显示在 ALV 报表中的数据。利用 CL_SALV_FILTERS 类设置 GR_TABLE 的 GET_FILTERS 方法。通过 ADD_FILTER 方法追加过滤设置条件及字段。下面试着设置飞行连接 ID 为 64 的所有数据。

[例 17-16]

```
    REPORT  z17_21                                    .

    DATA gt_itab      TYPE TABLE OF sflight.
    DATA gr_table     TYPE REF TO cl_salv_table.
    DATA gr_filter    TYPE REF TO cl_salv_filters.

    SELECT * FROM sflight INTO CORRESPONDING FIELDS OF TABLE gt_itab
    UP TO 25 ROWS.

    cl_salv_table=>factory(
        IMPORTING
```

```
                r_salv_table = gr_table
            CHANGING
                t_table         = gt_itab ).

    gr_filter = gr_table->get_filters( ).
    gr_filter->add_filter( columnname = 'CONNID'
                                        sign = 'I'
                                        option = 'EQ'
                                        low = '64' ).

    gr_table->display( ).
```

[结果 17-16]

Cl	Airl	Fli	Flight Date	Airfare	Curre	Plane Type	Capacity	Occupied	Booking total	Capacity	Occupied	Capacity	Occupied 1st
600	AA	64	2010.10.22	422.94	USD	A310-300	280	271	134,029.70	22	22	10	9
600	AA	64	2010.11.19	422.94	USD	A310-300	280	271	133,848.03	22	22	10	9
600	AA	64	2010.12.17	422.94	USD	A310-300	280	270	132,050.53	22	22	10	8
600	AA	64	2011.01.14	422.94	USD	A310-300	280	264	131,813.63	22	20	10	10
600	AA	64	2011.02.11	422.94	USD	A310-300	280	271	135,104.02	22	22	10	10
600	AA	64	2011.03.11	422.94	USD	A310-300	280	270	133,738.01	22	20	10	10
600	AA	64	2011.04.08	422.94	USD	A310-300	280	271	135,180.31	22	22	10	10
600	AA	64	2011.05.06	422.94	USD	A310-300	280	271	135,370.62	22	22	10	10
600	AA	64	2011.06.03	422.94	USD	A310-300	280	271	134,317.36	22	21	10	10
600	AA	64	2011.07.01	422.94	USD	A310-300	280	77	38,521.44	22	6	10	3

17.5 SALV 事件

本节开始介绍当用户双击 SALV GRID 或选择 HOTSPOT 时触发的事件。首先定义一下事件的概念。

17.5.1 什么是事件

如第 14 章所述，事件是没有继承关系的类之间互相调用方法时使用的特殊方法。对像（或者类）为了调用（Trigger）其他对象(或者类)的事件的方法而使用事件。通过 CALL METHOD 语句调用一般方法的时候一个方法会由多个对象调用。与此类似，所有对象都可以调用事件且只有事件主体的对象才能执行事件。调用一般方法时程序可以决定要调用的方法。与此相同，在事件中可以决定事件要反映的事件。

在 SALV GRID 中注册反映于 HOSTPOT、双击等用户行为的事件需要以下几种步骤。

① 定义事件
② 定义事件控制方法
③ 注册事件控制方法

为了便于理解，下面先按顺序简单进行说明后再通过事例掌握。

（1）定义事件

在 SALV 中为了使用事件利用 CL_SALV_EVENTS_TABLE 类。用下面语句定义事件。

```
DATA lr_event TYPE REF TO cl_salv_events_table.
lr_event = gr_table->get_event( ).
```

在类编辑器 T-CODE:SE24 中查询 CL_SALV_EVENTS_TABLE 就可以发现有 DOUBLE_CLICK 事件。它使用注册在接口 IF_SALV_EVENTS_ACTIONS_TABLE 中的事件。如图 17-10 所示。

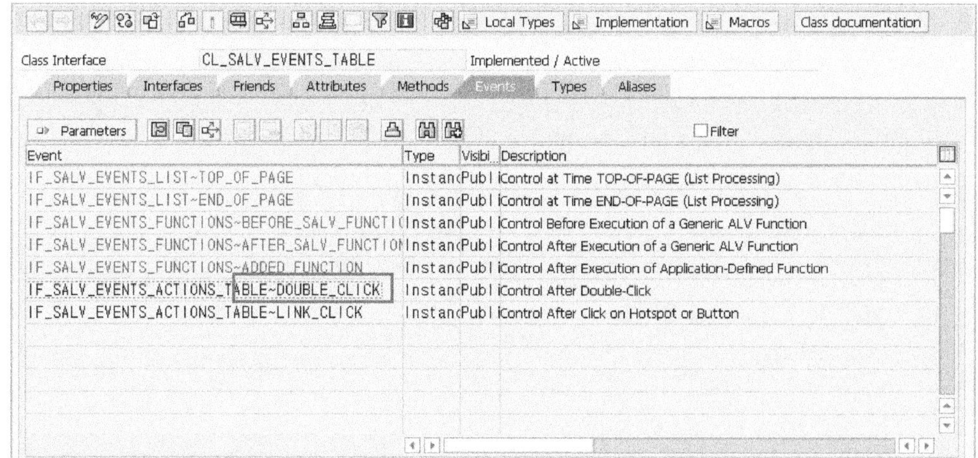

图 17-10　确认事件

（2）定义事件控制器方法

为了反映程序内发生的事件，先定义事件再定义事件控制器方法。

```
CLASS lcl_handle_events DEFINITIOIN.
PUBLIC SECTION.
METHODS:
    on_double_click FOR EVENT double_click OF cl_salv_events_table
        IMPORTING row column.
ENDCLASS.
```

（3）注册事件控制器方法

为了执行事件，在 ALV GRID 上注册事件控制器方法。

```
DATA    gr_event TYPE REF TO lcl_handle_events.

CREATE OBJECT gr_event.
SET HANDLER gr_event->on_double_click FOR lr_event.
```

（4）调用事件

双击 SALV 画面时执行 RAISE_DOUBLE_CLICK 方法，并且此方法会触发 USER COMMAND 中的相应事件，如[图 17-11]所示。

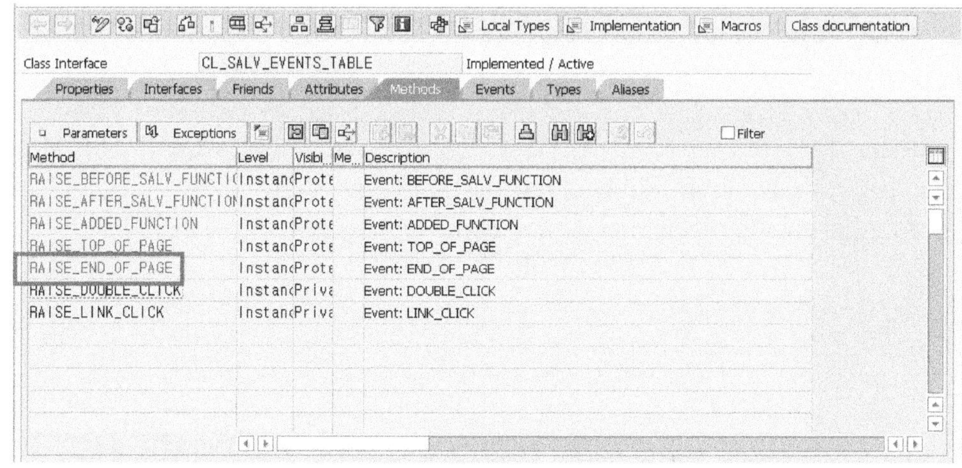

图 17-11　确认双击时相对应的方法

（5）执行事件控制方法

调用事件会执行事件控制方法。在 CLASS lcl_handle_events IMPLEMENTATION.中定义方法的动作则在 ALV 中会完成双击时执行的代码。

```
CLASS lcl_handle_events IMPLEMENTATION.
  METHOD on_link_click.
    MESSAGE i000(0k) WITH '调用了双击事件。'.
  ENDMETHOD.                    "on_single_click
ENDCLASS.                       "lcl_handle_events IMPLEMENTATION
```

17.5.2 DOUBLE_CLICK 事件

下面练习在 SALV 画面中双击单元格时用探出窗口显示行和字段信息的事例。在前面已经说明了其概念与步骤，因此实现起来不是很困难。

DOUBLE_CLICK 事件中使用的参数请参照[表 17-5]。

表 17-5　DOUBLE_CLICK 事件的参数

参　数	意　义
ROW TYPE I.	现在所选的行索引编号
COLUMN TYPE lvc_fname.	现在所选的字段名

[例 17-17]

```
REPORT  z17_30                                 .

*----------------------------------------------------------------*
*       CLASS lcl_handle_events DEFINITION
*----------------------------------------------------------------*
CLASS lcl_handle_events DEFINITION.
  PUBLIC SECTION.
    METHODS:
      on_double_click FOR EVENT double_click OF cl_salv_events_table
      IMPORTING row column.
ENDCLASS.                       "lcl_handle_events DEFINITION
*----------------------------------------------------------------*
*       CLASS lcl_handle_events IMPLEMENTATION
*----------------------------------------------------------------*
CLASS lcl_handle_events IMPLEMENTATION.
  METHOD on_double_click.
    PERFORM show_cell_info USING row column 'is selected.'.
  ENDMETHOD.                    "on_double_click
ENDCLASS.                       "lcl_handle_events IMPLEMENTATION

DATA gt_itab      TYPE TABLE OF sflight.
DATA gr_table     TYPE REF TO cl_salv_table.
DATA gr_event     TYPE REF TO lcl_handle_events.

START-OF-SELECTION.

  SELECT * FROM sflight INTO CORRESPONDING FIELDS OF TABLE gt_itab
  UP TO 25 ROWS.

  cl_salv_table=>factory(
    IMPORTING
      r_salv_table = gr_table
```

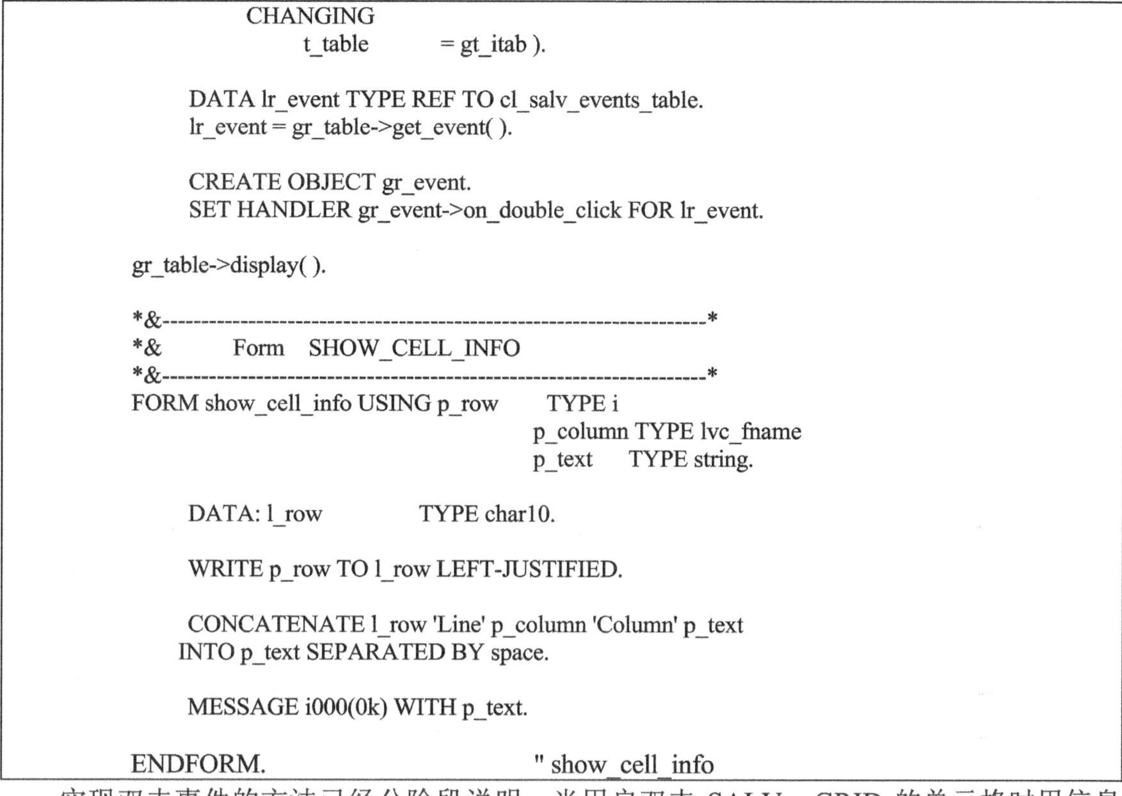

```
                CHANGING
                    t_table         = gt_itab ).

        DATA lr_event TYPE REF TO cl_salv_events_table.
        lr_event = gr_table->get_event( ).

        CREATE OBJECT gr_event.
        SET HANDLER gr_event->on_double_click FOR lr_event.

    gr_table->display( ).

*&---------------------------------------------------------------------*
*&        Form   SHOW_CELL_INFO
*&---------------------------------------------------------------------*
FORM show_cell_info USING p_row       TYPE i
                          p_column TYPE lvc_fname
                          p_text      TYPE string.

        DATA: l_row             TYPE char10.

        WRITE p_row TO l_row LEFT-JUSTIFIED.

        CONCATENATE l_row 'Line' p_column 'Column' p_text
       INTO p_text SEPARATED BY space.

        MESSAGE i000(0k) WITH p_text.

ENDFORM.                                  " show_cell_info
```

实现双击事件的方法已经分阶段说明。当用户双击 SALV GRID 的单元格时用信息显示行和字段名的逻辑已经在 PERFORM show_cell_info 中实现。下面执行程序来确认其结果。

[结果 17-17]

Cl..	Airl..	Flig..	Flight Date	Airfare	Curre..	Plane Type	Capacity	Occupied	Booking total	Capacity	Occupied	Capacity	Occupied 1st
600	AA	17	2010.10.20	422.94	USD	747-400	385	372	191,930.34	31	31	21	19
600	AA	17	2010.11.17	422.94	USD	747-400	385	364	188,280.42	31	29	21	20
600	AA	17	2010.12.15	422.94	USD	747-400	385	374	193,093.52	31	29	21	21
600	AA	17	2011.01.12	422.94	USD	747-400	385	363	189,155.94	31	29	21	20
600	AA	17	2011.02.09	422.94	USD	747-400	385	373	195,203.87	31	31	21	21
600	AA	17	2011.03.0								30	21	21
600	AA	17	2011.04.0								31	21	21
600	AA	17	2011.05.0								29	21	20
600	AA	17	2011.06.0								31	21	20
600	AA	17	2011.06.2								17	21	12
600	AA	17	2011.07.2								4	21	3
600	AA	17	2011.08.2								0	21	0
600	AA	17	2011.09.2								4	21	3
600	AA	17	2011.10.1								6	21	4
600	AA	17	2011.11.1								1	21	1

Information

5 Line FLDATE Column is selected.

17.5.3 HOTSPOT_CLICK 事件

HOTSPOT_CLICK 事件是用鼠标单击以 Hotspot 形式定义的字段时触发的事件。相应字段利用 SET_CELL_TYPE 方法设置 HOTSPOT 属性。

```
gr_column ?= gr_columns->get_column( 'CARRID' ).
gr_column->set_cell_type( if_salv_c_cell_type=>hotspot ).
```

HOTSPOT_CLICK 事件使用的参数请参照[表 17-6]。

表 17-6 HOTSPOT_CLICK 事件的参数

参　数	意　义
ROW TYPE I.	现在所选的行索引编号
COLUMN TYPE lvc_fname.	现在所选的字段名

[例 17-18]

```
REPORT   z17_31                                        .

*----------------------------------------------------------------*
*        CLASS lcl_handle_events DEFINITION
*----------------------------------------------------------------*
CLASS lcl_handle_events DEFINITION.
    PUBLIC SECTION.
        METHODS:
            on_link_click FOR EVENT link_click OF cl_salv_events_table
                IMPORTING row column.
ENDCLASS.                          "lcl_handle_events DEFINITION
*----------------------------------------------------------------*
*        CLASS lcl_handle_events IMPLEMENTATION
*----------------------------------------------------------------*
CLASS lcl_handle_events IMPLEMENTATION.
    METHOD on_link_click.
        PERFORM show_cell_info USING row column 'is selected with hotspot.'.
    ENDMETHOD.                          "on_double_click
ENDCLASS.                          "lcl_handle_events IMPLEMENTATION

DATA gt_itab      TYPE TABLE OF sflight.
DATA gr_table     TYPE REF TO cl_salv_table.
DATA gr_event     TYPE REF TO lcl_handle_events.
DATA gr_columns TYPE REF TO cl_salv_columns_table.
DATA gr_column    TYPE REF TO cl_salv_column_table.

START-OF-SELECTION.

    SELECT * FROM sflight INTO CORRESPONDING FIELDS OF TABLE gt_itab
    UP TO 25 ROWS.

    cl_salv_table=>factory(
        IMPORTING
            r_salv_table = gr_table
        CHANGING
            t_table         = gt_itab ).

    gr_columns = gr_table->get_columns( ).
    gr_column ?= gr_columns->get_column( 'CARRID' ).
    gr_column->set_cell_type( if_salv_c_cell_type=>hotspot ).

    DATA lr_event TYPE REF TO cl_salv_events_table.
    lr_event = gr_table->get_event( ).

    CREATE OBJECT gr_event.
    SET HANDLER gr_event->on_link_click FOR lr_event.

    gr_table->display( ).
--------------→ 省略 ←----------------------
```

[结果 17-18]

Cli.	Airl.	Flig.	Flight Date	Airfare	Curre.	Plane Type	Capacity	Occupied	Booking total	Capacity	Occupied	Capacity	Occupied 1st
600	AA	17	2010.10.20	422.94	USD	747-400	385	372	191,930.34	31	31	21	19
600	AA	17	2010.11.17	422.94	USD	747-400	385	364	188,280.42	31	29	21	20
600	AA	17	2010.12.15	422.94	USD	747-400	385	374	193,093.52	31	29	21	21
600	AA	17	2011.01.12							31	29	21	20
600	AA	17	2011.02.09							31	31	21	21
600	AA	17	2011.03.09							31	30	21	21
600	AA	17	2011.04.06							31	31	21	21
600	AA	17	2011.05.04							31	29	21	20
600	AA	17	2011.06.01							31	31	21	20
600	AA	17	2011.06.29							31	17	21	12
600	AA	17	2011.07.27							31	4	21	3

Information

5 Line CARRID Column is selected with hotspot.

17.5.4 Toolbar 事件

除了 SALV 基本提供的图标功能以外，还可以直接用代码追加其他所需功能。Toolbar 事件只是用于为 SALV GRID 追加按钮，当单击按钮时功能在 user_command 事件中执行。在全屏模式下追加按钮时需要先创建 GUI STATUS，然后调用方法将把它追加到画面上。如[图 17-12]所示执行 T-CODE:SE80 后输入'SALV_METADATA_STATUS'。此函数组是提供可以复制使用 SALV 的标准 GUI STATUS 的模板。

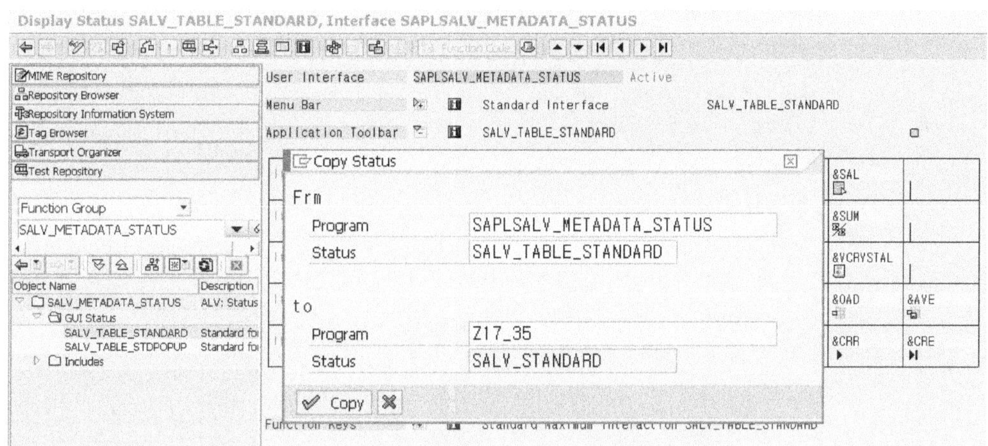

图 17-12　在模板程序中复制 GUI STATUS

然后在复制的 GUI STATUS 中追加如[图 17-13]所示的按钮。

图 17-13　在 GUI STATUS 中追加按钮

最后，调用 SET_SCREEN_STATUS 方法把 GUI　SATUS 追加到画面上。

```
gr_table->set_screen_status(
      pfstatus      =  'SALV_STANDARD'
      report        =  sy-repid
      set_functions = gr_table->c_functions_all ).
```

本节为了利用类追加 REFRESH 按钮创建一个利用控制器的 SALV 程序。复制生成 Z17_04 程序后追加下列加粗的部分。

[例 17-19]

```
REPORT   z17_35
---------------> 省略 <------------------------
gr_functions = gr_table->get_functions( ).
gr_functions->set_all( abap_true ).

INCLUDE <icon>.
DATA : l_icon TYPE string.

l_icon = icon_refresh.

gr_functions->add_function(
            name       = 'REFRESH'
            icon       = l_icon
            text       = 'REFRESH'
            tooltip    = 'REFRESH'
            position = if_salv_c_function_position=>right_of_salv_functions
            ).

gr_table->display( ).
```

为了在画面中设置 ICON，在全局变量部分定义 INCLUDE <ICON>。这有助于查看图标系统 ID。实际 ICON_REFRESH 的系统 ID 是“@42@”。执行程序确认结果。

[结果 17-19]

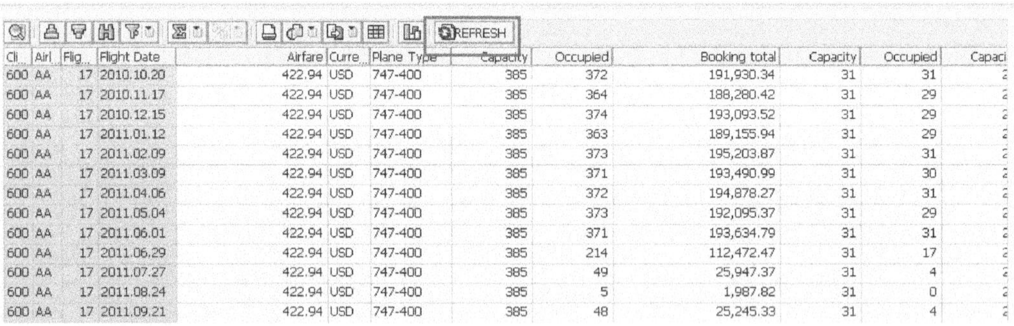

REFRESH

Cli..	Airl	Flig..	Flight Date	Airfare	Curre..	Plane Type	Capacity	Occupied	Booking total	Capacity	Occupied	Capaci
600	AA	17	2010.10.20	422.94	USD	747-400	385	372	191,930.34	31	31	[illegible]
600	AA	17	2010.11.17	422.94	USD	747-400	385	364	188,280.42	31	29	[illegible]
600	AA	17	2010.12.15	422.94	USD	747-400	385	374	193,093.52	31	29	[illegible]
600	AA	17	2011.01.12	422.94	USD	747-400	385	363	189,155.94	31	29	[illegible]
600	AA	17	2011.02.09	422.94	USD	747-400	385	373	195,203.87	31	31	[illegible]
600	AA	17	2011.03.09	422.94	USD	747-400	385	371	193,490.99	31	30	[illegible]
600	AA	17	2011.04.06	422.94	USD	747-400	385	372	194,878.27	31	31	[illegible]
600	AA	17	2011.05.04	422.94	USD	747-400	385	373	192,095.37	31	29	[illegible]
600	AA	17	2011.06.01	422.94	USD	747-400	385	371	193,634.79	31	31	[illegible]
600	AA	17	2011.06.29	422.94	USD	747-400	385	214	112,472.47	31	17	[illegible]
600	AA	17	2011.07.27	422.94	USD	747-400	385	49	25,947.37	31	4	[illegible]
600	AA	17	2011.08.24	422.94	USD	747-400	385	5	1,987.82	31	0	[illegible]
600	AA	17	2011.09.21	422.94	USD	747-400	385	48	25,245.33	31	4	[illegible]

17.5.5　USER-COMMAND 事件

USER-COMMAND 事件是追加在 Toolbar 事件中追加的图标功能的事件。追加当单击 Refresh 按钮时从表 SFLIGHT 中取得 10 件数据的逻辑。

表 17-7　USER_COMMAND 事件的参数

参　数	意　义
E_SALV_FUNCTION TYPE SY-UCOMM	追加按钮的 Function code

首先复制生成 Z17_35 生成新程序后，定义成了响应此事件需要的方法和事件控制方法。

[例 17-20]

```
REPORT   z17_36                                          .

*---------------------------------------------------------------*
*          CLASS lcl_handle_events DEFINITION
*---------------------------------------------------------------*
CLASS lcl_handle_events DEFINITION.
      PUBLIC SECTION.
            METHODS:
                  on_user_command FOR EVENT added_function OF cl_salv_events
                        IMPORTING e_salv_function.
ENDCLASS.                              "lcl_handle_events DEFINITION
*---------------------------------------------------------------*
*          CLASS lcl_handle_events IMPLEMENTATION
*---------------------------------------------------------------*
CLASS lcl_handle_events IMPLEMENTATION.
      METHOD on_user_command.
            PERFORM handle_user_command USING e_salv_function.
      ENDMETHOD.                              "on_user_command
ENDCLASS.                              "lcl_handle_events IMPLEMENTATION

--------------------> 省略 <--------------------

*注册事件
            DATA lr_event TYPE REF TO cl_salv_events_table.
            lr_event = gr_table->get_event( ).

            CREATE OBJECT gr_event.
            SET HANDLER gr_event->on_user_command FOR lr_event.

--------------------> 省略 <--------------------

FORM handle_user_command USING p_function TYPE salv_de_function.

      CASE p_function.
            WHEN 'REFRESH'.
                  PERFORM refresh.
            WHEN OTHERS.
      ENDCASE.

ENDFORM.                              "handle_user_command

FORM refresh .

      SELECT * FROM sflight
      INTO CORRESPONDING FIELDS OF TABLE gt_itab
                  UP TO 10 ROWS.

      gr_table->refresh( ).

ENDFORM.                              " REFRESH
```

执行程序后单击刷新按钮就可以确认有 10 行数据的 SALV。

[结果 17-20]

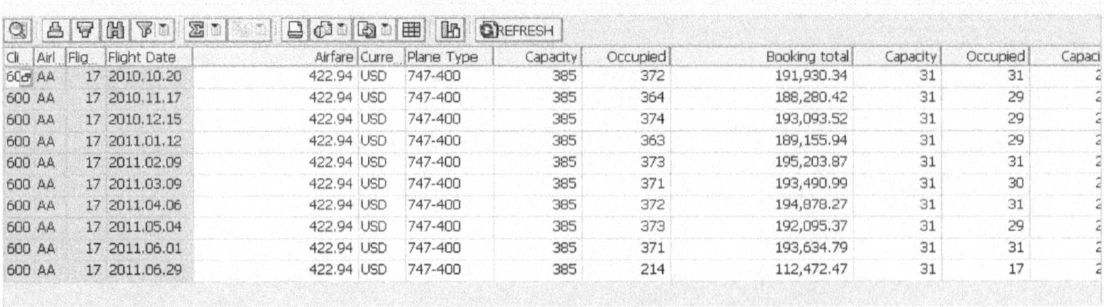

Cli	Airl	Flig	Flight Date	Airfare	Curre	Plane Type	Capacity	Occupied	Booking total	Capacity	Occupied	Capaci
60	AA	17	2010.10.20	422.94	USD	747-400	385	372	191,930.34	31	31	
600	AA	17	2010.11.17	422.94	USD	747-400	385	364	188,280.42	31	29	
600	AA	17	2010.12.15	422.94	USD	747-400	385	374	193,093.52	31	29	
600	AA	17	2011.01.12	422.94	USD	747-400	385	363	189,155.94	31	29	
600	AA	17	2011.02.09	422.94	USD	747-400	385	373	195,203.87	31	31	
600	AA	17	2011.03.09	422.94	USD	747-400	385	371	193,490.99	31	30	
600	AA	17	2011.04.06	422.94	USD	747-400	385	372	194,878.27	31	31	
600	AA	17	2011.05.04	422.94	USD	747-400	385	373	192,095.37	31	29	
600	AA	17	2011.06.01	422.94	USD	747-400	385	371	193,634.79	31	31	
600	AA	17	2011.06.29	422.94	USD	747-400	385	214	112,472.47	31	17	

17.6 SALV GRID 要素

下面确认一下关于 SALV GRID 的要素（Element）。

- Output of Exception: 用信号灯显示 SALV GRID。
- 用图标显示 SALV GRID。
- Coloring Cell: 指定 SALV GRID 的单元格颜色。

17.6.1 处理信号灯

处理信号灯（Exception）是将界限值利用图表按区间显示数据的属性。如[图 17-14]所示 SALV 字段用图表显示按钮根据特定字段的值修改颜色。这可以方便最终用户识别数据的紧急性、重要性。例如，在库存管理中将安全库存时设置为绿色，危险时为黄色，超过安全库存时为红色。

Exce...	Cli...	Airl...	Flig...	Flight Date	Airfare	Curre...	Plane Type
	600	AA	17	2010.10.20	422.94	USD	747-400
	600	AA	17	2010.11.17	422.94	USD	747-400
	600	AA	17	2010.12.15	422.94	USD	747-400
	600	AA	17	2011.01.12	422.94	USD	747-400
	600	AA	17	2011.02.09	422.94	USD	747-400
	600	AA	17	2011.03.09	422.94	USD	747-400
	600	AA	17	2011.04.06	422.94	USD	747-400
	600	AA	17	2011.05.04	422.94	USD	747-400
	600	AA	17	2011.06.01	422.94	USD	747-400
	600	AA	17	2011.06.29	422.94	USD	747-400
	600	AA	17	2011.07.27	422.94	USD	747-400
	600	AA	17	2011.08.24	422.94	USD	747-400
	600	AA	17	2011.09.21	422.94	USD	747-400
	600	AA	17	2011.10.19	422.94	USD	747-400
	600	AA	17	2011.11.16	422.94	USD	747-400

图 17-14 SALV GRID 信号灯处理

为了追加信号灯字段，在内表中追加如下所示的 exception 字段。

```
TYPES: BEGIN OF g_type_itab.
          INCLUDE TYPE sflight.
          TYPES:   exception    TYPE char1,
END OF g_type_itab.
DATA gt_itab      TYPE TABLE OF g_type_itab.
```

为了在 SALV 中用信号灯显示图表，要利用[图 17-15]说明的五个类。

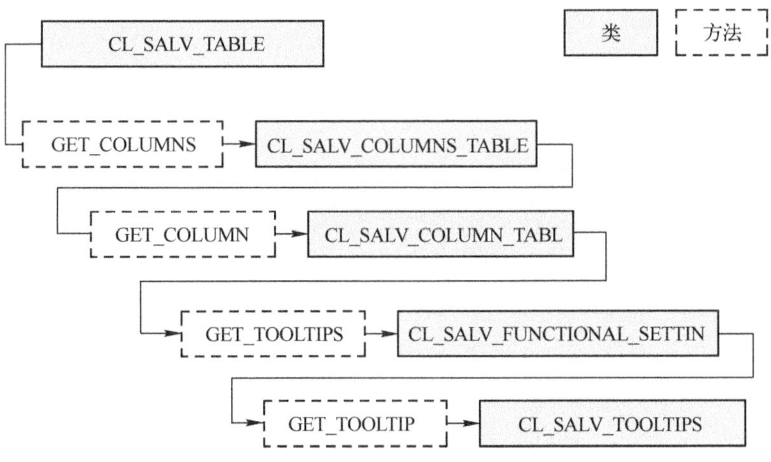

图 17-15　SALV TOOLTIP 追加方法

[表 17-8]中的内部值是 exception 字段持有的值。下面实现在画面显示航空预约现状时用信号灯显示的程序。

表 17-8　exception 的内部值

显　示	内　部　值	使用例（航空预约）
(信号灯)	3	坐席多
(信号灯)	2	已经被预约 50 个以上坐席
(信号灯)	1	已经被预约的坐席超过 90 个以上，可预约的坐席已达到临界值。

[例 17-21]

```
REPORT   z17_40                                                    .

TYPES: BEGIN OF g_type_itab.
          INCLUDE TYPE sflight.
          TYPES:    exception    TYPE char1,
     END OF g_type_itab.

DATA gt_itab       TYPE TABLE OF g_type_itab.
DATA gs_itab       TYPE g_type_itab.
DATA gr_table      TYPE REF TO cl_salv_table.

SELECT * FROM sflight INTO CORRESPONDING FIELDS OF TABLE gt_itab
UP TO 25 ROWS.

LOOP AT gt_itab INTO gs_itab.
     IF gs_itab-seatsocc >= 90.
          gs_itab-exception = '1'.
     ELSEIF gs_itab-seatsocc >= 50.
          gs_itab-exception = '2'.
     ELSE.
          gs_itab-exception = '3'.
     ENDIF.
```

```
            MODIFY gt_itab FROM gs_itab.
        ENDLOOP.

        cl_salv_table=>factory(
            IMPORTING
                r_salv_table = gr_table
            CHANGING
                t_table          = gt_itab ).

        DATA: lr_columns TYPE REF TO cl_salv_columns_table,
                lr_column    TYPE REF TO cl_salv_column_table.

        lr_columns = gr_table->get_columns( ).
        lr_columns->set_exception_column( 'EXCEPTION' ).

        lr_column ?= lr_columns->get_column( 'EXCEPTION' ).
        lr_column->set_short_text( 'MY EXCEPT' ).

        DATA: lr_functional_settings TYPE REF TO cl_salv_functional_settings.

        lr_functional_settings = gr_table->get_functional_settings( ).

        DATA: lr_tooltips TYPE REF TO cl_salv_tooltips.

        lr_tooltips = lr_functional_settings->get_tooltips( ).

        lr_tooltips->add_tooltip(
            type          = cl_salv_tooltip=>c_type_exception
            value         = '1').

        lr_tooltips->add_tooltip(
            type          = cl_salv_tooltip=>c_type_exception
            value         = '2').

        lr_tooltips->add_tooltip(
            type          = cl_salv_tooltip=>c_type_exception
            value         = '3').

        gr_table->display( ).
```

[表 17-8]中说明的航空预约坐席现状是在 LOOP AT ~ ENDLOOP. 语句中修改内表的 exception 字段来实现的。下面激活程序确认其结果。

[结果 17-21]

Exce	Cl	Airl	Flig	Flight Date	Airfare	Curre	Plane Type	Capacity	Occupied	Booking total	Capacity	Occupied	Capacity	Occupied 1st
	600	AA	17	2010.10.20	422.94	USD	747-400	385	372	191,930.34	31	31	21	19
	600	AA	17	2010.11.17	422.94	USD	747-400	385	364	188,280.42	31	29	21	20
	600	AA	17	2010.12.15	422.94	USD	747-400	385	374	193,093.52	31	29	21	21
	600	AA	17	2011.01.12	422.94	USD	747-400	385	363	189,155.94	31	29	21	20
	600	AA	17	2011.02.09	422.94	USD	747-400	385	373	195,203.87	31	31	21	21
	600	AA	17	2011.03.09	422.94	USD	747-400	385	371	193,490.99	31	30	21	21
	600	AA	17	2011.04.06	422.94	USD	747-400	385	372	194,878.27	31	31	21	21
	600	AA	17	2011.05.04	422.94	USD	747-400	385	373	192,095.37	31	29	21	20
	600	AA	17	2011.06.01	422.94	USD	747-400	385	371	193,634.79	31	31	21	20
	600	AA	17	2011.06.29	422.94	USD	747-400	385	214	112,472.47	31	17	21	12
	600	AA	17	2011.07.27	422.94	USD	747-400	385	49	25,947.37	31	4	21	3
	600	AA	17	2011.08.24	422.94	USD	747-400	385	5	1,987.82	31	0	21	0
	600	AA	17	2011.09.21	422.94	USD	747-400	385	48	25,245.33	31	4	21	3
	600	AA	17	2011.10.19	422.94	USD	747-400	385	68	36,114.87	31	6	21	4
	600	AA	17	2011.11.16	422.94	USD	747-400	385	16	8,099.32	31	1	21	1

17.6.2 处理按钮

在 SALV 中可以利用 ALV Object 类以图标形式显示单元格。为了显示图标，追加 icon_d 类型的字段。

```
TYPES: BEGIN OF g_type_itab.
          INCLUDE TYPE sflight.
          TYPES :    icon     TYPE icon_d,
END OF g_type_itab.
DATA gt_itab        TYPE TABLE OF g_type_itab.
```

[表 17-9]中内部值是持 icon 字段的值。下面创建一个根据这个值显示航空预约现状的时候用图标显示的程序。

表 17-9　exceptions 的内部值

Display	图　标　名	使用例（航空预约）
	ICON_UNLOCKED	坐席多
	ICON_MESSAGE_WARNING	已经被预约 50 个以上坐席
	ICON_LOCKED	已经被预约的坐席超过 90 个以上，可预约的坐席已达到临界值

[例 17-22]

```
REPORT   z17_41 .

INCLUDE <ICON>.

TYPES: BEGIN OF g_type_itab.
            INCLUDE TYPE sflight.
            TYPES :   icon   TYPE icon_d,
       END OF g_type_itab.
--------------------→ 省略 ←--------------------

LOOP AT gt_itab INTO gs_itab.
   IF gs_itab-seatsocc >= 90.
      gs_itab-ICON = ICON_LOCKED.
   ELSEIF gs_itab-seatsocc >= 50.
      gs_itab-ICON = ICON_MESSAGE_WARNING.
   ELSE.
      gs_itab-ICON = ICON_UNLOCKED.
   ENDIF.

   MODIFY gt_itab FROM gs_itab.
ENDLOOP.
--------------------> 省略 <--------------------
DATA: lr_columns TYPE REF TO cl_salv_columns_table,
      lr_column   TYPE REF TO cl_salv_column_table.

lr_columns = gr_table->get_columns( ).
lr_column ?= lr_columns->get_column( 'ICON' ).
lr_column->set_icon( if_salv_c_bool_sap=>true ).
lr_column->set_long_text( 'ICON' ).

gr_table->display( ).
```

[结果 17-22]

Cl..	Airl..	Flig..	Flight Date	Airfare	Curre..	Plane Type	Capacity	Occupied	Booking total	Capacity	Occupied	Capacity	Occupied 1st	ICON
6C	AA	17	2011.06.01	422.94	USD	747-400	385	371	193,634.79	31	31	21	20	
600	AA	17	2011.06.29	422.94	USD	747-400	385	214	112,472.47	31	17	21	12	
600	AA	17	2011.07.27	422.94	USD	747-400	385	49	25,947.37	31	4	21	3	
600	AA	17	2011.08.24	422.94	USD	747-400	385	5	1,987.82	31	0	21	0	
600	AA	17	2011.09.21	422.94	USD	747-400	385	48	25,245.33	31	4	21	3	
600	AA	17	2011.10.19	422.94	USD	747-400	385	68	36,114.87	31	6	21	4	
600	AA	17	2011.11.16	422.94	USD	747-400	385	16	8,099.32	31	1	21	1	
600	AA	64	2010.10.22	422.94	USD	A310-300	280	271	134,029.70	22	22	10	9	
600	AA	64	2010.11.19	422.94	USD	A310-300	280	271	133,848.03	22	22	10	9	
600	AA	64	2010.12.17	422.94	USD	A310-300	280	270	132,050.53	22	22	10	8	
600	AA	64	2011.01.14	422.94	USD	A310-300	280	264	131,813.63	22	20	10	10	
600	AA	64	2011.02.11	422.94	USD	A310-300	280	271	135,104.02	22	22	10	10	
600	AA	64	2011.03.11	422.94	USD	A310-300	280	270	133,738.01	22	20	10	10	
600	AA	64	2011.04.08	422.94	USD	A310-300	280	271	135,180.31	22	22	10	10	
600	AA	64	2011.05.06	422.94	USD	A310-300	280	271	135,370.62	22	22	10	10	
600	AA	64	2011.06.03	422.94	USD	A310-300	280	271	134,317.36	22	21	10	10	
600	AA	64	2011.07.01	422.94	USD	A310-300	280	77	38,521.44	22	6	10	3	

17.6.3 修改单元格颜色

在 SALV GRID 中可以修改需要强调的单元格的颜色。一般字段单位的颜色强调更常使用系统资源。内表中追加 LVC_T_SCOL 类型的颜色表。此逻辑与在 ALV GRID 中设置单元格颜色的过程相似。

```
TYPES: BEGIN OF g_type_itab.
          INCLUDE TYPE sflight.
          TYPES : t_color      TYPE lvc_t_scol,
     END OF g_type_itab.

DATA gt_itab      TYPE TABLE OF g_type_itab.
```

[表 17-10]中的内部值是 T_COLOR 字段持有的值。 下面创建一个根据这个值显示航空预约现状的时候设置颜色的程序。

表 17-10 T_COLOR 的内部值

Display	图 标 名	使用例（航空预约）
Green	COL_POSITIVE	坐席多
Normal	COL_NORMAL	已经被预约 50 个以上坐席
Red	COL_NEGATIVE	已经被预约的坐席超过 90 个以上，可预约的坐席已达到临界值

[例 17-23]

```
REPORT   z17_43                                        .

INCLUDE <color>.

TYPES: BEGIN OF g_type_itab.
INCLUDE TYPE sflight.
TYPES : t_color       TYPE lvc_t_scol,
END OF g_type_itab.
--------------------> 省略 <--------------------
FIELD-SYMBOLS: <ls_outtab> TYPE g_type_itab.
DATA :    lt_color         TYPE lvc_t_scol,
             ls_color        TYPE lvc_s_scol.

LOOP AT gt_itab ASSIGNING <ls_outtab>.
     CLEAR : ls_color, lt_color.
```

```
            IF <ls_outtab>-seatsocc >= 90.
                ls_color-fname         = 'SEATSOCC'.
                ls_color-color-col = col_negative.
                ls_color-color-int = 0.
                ls_color-color-inv = 0.
                APPEND ls_color TO lt_color.
            ELSEIF <ls_outtab>-seatsocc >= 50.
                ls_color-fname         = 'SEATSOCC'.
                ls_color-color-col = col_normal.
                ls_color-color-int = 0.
                ls_color-color-inv = 0.
                APPEND ls_color TO lt_color.
            ELSE.
                ls_color-fname         = 'SEATSOCC'.
                ls_color-color-col = col_positive.
                ls_color-color-int = 0.
                ls_color-color-inv = 0.
                APPEND ls_color TO lt_color.
            ENDIF.

                <ls_outtab>-t_color = lt_color.
        ENDLOOP.
        ---------------------> 省略 <---------------------
        DATA: lr_columns TYPE REF TO cl_salv_columns_table,
                lr_column    TYPE REF TO cl_salv_column_table.

            lr_columns = gr_table->get_columns( ).
            lr_columns->set_color_column( 'T_COLOR' ).

            gr_table->display( ).
```

为了显示单元格颜色，在内表中追加 LVC_T_SCOL 类型的表。在 LOOP AT ~ENDLOOP. 语句中追加可以根据预约状态指定颜色的代码。此时只指定修改 SEATSOCC 字段的颜色。若注释相应语句，则会修改所有行的颜色。最后调用 set_color_column 方法在 SALV 中设置颜色信息。下面执行程序确认其结果。

[结果 17-23]

Cli..	Airl	Flig..	Flight Date	Airfare	Curre..	Plane Type	Capacity	Occupied	Booking total	Capacity	Occupied	Capacity	Occupied 1st
600	AA	17	2010.10.20	422.94	USD	747-400	385	372	191,930.34	31	31	21	19
600	AA	17	2010.11.17	422.94	USD	747-400	385	364	188,280.42	31	29	21	20
600	AA	17	2010.12.15	422.94	USD	747-400	385	374	193,093.52	31	29	21	21
600	AA	17	2011.01.12	422.94	USD	747-400	385	363	189,155.94	31	29	21	20
600	AA	17	2011.02.09	422.94	USD	747-400	385	373	195,203.87	31	31	21	21
600	AA	17	2011.03.09	422.94	USD	747-400	385	371	193,490.99	31	30	21	21
600	AA	17	2011.04.06	422.94	USD	747-400	385	372	194,878.27	31	31	21	21
600	AA	17	2011.05.04	422.94	USD	747-400	385	373	192,095.37	31	29	21	20
600	AA	17	2011.06.01	422.94	USD	747-400	385	371	193,634.79	31	31	21	20
600	AA	17	2011.06.29	422.94	USD	747-400	385	214	112,472.47	31	17	21	12
600	AA	17	2011.07.27	422.94	USD	747-400	385	49	25,947.37	31	4	21	3
600	AA	17	2011.08.24	422.94	USD	747-400	385	5	1,987.82	31	0	21	0
600	AA	17	2011.09.21	422.94	USD	747-400	385	48	25,245.33	31	4	21	3
600	AA	17	2011.10.19	422.94	USD	747-400	385	68	36,114.87	31	6	21	4
600	AA	17	2011.11.16	422.94	USD	747-400	385	16	8,099.32	31	1	21	1
600	AA	64	2010.10.22	422.94	USD	A310-300	280	271	134,029.70	22	22	10	9
600	AA	64	2010.11.19	422.94	USD	A310-300	280	271	133,848.03	22	22	10	9
600	AA	64	2010.12.17	422.94	USD	A310-300	280	270	132,050.53	22	22	10	8

在本章开头时介绍 SALV 不支持 EDIT 模式。ALV Object 模型的主要类不支持此功能，但可以通过 SALV 适配器调用 CL_GUI_ALV_GIRD 修改成编辑模式，然后就可以在 ALV 中修改数据。

SALV 包中包含很多程序事例。本书中没有提到的内容请通过测试自行掌握其内容。

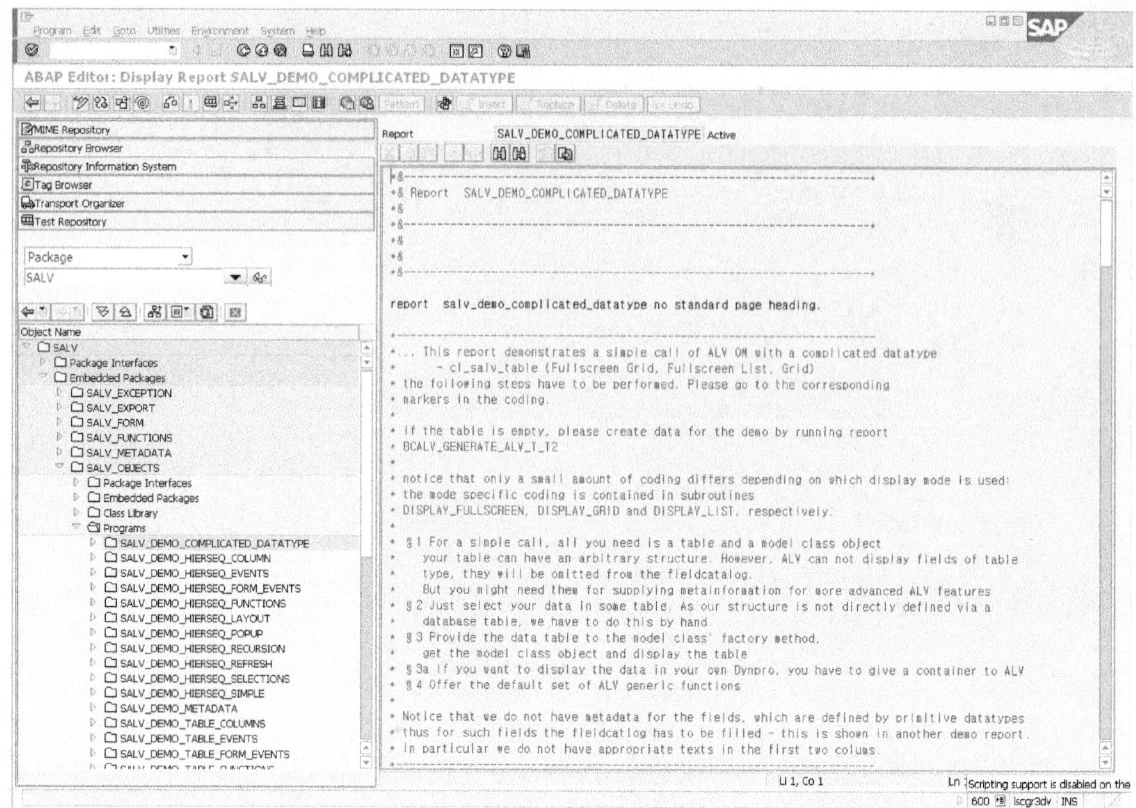

图 17-16　查询 SALV 包